2016 中国粮食年鉴

CHINA GRAIN YEARBOOK 2016

中国社会出版社
国家一级出版社 · 全国百佳图书出版单位

图书在版编目（CIP）数据

2016 中国粮食年鉴/国家粮食局主编．—北京：中国社会出版社，2016．12

ISBN 978－7－5087－5007－1

Ⅰ．①2…　Ⅱ．①国…　Ⅲ．①粮食—工作—中国—2016—年鉴　Ⅳ．①F326．11－54

中国版本图书馆 CIP 数据核字（2016）第 312258 号

书　　名：2016 中国粮食年鉴

主　　编：国家粮食局

出 版 人：浦善新

终 审 人：李　浩

责任编辑：李冬雁　　　　**责任校对**：张　丛

出版发行：中国社会出版社　　　　**邮政编码**：100032

通联方法：北京市西城区二龙路甲 33 号新龙大厦

电　　话：编辑部：（010）58124823

邮购部：（010）58124848

销售部：（010）58124845

传　真：（010）58124856

网　　址：www.shcbs.com.cn

shcbs.mca.gov.cn

经　　销：各地新华书店

中国社会出版社天猫旗舰店

印刷装订：中国电影出版社印刷厂

开　　本：210mm×285mm　　1/16

印　　张：34.5

字　　数：900 千字

版　　次：2016 年 12 月第 1 版

印　　次：2016 年 12 月第 1 次印刷

定　　价：380.00 元

中国社会出版社微信公众号

2015 年 4 月 28 日，国家粮食局党组书记、局长任正晓赴河南省调研粮食流通工作。

2015 年 7 月 20 日，国家粮食局党组书记、局长任正晓在广东调研粮食流通工作。

2015 年 2 月 10 日，国家粮食局党组成员、副局长徐鸣在江西调研粮食工作。

2015 年 6 月 25 日，国家粮食局党组成员、副局长曾丽瑛在西藏调研粮食系统援藏工作。

2015 年 3 月 19 日，国家粮食局党组成员、副局长吴子丹在贵州调研粮食工作。

2015 年 7 月 30 日，国家粮食局党组成员、驻局纪检组组长赵中权在甘肃调研粮食工作。

2015 年 7 月 22 日，国家粮食局党组成员、副局长卢景波在湖北调研夏粮收购和粮食流通有关重点工作情况。

2015 年 12 月 17 日，国家粮食局党组成员、副局长邓亦武出席粮食行业贯彻落实长江经济带发展战略做好“十三五”规划编制工作座谈会。

2016
中国粮食年鉴编辑委员会

委　员

王文波	国家统计局国民经济综合统计司巡视员
黄秉信	国家统计局农村社会经济调查司副司长
李广禄	北京市粮食局局长
朱　军	天津市粮食局局长
张　宇	河北省粮食局局长
丁文禄	山西省粮食局局长
张天喜	内蒙古自治区粮食局局长
何焕秋	辽宁省农村经济委员会主任、粮食局局长
韩福春	吉林省粮食局局长
胡东胜	黑龙江省粮食局局长
盖国平	上海市粮食局局长
陈　杰	江苏省粮食局局长
姚少平	浙江省粮食局局长
牛向阳	安徽省粮食局局长
林锡能	福建省粮食局局长
黄　河	江西省粮食局局长
杨丽丽	山东省粮食局局长
赵启林	河南省粮食局局长
张爱国	湖北省粮食局局长
张亦贤	湖南省粮食局局长
谢　端	广东省粮食局局长
吴宇雄	广西壮族自治区粮食局局长
李志杰	海南省粮食局副局长
赖　蛟	重庆市商业委员会主任
张书冬	四川省粮食局局长
沈　健	贵州省粮食局局长
海文达	云南省粮食局局长
次旺诺布	西藏自治区粮食局副局长
刘维东	陕西省粮食局局长
陈玉皎	甘肃省粮食局副局长
闵建平	青海省粮食局副局长
马文娟	宁夏回族自治区粮食局局长

委　员

撰稿人员
（按姓氏笔画为序）

丁雪松	卜轶彪	于　涛	于立岩	马　源	马珊珊	丰章德	孔晶晶
方　进	王　旭	王　江	王　轩	王　晖	王　涛	王　强	王　辉
王　静	王世海	王业东	王正友	王永圣	王仲涛	王建忠	王金云
王青年	王洪垚	王骄阳	王莉蓉	王绿野	王路平	王耀鹏	付　丹
付艳丽	史京华	玄红建	田　野	白　鸥	龙伶俐	乔领旋	任昌坤
刘　武	刘　森	刘小南	刘初荣	刘妍杉	刘秀明	刘青青	刘莉华
刘绪斌	匡广忠	向玉旭	吕昱晨	孙　伟	孙　哲	孙洪波	孙绪良
庄　坤	成　军	曲贵强	朱　聪	朱之光	纪　展	许　策	许成波
邢文煦	闫文婕	齐朝富	余宇炜	吴龙剑	张　云	张　冉	张　庆
张　怡	张　艳	张　维	张　雪	张　强	张　雷	张　蕾	张永强
张永福	张庆娥	张延华	张成志	张宏山	张明先	张杰刚	张显斌
张继红	张梦佳	张琳悦	张瑞银	李　可	李　伟	李　红	李　丽
李　玥	李　洵	李　涛	李　德	李亚莉	李金团	李寅铨	李鹏飞
杨　正	杨万生	杨天辉	杨忠山	杨雪丽	杨道兵	肖　玲	肖哲伟
邱　杰	陆壮雄	陈　玲	陈　寅	陈书玉	陈玉中	陈军生	陈成云
陈志伟	陈学坪	陈海韬	叁知扎西	周　波	周　惠	周双喜	周冠华
孟昭虎	岳忠军	林风刚	林明亮	罗　杨	罗乐添	罗守全	范祥林
金　田	金　贤	侯　锐	姚　磊	姚秀敏	姚进房	柳　易	洪　荣
祝志光	胡水舟	胡承淼	胡瑶庆	胡耀芳	胥　镤	贺　伟	赵　璨
赵滨敬	钟金清	原海明	唐　平	唐　成	唐　茂	唐继发	唐瑞明
夏丹萍	徐　刚	徐小东	徐广超	徐利群	晁铭波	秦　健	秦　萌
秦兴国	耿晓頔	袁　彦	袁玉生	袁海波	贾　峰	郭　建	郭晓虹
陶　英	陶　璐	高笑天	寇　荣	常成宝	康　敏	曹颖君	梅　伟
麻　婷	麻国杰	黄　勋	黄思思	龚娣群	彭　扬	智振华	温朝晖
游　泳	程继伟	葛　亮	董　祥	韩卫江	韩静涛	廖志松	管伟举
蔡　飞	蔡正融	谭大海	谭本刚	樊利楠	樊宗贤	潘　升	潘祝明
黎　霆	魏　然						

编审人员

颜　波　　唐柏飞　　周冠华　　夏吉贤　　严　涛

编辑部

主　　任：颜　波

副 主 任：唐柏飞

工作人员：刘珊珊　　付伟铮　　胡耀芳　　崔菲菲

编写说明

为全面、准确地反映国家和地方粮食工作，国家粮食局从2006年开始组织编撰《中国粮食年鉴》。《中国粮食年鉴》是经原国家新闻出版总署批准出版、由国家粮食局主办并委托中国粮食研究培训中心组编的政府部门年鉴，是粮食行业实用性、资料性工具书。

《中国粮食年鉴》全面、系统地记述了上一年度中国粮食工作的主要情况，刊载有重要的粮食政策法规文件和统计资料，与国家粮食局主办并委托中国粮食研究培训中心组编的《中国粮食发展报告》成为姊妹篇。本期年鉴由综述、专文、全国粮食工作、各地粮食工作、粮食政策与法规文件、附录等六部分组成。年鉴收集的数据和资料均未包括我国香港特别行政区、澳门特别行政区和台湾省。各省（自治区、直辖市）的排列顺序，按照全国行政区划的统一规定排列。年鉴涉及的单位名称、姓名和职务均以截稿日期为准。

本期年鉴在编辑出版过程中得到了国家粮食局、国家发展和改革委员会、农业部、国家统计局以及各省（自治区、直辖市）、计划单列市及新疆生产建设兵团粮食行政管理部门的大力支持，在此，我们表示衷心的感谢！不足和疏漏之处，敬请读者批评指正。

《2016中国粮食年鉴》编辑部

中国粮食研究培训中心

2016年9月30日

123456

目录

第三篇 全国粮食工作 51

附 录 451

1

第一篇

综 述

2015 年全国粮食工作综述

2015 年，面对错综复杂的外部形势和艰巨繁重的工作任务，在党中央、国务院的坚强领导下，全国粮食系统广大干部职工深入贯彻党的十八大和十八届三中、四中、五中全会精神，认真贯彻落实习近平总书记系列重要讲话精神，坚决贯彻党中央、国务院各项决策部署，不折不扣地落实中央关于粮食工作的方针政策，切实履行保障国家粮食安全的行业职责。认真贯彻中央关于全面从严治党的要求，把党建工作与业务工作同步落实，确保粮食流通工作坚持正确政治方向和持续健康发展，为促进经济发展、社会稳定发挥了积极作用。

一 粮食安全省长责任制全面建立，国家粮食安全保障制度建设取得重大突破

2014 年底，国务院印发了《关于建立健全粮食安全省长责任制的若干意见》，明确界定了地方政府粮食安全责任，为全面深化粮食流通改革、全面推进依法治粮奠定了重要的制度基础。2015 年 11 月，国务院配套出台了考核办法。各地积极主动推进粮食安全省长责任制的贯彻落实，31 个省级人民政府全部出台了实施意见，大部分省份制定了考核办法。各地普遍成立了落实粮食安全责任工作领导小组或建立了联席会议制度，吉林、江苏、安徽、江西、湖南、广西、海南、四川、云南、甘肃等省（区）将粮食安全责任落实情况纳入政府绩效考核，保障区域粮食安全、维护国家粮食安全的制度体系初步形成。

二 认真履行“抓收购、保供应、管库存”行业职责，为实现粮食增产农民增收、促进经济发展社会稳定作出重要贡献

面对我国粮食连年丰收、收储矛盾十分突出的新形势，特别是在粮价下行压力加大、主产区仓容缺口巨大、政策调整影响较大的困难条件下，采取了一系列行之有效的政策措施，收到了良好效果。在抓收购方面，认真落实国家粮食收购政策，适时启动政策性收储，着力强化市场监管，粮食收购工作总体平稳有序，没有发生农民“卖粮难”。全年共收购粮食 42536 万吨，其中最低收购价粮和临时存储粮 18279 万吨，同比增加 5920 万吨，通过价格托底、优质优价、整晒提等、产后减损等措施，带动农民增收 870 亿元。在保供应方面，积极推动产销合作，2015 年粮食跨省流通量达到 15735 万吨。大力提升粮食应急保障能力和军粮供应服务水平，年末粮食应急加工供应网点达 4.4 万个。粮食批发交易市场得到长足发展，全国粮食统一竞价交易系统实现平台整合、并网运行。调整优化中央储备粮品种结构和区域布局，科学核定地方粮食储备规模，2015 年末已如期到位 87%，区域市场调控能力进一步增强。粮食市场供应充足，满足了不同层次的消费需求，维护了市场和价格基本稳定。在管库

存方面，积极创新粮食库存监管方式，强化监管机制，认真组织开展库存检查，库存粮食账实相符。面对粮食库存之高前所未有、简易仓囤储粮之多前所未有的严峻形势，多管齐下，防治并举，消除安全隐患，力推科技储粮和绿色储粮，粮情保持总体稳定，没有发生严重霉粮、坏粮事故。

三 着力深化粮食流通领域改革和依法治粮，粮食流通管理效能不断提高，发展环境持续改善

积极稳妥推进粮食收储体制改革，玉米临时收储探索形成"一主多辅"模式，价格更加贴近市场，油菜籽收购交由省级政府组织实施。吉林、黑龙江、安徽、湖北、河南等省积极探索出台省级临储、加工补贴收购等办法，认真抓好质量不达标粮食的收购工作。统计业务实现归口管理，网上直报系统投入运行，统计制度改革基本完成，统一、精简、准确、管用的粮食流通统计体系初步形成。以"一县一企、一企多点"模式为主推进国有粮食企业改革，代烘代储、粮食电商等新业态服务"三农"效果明显。在市场持续低迷的情况下，努力挖潜增效、搞活经营，2015 年全国国有粮食企业实现统算盈利 78 亿元，国有粮食企业已连续 9 年保持统算盈利。启动实施科研项目督导评估新机制，积极推进新一轮粮食科技体制改革。加快行业人才体制改革，建立健全激励机制，为行业人才培养提供制度保障。大幅减少行政审批事项，切实提高审批效率和服务水平。积极扩大开放，加强国际合作，国家粮食局与农业部联合举办 APEC 第三届粮食安全部长级会议，成功举办 APEC 粮食安全政策伙伴关系机制系列会议，与多个国家涉粮机构签署了战略合作协议。加快推进法治粮食建设，粮食法立法进程加快。各地粮食法制建设取得积极进展，广东、贵州、宁夏和江苏无锡、甘肃兰州等地颁布实施了地方性粮食法规，一大批地方政府规章先后出台。各地公布了粮食行政权力清单，认真开展粮食执法检查工作，积极探索推进省际间联合执法，依法治粮、依法管粮取得实效。

四 全面实施"粮安工程"，粮食收储能力和质量安全保障水平迈上新台阶

2015年中央财政投资159亿元，带动地方和企业配套投资384亿元，建设现代化仓容800多亿斤，维修改造"危仓老库"1100 亿斤，粮食收储能力比"十一五"末增加 32%，基层一线骨干粮库收储功能明显提升，库容库貌焕然一新。加大"北粮南运"主通道和西南、西北流入通道建设，配套建成一批粮食物流和加工园区。新增 347 家国家粮食质量监测机构，粮食质量监测体系进一步建立健全。深入推进"放心粮油"工程和主食产业化，着力保障"舌尖上的安全"，全国"放心粮油"网点达 23 万多家。积极实施农户科学储粮专项五年建设规划，累计配置储粮装具 1000 万套，每年为农户减少粮食损失 25 亿斤以上。

五 扎实推进科技兴粮人才兴粮，行业自主创新能力明显增强

积极推动实施粮食公益性行业科研专项等 25 个重点项目，建成 5 个粮食产后领域国家工程实验室。横向通风储粮新技术和储运监管物联网等绿色高效技术得到推广应用，真菌毒素污染粮食安全利用技术研发取得重要阶段性成果。"现代食品加工及粮食收储运技术与装备"已列入国家重点研发计

划，2016 年将全面启动实施。行业技能人才培养体系不断完善，4 万多人取得国家粮食职业资格。河南工业大学和南京财经大学首次获得粮食专业博士培养项目，2015 年粮食行业实现了院士“零突破”。

六 认真落实全面从严治党要求，粮食系统政风行风持续好转

认真落实全面从严治党战略部署，按照党建工作与业务工作“五同步”要求，把全面加强党的领导贯穿到粮食流通工作的方方面面，努力做到“两手抓、两不误、两促进”。扎实开展“三严三实”专题教育，切实增强党员干部崇严尚实作风。认真贯彻落实惩治和预防腐败体系工作规划，严格落实党风廉政建设“两个责任”。加强粮食文化建设，开展纪念“四无粮仓”创建 60 周年系列活动，弘扬“创业、创新、节俭、奉献”的“四无粮仓”精神，传承“宁流千滴汗、不坏一粒粮”行业优良作风。开展世界粮食日和全国爱粮节粮宣传周活动，产后节粮减损行动取得实效，全社会节约粮食、反对浪费的新风尚正在形成。

2

第二篇

专文

在全国粮食流通工作会议上的报告

国家粮食局党组书记、局长　任正晓
2015 年 1 月 8 日

同志们：

这次全国粮食流通工作会议是经国务院批准召开的。会议的主要任务是，深入贯彻党的十八大和十八届三中、四中全会精神，认真落实中央经济工作会议、中央农村工作会议精神，总结交流 2014 年粮食流通工作，分析研判面临的新形势，研究部署 2015 年工作任务，表彰全国粮食系统先进单位和先进个人。刚才，国家发展改革委徐绍史主任传达了李克强总理和张高丽、汪洋副总理最近对粮食流通工作的重要批示，并就贯彻中央决策部署、做好今年粮食流通工作作了重要讲话，我们要认真学习领会，抓好贯彻落实。下面，我讲四点意见。

一　2014 年粮食流通工作取得新成绩

2014 年粮食市场形势错综复杂、收储压力前所未有、改革发展任务艰巨繁重，在党中央、国务院的坚强领导下，各级粮食部门深入学习贯彻习近平总书记关于保障国家粮食安全的一系列重要讲话精神，认真贯彻落实国务院第 52 次常务会议的决策部署，切实抓好粮食收储保供，扎实推进“五项改革”，大力实施“两项工程”，较好地完成了各项工作任务，为促进经济社会持续稳步发展作出了新的贡献。

（一）抓收购、保供给、稳市场取得新成绩

各地把粮食收储作为各项工作的重中之重，在主产区粮食收储压力大的情况下，产销区团结协作，积极采取促销减库、建仓扩容、跨省移库、产销衔接等多项措施，有效缓解粮食收储矛盾，避免发生农民“卖粮难”。全年各类粮食企业的粮食收购量首次突破 7000 亿斤，总量达 7298 亿斤，同比增加 409 亿斤，其中最低收购价和临时收储粮食 2478 亿斤，同比增加 814 亿斤。各地认真落实国家粮食收购政策，通过提价托市、增加收购、优质优价、整晒提等、产后减损等措施，促进种粮农民增收 550 亿元以上。开展粮油库存清查和整治“转圈粮”专项行动，严格政策性粮食收购和销售出库监管，严肃查处涉粮案件，有效保护种粮农民利益，维护粮食库存安全。积极稳妥推进重金属超标稻谷处置工作，出台实施粮食质量安全事故应急处置预案。全年政策性粮食竞价成交 1053 亿斤、跨省移库 200 亿斤，积极推进产销衔接，省际间粮食流通量达 3300 亿斤。各地市场粮源充裕、供应充足，有效保证了军需民食，维护了粮食市场稳定。

（二）深化粮食流通领域改革取得重要进展

在粮食流通管理体制改革方面，国务院去年底出台了《关于建立健全粮食安全省长责任制的若干意见》，进一步明确了省级人民政府在粮食安全方面的事权和责任，实现了理顺粮食流通管理体制的新突破。这个重要文件既管当前，也利长远，对全面贯彻落实国家粮食安全战略、做好新常态下的粮

食工作意义重大，影响深远，为全面深化粮食流通改革、全面推进依法治粮奠定了重要的制度基础。各地把进一步落实粮食安全责任作为深化改革的中心任务，山西、云南、广东等省将粮食安全责任全面纳入各级政府目标责任考核体系，浙江、宁夏、广西、湖南、辽宁、江苏等地分别采取逐级签订粮食安全责任书、建立粮食安全监督考核机制等办法，全面落实粮食安全责任。在粮食收储和储备管理机制改革方面，经国务院同意，国家有关部门重新核定下达了地方粮食储备规模，进一步完善了管好用好地方储备粮的制度规定。积极探索政策性粮食收购“四共同”机制，中央和地方两个积极性得到有效发挥。中央储备粮的日常管理和监管工作得到加强。组建国家粮食交易协调中心，推进全国统一的竞价交易平台建设，进一步增强服务宏观调控的能力。在国有粮食企业改革方面，基层国有粮食企业产权制度改革积极推进，“一县一企、一企多点”改革模式取得实效，安徽、湖北、黑龙江、四川等地粮食行业混合所有制经济发展势头良好，全年国有粮食企业统算盈利56.15亿元，连续8年保持盈利。农民社区粮行、大众主食厨房、放心粮油超市、粮油电商网购等新型产业模式和经营业态快速发展，吉林、河北、江苏、浙江、河南、重庆、陕西、青海、新疆等17个省份发展“粮食银行”350家，在新型城镇化和农业现代化建设中发挥了积极作用。在粮食行政管理机制改革方面，国家局大幅减少并及时公布行政审批事项，深入推进机关工作制度和运行机制改革。北京、上海、浙江、安徽、山东粮食局制定公布行政权力清单，规范简化行政审批程序，湖北省全面解除粮食企业与各级粮食局的依附关系，各地粮食行政管理部门大力推进政企分开，职能转变取得实效。在粮食流通统计制度改革方面，出台了统计改革实施意见和新的统计制度，大幅精简统计指标，整合优化统计报表，推行“一企一表”和网上直报，提高统计质量和报送效率。在深化改革的同时，积极扩大对外开放，加强国际交流与合作。国家局成功主办APEC粮食安全伙伴关系机制（PPFS）各项活动，与农业部共同主办APEC粮食安全部长级会议，取得了丰硕成果。各地积极引导粮食企业“走出去”，参与国际竞争的能力得到增强。

（三）“粮安工程”建设取得新成效

认真编制“粮安工程”建设规划。国家局会同有关部门拟订新建千亿斤仓容建设方案，已下达650亿斤建设任务。中央财政“危仓老库”维修改造补助资金增加到20亿元，重点支持省份扩大到12个，已完成维改仓容1108亿斤。中央补助投资8亿元支持粮食现代物流项目和粮食质量安全检验监测能力建设。据统计，去年中央财政对粮食行业各类设施建设投资达54.5亿元，直接带动各地财政及社会投资234亿元，极大地促进了粮食仓储物流设施建设。粮食应急体系初步建成，在保证云南鲁甸、景谷，四川康定地震和海南“威马逊”台风等灾区粮食供应中发挥了关键作用。粮食信息化建设积极推进，库存粮食识别代码试点进展顺利，粮食储运监管物联网应用示范工程取得阶段性成果。年内为农户配置科学储粮装具140万套，累计达到817万套，储粮新技术、散粮运输、适度加工积极推广，节粮减损取得新成效。成功举办“世界粮食日暨全国爱粮节粮宣传周”和“粮食科技周”活动，爱粮节粮进家庭、进学校、进企业、进机关、进军营取得实效，全社会爱惜粮食、反对浪费意识明显增强。

（四）科技兴粮、人才兴粮工程迈出新步伐

召开全国粮食科技创新大会，认真贯彻国家创新驱动发展战略。中央财政安排粮食公益性行业科研专项经费1.5亿元，安全绿色储粮、粮食质量安全、粮食流通及信息技术、加工及节粮减损技术等7个重大项目研究进展顺利。加快推进粮食产后领域“国家工程实验室”建设，成功开发以横向通风

为代表的粮食储藏成套新技术和小麦真菌毒素生物降解技术。发布实施粮油储藏技术规范、牡丹籽油等一批国家和行业标准，首次由我国组织修订的国际谷物标准“小麦规格”获得国家标准创新贡献一等奖。大力实施人才兴粮工程，制定实施人才体制改革实施意见，积极推进行业职业技术教育，加强校企联手培养专业技术人才，全行业培训干部职工27万人次，9171人取得国家职业资格证书。

（五）党的建设和党风廉政建设扎实推进

各级粮食部门深入学习贯彻习近平总书记系列重要讲话，严格落实党要管党、从严治党的要求，扎实推进党的建设工作。深入贯彻落实十八届中央纪委第三、第四次全会精神，按照全国粮食系统党风廉政建设工作会议的部署，坚持党风廉政建设和反腐败工作与粮食流通工作“四同步”一起抓。认真落实党风廉政建设主体责任和监督责任，规章制度进一步健全。严格落实中央八项规定精神，持之以恒纠正“四风”，严肃查处少数党员领导干部违反中央八项规定精神的行为。国家局组织开展了以知纪、守纪、执纪为主题的“党的纪律学习教育月”活动。各地粮食部门加强党的纪律教育，积极参加第二批党的群众路线教育实践活动，国家和省级粮食部门加强调研指导，上下联动，巩固和拓展教育实践活动成果。以纪念“四无粮仓”创建60周年活动为契机，大力传承和弘扬粮食行业“创业、创新、节俭、奉献”精神和“宁流千滴汗、不坏一粒粮”的光荣传统。认真践行社会主义核心价值观，召开全国粮食系统文化建设座谈会，积极推进粮食文化建设。各级粮食部门在机关政务事务建设、行业社团组织管理和老干部工作等方面都取得了可喜的成绩。

这些成绩来之不易，是党中央、国务院坚强领导和地方各级党委政府高度重视的结果，是国家发展改革委党组直接指导和有关部门大力支持的结果，是全国粮食系统上下共同努力的结果。这次会议上，国家粮食局与人力资源和社会保障部联合表彰了全国粮食系统先进集体、劳动模范和先进工作者，在此，我们向受到表彰的先进集体和个人表示热烈的祝贺和崇高的敬意！向为保障国家粮食安全作出积极贡献的广大粮食干部职工表示衷心的感谢和诚挚的问候！

二 深刻认识新常态，准确把握粮食流通工作面临的新形势

习近平总书记在中央经济工作会议上深刻阐述了我国经济发展进入新常态的科学内涵、变化趋势和重要特征，强调面对新常态，我们观念上要适应，认识上要到位，方法上要得力，否则很难与时俱进抓好经济工作。李克强总理在中央农村工作会议上强调，我国农业全面进入转变发展方式的新阶段，要坚持把保障国家粮食安全作为我国农业现代化的首要任务，确保谷物基本自给、口粮绝对安全。我们一定要把思想和行动统一到中央关于经济社会发展和“三农”工作形势总体判断和决策部署上来，深刻认识我国经济发展新常态，深入研判粮食市场运行新特征，准确把握粮食流通发展新趋势，始终赢得粮食流通工作的主动权。

第一，粮食市场运行呈现内外融合、矛盾交织的新特征

当前，世界经济仍处于深度调整期，国内经济处于“三期叠加”，宏观经济形势对粮食市场特别是对粮食消费需求的影响显著加深。近年来，国际国内同时呈现粮食供给宽松态势，粮食库存消费比大幅提升。联合国粮农组织预测，2014年度世界谷物产量将达25.32亿吨，再创历史新高；国家统计局发布，2014年国内粮食产量6.07亿吨，为历史最高年产。在我国经济结构战略性调整加速推进，粮食贸易全球化、粮食购销市场化程度不断加深的背景下，国内粮食市场运行的各种矛盾交织累积，

集中表现为三个方面的矛盾。

一是粮食供求总量紧平衡与部分品种阶段性过剩的矛盾。一方面，受耕地、淡水等资源环境约束，粮食连续增产的难度越来越大，而随着人口增加、消费结构升级、城镇化进程加快，粮食需求将继续刚性增长，“紧平衡”将成为我国粮食供求的长期态势。另一方面，国内粮食生产连年丰收，而粮食需求增速放缓，粮食高产量、高收购量、高库存量“三高”叠加。特别是玉米连续增产和消费需求持续下降同步出现，产需走势逆向而行，阶段性过剩特征十分明显。稻米市场也呈现供大于求，销售不畅。

二是托市价格面临双重挤压与保护粮农利益的矛盾。国内粮价受托市收购价格支撑长期维持高位，但持续10多年的国际农产品价格上涨周期已经结束，价格大幅跌落，使得国内粮价居于“高地”。目前广东港每吨国产玉米、大米、小麦分别比同品种进口完税价高出750元、900元和500元左右，玉米价差甚至一度超过1000元，三大谷物品种配额外进口（缴纳65%关税）的价格逼近“天花板”。与此同时，国内粮食生产成本“地板”不断抬高。在这种双重挤压的状况下，单纯依靠敞开收购、提高托市收购价格来保护农民种粮积极性的空间越来越小、效应越来越弱，现行粮食收储政策体制面临前所未有的挑战和考验。

三是适度利用国际粮食资源与进口粮食冲击国内市场的矛盾。在坚持立足国内的前提下适度进口，是保障我国粮食安全的战略措施和有效手段。但据海关数据预计，2014年粮食进口量将突破9500万吨，其中大豆进口约7000万吨。近些年，虽然三大谷物品种配额内进口得到有序管理，但高粱、大麦、酒糟粕、木薯干等非配额品种进口快速增加，2014年这些替代效应明显的品种进口总量接近2500万吨，挤占了国内玉米市场份额，加剧了产大于需的矛盾；大米除海关进口外，其他渠道低价进口数量依然不小，打破了国内稻谷产需基本平衡的格局，“稻强米弱”为期已久，稻米加工业经营困难。与此同时，我国粮食生产和库存分布呈现向核心产区集中态势，主产区收储压力巨大，托市收购政策还将延续，政策性粮食库存连年“滚雪球”，财政负担越来越重。

如何适应我国经济发展新常态和粮食市场新形势，统筹运用好国际国内两个市场两种资源，妥善解决进口压力大、国内困难多的矛盾，更好地保护种粮农民利益、稳定发展粮食生产、保持粮食市场稳定、保障国家粮食安全，是当前和今后一个阶段粮食工作面临的重大课题。

第二，粮食行业发展迈进改革转型、创新发展的新阶段

新中国成立以来，粮食行业在履行使命中前行，在历经改革中发展，为促进粮食稳产增产、帮助农民卖粮增收、保障粮食正常供应、维护社会稳定和谐发挥了无可替代的重要作用，行业发展取得了令人瞩目的成就。站在行业发展的历史新起点，我们应当看到，随着我国经济发展进入新常态，农业发展方式加速转变，新型城镇化和农业现代化加快推进，粮食生产和消费正在发生深刻变化，这对粮食行业经营理念、发展方式、管理模式等方面都产生了深刻影响，提出了新的要求。首先，农业结构调整深入推进，新型农业经营体系加快构建，城乡一体化快速发展，如何创新粮食收购模式和经营方式，更好地为“三农”服务，拓展经营空间，实现提质增效，是粮食行业必须破解的重大课题。其次，全面建成小康社会进程加快，新型城镇化深入推进，居民的膳食结构由数量温饱型向质量营养型转变，对粮食产品多样化、优质化要求越来越高，如何适应粮食消费群体、消费观念、消费方式变化，满足市场消费需求，实现行业转型发展，是粮食行业必须面对的重大挑战。最后，全球贸易一体化不断扩大，国际国内粮食市场融合不断加深、竞争日趋激烈，如何应对内外交融、纷繁复杂的市场

变化，有效运用国际粮食资源和科技成果，使粮食企业、粮食产业在“走出去”“引进来”中融入国际粮食大市场，在参与国际市场竞争中赢得主动，实现新常态下的行业振兴，是粮食行业必须经受的重大考验。

党中央作出了全面深化改革、实施创新驱动发展的战略决策，国务院出台了建立健全粮食安全省长责任制的重大举措，粮食行业发展全面进入了改革转型、创新发展的新阶段。各级粮食部门必须认真贯彻落实党中央、国务院的决策部署，认清粮食行业发展的新阶段新特征，主动适应经济发展新常态和农业现代化发展新要求，积极作为，创新发展。要彻底摒弃“靠国家政策吃饭、靠政府投入发展”的依赖思想，彻底转变“坐等收粮、坐店卖粮”的传统经营方式，开辟行业发展新路径。要主动融入新型农业经营体系，与种粮农户特别是家庭农场、农民合作社结成经营联合体和利益共同体，在服务“三农”过程中，赢得行业发展新契机。要积极创新经营业态，延伸产业链条，推进“食”“粮”并进，增强市场竞争力。要破除粮食流通科学发展的体制机制障碍，破解影响产业发展的结构矛盾，推动粮食经济提质增效升级。要拓宽国际视野，在适应国际国内市场融合上展示新作为，充分运用国际先进管理理念和产业创新技术，更加持续可靠地保障国家粮食安全。

第三，粮食流通管理进入厉行法治、依法治粮的新时代

新中国成立后，为解决粮食紧缺问题，国家对粮食流通实行了特殊的管理体制，从1953年开始统购统销、1985年实行合同定购、1993年取消凭票购粮，到2004年全面放开粮食购销市场，同时对重点产区的重点粮食品种实行最低收购价和临时收储政策，60多年来，粮食部门是从高度集中的计划管理体制和执行国家政策指令的环境中走过来的，既卓有成效地履行了行业使命，维护了国家粮食安全，也导致了粮食部门在思维方式、行为方式和监管方式上市场意识和法治思维的先天不足。近些年虽然在依法行政、依法管粮上进行了积极的探索和实践，但从上至下仍然程度不同地存在思维方式不适、依法意识不强、法律制度不全、执法能力不足和法治水平不高的问题。

党的十八届四中全会作出全面推进依法治国的重大决定。全面推进依法治粮、法治粮食建设，是当前和今后时期粮食部门贯彻落实全面推进依法治国战略部署的重大任务，粮食流通管理开始进入厉行法治、依法治粮的新时代。全面推进依法治粮是一场前所未有的深刻革命，各级粮食行政管理部门在思维方式上要实现由传统思维向法治思维转变，在行为方式上要实现由以行政手段为主向以法律手段为主转变，在监督方式上要实现由单向监管向双向监督或多向监督转变。要更加自觉地用法治意识审视粮食流通改革发展问题，用法治思维凝聚粮食流通改革发展共识，用法治方式营造粮食流通改革发展环境，用法治办法破解粮食流通改革发展难题，用法治规范保障粮食流通改革发展成果，全面推进依法治粮，加快法治粮食建设，更好地担负起保障国家粮食安全的部门职责和行业使命。

三 主动适应新常态，扎实做好2015年粮食流通工作

2015年是全面推进依法治粮、加快法治粮食建设的开局之年，是继续贯彻实施国家粮食安全战略、深入推进粮食流通改革转型和创新发展的关键之年。全国粮食系统要全面贯彻落实党的十八大和十八届三中、四中全会精神，深入学习贯彻习近平总书记系列重要讲话精神，认真落实中央经济工作会议、中央农村工作会议的决策部署，坚持稳中求进工作总基调，主动适应经济发展新常态，全面落实粮食安全责任，全面深化粮食流通改革，全面推进依法治粮，全面加强“粮安工程”建设，加快实

施创新驱动发展战略，加快转变粮食经济发展方式，加快推进粮食流通能力现代化，切实保障国家粮食安全，促进经济社会平稳发展。

（一）以全面落实粮食安全省长责任制为核心，进一步增强粮食安全保障能力

粮食安全省长责任制是贯彻国家粮食安全战略、保障国家粮食安全的一项基本制度，全面落实这一重要制度是各级粮食行政管理部门一项重要而紧迫的任务。各地粮食部门要认真学习、深刻领会《国务院关于建立健全粮食安全省长责任制的若干意见》精神，按照省级人民政府的安排部署，积极主动地推进粮食安全省长责任制的全面落实，既要认真落实好由粮食部门牵头负责的各项职责任务，也要主动为当地政府当参谋出主意，尽早研究提出本地区全面落实粮食安全责任制实施意见的建议，主动沟通协调有关部门建立健全相关配套措施，切实把粮食安全各项责任落到实处，全面增强粮食安全保障能力。

国家发展改革委、国家粮食局将按照国务院的要求，积极会同有关部门研究制定监督考核办法，并定期组织对各地落实情况的考核。各地要从本地实际出发，不等不望，抓紧制定本地区的监督考核办法，切实做到各项责任可量化、可考核、可追究。会后，国家局将尽快印发工作指导意见，对粮食部门积极推动粮食安全省长责任制贯彻落实的工作提出具体要求。

（二）以抓收购、保供应、管库存为中心，切实保护种粮农民利益、维护粮食市场稳定

要把粮食收储工作摆在更加突出的位置抓紧抓好。继续执行好最低收购价和临时收储政策，抓好大豆目标价格改革试点区的收储工作。要督促收储企业严格执行质价标准和“五要五不准”收购守则，坚决防止出现农民“卖粮难”，决不允许向售粮农民“打白条”。进一步采取建仓扩容、促销减库、跨省移库、腾仓并库等多种措施，鼓励和引导各类市场主体积极参与粮食收储，千方百计提高粮食收储能力。改进和创新粮食收储服务方式，积极为新型粮食经营主体提供烘干、收购、存储、加工、代销等产后服务。

认真落实国家粮食调控政策，切实保障粮食有效供应，维护市场基本稳定。全面落实新增地方粮食储备规模计划。完善粮食储备吞吐调节机制，加强储备粮监管。组织好政策性粮食竞价销售和跨省移库，加强对政策性粮食出库的检查，积极支持粮食产销区发展长期稳定的合作关系。在确保口粮绝对安全的前提下，大力推动主产区粮食就地转化，变单纯调出粮食为调出粮食与加工转化产品并举，促进粮食仓储能力与加工转化能力有机结合，强化粮食收储、加工、销售产业链，激活粮食加工产业的巨大潜力。提升应急网点服务功能，满足各类突发事件和市场异常波动情况下的粮食应急需要，切实保障受灾地区粮食供应。

针对当前粮食库存总量大、露天储粮多、库点多元化等新情况，要突出抓好库存粮食监管特别是政策性粮食库存监管，切实守住“数量真实、质量良好、储存安全”的监管底线。认真汲取中储粮林甸、海林火灾等事故的教训，严格落实安全生产责任和管理制度，坚决杜绝重特大安全责任事故发生。各地要切实加强粮食库存监管队伍和能力建设，完善中央事权粮食委托在地检查制度，创新库存检查组织形式和方式方法，提高监管工作质量和效率。

（三）以优化机制、激发活力、提高效率为重点，进一步深化粮食流通改革

各地要增强改革的积极性、主动性和创造性，在巩固去年改革成果的基础上，继续深化粮食流通各项改革。

深化储备粮管理机制改革。要根据中央和地方两级储备的功能定位，建立中央储备和地方储备各

司其职、协同互补机制，形成储备调控合力。各地要认真落实经国务院同意、由国家发展改革委、国家粮食局等部门印发的《关于进一步增加地方粮食储备规模的通知》要求，着力加强地方储备管理。要强化政府粮食储备监管体系建设，做到运行规范、责任明确、约束到位，确保储备粮数量实、质量好、调得动、用得上。健全政府粮食储备吞吐调节机制，推进储备粮收购、销售、轮换等业务环节公开透明，使储备粮更好地服务粮食宏观调控。

深化粮食科技体制改革。要按照国家科技体制改革的总体部署和《国家粮食局关于加快推进粮食科技改革和创新的意见》要求，坚持问题导向，紧扣行业需求，立足创新发展，统筹推进粮食科技体制改革。要着力转变科研管理方式，淡化行政管控意识，加强战略规划、政策法规、标准规范和监督指导，增强为科技发展服务的能力和水平。要改革科研项目形成机制，以科研创新能力、成果转化应用服务为导向，围绕粮食行业需求开展研究，提高科研成果产业化开发应用水平。

深化粮食企业经营发展模式改革。深入推进县域国有粮食企业改革，加大企业兼并重组力度，优化资产结构，防止国有资产流失，增强发展活力，提高经济效益。除各级储备粮管理企业和军粮供应企业保持国有独资或控股外，其他国有粮食企业要积极探索发展混合所有制经济，推进粮食企业向集团化、规模化、产业化方向发展。促进“粮食银行”健康发展，加强风险防控，服务种粮农民。鼓励粮食企业加强对外交流与合作，积极引导和支持有条件的粮食企业“走出去”，培育一批有国际竞争力的大粮商，努力构建多元主体共同发力、保障国家粮食安全的新格局。

加快推进粮食行政管理机制改革。按照发挥市场在资源配置中的决定性作用和更好发挥政府作用的总体要求，加快转变粮食行政管理职能，切实把工作重心转到优化公共服务、保障公平竞争、加强市场监管、维护市场秩序、弥补市场失灵上来，促进各类市场主体平等竞争、公平发展，充分激发各类市场主体的潜力和活力，有效撬动社会资本参与粮食基础设施建设，推动粮食行业可持续发展。

这里要特别强调抓紧推进统计制度改革的问题。统计制度改革是粮食流通管理创新的重要突破口，实施新的统计制度对于加强新形势下全社会粮食流通管理、提高服务国家宏观调控的能力具有重要意义，各地要认真落实《关于深化粮食流通统计制度改革的实施意见》，整合统计职能，实行归口管理。要配备和充实统计人员，保障工作经费，加强督促指导，切实做到上下联动、整体协调推进，确保新制度的顺利实施和这项改革取得实效。

（四）以加强粮食法制建设为引领，全面推进依法治粮

建设法治粮食的根本任务，是要实现“全社会依法治粮、粮食行业依法管粮、粮食行政机关依法行政、粮食干部职工依法履职、粮食市场主体依法经营”，为推进粮食流通能力现代化、维护国家粮食安全提供强有力的保障。

着力加强粮食法制建设。依法治粮，立法先行。要积极推进粮食法立法进程，加快粮食流通相关法规、规章及规范性文件的制定、修改和完善，加快构建与全面推进依法治粮要求相适应的法律制度体系。

着力推进依法管粮。严格执行粮食法律法规，加强对粮食收购市场、政策性粮食购销活动、储备粮管理和粮食企业安全生产等方面的监督检查，严厉查处违规套利、坑害农民利益、损害国家利益等违法违规行为，做到有法必依、执法必严、违法必究。创新粮食质量安全监管方式，加强粮食收购和库存环节质量安全的检测监管，严禁不符合食品安全标准的粮食流入口粮市场。深入开展法制宣传教育，推动全行业全面树立法治意识，营造依法管粮氛围。

着力推进法治机关建设。坚持“法定职责必须为、法无授权不可为”，既要从越位点退出，又要把缺位点补上，及时公布权力清单，全面推进政务公开。进一步健全依法决策、依法实施的机制。加快实现由管理国有粮食企业为主向管理全社会粮食流通转变，由以行政手段管理为主向以法律、经济手段为主转变，扎实推进依法管粮，切实做到不缺位、不越位、不错位。

着力加强执法队伍建设。各级粮食行政管理部门的领导干部和执法人员要学法、遵法、守法、用法。严格实施粮食行政执法人员持证上岗和资格管理制度，严格落实粮食执法人员执法责任和责任追究机制，严格规范执法程序和自由裁量权，严格按照法定事权和职能配置执法力量，坚持公正文明执法，坚决纠正不作为、乱作为问题，坚决克服懒政、怠政现象，坚决惩处失职、渎职行为。

着力规范市场主体经营行为。加快推进粮食经营者信用能力建设，建立全国统一的粮食经营者信用体系，褒扬诚信，惩戒失信，严厉查处欺行霸市、以次充好、缺斤短两等市场欺诈行为，维护正常的粮食流通秩序。加强对粮食经营企业落实最低最高库存制度的督促检查，引导市场主体自觉服从和服务于国家粮食宏观调控大局。充分发挥各级粮食行业协会和粮食专业组织的作用，加强行业自律，努力形成粮食行业守法诚信经营的良好环境。

（五）以全面实施“粮安工程”为载体，加快推进粮食流通能力现代化

粮食流通能力现代化是新型城镇化、农业现代化背景下确保国家粮食安全的必然要求，建设“粮安工程”是推进粮食流通能力现代化的重要抓手。国家有关部门联合制定的《粮食收储供应安全保障工程建设规划（2015—2020 年）》即将印发实施，各地要建立由政府统一领导、粮食部门牵头、有关部门协同推进的“粮安工程”实施机制，结合实际制订规划落实方案，确保规划目标任务实现。

今年要重点推进以下工作：一是扎实推进粮食仓储物流设施建设。加快 1000 亿斤新仓建设进度，严格建设标准和质量要求，积极采用先进可靠的储粮新技术、新设备，提高粮食收储保障能力。要创新投融资方式，通过国家投资引导，带动社会资本投入粮食仓储设施建设。继续加强重要粮食流出、流入通道建设，完善优化物流节点布局，继续推进开通点对点班列，提高散粮运输比重。做好全国粮食仓储设施专项调查工作，建立粮食仓储设施保护制度。二是加大“危仓老库”维修改造力度。各地要落实配套资金，加快工程进度，尽快提升仓储功能，改善储粮条件。统筹考虑将军粮供应网点纳入“危仓老库”维修改造项目。落实鼓励政策，引导企业在东北地区建设一批新型储粮罩棚。三是继续推进农户科学储粮工程。扩大农户科学储粮专项实施范围和规模，加大对主产区支持力度，推进大农户科学储粮仓建设，有针对性地解决好东北地区玉米“地趴粮”问题。四是积极推进行业信息化建设。应用现代信息技术，稳步推进“智慧粮食”建设，提高粮食流通现代化水平。制定统一标准，实现信息共享、业务协同和互联互通。积极运用识别代码和物联网等技术，强化粮食库存监管的科技支撑，加快建立粮食质量追溯体系，加强粮食质量检验检测能力建设。五是完善粮食应急体系。要巩固完善粮食应急保障网络体系，加快推进应急供应、军粮供应、成品粮储备、放心粮油、主食产业化“五位一体”融合发展。六是深入推进节粮减损行动。切实抓好粮食流通重点环节和重点单位的节粮减损工作，广泛开展“节约一粒粮行动”宣传教育活动，凝聚爱粮节粮正能量，确保节粮减损取得新成效。

今年是实施“十二五”规划的收官之年，要在全面完成“十二五”规划任务的同时，抓紧编制粮食行业“十三五”规划。规划编制要根据国家“十三五”规划总体部署，注重宏观性、战略性和指导性，科学谋划粮食行业发展的总体目标和重点任务。要加强上下协调对接，确保规划编制的时效和质量。

（六）以科技兴粮、人才兴粮工程为支撑，进一步增强行业软实力

全面落实全国粮食科技创新大会精神，聚焦保障粮食安全的重大科技需求，重点攻克粮食节约减损、粮食质量安全、生态安全储粮、粮油加工增值、粮情监测预警、信息技术运用等方面的重大科技难题。切实把好粮食科技成果的专家评审关，实行严格的成果评审责任制，确保在全行业推广运用的新技术、新工艺、新装备、新材料先进适用、安全可靠和节约高效。做好粮食公益性科研专项管理协调服务工作，力争再上一批重大科研项目。创新粮食科技组织模式和产学研用协同机制，加快构建粮食科技成果推广服务体系，促进集装单元化现代物流、主食产业化、成品粮油适度加工、真菌毒素污染粮食无害化处理等技术的推广应用，把创新成果变成实实在在的产业活动，促进粮食流通产业经济提质增效升级。

全面落实粮食行业人才体制改革实施意见。大力实施“百千万创新人才”工程，重点抓好行业发展急需人才的培养，着力培养领军型高层次专业技术人才。继续实施党政人才能力提升工程，开展市县粮食局长和各类业务骨干培训。启动高技能人才培养工程，依托大专院校、科研院所、培训机构，构建技能人才培训网络，为企业创新发展加快培养各类高技能人才。继续推进粮食职业教育，广泛开展企业岗位练兵活动，启动第四届全国粮食行业职业技能大赛。

四 大力推进党的建设、党风廉政建设和反腐败工作，为粮食流通持续健康发展提供有力保障

各级粮食部门要把深入学习贯彻习近平总书记系列重要讲话作为首要的政治任务，认真贯彻落实习近平总书记关于党要管党、从严治党的要求，聚精会神地抓好党的建设。要加强党的纪律教育，从严监督执纪。严明政治纪律和政治规矩，严明组织纪律和组织观念，严格执行工作纪律、财经纪律和生活纪律，严肃查处党员干部违反党的纪律的行为。坚定不移落实中央八项规定精神，持之以恒纠正“四风”，继续巩固和拓展党的群众路线教育实践活动成果，抓好各项整改措施的落实，加强建章立制，推进作风建设常态化、长效化。重点查处十八大后、中央八项规定出台后、开展群众路线教育实践活动后不收手、不收敛的顶风违纪行为，发现一起严肃查处一起，决不姑息迁就。坚持上下联动，举全行业之力，下决心、出重拳，驰而不息地整治损害种粮农民和消费者利益的行为。

十八届中央纪委第五次全体会议即将召开，将对今年和今后一个时期的党风廉政建设和反腐败工作作出全面部署，各级粮食部门一定要认真学习贯彻好这次全会精神，扎实做好粮食系统的党风廉政建设和反腐败工作。要切实落实“两个责任”，要把党风廉政建设与业务工作同步部署、同步落实、同步检查、同步考核。坚持一把手负总责、班子成员“一岗双责”，严格责任追究，落实“一案双查”制度。强化对“粮安工程”、公益性科研专项等各类重点项目的监督管理，进一步完善项目建设工作程序及监督制度，堵塞腐败漏洞。党风廉政建设和反腐败斗争没有“安全地带”和“世外桃源”，粮食行业也不是“一方净土”。要深刻认识党风廉政建设和反腐败斗争的复杂性、艰巨性，坚决克服粮食部门“权力小、风险小，手段少、问题少”的轻敌思想，坚持抓早、抓小，防患于未然，对发现的苗头性、倾向性和潜在性的问题，及早采取防治措施。

认真践行社会主义核心价值观，大力传承和弘扬粮食行业优良传统，积极培育粮食行业核心价值理念，加快推进粮食文化建设，促进党风政风行风建设。各地要以这次全国粮食系统先进集体、劳动

模范和先进工作者表彰活动为契机，深入组织开展向“双先”学习活动，激发广大干部职工学先进、赶先进，进一步增强做好工作的责任感和使命感，推动粮食流通工作再上新台阶。

同志们，2015 年粮食流通工作任务繁重、责任重大，让我们更加紧密地团结在以习近平同志为总书记的党中央周围，凝心聚力，扎实工作，开拓创新，攻坚克难，切实维护国家粮食安全，为全面建成小康社会、促进经济平稳健康发展和社会和谐稳定作出新的更大贡献！

解决好吃饭问题始终是治国理政的头等大事

——深入学习贯彻习近平总书记关于粮食安全的重要论述

国家粮食局党组书记、局长 任正晓

《求是》2015 年第 19 期

粮食安全事关国运民生，维系经济发展和社会稳定，是国家安全的重要基础。党的十八大以来，习近平总书记从我国发展全局出发，深刻阐述了粮食安全的重大理论与实践问题，多次强调“解决好吃饭问题始终是治国理政的头等大事”。面对经济发展新常态，保障国家粮食安全面临着新挑战，我们要深入学习领会习近平总书记关于粮食安全的重要论述精神，时刻绷紧粮食安全这根弦，守住管好“天下粮仓”，始终端牢 13 亿多中国人的饭碗。

一 牢牢把握习近平总书记关于粮食安全重要论述的精神实质

2004 年以来，我国粮食生产实现“十一连增”，粮食产量连续 8 年保持在 1 万亿斤以上。在此大好形势下，一些地方萌生了“粮食已过关”的思想，出现了放松粮食生产、忽视粮食流通的现象，粮食安全意识有所淡化。针对这一现象，习近平总书记立足世情国情粮情，作出了“紧平衡很可能是我国粮食安全的长期态势”的科学判断，提出了“以我为主、立足国内、确保产能、适度进口、科技支撑”的国家粮食安全战略。这为新时期做好粮食安全工作提供了根本遵循。

牢牢把握“立足国内基本解决我国人民吃饭问题”的战略方针。习近平总书记强调“中国人的饭碗任何时候都要牢牢端在自己手上”，“我们的饭碗应该主要装中国粮”。这既是由我国的基本国情决定的，也是全球视野下保障我国粮食安全的现实选择。我们以不到全球 9% 的耕地和 6% 的淡水资源养活了全球近 21% 的人口。目前，全球每年谷物贸易量大约 6000 亿斤，仅相当于我国年粮食消费量的一半。作为全球人口最多的负责任大国，依靠进口保吃饭，既不现实也不可能。立足国内基本解决我国人民吃饭问题这一战略方针的提出，综合考虑了国内资源环境、粮食供求格局、国际市场贸易条件，兼顾了国际国内两个市场，符合我国发展实际。过去我们说粮食自给是保全部、保所有品种，随着粮食需求快速增长和受耕地、水资源、生态环境的约束，粮食供给要靠自己保全部已不现实，必须合理配置资源，集中力量保重点，确保谷物基本自给、口粮绝对安全。

牢牢把握“抓好粮食安全保障能力建设”的战略部署。习近平总书记强调，各地要共同行动起来，加强粮食生产能力、储备能力、流通能力建设。这深刻指出了保障国家粮食安全的根本途径。相对于各国通常主要依靠发展粮食生产保证粮食有效供给的做法，习近平总书记强调要同时加强“三大能力”建设，把粮食储备、流通能力建设放在与粮食生产能力建设同等重要的位置来同步推进，这是对发展中大国粮食安全保障能力建设实践的重大创新。加强粮食生产能力建设，就是要坚守 18 亿亩耕地红线，不断巩固和提高粮食生产能力，夯实永续保障粮食安全的物质基础。加强储备能力建设，就是要完善粮食储备体系，发挥储备在稳市、备荒、恤农方面的重要作用。加强流通能力建设，就是要建立完整的现代化粮食储运和市场体系，使产区粮食及时收储、销区粮食及时运达，确保种粮卖得出、吃粮买得到。

牢牢把握“坚持数量质量并重”的战略要求。习近平总书记高度重视农产品和食品安全，强调食品安全关系群众身体健康，关系中华民族未来，在保障数量供给的同时，要更加注重农产品质量和食品安全，让人民吃得饱、吃得好、吃得放心。近年来，我国农产品和食品安全问题日益凸显，广大人民群众对粮食质量安全的期待明显增强。粮食是最基本的食品，也是其他食品加工的基本原料，粮食质量安全是食品安全的源头和基础。因此，保障食品安全，着力构建完善的粮食质量安全保障体系，把住食品安全的源头至关重要。

牢牢把握“善于用好两个市场、两种资源”的战略布局。面对我国粮食安全新形势，习近平总书记指出，积极稳妥利用国际农产品市场和国外农业资源是一项长期战略布局。这确立了利用国际市场和国际资源保障我国粮食安全的基本方针，为我国粮食领域扩大对外开放指明了方向。善于用好两个市场、两种资源，就是要正确处理好国内国际关系，在坚持立足国内基本解决吃饭问题的前提下，积极利用国际粮食市场，通过适当进口，弥补国内部分品种供求缺口，同时又要防止冲击国内生产，给农民就业和增收带来大的影响。

二 深刻认识新常态下我国粮食安全形势的新特征

经济发展进入新常态后，我国粮食生产保持了稳定增长态势，粮食供给充裕和价格稳定对稳增长作出了积极贡献。但从总体上看，新常态下我国粮食安全基础仍不稳固，粮食安全形势依然严峻，主要表现为五大特征。

粮食生产发展的硬约束与粮食消费刚性增长并存。这些年来我国粮食连续丰收，为保障国家粮食安全提供了重要的物质基础。但是，耕地、淡水等资源要素已经绷得很紧，粮食持续增产的难度越来越大，加上气候和自然灾害的影响，稍有不慎，粮食安全形势就会发生逆转。而随着我国人口总量增加、城镇人口比重上升、居民食物结构升级和粮食用途拓展，全社会对粮食的需求将持续刚性增长。据调查统计，2008 年至 2014 年，我国粮食产量增长 14.8%，而粮食消费量增长 18.8%，预计到 2020 年粮食需求量在 1.4 万亿斤左右。粮食供求将长期处于紧平衡状态。

更好发挥市场决定性作用与保护种粮农民利益并重。为保护农民利益和种粮积极性，国家从 2004 年起相继在主产区分别对稻谷、小麦两个重点粮食品种实行最低收购价政策，从 2008 年起在东北等四省区实行玉米临储收购政策，连续 7 年提高粮食最低收购价格，稻谷和小麦两个品种 7 年累计提价幅度分别达 96%、69%。受国家托市收购价格支撑影响，我国粮食市场价格持续攀高，逐步逼近“天花板”。与此同时，粮食生产成本“地板”不断抬高。这种两头挤压的状况，使得单纯依靠提高托市收购价格来保护农民种粮积极性的空间越来越小、效应越来越弱。从长远看，必须加快建立由市场形成粮食价格的机制，在保护种粮农民利益的同时，引导促进农民调整粮食种植结构、提高粮食品质，推动粮食生产可持续发展。

保障粮食数量安全与保障质量安全并进。在粮食数量供给得到保障后，人们更加关注粮食质量安全。我国农业资源短缺，开发过度、面源污染问题普遍存在，局部地区存在粮食农药残留、重金属等超标现象，粮食质量安全问题越来越突出，必须同步推进数量安全与质量安全。为此，一方面要切实加强生产源头治理，从源头上防治粮食污染；另一方面要完善粮食质量安全标准体系，实行从田间到餐桌全过程监管制度，禁止不符合食品安全标准的粮食进入口粮市场，确保粮食消费健康、营养、放心、安全。

合理利用国际粮食资源与防止进口粮食冲击国内市场并举。近年来，全球粮食连获丰收，供求比较宽松，国际市场价格持续低迷，国内外粮食价差拉大。据联合国粮农组织预测，2014/2015 年度全球谷物产量为25.54亿吨、消费量为25.04亿吨，期末库存将达6.45亿吨，为15年来最高水平。目前，国际大豆、玉米、小麦、大米价格分别比国内价格每吨低 1175 元、923 元、626 元和 1143 元。这虽然有利于我国积极利用国际市场资源，但也给国内市场带来一定冲击，特别是粮食进口数量持续增加，挤占了国内市场销售份额。如何有效用好国际国内两个市场两种资源，对新常态下保障国家粮食安全提出了新挑战。

厉行爱粮节粮与减少产后损失并行。当前，我国粮食产后损失和浪费现象相当严重。由于粮食产后烘干机械化水平低，农户储粮装具简陋，造成粮食损耗和霉变，每年损失达 400 亿斤以上；露天储粮、危仓老库储粮和粮食运输环节的损失达 150 亿斤以上；低水平粗放加工和过度加工损失口粮资源 150 亿斤左右。粮食消费环节浪费现象更是惊人。有资料显示，我国每年在餐桌上浪费的粮食价值在 2000 亿元以上。减少粮食产后损失，就是节约耕地和淡水资源、实现无地“增产”，这是今后我国解决粮食资源短缺、保障粮食安全最现实可行、最经济合理的途径。

三　切实履行好保障国家粮食安全的行业职责

确保国家粮食安全，粮食流通是重要环节，担负着重大责任。各级粮食部门要牢固树立保障国家粮食安全的“首要意识”和“守责意识”，深入推动粮食安全省长责任制的全面落实，切实履行好抓收购、保供给、稳市场的职责，守住管好“天下粮仓”。

千方百计保护农民种粮和主产区抓粮积极性。积极配合有关部门，研究健全粮食主产区利益补偿办法，探索农业补贴与粮食生产挂钩机制，新增补贴向主产区和优势产区集中，向专业大户、家庭农场、农民合作社等新型经营主体倾斜，让产粮多的地方和农民多得补贴，切实做到“让农民种粮有利可图，让主产区抓粮有积极性”。要不断完善和严格执行国家粮食收储政策，鼓励和支持符合条件的多元市场主体参与粮食政策性收储，做到对农民的余粮应收尽收，保护农民利益和种粮积极性，确保不出现农民“卖粮难”。

加快推进粮食流通能力现代化建设。全面实施国家“粮安工程”建设规划。加强粮食仓储基础设施建设，加快新增千亿斤粮食仓容建设进度，加大对危仓老库的维修改造力度，促进粮食流通现代化。加强粮食储备能力建设，全面落实储备规模，确保储备粮管得住、调得动、用得好。强化粮情监测预警，完善应急供应体系，提高各种应急条件下粮食供应保障能力。加快粮食质量安全保障体系建设，加强粮食质量安全检验检测，大力实施主食产业化和“放心粮油”工程，确保“舌尖上的安全”。

加快实施粮食企业“走出去”战略。继续加强对外交流与合作，积极参与国际粮食市场规则和粮食标准的制定，继续运用和深化APEC粮食安全部长级会议以及APEC粮食安全伙伴关系机制的成果，增强我国在国际粮食领域的话语权和影响力。大力引导和鼓励国内粮食企业“走出去”，重点培育一批具有国际竞争力的大型粮食企业，积极开展粮食仓储、物流、加工、贸易等方面的国际合作，不断拓展保障国家粮食安全的空间，加快构建动态开放的粮食安全保障体系。

把节粮减损作为保障国家粮食安全的重要措施。一是继续实施农户科学储粮工程，帮助农户实现减损增收；二是在粮食仓储企业推广应用储粮新技术、新设备，降低粮食储藏损失率；三是引导粮食加工企业合理控制加工精度，避免过度加工造成粮食浪费和营养流失，提高成品粮出品率和副产品综合利用率；四是推广散装、散运、散卸、散存“四散”物流，降低粮食运输损耗率。此外，要加强爱惜粮食、反对浪费的宣传教育，开展“节约一粒粮”行动，在全社会营造爱粮节粮浓厚氛围，共同为保障国家粮食安全作贡献。

在全国粮食流通工作会议上的总结讲话

国家粮食局党组成员、副局长　徐鸣
2015 年 1 月 9 日

同志们：

经过全体与会同志的共同努力，全国粮食流通工作会议圆满完成各项议程。今年的会议是在我国经济进入“新常态”下召开的，继去年之后，李克强总理、张高丽副总理、汪洋副总理三位国务院领导又对这次会议作出重要批示，徐绍史主任也是连续两年到会并作重要讲话。正晓局长作了一个非常好的报告，系统总结了去年的工作，科学分析了新常态下粮食流通工作的新形势、新特点，明确提出了今年粮食流通工作的目标、任务和要求。今年的工作会议还与全国粮食系统先进集体和劳动模范表彰大会套开，树立了标杆，展现了粮食人的风采。会议召开前夕，国务院下发了粮食安全省长责任制的文件，“粮安工程”规划也即将得到国务院的批准。全国粮食行业上下几年的努力开出了绚丽的花朵，当然，要结出丰硕的果实，还需把国务院文件精神和领导同志的批示贯彻好，把绍史主任、正晓局长的讲话精神落实好。

今年全国会议开得比较早，便于各地部署全年工作。大家回去以后要及时向党委、政府汇报，尽快传达会议精神。各省区市要争取在春节前把粮食工作会议开了，尽早把各项任务安排布置下去。大家在讨论中对做好今年工作提出了很好的意见和建议，会后我们将认真整理、采纳落实。下面，我结合大家的讨论，就贯彻这次会议精神，讲五个问题。

一　关于运行

正晓局长在报告中要求， 全国粮食行业主动适应新常态，以抓收购、保供应、管库存为中心，切实保护种粮农民利益、维护粮食市场稳定。对我们粮食行业同志来说，这几句话看似平常，但仔细分析，这是一个很高的目标，需要我们付出艰苦努力。

首先是仓容缺口大。粮食连年丰收是好事，但仓容压力也越来越大。尽管去年加大“危仓老库”改造、加快 1000 亿斤新建仓容建设，目前全国可储粮仓容的缺口仍有 2000 多亿斤。国务院要求，今年的粮食产量要稳定在 11000 亿斤以上，按往年情况推算，全年粮食收购任务不会低于 7000 亿斤。全年消费量 12000 亿斤左右，即使进口量保持去年的水平，全国仓容缺口也在 2000 亿斤左右。这个问题如不能有效解决，我们的收储工作将陷入两难的境地：收，只能放在危仓老库、席茓囤甚至露天堆放，安全隐患大，“管库存”就难；不收，就会出现“卖粮难”，损害农民利益。其次是粮价下行压力大。近期联合国粮农组织等机构纷纷调高了本季全球粮食产量预测，巴西、阿根廷等主要出口国也预计今年粮食产量将创新高。而近期国际油价已跌至 47.5 美元，据欧佩克测算，如果原油跌破 42 美元，用粮食加工生物质能源就无利可图，页岩气等新能源也在替代粮食能源转化。美国退出持续 6 年的量化宽松政策，美元开始止跌走强，这也必然拉低粮价。

在这种格局下，要尽力避免出现农民“卖粮难”、不向农民“打白条”，促进种粮农民增收，任务非常艰巨。怎么办?

一要增加库容。就是要在建库、修库、并库、移库、腾库这“五库”上做文章。各省区市要把自己的库容账算好，做到心中有数，早谋划、早行动，避免到收粮时措手不及。去年黑龙江、吉林动手早、力度大，累计完成竞价销售和跨省移库2669万吨，为新粮收储腾出了仓容。今年要继续加快“危仓老库”改造。存量调整解决不了的，还要按照省长责任制的要求，搞好仓储基础设施建设，切实把粮食收好、储好、运好，绝不能因为仓容不足而影响粮食安全。与此同时，要采取有效措施推进收储主体多元化，积极利用现有社会闲置仓容，缓解仓容严重不足的矛盾。要利用国有企业改革和发展混合所有制的有利时机，积极吸引社会投资参与粮食仓储设施建设。二要调控消费。这是治本之策。总的看，口粮刚性较强，饲料粮有一些空间但余地不大，重点是要在确保口粮绝对安全的前提下，抓好粮食加工转化。从国内外比较看，这方面的潜力仍然很大。去年，山东、湖北、江苏、安徽、广东、河南、湖南、黑龙江、河北、四川10省粮油加工业产值已过千亿元。各地粮食部门要在这方面多动一些脑筋、多拿一些实招。黑龙江、吉林、内蒙古对规模较大、信誉较好的玉米深加工企业给予补贴、贷款等支持。河南大力发展主食产业化，形成小麦就地生产、就地加工、就地消费的内循环式产业链。总之，要认真探索形成有利于粮食供需平衡的加工调节机制，储存压力大时能适量加工转化，压力小时就少加工或搞保税加工，利用国外粮源和市场。三要引导生产。这是流通反作用于生产的功能。绍史主任讲，我们已经告别了粮食短缺时代。正晓局长讲，我们现在出现了部分粮食品种的阶段性过剩。要积极利用当前粮食供求相对宽松的有利时机，在继续稳定总量、保障供给的同时，按照城乡居民消费结构的变化，引导农民调整粮食种植结构、提高粮食品质，由单纯靠数量增收转向数量、质量增收并举，推动粮食生产的可持续发展。贵州以品牌为引领大力发展有机米、茶油等十大高端特色产品，带动农民发展优质粮油订单生产500万亩，让农民增收10亿元以上。其他省区市也都有很好的经验，今后要积极推广。

二 关于改革

绍史主任在讲话中要求我们狠抓改革攻坚。正晓局长在报告中提出了今年改革的五项重点任务。讨论中大家一致认为，这些任务抓得很准，点中了深化改革的要害，完全符合行业实际。各地要按照绍史主任和正晓局长的要求，积极探索，开拓创新，努力完成今年的改革任务。

一是增强紧迫性。从全国形势看，去年中央改革领导小组确定的80个重点改革任务基本完成，中央有关部门完成了108个改革任务，共出台370条改革成果。这说明，各个行业、各个领域的改革都抓得很紧、步伐很快。如果我们粮食部门迟疑、缓慢，就可能陷入被动，成为改革的“洼地”。从行业内部看也是一样，凡是改革推进得好的地方，粮食部门地位就高、争取到的资金政策支持就多，工作就更主动。比如，黑龙江、重庆、河南在涉粮投融资模式上改革创新，为粮食产业发展提供了有力资金保障。安徽、四川、江苏、浙江、湖南、上海、甘肃等地粮食部门加快职能转变，积极拓展工作面，社会影响力明显增强。山西、四川、贵州、广西、西藏推动“放心粮油”工程纳入省区政府为民办实事项目，在惠及千家万户的“民生工程”方面凸显了粮食部门的作用。一改就顺，一顺百顺。各地粮食部门只有积极深化改革，才能在新常态中找到自己的定位和有所作为，才能巩固机构、稳定职能。

二是勇于创新。在改革过程中，搞好顶层设计很重要，但地方的局部突破同样重要。即便有了顶层设计，各地情况千差万别，也必须要从实际出发创造性地开展工作。一些地方改革已经走在了前头。比如，湖北积极推进地方储备粮收储主体多元化，择优委托大型粮油加工龙头企业和商业连锁企业储存省级储备粮。江苏、甘肃明确了国有粮食企业划拨地评估作价后，作为国有股本充实企业资本金的政策，增强了企业融资能力和发展实力。安徽、河北积极发展“粮食银行”，探索出了粮食经营的新路子。正晓局长在报告中对今年粮食行业的改革作了“顶层设计”，大家要发扬“敢为天下先”的精神，积极探索，把各项改革任务完成好。

三是坚持问题导向。习近平总书记指出，改革是由问题倒逼产生的，又在不断解决问题中而深化。只有坚持问题导向，改革的着力点才准，针对性才强，效果才能更好。全面深化粮食流通改革，也要坚持问题导向。正晓局长在报告中阐述了新常态下粮食工作面临的新问题、新挑战，强调要深化改革，破除粮食流通科学发展的体制机制障碍。下一步的改革一定要紧盯这些新问题、新挑战。比如，现行的收购机制面临着“天花板”与“地板”的双重挤压，目标价格改革只在三省一区进行试点。其他地方、其他品种能不能试试其他方式？广西、浙江、福建大力实施粮食订单收购，对种粮大户发放“粮食订单”预购定金，推广“粮食订单”质押贷款，效果就不错。再如，大家在讨论中普遍谈到现行收储体制的问题。过去10年，国内粮食产量年增长率为2%，但库存增长率超过8%，政府压力越来越大。湖北、吉林、内蒙古推行收储主体多元化效果不错。各地改革也要围绕本地区粮食流通发展中的突出矛盾和问题，有的放矢，逐个突破。

四是改革措施要实。习近平总书记在中央深化改革领导小组第三次会议上强调，改革要聚焦、聚神、聚力抓落实，做到紧之又紧、细之又细、实之又实。我们不能为改革而改革，更不能做表面文章、摆花架子，必须下大力气、用真功夫，做到“踏石留印、抓铁有痕”。正晓局长在报告中提出的改革措施都很实，各地在推进改革过程中，也要发扬这种“实”的精神，从实际出发，进一步分解细化、拿出实招。

三 关于发展

正晓局长在报告中作出了“加快推进粮食流通能力现代化”的新部署，这是今后粮食流通发展的重要任务，既符合中央关于转方式的要求，也是实现粮食行业可持续发展的客观需要。讨论中大家完全赞同，表示要高标准贯彻落实。

近年来，国内粮食行业在基础设施建设、科技创新等方面下了很大功夫，取得了长足进步，但流通现代化的提升空间还很大，在一些方面与发达国家相比尚有较大差距。仓储方面，现代储粮技术的应用还未普及，“年过半百”甚至“百年老店”式的老旧仓房大量存在。一些仓储关键技术还比较落后。比如，隔热新材料、生物储粮技术的运用，真菌毒素、重金属污染粮食的快速检测和处置等，仍是行业发展的短板。物流方面，目前发达国家和地区散粮运输比例在95%以上，而我们仅有25%左右，粮食物流成本高、损耗大。加工方面，粮油加工装备水平与发达国家相比差距较大，不少加工企业还停留在片面追求“精、细、白”的阶段，不仅导致严重损失浪费，还降低了品质和营养。信息化方面，欧美日没有建这么多仓、存这么多粮，但政府对市场供求动向“拿捏”很准，凭的就是强大的信息化能力。以美国农业部为代表的一批权威粮情预测机构，在运用物联网、云计算、大数据等先进信息技术方面遥遥领先，对全球粮食生产、供应、消费能够精准预测，可以牵住世界粮食市场的鼻子走。比较起来，我们的差距还是不小的。

要消除这些发展差距，推进粮食流通能力现代化，必须按照正晓局长的要求，紧紧抓住“粮安工程”建设这个重要载体，一步一个脚印向前推进。一要抓规划。国家“粮安工程”规划已上报国务院，即将审批印发，各地要搞好与国家规划的衔接。已经制订规划的要对照国家规划抓紧修改完善，不适应的地方要调整，该充实的要充实。还没有制订规划的，要按照国家规划的总体要求，结合实际认真研究制订本地规划，切实发挥好规划的指导作用。二要抓资金。“粮安工程”建设，没有资金不行。这些年国家粮食局向国家发展改革委、财政部积极争取了部分资金，各地也要积极向省里争取配套资金。去年有些省份争取了不少地方财政资金，江苏 31 亿元、吉林 28 亿元、山东 17.5 亿元、黑龙江 13 亿元、四川 8 亿元等。同时，还要善于运用市场手段，通过 PPP 即政府和社会资本合作等模式，积极调动社会资本参与到“粮安工程”建设中来，这也是一项改革。三要抓政策。一方面要把已有的政策用好用足，充分发挥财政性资金的引导作用，带动其他资源投入我们粮食行业。同时，也要动员行业内的力量，支持西部地区、民族地区粮食行业的发展。据反映，中储粮积极支持西藏粮食仓储建设，最近将投入 700 多万元帮助 35 个骨干粮库添置清理筛、输送机、装仓机等设备，并对粮库职工开展技术培训，提高操作能力，推动西藏粮食流通现代化水平上个台阶。另一方面也不能只想到投资，还要把思路打开，在争取税收、土地、贴息等优惠政策上多想点办法、多下点功夫。有时候政策比资金更管用。四要抓科技。要落实创新驱动战略，深入推进“科技兴粮”工程，完善粮食科技创新体系，加快粮食科技创新步伐，搞好新技术的推广应用，大力提高科技与行业的结合度和贡献率。五要抓人才。深入实施“人才兴粮”工程，既要用事业激发人才的创新勇气和毅力，也要重视必要的物质激励，使科研人员“名利双收”，充分激发人才活力和创新动力。

四 关于法治

党的十八届四中全会为什么专题研究依法治国，就因为法治具有规范性、强制性、公平性、程序性。只有依法治国，我们的发展和建设才更可靠、更有效。粮食安全是治国理政的头等大事，理所当然地要用法律这个治国重器来管。我国长期的封建社会，主要靠皇权统治，是典型的人治社会，但早在 2000 多年前的战国时期，魏国制定了“平籴法”，西汉建立了“常平仓”制度，历朝历代都有粮食方面的法律。发达国家也都非常重视涉粮法律建设，澳大利亚 1930 年就颁布了《小麦市场法》，美国 1933 年颁布的《农业法》就有不少条款规范粮食。

为了解决 13 亿人口的吃饭问题，中央早就提出了要守住耕地“红线”，并为此颁布了一系列法律。其实，要确保国家粮食安全，光有耕地“红线”不够，还应设定储备“红线”。红线是什么？是生命线。所以正晓局长提出要依法治粮，用法律手段守住 13 亿人饭碗。

依法治粮必须要完善法律体系。粮食安全责任制是粮食流通改革的重要里程碑，同时也是一种制度安排，具有法律性质。这也是国务院将“省长负责制”改为“省长责任制”的原因。今后一个时期要从制度层面上把粮食安全责任制一条一条落到实处。接着就是粮食法，在正晓局长主持推动下，立法工作有了实质性推进，目前粮食法已纳入明年立法计划。两个《条例》也已开始着手修订。这里要强调的是，各地在粮食立法方面也要有所作为。近几年，地方粮食部门在加快地方粮食法制建设方面取得了不小成绩。比如，广东、贵州颁布实施了粮食安全保障条例；宁夏出台了地方储备粮管理条例；甘肃省兰州市、江苏省无锡市制定了粮食流通监督检查的地方性法规。除地方性法规外，还有30余件地方政府规章和大量的规范性文件，为推动依法治粮提供了法律和制度依据。

依法治粮除了抓好立法，更重要的是按照正晓局长在报告中提出的“五个着力”，学好法、用好法、守好法。学好法，就是各级粮食部门要努力提高法治意识，结合贯彻党的十八届四中全会精神，认真组织开展学法、普法活动，使粮食系统的干部职工真正知法、懂法。用好法，就是各级干部特别是领导干部要从主要依赖行政手段转向法律手段，善于用法治手段调节涉粮的各种利益关系，规范粮食市场行为。守好法，强调的是依法行政首先要自己守法，各级粮食部门要对目前的管理方式、管理手段进行一次清理，不符合法律规定的就要调整转变，有的要限期取消。粮食系统的各级领导干部要带头遵纪守法，加强廉政建设，在依法治粮上发挥表率和模范作用。

五 关于近期的几项重点工作

岁末年初，大家回去后，除了搞好这次会议精神的传达贯彻外，近期要重点做好以下几项工作。

一是认真做好安全生产工作。针对近来全国安全事故多发的情况，习近平总书记和李克强总理多次作出重要指示。1月6日国务院专门召开电视电话会，对2015年和近期的安全生产工作作出了全面部署。去年全国粮食系统发生安全事故20起，死亡19人，其中央企9人。各级粮食部门千万不能麻痹大意，要按照会议要求，认真学习习近平总书记、李克强总理关于安全生产工作的重要指示，汲取近期发生的重大安全事故的教训，全力抓好当前安全生产工作。要按照中办、国办〔2015〕1号联合发电和“管行业必须管安全，管业务必须管安全，管生产经营必须管安全”的要求，切实落实安全生产的企业主体责任，迅速开展安全生产大检查，加强对露天储粮、“危仓老库”储粮等的安全管理，彻底排查整治安全生产隐患。建立“黑名单”制度，对安全失信企业在承担政策性任务方面进行惩戒。国家粮食局还将对具体工作要求进行全面布置，并派出督导组对重点省份进行督查。

二是切实抓好秋粮收购。今年秋粮商品量大，大约还有3200亿斤秋粮要收上来，任务相当繁重。当前正值秋粮收购高峰，加之春节将至，正是农民急需卖粮变现的时候。各级粮食部门一定要按正晓局长的要求，认真抓好粮食收购，做到敞开收购、应收尽收、随到随收，确保不出现农民“卖粮难”。要及时兑付卖粮款，一手粮一手钱，决不允许“打白条”，决不能让农民的利益受损。要严格对秋粮收购的监管，防止利用国家收购政策谋取私利，严厉打击“收回扣”等违法违规行为。

三是做好春节和“两会”期间的保供稳价。各地要按照国家发展改革委、国家粮食局《关于做好2015年“两节”“两会”期间粮油市场供应等工作的通知》要求，加强粮源组织调度，做好应急加工和投放准备，确保市场原粮充足和成品粮油不脱销断档。要增加花色品种，满足人民群众对营养健康粮油产品的需求。节日期间，特别要加大粮食质量监管力度，确保粮食质量安全。此外，春节期间各地粮食部门要看望慰问困难职工，切实解决他们的困难。还要严格遵守“八项规定”，加强廉政建设。

四是编制好“十三五”规划。今年是“十二五”收官之年和“十三五”规划编制年。按照“两步走”发展战略，2020年要全面建成小康社会。因此，编制实施好“十三五”规划具有特殊重要的意义。国家粮食局将在系统总结“十二五”规划实施情况的基础上，编制粮食行业“十三五”规划。各地要搞好与国家规划的衔接，因地制宜编制好本地“十三五”规划。要组织力量加强对重点难点和关键问题的研究，提高规划编制的质量。

总结会议的目的是为了促进会议精神落地。以上我从贯彻会议精神的角度谈了一些看法，不妥之处，请批评指正。

谢谢大家！

在国家粮食局司室单位机构职责调整工作通报会上的讲话

国家粮食局党组成员、副局长　曾丽瑛

2015 年 8 月 20 日

同志们：

我局司室单位机构职责调整工作从前期准备到印发“三定规定”，历时近一年，现已基本结束。今天，我受局党组委托，向大家通报这次机构职责调整情况，并对全面落实“三定规定”和履职尽责提几点要求。

一　机构职责调整基本情况

（一）机构职责调整的过程

2014 年下半年，局党组按照国务院机构改革和职能转变的要求，着手研究内部机构职责调整相关工作。今年初，决定正式启动司室单位机构职责调整后，人事司在认真汇总各方面意见的基础上，提出了工作方案初稿，经过“三上三下”，广泛听取意见，5 月 27 日局党组会议原则通过了《国家粮食局司室单位机构职责调整的工作方案》。6 月中旬，在充分沟通的基础上，向中编办报送了《国家粮食局关于调整主要职责和内设机构的请示》，在报批的同时，我局启动了各司室“三定规定”的制定工作，又经过“三上三下”，反复酝酿，形成了上报局党组的送审稿。8 月 4 日中编办印发了《关于调整国家粮食局有关机构设置及职责的批复》。根据中编办批复，8 月 17 日局党组会议讨论通过了各司室“三定规定”，昨天已印发执行。

（二）这次机构职责调整坚持了三项原则，突出了五个方面的重要内容

三项原则包括：

一是全面履职、不留盲区的原则。就是把国务院办公厅印发我局的“三定规定”职责和近些年党中央、国务院赋予我局的全部职责任务进行细化，分解到相关司室单位，确保履行职责不留空白。

二是优化精简、提高效率的原则。从有利于理顺职责关系、提高工作效能出发，将相同或相近职责尽量交由一个司室单位承担，防止职责交叉和分散，变外部协调为内部协调，着力提高工作效率。同时，针对有关司室、处室任务过重的情况，适当调整了有关司、处的职责和机构设置，避免工作任务畸轻畸重。

三是依法行政、有利监督的原则。从加强党风廉政建设、在制度上防止不正之风的角度出发，对制定政策和执行政策需要分开的职责，按照依法行政的要求，将职责分解到不同司室单位，形成相互配合、相互监督的关系。

五个方面的重要内容包括：

一是履行好党中央、国务院赋予的新任务，增加由我局承担的职责。二是从有利于统一管理出发，将一些分散在各司室的职责整合起来。三是从有利于监督和充分发挥各司室单位职能优势的角度出发，将有关职责分解到相关司室单位。四是从理顺关系出发，对有关司室单位职责进行调整、划转。五是根据粮食流通工作新形势需要，强化部分职责。

根据各司室单位职责调整情况，相应调整了机构设置，将财务司更名为规划财务司、流通与科技发展司更名为仓储与科技司，人事司从办公室划出，与机关党委合署办公。在调整司室机构的同时，也根据工作需要和各处室职责情况，对部分处室进行了更名，撤销和增设了部分处室。

二　这次机构职责调整意义重大，必将促进我局履职能力和水平的全面提升

（一）这次机构职责调整体现了中央关于深化行政体制改革精神，是我局职能转变的重大举措

党的十八大以来，以习近平同志为总书记的党中央对深化行政体制改革提出了明确要求。十八届二中全会指出，转变政府职能是深化行政体制改革的核心。2013 年新一届政府成立伊始，就积极推进机构改革和政府职能转变，印发了《国务院机构改革和职能转变方案》，整合加强了卫生和计划生育、食品药品、新闻出版和广播电影电视、海洋、能源管理等机构，并且相应制定了有关部门的“三定规定”，2013 年 12 月，中编办印发了国家发展改革委的职责调整意见。作为委管国家局，近年来，我局按照国务院工作部署，主动加快转变部门职能，加强和改善粮食宏观调控，减少微观管理，转变管理方式，简政放权，推进落实地方政府粮食安全的主体责任，充分发挥市场在资源配置中的决定性作用，大力推进行政审批制度改革和投资审批改革，取消了一批行政审批事项等，职能转变工作取得了实效。这次机构职责调整，我们将前期改革成果以制度的形式固定下来，同时，针对我局在部门职能转变方面需要改进的问题，一并进行系统梳理，从制度层面提出了解决办法。

（二）这次机构职责调整体现了适应经济发展新常态的要求，是我局主动作为、全面履职的基本条件

随着我国经济发展进入新常态，宏观经济形势对粮食市场的影响显著加深，粮食生产和消费正在发生深刻变化。粮食供求总量紧平衡与部分品种阶段性过剩的矛盾比较突出，粮食高产量、高收购量、高库存量“三高”叠加，个别品种阶段性过剩特征十分明显。国内粮价与国际粮价倒挂，价格逼近“天花板”，而国内粮食生产成本“地板”不断抬高，托市价格面临双重挤压，现行粮食收储政策体制面临前所未有的挑战和考验。进口粮食数量持续增长，适度利用国际粮食资源与进口粮食冲击国内市场的矛盾日益凸显。2013 年下半年，习近平总书记提出了建设“一带一路”战略构想，粮食行业如何主动作为，积极融入国家战略中，发挥应有作用，是摆在我们面前的重大课题。2013 年中央农村工作会议要求全面实施国家粮食安全新战略，随后出台了一系列政策措施，赋予了我局新的工作职责和任务。这些新形势、新情况、新问题，要求我们的宏观调控更加精准，收储机制和库存监管要进一步创新，开展国际合作要更加积极主动。在粮食管理体制和人员编制不变的情况下，我们就是要通过转变职能、改善管理、挖掘内部潜力的方式，建立一个权责统一、运转高效的机构体系来推动各项工作，以更好地适应国家经济发展形势的需要。

（三）这次机构职责调整体现了依法治粮的要求，是粮食法制建设的重要内容

党的十八届四中全会作出全面推进依法治国的重大决定。今年初全国粮食流通工作会议，明确

把全面推进依法治粮、建设法治粮食，作为当前和今后时期粮食部门贯彻落实全面推进依法治国战略部署的一项重大任务。依法治粮，首要一点是粮食行政管理部门要依法行政，而依法行政的前提是坚持职权法定原则，依法制定部门“三定规定”，明确部门的职责边界，为“法定职责必须为”“法无授权不可为”提供依据。这次机构职责调整，不仅对我局的司室单位职责进行了内部划转，而且把党中央、国务院有关文件赋予我局的新职责体现到了“三定规定”中，把不符合我局职责定位的工作相应作出了调整，把已取消的职责从中删除，为我局全面履职、准确履职、依法履职提供了遵循。

（四）这次机构职责调整体现了党的群众路线教育实践活动成果，是破解我局职责运行难题的有效手段

我局2009年制定的各司室“三定规定”已有6年多时间。这些年来，粮食工作形势和我局的职责定位都发生了较大变化，各司室“三定规定”已不能满足工作需要。比如，有的司室、处室之间工作任务不平衡，忙闲不均的情况不同程度的存在；有的工作人为分成几个环节，增加了协调难度，不利于工作的统一管理；有的行政审批事项从制度制定、组织实施到监督检查都由一个单位负责；有的职责存在明显交叉或空缺，推诿扯皮或找不到单位负责的情况时有发生；也有一些职责，国务院已有文件明确规定，我局一直承担，但“三定规定”并没有体现；等等。这些问题影响了工作效率和职责履行。在党的群众路线教育实践活动中，一些司室单位和干部也反映，希望局里能尽快调整工作职责、理顺关系，尽快修订“三定规定”。局党组对此十分重视，将机构职责调整作为我局党的群众路线教育实践活动的一项重要整改内容，制定了时间表，明确了责任人。随后，局党组多次召开会议，研究机构职责调整事项，在广泛听取意见的基础上，最终确定了这次机构职责调整的内容。

三 按照“三严三实”要求，扎实做好工作交接，全面履行各项职责

（一）加强督促落实，平稳完成工作交接

各单位要继续发扬相互支持、密切配合、以大局为重的精神，扎实做好工作交接和“三定规定”的落实。在这里，我要提一下流通与科技发展司和财务司。这次调整，发展司的编制行业发展规划和粮食流通设施建设等职责划入了财务司，应该说这些职责任务都很繁重。但不管是前期制订调整工作方案还是后期工作交接，两家单位都服从大局、服从局党组的决定，没有任何怨言，特别在工作交接时，正值国家新增“粮安工程”建设项目，时间要求紧、任务重、头绪多，但他们通力合作，顺利平稳地完成了交接，工作没有受到任何影响，这是难能可贵的，大家要向他们学习。下一步，对于根据机构职责调整工作方案，已经提前完成工作交接的司室单位，要仔细梳理，看是否交接到位，是否符合新“三定规定”；正在交接或还没有交接的司室单位，原则上要在“三定规定”印发后一周内完成工作交接。涉及职责调整的司室单位要抓紧时间、主动对接、如期完成，并由划入工作职责的司室单位将移交情况书面告知人事司。在移交过程中，对尚未完成的工作，如确需由原司室单位继续处理的，经双方协商同意后，由划入工作职责的司室单位列明清单，注明预计完成时限，送人事司备案。总之，划出工作职责的司室单位要耐心细致地做好移交工作，并给予必要的指导和帮助，扶上马送一程，划入工作职责的司室单位要积极准备，无缝对接，决不允许工作上出现“真空”“断档”的现象，更不能因为机构职责调整而影响重点工作的推进。

各单位要周密安排，落实责任，特别是一把手要作为第一责任人切实履行职责，组织本单位抓好

落实。人事司要加强指导，对各单位工作移交情况进行督促落实、总结评估，看是否达到预期目的，并向局党组报告。办公室作为机关工作制度和运行机制改革牵头单位，要注意了解发现新“三定规定”在运行中，还存在哪些机制不顺的问题，并提出有针对性的措施，规范职责运行；机关党委要把机构职责调整落实情况，作为各支部和党员干部践行“三严三实”的一项重要考核内容。

（二）加强干部队伍建设，提高履职能力水平

职责调整后，局党组将根据各单位的机构职责调整情况，加强干部调配，确保履职所必需的人员力量。选用干部，不仅是局党组的事，也是各单位的职责所在，大家要开阔视野，集思广益，努力发现人才，用好人才，共同做好人才优化配置这篇文章。近几年来，我局通过加强机关事业单位干部交流，大力使用优秀年轻干部，充分发挥各年龄段干部积极性，积极选派干部挂职锻炼和开展“接地气，察实情”实践活动，在重点工作中培养锻炼干部，干部能力素质得到了很大提高，干部事业心、责任感明显增强，工作积极性、主动性得到充分发挥。使用人才，首先要从内部挖掘、调剂解决，如内部实在没有合适人选，再从外面挑选。职责调整后，一些干部将承担新的工作任务，即使从事原来的工作，工作内容、方式方法、要求标准也都发生了较大变化。这就需要我们加强学习，努力提高履职的本领。各单位要给干部压担子，积极为干部的业务学习创造条件。每个干部都要激发内在动力，把这次调整工作作为充实、完善、提高自己的一个契机，作为展示自己才华的一个舞台，作为组织对自己思想作风、政治素质、党性观念、能力水平、组织纪律的一次全面考验。

（三）结合“三严三实”专题教育，加强作风建设

“三严三实”是我们修身用权律己的基本遵循、干事创业做人的行为准则，专题教育学习效果怎么样，都需要在实践中检验。这次调整机构职责，是我局为了更好地完成党中央、国务院赋予的职责任务，根据面临的实际困难和挑战，所采取的实实在在的措施，体现了“严”和“实”的要求，各单位也要坚持和发扬崇“严”尚“实”的优良作风，以严的要求、实的作风来落实“三定规定”职责，否则，我们的“三定规定”写得再好、职责划分得再合理，也只是一纸空文。目前，我局“三严三实”专题教育现已进入第二专题学习，第二专题的核心是严于律己，严守党的政治纪律和政治规矩，做政治上的“明白人”。具体到我们这项工作，就是要求大家把思想统一到中央的决策部署、统一到局党组的工作要求上来，讲政治、顾大局。特别是随着职责的调整，一些干部的岗位也会发生变动，个别同志思想上难免会出现波动，各司室单位要深入细致地做好政治思想工作，干部个人也要正确对待，服从组织安排。本月初，正晓同志在青年干部“三严三实”专题教育交流会上，对青年干部提出了以“三严三实”铺垫人生底色、铸就行事作风、引领成长历程的希望。我想，这不仅是对青年干部的要求，也是对所有干部的要求，希望全局同志努力践行“三严三实”，强化服务意识，改进工作作风，提高工作效率，坚决杜绝“为官不为、为官乱为”的问题，做“忠诚、干净、担当”的好干部。

同志们，这次机构职责调整是我局贯彻落实中央关于机构改革和政府职能转变精神、全面履行新时期的粮食流通管理职责、提升依法行政能力的一次重大行动，尽管现在已经取得阶段性成果，但下一步履行职责的任务更重，需要我们进一步强化责任意识，改进工作作风，狠抓工作落实，确保工作取得实效，确保粮食流通各项工作顺利完成！

在全国粮食监督检查工作会议上的讲话

国家粮食局党组成员、副局长　吴子丹
2015 年 4 月 2 日

同志们：

这次全国粮食监督检查工作会议是经国家粮食局党组批准召开的。主要任务是，深入贯彻党的十八大和十八届三中、四中全会及中央经济工作会议、农村工作会议精神，贯彻落实全国粮食流通工作会议部署要求，分析形势，交流经验，研究部署 2015 年工作任务。

去年，全国粮食监督检查系统紧紧围绕粮食流通中心工作，尽职尽责，敢于担当，圆满完成了各项检查任务，尤其是服务宏观调控、提升监管能力、整治“转圈粮”、查处“打白条”等重点工作，有声有色，成绩突出，有力维护了国家粮食安全。广大监督检查干部职工成为守护国家粮食安全，维护粮食生产者和消费者权益的哨兵卫士，在此，我受正晓局长委托，代表国家粮食局党组向与会代表、向全国粮食监督检查系统的同志们表示诚挚的慰问和衷心的感谢！

文先同志即将向大会作工作报告，对去年工作进行总结，对今年重点工作作出具体部署。今年是全面推进依法治粮的开局之年，是继续贯彻实施国家粮食安全战略、深入推进粮食流通改革转型和创新发展的关键之年，也是经济新常态下粮食工作回归省长责任制、重构国家粮食安全治理体系和治理能力现代化的起步之年，粮食监督检查工作的环境发生了深刻变化，面临的形势既充满机遇，也存在挑战，监督检查工作任务十分繁重。为开好这次会议，做好今年工作，我讲三点意见，供同志们在这次会议上讨论和今后工作中参考。

一　从经济新常态看粮食新常态和粮食监督检查工作的新常态

习近平总书记在年前中央经济工作会议上对我国经济发展进入新常态进行了深刻的阐述，专家学者对新常态的“中高速、优结构、新动力、多挑战”等主要特征也有很多解读。我理解经济新常态，在多个方面与粮食工作密切相关，包括：发展速度换入“中档”之后，土地、资本、人口等要素规模驱动和投资驱动的力量减弱，经济增长将更多依靠创新驱动；基础设施互联互通和新技术、新产品、新业态、新商业模式大量涌现，需要更多通过发挥市场机制调节产业发展结构；农业生产的规模化、专业化将成为我国现代农业产业组织新特征；随着城镇化速度加快，消费超过投资成为需求主体，大宗商品需求持续趋缓，个性化、多样化消费渐成主流；转型期一些不确定风险显性化，金融风险、粮食安全、食品安全风险等等，都需要高度关注、积极化解。新常态的许多方面都将对粮食生产组织、经营模式、消费结构和管理方式产生深刻影响。相应的，粮食流通也呈现出一种新的常态。包括：高产量、高收购、高库存“三高”叠加现象还将持续；受经济放缓消费不足和居民口粮消费方式转变的影响，粮食长期紧平衡与阶段性、结构性过剩并存的现象还将持续；世界经济低迷与油价暴跌导致进口粮食对国内市场的冲击加剧；托市价格受双重挤压与保护农民利益的矛盾使惠农政策的实施方式进入调整期；粮食生产的组织方式演进加快，伴随粮食流通市场主体多元化速度加快；粮食生产方式调整带来企业收购、经营方式的调整加快；粮食加工转化成为粮食需求调节器的作用逐步显现；新形势下粮食宏观调控压力加大，依法治粮、依法管粮必将持续深化；等等。

粮食新常态这多个方面的内容，使监督检查面临的形势更加复杂，突出表现在政策性粮食收储的监管环境发生深刻变化，如粮食库存特别是政策性粮食库存增加的情况还将持续，监管难度增加；中储粮作为唯一政策执行主体的地位逐步发生变化，地方政府参与政策性粮食收储的力度增强、责任加大；中央企业和民营企业广泛参与，使企业信用体系的建设日益重要；低收高转、转圈粮、买陈抵新、出库难等违规诱因增加，使监管技防手段的实施更加迫切；高库存使得粮食储存品质控制的难度增加；加工企业参与调控和食品安全不达标粮食的流程监管带来新的监管课题；等等。粮食监督检查如何适应上述新的形势和环境变化，主动作为，是当前各级粮食监督检查部门必须冷静思考和认真对待的问题。

各级粮食部门必须充分认清和适应新常态下监督检查工作面临的复杂形势和多变的环境，进一步增强忧患意识，坚持底线思维，确保饭碗牢牢端在自己手上，当前要坚决守住三条监管底线。

一是坚决守住粮食库存安全的监管底线。针对当前粮食库存总量大、露天储粮多、库点多元化等新情况，要突出抓好库存粮食监管特别是政策性粮食库存监管。要坚决杜绝转圈粮，决不允许发生空库、亏库、账实不符问题，坚决守住数量真实、质量良好、储存安全的底线。今年国家局改进了库存检查方式，选择部分地区进行重点核查。各地也要灵活运用随机抽查、专项检查、突击检查等多种方式，充分运用全国粮食仓储设施专项调查成果，学习江苏等省的经验，运用粮食库存识别代码加强库存监管。条件成熟的地区可借鉴山西、广东等省采取购买社会服务等方式，委托会计师事务所等专业中介组织参与检查政策性粮食的账务，提高库存检查效能。

二是坚决守住保护种粮农民利益的监管底线。毫不走样地执行国家粮食收储政策，不折不扣地落实国家惠农政策，是粮食部门必须严格坚守的政治纪律和政治规矩，监督检查部门要强化加强最低收购价、临储收购政策执行情况的监督检查，严格检查粮食惠农政策的落实，确保种粮农民售粮方便，结算及时，增收得实惠。决不允许给农民打白条，确保不出现农民“卖粮难”。粮食主产区均建立了地方粮食部门、农业发展银行、中储粮“四个共同”的收储机制，效果较好。通过保护农民利益，调动农民种粮积极性，维护国家粮食安全。

三是坚决守住维护区域粮食市场稳定的监管底线。市场稳定、价格稳定，广大人民的生活就有基本保障。市场粮油食用安全是人民群众最实际、最现实的民生问题。要按国务院建立健全粮食安全省长责任制若干意见的要求，进一步落实在地监管责任，指导和督促粮食经营企业、加工企业严格执行最低最高库存制度，加强政策性粮食销售出库检查，严肃查处拖延阻挠出库等违规行为，配合有关部门严厉打击粮食走私和囤积居奇、以次充好、掺杂使假等扰乱市场秩序行为。河北对政策性粮食竞价销售出库实现全程监控，河南整治“出库难”力度进一步加大，我们就要采取这样有力措施，确保粮食市场和价格基本稳定，确保市场粮油食品卫生安全，确保让人民群众吃上“放心粮”。

二　用法治意识法治思维法治方式抓监督检查工作

党的十八届四中全会作出了全面推进依法治国的重大决定。全面推进依法治粮、建设法治粮食，是当前和今后时期粮食部门的重大任务。正晓同志在今年全国粮食流通工作会议上的讲话对厉行法治、依法治粮、依法管粮用了很大的篇幅，明确提出了全国粮食行业厉行法治、依法治粮的总任务，即全社会依法治粮、粮食行业依法管粮、粮食行政机关依法行政、粮食干部职工依法履职、粮食市场主体依法经营。为了更好落实这个总任务，监督检查部门要用法治意识审视粮食流通监管问题；法治思维凝聚粮食流通监管共识；法治方式营造粮食流通监管环境；法治办法破解粮食流通监管难题；法治规范保障粮食流通监管成果。这就要求我们在思维方式上，要实现由传统思维向法治思维转变；在行为方式上，要实现由以行政监管为主向以依法监管为主转变；在监督方式上，要实现由单向监管向双向监督、多维度监督转变。

从一定程度上讲，粮食监督检查工作的能力和水平代表着粮食系统厉行法治、依法治粮的水平，这既是我们的荣耀，也是艰巨的考验。近些年，各级粮食部门在依法行政、依法管粮上进行了积极的探索和实践，摸索出了一些路子，与我们自己比，取得了不小的成绩，但与其他行业相比，我们也还有很大差距。有的地方认为实施监督检查，会影响粮食流通效率，粮食法治意识不强；有的地区粮食部门仍然政企不分，干扰企业正常的生产经营，重指导经营，轻监督管理，执法主体意识不强，甚至搞选择性执法；有的执法人员怕麻烦、怕责难、怕出错、怕担过，甚至存在怠政懒政现象。出现这些问题的原因是多方面的，既有我们自身思想意识转变不够到位、政策和业务素质不高的因素，也与粮食政策法规不健全，粮食流通管理体制机制没有完全理顺，依法履职有难度有关。无论哪种原因，都很大程度上制约了监督检查工作的深入开展，也使社会对依法管粮的效果提出质疑。

现在网络社会信息扩散快，公众情绪燃点低，社会矛盾容易叠加爆发。粮食问题特别是粮食收购、储存等环节发生的问题历来都是公众关注的焦点问题，也是社会矛盾激化的触发点。去年以来，个别地区因拖欠农民售粮款未妥善处理造成群众围堵粮库、政府机关的事件值得我们警醒和反思。因此，做好粮食监督检查工作，实施依法管粮，不仅关乎国家粮食安全、粮食流通正常秩序，也关系到维护社会公共安全、公平正义，对此必须有清醒的认识和高度的警觉。各地要把全面推进依法治粮、建设法治粮食，作为粮食监督检查工作的重大任务，在推进依法管粮的过程中处理好以下关系。

一是处理好依法监管与促进发展的关系。粮食监管的根本目的是促进粮食生产，维护经营者、消费者的合法权益，维护粮食流通秩序，保障国家粮食安全。要把依法监管与粮食流通产业发展有机统一起来，立足监管，着眼发展，明确监管的目的，讲究监管的方式方法。既要坚决制止以强化监管为由，人为设置障碍影响粮食流通发展；又要切实防止在促进粮食流通发展中放松监管，法定职责必须为，法无授权不可为。这就要求粮食监督检查部门充分发挥职能作用，在促进发展中体现监管职能，又通过加强监管实现促进经济发展、社会和谐的目的。

二是处理好依法监管与服务企业的关系。监管也是服务，我们不可与监管对象对立起来，要在提高监管质量的同时，把服务寓于监管中去。要通过监管来指导和帮助企业提高经营管理水平。切实加强粮食流通法规政策宣传，及时向企业提供政策业务咨询，把监督检查队伍打造成一支维护国家粮食安全的执法队、普及国家粮食方针政策的宣传队和帮助企业解决实际问题的工作队。要推动监管与服务的有机融合，着眼于营造公平竞争的市场环境，维护良好的粮食市场秩序，提高粮食企业软实力。要加快信息化建设，提升监管执法现代化水平。加强层级监督和外部监督，建立多主体、多层次、多渠道、多形式的监督体系。同时要树立良好的执法形象，努力做到文明执法、公正执法、廉洁执法、高效执法，做到忠于职守不越位，监管到位不缺位。安徽省推进说理式执法文书，督促执法做到晓之以法、以理服人，在规范执法、缓解矛盾方面进行了积极探索。

三是处理好独立监管与部门协调的关系。按照国务院对有关部门的职能分工，粮食流通监管工作由粮食、工商等多个部门根据职能分工负责。各部门均为监管主体，拥有独立的执法权。各部门之间既有分工，也有协作，相互配合，粮食监督检查工作要在依法履行好本部门法定职责的同时，加强与有关部门的沟通协调，整合粮食监管信息资源，共同维护粮食流通秩序。各地也作了很好的探索，苏鲁豫皖四省八市、东北三省一区毗邻地区加强粮食监督检查协作，强化信息共享，开展联动协查，实现了协防共管。要注意两点，一是要发挥粮食行政管理部门的积极主导作用，主动推进部门协作。二是要信息共享。今年我们将加快推动建立全国统一的粮食经营者信用体系，引入社会征信机构信用评级管理，采用大数据和云抓取技术采集各个部门的诚信监管记录，对各类粮食企业的信用状况实行分类分级管理，褒扬诚信，惩戒失信，努力提高企业守法经营意识。目前，安徽、江苏两省信用体系建设走到了全国前列，希望各地也要迎头赶上。

三　要以落实省长责任制为契机全面提升粮食安全治理能力

去年底国务院出台《关于建立健全粮食安全省长责任制的若干意见》，从强化粮食安全意识和责任、巩固和提高粮食生产能力、切实保护种粮积极性、落实和管好地方粮食储备、加强粮食收储供应保障能力建设、引导粮食加工产业健康发展、保障区域粮食市场基本稳定、构建粮食质量安全治理体系、大力推进节粮减损和健康消费等九个方面，明确了地方政府必须承担起保障本地区粮食安全的主体责任，这个文件的出台对调整我国粮食管理体制机制、优化粮食安全治理体系、从总体上提高粮食安全治理能力具有划时代的意义。

国家治理体系和治理能力现代化，是习近平总书记在去年中央党校省部级主要领导干部深化改革专题研讨班上首次提出的。如何更好落实习总书记要求，建立粮食安全省长责任制，完善国家粮食安全治理体系，提升国家粮食安全的治理能力，是我们必须研究的重大课题。尽管新中国 60 年来粮食管理取得了丰富的实践经验，形成了一些富有特色的国家粮食安全治理措施，但粮食流通行业要形成一套更加成熟、更加定型的治理体系还有很长的路要走，我们的粮食流通组织体系、粮食法律体系、粮食政策体系和粮食规则制度体系，总体上还处于初步发育的稚嫩时期，粮食行政管理架构改革还没有完全到位，中央与地方粮食管理事权划分还不够清晰，企业组织管理体系还在进一步演化，粮食法立法工作还在推进过程中，政策法规体系和制度规则体系还需进一步完善到位，在这样的粮食安全治理形势下，提升国家粮食安全的治理能力，推动治理能力的现代化，既要搞好顶层设计，还要鼓励地方摸着石头过河，进行先行先试。就粮食安全保障的治理能力而言，当前，最为重要的是五个能力，即生产能力、储备能力、流通能力、调控能力和监管能力，粮食监管能力建设又直接关系到前面的四个能力的落实。

在当前形势下，监管能力建设要在政企分开的基础上，以完善监管法规、健全监管体系、重塑监管机制为改革重点，着力解决好粮食监管工作中存在的体系不完善、依据不充分、权责不对等、责任不明确、保障不落实，以及监管手段、工作方式过于单一等问题，建立横向到边、纵向到底、标本兼治、权利责任对等的监管网络。

各级粮食部门要着眼于提升粮食安全治理能力，全面贯彻执行好国务院出台的建立健全粮食安全省长责任制的若干意见，用好这把“尚方宝剑”，从考核体系、组织管理、技术支撑等方面，全面加强监督检查工作。

在考核体系层面，要发挥考核指标的“指挥棒”的作用，国家局已经下发了指导意见，各地都要主动做工作，把监督检查工作纳入各级政府首长的责任制监督考核的重要范畴。考核理念上增强导向性，指标上增强可操作性，在强调稳定和壮大监督检查机构、充实检查人员、保障检查经费的同时，鼓励各地因地制宜创新检查方式、提高监管效率，把考核结果作为评价监督检查工作优劣的重要依据，以点带面，层层传导压力，推动监督检查工作水平不断提高。

在组织管理层面，要按照建立省长责任制要求，形成各级监督检查机构的核心业务和主攻方向。国家局在指导和监督地方粮食监督检查工作的同时，以库存检查为主线，以直接监管中央储备粮为重点；省级粮食部门要以粮食流通政策执行情况的监督为主线，以监管地方储备粮和其他政策性粮食为重点；市县粮食部门要以社会粮食流通管理为主线，以粮食购销市场监管为重点。与此同时，要克服各种困难，做到监督检查职能、机构、人员“三落实”。在此基础上，逐步形成全国完整的粮食监督检查工作体系，为做好粮食监督检查工作提供可靠的组织保障。

在技术支撑层面，各地要以远程监控系统建设为切入点，逐步实现对政策性粮食库存数量、质量、储存安全，以及粮食购销政策执行情况进行在线监控和即时监管。要以粮食库存识别代码技术应用为重点，配合国家局的动态信息系统建设，建立政策性粮食远程监控信息平台。在去年江苏、山东等省识别代码试点阶段性成果的基础上，从分解登统功能入手，紧扣粮食收储购销轮换流程，优化技术方案，把重点转移到数量监管、质量监管等具体功能研究和应用上来，为粮食部门履行好监管职责提供技术支撑。他们的经验要在会上好好交流讨论。黑龙江省粮食库存量巨大，经济和技术也不是最发达的，但是也实现了政策性粮食收购的计算机管理和对收购库点的实时监控。黑龙江省能做到，其他省也不应做不到。

同志们，一分谋划，九分落实。2015 年，面对新形势、新任务、新挑战，各地粮食监督检查部门要以更加饱满的热情，更加创新的精神，更加扎实的作风，紧紧依靠当地党委政府的领导和支持，履行好维护国家粮食安全的重大使命，为新形势下粮食监督检查作出新的更大贡献！

在全国粮食系统纪检组长座谈会上的讲话

国家粮食局党组成员、驻局纪检组组长 赵中权
2015 年 2 月 6 日

同志们：

这次会议的主要任务是：深入学习贯彻习近平总书记的重要讲话和十八届中央纪委第五次全会精神，按照全国粮食流通工作会议对党风廉政建设和反腐败工作的部署和要求，总结交流 2014 年党风廉政建设和反腐败工作，研究讨论 2015 年的主要工作任务。

下面，根据大家的讨论发言，我再讲三点意见。

一 2014 年全国粮食系统纪检监察工作取得新进展

2014 年各级粮食部门纪检监察机构认真贯彻落实党的十八届三中、四中全会和十八届中央纪委第三、四次全会精神，在各级粮食部门党组的重视支持下，按照转职能、转方式、转作风的要求，切实履行监督执纪问责职责，积极推动各级粮食部门落实党风廉政建设"两个责任"，加强对执行中央八项规定精神情况的监督，驰而不息纠正"四风"，党风廉政建设和反腐败工作取得了新进展。

（一）严明党的纪律，党员干部遵纪守纪意识进一步增强

各级粮食部门纪检监察机构深入落实习近平总书记和中央纪委第三次全会关于严明政治纪律、组织纪律的要求，坚持把党的纪律作为对党员干部教育的重中之重，采取多种形式，教育引导党员干部提升党的纪律观念，提高遵守纪律的自觉性。国家粮食局在全局党员干部中开展了以知纪、守纪、执纪为主题的"党的纪律学习教育月"活动，着重解决党员干部中知纪不深、守纪不够、执纪不严的问题，有效推动了机关作风转变。湖南省粮食局开展"党纪条规教育年"活动，运用一堂党纪党课、一轮警示教育、一场专题辅导报告、一组专题讲座、一套学习资料、一次知识测试等形式，切实筑牢党员干部党纪条规防线。青海省粮食局集中 3 个月时间，开展了严肃政治纪律、工作纪律专项整治活动。新疆维吾尔自治区粮食局结合民族团结教育月活动，开展以"自我查找、自我提高"为主题的政治纪律教育，切实增强了党员干部的政治敏锐性、政治鉴别力、政治执行力和维护祖国统一、维护社会稳定的政治责任感。福建省粮食局制定了领导干部述职述廉制度、廉政法规考试制度、廉政谈话制度等廉洁从政"三项制度"，督促领导干部依法行政，提高廉洁从政意识。广东省粮食局狠抓制度完善，结合党风廉政建设新形势，修订制定 16 项廉政制度，党风廉政建设制度体系进一步完备。

（二）积极推动各级粮食部门党风廉政建设"两个责任"的落实

各级粮食部门纪检监察机构坚持把推动和督促粮食部门各级党组织落实党风廉政建设"两个责任"作为全年的工作重点来抓。福建、甘肃等省粮食部门纪检监察机构积极推动驻在部门制定落实党风廉政建设主体责任的意见措施。北京、天津、河北、浙江、广西、青海、云南、贵州、辽宁等省区市粮食部门纪检监察机构，协助本部门党组（党委）与各级党组织和党员领导干部签订党风廉政建设责任

制承诺书，并对落实情况进行跟踪检查，层层分解责任，传导压力，充分发挥基层党组织在落实党风廉政建设主体责任中的“第一阵地”作用，把党风廉政建设主体责任压到每一位党员领导干部的肩上。黑龙江、河南、四川、湖北、内蒙古、福建等省区粮食部门，在制定落实党风廉政建设主体责任的措施意见同时，制定了落实党风廉政建设监督责任的具体措施，进一步厘清责任，明确分工。山西省粮食局纪检组监察室加强对机关纪委和专职纪检专员办案工作的督促和指导，提升了监督执纪合力。宁夏回族自治区粮食局纪检组监察室督促5市粮食局配备了纪检组长，纪检监察队伍力量进一步增强。

（三）加强对中央八项规定精神执行情况的监督检查，严防“四风”反弹回潮

加强对中央八项规定精神执行情况的监督检查，及时掌握党员干部遵守八项规定精神的动态情况，对发现的苗头性、倾向性问题，及时提醒、严肃查处。江西省粮食局开展拒收“红包”警示教育活动。湖北省粮食局纪检组监察室对机关工作纪律和工作作风进行7次明察暗访，书面通报16名违纪工作人员。驻山东省粮食局纪检组监察室认真抓好正风肃纪工作，开展了“庸懒散”和“厉行勤俭节约、反对铺张浪费”专项治理。坚持一个一个节点下通知、发信号、早提醒、出重拳、用狠劲，下大力气正风肃纪。针对“五一”“中秋”“国庆”“元旦”“春节”等重要节点，专门提醒，严明纪律、强化监督，组织力量对节庆期间的中央八项规定精神执行情况进行抽查，对顶风违纪行为，发现一起严肃查处一起，点名道姓公开曝光。陕西省粮食局组织开展“五个一批”廉洁过节专项行动，对党员干部廉洁过节和节日值班情况进行抽查暗访。湖北省局纪检组监察室在端午节前，紧急约谈1名准备在节日期间违规操办女儿婚宴的处级领导干部，防止了违规问题的发生。河南省粮食局纪检组监察室通过局域网信息平台发送节日廉政提醒短信620余人次，并在国庆期间组织暗访组，对省局周边餐饮场所进行明察暗访，有效防范了节日期间不廉洁行为的发生。

（四）强化监督执纪，为全面深化粮食流通领域改革、确保国家粮食安全提供有力保证

各级粮食部门纪检监察机构围绕落实中央和国家重要决策部署、遵守党的政治纪律、执行民主集中制、选拔任用干部、“三重一大”事项等情况，开展了监督检查。会同粮食部门监督检查机构严查处了“打白条”“压级压价”“克斤扣两”等行为，切实保护种粮农民利益；开展了“转圈粮”专项整治行动，全国共检查政策性粮食委托收储库点10313个，中央储备粮承储企业1530个，地方储备粮承储企业数4510个，出动检查人员44340人次，严肃查处了黑龙江虎林市迎春双盈储运有限公司虚假收购骗取补贴等6起违规违纪案件，确保了国家的粮食库存安全。加强对选人用人工作的监督。国家粮食局组局约请2014年以来的33名新任司处级领导干部进行集体廉政谈话，局党组书记、局长任正晓出席，并对新任职干部提出了廉政要求。吉林省粮食局纪检组监察室严把考核任用廉政关，分别对1名拟提拔干部、拟推荐为全国粮食系统先进集体和个人的1个市级粮食局、2个县级粮食局和1名个人，实行了“一票否决”。加强对廉政风险防控措施执行情况的监督，并把整治公款送礼、公款吃喝、奢侈浪费等问题，作为廉政风险防控检查考核工作的一项重要内容。加强对工程项目的监督。国家粮食局组局对河北、甘肃、陕西等省农户科学储粮项目落实情况进行了检查调研。辽宁省农委纪检组监察室对全省惠农资金使用情况进行专项检查。甘肃省粮食局纪检组监察室对在省储轮换和仓储设施建设项目招投标中，存在问题的单位负责人进行了约谈，对7个方面33个问题进行了集中整改。黑龙江省粮食局纪检组监察室对粮食流通基础设施建设项目进行了专项督查，发现问题168个，下发督查建议书29份，追回项目建设专项资金384万元。

（五）保持高压态势，严肃查办案件

各级粮食部门纪检监察机构聚焦主责主业，完善线索处置和案件查办制度，集中力量不断加大案件查办力度，案件突破能力有了新的提高。去年，全国省级以上粮食部门纪检监察机构共受理举报390件，初核159件，查处违反中央八项规定精神问题4件。国家粮食局组局对反映3名司级干部违反中央八项规定精神违规收受礼品的问题进行认真核查，并给予作出书面检查、按时价退还收受礼品价款、进行诫勉谈话和点名通报的处理。宁夏自治区粮食局纪检组监察室对某市粮食局违纪发放津补贴问题进行严肃查处，给予4名责任人党纪政纪处分。贵州省粮食局纪检组监察室加大对涉粮案件的查处力度，对省储公司某库法人违规违纪问题进行严肃查处。山西省粮食局纪检组监察室统筹系统纪检监察干部力量，实行制定办案和联合办案制度，去年以来累计成立调查组3个，抽调系统内纪检监察专员人员13人次，较好地解决了办案力量薄弱的问题。

（六）转职能、转方式、转作风，强化监督执纪问责

各级粮食部门纪检监察机构认真贯彻落实王岐山同志在纪检监察机关“三转”专题研讨班上的重要讲话精神和《党的纪律检查体制改革实施方案》，结合自身实际，突出重点做好“三转”工作。去年7月，在青岛市召开了全国粮食系统纪检监察机构转职能、转方式、转作风专题研讨会，交流研究思想上如何转、工作上如何转、机制上如何转等重点问题，进一步明确了方向，开拓了思路。会后，各级粮食部门纪检监察机构充分运用会议成果，转变监督理念、创新监督方式，监督实效进一步提升。国家粮食局组局把工作重点转到对领导班子和司级干部的监督上来，强化对领导班子成员权力运行的制约，协助局党组制定下发《关于印发局党组成员廉政风险防控措施的通知》，公布了局党组6名成员的34项工作职权，并根据不同风险级别，制定90条风险防控措施。对11家直属、联系单位党风廉政建设情况进行普遍巡查，了解领导班子廉政情况，对重点项目开支、监管等进行检查。江苏省粮食局纪检组监察室对危仓老库改造工作进行专题调研，要求相关业务处室对资金使用情况、工程建设情况等，明确专人负责跟踪了解，做到廉政风险防控关口前移。重庆市商委纪检组监察室创新建立统计、报告、通报、述廉、督查“五项制度”，采取明察暗访、个别谈话、随机抽查等方式对各处室制度落实情况进行督促检查，取得明显成效。

二　切实把思想和行动统一到党中央对党风廉政建设和反腐败斗争的重要部署上来

十八届中央纪委第五次全会，是在全党深入贯彻党的十八届四中全会精神、全面深化改革、推进依法治国、依规治党的形势下召开的一次十分重要的会议，为我们做好纪检监察工作指明了方向。各级粮食部门纪检监察机构要把学习贯彻中央纪委第五次全会精神作为当前的一项重要政治任务来抓，要从以下4个方面来学习把握：

一是要深刻领会、认真贯彻习近平总书记的重要讲话精神。习近平总书记在中央纪委第五次全会上的重要讲话，站在党和国家全局的高度，充分肯定了一年来党风廉政建设和反腐败工作取得的明显成效，精辟阐述了当前党风廉政建设和反腐败斗争面临的严峻复杂的形势，严厉地驳斥了对反腐败的奇谈怪论，明确提出了今年和今后一个时期工作的总体思路和主要任务。习近平总书记特别强调，要加强党的纪律建设，把守纪律讲规矩摆在更加重要位置。要求全党同志特别是各级领导干部，必须维

护中央权威，决不允许背着党中央另搞一套；必须维护党的团结，决不允许在党内培植私人势力；必须遵循组织程序，决不允许擅作主张、我行我素；必须服从组织决定，决不允许搞非组织活动；必须管好亲属和身边工作人员，决不允许他们擅权干政、谋取私利。这是对各级党员干部的严格要求，每位党员干部都要做政治上的“明白人”，对政治纪律和政治规矩要十分明确、坚定执行。各级粮食部门纪检监察机构，要结合粮食系统实际，切实解决当前党员干部中知规矩不多、守规矩不够、对违反规矩惩处不严的问题。

二是要深刻领会、认真贯彻中央纪委第五次全会精神。王岐山同志的工作报告，提出了做好今年党风廉政建设和反腐败工作的总体要求和要抓好的七项重要任务：即从严治党、依规治党，加强党的纪律建设；深化纪律检查体制改革，推动组织和制度创新；深入落实主体责任，强化责任追究；深入落实中央八项规定精神，驰而不息纠正“四风”；持续保持高压态势，坚决遏制腐败蔓延势头；狠抓国际追逃追赃，把腐败分子追回来绳之以法；落实监督责任，建设忠诚、干净、担当的纪检监察干部队伍。各级粮食部门和粮食纪检监察机构，要组织党员干部特别是领导干部认真学习、深刻领会、准确掌握全会的精神实质和各项任务部署，紧紧抓住党风廉政建设主体责任这个“牛鼻子”，切实增强抓好党风廉政建设和反腐败工作的责任感和使命感，把党风廉政建设的要求贯穿于粮食流通工作各个领域、各个环节。

三是要深刻领会、认真贯彻中央《关于加强中央纪委派驻机构建设的意见》的精神。中央《关于加强中央纪委派驻机构建设的意见》是新形势下深化党的纪律检查体制改革的重要举措和重要实施步骤，是做好派驻工作的指导性文件。《意见》从总体要求、机构设置、监督职能、工作关系、管理保障、组织领导等六个方面，提出了加强中央纪委派驻机构建设的思路和要求。《意见》按照纪检机关“转职能、转方式、转作风”要求，对派驻机构职能进行了重新定位，明确了“督促驻在部门领导班子落实党风廉政建设主体责任，履行对驻在部门党风廉政建设的监督责任；检查驻在部门领导班子及其成员遵守党章和其他党内法规，执行党的路线方针政策和决议，遵守政治纪律和政治规矩，以及贯彻执行民主集中制、选拔任用干部、加强作风建设、依法行使职权和廉洁从政等情况；负责调查驻在部门内设机构、直属单位、省级垂管单位领导班子及成员和司局级干部违犯党纪的案件，参与调查驻在部门领导班子及中管干部违犯党纪的案件；对驻在部门各级领导班子履行党风廉政建设主体责任不力、造成严重后果的，提出问责建议”等主要职责，设定了具体措施权限，进一步理顺了工作关系。《意见》是指导我们派驻机构建设和履职的纲领性文件，各级粮食部门纪检监察机构要认真领会《意见》的精神实质，准确把握《意见》的深刻内涵，按照《意见》的要求，结合粮食系统实际，及时调整职能重心，创新监督方式方法，聚焦监督执纪问责，切实增强派驻机构监督的权威性和有效性。

四是要深刻领会、认真贯彻全国粮食流通工作会议对党风廉政建设和反腐败工作的要求。2015年的全国粮食流通工作会议，将粮食流通工作与党风廉政建设同步进行了部署。局党组书记、局长任正晓同志在讲话时强调，要加强党的纪律建设，严明政治纪律和政治规矩，严肃查处党员干部违反党的纪律的行为；对全面落实“两个责任”，坚持一把手负总责、班子成员“一岗双责”，严格落实“一案双查”制度；强化对“粮安工程”、公益性科研专项等各类重点项目的监督管理，进一步完善项目建设工作程序及监督制度，堵塞腐败漏洞；深入落实中央八项规定精神，锲而不舍、狠抓节点，扩大成果、不断深化，推进作风建设常态化、长效化；切实防止“四风”问题反弹回潮，并对各级粮食行政管理部门抓好各项任务的落实提出了明确要求。各级粮食部门纪检监察机构，要把落实中央纪委第五次全会精神与粮食流通工作会议对党风廉政建设和反腐败工作的部署结合起来，坚持用习近平总书记的重要讲话和中央纪委第五次全会精神来指导、统揽粮食系统党风廉政建设和反腐败工作，推动各项任务的落实，为粮食流通工作持续健康发展提供有力保证。

三 2015 年全国粮食系统党风廉政建设和反腐败工作的主要任务

2015 年是全面推进依法治粮、加快法治粮食建设的开局之年，是继续贯彻实施国家粮食安全战略、深入推进粮食流通改革转型和创新发展的关键之年。全国粮食系统党风廉政建设和反腐败工作，要深入贯彻党的十八大和十八届三中、四中全会精神，认真贯彻习近平总书记系列重要讲话精神，按照十八届中央纪委第五次全会和国务院第三次廉政工作会议的重要部署，在加强纪律建设，严明政治纪律和政治规矩上用狠劲；在推动党风廉政建设"两个责任"的落实上求突破；在落实中央八项规定精神，纠正"四风"上求深化；在保持高压态势，坚决遏制腐败蔓延势头上出重拳，坚定不移地推进党风廉政建设和反腐败工作，为全面深化粮食流通领域改革、全面推进依法治粮，提供有力保证。

（一）加强党的纪律建设，严明党的政治纪律和政治规矩

要把贯彻落实中央对粮食流通工作的重要决策部署情况，作为纪律建设的重要内容，加强监督执纪，确保中央政令畅通。一是加强纪律教育。要深入贯彻落实习近平总书记关于党要管党、从严治党的重要讲话精神，在党员领导干部中开展以"讲党性、守纪律、懂规矩"为主题的党的纪律建设年系列活动，切实教育引导党员干部增强纪律观念，自觉遵守党的纪律，模范遵守国家法律法规。二是严格执纪审查。要严明政治纪律和政治规矩，坚持把违反政治纪律、组织纪律和政治规矩作为执纪审查的重点，严肃查处搞团团伙伙、结党营私、拉帮结派的行为；把对党忠诚作为党员领导干部政治定力、理想信念考核的底线，严肃查处自行其是、阳奉阴违的行为；严明组织纪律，增强组织观念，坚决纠正个人主义、自由主义，严肃查处目无组织、欺骗组织、对抗组织的行为。强化监督管理。运用建立干部廉政档案、新任职干部廉政谈话、述职述廉、诫勉谈话等方式，对苗头性、倾向性问题及时进行提醒、批评、制止，确保党员干部严格执行工作纪律、财经纪律和生活纪律。三是健全制度建设。要认真落实依规治党的要求，切实抓好党的建设特别是党风廉政建设制度的立、改、废工作。根据新的形势要求，修改完善有关党风廉政建设方面的规章制度，形成针对性强、操作性强，协调统一、有机衔接，易懂易记、便于监督的反腐倡廉制度体系。加强廉政文化建设，大力弘扬粮食行业核心价值理念。

（二）深入推动党风廉政建设"两个责任"的落实

一是全面落实党风廉政建设主体责任。要坚持"一把手"负总责、班子成员"一岗双责"。各单位主要负责人要切实负起党风廉政建设"第一责任人"的责任，带好班子、管好队伍，对本单位党员干部的思想情况、工作情况、廉政情况进行全面了解，说得清、道得明，做到心中有数。要层层传导压力，级级落实责任，切实加强"两个责任"的"第一阵地"建设，真正使"两个责任"落地生根。二是全面落实党风廉政建设监督责任。要认真贯彻落实中央《关于加强中央纪委派驻机构建设的意见》，制定全面落实党风廉政建设监督责任的措施。要积极推进转职能、转方式、转作风，进一步明确派驻机构与机关党委、机关纪委的职责分工，强化对基层党组织纪检委员（书记）履职的指导，形

成监督合力。要结合派驻机构的特点和工作要求，在实践中不断探索，逐步形成以驻在部门领导班子和领导干部为主体，以增强监督实效为核心，以线索处置和查办案件为重点的派驻机构工作格局。三是强化责任追究。要严格落实“一案双查”制度，对“四风”问题突出，发生顶风违纪问题；对出现严重腐败案件；对党风廉政建设不力，发生问题不报告、压案不查的，既要追究主体责任、监督责任，又要严肃追究领导责任。

（三）加强对执行中央八项规定精神情况的监督，驰而不息纠正“四风”

一是要抓好纠正“四风”成果的巩固。“四风”问题“树倒根在”，要锲而不舍、狠抓节点，扩大成果、不断深化，坚持看住一个个节点，抓住一个个具体问题，不断推进作风建设常态化、长效化。切实抓好《党政机关厉行节约反对浪费条例》的贯彻落实，确保“三公”经费只减不增。二是要抓好防止“四风”的反弹。要紧盯“四风”新形式、新动向，对发现的苗头性、倾向性和潜在性的问题，要及早采取措施加以解决。要加大执纪监督、公开曝光的力度，严肃查处公款吃喝、公款旅游、公款送礼和领导干部出入私人会所、借婚丧喜庆敛财等问题。三是要抓好对“四风”问题的监督查处。要聚焦“四风”、咬住不放，重点查处党的十八大后、中央八项规定出台后、开展群众路线教育实践活动后的顶风违纪行为，对不收手、不收敛、依旧我行我素甚至变本加厉、顶风违反八项规定精神的党员干部，发现一起严肃查处一起，一律点名道姓、通报曝光，决不姑息迁就。

（四）加强监督检查，全面提升监督实效

一是加强对中央和国家涉粮重要项目、投资执行情况的监督。要对“粮安工程”中的千亿斤仓储设施建设项目、危仓老库改造项目、粮食物流设施示范建设项目、粮食信息化系统建设项目和军粮专项资金、粮食公益专项资金、农户科学储粮等开展重点监督，确保中央和国家投资安全。二是加强对国家涉粮政策贯彻落实情况的监督检查。加强对全国粮油库存检查工作的监督，重点查处“转圈粮”“出库难”“顶包油”等违规违纪问题，确保粮食数量真实、质量良好和储存安全。三是加强对国家粮食收购政策执行情况的督查。要继续抓好粮油收购“五要五不准”守则执行情况的专项检查工作，对坑害农民利益、向售粮农民“打白条”等违规违纪违法行为，及时查处、严厉惩处。四是强化对领导干部权力行使情况的监督。要突出对“三重一大”事项和廉政风险防控机制执行情况的监督，进一步加大力度对拥有项目安排、投资分配、行政执法权的单位和相关岗位干部进行警示提醒和监督检查，发现问题及时查处、决不姑息。要进一步加强对权力运行的制约和监督，继续做好公开行政审批权力清单和权力运行流程工作。五是全面掌握领导干部廉政情况。要建立健全对领导班子和领导干部的工作情况、廉洁自律情况、作风建设情况、家庭情况、生活情况的分析制度，完善领导干部廉政档案，对不托底、不靠谱的领导干部，做到心中有数。对拟提拔的领导干部，要全面听取各方面对其廉政情况的反映，提出廉洁自律方面的书面意见。

（五）持续保持高压态势，以“零容忍”态度惩治腐败

一是要善于发现问题。要坚持完善线索处置和案件查办制度，拓宽案源渠道，注重从日常监督、信访举报、财务审计、检查考核、专项治理以及网络媒体中发现问题。二是要认真核查问题。对党员干部存在的问题要早发现、早处置，及时约谈诫勉，对问题线索及时查处，惩前毖后、治病救人。三是要严肃处理问题。重点查办领导干部插手工程建设、侵吞国有资产、买官卖官、腐化堕落案件。从严惩处党的十八大后不收敛不收手，问题线索反映集中、群众反映强烈，现在重要岗位且可能还要提拔使用的领导干部，充分发挥案件查办震慑腐败、警醒干部、澄清问题、保一方清廉的综合功效。

（六）深化“三转”，建设高素质的纪检监察队伍

一是要有责任意识。要强化责任担当，切实履行职责，抓住领导干部日常管理和监督的关键节点，做到原则不能丢、底线不能破、红线不能踩。要坚持原则，敢于碰硬，坚决防止纪律执行失之于宽、失之于软，坚决防止视纪律为“中看不中用”的“稻草人”。二是要有法治意识。要完善工作制度，制定实施细则，健全责任分解、检查监督、倒查追究的完整链条，做到有错必究、有责必问。要依据党章和行政监察法，逐步建立以监督驻在部门领导干部为重点，以突出监督实效为核心，以查办案件为抓手的监督执纪问责机制。三是要有创新意识。要创新揭露腐败方式，拓宽案源渠道，让腐败难以遁形；要创新查处腐败方式，加大办案力度，让腐败分子得到应有惩处；要创新监督检查方式，完善监督制度，实现监督的再监督检查的再检查。四是要有能力意识。纪检监察干部必须坚持正人先正己，做到忠诚、干净、担当。要着力提高纪检监察干部的政策理论水平和业务素质，规范工作程序和业务流程，进一步增强突破疑难复杂案件的能力，全面提升纪检监察队伍的专业化水平。

在全国粮食调控与统计工作会议上的讲话

国家粮食局党组成员、副局长　卢景波
2015 年 3 月 18 日

同志们：

这次全国粮食调控与统计工作会议的主要任务是，贯彻落实全国粮食流通工作会议精神，总结交流 2014 年粮食调控与统计工作，研究分析粮食流通新形势、新问题，安排部署 2015 年工作任务。国家粮食局对这次会议非常重视，会前局党组书记、局长任正晓同志审阅了我的讲话稿，并作出重要批示，对今年的工作提出了明确要求，我们要认真学习领会，抓好贯彻落实。下面，我讲三点意见。

一　2014 年粮食调控和统计工作取得了可喜成绩

2014 年，粮食市场形势错综复杂，收储压力前所未有，全国粮食调控战线紧紧围绕“抓收购、保供给、稳粮价”这一中心任务，攻坚克难，开拓进取，实现了“两新高、两突破”，全年粮食收储和调销数量均创历史新高，粮食储备体系建设和统计制度改革取得突破性进展，进一步巩固了粮食宏观调控基础，有效保护了种粮农民利益，保证了粮食市场供应和价格基本稳定，为经济社会平稳健康发展作出了积极贡献。

（一）粮食收储数量创新高

在粮食连续多年丰收的背景下，2014 年部分主产区收储矛盾十分突出。为破解粮食“收不进、储不下、调不出”的难题，国务院第 52 次常务会议作出决策部署，各地各部门积极贯彻落实。国家有关部门进一步完善政策性粮食收储办法，在中晚稻和玉米托市收购中实行“四共同”原则，加大了地方政府的责任，以发挥中央和地方两个积极性；增加中粮集团、中纺集团作为补充力量参与玉米临储收购，为收储执行主体的扩大作了积极的探索尝试；明确生霉粒超标玉米收储操作原则和办法，帮助农民减损增收。河南等 6 省、江西等 5 省区和湖南等 10 省分别启动了小麦、早籼稻和中晚稻最低收购价执行预案，新疆启动了小麦临储收购，湖北等 14 省区、黑龙江等 4 省区分别启动了油菜籽、玉米国家临时收储。新疆、浙江、福建等省区还组织开展了地方性托市收购。各地早部署、早安排，积极采取措施，加强组织协调，既注重发挥国有企业的主导示范作用，又鼓励和引导多元主体积极参与市场收购，确保了收购工作顺利进行，促进了农民增产增收，切实保护了农民利益。

据初步统计，2014 年全国各类粮食企业收购粮食达 7298 亿斤，同比增加 409 亿斤，首次跨上了 7000 亿斤的新台阶。其中政策性粮食收购 2471 亿斤，占收购总量的 34%。随着粮食连年增产和收购数量稳步增加，国家粮食库存持续增长，特别是政策性粮食库存增幅较大。

（二）调销腾库数量创新高

全国粮食系统认真贯彻落实国务院第 52 次常务会议精神，加强协作、相互配合、积极作为，全年政策性粮食调销腾库 1360 亿斤，创历史最高纪录，有效缓解了东北等重点主产区的收储压力。一是政策性粮食竞价销售任务顺利完成。全年累计竞价销售成交各类政策性粮食 1053 亿斤，超额完成既定任务，部分存储时间较长、质量明显下降的临储进口玉米全部按期销售处理。二是政策性粮食移库集并全面完成。2014 年政策性粮食跨省移库计划和省内跨县集并计划共 218 亿斤，年底前已全部完成。各地粮食部门积极配合中储粮有关分公司协调解决有关困难和问题，督促企业加快出入库进度，努力为主产区收购腾出仓容。三是产销合作有序开展。各地开展多种形式的产销合作，促进粮食跨区域流通，全年共签订购销合同 500 多亿斤。黑龙江会同 8 个兄弟省份举办金秋粮食交易洽谈会，福建也会同 8 省举办了粮食产销协作洽谈会，一些地方还举办了中小型区域性粮食交易洽谈会。

（三）粮食储备和应急体系建设取得突破性进展

一是中央储备轮换工作顺利开展。完成中央储备粮轮换任务，保障了中央储备粮油质量良好、储存安全。二是地方储备增储方案如期“落地”。国家有关部门研究提出了地方储备增储方案，并经国务院批准后下达各地。先期下达的部分增储计划，北京、天津、河北、辽宁、吉林、福建、江西、山东、湖北、广西、四川、陕西、甘肃、新疆 14 省（区、市）已率先完成任务。三是应急工作稳步推进。各地认真做好粮食应急管理工作，福建、广东等地适时调整优化网点布局，湖北、江西积极争取资金加强应急网点和配送中心建设，江苏、上海、西藏等地认真组织开展应急演练和培训，粮食应急保障能力进一步提高。在“威马逊”台风、鲁甸、景谷、康定地震发生后，海南、云南、四川等地粮食部门响应迅速，应对及时，全力做好救灾粮源筹集、加工、调运、供应等工作，有效保障了灾区军需民食和市场供应。

（四）统计制度改革取得突破性进展

一是出台了深化粮食流通统计制度改革实施意见，明确了统计改革的总体目标、基本原则、主要任务，为推进改革指明了方向。二是统计制度设计更加科学合理。修订印发了新的国家粮食流通统计制度（2015—2016 年度），报表和指标大幅精简，统计报表由 24 张减为 11 张，统计指标由 869 个减为 336 个。探索建立扁平化统计直报模式，实现了由逐级汇总上报向企业联网直报的转变。三是“服务型统计”建设深入推进。五日报、月报、供需平衡调查等工作扎实开展，为领导机关决策提供了可靠依据。统计服务领域不断拓宽，服务对象从政府机构扩展到粮食生产者、经营者和消费者；服务方式进一步优化，与统计对象建立了新型互惠合作关系；主动型服务理念逐步深化，信息咨询、数据发布实现常态化、制度化。江苏省建立并发布了全省粮食价格指数，为政府决策、企业经营提供了数据支持。四是监测预警体系不断完善。监测预警机制更加健全，市场动态监测范围扩大，布局更加合理，监测点数量增加 15%；建立重点热点问题专家会商机制，粮食市场形势分析研判得到强化，苗头性、趋势性、潜在性问题发现更加及时。河北省投资 1500 万元完善粮食应急监测系统，工作效率大为提高。

2014 年全国粮食调控和统计工作取得了丰硕成果，成绩来之不易，全国粮食调控战线的同志们付出了辛勤劳动，在此我代表国家粮食局向大家表示衷心的感谢！

二　准确把握粮食调控工作面临的新形势和新任务

当前和今后一个时期我国经济发展进入新常态，城镇化和农业现代化深入推进，这将给粮食形势和粮食工作带来深远影响。同时，伴随着国内外粮食生产连获丰收，老矛盾、老问题逐步累积，新矛盾、新问题浮出水面，粮食供求和市场形势越来越复杂。对此，我们一定要深入分析、科学研判，准确把握粮食流通发展面临的新任务和新挑战，牢牢掌握粮食宏观调控工作的主动权。

（一）经济发展新常态给粮食供求形势和流通格局带来新变化

我国经济发展进入新常态，经济增长由高速转向中高速，发展方式由粗放增长转向集约增长，经济发展正在向更高形态转型升级。在这个大背景下，粮食供需形势也在发生着深刻变化，虽然粮食消费需求刚性增长势头不变，但增逺有所放缓，特别是工业转化用粮需求增速明显回落。从当前和今后发展趋势看，我国粮食产需将继续保持紧平衡态势，但结构性矛盾日益突出。分品种看，大豆产需缺口很大，需要进口弥补，小麦产不足需供求偏紧，稻谷总量平衡有余，玉米阶段性过剩特征明显。一方面，在粮食生产稳定发展、需求增速放缓的情况下，今后一段时期国内粮食供求总量紧平衡和部分品种结构性过剩并存也将成为一种常态。另一方面，随着新型城镇化和农业现代化加快推进，农业发展方式由粗放型向集约型转变，种粮大户、家庭农场、生产合作社等新型农业经营主体蓬勃发展，这不仅会推动粮食商品率进一步提高，商品量大幅增加，而且还将催生更高的粮食收储个性化服务需求。同时，伴随着土地流转集中和城镇化率的不断提高，更多的农民成为市民，需要购买商品粮的人口将显著增加。这些重大转变必然给粮食流通格局和方式带来长远而深刻的影响。

（二）市场形势错综复杂给粮食调控工作带来新挑战

当前，国内外粮食市场形势错综复杂，矛盾相互交织，问题不断累积，给粮食调控工作带来新的挑战。一是国内产区和销区、原粮和成品粮价格倒挂，对粮食顺畅流通和企业生产经营造成严重影响。突出表现在粮食收购、储存、流通的困难几乎全都压到了主产区的身上，特别是一些核心主产区不仅收储压力和安全储粮风险巨大，而且“卖粮难”风险也不断加大。同时，粮食加工企业经营困难，部分企业减产限产，有的甚至破产关闭。二是国内国际粮价倒挂，造成进口粮对国内市场的冲击十分明显。近年来，世界粮食产量持续增加，供求形势比较宽松，国际市场粮价整体处于下行通道。而国内粮食价格受成本上涨推动和托市政策支撑等影响，整体保持稳步上升的态势，国内外粮食价差扩大趋势明显。据监测，2015 年 2 月份，进口小麦、大米、玉米到港完税价分别比国内同品种每吨低 700 元、1230 元、810 元。受利益驱动，粮食进口持续增加，特别是高粱、大麦、酒糟粕、木薯干等非配额管理粮食品种进口大幅增加，替代效应明显，加剧了国内玉米产大于需的矛盾，同时国外低价大米通过各种渠道大量进入国内，加剧了稻强米弱的矛盾。三是粮食库存居高难下进一步加剧主产区收储矛盾。近几年，随着政策性收储数量不断增加，粮食库存特别是国家政策性粮食库存逐年攀升。受部分品种阶段性供大于求的影响，政策性粮食库存难以及时销售出库，造成主产区新粮收购仓容严重不足，危仓老库带病装粮和露天储粮数量较大，安全储粮形势十分严峻。同时，部分粮食储存时间较长，质量明显下降，坏粮风险加大。这些困难和挑战，是粮食调控工作必须面对的重大课题。

（三）粮食安全省长责任制对粮食调控工作提出新要求

党中央、国务院高度重视粮食安全问题。中央 1 号文件连续 12 年聚焦农业，习近平总书记和李克强总理对确保粮食安全作出了一系列重要指示，为我们做好粮食流通和市场调控工作指明了方向。2014 年底，国务院印发了《关于建立健全粮食安全省长责任制的若干意见》（国发〔2014〕69 号），进一步明确了省级人民政府在保障国家粮食安全方面的事权和责任，同时还明确了地方政府在抓好粮食收购、管好地方储备、加强产销合作、完善区域粮食市场调控机制、健全粮食应急供应保障体系、加强粮情监测预警等方面的具体任务，并要求国家有关部门研究制定监督考核办法，定期对落实情况进行考核。粮食安全省长责任制的出台，为当前和今后一个时期贯彻落实保障国家粮食安全各项政策措施提供了制度保障，同时也对我们加强和改善粮食宏观调控工作提出了新的更高要求。今后，保障区域粮食安全的主体责任将由地方政府承担，各地粮食部门责无旁贷，将肩负起更重的任务和更大的责任。需要特别强调的是，落实粮食安全省长责任制，有很多任务是与粮食调控工作直接相关的，大家对此一定要保持清醒的认识，切实增强责任意识、担当意识，主动适应新任务和新要求，积极转变观念，因地制宜创新粮食调控的思路和方法，切实增强粮食宏观调控的前瞻性、科学性和有效性，为全面落实粮食安全省长责任制，维护区域粮食安全提供有力支撑和可靠保障。

三 突出重点，全面做好 2015 年粮食调控和统计工作

做好 2015 年粮食调控和统计工作，要深入贯彻党的十八大和十八届三中、四中全会及中央经济工作会议、中央农村工作会议精神，积极适应经济发展新常态，以落实粮食安全省长责任制为核心，以全国粮食流通工作会议的部署为重点，突出抓好“五个并举”，着力提升“五个能力”，推动粮食宏观调控和统计工作再上新台阶。

（一）政策性收购与市场化收购并举，提升为农服务能力

一是抓好政策性粮食收购。要继续完善托市收购政策，创新收储机制，明确工作职责，搞好协同运作。各地特别是执行政策性收购的地区要提前研判形势，加强沟通协调，积极做好网点布局、仓容、资金等各项准备工作，及早安排部署，狠抓政策落实。要加强指导和检查，督促企业严格执行质价标准和“五要五不准”收购守则，坚决防止出现农民“卖粮难”。二是抓好市场化收购。要充分发挥市场配置粮食资源的决定性作用，引导各类粮食经营企业积极开展市场化自营收购，进一步搞活粮食流通，提高流通效率。要鼓励农业产业化龙头企业与粮食生产者建立紧密的利益联结关系，让粮食生产者分享加工销售的收益。三是抓好目标价格改革试点地区大豆市场收购。大豆目标价格改革试点地区粮食部门要加大政策宣传力度，配合做好改革试点工作，特别是要引导企业积极开展市场化收购，为农民出售大豆提供方便。四是积极创新收储方式。要主动适应新型农业经营主体增加的新形势，结合本地实际创新粮食收购方式，引导企业通过订单收购、预约收购、上门收购、流动收购等方式，为种粮大户等新型经营主体提供个性化粮食产后服务。

（二）调销腾库与应急保障并举，提升粮食市场供应能力

一是做好政策性粮食调销工作。继续安排跨省移库和竞价销售，加大超期储存粮油拍卖处理力度，及早为新粮收购腾出仓容。各有关地区要相互配合，及时协调处理拍卖出库中出现的商务纠纷，督促企业严格执行粮食出库有关规定，坚决禁止粮食不出库就地转卖，确保拍卖的粮食及时顺利出库。二是进一步加强粮食产销合作。积极采取组织粮食交易洽谈会、签订地方政府间粮食产销合作战略协议等多种方式，建立长期稳定的产销区合作关系，确保产区销路顺畅卖得出，销区粮源稳定买得到。积极配合有关部门做好粮食进出口调控相关工作，合理利用国际国内两个市场两种资源，促进国内粮食供求总量基本平衡。三是抓好粮食应急保障和市场供应能力建设。各地要依托“粮安工程”建设，进一步完善粮食监测预警和应急供应网络体系，健全储存、加工和供应设施设备，大力提升应急配送能力，确保应急应灾时协同运作、顺畅运行、高效运转。要加快推进应急供应、军粮供应、成品粮储备、放心粮油、主食产业化“五位一体”融合发展，确保粮油供应，维护市场稳定。要适时组织

应急演练和培训，总结经验、发现问题，做好应对突发事件和市场异常波动的各项准备，不断提高应急实战能力。

（三）优化中央储备与强化地方储备并举，提升储备调控能力

一是适时优化中央储备。要进一步优化中央储备区域布局和品种结构，实现中央和地方储备在布局和结构上的协同互补；加强中央储备粮计划管理和轮换业务指导，使中央和地方储备在吞吐轮换上形成调控合力；搞好中央储备粮风险防范和管控，确保质量良好、储存安全、常储常新。二是抓紧充实地方储备。国家已经重新核定各省地方储备规模，明确了保障和约束机制，各地要按照国家有关部门文件要求认真抓好贯彻落实，及时上报落实情况及其承诺书。2014 年新粮收储季节即将结束，尚未完成先期下达的 30% 增储计划的省份要抓紧落实到位。到今年底，增储幅度不超过 80% 的省份要按要求全面完成增储规模计划。前期进展较慢的省份，要进一步加大工作力度，确保增储工作按期圆满完成。国家有关部门将适时派出联合工作组对各地落实情况进行督导检查，并通报落实情况。三是创新粮食储备运行机制。各地要进一步健全地方粮食储备吞吐调节机制，推进储备粮收购、销售、轮换等业务规范操作，采取措施解决好储备企业轮换亏损等问题，确保地方储备储存安全。要探索建立政府储备和社会储备相结合的分梯级粮食储备新机制，仓容不足的销区和产销平衡区可以先到产区建立异地储备。

（四）夯实基础与优化创新并举，提升统计信息服务能力

一是理顺工作机制，健全统计队伍。各地和有关中央企业要建立与国家粮食局统计归口管理相适应的统计工作机制，有条件的地区和单位可实行统计归口管理；暂不具备归口管理条件的要明确牵头单位，统一布置统计调查任务，杜绝“多头布置、重复报送、数出多门”等问题。要健全统计队伍，保证统计岗位“常有人，不断档”，确保日常统计工作连续及时。要进一步提高统计人员业务素质，积极派员参加国家粮食局组织的统计制度和应用软件培训，积极组织各级粮食部门和大型企业统计业务骨干进行培训。二是严格执行统计制度，确保统计数据质量。各级粮食部门和粮食企业都要认真执行改革后的粮食流通统计制度，加快开发与新制度相适应的统计软件，做好新旧制度的平稳过渡和统计数据的衔接。切实扩大统计覆盖面，重新界定报送单位范围，加强对重点非国有企业的月度统计工作。这里要特别强调的是，数据真实准确是统计工作的生命，必须把确保数据质量放在更加突出的位置，抓紧建立健全统计巡查制度和信息溯源责任追究制，加大经常性统计执法检查力度，严格日常统计信息质量的评估，对重点企业和重点指标进行跟踪检查，督促其认真履行统计报送法定义务，确保统计数据的准确性和时效性。对于虚报乱报统计数字的，必须依照统计法的有关规定严肃查处。三是创新统计调查方式，提高统计服务水平。在进一步优化信息监测直报点的布局和结构的同时，积极探索采取购买服务等方式，扩大信息来源，提升对国内外粮食市场的信息监测水平。继续做好社会粮油供需平衡调查工作，特别要组织开展好乡村居民户家庭存粮专项调查，摸清接新前农户家庭存粮数量和结构，为准确判断粮食供需形势提供可靠依据。要进一步强化服务意识，在为党委政府搞好统计信息服务的同时，积极扩大服务范围，及时向社会公布统计数据和分析资料，不断提升粮食统计服务能力和水平。

（五）立足当前与着眼长远并举，提升形势分析和政策研究能力

一是加强粮食市场形势分析和监测预警。要在深入调查研究的基础上，健全监测预警体系，建立主要粮油品种会商机制，密切跟踪、准确把握市场走势，探索实施先兆预警，及时反映苗头性、趋势

性、潜在性问题，提出针对性和操作性强的政策措施建议。二是加强重点难点热点问题研究。要围绕深入推进粮食流通改革转型和创新发展，就健全粮食宏观调控体系、完善粮食收储机制、价格形成机制、各级粮食储备协同运作机制以及健全区域粮食市场调控机制等重大问题进行深入研究，形成一批高质量的研究成果，搞好政策储备。三是科学谋划“十三五”粮食宏观调控思路。今年是“十二五”收官之年，各地要认真总结“十二五”粮食宏观调控经验和做法，及早谋划“十三五”粮食宏观调控总体思路、目标任务、措施方法，为科学编制粮食行业“十三五”规划奠定基础，为进一步增强粮食调控工作的前瞻性和科学性提供有力支撑。

最后，还要特别强调加强作风建设的问题。粮食调控工作事关广大种粮农民、消费者和粮食企业的切身利益，政策性强，涉及面广，风险点多，在政策制定和执行过程中，必须严格遵守党风廉政建设的各项规定，持之以恒反对“四风”，切实转变作风。要认真落实“一岗双责”的要求，坚持业务工作与党风廉政建设“两手抓、两促进”，切实做到为民、务实、清廉，形成风清气正的良好风气。

同志们，2015 年粮食宏观调控工作任务艰巨繁重、责任重大，让我们振奋精神、扎实工作、积极作为、开拓进取，为确保国家粮食安全，全面建成小康社会作出新的更大的贡献。

谢谢大家！

3

第三篇

全国粮食工作

粮油生产

一 粮油生产情况

2015 年是全面深化改革的关键之年，是全面推进依法治国的开局之年，也是全面完成“十二五”规划的收官之年，党中央、国务院着眼全局，出台了一系列强农富农惠农政策，各地坚决贯彻中央决策部署，围绕农业转方式、调结构，加大政策扶持、强化科技创新、深入推进农村改革，稳步提升粮食产能，粮食高位护盘取得新突破，实现历史罕见的“十二连增”；油料播种面积略减，总产和单产略增。粮油生产稳定发展，为经济社会大局提供了有力支撑。

（一）2015 年粮食生产特点

1. 面积稳定增加

据统计，2015 年粮食播种面积 11334.3 万公顷，比上年增加 62 万公顷，增幅 0.6%，是新中国成立以来第一次连续十二年增加。

2. 单产提高

2015 年粮食平均单产每公顷 5483 公斤，比上年提高 98 公斤，增幅 1.8%。

3. 总产连续第十二年增产

2015 年粮食总产 62143.9 万吨，比上年增产 1441.3 万吨，增幅 2.4%，实现新中国成立以来第一次连续十二年增产。

4. 三季粮食稳定发展

夏粮增产：2015 年夏粮播种面积 2762.5 万公顷，比上年增加 4.4 万公顷，增幅 0.2%；总产 14088.1 万吨，比上年增产 428.5 万吨，增幅 3.1%；单产每公顷 5100 公斤，比上年提高 147 公斤，增幅 3.0%。

早稻持平略减：2015 年早稻播种面积 571.5 万公顷，比上年减少 8 万公顷，减幅 1.4%；总产 3368.7 万吨，比上年减少 32.4 万吨，减幅 1%；单产每公顷 5895 公斤，比上年提高 26 公斤，增幅 4.4%。

秋粮增产：2015 年秋粮播种面积 8000.3 万公顷，比上年增加 65.7 万公顷，增幅 0.8%；总产 44687.1 万吨，比上年增产 1045.2 万吨，增幅 2.4%；单产每公顷 5586 公斤，比上年提高 86 公斤，增幅 1.6%。

5. 主要粮食品种“三增一减”

稻谷增产：2015 年稻谷播种面积 3021.6 万公顷，比上年减少 9.4 万公顷，减幅 0.3%；总产 20822.5 万吨，比上年增产 171.8 万吨，增幅 0.8%；单产每公顷 6891 公斤，比上年提高 78 公斤，增幅 1.1%。

小麦增产：2015 年小麦播种面积 2414.1 万公顷，比上年增加 7.2 万公顷，增幅 0.3%；总产

13018.5 万吨，比上年增产 397.7 万吨，增幅 3.2%；单产每公顷 5393 公斤，比上年提高 149 公斤，增幅 2.8%。

玉米增产：2015 年玉米播种面积 3811.9 万公顷，比上年增加 99.6 万公顷，增幅 2.7%；总产 22463.2 万吨，比上年增产 898.5 万吨，增幅 4.2%；单产每公顷 5893 公斤，比上年提高 84 公斤，增幅 1.4%。

大豆减产：2015 年大豆播种面积 650.6 万公顷，比上年减少 29.4 万公顷；总产 1178.5 万吨，比上年减少 36.8 万吨，减幅 3%；单产每公顷 1811 公斤，比上年提高 24 公斤，增幅 1.4%。

（二）2015 年油料生产特点

据统计，2015 年全国油料播种面积略减，总产和单产略增，生产保持稳定。主要有以下特点。

1. 面积稳中略减

2015 年油料播种面积保持稳定，全国油料面积 1403.5 万公顷，比上年减少 0.8 万公顷，减幅 0.1%。五种油料作物面积“两增三减”，其中花生面积 461.6 万公顷，比上年增加 1.2 万公顷；向日葵面积 103.6 万公顷，比上年增加 8.8 万公顷；油菜籽面积 753.4 万公顷，比上年减少 5.4 万公顷；芝麻面积 42.2 万公顷，比上年减少 0.7 万公顷；胡麻面积 29.2 万公顷，比上年减少 1.4 万公顷。

2. 单产小幅提高

2015 年全国油料平均单产每公顷 2520 公斤，比上年提高 23 公斤，增幅 0.9%。五种油料作物单产“三增两减”，其中油菜籽单产每公顷 1982 公斤，比上年提高 35 公斤；芝麻单产每公顷 1519 公斤，比上年提高 51 公斤；胡麻单产每公顷 1367 公斤，比上年提高 104 公斤；向日葵单产每公顷 2604 公斤，比上年减少 24 公斤；花生单产每公顷 3562 公斤，比上年减少 18 公斤。

3. 总产稳中有增

尽管油料播种面积小幅减少，但单产提高，全国油料总产稳中有增。2015 年全国油料总产 3537 万吨，比上年增产 29.6 万吨，增幅 0.8%。五种油料作物产量“四增一减”，其中油菜籽产量 1493.1 万吨，比上年增产 15.9 万吨；芝麻产量 64 万吨，比上年增产 1.1 万吨；向日葵产量 269.8 万吨，比上年增产 20.7 万吨；胡麻产量 40 万吨，比上年增产 1.3 万吨；花生产量 1644 万吨，比上年减少 4.2 万吨。

4. 主产省油料保持稳定

2015 年全国油料产量超过 100 万吨的省份有 12 个，这 12 个省份的油料总产占全国的 81%。与上年相比，河北、内蒙古、江西、河南、湖南、广东、四川、贵州等 8 个省（区）增产，江苏、安徽、山东、湖北 4 省减产，增减相抵 12 个油料大省区共增产 47.9 万吨。河南省油料产量最大，总产 599.7 万吨，占全国的 17%；内蒙古自治区产量增幅最大，增产 23.3 万吨，增幅 13.7%。

二 粮棉油糖高产创建

2015 年以来，农业部组织东北、黄淮海、长江中下游、西北西南等区域开展粮棉油糖高产创建，集成组装高产高效、资源节约、生态环保的技术模式，促进稳粮增收和提质增效，助推粮食实现“十二连增”。

（一）取得的主要成效

各地按照农业部的要求，突出重点，协同推进，集成组装，创新服务，打造增产模式攻关升级版，引领农业发展方式转变。

一是绿色理念引领升级取得新突破。科学把握绿色内涵和要求，综合运用安全投入品、物理技术、信息技术、绿色防控等措施，促进生产与生态协调发展。黑龙江开展“三减、两增、一提升”行动，减化肥、减除草剂、减化学农药，增加土壤耕层厚度、增加土壤有机质含量，552个万亩示范田化肥、化学农药、除草剂施用量分别减少3.1%、6.1%和6.2%。江西建立120个示范基地，集成应用“三生三诱”（生物防治、生态防控、生物农药防治，灯光诱杀、色板诱杀、性诱剂诱杀）绿色高效防控技术，实现单季减少用药1～2次，病虫损失下降2～3个百分点。

二是集中攻关助力升级取得新进展。组织科研、教学、推广等开展联合攻关，突破关键环节的技术瓶颈，在水稻机插秧、玉米籽粒机收、油菜机械播栽及收获、马铃薯机种机收等方面取得了初步成果。湖北重点对油菜机械直播和育苗移栽进行攻关，选育出圣光127“早熟三高”新品种，生育期比普通品种缩短40天左右；研发出毯状育苗机械移栽技术，栽插效率比人工提高50倍以上。湖南通过改中迟熟普通品种为早中熟超级稻品种、改30厘米宽行为25厘米窄行插秧机、改毯盘育秧为钵毯盘育秧、改稀植为合理密植、改机械插秧为机械抛秧“五改”技术，“双季稻、双机插”示范区平均亩产超过600公斤。

三是服务创新推动升级取得新发展。充分发挥新型经营主体的示范引领作用，推行耕种收全过程专业化、社会化服务，推动粮油生产组织机制创新。吉林在28个县开通测土配方施肥手机信息服务，农民在自家地块即可接受系统服务，有效提高了测土配方施肥技术入户到田率，探索了农业技术推广的新途径。四川推行种粮大户带动、“大园区＋小业主”全程托管、土地股份合作社等适度规模经营模式和“龙头企业＋专合组织＋种粮大户”的产业化经营模式，同时在20个高产创建县开展全程购买社会化服务试点，有效带动全省专业化服务水平提升。宁夏围绕“专家指导、农资超市、测土配肥、统防统治、农机服务、技术培训”六大功能，推进一站式、托管式等全程社会化服务，关键环节技术到位率达到95%以上，探索了农业综合技术服务新模式。

四是提质增效带动升级取得新成效。以高产创建为平台，通过推广高产高效技术模式，广泛开展现场观摩和技术培训，示范带动产量提升、效益增加。山东大力推广小麦玉米标准化、机械化周年高效技术模式，涌现出一批“吨粮县”“吨粮市”。广西以农科院为依托，发展有机稻“一稻两鸭”种养模式，水稻生育期不施化肥农药，亩产达400公斤以上，同时收获两批生态鸭，每亩增收6000元。河南西华县与企业合作，探索应用化肥促进剂技术，每亩底施化肥节省30%，并减少1次苗期追肥，小麦亩产增加5%～10%，实现了少投入、多产出。

2015年高产创建取得的成效还体现在：集成了一套绿色高效模式。分东北、黄淮海、长江中下游、西南、西北5大区域，水稻、小麦、玉米、油菜、马铃薯5大作物，集成组装了20套区域性标准化技术模式；围绕节种、节肥、节水、节药、环保5个方面，升级完善了20项绿色增产节本增效关键技术。创造了一批高产高效典型。山东德州市10万亩核心示范区周年亩产1517.5公斤，比全省平均亩产高80%，亩增收1260.6元；四川广汉市整体推进10个小麦万亩示范片，最高亩产达到687.6公斤；河南修武县小麦绿色增产模式攻关田平均亩产超700公斤，最高亩产突破800公斤。

（二）开展的主要工作

各地将高产创建作为推进工作的重要抓手，加强组织发动、强化指导服务、狠抓措施落实，有力有序推进各项工作顺利开展。

一是统筹协调抓落实。一省牵头一区域。以资源禀赋相近、种植制度相似、作物结构相同的区域为单元，对东北、黄淮海、长江中下游、西北、西南5大区域，每个区域确定1个牵头省份，由牵头省份农业部门主动协调本区域其他省份和有关科研、推广机构共同开展高产创建。一区明确一重点。针对制约区域粮食增产的技术瓶颈，每个区域都明确1 ~ 2种作物，每种作物确立1 ~ 2项主攻模式。长江中下游围绕水稻、油菜全程机械化；黄淮海围绕小麦、玉米周年创高产；东北围绕水稻、玉米化肥农药减量控害；西北西南围绕玉米、马铃薯节水增效，通过分解目标任务，开展协同配合，形成攻关合力，确保高产创建在区域间和省际间同步推进、同步见效。

二是聚合力量抓落实。充分发挥行政 + 科研“1+1 > 2”的作用，聚集各方力量，形成政府主导、部门配合、院所参与的大协作格局。行政出题。河北、湖北、四川等省组织省内外知名专家组成专家技术指导组，整合科研、教学、推广等部门资源和力量，要求每个项目县依托1个科研单位，聘请1名领衔专家，建立1支团队开展协同攻关。专家破题。针对油菜机收水平低的瓶颈，由傅廷栋院士和官春云院士领衔，集成组装了油菜直播全程机械化、毯苗机械移栽等高效技术模式；针对水稻毯式育秧存在的植伤瓶颈，由张洪程院士领衔，集成组装了水稻钵苗机插精准肥水绿色增产模式。农技部门答题。充分发挥基层农技部门业务性强、服务范围广、联系生产紧的优势，每个示范片明确1名农技人员蹲点包片，做到工作指导到田间、技术服务到地头、物资供应到农户，提高绿色增产模式的到位率。

三是强化指导抓落实。政策引导。各地在落实中央财政专项资金的基础上，积极争取省市县财政扶持，扩大试点范围、提高补助标准，推进高产创建上层次上水平。江苏通过省级财政配套，将小麦、水稻示范片补助标准由16万元分别提高到20万元、30万元。工作督导。在关键农时，组织机关干部和农技人员，采取进村入户、蹲点包片等方式，指导地方抓好示范片管理、项目资金落实、测产验收等工作，确保责任到位、资金到位、措施到位。技术指导。编辑出版《粮食绿色增产增效技术模式》，印制5000册发送各省份和相关县农业部门，作为绿色增产模式攻关的指导教材。各地也通过专家服务热线、短信服务平台、农技直通车等形式，将绿色增产技术送到生产一线。

四是示范带动抓落实。新型经营主体是高产创建的重要依托力量。发挥先锋队作用。引导种粮大户、家庭农场、农民合作社等新型经营主体，积极参与高产创建，率先推广应用新品种、新农药、新肥料、新农机，促进苗头性、前瞻性技术的大面积推广应用。发挥主力军作用。积极扶持农机、植保等社会化服务组织，开展代耕代种、代防代治、代配代施、代收代储等专业化服务，将高产创建片打造成先进实用技术的组装车间、高效经营方式的示范基地。湖南实施高产创建“1142”工程，即1个示范片连接1个加工企业、4个合作社、20个种粮大户，延伸了产业链条，促进了规模发展。

五是监督考核抓落实。监督考核是实施好高产创建的必要保障。事前有把关。要求各项目承担单位制订实施方案，明确试点区域、目标任务、操作方式等内容，通过层层申报、逐级把关，做到公开公平公正。事中有检查。跟踪调度项目区工作进展，及时发现问题，督促整改落实。在夏粮、早稻、秋粮收获期，组织专家进行测产验收，并创新性开展了异地交叉检查、部门联合督查、上级部门不定期抽查等做法。事后有考核。山东对验收合格的高产创建示范方，省财政给予每亩30元的奖励。上海对评选出的100个优秀示范方，每个奖补3万元。陕西对综合考核排名前25%的项目县进行表彰，对低于70分的予以通报批评，作为下年度项目安排的重要依据。

（三）下一步工作打算

农业部将按照中央的部署和要求，认真落实新形势下国家粮食安全战略和藏粮于地、藏粮于技战略，紧紧围绕“提质增效转方式、稳粮增收可持续”的工作主线，创新思路，强化措施，逐年升级、逐区推进、逐项落实，为促进粮食稳定发展提供有力支撑。

一是高起点搭建创建平台。认真总结近几年高产创建经验，集聚力量、集约项目、集中资源，将高产创建打造成政府拿得出、部门打得响、农民信得过的精品工程。创建主体层次要高。打破过去“摊大饼”“撒胡椒面”的操作方式，对承担单位实行逐级申报，对实施主体采取优中选优，优先将接受新知识能力强、示范带动效果好的科技示范户、星级示范社、新型职业农民等纳入补助实施主体范围。生产过程标准要高。选择高产、优质、多抗新品种，采用高性能、多用途、智能化农机装备，施用高效缓释化肥和低毒低残留农药，为实施主体量身定制标准化、程序化技术模式，提升高产创建水平。项目管理水平要高。研究制定高产创建考核办法，提高项目管理的科学性、精准性和可操作性。将高产创建纳入粮食安全省长责任制考核，由部门行为上升为政府行为。

二是高目标打造升级版。高产创建不仅要产量增加，还要质量提升、资源节约、生态环保，为农业生产方式转变、农业转型升级提供技术支撑。围绕绿色生态环保升级。集成化肥农药减量控害、绿色防控等技术，探索耕地轮作休耕模式，实现用地养地结合，促进农业可持续发展。围绕资源高效利用升级。集成节水灌溉、水肥一体化、精量播种、平衡施肥、精准施药等节种节水节肥节药技术，推行农作物秸秆、畜禽粪便、地膜等农业废弃物资源化利用，促进节本增效提质增效。围绕提高生产效能升级。集成全程机械化、航化作业、“互联网 +”等高效技术，实行标准化生产、精准化管理、产业化经营，促进生产效率提升。

三是大力度开展瓶颈攻关。针对粮食生产的环境约束、技术瓶颈和自然风险，聚焦靶心、精准发力、破解难题。区域难点协同突破。对于黄淮海砂姜黑土、华北地下水严重超采、南方重金属污染等区域性的问题，开展跨流域、跨省份协作攻关，从种植制度和耕作模式上突破。技术难点攻关突破。对于小麦赤霉病、水稻稻瘟病、马铃薯晚疫病，以及全程机械化等技术性的问题，开展跨学科、跨领域协作攻关，从品种选育、抗病机理、农机研发上突破。机制难点创新突破。对于生产标准不统一、关键技术不到位、农机农艺不配套等机制性的问题，开展跨部门、跨行业协作攻关，从行业标准、机具规格、技术规程上突破。

四是大力度推进服务创新。探索开展形式多样、特色鲜明的农业服务，全面提升高产创建水平。耕种收全程化服务。扶持培育农机、植保、土肥等生产性服务组织，开展从种到收全过程服务、薄弱环节托管式服务、关键农时季节性服务，满足不同主体的多元化需求。产加销一体化服务。探索“农业企业 + 种粮大户”“农业企业 + 农民合作社 + 种粮大户”等农企合作模式，健全优势互补、风险共担、利益共享的利益联结机制，实现“种得好”向“卖得好”转变，让农民通过全产业链得到更多实惠。政企银携手化服务。积极引导项目区开展农民合作社资金互助业务，探索农村合作金融、农业租赁金融、农业信贷保险等服务方式，破解农业生产资金瓶颈，撬动社会资本参与高产创建。

五是大力度搞好宣传引导。主流宣传凝聚共识。在关键农时和重大活动，组织中央主流媒体开展系列宣传报道，宣传“绿色”理念，解读政策措施，介绍技术模式。典型宣传示范引领。及时总结各地推进高产创建的好做法、好经验，树立典型、扩大影响。社会宣传营造氛围。组织开展现场观摩、农企对接等活动，结合人大建议政协提案答复，邀请代表委员现场观摩指导，提高社会认知度和群众接受度。

三 基层农技推广体系建设

2015 年，中央财政继续投入 26 亿元，在全国 31 个省（区、市）、3 个计划单列市、2 个农业部直属垦区和新疆生产建设兵团等 37 个省级单位实施基层农技推广改革与建设补助项目。各地农技推广机构共遴选了 23 万名农业技术指导员，建设了 1 万个农业科技试验示范基地，培育了 212 万个科技示范户，辐射带动了 2000 多万农户，累计培训基层农技人员 30 万人次，培训新型职业农民等 500 万人次，主导品种和主推技术的入户率和到位率均达到了 95% 以上，为促进现代农业发展作出了重要贡献。

（一）主要成效

一是基层农技推广队伍建设进一步强化。补空缺，充实基层农技人员。通过实施补助项目和基层服务项目，如三支一扶、定向培养等，选拔一批专业素质高、立志献身“三农”的高校涉农专业毕业生到基层农技推广机构工作，2015 年约有 2000 名高校毕业生充实到基层农技推广队伍。给待遇，激发农技人员服务动力。对农技人员下乡开展技术指导和服务给予经费补贴，解决“有钱养兵、无钱打仗”问题，保证农技人员在关键农时、关键环节能够“下得去、蹲得住”。部分地区实行职称制度改革，解决基层农技人员职称晋升后顾之忧。提素质，增强农技人员服务本领。围绕建立农技人员“跟踪科研、学习技术、快速应用”的长效机制，实施基层农技人员知识更新工程，采取异地研修、集中办班和现场实训等方式，对种植、畜牧、水产、农机等各行业农技人员进行培训，2015 年累计培训约 30 万人次。

二是基层农技推广服务行为进一步规范。加强合同管理，技术指导员与县级农业部门、示范户签订技术服务协议，明确双方的权利和义务。各项目县制定了《农技推广机构服务规范》和《农技人员行为规范》，落实了“三牌两册”项目规范管理制度，做到了农业科技试验示范基地标牌、技术指导员胸牌、科技示范户门牌、《技术指导员手册》《科技示范户手册》统一格式、统一内容，增强了农技人员主动服务意识。农民遇到难题，首先想到的是找农技人员。

三是促进了产业发展和节本增效。通过实施补助项目，加快水稻机插育秧、小麦氮肥后移、宽幅精播、玉米一增四改、全膜双垄沟播等一大批先进、适用、实用农业技术的推广普及，加速了农业科技成果的转化。湖北省培育的科技示范户与普通农户相比较，水稻平均亩增产 56.4 公斤、节本增收 140.5 元，全省水稻共节本增效 17.3 亿元；茶叶平均亩增产 66.7 公斤（鲜茶）、节本增收 782 元，全省茶叶共节本增效 1.34 亿元；蔬菜平均亩增产 379.6 公斤、节本增收 614 元，全省蔬菜共节本增效 5.34 亿元。河南省遴选推广玉米机械化收获、水稻生产机械化等 11 项农机化技术，使全省玉米机播水平达 89%，机收水平达 69%；水稻机插率达 26%，机收率达 85.7%。

（二）主要做法

一是强化组织管理。着力抓“三到位”：组织到位。各省份积极争取政府对补助项目的支持，成立由农财等部门组成的补助项目工作领导小组，统筹协调项目实施。同时，建立技术专家组，指导项目县开展技术推广服务。管理到位。各省份农业部门、项目县政府、项目县农业部门、技术指导员、科技示范户之间层层签订项目实施合同，保证一抓到底，抓出成效。保障到位。各省份组建精干的项目管理队伍，强化项目督导、协调和考评。各项目县遴选优秀村干部、新型经营主体负责人、农资经营人员充实到技术指导员队伍中，保障项目顺利实施。

二是规范实施内容。设定政策红线。根据补助项目实施内容和资金管理规定，严格划定补助资金支出范围、比例红线和标牌、手册、档案、考评等项目规范红线。各省份加强方案审核把关，对不符合红线要求的项目县方案一律返回重新修改。科学编制方案。各地严格按照政策红线编制方案，做到一把尺子量到底，同时，在红线范围内，结合当地实际需求，细化实施方案内容，明确具体任务目标，完善落实举措，力求增强编制方案的科学性和可操作性。合理分配资金。各地在覆盖所有农业县的同时，适当向农业大县、粮食生产重点县、现代农业产业基地强县、农机示范县等县（市）倾斜。对于项目绩效考评较差县在资金额度上适当调减。

三是严格督导检查。重点抓“三结合”。坚持日常检查与定期考核相结合。项目台账与痕迹化管理相结合，对项目管理、技术试验示范、指导培训等环节进行规范记载。考核结果与项目资金安排相结合，督促各地不断加强项目管理。

（三）下一步工作打算

农业部将继续贯彻落实中央有关决策部署，以满足农民发展现代农业的科技需求为根本出发点，深化基层农技推广体系改革，实施好基层农技推广体系改革与建设补助项目，努力把农业科技成果快速转化为现实生产力，为保障国家粮食安全、促进农民增收提供有力的科技支撑。一是进一步明确基层农技推广任务，健全农技推广人员考核激励机制，充分调动积极性，激发农技推广人员活力。二是围绕区域优势产业发展需求，建设农业科技成果转化示范基地，开展智慧农业、循环农业等新技术、新产品、新模式的示范、展示，将科技创新、新型职业农民培育、基层农技推广进行有效衔接，提高农技推广针对性。三是推进农技推广服务信息化，为农业技术供求双方提供便捷高效的信息服务体系，使农技人员随时接受专业培训、及时得到专家指导。四是强化贫困地区的农技推广工作，促进当地产业发展、农民增收。

四　农机购置补贴

2015 年，中央财政投入农机购置补贴资金 237.548 亿元，与上年持平。一年来，农业部、财政部持续加大农机购置补贴改革力度，着力创新政策思路、组织形式和工作手段。各级农机化主管部门、财政部门高度重视，密切配合，狠抓落实，实现了补贴政策及时启动、平稳运行、规范有序，实施成效显著。

（一）实施成效

全年共实施中央财政农机购置补贴资金 221.8 亿元（包括 14.2 亿元深松补助资金，不含已购机需在 2016 年度办理手续的资金），补贴农机具 356.7 万台（套），受益农户 285.3 万户。在农机购置补贴政策的推动下，农民购机用机积极性高涨，农业机械化成为农业现代化发展的突出亮点。

一是推动农机装备总量继续增长，农机装备结构进一步优化。农机购置补贴政策持续调动农民购机积极性，农机装备水平进一步提升。2015 年全国农机总动力达 11.17 亿千瓦，同比增长 3.4%。大中型拖拉机达 607.29 万台，增量和增幅连续 8 年超过小型拖拉机，拖拉机配套农具比由 2014 年的 1：1.72 上升到 1：1.73。关键薄弱环节农机具保持较快增长，水稻插秧机达 72.57 万台，同比增长 8.31%；玉米联合收获机达 42.07 万台，同比增长 16.74%。

二是促进新机具、新技术的研发推广使用，农机作业面积和质量进一步提升。全国农作物耕种收综合机械化率达 63.82%，同比提高 2.22 个百分点，增幅连续 10 年保持在 2 个百分点以上，超额完成

“十二五”规划目标。水稻机械种植率、玉米机收率分别达 42.26%、64.18%，同比分别提高 2.71 个、6.7 个百分点。增产增效型、资源节约型、环境友好型农机化新技术应用面积增长较快。全年累计完成深松整地作业面积 2.03 亿亩，超额完成《政府工作报告》提出的 2 亿亩目标任务。

三是促进农业生产经营主体加快发展，农村有效需求进一步激发。农机购置补贴促进农机社会化服务纵深发展。各类新型主体不断涌现，农机专业合作社达 5.65 万个，同比增长 14.34%。农机购置呈现出以农民和农业生产经营组织投入为主、以财政补贴和社会投入为辅的多元化格局，有力拉动农机工业发展。在制造业整体增速放缓的情况下，全国规模以上农机工业企业主营业务收入、利润总额分别达 4523.6 亿元、259.8 亿元，同比分别增长 7.32%、9.16%，增幅连续多年位居机械工业 13 个子行业前列。

（二）主要做法

坚持规范实施和改革创新并重，深入组织开展调研，广泛听取各方面意见，强化顶层设计，实化末端治理，狠抓贯彻落实，促进农机购置补贴政策规范廉洁实施。

一是创新完善政策实施办法，从源头防控廉政风险。财政部、农业部围绕贯彻落实党的十八届三中、四中、五中全会精神，坚持问题导向，按照“简政放权、放管结合、强化服务”原则，大力推进农机购置补贴政策实施改革创新，联合制定印发了《2015—2017 年农业机械购置补贴实施指导意见》（以下简称《意见》）。《意见》突出了“缩范围、控定额、促敞开”的工作思路，着力从制度层面促进政策规范实施和防控廉政风险；突出了稳定性，改一年一定为一定管三年；突出了保重点，重点补贴粮棉油糖作物生产关键环节所需机具，选择重点机具实行敞开补贴，取消地方自选补贴品目；突出了促创新，支持开展农机新产品购置补贴试点；突出了市场化，补贴与支持推广目录脱钩，农民自主选机购机。《意见》体现了公共财政政策的普惠与产业发展政策的重点导向，有力提升了政策实施的针对性、稳定性、普惠性、安全性。

二是强化全过程绩效管理，狠抓关键举措落地。2015 年，农业部继续对省级农业主管部门强农惠农富农政策落实情况开展延伸绩效管理，将农机购置补贴列入重要考核内容。注重考核指标设置，注重考核程序，注重定期通报，注重结果运用，充分发挥绩效管理在细化工作要求、发现整改问题、促进规范实施等方面的重要作用。江苏、吉林、青岛等省（市）实现了补贴机具敞开供应、普惠补贴，农民购机后的补贴获得感普遍增强。各级农机化主管部门不再规定补贴产品经销商的资质条件，由农机生产企业自主设定资质条件，自主确定补贴产品经销商，购机农民自主选择农机经销商、自主议价。

三是大力推进信息公开，强化便民为民服务。农业部统一公布了各级补贴政策咨询受理、投诉举报电话 10300 多个，开发农机购置补贴黑名单和违规查处数据库，实现全国农机购置补贴黑名单情况互联互通、即时查询。全国 38 个省级农机化主管部门和超过 86% 的县（市）均在官方网站开通信息公开专栏，做到了政策内容、实施过程、补贴结果全公开。在确保政策安全实施的同时，各地根据实际情况，进一步简化程序，开展便民服务。多数省份实行了农民先购机后申请补贴的操作流程，减少了农民往返奔波之累。辽宁等省将农机购置补贴全程操作纳入乡镇政务大厅办理。浙江等地协调金融部门出台了农机具抵押贷款、小额信贷、低息贴息贷款等措施。

四是实行监督检查常态化，严惩违法违规行为。对农机购置补贴实行常态化监管，以监管促规范、以监管促落实、以监管促廉政。实行违规查处部省联动，各地共取消或暂停了 95 家产销企业的产品补贴资格或经销补贴产品的资格，将 8 家企业和 6 名企业法定代表人列入农机购置补贴产品经营黑名单。湖南、海南等省加强部门配合，将整改不到位的违规产销企业移交司法机关。通过全方位的监管，有力地维护了农机购置补贴政策的严肃性，维护了广大农民群众和诚信经营企业合法权益，形成了对不廉洁行为的强大震慑。

五 测土配方施肥

2015 年，在中央财政支持下，农业部依托测土配方施肥补贴项目，完善配方肥推广应用机制，开展化肥使用量零增长行动，推进技术服务个性化、施肥指导信息化、基础工作成果化，做到了基础工作与成果应用齐头并进，技术普及与配方肥推广协同推进，为促进粮食稳定发展、农业节能减排和农民节本增收发挥了重要作用。

（一）开展化肥使用量零增长行动

为加快转变农业发展方式，推进化肥减量提效，积极探索产出高效、产品安全、资源节约、环境友好的现代农业发展之路。2015 年，农业部启动实施了“到 2020 年化肥使用量零增长行动”，先后印发了《到 2020 年化肥使用量零增长行动方案》和《〈到 2020 年化肥使用量零增长行动〉推进落实方案》。全国选择 50 个县，在玉米、蔬菜、苹果 3 种作物上开展化肥减量增效试点。通过科学施肥，实现化肥使用“减量、改进、优化、提升”。“减量”就是主要作物化肥利用率稳步提高，化肥使用增长趋势减缓，并逐步减少到合理的投入水平；“改进”就是改进施肥方式，盲目施肥和过量施肥现象基本得到遏制；“优化”就是优化施肥结构，推动氮、磷、钾及中微量元素等养分结构趋于合理，有机肥资源得以合理利用；“提升”就是促进肥料产品科技含量和质量水平不断提升。

（二）推进配方肥产业化

积极拓展测土配方施肥实施范围，在普及粮食作物测土配方施肥的同时，扩大在蔬菜、果树、茶叶等园艺作物中的实施范围。大力推进配方肥产业化。引导企业按照四大模式，即以农民为主体的“按方抓药”模式，以“大配方、小调整”为主要技术路线的“中成药”模式，以智能化配肥设备为依托的“中草药代煎”模式，以规模化经营主体为服务对象的“私人医生”模式，积极生产供应配方肥。并引导化肥企业和农民专业合作社建立专业化社会化农化服务组织，探索“政府测土、专家配方、企业供肥、农民应用”的服务模式，利用信息化手段，向农民提供统测、统配、统供、统施等“四统一”的农化服务。各级农业部门筛选一批诚信经营、服务规范的基层肥料经销网点，实行统一挂牌、统一管理、统一培训，打造配方肥推广大网络。利用测土配方施肥项目形成的大数据，通过网络、手机短信、触摸屏查询等信息化技术，将肥料配方和指导意见精细化、具象化，采用农民听得懂的语音、看得懂的信息、收得到的方式，让农民了解自家农田养分状况，指导农民选肥、用肥。

（三）强化农企合作

2015 年，农业部继续与中化化肥在 11 个省份开展“农企合作推广配方肥示范县”活动，深化试点内容，重点探索蔬菜、玉米和苹果减肥增效技术路径。与全国供销合作总社农业生产资料局签署《推进科学施肥战略合作协议》，开展全面战略合作，深入推进农企合作推广配方肥活动。各级农业部门加大测土配方施肥信息发布力度，加强农企协作，积极引导企业按照农业生产需求生产、供应配方肥，指导农民科学配方施肥。据不完全统计，2015 年全国各级农企合作企业 1642 家，提供不同区域、不同作物的肥料配方 13000 多个，推广应用配方肥 3000 多万吨（实物量）。

（四）改进施肥方式方法

结合作物栽培、地力培肥、土壤改良、节水灌溉、病虫害防治等技术，制订完善施肥方案，集成推广科学施肥技术。推广化肥机械深施技术。按照农艺农机融合、基肥追肥统筹的原则，加强化肥深施机械研发，因地制宜推进化肥机械深施，减少养分挥发和流失。推广水肥一体化技术。结合高效节水灌溉，示范推广滴灌施肥、喷灌施肥等技术，促进水肥一体下地，提高肥料利用效率。推广适期施肥技术。推广因地、因苗、因水、因时分期施肥技术，因地制宜推广叶面喷施和根外施肥技术，稳妥发展缓控释肥技术。

（五）强化配方肥质量管理

加强对农企合作推广配方肥企业的监督管理，2015 年，对河北等 25 个省份的全国农企合作推广配方肥生产企业产品质量和标签标识进行监督抽查。共计抽取肥料样品 183 个，抽样基数 2427.14 吨，涉及肥料生产企业 153 家、肥料经销企业（个体商户）79 家。以农业部办公厅文件通报抽查结果，并提出整改意见，要求各省份及时落实整改。农业部对本次抽查产品不合格的农企合作推广配方肥企业，责令其限期整改；整改不力的，取消其农企合作推广配方肥企业资格。各地农业行政主管部门也依法加强肥料监督管理，进一步完善肥料登记管理制度，定期开展肥料监督抽查，建立严格的质量追溯和全程监管机制，确保国家政策落到实处，农民用上放心肥料。

经科学测算，2015 年我国水稻、玉米、小麦三大粮食作物化肥利用率为 35.2%，比 2013 年提高 2.2 个百分点。化肥利用率的提高，促进了农业节本增效、提质增效、环境友好。专家分析，化肥利用率提高 2.2 个百分点，可减少尿素用量 100 万吨，减少农民生产投入约 18 亿元。减少的化肥投入相当于减少氮排放 47.8 万吨、节省 100 万吨燃煤。

六 病虫害防治

2015 年粮食作物病虫害为偏重发生年份。其中，小麦蚜虫、小麦赤霉病、小麦白粉病、水稻“两迁”害虫、稻瘟病、玉米螟、黏虫、玉米南方锈病等重大病虫害发生面积大，对粮食安全生产造成严重威胁。据统计，全国粮食作物重大病虫害发生面积 2.4 亿公顷次，累计实施防治面积 3.1 亿公顷次。经有效防控，全面遏制了重大病虫暴发危害，有力保障了粮食高产稳产。

（一）主要病虫害发生情况

1. 小麦病虫害

总体偏重发生，累计发生 6486 万公顷次。其中，虫害发生 3282 万公顷次，病害发生 3204 万公顷次。小麦穗期蚜虫在大部麦区偏重发生，华北、黄淮海部分麦区大发生，发生面积 1689 万公顷，高于 2001 年以来的平均值。麦蜘蛛在黄淮海大部麦区总体中等发生，发生面积 636 万公顷，低于近 5 年平均值和 2001 年以来的平均值。小麦吸浆虫在黄淮海麦区危害上升势头得到进一步遏制，发生面积 155 万公顷，低于上年和 2011 年以来的平均值。小麦赤霉病在江汉、长江流域麦区大流行，江淮、黄淮麦区偏重流行，发生面积 580 万公顷，重于上年。小麦白粉病在黄淮海麦区总体偏重发生，湖北江汉平原及东部大发生，发生面积 818 万公顷，是 2001 年以来仅次于 2002 年的重发年份。小麦纹枯病在江淮和黄淮南部麦区偏重发生，发生面积 871 万公顷，高于 2001 年以来的平均值，低于上年。小麦条锈病在四川“三江一河”流域、湖北江汉平原等地偏重发生，西北、西南大部和河南等地中等发生，发生面积 247 万公顷，是 2011 年以来发生面积最大的一年；小麦叶锈病在黄淮海上升态势明显，发生面积达 343 万公顷，是近 10 年来发生最重的一年。

2. 水稻病虫害

总体中等发生，累计发生9145万公顷次，同比减少2.5%。其中，虫害发生6201万公顷次，病害发生2944万公顷次。稻飞虱呈“前轻后重”发生特点，其中华南、江南、西南东部、长江中游稻区偏重发生，西南西南部、长江下游稻区中等发生，西南西北部和江淮流域偏轻发生，累计发生2316万公顷次。稻纵卷叶螟在华南南部、江南东部、西南东部、长江中游稻区偏重发生，华南中北部、江南西部和长江下游稻区中等发生，除贵州外的西南其他稻区和江淮稻区偏轻发生，累计发生1555万公顷次。二化螟总体中等发生，发生面积是21世纪以来发生最少的一年，其中江南东部、西南北部、长江中游和江淮稻区一代二化螟偏重发生，局部地区集中危害现象突出，达大发生程度，江南西部、西南东部、长江下游和东北稻区中等发生，华南大部、西南南部等其他稻区偏轻发生，累计发生1366万公顷次。三化螟总体偏轻发生，发生程度呈持续下降态势，发生范围主要集中在华南、西南和长江中游稻区，川西川北和攀西局部地区达中等发生程度，累计发生面积130万公顷次。稻瘟病总体偏重发生，发生面积是2005年以来发生第4高的年份，仅次于大发生的2005年、2006年、2014年，重发区域由原来的山区、半山区向平原地区扩展，其中西南东部、江南、长江中下游和江淮稻区偏重发生，华南南部、西南西北部稻区中等发生，华南中北部、西南西南部和东北稻区偏轻发生，累计发生面积511万公顷次。稻纹枯病总体偏重发生，局部大发生，其中江南稻区偏重至大发生，华南大部、西南北部、长江中下游和江淮稻区偏重发生，西南南部和东北稻区中等发生，累计发生面积1793万公顷。南方水稻黑条矮缩病在南方稻区偏轻发生，发生面积持续减少，累计发生面积10万公顷。

3. 玉米病虫害

总体偏重发生，明显重于常年，略重于上年，发生面积为7753万公顷次，其中虫害发生5616万公顷次，病害发生2137万公顷次。玉米螟在东北大部、黄淮大部、西北及西南局部偏重发生，发生面积2309万公顷次；黏虫在东北、华北和黄淮局部偏重发生，局部地区出现高密度集中危害田块，总体危害程度明显重于2014年，部分区域重于2013年，发生面积395万公顷；棉铃虫在黄淮海偏重发生，发生面积474万公顷；蚜虫在东北、西南部分地区偏重发生，发生面积603万公顷；双斑萤叶甲在东北、华北和新疆北部偏重发生，发生面积282万公顷；蓟马在华北、黄淮大部偏重发生，发生面积264万公顷；地下害虫在华北、东北局部偏重发生，发生面积751万公顷；南方锈病在黄淮海大发生，是历史上发生面积最大、为害最重的年份，发生面积525万公顷；大斑病在黑龙江偏重发生，东北其他地区及华北大部中等发生，发生面积527万公顷，发生程度接近上年，但轻于2012年和2013年；纹枯病在黄淮地区发生较重，发生面积180万公顷。

4. 农区蝗虫

总体中等发生，与近年持平，发生比较稳定。飞蝗中等发生，累计发生面积129万公顷次。其中，东亚飞蝗在环渤海湾、华北湖库和沿黄滩区等蝗区中等发生，发生面积118万公顷次（夏蝗发生66万公顷，秋蝗发生52万公顷）；西藏飞蝗中等发生，发生面积8.9万公顷，主要发生在四川川西高原、西藏东南部和青海玉树等农牧交错区及金沙江、雅砻江河滩地等；亚洲飞蝗在新疆阿勒泰、阿克苏、塔城和吐鲁番等地农区偏轻发生，发生面积为2.2万公顷，轻于上年。北方农牧区土蝗总体中等发生，内蒙古中西部、新疆北部等地局部偏重发生，局部出现由草滩地集中向农田迁移危害，发生面积196万公顷。

另外，马铃薯晚疫病在西南主产区大部偏重发生，在西北、华北和东北主产区中等发生，累计发生面积 186.5 万公顷。

（二）主要措施和成效

农业部组织开展防病治虫夺丰收行动，要求各地立足抗灾夺丰收，及早安排部署，广泛动员发动，强化督查指导，大力推进统防统治、绿色防控和科学用药，最大限度降低危害损失，有力保障了粮食生产安全。据统计，“虫口夺粮”减少粮食产量损失 9884 万吨，占粮食总产的 15.9%。

一是全面动员部署。制定印发《春季防病治虫夺丰收行动方案》《防病治虫夺秋粮丰收行动方案》，组织各地突出主要作物、重大病虫、关键环节，明确防控思路、目标任务、技术路径和保障措施，落实“政府主导、属地责任、联防联控”工作机制，全力以赴打好防控战役。同时，先后召开春季病虫防控工作会、小麦穗期病虫防控现场会、秋粮作物重大病虫防控现场会，分区域、分作物、分病虫安排部署防控工作。

二是加强监测预警。组织 1030 个全国农作物病虫测报区域站，加强迁飞性、流行性、暴发性重大病虫定点系统监测和大面积普查，全面掌握发生消长动态，及时会商发生趋势，准确发布预报预警信息，并通过电视预报、广播通知、手机短信等多种形式，促进病虫发生信息和防控技术进村入户，较好地指导了防控行动。2015 年累计发布《植物病虫情报》31 期，在中央电视台《天气预报》栏目发布小麦赤霉病等电视预报 6 期，在中央人民广播电台《三农早报》栏目发布病虫预报信息 22 期。

三是落实关键措施。组织各地根据不同病虫危害特点，采取针对性防控策略和措施。小麦条锈病狠抓药剂拌种和“带药侦查、打点保面”，严防大面积扩展流行；小麦赤霉病常发区坚持“主动出击、见花打药”不动摇，做到防病不见病；稻飞虱抓好区域间联防联控、区域内统防统治，“压前控后”严防后期突发成灾；稻纵卷叶螟严格达标防治，重点保护功能叶（上三叶）；玉米螟在采取灯光诱杀、放蜂治螟基础上，重点抓好大喇叭口期药剂防治等，有效提高了防控效果，降低了危害损失。

四是推进统防统治。结合实施小麦“一喷三防”、重大病虫害统防统治补助等项目，继续扶持发展规范化防治服务组织，大力推进统防统治。截至 2015 年底，全国已有各类防治服务组织 11.3 万个，“五有”规范化组织达 3.76 万个，拥有大中型植保机械 26 万台（套），日作业能力 615 万公顷，水稻、小麦、玉米等粮食作物病虫害统防统治覆盖率达到 32.7%、比上年提高 2.7 个百分点。同时，继续集成示范农作物病虫害统防统治与绿色防控融合推进模式，辐射带动病虫综合治理、农药减量控害技术的大面积推广应用，稳步提高防控组织化程度和科学化水平。

五是强化督查指导。全面落实分片包干联系督导制度，在小麦、水稻、玉米、马铃薯等作物重大病虫发生危害关键时期，先后组派两批次、15 个督导组，采取日常联系和现场督导相结合形式，及时调度粮食主产省份重大病虫发生和防控进展，督促检查补助政策、资金落实情况，确保防控责任、工作措施落实到位。同时，组织百名植保专家，就近就地，深入田间地头、生产一线，巡回开展技术培训和现场指导，确保防控技术措施落实到田。

七 农业防灾减灾

2015 年，受极强厄尔尼诺影响，农业气象灾害频发多发，阶段性、区域性农业气象灾害偏重。但总的看，2015 年作物生长的关键时段灾害影响偏轻，特别是对农业生产影响最大的旱灾明显轻于 2014 年。据核实，全国农作物受灾 2133 万公顷，同比减少 312 万公顷，其中成灾 933 万公顷，绝收

223 万公顷，同比分别减少 342 万公顷和 86 万公顷；因灾损失粮食 2635 万吨，同比减少 515 万吨。

分灾种看，农作物因干旱受灾 1060 万公顷，同比减少 166 万公顷，其中成灾 492 万公顷，绝收 105 万公顷，同比分别减少 76 万公顷和 44 万公顷。农作物因洪涝受灾 562 万公顷，同比增加 84 万公顷，其中成灾 212 万公顷，绝收 66 万公顷，分别减少 61 万公顷和 3 万公顷。农作物因台风受灾 172 万公顷，同比减少 76 万公顷，其中成灾 76 万公顷，绝收 18 万公顷，分别减少 39 万公顷和 17 万公顷。农作物因风雹受灾 292 万公顷，同比减少 31 万公顷，其中成灾 103 万公顷，绝收 31 万公顷，同比分别减少 116 万公顷和 15 万公顷。农作物因低温冻害受灾 90 万公顷，同比减少 123 万公顷，其中成灾 42 万公顷，绝收 4 万公顷，分别减少 51 万公顷和 13 万公顷。

针对 2015 年频繁发生的农业气象灾害，各级农业部门坚决贯彻中央的部署和要求，坚持抗灾夺丰收目标不动摇，扎实推进科学抗灾减灾，全力以赴夺取粮食丰收。

（一）强化领导，及早部署

先后召开全国春季田管暨春耕备耕工作视频会、全国春季农业生产工作会和防汛抗旱领导小组会议，对全国农业防灾减灾工作进行部署。派出 17 个检查组，由部领导和司局级干部带队，分赴广西和广东等 15 省份及黑龙江、安徽、湖北垦区，开展汛前防汛抗旱准备工作检查，提早做好防御准备。同时，下发应对冬麦区春旱、倒春寒、南方洪涝、台风等灾害防御紧急通知 10 个，灾害预警信息 90 多期，进一步部署灾害防御工作，要求各地强化责任，科学应对，毫不放松抓好防灾减灾，确保农业生产安全。

（二）强化预判，完善预案

积极与气象、民政、水利等部门会商，突出重点地区、主要作物、关键农时，加强预测研判，提前制订工作预案，做到技术早准备、工作早安排、措施早落实。制定下发了《科学应对厄尔尼诺实现抗灾夺丰收预案》。

（三）强化调度，科学指导

实行汛期 24 小时应急值守制度，坚持专人负责，密切关注重大天气变化，第一时间调度雨情、墒情、灾情，评估重大天气过程对农业生产的影响，提出对策措施，及时上报反映，为准确研判灾害影响提供支撑。根据灾情发展，及时派出工作督导组和专家指导组，深入重灾区了解灾情，帮助受灾群众解决抗灾救灾和恢复农业生产中的困难。督促各地根据作物受灾程度开展分类指导，落实田间管理措施，减少因灾损失。

（四）强化保障，恢复生产

落实 2015 年国家救灾备荒种子储备任务 5000 万公斤。农业抗灾救灾的物资装备水平稳步提高，全国拥有拖拉机 2297.3 万台、排灌动力机具 2295.5 万台、农用水泵 2234.4 万台、节水灌溉类机具 210.6 万台套。积极做好抗灾柴油、水泵等储备和农机设备的跟踪检修工作。同时，积极商财政部争取落实 7.3 亿元农业生产防灾救灾资金，保障灾后农业生产恢复。

（五）强化宣传，提高认识

及时收集、核实、上报灾情信息，全面反映各地抗灾救灾的好经验、好做法、好典型。积极争取媒体支持，通过多种形式，加强农业抗灾救灾的正面宣传，增强宣传声势，提高宣传效果，让社会深入了解灾害发生的严峻形势、农业部门的工作措施和抗灾救灾的显著成效。

国家扶持粮食生产的有关政策

2015 年，国家继续加大对粮食生产的扶持力度，增加预算内投入，强化粮食产能建设，改进支农补贴政策，提高补贴资金使用效率，完善价格调控机制，调动农民生产积极性，促进粮食稳产增产。在各方面共同努力下，全年粮食产量达到 62144 万吨，比上年增加 1441 万吨，增产 2.4%，再创历史新高，实现了粮食生产“十二连增”，为实现宏观经济稳定奠定了坚实基础。

一 生产补贴政策

中央财政继续实施农业生产补贴政策，同时针对以往补贴政策的指向性、精准性减弱、边际效应逐步降低等问题，国家进一步调整和完善农业生产补贴政策。主要是将 20% 的农资综合补贴资金用于支持粮食适度规模经营，并选择部分地区开展良种补贴、种粮直接补贴和农资综合补贴改革试点，将上述三项补贴合并为农业支持保护补贴，全年安排补贴资金约 1400 亿元。另外，继续安排农机购置补贴 230 亿元，产粮（油）大县奖励资金 320 亿元左右。

二 投入支持政策

（一）粮食生产能力建设

国家安排中央预算内投资 240 亿元左右，用于全国新增千亿斤粮食能力规划田间工程、大型灌区续建配套和节水改造、新建大型灌区、大型泵站更新改造、种子工程、重点退耕还林地区基本口粮田等粮食生产能力建设，比上年增加约 20 亿元。其中，新增千亿斤粮食产能规划田间工程中央投资 140 亿元，在 800 个产粮大县建设高产稳产粮田 1160 万亩左右；大型灌区续建配套和节水改造、新建大型灌区和大型灌排泵站更新改造工程投资 92 亿元；种子工程、退耕还林地区基本口粮田等项目投资 8 亿元。

（二）粮食流通设施建设

2015 年，国家安排中央预算内投资 110 亿元，重点在粮油主产区、主销区，同时兼顾产销平衡区粮油仓储设施、粮食现代物流等建设项目。新建改建了一批粮食收储仓容，在重要粮食物流节点建设了若干“四散化”散粮物流项目。上述项目的实施，对增加粮油收储能力，缓解我国粮油仓容不足的矛盾，提高粮油物流服务水平发挥了重要作用。

三 粮油收购政策

2015 年，国家继续对小麦、稻谷实行最低收购价政策，对玉米实行临时收储政策，并根据成本、价格等因素变化，适当调整收购价格水平。同时，改革和完善油菜籽收购政策。

（一）小麦最低收购价政策

2015年，国家继续在小麦主产区实行最低收购价政策。依据小麦生产成本、市场供求、比较效益、国际市场价格和粮食产业发展等各方面因素，2014年10月，国家发展改革委会同有关部门公布了2015年小麦最低收购价格，当年生产的国标三等小麦最低收购价为每市斤1.18元，保持上年水平不变。最低收购价执行时间为2014年5月21日至9月30日。执行收购预案的小麦主产区为河北、江苏、安徽、山东、河南、湖北6省。

（二）稻谷最低收购价政策

为保护农民利益，防止"谷贱伤农"，2015年国家继续在稻谷主产区实行最低收购价政策。综合考虑生产成本、市场供求、比较效益、国际市场和产业发展等各方面因素，2015年2月，国家发展改革委会同有关部门公布了稻谷最低收购价格水平，当年生产的早籼稻（三等，下同）、中晚籼稻和粳稻最低收购价分别为每市斤1.35元、1.38元和1.55元，均保持上年水平不变。早籼稻最低收购价执行预案实施范围为安徽、江西、湖北、湖南、广西5个早籼稻主产区，中晚稻最低收购价执行预案实施范围为辽宁、吉林、黑龙江、江苏、安徽、江西、湖北、河南、湖南、广西、四川11省区。

（三）玉米临时收储政策

2015年，国家继续在东北三省和内蒙古自治区实行玉米临时收储政策。收购价格由上年的每市斤1.12元（以吉林生产的玉米为基准），降至每市斤1.00元，比上年下降0.12元。政策实施范围仍与上年一致，主要是东北三省和内蒙古自治区。

（四）大豆目标价格政策

2014年开始，国家在东北三省和内蒙古自治区开展了大豆目标价格改革试点，促进了大豆生产的发展。2015年，综合考虑供求状况、国际市场价格等因素，大豆目标价格为每吨4800元，保持上年水平不变，稳定大豆种植收益，引导大豆与玉米正常轮作。

（五）油菜籽收购政策

2015年，国家改革和完善油菜籽收购政策。由地方政府全面负责油菜籽收购工作，省级政府按照保障农民基本收益和市场基本稳定的原则，根据本地实际情况，自主研究确定辖区内油菜籽市场收购指导意见，引导各类企业积极开展市场化收购，逐步实现油菜籽价格完全由市场供求形成。中央财政对湖北、四川、安徽、江苏、湖南、河南、贵州等7个油菜籽重点产区予以适当支持，同时有关部门加强指导，维护市场稳定，推动油菜籽产业健康发展。

粮食流通

一 粮食收购与销售

（一）粮食收购数量再创新高

2015年各类粮食企业收购粮食42536万吨（原粮，下同），创历史新高，同比增加6041万吨。其中小麦9585万吨，同比增加264万吨；稻谷10862万吨，同比增加242万吨；玉米21137万吨，同比增加5644万吨；大豆588万吨，同比减少165万吨。收购量增加的原因：一是粮食继续增产、商品量增加。2015年，我国粮食生产实现“十二连增”，总产量达62144万吨，同比增加1441万吨，再创新高，农户可出售粮食增加。二是政策性粮食收购量大幅增加。由于消费不旺，市场低迷，小麦、稻谷最低收购价收购预案大范围启动，新疆维吾尔自治区和东北三省一区分别启动了小麦、玉米临时收储。三是农户存粮数量趋降。随着土地加速流转，粮食生产集约化快速发展，粮食生产进一步向专业合作社、种植大户等新型经营主体集中，加上农村消费方式改变，农户卖原粮再买成品粮及其制品的情况更趋普遍，农户存粮数量逐年减少，更多粮食进入收购市场。

（二）国有粮食企业销售量同比减少

2015年，国有粮食企业共销售粮食20401万吨，比上年减少2460万吨。分品种看，小麦销售5616万吨，同比减少509万吨；稻谷5717万吨，同比增加131万吨；玉米5639万吨，同比减少2587万吨；大豆2705万吨，同比增加87万吨。其中政策性粮食销售大幅减少，2015年国家政策性粮食销售出库1995万吨，同比减少3053万吨。销售量减少的主要原因：一是受国内外粮食价差扩大影响，粮食进口数量大幅增加，一定程度上挤占了国内粮食市场份额；二是粮食消费整体较为低迷，市场不活跃，导致粮食销售数量有所减少。

（三）全社会粮食库存大幅增加

为保护种粮农民利益，国家加大了托市收购力度，国家政策性粮食库存大幅增加，同时，为切实落实粮食安全省长责任制，国家进一步增加了地方储备规模，地方储备实际库存有所增加。分性质看，国有粮食企业库存大幅增加，其中国家临时存储和最低收购价粮食库存增幅较大；分品种看，稻谷和玉米库存比例有所提高，小麦和大豆略有减少。从库存的区域分布上看，主产区库存比例上升，主销区和产销平衡区库存比例下降。受市场消费低迷影响，非国有粮食企业入市谨慎，库存有所减少。

二 粮油竞价交易

（一）组织开展国家政策性粮食竞价交易

为保证粮食市场供应，继续做好腾仓倒库工作，2015年国家粮食局及时调整粮油品种，每周有序适量安排销售计划，要求有关联网交易中心积极做好国家政策性粮食竞价销售工作。全年共组织安排了418场次国家政策性粮油竞价销售交易会，成交粮食1850万吨、食用油23万吨。分品种看，成交小麦730万吨、早稻70万吨、中晚籼稻189万吨、粳稻275万吨、玉米587万吨、菜籽油23万吨。国家政策性粮食竞价销售同比下降明显，主要是受国内粮食继续增产、消费需求不旺、各品种粮食价格与国外价差明显扩大、国外低价粮食及替代品大量涌入等诸多因素影响。

（二）积极推进国家粮食交易中心体系建设

2015年国家粮食局粮食交易协调中心（以下简称交易中心）筹建之际，根据中编办赋予的职责及职能定位，按照局党组及筹备领导小组的统一部署要求，着力加强国家粮食交易中心体系建设，加快形成以国家粮食局交易协调中心为龙头，各省（区、市）联网的粮食交易中心参与的统一开放、竞争有序、协同发展的现代国家粮食交易体系。截至2015年末，全国共明确27家省级粮食批发市场与国家统一竞价交易平台联网，作为国家粮食交易中心的在地交易中心。此举为规范粮食交易秩序，优化粮食市场环境，更好地服务粮食宏观调控、服务种粮农民、服务涉粮企业，保障国家粮食安全奠定了扎实基础。

（三）搭建全国粮食统一竞价交易系统平台

全力打造最先进的全国粮食电子交易平台，借鉴过去两个中心市场及各地联网市场粮食竞价交易的经验，充分利用互联网+平台交易技术，开发了功能更为齐备的全国粮食统一竞价交易系统平台，实现国家、省、市、县粮食交易共享共用。2015年12月，全国粮食统一竞价交易系统平台试运行成功，为营造更加透明、公开、公平、公正的交易环境奠定了坚实的基础。一是为保障网上交易安全、保护买卖双方合法权益，全国粮食统一竞价交易系统对安全体系进行了升级，引入CA数字认证服务。二是为优化流通链条，降低交易成本，提高粮食流通效率，实现资源共用信息共享，厘清国家及各省级国家粮食交易中心职责，明确安徽、郑州两个粮食批发市场不再代行中心市场职责。三是为增强市场竞争力，方便买卖双方交易，确保交易资金安全，采取了集交易、财务、结算全程电子化的设计理念。

（四）认真做好网站改版和信息发布工作

为配合全国粮食统一竞价交易系统上线，进一步做好粮食交易和信息发布工作，对国家粮食交易中心网站进行了改版创新，更名并重新设计了“国家粮食交易中心”网站板块，突出了网站内容的专业性、实用性、时效性、服务性的特点，开设了预报名、年审、问询等在线办事功能。2015年网站发布各类粮油现货交易信息2686条，社会访问量31万次，浏览量73万次。

粮食调控

一 认真抓好粮食收购，农民利益得到有效保护

（一）严格执行国家粮食收购政策

2015年，主产区收储矛盾十分突出，各地高度重视，及早谋划，以保护好农民利益为出发点和落脚点，科学研判粮油供求形势，及时安排部署，指导和督促企业严格执行国家粮食收购政策和“五要五不准”收购守则，确保中央涉粮惠农政策不折不扣落到实处。认真组织政策性收购，积极引导多元主体入市收购，充分发挥国有粮食企业的示范作用和各类市场主体的积极作用，收购工作进展顺利，没有出现大范围农民“卖粮难”。通过提价托市、优质优价、帮助农户整粮减损等措施，促进种粮农民增收870亿元以上。

（二）政策性粮食收购成效显著

国家粮食局会同有关部门及时修改完善并公布2015年小麦和稻谷最低收购价执行预案，大力简化启动程序，督促各地合理布设收购网点，强化督促检查，狠抓贯彻落实，较好地满足了农民售粮需要。河南等6省、江西等4省和湖南等9省分别启动了小麦、早籼稻和中晚稻最低收购价执行预案，新疆维吾尔自治区和东北三省一区分别启动了小麦、玉米临时收储。浙江、安徽、福建、湖北、新疆等省（区）还组织地方政策性粮食收购。内蒙古、辽宁、吉林、黑龙江等省（区）采取措施抓好生霉粒超标玉米收购，有效保护了农民利益。

二 综合施策保障供给，粮油市场保持总体稳定

（一）加大国家政策性粮食投放力度

国家有关部门坚持常年向市场投放政策性粮食，并根据市场需求和收购情况合理把握销售节奏和力度，适时增加投放品种和数量，保障了粮食市场供应。为加快库存粮食消化，国家有关部门组织开展了国家政策性粮食专场交易，出台了玉米深加工企业补贴政策，黑龙江、吉林等省也出台了地方补贴政策，以上措施有效地调动了企业购买积极性，大幅增加了成交量。据统计，2015年累计销售出库国家政策性粮食1995万吨。

（二）国内粮油市场价格稳中有降

2015年国内粮食市场总体稳定，但受市场消费需求不旺、国家调低临储玉米收购价格、进口粮食冲击等因素影响，2015年国内粮食市场价格有所下降。据统计，2015年末主产区小麦（混合麦）、早籼稻、中籼稻、晚籼稻、玉米、大豆收购价格每百斤分别为116.3元、128.5元、132.5元、136.2元、97.1元、208.1元，同比分别下降6.6%、2.5%、2%、1.3%、12.5%、9.9%。

三 强化储备和应急管理，综合保障能力进一步提高

（一）地方储备库存继续增加

各地按照国家粮食局会同有关部门核定的地方储备粮增储规模，抓紧分解下达增储计划，积极组织采购粮源充实库存，增储工作进展总体顺利，部分地区有针对性地增加了成品粮油储备，区域粮食安全保障能力进一步增强。2015 年末全国地方储备规模落实接近 9 成，北京等 15 个省份已全部落实到位，其余省份将于 2016 年陆续落实到位。

（二）储备粮油轮换总体顺利

为确保中央储备粮质量良好、储存安全、常储常新，更好地满足市场调控的需要，国家粮食局等部门加强对 2015 年度中央储备粮油轮换的指导和督促，及时下达 2016 年度中央储备粮油轮换计划。为缓解主产区收储矛盾，适时安排部分最低收购价和临时收储粮食划转为中央储备轮换粮源。各地不断强化储备粮管理，创新管理机制，采取措施积极应对市场形势变化对储备轮换带来的不利影响，切实抓好地方储备粮油轮换，较好地发挥了储备粮油吞吐调节作用，保障了储备粮油质量安全。

（三）粮食应急保障体系进一步完善

按照国家粮食局加快推进应急供应、军粮供应、成品粮储备、放心粮油、主食产业化“五位一体”融合发展的要求，各地结合实际加强粮食应急体系建设，构建布局合理、运转高效的应急网络，为做好粮食应急工作奠定了坚实基础。截至 2015 年底，全国各省（区、市）确定粮食应急供应网点 44012 个、应急加工企业 5815 家。元旦、春节等重要节假日期间，国家有关部门指导各地密切关注粮油市场动态，加强粮源组织调度和市场监管，保障了粮油市场平稳有序运行。

辽宁、河南、青海等地修订完善了省级粮食应急预案或实施细则，青海省还制定了粮食应急供应网点管理办法；山东、安徽、江西等地积极争取财政资金支持，加强粮食应急加工企业、配送中心和成品粮仓储设施建设；山西、吉林、湖北等地组织或参与了省级粮食应急演练，提升了粮食应急保障能力。

粮食流通体制改革

2015年，各级粮食部门深入贯彻落实党的十八大和十八届三中、四中、五中全会精神，认真贯彻落实习近平总书记系列重要讲话精神，坚决贯彻党中央、国务院关于粮食工作的各项决策部署，扎实推进粮食流通领域各项改革，取得了明显成效。

一 全面部署粮食流通改革工作

2015年1月，国家粮食局召开全国粮食流通工作会议。会议强调要坚持稳中求进工作总基调，主动适应经济发展新常态，全面落实粮食安全责任，全面深化粮食流通改革，全面推进依法治粮，全面加强“粮安工程”，加快实施创新驱动发展战略，加快转变粮食经济发展方式，加快推进粮食流通能力现代化，切实保障国家粮食安全，促进经济社会平稳发展。会议对做好2015年粮食流通各项改革提出明确要求。

2015年粮食流通改革的总体思路是：以全面落实粮食安全省长责任制为核心，着眼于优化机制、激发活力、提高效率，重点推进粮食流通管理体制、粮食科技体制和粮食企业经营发展模式改革，完善深化政策性粮食购销机制、地方储备粮管理机制和流通统计制度改革，加快推进中央储备粮监管体制机制和粮食行政管理机制改革。

二 扎实推进粮食流通各项改革

（一）在粮食流通管理体制改革方面

各地积极主动推进粮食安全省长责任制的全面落实，31个省级人民政府全部出台了实施意见，大部分省份制定了考核办法。各地普遍成立了落实粮食安全责任工作领导小组或建立了联席会议制度，吉林、江苏、安徽、江西、湖南、广西、海南、四川、云南、甘肃等省（区）将粮食安全责任落实情况纳入政府绩效考核，保障区域粮食安全、维护国家粮食安全的制度体系初步形成。《粮食安全省长责任制监督考核办法》已由国办印发，监督考核机制正在抓紧建立。

（二）在政策性粮食购销机制改革方面

一是从优化机制和提高效率出发，将小麦、早籼稻和中晚稻由原来的3个预案合并为1个预案，实现了“三合一”。二是从进一步厘清中央和地方粮食安全责任出发，从2015年起油菜籽收购交由地方政府全面负责，中央财政予以适当支持。三是从完善机制和方便农民售粮需要出发，玉米临时收储探索形成“一主多辅”模式，价格更加贴近市场。同时，吉林、黑龙江、安徽、湖北、河南等省积极探索出台省级临储、加工补贴收购等办法，认真抓好质量不达标粮食的收购工作。

（三）在国有粮食企业改革方面

起草并向国务院汇报了《国有粮食企业改革进展情况报告》。加强对地方国有粮食企业改革的指导，以“一县一企、一企多点”模式为主推进国有粮食企业改革，加大县级国有粮食企业兼并重组力度，代储代烘、粮食电商等新业态服务“三农”效果明显。在市场持续低迷的情况下，努力挖潜增效、搞活经营，2015年全国国有粮食企业实现统算盈利78亿元，连续9年保持盈利。

（四）在中央储备粮监管体制机制改革方面

创新粮油库存监管机制和检查方式，委托东北三省和内蒙古自治区的省、市级粮食部门在地检查中央储备粮，组织四省（区）地市之间、地方粮食部门和中储粮系统之间进行交叉互查。国家有关部门联合抽查中采取粮食部门和中储粮系统交叉互查的方式，并调整质量扦样数量。建立中央储备粮监管部门之间的信息共享机制，成立国家有关部门和单位组成的黑龙江等四省区粮食库存联合抽查工作领导小组，共同推动联合抽查工作。

（五）在粮食流通统计制度改革方面

全面实施新修订的粮食流通统计制度，统计业务实现归口管理，网上直报系统投入运行，统计制度改革基本完成，统一、精简、准确、管用的粮食流通统计体系初步形成，服务宏观调控决策的水平进一步提高。同时，科学核定地方粮食储备规模，区域市场调控能力进一步增强。启动实施科研项目督导评估新机制，积极推进新一轮粮食科技体制改革。加快行业人才体制改革，建立健全激励机制，为行业人才培养提供制度保障。大幅减少行政审批事项，切实提高审批效率和服务水平。

粮食流通监管

一 中央储备粮代储资格认定

根据国务院简政放权、推进行政审批改革的系列精神和要求，2015 年，国家粮食局主动做好中央储备粮代储资格认定事项、办事程序、审核内容等信息全面公开。编制《中央储备粮代储资格认定服务指南》，实行预受理和受理单制度、创新专家审核程序机制，全方位服务申请对象，提高审批效率。

依法完成 2015 年（总第 20 批）中央储备粮代储资格认定工作，共受理 1293 户企业申请。其中，新申请和补充申请企业 310 户，授予资格 149 户（包括：粮食类 140 户，授予资格仓容 669 万吨；油脂类企业 9 户，授予资格罐容 14 万吨）；延续申请企业 704 户，同意延续资格 541 户（延续粮食类资格企业 511 户，延续仓容 3034 万吨；延续油脂类资格企业 30 户，延续罐容 38 万吨）；变更申请企业 276 户（同意变更事项 212 户）。

11 月，根据《国家发展改革委办公厅关于做好 2015 年规章和规范性文件后评估工作的通知》（发改办法规〔2015〕937 号），结合近年中央储备粮代储资格认定工作实践，完成了《中央储备粮代储资格认定办法》（国家发展改革委 财政部令第 20 号）后评估。在《〈中央储备粮代储资格认定办法〉后评估报告》中对该办法执行情况、实施效果及存在问题等进行了综合分析评估，提出了改革与完善的措施建议。

二 粮食流通监督检查

2015 年，全国粮食流通监督检查工作紧紧围绕“抓收购、保供给、管库存”中心工作，积极依法开展监督检查，认真履行守住管好“天下粮仓”的职责，为保障国家粮食安全作出了应有贡献。

（一）抓好粮食收购专项检查，切实保护种粮农民利益

在粮价持续下行、市场需求低迷、主产区仓容紧张、政策性粮食收购任务十分繁重的情况下，围绕“抓收购”中心工作，坚持边收购边检查，不断加大督导检查力度。国家粮食局及时部署各地开展粮食收购专项检查，并对重点省份进行督查。夏粮收购期间，由司级干部带队赴山东、河南等省对托市粮收购政策执行情况开展督导检查；秋粮收购期间，局领导带队，动员 100 余人，赴 13 个粮食主产省督导检查秋粮收购、储粮安全和安全生产。针对个别地区存在的“卖粮难”“打白条”等苗头性问题，及时下发严防发生农民“卖粮难”和严肃查处向售粮农民“打白条”等损害农民利益行为的两个紧急通知。

地方各级粮食行政管理部门加大粮食收购政策执行情况的专项检查力度，严肃查处、及时纠正粮食收购活动中各种损害农民利益的违规行为和不正之风，确保国家惠农政策落实到位。吉林按照“四

不两直”（不发通知、不打招呼、不听汇报、不用陪同，直奔基层、直插现场）开展国家临储粮巡查。江苏实行局领导分片督导，机关干部蹲点督查。安徽针对部分地区小麦不完善粒超标问题，开通24小时举报热线电话，全年接到电话举报533起，全部及时妥善处理。广西开展对种粮农民直接补贴与储备粮订单收购挂钩政策落实情况专项检查。新疆依托粮食税票系统监控企业粮食购销数量，与金财“一卡通”粮食生产补贴数据进行比对，实现以票查粮、以票核账，有效防范了“转圈粮”违规行为。各级粮食行政管理部门切实强化收购市场监管，规范收购秩序，保护种粮农民利益，为确保粮食收购工作平稳有序发挥了重要作用。

（二）优化粮食库存检查方式，坚决守住监管底线

按照2015年全国粮食流通工作会议上提出的“突出抓好政策性粮食库存监管，切实守住‘数量真实、质量良好、储存安全’的监管底线”“创新库存检查组织形式和方式方法，提高监管工作质量和效率”要求，国家粮食局对粮食库存检查方式进行了完善优化，在组织全国粮食库存例行检查的同时，专门部署内蒙古、辽宁、吉林、黑龙江等四省（区），由地方粮食行政管理部门与中储粮系统按在地原则，对本区域内的全部粮食库存进行混合交叉普查。在此基础上，国家有关部门联合派出14个抽查组340名检查人员，对四省（区）重点企业按照中央与地方“混合编组、各有侧重、交叉互查”的原则进行重点抽查。首次在部门联合抽查中层层签订责任状，严格落实检查工作责任制和责任追究制，强化检查责任，确保抽查效果。通过检查，共发现各类问题4101个，其中重点问题729个，涉及中央事权粮食库存管理的330个，地方事权的378个，农业发展银行信贷管理的21个。对于一般性管理问题督促企业现场整改，重点问题由国家粮食局分别向有关央企和地方粮食行政管理部门下发整改通知，督促限期整改。2015年下半年，国家粮食局还就引入社会专业稽查力量强化中央储备粮库存专项检查进行了有益探索，取得了良好效果。

各地在按照国家粮食局要求抓好粮食库存检查的同时，还结合本地实际创造性开展工作。北京对市级储备粮异地代储企业开展检查。山西结合粮食库存检查开展政策性粮食购销、轮换、地方储备增储等政策执行情况专项检查。上海开展了中央和地方储备油质量安全抽查。安徽在库存检查中严格落实“三个责任”，做到“四个随机”，实现“五个覆盖”。湖北积极同监察、审计、财政、农业发展银行等部门协商，建立地方储备粮联合监管机制。广东建立第三方专业机构定期抽检粮食质量制度。浙江、江西、海南、重庆等地也开展了地方储备粮专项检查。

（三）加大“出库难”整治力度，促进粮食市场有效供给

国家粮食局督促指导各地粮食行政管理部门把严防发生政策性粮食“出库难”作为“稳市场、保供给”的关键举措来抓，严肃查处拖延阻挠出库、索取不合理费用等违规行为，为国家实施促销压库、跨省移库提供了较好保障。各地粮食行政管理部门严格督促粮食收储企业认真履行出库义务，严格执行国家粮食质量标准，积极协调妥善处理商务纠纷，加大监督检查力度，力争快出库、多腾仓。天津建立粮食销售成交信息共享机制，及时将成交信息分解下达给各承储库点属地粮食行政管理部门备查。河北及时下发国家政策性粮食竞价销售出库专项检查通知单，责成市县粮食局督促企业履行出库义务。吉林采取“四查四验”方式，加强对轮换和竞价销售出库粮食的监管。从各地情况看，政策性粮食出库总体顺畅。

（四）严查重大涉粮案件，维护粮食法规政策的严肃性

2015年各级粮食行政管理部门不断加大对粮食收储企业执行国家粮食收购政策和“五要五不准”收购守则情况的监督检查，严肃查处“打白条”违法违规行为，守住农民“种粮卖得出”的底线。各

地畅通举报投诉渠道，及时受理群众举报，全年共查处案件 7215 例，主要涉及“以陈顶新”、拖欠农民售粮款、克扣农民、“卖粮难”等方面问题。其中责令改正 4293 例，警告 1613 例，暂停或取消粮食收购资格 580 户，罚款 690 例，为农民追回售粮款 5027 万元。对查办过程中发现的有关企业负责人违规违纪等问题线索，及时移送有关部门处理。国家粮食局直接受理群众举报和领导批示的案件 33 件，对其中舆论曝光、社会关注高的一批重大涉粮案件进行了直接查办。对查实的央视曝光辽吉两省个别粮库“以陈顶新”问题，督促地方对有关负责人和直接责任人严肃处理，涉嫌犯罪的，已移交司法机关处理，并将查处情况公开通报，同时反馈央视回应舆论关切。对中储粮滁州直属库租赁库点拖欠农民粮款 2400 多万元和中储粮黑龙江分公司海林直属库租赁库点拖欠农民粮款 1320 万元，以及河南省潢川县农民“卖粮难”问题等重大案件，均直接派员实地核查处理，在当地政府高度重视和地方粮食行政管理部门支持配合下，较好地解决了拖欠农民粮款和“卖粮难”问题。

（五）全面开展社会粮食流通监督检查，维护粮食流通秩序

2015 年，国家粮食局组织各地结合本地实际，有针对性地开展了粮食收购资格、粮食经营者收购活动、执行粮食统计制度和粮食质量安全情况等检查工作。2015 年各地累计开展各类检查 8.25 万次，出动人员 35.14 万人次，检查各类粮食企业 30.20 万户次，较好地维护了社会粮食流通秩序。地方各级粮食行政管理部门也结合本地实际开展各有侧重的社会粮食流通监管。山东开展应急预案落实情况专项检查。福建、云南等省组织开展粮食质量安全专项检查。江西积极应用政务新媒体，于 2014 年在全省上线运行“赣粮执法”微信公众平台，指导各地开展检查工作，受理投诉举报，收到了较好的效果。

（六）加强制度建设，监管工作长效机制进一步完善

针对部分粮食主产区国有企业仓容不足，以及政策性粮食收储中部门职责不清、推诿扯皮等问题，国家粮食局会同有关部门和单位相继出台了《租赁社会粮食仓储设施收储国家政策性粮食的指导意见（试行）》和《关于进一步强化“四个共同”机制 切实做好国家政策性粮食收储和监管工作的通知》两个文件，为租赁社会仓容收储国家政策性粮食、统筹指导政策性粮食收储和监管工作、明确部门分工和责任提供了有力的政策依据，也为基层粮食行政管理部门解决了工作经费不足问题。针对政策性粮食出库管理中职责界定不清、措施规定不严、行政处罚不到位等问题，今年初又会同有关部门和单位下发了《进一步加强国家政策性粮食出库管理工作的通知》，为加强政策性粮食出库管理，有效防范和解决“出库难”提供政策保障。

各地粮食行政管理部门不断创新完善监管制度。河北注重建立和完善粮食流通配套制度，形成了较为完备的粮食流通监督检查执行执法制度体系。黑龙江制定了地方国有粮食购销企业收储国家政策性粮食管理暂行办法。安徽、江苏制定了粮食流通监督检查案件线索移送办法，实现了粮食行政执法与纪检监察、司法相衔接。山东实行粮食行政处罚信息网上公示制度。河南公开监督检查行政职权和责任清单，海南制定了行政监督和权力运行流程图，接受社会监督。湖北、四川制定了政策性粮食进出库空仓验收、地方储备粮销售出库跟踪检查等制度，防止发生“转圈粮”等问题。西藏开展粮食流通监督检查相关制度的修订工作，为执法提供可靠依据。

（七）不断完善监管体系，监督检查工作整体水平进一步提高

各地粮食行政管理部门积极争取地方党委、政府支持，在政府机构改革力度不断加大，粮食行政管理部门被大量撤并的情况下，保持了粮食监督检查机构和队伍基本稳定。截至 2015 年底，市（地）

级、县级粮食行政管理部门内设监督检查机构分别为 311 个、1867 个，比重分别占 90%、75%。成立粮食执法队 1685 个，其中市（地）级 165 个，县级 1520 个。粮食行政管理部门具有行政执法资格人员共计 22953 人，落实监督检查专项经费共计 9278 万元。继续开展全国粮食流通监督检查示范单位创建活动，确定了第五批示范单位 55 个，累计达到 278 个，对强化监管体系建设发挥了重要作用。江苏、江西等省还结合本省实际开展了省级示范单位创建。内蒙古、辽宁等省（区）组织开展了形式新颖、内容管用的粮食行政执法培训，进一步提高了执法人员的能力和水平。

三 粮油标准化与质量安全监管

（一）粮食质量安全监管

2015 年，各级粮食质量安全监管部门扎实工作，全面落实粮食质量安全省长责任制，按照《2015 年粮食质量安全重点工作》部署，建立健全粮食质量安全监管长效机制，积极开展粮食质量安全监测抽查，着力推进粮食质量检验监测体系和粮油标准体系建设，强化完善粮食质量安全保障机制、重金属超标粮食治理处置长效机制等，为保障国家粮食质量安全作出了积极贡献。

1. 积极推进制度建设，落实粮食质量安全规范监管

印发实施《国家粮食局关于推进落实粮食质量安全保障机制的意见》，及时修订完善《粮食质量安全监管办法》，研究贯彻落实国务院关于超标粮食治理的意见，坚持问题导向，抓好制度建设。协调推进建立超标粮食处置长效机制，明确地方政府、相关部门、粮食企业的责任分工，强化粮食质量安全监管责任制和责任追究制度。粮食质量安全监管制度不断完善，为实现粮食质量安全监管工作有法可依、有章可循奠定基础。

各地粮食部门积极健全完善本地区的粮食质量安全监管制度，全面落实粮食质量安全监管责任制。北京市制定了《粮食质量安全监测监管指导性意见》。天津市粮食局与财政局联合修订了《天津市市级储备粮油质量检验办法》，明确在入库环节增加重金属指标检验。河北省制定了《河北军粮质量监督管理操作规范》，规范各级军粮部门质量监管的主体责任、具体工作指标，保证供应军粮质量安全。黑龙江省修订完善了《黑龙江省粮食质量安全事故应急预案》和《黑龙江省粮食样品采集检验制度》，印发《黑龙江省粮食质量安全监测体系管理实施细则》。山西、浙江、广东、重庆、西藏、甘肃等省（区、市）制订了粮食质量安全事故（事件）应急处置预案。山西省印发了《山西省粮食质量安全工作信息报送办法》。浙江省发布了《关于公布浙江省主要粮食品种销售出库卫生检验项目的通知》。河南省继续编印年度《河南省粮食质量工作手册》，详细列出粮食质量工作要求、流程图及相关文件，强化具体工作落实。湖北省粮食局和孝感市人民政府精心组织，成功开展了粮食质量安全事故应急演练，通过演练，使各级粮食部门和承储企业全面掌握了应急程序，提高了粮食应急处置能力，锻炼了粮食应急工作队伍。广东省印发了《广东省人民政府办公厅关于进一步加强我省粮食质量安全监督管理工作的通知》，明确了各级食安办、农业、食药局和粮食等部门职责分工，将粮食经营企业和相关从业人员的信用信息与“信用广东网”对接。重庆市建立了《粮食质量安全监管责任制》制度。西藏自治区印发了《粮食应急预案模拟演练示范文本》，定期或不定期开展粮食质量安全事件应急演练，还制定了《自治区粮食质量安全隐患排查工作方案》《西藏自治区放心粮油检验制度》等，逐级落实了监管责任。

2. 有效开展粮食质量安全监测抽查，提升质量管控水平

一是创新方法，积极开展库存粮食质量抽查。国家粮食局在全国31个省（区、市）的786个粮食存储企业抽取样品2081份，代表数量416.9万吨，对库存粮食的质量、储存品质和食品安全状况进行了检验，获得检验数据9万多个。在东北四省（区）国家联合抽查工作中，创新扦样和评价方法，扦样遵循布点、层次双随机原则，扦取点位样品，评价点位样品质量状况。在四省（区）共扦取样品4729份，涉及233个库点的1929个仓，并随机选取460份样品进行了主要食品安全指标检查，获得检验数据10万多个。对于检查发现的问题，各地粮食部门及时采取措施，妥善处置，有效防止了不合格粮食流入口粮市场。

各省级粮食部门重点围绕粮食入库、销售出库质量安全检验和储藏保管等内容，积极组织开展了粮食质量安全日常监管工作，有效保障了人民群众用粮安全。北京市加强对市储备小麦真菌毒素限量把关。天津市在“8·12瑞海公司危险品仓库特别重大火灾爆炸事故”后，对事故地5公里之内的油脂加工企业及厂区内粉尘、污水进行了氰化物等检测，为政府掌握了解污染情况提供了准确依据。

二是认真做好新收获粮食质量安全监测。国家粮食局在全国范围内采集新收获小麦、稻谷、玉米、油菜籽等主要粮油品种国家级监测样品3700份，重点对农药残留、真菌毒素和重金属等食品安全指标进行全面监测。

在完成国家级监测任务的基础上，辽宁、浙江、陕西等省份积极争取地方财政支持，开展省级粮食质量安全监测，及时发现了质量问题，为规避风险、科学指导粮食收购发挥了重要作用。一些省份还积极创新工作方式，加强粮食质量安全监测。浙江省开展了重点粮油批发市场粮油专项监测，对市场供应大米进行质量安全监测。河北省按照《河北省粮食收储供应安全保障工程建设规划》，将全省粮食生产核心区的86个县（市、区）全部纳入监测范围，力争形成3～5年全覆盖的监测周期。陕西省扩大监测范围、增加监测样品数量、完善样品检验方式和强化监测结果运用，切实发挥了监测预警作用。

三是加强政策性成品粮油质量监管。各地积极探索，认真开展政策性成品粮油质量监管。北京市加强对军粮中重金属、真菌毒素和面粉增白剂的监测，实行军粮质量“黑名单”制度。辽宁省组织开展全省军供粮食质量安全普查工作。安徽省对省内37份“放心粮油”进行了质量和卫生指标检测和分析工作。广东省贯彻落实军粮质量军地联检制度，会同驻粤部队有关部门联合抽检军粮质量，开展“放心粮油”产品质量安全抽查工作。四川省开展全省地方应急储备小包装粮油质量检查，有效提高应急成品粮油质量管理水平。云南省在沧源、昌宁发生地震，华坪、昌宁发生特大暴雨地质灾害等突发事件后，各级粮食部门加强对救灾应急粮油的质量监管，对调往救灾前方的粮油进行抽样检验，确保应急粮油供应质量；同时还开展平价粮油、学生粮等政策性粮油的质量监管工作，省粮食局联合省教育厅下发了《关于规范云南省学校学生食堂粮油供应标准的意见》，为学生食堂供应粮油质量安全提供了保障。贵州省积极开展“放心粮油进学校”“救灾粮”“低保粮”“农村季节性缺粮补助”等涉及民生的成品粮检化验工作，保障群众的“舌尖上的安全”。陕西省全力推进“放心粮油”全覆盖工程，协调落实省级财政补助资金，研究制定配送中心验收办法和工程考评办法，坚持组织开展“放心粮油”经营网点粮油产品质量抽检。

3. 大力推进超标粮食检测处置工作，化解食品安全风险

一是及时开展最低收购价稻谷卫生指标检测工作。相关稻谷最低价收购预案执行省份及时完成了最低收购价稻谷卫生指标逐仓检测工作，为有关部门制订超标粮食划转处置方案提供了重要技术依

据。湖南省试点重金属超标粮食分仓储存，在长沙、株洲、湘潭三市粮食管控专区加强早稻镉指标临田测报检验。这些举措有效地防控了食品安全风险。除执行预案省份外，一些地区也积极开展粮食重金属检测及污染粮食收购处置工作，确保粮食食品安全。北京市为全市储备粮承储库点配备了真菌毒素快速检测设备，构建了储备粮收购环节真菌毒素快速检测和监控平台。浙江省对 2014 年收购稻谷开展了重金属检测。

二是积极建立超标粮食处置长效机制。国家粮食局贯彻落实党中央、国务院关于建立超标粮食处置长效机制要求，指导各地粮食部门按照当地省级人民政府统一部署，积极协调配合相关部门建立健全相关制度。浙江、贵州、广东、重庆、甘肃等地研究出台了相关文件，为依法开展超标粮食处置提供制度保障。

4. 继续推动粮食质量检验检测体系建设，提升监测能力

一是推进实施粮食质量安全检验监测体系建设规划，不断提升检验检测硬件水平。2015 年下达中央投资计划 1 亿元，支持 35 个国家粮食质量监测机构提升装备水平。截至目前，“十二五”期间累计完成投资 15.6 亿元，其中中央补助投资 8 亿元，地方配套 7.6 亿元，为 280 个国家粮食质量监测机构配置了仪器设备，改善了基础条件，国家粮食质量监测体系实现跨越式发展。完成对第六批新增 45 个国家质量监测机构的挂牌工作，填补了山西、内蒙古、广西和云南等地区局部区域监测机构的空白，继续向“机构成网络、监测全覆盖、监管无盲区”的建设目标迈进。组织开展国家粮食质量监测机构运行情况监督检查工作，督促各省份完成自查工作，以加强对国家粮食质量监测体系的管理。截至 2015 年底，全国粮食系统共有专业检验机构 756 家，其中省级机构 33 家，市级机构 294 家，县级机构 429 家，已取得计量认证的 445 家，已获得国家粮食局授权挂牌的机构 347 家。全国粮食质检机构在岗人员约 5600 人，其中专业技术人员 3800 余人。各级检测机构全年检测样品约 44 万份，在保障国家粮食质量安全，保障消费者“舌尖上的安全”方面发挥了重要作用。

二是认真组织开展粮食检验技术培训。国家粮食局组织 29 个国家粮食质量监测中心开展检验技术比对考核，加强检验队伍技术能力建设。北京市开展市储备粮入库质量检验比对工作。辽宁省举办质检机构、企业检验化人员培训，参训人员达 3600 余人。江苏省组织省内 30 家机构进行无机砷比对试验，举办全省粮油质检机构新法规及新技术研讨班。陕西省举办了全省放心粮油生产经营企业人员培训班，进一步增强企业的质量意识和诚信意识。通过培训和比对考核，切实提高了机构的软实力。

5. 落实各项粮食质量安全监管工作，提高履职成效

一是认真开展粮食质量安全监管评估考核。根据国务院食品安全办关于对食品安全工作考核的要求，继续开展粮食质量安全监管工作评估考核，对 2015 年全国粮食质量安全工作进行了综合评价，通报表扬了优秀的省级粮食行政管理部门和个人，推动粮食质量安全监管工作迈向更高水平。江苏省把保障粮食质量安全纳入 2015 年市县长粮食安全责任制考核内容。云南省粮食局认真开展粮食质量安全监测监管工作，在云南省人民政府开展的“2014 年食品安全目标责任考核”中获得一等奖。

2015 年，在国务院食品安全办会同各成员单位对省级人民政府落实食品安全重点工作情况进行考核的工作中，涉及粮食部门的有 4 项指标。各地粮食部门借力责任考核，有效地推动地方各级人民政府进一步重视粮食质量安全工作，强化地方政府属地管理责任。

二是积极推进粮食质量安全追溯体系建设。国家粮食局研究提出粮食质量安全追溯体系建设初步方案，推进质量追溯体系工作稳步开展，利用信息技术构建动态监管系统，管控粮食质量安全风险。

四川省积极争取专项资金，支持加快推进粮油产品质量安全可追溯体系建设，已建设 18 个市级粮食质量可追溯体系和监管平台。广东省惠州市粮食局启动了以构建粮油溯源公共服务平台为目标的粮油二维码溯源系统建设工作，实现了惠州粮油可追溯的功能。各地也在积极探索信息化粮食质量监管，江苏、山东等省信息化推进较快，河南省积极开发粮食质量监管信息平台建设。

三是切实做好粮食质量安全宣传。按照国务院统一部署，国家粮食局组织开展了“全国食品安全宣传周 粮食质量安全宣传日”活动，通过举办实验室开放日、展示“放心粮油”产品、开展科普讲座等活动，向广大消费者积极宣传新食品安全法，普及粮食质量安全科学知识，实现了“突出活动主题、突出行业特点、突出宣传实效”的目标，取得了较好效果。各地粮食部门举办多种活动加强宣传，北京市积极开展“放心粮油”进农村、进社区宣传活动。广西壮族自治区粮食局组织开展了以“粮食安全在身边”为主题的食品宣传周活动。四川省各地粮食部门共出动工作人员 4000 余名，开展宣传活动 500 余次，设立宣传展板 5000 余块，发放宣传资料 50 余万份，解答群众咨询 8 万余人次，培训农牧民 70000 余人次。贵州省组织开展了以“加快质量发展 迈向质量时代”为主题的“质量月”活动，组织企业开展质量教育培训 70 余次。

（二）粮油标准化

2015 年，国家粮食局紧紧围绕行业重点工作，结合粮油标准化工作实际，积极开展各项工作，粮油标准化工作水平得到进一步提升。

1. 认真执行政策性粮食收购质价政策，确保粮食收购工作顺利进行

小麦不完善粒超标问题。2015 年，小麦在收获期间受连续阴雨天气影响，部分地区小麦发芽，导致不完善粒超标，安徽、河南、湖北、新疆等省（区）相继建议放宽收购标准。国家粮食局与国家发展改革委、财政部、农业发展银行等有关部门进行沟通协调，提出有关省级人民政府按照《国务院关于建立健全粮食安全省长责任制的若干意见》（国发〔2014〕69 号）精神，抓好不完善粒超标小麦的收购。有关地方省级人民政府在第一时间出台处置方案，减少了农民的损失。2015 年 8 月 16 日，中央电视台《焦点访谈》栏目播出“这些粮食该咋卖”新闻，河南省存在农民卖粮难的问题，国家粮食局高度重视，立即督促河南省粮食局，要求积极采取措施妥善解决。

东北玉米生霉粒问题。为保证东北地区临储玉米收购顺利进行，保护农民利益，认真开展各项工作。一是研究制定《玉米生霉粒检验判定标准有关技术问题说明》。及时印发各地实施，提高玉米生霉粒检验的一致性和准确性，解决玉米生霉粒判定标准尺度不好掌握的问题。二是开展东北地区新收获玉米质量专报工作。要求相关省（区）粮食局动态监测玉米生霉粒情况，以每 10 个自然日为节点形成质量专报，及时掌握 2015 年东北地区新收获玉米生霉粒等质量变化情况。三是加强收购质量标准和质价政策宣传。制作玉米标准视频宣传片，要求各地采取网络、电视和印刷宣传品等方式，向农民、粮食经纪人和收购库点宣传玉米生霉粒检验标准，了解和掌握生霉粒判定尺度，消除可能存在的对标准的误解，尽量减少发生退车绕道卖粮情况。

2. 积极开展标准制修订工作，不断完善粮油标准体系

一是做好 2015 年标准制修订工作。根据当前粮食行业发展需要，国家粮食局向国家标准委申报 2015 年度粮油国家标准制修订计划项目 92 项，分两批下达 2015 年度粮油标准制修订计划 127 项，其中，国家标准 36 项，行业标准 91 项。正式发布 40 项标准，其中，《玉米储存品质判定规则》和《大豆储存品质判定规则》等国家标准 9 项，《库存粮食识别代码标准》等行业标准 31 项。报批《粮

食仓库建设标准》等国家和行业标准29项，其中，国家标准21项，行业标准8项。组织审定国家标准和行业标准55项。

二是开展重点标准制修订工作。一是修订《玉米》和《大豆》国家标准，更好地引导农民调整种植结构和加强生产管理，促进农民增产增收和粮食资源合理利用。二是制定《进口大米粒型分类与检验方法》行业标准，促进大米国际贸易健康发展，保证国家和消费者利益不受损失。三是发布《库存粮食识别代码》，积极促进行业信息化建设，稳步推进"智慧粮食"建设。四是修订《粮食仓库建设标准》和制定《简易仓囤储粮技术规程》行业标准，规范粮食仓库建设和简易仓囤储粮技术管理，确保储粮安全。

三是大力推广节粮减损新技术、新措施。一是积极申报《大米加工操作技术规范》和《米粉（线）加工良好操作规范》标准制修订计划，完善粮油加工标准体系，引导和规范企业适度加工。二是改进大米、面粉加工精度实物标准。推荐的标准样品等级均采用加工精度下限加工而成，旨在最大限度地保留粮食中固有营养成分，减少过度加工。

3. 贯彻落实国务院《深化标准化工作改革方案》，推进粮油标准化工作改革

2015年3月，国务院发布《深化标准化工作改革方案》，国家粮食局从我国粮食标准化工作现状出发，批准立项2015年政策性研究课题《粮食行业标准化工作改革的初探》，通过采取专家研讨、实地调研、资料查询等方式，起草课题研究报告，详细分析了我国粮食标准化存在问题，明确了改革总体目标，提出了改革具体措施，为推进粮油标准化工作改革奠定了良好基础。2015年8月，课题研究成果顺利转化，起草的《关于贯彻实施〈国务院深化标准化工作改革〉的意见》以局文（国粮发〔2015〕129号）印发各地实施。

4. 进一步开展标准研究验证和后评估工作，为粮食质量安全把关提供技术手段

一是针对当时粮食收购中存在的突出问题，有针对性地组织开展了适用于稻谷收购的重金属镉快速测定技术的标准适用性评估，为推进粮食收购现场建立质量安全指标检验把关制度奠定了基础。二是开展粮食质量和品质指标检测仪器标准适用性验证，掌握检测仪器准确性，进一步提高检测方法标准的科学性。三是组织开展新制修订标准验证工作，安排27个标准验证机构对18项新标准进行验证测试。开展玉米粉基呕吐毒素和玉米赤霉烯酮等标准物质验证定值工作，促进实物标准样品制备、评审、发布程序的优化改革。

5. 积极开展粮油标准化国际合作，参与国际标准化能力进一步增强

2015年，国家粮食局围绕我国粮食安全工作，认真履行国家粮食局承担的国际标准化组织谷物与豆类分技术委员会（ISO/TC34/SC4）秘书处职责，积极开展粮油标准化国际合作，稳步推进国际标准制修订，粮油国际标准化工作水平得到进一步提高。

积极开展粮油标准化国际合作。推动落实2014年北京APEC会议《北京宣言》批准的"APEC增强粮食质量安全和标准互通行动计划"，制订实施方案，派员参加2015年在菲律宾召开的APEC PPFS系列会议，代表国家粮食局向参会代表介绍推动落实该行动计划的具体措施，获得各经济体支持，已与美国、俄罗斯、加拿大、澳大利亚、泰国、菲律宾等11个经济体建立合作，共同开展APEC粮食质量标准对比研究，促进标准互联互通。

稳步推进谷物与豆类国际标准化工作。2015年发布国际标准6项，立项新标准4项，推进在研制修订项目5项，复审标准9项。其中《ISO 5527:2015 谷物 词汇》标准以英语、法语、德语、拉丁

语和汉语五种语言发布，这也是继《ISO 5526:2013 谷类、豆类和其他食用粮食 术语》标准后，汉语版本再次出现在粮食国际标准中。聚焦战略性重大标准，积极推进由我国主导制修订的《玉米 规格》和《谷物和谷物制品中赭曲霉毒素 A 含量的测定——免疫亲和净化荧光检测高效液相色谱法》项目至新的工作阶段。加强分委员会在粮食质量安全检测技术领域工作，成立真菌毒素工作组，由我国专家作为工作组召集人，工作组专家分别来自中国、德国、韩国和波兰。

认真履行国际标准化组织积极成员职责。作为谷物与豆类分委员会和动植物油脂分委员会的国内技术对口单位，认真组织国内相关单位跟踪研究各阶段标准文件，分析国际标准化发展趋势和工作动态。全年共完成 33 项标准制修订文件投票和评议，完成 9 项委员会投票，注册两名专家为工作组专家，提名 6 人次专家参与国际标准制定工作。

四 “放心粮油”工程

粮油是人们一日三餐不可缺少的主要食品，粮油质量安全关系人民群众身体健康和生命安全，关系社会和谐安定。2015 年，放心粮油工程继续得到党中央、国务院及各级党委政府的高度重视，经过各级粮食行政管理部门、粮食行业协会和广大粮油企业共同努力，全国“放心粮油”工程稳步推进，受到广大消费者的普遍欢迎。

（一）开展“放心粮油”示范企业复评工作

为贯彻落实国务院 2009 年 15 号文件精神，根据国家粮食局《深入推进放心粮油进农村进社区示范工程的实施意见》(国粮办发〔2009〕199 号)，中国粮食行业协会在总结前一阶段创建工作经验的基础上，经过严格审核，对首批“放心粮油”示范企业进行了复评，通过复评的“放心粮油”示范企业共 322 家，其中示范加工企业 287 家、示范销售店 28 家、示范配送中心 5 家、示范主食厨房 2 家。为进一步加强对示范企业监督管理，促进示范企业更加高效、科学地进行生产活动，对原有的“放心粮油”示范企业进行年审。

（二）认真总结推广实施“放心粮油”工程的先进经验

中国粮食行业协会在陕西省西安市召开了部分省市粮食行业协会秘书长座谈会，重点研究了城乡“放心粮油”供应服务网络建设工作的总体思路和实施办法，探讨了粮食经纪人队伍的建设和发展问题，参观了西安爱菊粮油工业集团有限公司和陕西西瑞(集团)有限责任公司的“放心粮油”加工配送中心、主食厨房和供应网点。

（三）广泛开展放心粮油科普宣传

根据《国务院食品安全委员会办公室等十八部门关于开展 2015 年全国食品安全宣传周活动通知》的统一部署，2015 年 6 月 24 日在吉林省长春市举行了以“尚德守法 全面提升食品安全法治化水平”为主题的粮食质量安全宣传日活动，本次活动同时作为全国“放心粮油宣传日”主会场活动。活动内容主要包括新食品安全法普法知识宣传、“放心粮油”产品展示、专家现场答询，发放科普宣传手册、为吉林省“放心粮油示范企业”授牌、“放心粮油”示范企业代表向消费者发出生产“放心粮油”产品倡议等。新的食品安全法对粮食及粮食加工品的生产经营、质量检验、风险监测、监督管理等提出了新的严格要求，为粮食质量安全划定了“底线”和“红线”。各地粮食行业协会和“放心粮油”示范企业因地制宜地开展了多种形式的宣传活动，扩大了影响，收到了较好的效果。

粮油加工企业具有点多面广、经营分散的特点，大多数企业规模小、工艺设备简单、经营管理粗放。经过多年来坚持不懈的努力，“放心粮油”工程不断发展，越来越深入人心，受到政府、企业、消费者等各方面的肯定和欢迎。根据产品质量国家监督抽查结果，米面油产品抽检总体合格率已经由10多年前的50%左右提升并稳定在近几年的95%以上。

五 粮食法治建设

（一）全面建立粮食安全省长责任制

2014年底国务院印发了《关于建立健全粮食安全省长责任制的若干意见》，明确界定了地方政府粮食安全责任；2015年又配套出台了考核办法。各地积极主动推进粮食安全省长责任制的全面落实，31个省级人民政府全部出台了实施意见，大部分省份制定了考核办法。各地普遍成立了落实粮食安全责任工作领导小组或建立了联席会议制度，吉林、江苏、安徽、江西、湖南、广西、海南、四川、云南、甘肃等省（区）将粮食安全责任落实情况纳入政府绩效考核，国家粮食安全保障制度建设取得重大突破，保障区域粮食安全、维护国家粮食安全的制度体系初步形成。

（二）加快推动粮食立法

国家粮食局积极协助国务院法制办将各方面反馈的对《粮食法（征求意见稿）》的意见建议，按照部门意见、地方政府意见、社会意见三个方面进行了分类汇总和初步整理。认真做好全国人大农委到国家粮食局专题调研粮食立法情况的准备和汇报工作，主动到国务院法制办汇报沟通有关情况。配合全国人大农委、国务院法制办赴福建、河南、上海等省（市）开展粮食立法调研，了解粮食生产、流通、改革等情况，推动起草工作。结合粮食行政审批制度改革，配合国务院法制办对《粮食流通管理条例》《中央储备粮管理条例》提出修改意见。江苏省无锡市出台《无锡市粮油流通安全条例》。研究起草《粮食批发市场管理办法》《粮食质量安全监管办法》《国有粮油仓储物流设施保护办法》等规章，并广泛征求各方面意见。国家粮食局对2000年至2015年3月印发的规范性文件进行全面清理，宣布失效11件文件，废止15件。

（三）继续推进粮食行政审批制度改革工作

按照国务院统一部署和要求，全国粮食部门继续推进粮食行政审批制度改革工作。清理非行政许可审批事项、行政审批中介服务事项、中央指定地方实施的行政审批事项。目前国家粮食局保留的行政审批事项共有3项，即中央储备粮油轮换计划批准、中央储备粮代储资格认定、粮食收购资格认定；地方粮食部门保留的事项主要涉及粮食收购资格认定、地方储备粮管理、军粮供应、仓储设施处置审批等方面。及时在政府网站公布现有行政审批事项名单，编制服务指南，规范审批行为。上海市粮食局编制了粮食行政审批项目办事指南和业务手册；设立“上海市粮食行政审批事项办理中心”，集中受理行政审批申请，开展格式化审批、分工协作办理审批；开通了上海粮食网“行政许可网上受理大厅”，在线接收申请表和申请材料，并及时通过网上或短信通知申请者办理情况，方便群众办事。

（四）持续做好粮食普法工作

各级粮食部门按照中央的统一部署和要求，围绕粮食流通中心工作，深入学习宣传宪法和社会主义法治理念，重点抓好《粮食流通管理条例》《中央储备粮管理条例》以及与粮食工作密切相关的法律法规的学习宣传教育，在做好粮食行业从业人员特别是领导干部和行政执法人员、粮食生产者、经营者、消费者等重点对象的普法宣传教育等方面做了大量工作，顺利完成了粮食普法规划确定的目标任务。按照要求对全国粮食行业“六五”普法工作情况进行总结验收，总结经验，查找问题。河北、江苏、广东等省粮食局在局机关组织依法行政知识培训，邀请专家学者进行依法行政专题辅导。广西壮族自治区粮食局编印《粮食政策法规汇编》，收录上一年重要的粮食法规、政策，供市县粮食局、粮食企业人员学习、培训。

（五）加强全社会粮食流通监管

认真组织开展全国粮食库存检查，部署内蒙古、辽宁、吉林、黑龙江四省（区）粮食部门按在地方式，对区域内的粮食库存进行混合交叉普查，组织多部门联合抽查组对四省（区）重点企业粮食库存进行抽查，对检查发现的重点问题，下发整改通知，督促限期整改。开展中央储备粮专项检查，引入会计师事务所力量，对中央储备粮库存及有关法规政策执行情况进行解剖麻雀式的合规性专项核查。严查重大涉粮案件，对“以陈顶新”、拖欠售粮款、“卖粮难”等重大案件，实地核查处理，妥善处置。加大“出库难”问题整治力度，确保国家通过粮食交易中心拍卖的粮食按照合同约定的数量、质量及时投放市场。

（六）依法推进政府信息公开

全国粮食部门认真贯彻落实《政府信息公开条例》，围绕粮食中心工作，完善规章制度，拓宽公开渠道，稳步推进政府信息公开工作有序开展。通过政府网站和中央、地方、行业主流媒体，加强对党中央、国务院关于粮食安全和粮食流通工作重要决策的信息发布，广泛开展粮油保供稳价、粮食宏观调控等重点工作的新闻报道，围绕粮安工程、粮食安全省长责任制、粮食科技周、世界粮食日、全国爱粮节粮宣传周等主题活动，积极开展宣传，充分发挥政府信息的导向和引领作用。不断优化信息公开平台建设，重点推进行政审批信息公开、行政处罚信息公开、粮食决策信息公开、部门预算决算公开和“三公”经费公开，依法做好依申请公开事项，推进各项工作公开、透明，保障行政相对人的知情权、参与权。

粮油统计与信息化

一 粮油统计信息

（一）开发国家粮油统计信息系统并做好运行准备工作

为深化粮食流通统计制度改革，加快推进统计工作信息化，2015 年国家粮食局组织开发了“国家粮油统计信息系统”，于 2016 年 1 月上线运行。该系统是基于互联网的全国统一的粮食统计信息采集报送处理平台，具有数据采集、在线填报、审核、传输、加工和汇总等功能，能满足国家和地方各级粮食部门统计工作需要。为确保系统顺利推广运行，国家粮食局组织了三期“粮食统计信息系统培训班”，共培训省、市、企业统计人员 600 多人。先后派员指导辽宁、江苏、安徽、福建、内蒙古、西藏等省（区）组织的培训班，现场讲解系统的设计理念、工作流程和使用方法，当面解答基层统计人员的有关问题。还精心编写了指南手册，将收集积累的软件操作、业务流程和统计实务问题，按集中度和重要性排序，一一作了图文并行、简洁明了、通俗易懂的解答，印发给各级统计人员查阅使用。此外，工作人员将原有的几套统计信息系统采集积累的统计对象基本情况做了细致梳理整合，按统一的标准格式导入新的系统平台，确保统计对象不重不漏，保证新旧系统平稳过渡衔接。

（二）继续做好 2014 年度社会粮油供需平衡调查，首次开展接新前农户存粮专项调查

2015 年各省（区、市）粮食局按照《社会粮食和食用植物油及油料抽样调查方案》，对行政区内 2014 年度社会粮食、食用植物油及油料供需平衡情况进行抽样调查。通过调查，基本掌握了 2014 年度全国及分地区、分品种的粮油消费水平、消费结构、供需状况及发展趋势，以及省际间粮食流通的数量、结构、流向及发展趋势。2015 年国家粮食局首次在全国范围内组织开展了农户存粮专项调查，初步了解农户的存粮意愿，为进一步掌握新粮上市前农户存粮数量、准确研判全国和区域粮食供需形势打下了基础。

（三）强化粮食市场监测预警

针对粮食市场价格变化情况，国家粮食局加大监测力度，调整扩大市场监测范围，深入调查研究变化成因并分析研判市场走向，为做好保供稳价工作提供可靠的信息支撑。作为大豆目标价格改革试点中大豆市场价格监测工作的五家监测单位之一，国家粮食局 2015 年继续在东北三省和内蒙古地区组织 65 个大豆市场价格监测直报点，在采价期内每周两次监测报送大豆市场价格信息，并将采价范围扩大到监测点附近的其他有效收购主体，确保了监测数据的完整性和有效性。

二 粮食行业信息化

2015 年，国家粮食局根据行业信息化建设的需要和信息技术的发展，突出“需求导向”，强调“规

划落地”，在总结前期信息化工作经验的基础之上，重点加强完善了行业信息化的顶层设计，引导各项信息化工程按照统一的标准和规范稳步实施，确保行业信息化健康、稳定、有序、快速发展。

（一）强化行业信息化顶层设计和建设管理

2015 年，国家粮食局提出了信息化推进统一规划、统一管理、统一设计、统一建设、统一运维的“五统一”原则，明确了信息化建设由办公室、规划财务司负责综合规划、统一协调和资金审核，信息中心负责系统软硬件管理、建设和运维，各业务司室提出功能需求并实际使用的“三位一体”管理模式，强化了对行业信息化建设协调推进和宏观管理。为加强行业信息化的顶层设计，避免无序发展，形成更大规模的“信息孤岛”，启动了《粮食行业“十三五”发展规划纲要》及《粮食行业信息化发展“十三五”规划》专项规划编制工作，制定印发了《国家粮食局关于规范粮食行业信息化建设的意见》，明确了国家及省级粮食管理平台、粮库智能化升级改造、粮食交易中心和现货批发市场电子商务信息一体化平台、重点粮食加工企业信息化改造、粮食应急配送中心信息化建设，简称“1+1+4”的行业信息化重点建设内容，组织科研院校、先进省份和行业专家，启动了《粮食出入库业务信息系统技术规范》等 20 项行业信息化标准的制定工作，形成行业信息化整体架构和顶层设计的理论体系。

（二）积极推动各地粮食信息化建设

2015 年，在财政部的大力支持下，中央财政补助 6.2 亿元，地方财政配套、企业自筹补充，开展了江苏、河南、湖南 3 个试点省份粮安工程粮库智能化升级改造项目。2016 年将在总结试点省份成功经验的基础上，进一步加大财政资金支持力度，启动 14 个省份粮库智能化升级改造项目。通过典型带动和先进示范，大部分省份开展了信息化发展规划编制，启动电子政务、市场监测预警、应急保供、质量追溯、远程监管等信息系统建设，开展省内涉粮数据共享、云计算、大数据等先进信息技术的应用创新，制定了地方粮食行业信息化标准，行业信息化整体水平有了一定的提高。

（三）深入推进重点业务领域信息化建设

2015 年，全国粮食统一竞价交易平台系统开发工作持续推进，为进一步优化粮食流通环节，提高粮食流通效率，降低粮食交易成本，增强企业竞争力，实施精准科学高效的市场调控发挥了重要作用。国家粮食局办公自动化系统投入试运行，提高了机关办公的效率和智能化水平，为全局信息化系统建设积累了经验。粮油统计信息系统正式上线，采用扁平化信息架构，实现了入统企业网上直报，减轻了基层统计人员负担，助力统计制度改革顺利进行。

2015 年，以智能粮库为主要内容的信息化建设也取得重点突破，部分省份打造出一批将出入库、仓储管理等基础功能和多功能粮情检测、智能通风、气调储粮、智能安防、仓顶阳光等自动控制系统集成整合的示范粮库，形成粮库业务全覆盖、信息数据全集中、业务流程全自动。市场培育出一批技术实力雄厚、熟悉粮食行业的软件开发和系统集成公司，传统制造业和信息技术融合的现代粮机装备生产企业迅速成长，为行业信息化的进一步发展奠定了坚实基础。

三 粮油市场信息体系建设

粮油市场信息服务体系继续完善，监测分析和预测预警水平进一步提高，服务政府决策和社会需要的能力进一步增强，服务粮食流通信息化建设的功能进一步拓展。

（一）市场监测分析和预测预警水平进一步提高

一是国家局与各省级局围绕各自工作重点，逐步建立了各有侧重的粮油市场信息监测预测体系，国家粮油信息中心侧重从总量角度对国内国际粮油生产、消费、贸易和价格等进行监测，各省级局则侧重于监测本地区的购销存等情况。二是监测的范围进一步拓展，品种类型从传统的粮油商品扩展到饲料、养殖、加工、金融、能源等领域，监测的价格类型从现货扩展到期货及升贴水等期货衍生品。三是监测与信息发布频率更加贴近行业管理部门与生产经营企业的日常工作需求，初步形成了以反映当前市场运行态势的日报类周报类监测信息和反映未来一段时间预测的月报类信息。国家粮油信息中心和部分省级信息中心定期提出监测预警报告，并依托相关平台区别情况选择性对外发布，提升了信息服务宏观调控、服务行业发展的能力。对重点和热点市场还加大了监测密度与发布频率。四是信息采集手段与来源渠道不断拓展，从传统的电话、传真报送信息，发展到企业直报、网络抓取等，还根据市场形势不断调整监测点的布局与数量，并与美国农业部、中国气象局、中纺集团等国内外有关单位建立了广泛联系，省区间信息交流渠道也更加通畅，信息数据的外延有所扩大，获取信息的及时性有所提高。五是各级粮食行业管理部门都更加注重信息人才培养，市场信息人员的硬实力增强，从业人员入职门槛从本科学历向研究生迈进，一批有统计学、农业经济学、计算机等专业背景的人才充实到信息工作一线，选派部分人员到美国农业部和联合国粮农组织接受短期培训、参加国际学术交流，介绍国内粮油市场情况的人员逐年增多。

（二）服务政府决策和社会需要的能力进一步增强

各级信息中心不断加强粮油市场监测，及时向国家粮食局和有关部门报告最新粮油市场运行态势，努力做到“实时监测市场变化，对市场行情波动及时报告，对重大问题和事件不错报、不漏报”。国家粮油信息中心在2015年进行了内部业务调整，抽调精干人员、设置了专门部门为国家粮食局等上级部门的决策提供服务，定期就“苗头性、趋势性、前瞻性”问题形成专门报告报送国家发展改革委、国家粮食局和财政部等部门。国家粮油信息中心还先后开展了30余次产销区调研活动，深入市场一线，掌握到了第一手的信息资料，丰富了信息报告内容，增强了及时性和准确性，研究能力和服务能力逐步提升。各省级粮油信息中心也积极履行行业服务职责。北京、天津和河北省（市）三粮油信息中心联合编发《京津冀粮食信息快讯》，受到了三地粮食局领导的好评。天津市粮油信息中心组织本地128个市场监测点完成粮油市场监测工作，实现粮油市场的日监测。湖北省粮油信息中心进一步调整优化现有粮食宏观调控监测预警系统网络布局，增加监测点，扩大监测品种范围，全省粮油市场监测实现了区域和主导品种“两个全覆盖”。

除做好常规监测工作外，各级粮食信息部门的综合研究能力也有所提升，多年来陆续承担了一批国家发展改革委、国家粮食局、国务院发展研究中心、农业部和地方农委等单位的重点、热点和趋势性问题研究课题，形成了《关于进一步完善政策性粮食收储的思考》《2020—2030年全球粮食供给、消费、库存和贸易变化》等成果。分析方法从定性为主向定性与定量并重，并以定量分析作为主攻方向，以往重当前监测轻后期预测、重现象描述轻深度分析、重本地局部轻国内全局的情况有所改观。

（三）服务粮食流通信息化建设的功能进一步拓展

为推动行业信息化建设工作步伐，国家粮食局提出了信息化“三位一体”和“五统一”的管理模式。各省级信息中心目前在职能划分上有差别，黑龙江、吉林、内蒙古、河北、江苏和湖北等省（区）已经将信息化建设职能明确划分到了信息中心，还有一些省（区）将这一职能划分在办公室、行业管理处等部门。江苏省智慧粮食建设纳入省政府重点工作任务，获得国家发展改革委物联网重大示范工程，粮库信息化全覆盖，省市县粮食行政管理部门到粮库的信息化网络体系逐渐形成。湖北、河北和内蒙古等省（区）已经积累了一些行业信息化的经验。把大力推进粮食行业信息化作为当前及今后一个时期各级粮食行政管理部门的重点工作之一，作为粮食流通工作转型升级和加强粮食质量安全监管、增强粮食宏观调控能力、保障国家粮食安全的重要手段。各级信息中心计算机技术人员充分利用自身专业优势，积极在各自岗位发挥着技术把关作用，合理调配现有软硬件资源管理，避免设备闲置，做到物尽其用。

四　粮食政务信息体系建设

2015 年，国家粮食局紧密围绕粮食流通工作中心任务，全面推进粮食政务信息体系建设，取得了可喜的成绩。粮食信息报送工作进一步加强，政府信息公开力度进一步加大，政务信息网络和系统进一步完善。

（一）加强粮食政务信息报送工作

2015 年，国家粮食局围绕粮食流通工作重点和热点，切实加大政务信息工作力度，及时主动报送粮食政务信息。进一步健全政务信息工作制度，继续将局内各单位信息报送情况纳入年终实绩考核。全局各信息报送单位积极挖掘本单位政务信息资源，认真撰写信息材料，全年共向局办公室提供信息材料 170 条，经筛选、编辑并报领导审核后，向中央办公厅、国务院办公厅报送信息 77 条，其中被中办采用 14 条，被国办采用 36 条。国家粮食局被国办评为 2015 年度信息报送工作先进单位。粮食收购、质量安全和粮食库存等方面的信息被采用量居前，为领导决策提供了重要参考。

与此同时，认真做好信息刊物的编印工作。全年共编印《情况通报》及增刊 69 期。2015 年 6 月印发了《关于建立全国粮食系统办公室工作联动机制（试行）的意见》，把信息联通机制作为工作联动的重要内容，指导地方政务信息报送单位进一步充分利用粮食系统纵向网等渠道向国家粮食局报送信息，信息数量和质量都有明显提高。认真落实《国家粮食局精简简报方案》，协调做好简报编印工作，全年共编印《国家粮食局简报》23 期，《粮食工作简报》25 期，充分发挥了简报沟通情况、交流经验、指导工作的作用。

（二）做好政府信息公开工作

2015 年，国家粮食局认真贯彻落实《中华人民共和国政府信息公开条例》，完善规章制度规范工作机制，拓宽公开渠道，在全局各单位的共同努力和配合下，稳步推进政府信息公开工作，取得了明显成效。

在主动公开政府信息方面，2015 年国家粮食局主动公开政府信息 606 条，其中通过政府网站公开 567 条，通过其他方式公开 39 条。同时，积极通过政府网站、新闻发布和出版物等途径，加强对党中央、国务院关于粮食安全和粮食流通工作重要决策的信息发布，围绕粮油保供稳价、粮食宏观调控、法治粮食建设、粮食流通基础设施建设、粮食监督检查、农户科学储粮、粮油质量安全及爱粮节粮等重点工作，积极开展新闻宣传，主动回应社会关切，进一步提升政府信息公开工作的透明度。

在依申请公开政府信息方面，2015 年，国家粮食局共收到依申请公开事项 41 件，对于公众的申请，国家粮食局均在规定时限范围内通过电子邮件、邮寄信件等申请人要求的方式回复申请人。2015

年，国家粮食局主动公开、依申请公开政府信息均未收取任何检索、复制、邮寄等费用，没有发生因政府信息公开申请引起的行政复议或提起行政诉讼的情况。

（三）进一步完善政务信息网络和系统

按照国家电子政务内网建设和管理协调小组办公室统一部署，国家粮食局通过国家发展改革委纵向网接入国家电子政务内网平台，本着"统一技术标准，统一管理，整合资源，节约投资"的有关精神，相关建设内容纳入发展改革委电子政务建设统筹安排。目前已基本完成前期各项工作，计划于2016年底前建成，实现与中央各部委信息网络互联互通，国家粮食局节点将充分发挥信息化系统统一平台作用，与各省级粮食部门更便捷高效地进行信息交换。

粮食流通体系建设

一 "粮安工程"建设

"粮安工程"全面实施以来，各级粮食部门在发展改革和财政等部门的大力支持下，全面落实粮食安全省长责任制，加快推进"粮安工程"建设，有力服务了粮食收储和宏观调控，促进了种粮农民增产增收，推动了粮食产业经济发展。

（一）粮食仓储设施条件全面改善

按照国务院的决策部署，启动实施了千亿斤粮食仓储设施建设。2013 ~ 2015 年，中央预算内投资累计 142.4 亿元，新建仓容 1388 亿斤。同时，中央财政支持开展了"危仓老库"维修改造项目建设，3 年累计投资 72 亿元用于仓库维修和功能提升，极大改善了全国粮食仓储设施条件，为缓解近年来粮食收储压力奠定了坚实基础。

（二）粮食现代物流体系不断完善

2013 ~ 2015 年，中央累计投资 20.6 亿元，依托沿海、沿江（河）港口以及骨干铁路、公路线、建成了一批粮食发运、中转、接卸的战略装卸车点和粮食物流园区。东北、黄淮海、长江中下游等八大粮食物流通道沿途重要节点初步建立，多元化运输方式逐步推进，跨区域粮食物流运输效率不断提高。

（三）粮食应急供应体系建设不断推进

截至 2015 年底，全国粮食应急加工企业 5815 个，全国粮食应急供应企业 44012 个，粮食应急保供能力不断提高。

（四）粮油质量安全检验监测能力明显提升

2013 ~ 2015 年，中央累计投资 4 亿元用于粮油质量检验监测能力建设，以国家和地方粮食检验监测机构为骨干的国家粮食质量检测体系已全面建立，粮食质量监管制度和粮油标准体系进一步健全。

（五）粮食节约减损成效明显

全面推进储藏、加工、消费等环节粮食节约减损，深入开展全民"节约一粒粮"宣传教育活动，推动全社会广泛参与节粮减损行动，营造了节约粮食反对浪费的浓厚社会氛围。2013 年以来，累计投资 9 亿元推广农户科学储粮，为 386.3 万农户配置了储粮装具，促进了农户储粮减损。

二 粮食仓储管理

1 ~ 6 月，组织开展全国粮食仓储设施专项调查，摸清行业仓储设施家底。基本摸清了我国各类粮食仓储设施的总量、布局、结构和状态等情况，通过仓储设施统一编码，掌握了企业、库区及仓房

（油罐）等具体信息，为科学实施粮食宏观调控、建立粮油仓储设施保护制度、推动科学储粮等奠定了基础。

5月，《库存粮食识别代码》（行业标准）正式发布，为继续深化相关试点夯实了理论基础，提供了标准化指导依据。

6月，财政部启动粮库智能化升级项目，河南、湖南、江苏3省成为首批试点省份。

7月，召开库存粮食识别代码试点经验交流现场会，总结试点工作情况，交流工作经验，并就具体应用功能的完善和落地进行了探讨。

9月，组织专家赴黑龙江省就简易仓囤安全储粮进行调研，针对调研中发现的隐患，印发《国家粮食局办公室关于进一步做好东北地区安全储粮和安全生产工作的通知》（国粮办储〔2015〕231号）。下旬在哈尔滨召开东北片区安全储粮和安全生产工作座谈会，动员和部署打好安全储粮攻坚战。

10月，派10个工作组赴主产省份开展秋季储粮安全督查。

11月，印发《国家粮食局办公室关于做好“千吨囤”安全储粮和安全生产工作的通知》（国粮办储〔2015〕302号），对“千吨囤”储粮安全等提出明确指导性意见。

9～12月，开展“弘扬‘四无粮仓’精神先进单位和传承‘四无粮仓’精神先进个人”评选表彰活动。为进一步推动粮油仓储管理水平整体提升树立了标杆，成为粮食行业践行“三严三实”的生动缩影。

通过一系列有效工作，较好地应对了当年库存高企、收储仓容紧缺、简易仓囤和租仓储粮较多的情况，全年未发生严重霉粮坏粮事故。

粮油加工业发展与指导

2015 年 2 月,《中共中央国务院关于加大改革创新力度加快农业现代化建设的若干意见》(中发〔2015〕1 号)提出，深入推进农业结构调整，支持粮食主产区发展畜牧业和粮食加工业，继续实施农产品产地初加工补助政策，发展农产品精深加工。

2015 年 3 月，国家发展改革委、国家粮食局、财政部联合印发《粮食收储供应安全保障工程建设规划(2015—2020 年)》(发改粮食〔2015〕570 号)，对促进粮食节约减损提出明确要求，要求深入推进节粮减损示范工程和专项行动，继续扩大农户科学储粮专项实施范围，大力推进粮油适度加工和副产物高效利用，形成政府主导、企业实施、全民参与的全社会节粮减损行动长效机制。在引导粮油加工企业节粮减损方面提出，引导企业成品粮适度加工，鼓励开发全谷物等营养健康食品，明显提高成品粮出品率；加快完善产业政策，促进产业结构调整转型升级，建立科学合理可持续的加工产能规模；淘汰一批工艺落后、食品安全和环保不达标、物耗能耗高的落后产能；加强粮油加工企业节粮减损技术改造，推广节粮节能降耗工艺技术和设备，明显提高大米、小麦粉、食用植物油出品率。

2015 年 4 月,《国家发展改革委关于玉米深加工项目管理有关事项的通知》中明确，将玉米深加工项目由国家发展改革委审批改为由省发展改革委备案；坚持减量淘汰或等量淘汰原则，延长玉米深加工产业链，严控新增加工量，在充分保证饲料、食品加工和农业生产需求基础上适度发展深加工，鼓励企业兼并重组，淘汰落后产能；加强玉米加工产能、原料消耗量的跟踪分析，根据市场情况和调控需求完善政策，引导玉米深加工发展。

2015 年 4 月,《国家发展改革委关于印发 2015 年循环经济推进计划的通知》(发改环资〔2015〕769 号)要求，以资源高效循环利用为核心，着力构建循环型产业体系，推动区域和社会层面循环经济发展；以推广循环经济典型模式为抓手，提升重点领域循环经济发展水平；大力传播循环经济理念，推行绿色生活方式；加强政策和制度供给，营造公开公平公正的政策和市场环境，进一步发挥循环经济在经济转型升级中的作用，努力完成“十二五”规划纲要提出的循环经济各项目标，以及《循环经济发展战略及近期行动计划》提出的目标任务。其中，在加快构建循环型产业体系中提出，一是深化循环型工业体系建设，二是积极推进循环型农业体系建设。

2015 年 5 月,《国务院关于推进国际产能和装备制造合作的指导意见》(国发〔2015〕30 号)要求，发挥轻纺行业较强的国际竞争优势，在有条件的国家，依托当地农产品、畜牧业资源建立加工厂，在劳动力资源丰富、生产成本低、靠近目标市场的国家投资建设棉纺、化纤、家电、食品加工等轻纺行业项目，带动相关行业装备出口。

2015 年 7 月,《国务院办公厅关于加快转变农业发展方式的意见》(国办发〔2015〕59 号)提出加快发展农产品加工业，扩大农产品初加工补助资金规模、实施区域和品种范围；深入实施主食加工提升行动，推动马铃薯等主食产品开发；支持精深加工装备改造升级，建设一批农产品加工技术集成基地，提升农产品精深加工水平；支持粮油加工企业节粮技术改造，开展副产品综合利用试点。

粮食科技进步与创新

◆国家粮食局

一 深入推进粮食科技体制改革和创新

2015年5月，国家粮食局印发和实施《关于深化粮食科技体制改革和加快创新体系建设的指导意见》(国粮办展〔2015〕74号)，深入推进粮食科技管理、项目立项、科技创新人才评估激励等机制改革。加大对科技项目督导评估监管力度，建立了粮食科技项目督导评估机制，研究拟定了《粮食科技项目督导评估管理试行办法》并试行、研究拟订“促进粮食企业科技创新工作方案”“粮食行业科技成果转化推广方案”。主动适应改革，积极参加国家科技计划管理部际联席会议，积极谋划粮食科技2016年重点专项，配合科技部形成“现代食品加工及粮食收储运关键技术与装备”重点专项，并使其纳入2016年优先启动专项。加强粮食科技人才培育，起草《粮食青年科技英才管理办法》，做好培育行业青年科技领军人才工作。行业院士实现零突破，2015年12月中粮集团有限公司岳国君当选中国工程院院士。

二 粮食公益性行业科研专项督导检查

2015年粮食公益性行业科研专项，“主要真菌毒素、重金属污染粮油的安全合理利用技术研究”等6项重点项目，于2015年5月获财政部批复立项，中央预算1.57亿元。2013 ~ 2015年三年公益专项共计25个项目，财政总预算5.26亿元，2015年当年拨付1.59亿元，总计已经拨付预算4.1亿元，总经费执行进度47.7%。

2015年3 ~ 7月，通过检查会、专家督导等形式，对在研的19项2013 ~ 2014年度粮食公益性行业科研专项项目进行中期检查，重点检查项目研究年度计划完成情况，研究思路落实情况。经督查，在研的粮食公益性行业科研专项研究进度基本完成了《任务书》规定的研究计划。粮食公益性行业科研专项取得专利成果230项，建设了示范生产线及示范基地86个(条)，开发出了新产品、新材料82种。围绕绿色安全储藏、农户安全储粮、粮食质量安全和营养健康等领域开展了多项研究，并取得了阶段性成果，特别是2013年粮食公益性行业科研专项成果已获显著成效。

2015年12月，仓储与科技司和规划财务司共同在京举办了“粮食公益科研专项项目负责人财务和管理工作会”。会议对2013 ~ 2015年粮食公益性科研专项的实施和财务管理、到期项目验收工作进行了部署和培训。

三 支撑计划项目及其他国家科技计划项目管理

2015 年 4 月，“十二五”国家科技支撑计划“玉米及其加工副产物中玉米赤霉烯酮和脱氧雪腐镰刀菌烯醇消解技术研究及示范”项目获科技部立项批复，中央财政预算 873 万元。

“低酸价花生油吸附脱酸工程化技术中试”等 5 个 2013 年度农业科技成果转化资金项目，在进行了现场考察的基础上，于 2015 年 10 月完成了集中验收，项目均达到了考核指标要求，创造产值 1500 万元以上。

2015 年 7 月，开展了“国家粮食储运监管物联网应用示范工程”项目中期检查，该项目示范作用明显。江苏省粮食局、中储粮总公司等建设单位已完成总项目投资的 55%，初步建成了 56 个示范库，另有 41 个库点正在稳步推进。探索了不同类型物联网技术应用模式，在区域示范单位间已经实现了信息的互联互通，为数字粮库、粮库智能化升级改造和流通高效监管打下了良好的基础。

四 粮食科技创新体系建设进展顺利

2015 年 4 月，小麦与玉米深加工国家工程实验室通过了国家粮食局组织的项目验收。粮食产后领域 5 个国家级工程实验室已基本建成，完成项目总投资 5.14 亿元。小麦加工、玉米加工、稻谷加工，粮食发酵工艺与技术等工程实验室已按期完成验收，突破了小麦清洁制粉、酶法提取低聚糖等关键技术，开发了实验磨粉机等关键装备。粮食储运、粮食装备工程实验室建设基本完成，即将进行验收。14 个国家粮食工程技术研究中心和 3 个国家粮食局重点实验室建设进展顺利。

五 完成“十三五”粮食科技创新规划专题研究

2015 年 9 月，仓储与科技司组织召开了“‘十三五’粮食科技创新规划编制讨论会”。会议邀请了粮食科技规划咨询专家，对规划报告进行研究和讨论，还邀请相关省局、高校、科研院所、粮油学会、企业人员、规划编写组等相关代表参加。会议统一了研究思路，探讨了研究任务。

经深入调研座谈，研究形成了绿色安全储粮、现代物流、粮食质量安全、粮食高效物流、粮油加工与营养健康、加工装备及信息化等 6 个领域专题报告及总报告，凝练提出 44 项重点研究任务，初步提出“十三五”发展目标、重点任务。

六 粮食科技活动周

2015 年 5 月，国家粮食局会同教育部、全国妇联、中国科协举办了“爱粮节粮，健康消费——粮食科普进家庭进学校”为主题的 2015 年全国粮食科技活动周。组织中粮集团大米部在湖北省仙桃市举办了开耕大体验。在中国农业大学举办了“爱粮节粮进校园活动”。会同科技部等部委组织“科技列车丹东行”活动，发放 100 多套农户储粮仓。会同中国科协为宁夏回族自治区粮食局等 10 家单位颁发“爱粮节粮优秀科普作品”证书,1 项获全国优秀科普作品奖。活动期间共印发宣传手册 10 万册，组织了 8000 名志愿者走进 20 多万个家庭和 3000 多个社区，累计宣传受众 237 万人，全国 30 多家主流媒体累计发表 103 篇报道。

◆国家粮食局科学研究院

2015 年，国家粮食局科学研究院（以下简称粮科院）围绕粮食中心工作和产业发展，积极发挥科技支撑作用，粮食科技进步与创新取得一系列丰硕成果。

一　围绕行业需求展开攻关，科技创新取得可喜成绩

粮科院全年承担国家和省部级各类纵向科技计划课题 66 项，其中 2015 年新立 12 项，延续 54 项。包括“973”计划 1 项，“十二五”支撑计划 14 项，“863”计划 2 项，国家自然基金 5 项，重大科技工程 1 项，公益性行业专项 27 项，农业科技成果转化项目 1 项，国际合作项目 3 项。纵向课题经费预算总计 1.15 亿元。实施院自选课题 22 项，承担各类社会委托的横向科技服务项目 43 项。获得国家授权专利 10 项，其中发明专利 5 项。制修订国际标准（ISO）5 项，国家和行业标准 30 项。发表论文 137 篇，其中 SCI 论文 23 篇，EI 论文 18 篇。培养研究生 55 名。获得省部级科学技术奖励 3 项。

（一）横向通风储粮成套新技术推广应用取得可喜成绩

2015 年 2 月，粮科院在湖北省黄石市组织召开了“横向通风储粮成套新技术汇报暨通用图设计交底会”，研发团队向粮食行业 19 家主要设计单位进行全面技术交底，包括技术研发和实仓验证情况、技术要点、通用图设计图纸、设备配置标准及投资估算等，无偿提供各设计单位共享使用新技术。编制了《平房仓横向通风技术规程》《食品级惰性粉防虫技术规程》《储粮温度、湿度和气体浓度测控系统技术规程》3 项行业标准和《粮食储藏：储粮机械通风技术规程》国家标准。全年举办了 6 期横向通风储粮成套新技术培训班和 2 期安全生产培训班，培训 1300 余人，极大地促进了新技术的推广。横向通风储粮成套新技术应用省份达 20 个，粮库 38 家，仓房近 100 个，仓容 30 万吨以上。

为了评价横向通风储粮成套新技术对于大跨度平房仓的适用性，在湖南和安徽分别开展了 24 米和 27 米跨平房仓稻谷横向通风技术集成应用测试，均取得良好效果，得到用户充分认可。

（二）多杀菌素绿色杀虫剂工业化生产和应用取得重要突破

研发团队在转化企业完成了多杀菌素中试和生产试验，经 150L 至 10 吨的逐级放大试验，工艺技术已经达到生产要求，转入 80 吨规模的实际生产试验。开发了多杀菌素粉剂和悬浮剂的制剂，研制了储粮防护剂自动施药装置，分别在武汉、长沙、中山等地粮食企业进行了多杀菌素储粮防虫应用试验，结果显示，多杀菌素和植物源熏蒸剂辣根素配合使用，对储粮害虫防治效果显著，有效防护时间达到一年以上。

（三）大力推进真菌毒素污染粮食生物脱毒技术的示范应用

研发团队与粮食加工、饲料加工及畜禽养殖企业全面合作，大力推进小麦和玉米生物脱毒技术示范应用。2015 年建立了 10 吨规模的真菌毒素专用降解菌制剂发酵生产线，可为生物脱毒技术的大规模示范应用提供专用菌种。完成了以玉米为原料生产燃料乙醇后的酒糟蛋白（DDGS）副产物生物脱毒技术小规模中试，真菌毒素含量降低 90% 以上，饲用品质显著改善，成本具有可行性，为开展扩大中试奠定了基础。开展饲料生物脱毒效果对比试验，完成 3 批共 200 多头仔猪的饲喂实验，饲喂脱毒制品两周后，与对照组（未脱毒）比较，仔猪平均日采食量（ADFI）增加 4.75%，平均日增重增加 3.48%，没有表观不良症状，得到养殖企业的高度认可。

（四）粮食质量安全监测预警技术体系建设取得新进展

构建了基于地理信息系统（GIS）和网格化地图的收获粮食质量安全监测布点采样系统，并利用该系统在安徽、湖南、河南、北京等地开展了新收获小麦、稻谷和玉米的风险监测示范研究，绘制了区域粮食质量安全风险地图。试点企业在风险地图指导下收购玉米，安全指标达标率从原来的不到 50% 提高到 100%。对市场销售的 10 余种真菌毒素快检产品进行了适用性评价，为基层监管部门和基层企业合理选用提供了指导。研制了 17 种粮食基真菌毒素和金属元素标准物质候选样品，组织 20 余家实验室联合开展标准物质的定值和验证。在玉米霉变与毒素污染关系的合作研究中，为 18 家国家粮食质量监测机构提供了粮食中呕吐毒素、玉米赤霉烯酮和黄曲霉毒素等基体质控样品及技术服务，为修订《玉米》国家标准提供了重要依据。

（五）大米食味评价和适度加工标准研究取得重要突破

在上一年度选拔培训全国首批大米食味评价员、研究建立大米食味评价系统的基础上，借鉴国外先进经验，成功研制了粳稻大米食味品质评价参考样品。该项研究填补了国内空白，对于规范我国稻米食味品质评价、促进大米食用品质改善具有重要作用。在综合分析加工精度与大米食味、营养保存和外观特性的相关性的基础上，发现了我国稻谷适度加工的最佳平衡点，适当降低加工精度，大米口感更佳。在局标准中心支持下，研发团队起草了大米国家标准修订草案，大幅度调整了大米加工精度控制要求，可使稻谷糙出白率提高 5% ~ 8%，营养显著提高。该标准草案在征求意见中，得到了国内大米加工企业的积极响应和认可。2015 年 11 月，在第二届川渝精品粮油展会上开展了新标准大米（即适度加工大米）现场食味调查，以精加工大米为对照，老中青各类人群对适度加工大米给出了具有高度显著性的一致好评。

（六）杂粮豆和全谷物加工技术研发与推广取得重要成果

杂粮挂面生产技术在湖南推广应用取得重要成果，建立了 500 公斤 / 小时的规模生产线，荞麦、高粱、小米等系列杂粮挂面生产试验取得成功，产品投放市场受到广泛好评。该技术应用物理改性等多项技术，突破了高添加量杂粮豆影响挂面品质的瓶颈。粮科院牵头的《全麦粉》行业标准正式发布实施。

（七）粮油食品营养研究取得重要进展

调查采集了我国主粮和杂粮杂豆典型样品 200 余种，包括不同地域的稻米、小麦、大豆及谷子、燕麦、糜子、豌豆等，检测营养成分、特种植物化学素、抗营养因子和血糖指数等相关健康参数等基础参数 118 种，取得了检验数据 2.4 万个，初步形成了我国粮食营养参数数据库。研究了不同加工精度主粮、不同谷物烹饪方式对营养健康特性的影响规律，形成了稻米营养特性与加工精度关系模型 21 个。开展了主要杂粮以及不同加工精度大米对降血脂、降胆固醇、降血糖等的健康功效评价研究，从分子水平探讨了营养健康机理，发现杂粮、粗粮对降低高血脂等慢性疾病有很明显的影响。研究成果对于指导企业开展粮油产品设计和营养标识、引导公众选择健康膳食模式等具有重要意义和作用。

（八）新型饲料产品研发成效显著

棉粕固态发酵脱除游离棉酚中试技术取得重要突破。筛选获得高效脱除游离棉酚的枯草芽孢杆菌菌株，对棉粕固态发酵工艺进行了全面优化，完成 20 余批次、10 吨棉粕的发酵中试，产品中游离棉酚含量由 800 mg/kg 降至 300 ~ 400 mg/kg，酸溶蛋白含量提高 56.8%，益生菌含量达到 10^7 ~ 10^8 cfu/g，各项指标显著优于国内同类产品。中试产品经多方动物饲喂评价，效果令人满意。已经与新疆有关企业达成成果转化意向，对充分利用新疆丰富的棉粕资源，解决饲用豆粕短缺具有良好前景。

（九）油料油脂溯源判定技术研究取得重要成果

收集了覆盖我国主要油料产地的代表性样品数量 1269 个，取得样品脂肪酸组分等检验数据 6.4 万个，构建了我国油料品质资源数据库和植物油指纹图谱库，为开展油料及植物油的溯源提供了重要支撑。分析确定了多品种植物油的特征指纹，初步建立了植物油真实性检测判定方法。

（十）粮食经济战略研究取得重要进展

对涉粮部门粮食相关数据进行了全面梳理，建立了全面、准确、长序列、多维度的粮食气象、生产、价格、库存、消费和进出口数据库，研究建立了以小麦、玉米和稻谷为主的粮食市场决策模型，有效捕捉粮食市场的各种影响，对未来我国粮食的生产、消费、贸易和价格等作出清晰研判，为国家和区域粮食调控和市场决策提供支撑。完成了江苏、安徽、青海、云南、北京、浙江舟山、云南昆明等区域粮食产业发展战略规划、“十三五”规划、“粮安工程”建设规划的研究和编制，受到了地方高度评价。

二　服务行业现代化建设，科技产业取得重要发展

（一）工程设计咨询服务成果丰硕

全年完成技术咨询、设计、监理等项目 120 余项，其中，咨询服务 34 项，包括国家粮食储备库可研报告、粮油物流园区规划、省市“十三五”粮食安全保障规划、粮食流通产业发展规划等。完成工程设计 90 项，涵盖中储粮直属库系统和黑龙江、辽宁、内蒙古、四川、江西、福建等 20 多个省（区、市），总仓容达 770 万吨，成为服务国家千亿斤粮库建设的主力军。为支撑行业发展发挥重要作用。

（二）仪器装备研发推广继续保持良好势头

聚焦行业需求，加强行业亟须检测仪器与装备研发与推广。全年向行业推广检测仪器设备 400 多台（套），比 2014 年提高 20%，其中，粉质仪、拉伸仪 100 台（套），获得广泛认可，市场占有率保持在 80% 以上，全面实现了进口替代，目前，粮食行业用户已达 1300 家，为行业粮食品质控制提供了有力的技术支持。为满足行业需求，新研发了“稻谷新陈度检测仪器”，基本完成了软硬件的定型，制定了新陈度判定方法和分级指标。研发了适用于横向通风系统的 GLA55f 型负压分体谷物冷却机，经实仓应用取得成功。

（三）清苑库积极发挥科技示范作用

清苑库各项管理工作全面加强。完成了 1.6 万吨小麦轮换、2.5 万吨东北玉米移库工作；库存中央储备小麦品质良好、数量真实。积极配合开展储粮科技应用示范，承担横向通风储粮集成技术实仓验证的大量工作，完成了 5 栋仓房横向通风技改。新建 10 万吨仓容浅园仓项目全面启动，建仓各项工作正在按照基本建设程序积极推进。

三　加强国内外交流合作，促进产学研结合

（一）对外交流与合作迈上新台阶

开展国际学术交流等活动 25 项，其中出访 17 项、41 人次，外国专家来访 8 项。与加拿大国际谷物学院等国外科研机构及企业签署合作协议 6 项，进一步加强了粮科院在科研领域的国际交流与

合作。承担了国际ISO谷物与豆类分技术委员会第8工作组真菌毒素工作组（W8）的有关工作。与引智专家联合申报了欧盟“地平线2020”科研计划中的食品安全项目“农作物和食物链的生物污染”并获得立项。与澳大利亚默多克大学和澳大利亚植物生物安全合作研究中心联合成立了中澳粮食产后生物与质量安全联合研究中心，共同在绿色、生态、健康储粮与品质控制等领域展开研究，并进行相关新技术的示范推广和培训服务。

（二）加强多方合作促进产学研结合

分别与云南省粮食局、甘肃农业大学、中国种子集团有限公司、宁夏昊王米业集团等粮食部门、大学、企业签署了科技合作战略协议，共同就粮食流通产业政策、粮食储藏、粮食质量安全、粮食加工与营养技术研究等方面开展合作，进行新技术、新产品、新工艺、新设备和新仓型等研究、示范与推广，努力促进产学研有机结合。

（三）院刊影响力不断提升

《粮油食品科技》完成了6期正刊和1期增刊的出版发行，期刊影响力不断提升。6期正刊共初审各类论文450余篇，终审270篇，刊登174篇，其中国家及省部级等各类基金论文122篇，占全年刊发论文的70%，粮食加工、油脂加工、营养与品质、质量安全、生物工程、仓储物流等领域的科技论文刊出后都收到了良好反响，期刊影响因子、被引频次、总下载量等指标不断提升。为满足行业对绿色储粮横向通风成套新技术的迫切需要，编辑部及时编辑出版了绿色储粮横向通风成套新技术增刊，共收录相关论文19篇，充分体现了院刊服务粮食科研、促进粮食科技发展的推进器作用。

（四）粮油科普宣传及新技术推广工作成绩显著

在粮食科技活动周、食品安全周、世界粮食日和爱粮节粮宣传周等重要活动中，粮科院根据公众对粮食科技知识的需求，组织专家编写家庭版及青少版粮食科普宣传手册；开放实验室，解答公众关心的粮油食品营养与安全等问题；选派专家参加科技列车行及兴粮惠农进万家等活动。相关工作得到了国家有关部门及社会的认可和好评。在川渝（遂宁）精品粮油展上，粮科院以展板、录像、仪器设备实物、现场品尝调查等多种形式宣传展示最新科研成果，展览面积达160m2，为推动科技成果转化，服务地方粮食行业建设作出了贡献。

粮食行业人才队伍建设

一 实施高层次专业技术人才知识更新工程

按照国家专业技术人才知识更新工程2015年高级研修项目安排，2015年10月18日至23日，国家粮食局在河南省郑州市举办了绿色储粮新技术推广应用高级研修班。该研修班由国家粮食局人事司、仓储与科技司主办，河南工业大学承办。研修班以“绿色储粮”为主题，共设置储粮通风方式的变革、粮食储藏“四合一”新技术、现代粮仓建设进展、储备粮数量安全监控技术、智慧粮库、小麦中呕吐毒素、地下仓储粮技术、库存粮食识别代码及物联网技术应用、富氮气调储粮新技术集成等9个研修模块。国家粮食局科学研究院、中储粮成都粮食储藏科学研究所、河南工业大学、航天信息股份有限公司等单位的9位专家教授，就绿色储粮新技术与设施和信息技术在粮食储运业务方面的应用等问题作了专题讲座与交流。为期一周的研修，除安排了9场专题讲座外，还组织了3次现场教学和2次学员研讨，研修效果得到了学员的高度认可。参加本次培训的68名学员来自全国27个省（区、市）粮食系统相关单位、3个涉粮高等院校、国家粮食局直属科研院所和中粮集团、中国储备粮总公司等央企，全部具有高级职称或长期从事科研管理工作。

根据国家粮食局2015年面向行业举办培训班计划，2015年11月21日至27日在湖北省武汉市举办了全国油脂质量安全专业技术人才能力建设高级研修班，来自各省（区、市）粮食行政管理部门、有关高校、科研机构的65名学员，通过专家专题讲座、学员研讨交流、撰写交流论文相结合的方式，重点围绕油脂工业的发展与未来、油脂营养与油脂质量的关系、油脂加工过程对油脂质量安全的影响、油脂质量风险监测评估与应急管理等方面的内容开展研修。

截至2015年底，相关高层次专业技术人才培养项目为粮食行业累计培训了413名科技创新领军人才培养对象。

二 选拔全国粮食行业技能拔尖人才

根据《国家粮食局关于深化粮食行业人才体制改革的实施意见》“在行业内遴选一批技能拔尖人才，通过组织培训、技术交流、建立工作室承担技术技能攻关项目等方式予以重点培养，同时发挥其在技术攻关、技能创新和带徒传技等方面的作用”的要求，研究制定了《全国粮食行业技能拔尖人才选拔使用管理实施办法》。各省（区、市）粮食局和有关中央企业从基层单位生产一线，通过层层推荐、选拔的方式产生候选人，国家粮食局组织成立全国粮食行业技能拔尖人才评审委员会，负责择优选拔产生粮食行业技能拔尖人才，同时一并评审产生粮食行业技能拔尖人才工作室项目。通过评审，选拔产生了14名首批粮食行业技能拔尖人才，并以中央财政补助的方式，资助其建立技能拔尖人才工作室。此项举措对激发一线职工干事创业的热情，加强粮食行业高技能人才队伍建设，推进科技兴粮、人才兴粮具有重要意义，同时，为积极探索选拔行业高技能人才的新方式，发挥高技能人才示范带动作用起到了良好的推动作用。

三 启动第四届全国粮食行业职业技能竞赛

为进一步推进“人才兴粮”战略，按照《国家粮食局关于深化粮食行业人才体制改革的实施意见》有关要求，加快推动行业高技能人才队伍建设，国家粮食局决定于2016年10月举办第四届全国粮食行业职业技能竞赛，并于2015年11月9日印发了《关于举办第四届全国粮食行业职业技能竞赛的通知》，指导各省（区、市）粮食局和有关中央企业充分开展岗位练兵比武和各级选拔赛，充分发挥技能竞赛在技能人才队伍建设中的示范引领作用，激励广大粮食行业职工“练本领、学业务、比技能、强素质”。

粮食行业安全生产

2015 年，粮食行业安全生产继续保持平稳向好态势，部门监管责任和企业主体责任进一步落实，一批安全生产隐患得到整治，未发生重特大或社会影响较大的安全生产事故。与 2014 年相比，事故数量和死亡人数大幅双降，分别减少了 42% 和 63%，低于近五年事故数和伤亡人数的平均水平。

1 ~ 5 月，督促东北地区继续推进露天囤垛防火改造。

6 月，露天囤垛防护工作基本完成。

8 月中旬，“8·12”天津港特别重大火灾爆炸事故发生后，迅速下发《国家粮食局办公室关于切实做好当前粮食行业安全生产工作的通知》（国粮电〔2015〕6 号），要求各地全面落实部门监管职责和企业主体责任，开展安全生产大检查，局领导带队分赴各地进行抽查。月底，按照第 51 次局长办公会议的要求，派出工作组赴吉林、黑龙江两个重点省检查安全生产工作，并对《粮油仓储企业消防安全检查要点》进行了实地测试。

9 月，组织专家赴黑龙江省就简易仓囤安全生产进行调研，针对存在隐患，印发《国家粮食局办公室关于进一步做好东北地区安全储粮和安全生产工作的通知》（国粮办储〔2015〕231 号）。下旬，在东北片区安全储粮和安全生产工作座谈会上同步部署安全生产工作。

10 月，派 10 个工作组赴主产省开展秋季安全生产工作督查。

11 月，印发《国家粮食局办公室关于做好“千吨囤”安全储粮和安全生产工作的通知》（国粮办储〔2015〕302 号），对“千吨囤”结构安全、作业安全等提出明确指导性意见。

12 月，举办 2015 年粮食行业安全生产培训班，重点就码垛、药剂熏蒸、消防安全、进出仓作业等进行培训。印发《国家粮食局办公室关于做好冬季和两节期间安全生产工作的通知》（国粮办储〔2015〕336 号）。

节粮减损

一 节粮减损行动

2015 年 5 月，国家粮食局会同有关部门成功举办“爱粮节粮，健康消费——粮食科普进家庭进学校”为主题的 2015 年全国粮食科技活动周系列宣传活动。全国 30 个省（区、市）及 200 多个地级市的相关部门，中国农业大学、清华大学、武汉轻工大学、南京财经大学等近 6000 所学校积极开展了宣传活动，共组织 8000 名志愿者走进 20 多万个家庭、3000 多个社区，累计接受咨询 48 万人次、受众 237 万人，培训农民 12 万人次，全国 30 多家主流媒体刊载新闻报道 103 篇，网络转载 93.5 万条。

2015 年 11 月，印发《国家粮食局关于下达农户科学储粮专项 2015 年投资计划的通知》，为全国 15 个省（区、市）农户提供 75.3 万套标准化储粮装具，进一步帮助农户减少储粮损失。

二 爱粮节粮宣传教育

2015 年，国家粮食局创新组织方式，认真组织开展世界粮食日和全国爱粮节粮宣传周、公共机构节能周等主题活动，深入打造“节约一粒粮”宣传教育活动品牌，爱粮节粮宣传效果显著。

（一）紧扣爱粮节粮主题，组织开展世界粮食日和全国爱粮节粮宣传周活动

2015 年 10 月 16 日是第 35 个世界粮食日，所在周是第 25 个全国爱粮节粮宣传周。2015 年世界粮食日的主题是“社会保护与农业：打破农村贫困恶性循环”。紧扣这一主题，国家粮食局把 2015 年全国爱粮节粮宣传周的主题确定为“兴粮惠农进万家”。由各级粮食部门会同农业、科技、共青团、妇联等部门和组织，组织机关工作人员、农业科技专家、涉农院校大学生等，走村入户、深入田间地头，宣传国家粮食政策，调研秋粮收购工作开展情况，深入了解并解决种粮农民存在的困难和问题；开展爱粮节粮宣传，推广普及节粮减损知识和技术；发掘先进典型，集中宣传一批在保障国家粮食安全中的先进人物和事迹。同时，作为“三严三实”专题教育的一项具体实践，促进粮食等相关部门进一步树立群众观念，转变工作作风。

一是宣传国家粮食政策。全国共有 4000 多个工作小组、2 万多人，走进 10 万多个村组、50 多万家农户，面向农民群众举办专题讲座 1244 次，与农民座谈交流 39463 次，深入宣传国家粮食政策，重点宣传讲解国家粮食生产扶持政策、鼓励措施，以及粮食收购质价标准、粮油市场信息等。实地调研了解秋粮收购工作开展情况、国家粮食收购政策执行落实情况等。

二是普及节粮减损知识。通过专题讲座、互动解答、现场指导等方式，向农民讲解粮食生产、收获、运输、保管等方面科技知识，增强农民的节粮减损意识、改进节粮减损方法、提高节粮减损技能。共向农民发放储粮温湿度计、粮食政策与粮食生产储藏知识宣传册、爱粮节粮科普视频光盘、节粮小器具等主题宣传品 98070 套，节粮减损主题宣传册 917010 套，进行现场技术指导 3174 次。充分

发挥妇女在爱粮节粮方面的特殊作用，组织开展“节粮巧妇”评选活动，深入挖掘、层层推荐在家庭节粮方面作出贡献的优秀妇女典型。

三是倾听农民群众心声。把“兴粮惠农进万家”活动作为巩固党的群众路线教育实践活动成果、践行“三严三实”要求的具体行动，深入乡村农户、田间地头对粮食问题进行摸底调研，认真倾听农民对粮食政策的意见建议，深入了解粮食安全方面存在的矛盾和隐患。共征集到农民对粮食政策的意见建议 100 余条，全部汇总整理后分送有关主管部门在政策制定时参考。

四是宣传报道先进典型。在走村入户过程中，发掘粮食生产、流通、节粮减损等方面先进典型，利用“爱粮节粮宣传周”进行集中宣传报道。部分省份还结合实际开展了节粮主题涂色、“小手牵大手”爱粮节粮亲子体验、科学储粮咨询等特色活动。

本次活动既是对国家兴粮惠农政策的一次大宣传，是对“三农”和粮食工作的一次大调研，也是践行党的群众路线和“三严三实”要求的一次大实践，得到农民群众和基层干部的广泛好评，受到社会各界的广泛关注。据统计，中央和省级电视媒体共报道爱粮节粮宣传周活动相关消息 62 条，时长 16 小时 45 分；纸质媒体共报道消息 102 条；电台报道消息 46 条，时长 12 小时 24 分；网站、微博、论坛等媒体转载报道 17000 余条；市县级媒体报道消息 2000 余条。

（二）开展形式多样的爱粮节粮主题活动，推动建立爱粮节粮宣传教育长效机制

与国管局、教育部、共青团中央等部门联合主办 2015 年公共机构节能宣传作品征集活动，面向全国各高校和高中阶段教育学校广大师生，以“节电、节水、节粮”为重点征集宣传作品。全国共有 1431 所学校报送作品 19804 件，共评出平面设计、视频两类作品一、二、三等奖、优秀作品奖和专家提名奖 150 件，其中“节粮”作品 43 件。活动反响强烈、成效显著，通过公共交通工具（公交、地铁）、报纸、门户网站、展会等多种渠道加强优秀获奖作品应用，深化爱粮节粮宣传效果。

粮食财政财务管理

2015 年，各级粮食财会部门紧紧围绕粮食流通中心工作，采取多种有效措施，努力适应经济发展新常态，积极发挥财会职能作用，协调粮食收购资金，落实财税优惠政策，争取财政资金和政策支持，加强企业经营管理指导，保障了粮食收储和粮食宏观调控，促进了“粮安工程”建设，服务了粮食产业经济发展，为维护国家粮食安全作出了积极贡献。

一 协调落实粮食收购资金，促进种粮农民增收

国家粮食局积极协调农业发展银行落实收购资金，在粮食收购前，及时下发文件，指导各地对加强与农业发展银行协调，科学研判市场形势，加强收购资金筹集和管理等作出具体安排。印发《粮食收购资金筹集和兑付管理暂行办法》，对收购资金筹集和兑付进行规范，为保障粮食收购、保护售粮农民利益、防止出现“卖粮难”和“打白条”现象提供了制度支撑。各地积极探索以农业发展银行为主体、商业金融机构为补充，多渠道筹集粮食收购资金，加强资金管理，有效地促进了农民增收和企业增效。

二 积极争取税收优惠政策，优化企业税收环境

国家粮食局向财政部、国家税务总局报送了《关于申请对存储政策性粮食的企业继续实行税收优惠政策的函》，积极争取减免相关企业税收等政策。研究提出“粮食库存识别代码”管理中粮食核定入库价格等方面的财务信息和标准。认真开展涉企收费专项清理规范和税收等优惠政策专项清理工作，进一步优化粮食行业税收政策环境。各地粮食财会部门积极争取支持，使税收优惠政策得到了进一步落实，有效地推动了企业的改革和发展。

三 夯实粮食行业财会基础，提高行业财会水平

2015 年 3 月，国家粮食局组织召开全国粮食财会工作会议，布置全年粮食财会工作。2015 年 9 月，举办全国粮食财会培训班，培训省级粮食部门财务骨干 140 人。支持各地开展粮食行业财会人员培训，撰写《西藏自治区粮食流通工作实用读本》、“粮食财会管理”有关内容并进藏开展粮食财会培训，落实人才援藏举措。完成《粮食企业融资问题研究》课题。对政策性粮食扣量扣价提出了具体会计处理办法，促进了粮油质量标准修订文件的尽早出台。从财务角度提出对粮食购销政策的意见和建议。审核汇总编制国有粮食企业会计月报和年度国有粮食企业会计决算报表，撰写国有粮食企业经营分析报告，报送国家粮食局领导并抄送有关部门参阅。

四 深化部门预算改革，不断加强财务管理规范

一是编制 2016 ~ 2018 年支出规划和 2016 年度部门预算，申报的项目均获批纳入财政部项目库。对 2016 年所有进入项目库的项目全面实施绩效管理，提高绩效目标编制质量，对 2014 年试点项目开展绩效评价，顺利通过财政部考核。及时批复 2015 年各单位预算。落实粮食公益性行业科研专项 2015 年项目总预算和年度预算。

二是做好专项资产清查总结报告并抓好落实。开展机关资产梳理，以调剂方式盘活存量资产。规范各单位资产购置、使用、处置程序，实施国有资产绩效管理，保证资产安全完整。按期编报各类财务信息及报表。及时报送公共投资季报、中央国家机关运行成本、国有企业财务信息、软件正版化、公务卡制度改革进展统计、国有资产等各类统计报表，加大财务分析力度。

三是落实中央八项规定和厉行节约、反对浪费系列规定，建立健全财务管理规章制度，从严从紧控制经费支出。接受财政部预算评审中心对国家粮食局 2016 年部门预算中申报的供需平衡调查等 3 个重大项目预算评审，开展内部审计。认真执行政府采购程序，从严实施采购项目事前审批制度，严把资产配置标准关。配合财政部开展 WTO《政府采购协定》出价相关工作。

软科学研究

2015 年，国家粮食局继续组织开展政策性课题研究，围绕全局中心工作和全国粮食流通工作会议上的重要部署，坚持实事求是，坚持问题导向，确定了“粮食增产背景下进口快速增加的成因、影响和对策”“建立粮食行业技能人才培养体系研究”“‘一带一路’新战略与我国粮食安全新任务”“经济新常态、粮食新形势下的调控对策与建议”“加强新闻宣传促进粮食流通工作研究”“粮食经营者信用体系建设研究”“关于粮食企业融资问题研究”“粮食收储设施需求研究”“粮食行业容易产生腐败的问题成因及对策”“提高粮食部门党员干部法治思维和依法办事”“做好机关后勤服务工作的认识和思考”“我国粮食储备机制创新研究”“国际粮食市场与我国粮食安全研究”“油菜籽目标价格改革试点研究”“中国大豆进口与压榨行业可持续性发展对粮食安全的重要性研究”“进一步完善政策性粮食收储的思考”“粮食行业标准化工作改革的初探”“粮食交易信用体系研究”等 18 个对实际工作能起到指导和推动作用的研究题目，部分研究成果已转化为具体的政策措施，为推动粮食流通实际工作发挥了积极作用。

新闻宣传

◆国家粮食局

一 以建立健全“4·2·1＋N”新闻发布模式为着力点，精心组织开展涉粮新闻宣传工作

（一）加大主动策划报道力度，涉粮宣传报道效果良好

紧紧围绕全国粮食系统贯彻落实党的十八大、十八届三中、四中、五中全会精神，全面深化改革、全面推进依法行政、贯彻落实粮食安全省长责任制、加强“粮安工程”建设、抓好粮食收购、保护种粮农民利益等中心工作，深入组织开展宣传报道。全年共组织记者92人次到基层采访报道10次；于1月19日、9月22日、10月9日、11月19日单独或会同发展改革委、财政部、农业部、海关总署等部门组织召开4次新闻发布（吹风）会，向社会主动通报粮食安全省长责任制出台、粮食流通工作、世界粮食日和全国爱粮节粮宣传周活动、粮食政策有关情况、打击粮食走私工作等。1月23日，邀请中央农村工作领导小组副组长陈锡文在人民日报发表专题访问文章《承担主体责任　保障粮食安全》，2月5日，局新闻发言人参加中国政府网在线访谈栏目，对粮食安全省长责任制进行深度解读。5月9日，会同中央电视台财经频道推出专题节目《农业新样本：看住粮袋子》（时长58分钟），对各地贯彻落实粮食安全省长责任制有关情况进行宣传报道。11月14日，邀请中央农村工作领导小组办公室副主任韩俊在人民日报发表专题访问文章《全面落实粮食安全责任》，对粮食安全省长责任制考核办法进行专题解读。

（二）加强制度建设，建立健全“4·2·1＋N”新闻发布模式

印发实施国家粮食局关于建立健全新闻发布制度的意见，建立健全“4·2·1＋N”新闻发布模式，对新闻发布、新闻发言人制度、涉粮舆情监测与突发事件新闻应对等内容作了进一步细化规定。一是每年1月、5月、8月、10月的第3周召开例行新闻发布会，平时根据实际情况适时召开发布会。局主要负责同志每年至少出席1次国务院新闻办新闻发布会。局负责同志每半年至少出席1次国务院新闻办新闻发布会。二是负责同志遇事随时发声。除“4·2·1”制度性安排外，局负责同志或新闻发言人、有关司室单位负责人在下列两种情况下出席新闻发布会或接受记者采访：本局出台重要文件政策；粮食流通领域发生特别重大突发事件或出现社会关注度高的热点敏感问题。三是明确重点业务单位新闻发布工作责任。要求调控司、政策法规司等9个司室单位负责同志每年至少出席1次发布会。四是强化考核。把各司室单位负责同志出席新闻发布会情况纳入各单位领导班子和领导干部实绩考核内容。五是建立通报机制。每季度对各司室单位负责同志出席发布会情况进行通报。目前，国家粮食局已制定2016年新闻发布会计划表，明确了全年新闻发布会的时间、平台、事项和责任司室、发布人员。

（三）强化新闻发布平台建设，建立多层次新闻发布体系

灵活运用集体采访、微信群、QQ 群等方式作为传统发布平台的有效补充，提升信息发布的效率和质量。实行分层新闻发布，对于日常工作信息如粮食统计数据等，通过微信群、QQ 群等进行实时发布；对于重大政策发布或综合性政务信息，通过例行新闻发布会、通气会、集体采访等方式进行发布；对于涉及经济社会发展全局的重大政策事项，积极商请国务院新闻办公室发布，或组织权威专家在主要报刊、网络进行解读。

（四）创新形式，爱粮节粮宣传教育活动成效显著

与国务院机关事务管理局、教育部、共青团中央等部门联合主办 2015 年公共机构节能宣传作品征集活动，面向全国各高校和高中阶段教育学校广大师生，以"节电、节水、节粮"为重点征集宣传作品。全国共有 1431 所学校报送作品 19804 件，共评出平面设计、视频两类作品一、二、三等奖、优秀作品奖和专家提名奖 150 件，其中"节粮"作品 43 件。活动反响强烈、成效显著，通过公共交通工具（公交、地铁）、报纸、门户网站、展会等多种渠道加强优秀获奖作品应用，深化爱粮节粮宣传效果。

2015 年，共举办新闻发布会（通气会）4 次；通过中国政府网"部长之声"栏目推送局领导发声信息 12 条；局新闻发言人参加中国政府网在线访谈"政策解读"1 次；组织中央级纸质媒体发布报道 89 篇；组织新华社、中国新闻社等发布相关报道 38 条，推出人物专访 3 期；组织中央级电视媒体发布粮食流通相关报道 48 条，制作发布专题节目 2 期、焦点访谈反馈 1 期；组织中央级电台发布报道 27 条，推出特别节目 2 期；组织相关专家参加专题访谈 2 人次；向中央网络安全和信息化领导小组推荐首批 8 名专家网络评论员。

二 以世界粮食日和全国爱粮节粮宣传周为平台，成功举办"兴粮惠农进万家"活动

2015 年世界粮食日和全国爱粮节粮宣传周期间，会同农业、科技、共青团、妇联等部门和组织在全国范围内开展"兴粮惠农进万家"活动，组织机关工作人员、农业科技专家、涉农院校大学生等，走村入户、深入田间地头，宣传国家粮食政策，调研秋粮收购工作开展情况，深入了解并解决种粮农民存在的困难和问题；开展爱粮节粮宣传，推广普及节粮减损知识和技术；发掘先进典型，集中宣传一批在保障国家粮食安全中的先进人物和事迹。同时，作为"三严三实"专题教育的一项具体实践，促进粮食等相关部门进一步树立群众观念，转变工作作风。

三 把舆情监测放到更加突出的位置抓好抓实，更好服务粮食流通中心工作

（一）下大力气提高舆情监测的时效性、针对性和精准性

2015 年，粮食市场价格走低、库存爆满，有的地方出现"卖粮难"和安全生产隐患，粮食收购储存工作社会关注度高、舆论压力大。针对这一行业新的现状，动态调整监测的关键词、时段、媒体和频次，把"卖粮难""卖粮排长队""粮农利益受损"等作为高亮关键词进行重点监测；在重要政策出台、行业突发事件或媒体曝光负面新闻等重要节点，实行人工全天 24 小时不间断监测推送，有效

提高反应速度和监测的精准性，争取应对时间。

（二）加强舆情分析研判，提高监测质量

加强业务司室间的沟通衔接，紧跟业务热点，有效筛选整理局中心工作热点舆情，注重定量统计和定性分析，以旬报、月报、专报、年报等形式报送局领导，重要舆情在第一时间报送局主要领导。对粮食流通突发事件，如安全生产事故等，在报送局领导的同时送主管业务司室，提高主动应对能力。

（三）及时有效组织开展突发事件舆情应对

按照突发事件的性质和影响范围，依法依规进行信息发布，并把握好信息发布的时、度、效，积极回应公众关切，正面引导社会舆论。2015 年 4 月 17 日，《焦点访谈》栏目曝光中储粮辽宁分公司开原直属库租赁库点庆云堡粮库、中储粮吉林分公司松原直属库委托库点白依拉嘎粮库“以陈顶新”事件后，积极主动通过中央电视台连续跟踪播发事件查办情况。6 月 29 日，通过《焦点访谈》栏目向公众专题反馈事件调查和处理结果。

2015 年，共监测搜集到热点涉粮舆情 2143 条，筛选报送局领导《粮食舆情摘编》76 期、涉粮舆情信息 96 条，《粮食舆情统计分析报告》20 期和《粮食舆情专题分析》2 期；组织舆情应对 1 次。

四 加强局政府网站管理，充分发挥网站作为政府信息公开和为民服务的重要平台作用

（一）加强网站信息内容建设

一是印发实施《国家粮食局政府网站信息内容建设管理规定》，为做好网站内容保障工作提供制度保障。二是按季度通报局政府网站信息发布和点击率情况，结合公众阅读反馈适时调整板块和栏目设置，提高网站适读性，确保栏目平均更新率。三是增加新闻主管部门前置审核程序，加强局内拟发布信息审核，确保信息质量。四是密切上下联动，设置专门板块抓取呈现国家热点时政要闻和行业重点工作动态。

（二）加强网站信息安全管理

按照 2014 年等保测评结果和中长期整改加固计划，购置安装专用备份设备、运维安全审计平台（堡垒机），采用加密协议对网络设备（交换机）进行远程管理，分离操作系统、数据库管理权限，升级政务信息发布、搜索等应用系统，完善网站管理制度，进一步强化网络信息安全管理。

（三）科学规划设计专题专栏

密切配合业务单位，及时收集资料，科学设计版面，注重贴近基层、服务群众，共设置 2015 年全国粮食流通工作会议、“三严三实”专题教育、2015 年科技活动周、粮食收储供应安全保障工程、2015 年世界粮食日和全国爱粮节粮宣传周、粮食安全省长责任制等 6 个专栏。

2015 年，局政府网站共发布各类信息 1098 条，中国政府网抓取转载 62 条，开设各类专题专栏 6 个，回应各类“社会关切”28 条。

◆中国粮食经济杂志社

一 《中国粮食经济》改版升级，实现内容与形式“双提升”

2015 年，中国粮食经济杂志社深入贯彻落实习近平总书记关于意识形态系列重要讲话精神，坚持正确的舆论导向，紧紧围绕粮食流通中心工作开展粮食新闻宣传和理论探讨，服务粮食流通事业改革发展大局，努力为全面落实粮食安全责任、全面深化粮食流通改革、全面推进依法治粮、全面实施“粮安工程”营造良好的舆论氛围，努力为粮食系统广大干部职工提供更好的精神食粮。2015 年，《中国粮食经济》通过大力度的改版，实现内容与形式的双重提升，推出了一批有深度、有温度、接地气的文章，全年共编发稿件 300 余篇，信息 300 余条，共计 120 余万字。

（一）全彩改版，全新升级

从 2015 年第 1 期起，《中国粮食经济》结束了创刊 26 年来黑白印刷的历史，改为全彩印刷。不仅从形式上进行了重新设计、编排，更从栏目、内容等方面进行了完善和升级。在继续做好传统品牌栏目的同时，推出了“法治粮食”“特别报道”“博物馆”“美食健康”“图说”等新栏目，并对“新闻概览”“茶余饭后”等栏目进行了调整完善，增强了杂志的可读性。改版后的杂志实现了报道更深入、语言更活泼、形式更精美，得到了广大读者的充分认可。

（二）紧贴粮食流通重点工作开展宣传，唱响粮食流通主旋律

2015 年，《中国粮食经济》精心策划专题报道，围绕全国粮食流通工作会议、粮食部门贯彻落实粮食安全省长责任制、新常态下的粮食流通工作、粮食收购、“粮安工程”建设规划、玉米收储政策改革等重大主题，以《精彩 2014 启航 2015》《责任与担当同行》《走在改革路上的玉米》等为题，多角度、多层次进行了专题宣传，努力通过记者的笔触、媒体的视角对重大主题进行宣传报道和解读分析，并在卷首语配发相关评论作为呼应。

（三）营造依法治粮舆论环境

为更好地贯彻落实党的十八届四中全会精神，适应依法治粮新形势需要，杂志社制定了 2015 年宣传措施和今后 5 年宣传计划，将依法治粮宣传长期化、常态化。2015 年，开设了“法治粮食”栏目和“普法驿站”小栏目，宣传粮食行业依法治粮的经验做法和法治粮食理论探讨，普及依法行政法律知识，为全行业依法治粮营造有利的舆论环境。此外，根据国务院关于推进政府政务公开的有关要求，在“信息公开”栏目刊登国家有关部门重要的涉粮政策信息和粮食购销统计数据。

（四）大力宣传“双先”事迹

在“专题”栏目报道全国粮食系统“双先”表彰活动和座谈会，并开设了“特别报道”栏目，以《他们，是粮食人的楷模》为题，对 34 位粮食系统劳动模范和先进工作者的事迹进行了系列报道。

（五）深入宣传爱粮节粮

在“爱粮节粮”栏目连续刊登了 20 余篇全国爱粮节粮征文获奖作品。以“兴粮惠农进万家”为主题，出版《中国粮食经济》爱粮节粮增刊。增刊采用全彩色印刷，以世界粮食日、爱粮节粮宣传周期间粮食、农业部门开展的主要活动，各地粮食部门在节粮减损方面取得的成绩，爱粮节粮示范企业典型经验以及节粮减损小窍门等为主要内容，向广大读者免费赠阅。从 2015 年开始，杂志社自主设计的“节约一粒粮”系列公益广告由不定期刊登改为连续刊登，从消费、加工、储藏、健康等不同角度进行爱粮节粮宣传。

（六）聚焦基层生动实践

继续利用较多的版面，在“交流”“区域粮食”“粮食企业”等栏目交流基层粮食部门在新常态下改革发展、转型升级的典型经验，展示各地粮食工作亮点、创新点。继续办好“调查”栏目，刊登各地粮食部门走基层、察实情、接地气的调查研究类文章，内容涉及粮食市场体系建设、粮食经纪人队伍调查、农户存粮调查、国有粮食企业改革、玉米市场调查、土地流转调查等等，进一步引导全系统持之以恒转作风、改文风，就粮食行业重点热点问题进行深入调查研究。

二 地方粮食期刊紧跟形势发展步伐，服务各地粮食中心工作

2015 年，各地粮食经济类期刊紧跟粮食形势发展步伐，在粮食经济理论探讨、粮食流通工作报道、交流基层工作经验、弘扬粮食文化等方面取得了长足进步，充分发挥了粮食经济类期刊在服务各地粮食中心工作、营造有利氛围方面的积极作用。

一是部分期刊通过改版提高办刊质量。如《广西粮食》改为全彩印刷，栏目设置更加完善，内容更加丰富;《江苏粮食研究》改为《江苏粮食》开辟了“融入大局”“转型升级”等一批颇具特色的、可读性较强的栏目。二是大力宣传新常态下的各地粮食流通重点工作。各地粮食期刊通过多种形式宣传报道了各地贯彻落实全国粮食流通工作会议精神情况和各地粮食流通工作会议精神，对新常态下如何做好地方粮食工作进行了研究探讨，对不同时期的粮食中心工作进行了报道。《安徽粮食》开辟“夏粮收购”“秋粮收购”专栏报道各地粮食收购工作，《粮食问题研究》《江西粮食》《吉林粮食》《安徽粮食》宣传并解读了粮食安全省长责任制，《江苏粮食》《广西粮食》《齐鲁粮食》等或通过开设专栏，或通过专题报道等形式大力宣传各地在“粮安工程”建设方面取得的成效。三是把粮食部门党建工作宣传摆上重要位置。《福建粮食》《浙江粮食经济》《云南粮食经济》《黑龙江粮食》刊登了当地粮食部门学习习近平总书记系列重要讲话精神情况、“三严三实”专题教育情况，《广西粮食》《齐鲁粮食》《云南粮食经济》还开设了党建专栏，实现党建工作宣传探讨长期化、经常化。四是持续深入宣传依法治粮。《江苏粮食》《广西粮食》《齐鲁粮食》等在“依法管粮”“法治粮食”等栏目深入宣传粮食部门依法行政、加强粮食市场监管等方面的经验做法，为依法治粮营造有利氛围。五是大力宣传科技储粮。《粮食问题研究》《福建粮食》《江西粮食》《齐鲁粮食》《吉林粮食》《浙江粮食经济》等期刊都开辟了粮食储藏类的栏目，探讨智慧粮库建设和科学储粮工作经验，探索推广储粮技术。六是注重典型引领。《贵州粮食》的“最美粮食人”栏目，江西粮食的“粮食传真”栏目等对粮食系统的先进人物和基层典型经验进行宣传，发挥典型引领的作用。七是继续大力弘扬粮食文化。各地粮食期刊均搭建了弘扬文化的平台，通过多种形式弘扬优良传统，讲述粮食历史，抒发爱粮之情，深受读者的认可和喜爱。

粮食文化建设

2015 年，全局各级党组织认真学习宣传贯彻习近平总书记系列重要讲话精神，充分发挥粮食文化对粮食流通事业发展的引领推动作用，切实把文化建设摆上重要议事日程，把文化建设与业务实践、文明创建、队伍建设、廉政建设有机结合，努力践行社会主义核心价值观和粮食行业优良传统，坚持把粮食文化建设融入国家粮食安全战略全局中，认真谋划，做了大量卓有成效的工作，为推动粮食流通事业科学发展发挥了积极作用。重点做了以下工作。

一 持续深入学习习近平总书记系列重要讲话精神

组织党员干部系统学习《习近平谈治国理政》《习近平总书记系列重要讲话读本》《习近平关于协调推进“四个全面”战略布局论述摘编》《习近平关于党风廉政建设和反腐败斗争论述摘编》等重点图书，及时跟进学习了习近平总书记关于“三严三实”的重要论述、在党的群团工作会议以及在十八届五中全会上的重要讲话，读原文、学原著、悟原理，自觉把系列重要讲话精神作为指导做好粮食流通改革发展的行动指南和根本遵循，切实转化为具体工作思路和政策措施。

二 组织开展纪念抗战胜利 70 周年系列活动

深入学习贯彻习近平总书记在中国人民抗日战争暨世界反法西斯战争胜利 70 周年纪念大会上的重要讲话，组织党员干部参观纪念抗战胜利 70 周年主题展览，开展新党员入党宣誓、老党员重温誓词活动，组织抗战老战士老同志口述抗战经历并汇编成册印发党员干部学习，组织全局书画爱好者参加中央国家机关“铭记历史、开创未来”书画邀请展，6 位同志的作品入展，为健在的抗战老战士老同志发放“中国人民抗日战争胜利 70 周年纪念章”，组织开展抗战歌曲大家唱活动，进一步增强党员干部的爱国热情和民族自豪感。

三 积极传承粮食行业优良传统

局党组书记任正晓同志带领全局部分青年干部代表深入河北玉田粮库进行实地调研，学习传承“宁流千滴汗、不坏一粒粮”行业优良传统；认真总结提炼河北柏乡粮库崇严尚实先进事迹，在全国粮食系统深入开展向柏乡粮库学习活动；学习传承“四无粮仓”精神，在全系统评选出 100 家“弘扬‘四无粮仓’精神先进单位”和 100 位“传承‘四无粮仓’精神先进个人”；请白美清、赵凌云两位老领导为党员干部讲粮食行业优良传统党课；组织全国粮食系统机关工作人员和部分粮食科技专家、涉粮涉农院校大学生 2 万余人，组成 4000 多个工作小组，深入农村一线，走进 10 万多个村组、50 多万家农户开展 2016 年世界粮食日和全国爱粮节粮食宣传周“兴粮惠农进万家”活动。指导开展“节粮巧妇”评选活动，发挥妇女在爱粮节粮方面的特殊作用。

四 加强廉政文化建设

深入学习贯彻中国共产党廉洁自律准则和纪律处分条例，用好《优秀领导干部先进事迹选编》和《领导干部违纪违法典型案例警示录》两本教材，切实加强正反两方面典型教育；组织党员干部认真总结撰写家训格言、家风故事和家书手札，拍摄家教短片，15 篇作品获中央国家机关“最美家庭”系列奖；开通“家庭助廉短信平台”，建立覆盖全局干部和家属的手机“廉洁信息群”，适时向党员干部及家属发送廉政短信，提醒干部本人廉洁自律，提醒干部家属守廉助廉，切实把廉政建设做进“门”、做到“家”，全年累计发送信息 5 万多条次。

五 发挥群团优势，积极开展丰富多彩的文体活动

举办“深学笃行三严三实、守住管好天下粮仓”全国粮食系统第四届书画摄影展，收到 29 个省（区、市）数百名粮食干部职工提交的近千幅作品，以艺术作品形式传承弘扬“三严三实”要求；组织“重走长征路、天天万步走”、队列广播操、乒乓球、羽毛球等形式多样的群众性文体健身活动；组织干部职工参加中央国家机关第四届职工运动会并取得优异成绩。邀请中科院心理所到国家粮食局开展“心理健康大篷车”服务活动，建设国家粮食局“心理健康空间”，提高党员干部身心健康水平。

国际交流与合作

2015 年，国家粮食局围绕粮食行业中心任务，积极开展粮食领域的对外交流与合作，积极参与亚太经济合作组织（APEC）粮食安全领域事务，推动落实 APEC 粮食安全面向 2020 年路线图（2014 年版）和 APEC 粮食安全商业计划（2014—2020），努力帮助“走出去”的粮油企业解决存在的实际问题。

一 接待国外来访团组

2015 年，国家粮食局共接待国外来访团组 25 个，来访外宾近 200 人次。国家粮食局领导分别会见了印度尼西亚国有企业部部长、澳大利亚农业和水利部副部长、加拿大农业与农业食品部副部长、国际谷物理事会理事长等率领的外国政府和国际组织高级代表团。接待了加拿大谷物委员会副主任，法国粮食出口协会主席，由美国、加拿大、阿根廷、巴西、乌拉圭、巴拉圭等国大豆协会组成的国际大豆种植者联盟（ISGA）代表团，澳大利亚默多克大学副校长，澳大利亚植物生物安全合作研究中心董事长等外国粮油协会、机构和跨国企业高级代表团。通过会谈和交流，加深了来宾对我国粮油生产、消费、贸易、储藏、加工、质检和科技等情况的了解，进一步加强了国家粮食局与外国粮食主管部门、协会和大企业的合作。

二 帮助“走出去”的粮油企业解决问题

为了积极实施国家农业“走出去”发展战略，国家粮食局采取多种措施帮助粮油企业“走出去”。一是主动向国务院鼓励农业企业“走出去”部际联席会议办公室和国家发展改革委农村经济司有关领导汇报粮油企业“走出去”的情况、遇到的困难，以及希望有关部门帮助解决的问题。二是将帮助“走出去”的粮油企业解决问题作为国家粮食局领导出访的一项重要内容。国家粮食局领导分别深入天津聚龙集团在印度尼西亚的棕榈园、棕榈油厂调研，与在柬埔寨的重庆益鸿农业开发集团、广东农垦集团的负责人，与在匈牙利的江苏牧羊集团代表座谈，了解他们在国外投资和经营的情况，以及存在的问题，借与印度尼西亚、柬埔寨、匈牙利有关政府部门会谈之机，提出希望，促其帮助解决这些问题。三是帮助已“走出去”的粮油企业牵线搭桥，寻找合作伙伴，共同开发在国外的项目。国家粮食局领导在调研天津聚龙集团在印度尼西亚投资和经营情况后，联系国家开发银行和中国投资公司有关负责人，协调和帮助聚龙集团解决筹集资金，进一步扩大投资等问题。

三 促进粮食领域的对外交流与合作

2015 年，国家粮食局积极拓展粮食领域的对外交流与合作。经过国家粮食局外事司与加拿大驻华使馆多次协商，在 6 月份加拿大农业与农业食品部副部长率团访华时，国家粮食局与加拿大谷物委员会签署了合作意向书；同时，国家粮食局科学研究院与加拿大国际谷物研究院签署了合作谅解备忘录。至此中加两国在粮食流通领域的交流与合作进一步加深，在粮食储藏、加工、物流、标准质量和粮油科技合作等方面取得更深更广的成效。

国家粮食局科学研究院与澳大利亚默多克大学、澳大利亚植物生物安全合作研究中心签订成立“中澳粮食产后生物与质量安全联合研究中心”协议。促进了中澳双方在粮食科技、生态储粮、绿色储粮和节粮减损等领域开展交流与合作。

国家粮食局还选派相关人员，赴巴西参加第 3 届拉丁美洲谷物大会暨国际谷物科技协会成立 60 周年庆典学术研讨会及相关会议；赴印度参加国际食品法典委员会第 9 届会议；赴日本参加全球最新粮油质检技术及粮油质检仪器研发研讨会以及东京国际食品工业展；赴法国参加国际标准组织食品技术委员会第 9 次主席顾问团会议；赴美国参加美国油脂化学家学会第 106 届年会；赴文莱参加东亚大米储备理事会第三次会议；赴英国参加国际谷物理事大会；赴瑞士参加全球谷物日内瓦大会；赴赞比亚参加国际真菌毒素大会非洲论坛；赴印度尼西亚参加亚洲粮食和饲料峰会；赴美国参加 2015 年国际谷物化学家学会年会；赴德国参加国际植物保护大会；赴加拿大参加中加生态储粮研究中心年会；赴澳大利亚参加第 12 届国际面筋蛋白生物技术研讨会；赴澳大利亚参加 2015 年墨尔本谷物行业大会等。参加国际会议的代表在会上介绍我国的粮食情况，阐明国家粮食局对世界粮食形势的看法和对有关问题的立场，扩大了我国在国际粮食领域的影响。一些科技人员还分别赴美国、德国、捷克、奥地利等国进行短期粮油科技合作研究和交流。

2015 年，国家粮食局作为 APEC 粮食安全政策伙伴关系机制（PPFS）中方政府代表，根据外交部的安排，派员赴菲律宾参加了 APEC-PPFS 有关会议，以及 APEC 粮食安全周有关活动。国家粮食局参会人员积极提出落实 APEC 粮食安全面向 2020 年路线图（2014 年版）和 APEC 粮食安全商业计划（2014—2020）的建议和意见，建议得到有关经济体参会代表的支持，并写入 2015 年 APEC 领导人宣言。

四 实施引进国外智力项目，借鉴国外粮食科学技术和管理经验

2015 年，为提高我国粮食质量和标准化工作水平、解决粮食综合加工利用、油脂技术开发、以及粮食储藏先进技术等方面的问题，国家粮食局向国家外国专家局申请引进国外技术、管理人才项目共 6 项，合计聘请外国专家 57 人次，资助引智项目经费 72 万元。

引智工作获得了丰硕的成果。比如，国家粮食局科学研究院的“粮食质量安全技术研究”引智项目，分别邀请了奥地利维也纳科技大学、法国农业科学院和法国卡昂大学的三位教授，对粮科院将开展的真菌毒素的代谢组学研究和微生物碳代谢机制研究进行了指导。外国专家对粮科院标准物质的研发提出了许多宝贵的意见，对院技术人员完善标准物质的制作工艺有很大帮助，也对真菌毒素基体标准物质的赋值工作有较大的借鉴意义。外国专家还带来了与实验密切相关的实验材料，通过交流和指导，使相关科技人员更加深入地了解微生物培养过程中碳代谢机制及其阻遏机理，对今后开展这方面的研究和实验有很大帮助。此引智项目的实施，进一步拓宽了相关领域研究人员的学术视野、丰富了研究方法，对粮科院在粮食生物污染的监测、风险评估和控制、储粮虫霉防治方面的研究工作有重要意义，有助于构建我国粮食质量安全监测技术体系及开发新型高效、绿色储粮虫霉防治药剂。

在实施引智项目过程中，项目单位严格执行国家外国专家局的有关规定，缜密策划，精心组织，实施好这些项目，取得了较好的成效。通过这些引智项目的执行，项目单位与国外粮油科研机构建立起了良好的合作关系，及时了解和掌握国外最新的粮油科技成果与动态，有效地解决了当前我国粮油产业和科研中面临的一些问题，促进了我国粮油科技水平的提高。

五 组织出访合作和出国（境）培训项目

为了深化我国粮食流通体制改革，借鉴国（境）外粮食宏观管理政策和经验，加强在粮食储藏、流通、质量检测、科技、加工和贸易等方面的对外交流与合作，2015 年国家粮食局领导分别率团赴印度尼西亚、柬埔寨、阿根廷、秘鲁、匈牙利、瑞典、英国、瑞士等国家，开展与之在粮食流通体制和粮食管理政策的交流，在粮食储藏、质量检测和加工等方面的合作，取得了丰硕成果。

2015 年，经国家外国专家局批准，国家粮食局实施了 3 个培训项目，即调控司赴美国“粮食收购政策的设计及实施”培训项目，规划财务司赴法国“粮食产业发展和政府支持政策”培训项目，监督检查司赴德国“粮食企业信用体系建设”培训项目。在执行培训项目过程中，各组团单位严格遵守国家有关出国（境）培训项目的规定，认真研究和设计培训内容，合理安排培训计划，严格选拔培训人员。通过赴国（境）外培训，参训人员了解了国（境）外的先进技术和经验，开阔了眼界，增长了知识，为提高我国粮食管理与储粮技术水平起到了积极的促进作用。

机关党建

2015 年，国家粮食局各级党组织认真贯彻党的十八大和十八届三中、四中、五中全会精神和十八届中央纪委三次、四次、五次全会精神，深入学习习近平总书记系列重要讲话精神，认真落实全面从严治党战略部署，扎实开展“三严三实”专题教育，推动各基层党组织全面加强党的思想、组织、作风、纪律、反腐倡廉以及群团建设，各方面工作取得了明显进步，为全面落实国家粮食安全战略、确保国家粮食安全提供了坚强保障。

一 各级党组织抓党建主业主责主动意识明显增强

（一）成立党建工作领导小组，切实加强对党建工作的领导

国家粮食局党组书记、局长任正晓同志任组长，机关党委书记和分管纪检以及党风廉政建设的党组成员分别担任副组长，明确领导小组及成员单位工作职责，建立小组会议、联席会议、督导检查和情况通报等四项工作制度，对全局党建工作实行统一领导、统筹规划、推动落实。

（二）完善党建主体责任体系

建立完善局党组书记负总责、党组成员“一岗双责”、领导小组统筹规划、机关党委协调推动、基层党组织具体落实的党建工作责任体系。2015 年全年召开 20 次党组会议，其中 12 次议题涉及机关党建，召开党建工作领导小组会议 4 次，印发关于机关党建以及党风廉政建设的党组文件就达 17 份，任正晓同志带头履行党建第一责任人职责，年内对加强机关党建作出 76 次批示，认真撰写文章参加中央国家机关工委组织的“党组书记谈全面从严治党”和“学习习近平总书记系列重要讲话成果征集展示”等活动。各基层党组织书记分别与分管局领导签订党风廉政建设责任书，党员干部签订廉洁自律承诺书，在全局上下形成了聚精会神抓党建的良好氛围。

（三）扎实开展党建述职评议考核

将机关党建重点工作任务列入全局重点督办事项，统筹做好 2015 年度党建述职评议考核、“三严三实”专题民主生活会和年度工作述职考核，认真撰写对照检查材料、党建述职报告，组织基层党组织书记分别向本单位党员干部及机关党委进行述职，切实强化考核结果运用，发挥考核“指挥棒”作用。

二 “三严三实”专题教育有声有色，达到了“三个见实效”的目标要求

（一）从严做好规定动作

局党组成员带头讲专题党课 14 次，其中任正晓同志先后 4 次讲专题党课。认真组织严以修身、严以用权、严以律己专题学习研讨，三上三下，深入查摆不严不实问题，通过发函、召开座谈会等形式，征求有关部门、省(区、市）粮食部门以及本局干部职工意见建议，共收集到意见建议 270 余条，梳理归纳为 4 个方面、53 条，逐一提出整改落实措施。

（二）从实做好自选动作

总结提炼河北省柏乡粮库崇严尚实先进事迹，在全国粮食系统开展向柏乡粮库学习活动；评选表彰 100 家“弘扬‘四无粮仓’精神先进单位”和 100 位“传承‘四无粮仓’精神先进个人”；请行业老领导在全局范围内讲粮食行业优良传统党课；请监督检查司主要负责同志讲履职尽责、严以用权，顶住压力彻查涉粮违法案件的心得体会；以“三严三实”精神为遵循，组织 2016 年世界粮食日和全国爱粮节粮宣传周“兴粮惠农进万家”活动；举办“深学笃行三严三实守住管好天下粮仓”全国粮食系统第四届书画摄影展，并取得良好教育效果。

（三）建章立制取得重要进展

年内先后出台了《中共国家粮食局党组工作规则》《国家粮食局工作规则》《关于贯彻落实〈中央国家机关贯彻落实全面从严治党要求实施方案〉的意见》《党风廉政建设巡视监督工作办法》《关于全面落实党风廉政建设监督责任的实施意见》《关于对领导干部进行提醒、函询和诫勉的实施办法（试行）》以及《局直属机关党的纪律审查工作规程（试行）》等管根本管长远的制度文件。专题教育期间，机关党委共编发简报 18 期，在国家粮食局官方网站登载信息 26 条，紫光阁网、人民网等网站对国家粮食局专题教育开展情况进行了 40 余次宣传报道。

三　思想建设入心入脑，党员干部政治理论水平有了明显提升

（一）党组中心组带头加强学习

把学习宣传贯彻习近平总书记系列重要讲话精神作为加强思想建设的重中之重，自觉以讲话精神作为指导做好粮食流通工作的根本指南和遵循。年内组织党组中心组集中学习 20 次 16 个工作日，及时跟进学习习近平总书记最新讲话特别是在党的十八届五中全会上的重要讲话，研究粮食行业贯彻创新、协调、绿色、开放、共享五大发展理念的措施办法。任正晓同志在《求是》杂志发表《解决好吃饭问题始终是治国理政的头等大事》一文，带动全局党员干部结合粮食流通工作实际，深入学习贯彻习近平总书记关于粮食安全的重要论述。

（二）加强理想信念教育

请上海复旦大学教授张维为以《中国制度和中国自信》为题，为全局党员干部作辅导报告。认真学习贯彻习近平总书记纪念抗战胜利 70 周年系列重要讲话，组织党员干部参观纪念抗战胜利 70 周年主题展览；对国家粮食局健在的抗战老战士、老同志进行逐一走访慰问并发放“中国人民抗日战争胜利 70 周年纪念章”；组织国家粮食局健在的抗战老战士老同志口述抗战经历，记录整理汇编成册印发党员干部学习；开展抗战歌曲大家唱活动，切实增强党员干部爱国热情和民族自豪感。

（三）加强沟通交流

积极邀请专家学者、行业老领导以及局领导、局青年干部上论坛作报告、谈体会，年内共组织各类报告会、交流会 12 次，取得良好教育效果。召开全国粮食系统全面从严治党座谈会，深入学习贯彻中央关于全面从严治党重大决策部署和习近平总书记系列重要讲话精神，交流落实全面从严治党要求、扎实开展“三严三实”专题教育情况。湖北等 10 个省（区、市）粮食局代表作重点发言，其他省（区、市）作书面交流发言。

四 纪律建设扎实务实，党员干部党纪党规意识进一步增强

（一）把政治纪律和政治规矩摆在首要位置

2015年3月底，以“严明党的政治纪律和政治规矩”为主题，组织党组中心组第一季度集中学习。7月至9月，开展“讲政治纪律守政治规矩”主题学习教育活动，组织党员干部对照“七个有之”和“五个决不允许”，进行党性分析，自觉在思想上政治上行动上同以习近平同志为总书记的党中央保持高度一致。

（二）切实加强党纪党规学习

2015年11月26日至27日，在全局副司级以上领导干部中开展“学党章明党纪守党规”主题学习活动，局党组成员分别对党组工作条例、廉洁自律准则、纪律处分条例、巡视工作条例、领导干部选拔任用工作条例以及推进领导干部能上能下若干规定等“四条例一准则一规定”进行解读领学，任正晓同志对进一步增强党员干部党章党纪党规意识提出明确要求。

（三）严肃执纪，确保纪律规矩刚性约束

年内受理信访举报10件，立案2件、结案1件，给予1名处级干部党内警告处分；经函询、谈话提醒，初核了结6件；提醒谈话1件；初核2件。做到了件件有着落。

五 组织建设重点突出，基层党组织战斗堡垒作用更加凸显

（一）进一步完善基层党组织

年内新成立支部1个，组建联合党支部1个，撤销党支部1个，4个基层党支部进行了换届选举，2个直属机关党委增补改选党委委员，基层党组织进一步完善。在全国粮食系统开展法治人物法治故事宣传展示活动，国家粮食局政策法规司于涛同志获“中央国家机关法治人物”称号，党员干部法治意识有了明显提升。

（二）积极组织专题培训

派相关同志参加中央国家机关工委组织的机关党委书记、常务副书记以及纪委书记专题培训，组织全局37名基层党组织书记全员参加落实主体责任专题培训，不断提高管党治党能力水平。

（三）总结提炼支部工作法

大力宣传中央国家机关工委“一二三四”支部工作法，调控司等基层党组织总结提炼了具有自身特色的支部工作法，基层党组织建设的科学化规范化水平进一步提高。

六 作风建设落细落小，党员干部工作作风进一步转变

（一）抓早抓小，约谈提醒

及时转发中纪委、中央国家机关纪工委通报的违反八项规定精神的相关案例，在重要节日前提早印发通知，提醒党员干部绷紧作风建设弦。2015年11月，在全局220余名副处级以上党员干部中分层级开展“守纪律讲规矩坚守廉政勤政”约谈提醒活动，任正晓同志对全局20个司室单位党政主要负责同志共计22人次进行约谈，对苗头性倾向性问题进行提醒，对增强抓党建主责、首责和双责意识提出明确要求。

（二）深入开展“家庭助廉”行动

认真总结撰写家训格言、家风故事和家书手札，拍摄家教短片，15 篇作品获中央国家机关“最美家庭”系列奖。开通“家庭助廉短信平台”，建立覆盖全局干部和家属的手机“廉洁信息群”，适时向党员干部及家属发送廉政短信，提醒干部本人廉洁自律，提醒干部家属守廉助廉，切实把廉政建设做进“门”、做到“家”，全年累计发送信息 5 万多条次。

七　党风廉政建设深入推进，预防惩治体系更加完善

（一）细化落实“两个责任”

制定印发《关于全面落实党风廉政建设主体责任的措施意见》《关于全面落实党风廉政建设监督责任的措施意见》并切实贯彻执行，为扎实落实党风廉政建设“两个责任”奠定坚实制度基础。

（二）完善廉政风险防控机制

根据司室职能调整情况，及时完善廉政风险防控措施，明确廉政风险点、风险等级和责任人；认真落实《局党组成员廉政风险防控措施》，力争做到风险防控无死角、全覆盖。

（三）严肃查处涉粮腐败案件

第一时间派出核查督导组，出重拳依法依规惩治新闻媒体曝光的个别基层粮食收储库点拖欠农民售粮款、索要“好处费”以及“以陈顶新”等案件，切实维护种粮农民利益，把中央兴粮惠农政策不折不扣落到实处。

八　群团活动丰富多彩，桥梁纽带作用得到切实体现

（一）积极开展接地气调研活动

组织 6 批 24 名青年干部到河北雄县、吉林公主岭、浙江杭州等基层联系点开展为期 1 个月的“接地气察实情”基层调研实践活动，切实强化宗旨意识，提高能力素质。

（二）组织开展丰富多彩的文体活动

积极组织开展“重走长征路、天天万步走”、队列广播操等形式多样的群众性文体健身活动。组织干部职工参加中央国家机关第四届职工运动会并获得优异成绩。邀请中科院心理所专家赴国家粮食局开展“心理健康大篷车”服务活动，建设国家粮食局“心理健康空间”，提高党员干部身心健康水平。

老干部工作

一 总体情况

2015 年，在局党组的正确领导下，离退休干部办公室深入学习贯彻党的十八大、十八届三中、四中、五中全会和习近平总书记系列重要讲话精神，认真贯彻落实全国离退休干部“双先”表彰大会和全国老干部局长会议部署要求，坚持老干部工作为党和人民事业增添正能量的价值取向，围绕充分发挥老同志的政治优势、经验优势、威望优势积极开展正能量活动。加强离退休干部思想政治建设和党组织建设，认真落实老干部政策待遇。加强工作队伍建设，增强服务意识、提升服务能力，尽责尽力做好老干部服务保障工作。

截至 2015 年底，国家粮食局共有离退休人员 289 人。其中，离休 82 人，退休 207 人。在离休干部中，红军时期参加革命 1 人，抗战时期参加革命 19 人，解放战争时期参加革命 62 人。 80 岁以上离退休人员 82 人，最高年龄 100 岁；在离休人员中，有中共党员 248 人。为老干部服务的在职人员 32 人。

二 把深入学习贯彻习近平总书记等中央领导同志在全国离退休干部“双先”表彰大会上的重要讲话精神作为离退干部工作首要政治任务

以中组部老干部局两个《宣传提纲》为重点内容，组织引导离退休和在职人员紧密联系自身实际，深入学习，用中央领导同志重要讲话精神统一思想、指导行动。认真开展“三严三实”专题教育，自觉以老干部作风做好老干部工作。办领导班子带头查摆不严不实问题，并请老同志和群众帮助查找，开展严肃的批评和自我批评，坚持边学边查边改，进行专项整治。在教育中大力弘扬“安专迷”精神，着力培养工作人员严实相成的工作作风。

三 把从严治党的要求贯彻落实到离退休干部党支部“两项建设”全过程

组织广大离退休干部深入学习习近平总书记系列重要讲话精神，带头严守政治纪律和政治规矩，带头宣传和弘扬党的光荣传统和优良作风，带头培育和践行社会主义核心价值观，带头积极向社会增添和传递正能量。组织开展“老伙伴”自愿结对微互助。通过互助，加强了老同志之间的学习交流，保持积极的精神状态；通过互助，促进了老同志之间的互相帮扶，增强参与各项活动的积极性和安全性；通过互助，增进了老同志之间的日常沟通，多一份关爱；通过互助，加深了老同志之间的友谊，受到了广大老同志的欢迎。

四 把激励和引导老同志为党的事业不断增添和传递正能量列为离退办的主要工作内容

在离退休干部中开展以“展示阳光心态、体验美好生活、畅谈发展变化”为主要内容的为党的事业增添正能量系列活动，组织粮食行业老同志忆传统、话作风，发掘国家粮食局的传家宝，为党的粮食事业增添正能量。挖掘严实相成传家宝，传承粮食行业好作风。在局“三严三实”专题教育中，原国内贸易部副部长、国家粮食储备局局长白美清同志，原国家粮食储备局副局长赵凌云同志先后为机关党员干部作专题党课报告。老同志踊跃参加粮食行业优良传统宣讲活动，先后有12位离退休干部登台宣讲。宣讲英雄抗战史，传递爱国正能量。组织老干部口述抗战经历，编辑印发《我的抗战故事——国家粮食局老干部口述抗战经历》一书。《人民日报》刊登老干部刘清霜、李泽民的抗战故事，《中国老年报》头版头条发表“国家粮食局：宣讲英雄抗战史 传递爱国正能量”通讯，并整版发表8位老干部抗战故事。发出“光盘也是正能量”爱粮微倡议。在第35个“世界粮食日”到来之际，向全体老同志和工作人员发出“光盘也是正能量”爱粮节粮倡议，并开展签名活动。许多老同志纷纷加入“光盘”一族，在家庭用餐、亲友聚会时，吃光碗里最后一粒米、盘中最后一棵菜，以个人微行动向社会传递爱粮节粮的好风尚。创办“老粮食人”网络宣传的微平台。成立国家粮食局离退办网宣领导小组，组建“老粮食人”网宣员协会，开通“老粮食人”微信公众平台，举办了4期老干部网宣员培训班，鼓励引导老同志以自身言行影响和带动周围的亲朋好友，为营造良好网络舆论环境增添正能量，粮食老同志逐步走进微时代。进行优秀家风家训征集作品微展示。老同志们认真总结自家的家风家训，并用生活的语言精练概括，形成了老人树家风、子女受教育的生动局面。通过征集优良家风家训，进一步树立社会主义核心价值观，达到了在日常生活中弘扬传统美德、传递正能量的目的。

五 把更好地为老同志办实事、做好事，搞好服务管理作为老干部工作始终抓好的基本任务

严格落实离退休干部生活待遇，加大走访慰问和帮扶力度，探索利用社会资源、社区力量共同做好离退休干部的服务管理工作，使广大老同志能够享受到更丰富、更优质、更便利的服务。局党组带头关怀关爱，老干部倍感组织温暖。在2015年老干部新春茶话座谈会上，国家粮食局党组书记、局长任正晓，党组成员、副局长徐鸣、曾丽瑛、卢景波，中储粮总公司党组成员、总会计师陈红旗与160余位离退休干部欢聚一堂共贺新春。在中国人民抗日战争暨世界反法西斯战争胜利70周年之际，任正晓等局领导分别走访慰问国家粮食局在京的19位抗战老战士老同志。10月20日，任正晓局长向离退休干部通报粮食流通工作情况，这是任局长连续第4年向全局老干部通报工作情况。方便老同志看病，适度扩大就医范围。粮食老干部进入高龄、高发病期后，“就医难”问题日益突出。在对老干部“就医难”情况深入开展了调查研究后，制定了老同志在现有就诊医院的基础上，分别新增一家专科医院和一家中医医院看病的具体举措，受到了广大老同志的欢迎。走访慰问老同志“不缺一户、不漏一人”。老同志特殊困难名额按每个活动站总人数的15%核定进行帮扶，生活完全不能自理退休

人员和无工作单位的老同志遗孀定期救助，做到了“困难有人帮、救助有人管”。开展“比健康、晒长寿”奖励活动，截至目前国家粮食局已产生了两位百岁老人。表彰孝顺好儿女，传递孝老正能量。在离退休干部家庭中开展评选孝老敬老“孝星”活动，并对评选出的 13 名敬老孝老“孝星”进行表彰。做到了表彰一个人、温暖一个家、激励周边人的效应。12 月 1 日《中国老年报》头版刊登了“国家粮食局：表彰孝顺好儿女 传递敬老正能量”长篇通讯。

4

第四篇

各地粮食工作

北京市粮食工作

基本情况

北京市位于华北平原西北边缘，东南距渤海约150公里，西、北和东北群山环绕，东南是缓缓向渤海倾斜的大平原，地势西北高、东南低。全市土地面积16410平方公里，其中平原面积占38.6%，山区面积占61.4%。2015年，北京市常住人口为2170.5万，同比增加18.9万人，增长0.9%，其中，常住外来人口为822.6万，同比增加3.9万人，增长0.5%。“十二五”时期，全市常住人口和常住外来人口呈现由较快增长向缓慢增长过渡的趋势，常住人口增量从2011年的57.4万人，降至2015年的18.9万人，增速从2.9%降至0.9%；常住外来人口增量从2011年的37.7万人，降至2015年的3.9万人，增速从5.4%降至0.5%。受平原造林工程、种植结构调整、密云水库库区限种、首都新机场建设占地等因素影响，2015年，粮食播种面积呈现继续下滑趋势。全年粮食播种面积为10.5万公顷，同比下降13.1%，受自然灾害减少、管理措施得当等综合因素影响，粮食总产量62.6万吨，比上年下降2%。

2015年粮食工作

2015年，全市粮食行业认真落实国家粮食安全新战略，坚持稳中求进，主动适应经济新常态。全面深化粮食流通改革，健全粮食安全责任制，推进依法治粮，推动科技兴粮战略，加强“粮安工程”建设，加快实施创新驱动发展和京津冀协同发展战略，加快转变粮食经济发展方式，加快推进粮食流通能力现代化。扎实做好“广积粮、积好粮、好积粮”三篇文章，确保首都粮食供应，保障首都粮食市场平稳运行，促进粮食产业健康发展，为首都经济社会平稳运行发挥重要作用。

2015年全年粮食消费量569.6万吨（原粮），比上年减少16.4万吨，降幅2.8%。主要原因：2015年北京有序疏解非首都功能进展明显，人口总量增幅大幅减缓，畜牧养殖业加快收缩，直接影响粮食消费量的增减变化。

一 出台《北京市人民政府关于全面落实粮食安全市长责任制的实施意见》

按照国务院《关于建立健全粮食安全省长责任制的若干意见》（国发〔2014〕69号）要求，结合北京市粮食工作发展的新形势、新要求，按照全国政治中心、文化中心、国际交往中心、科技创新中心的战略定位和建设国际一流的和谐宜居之都的目标，出台了《北京市人民政府关于全面落实粮食安全市长责任制的实施意见》（京政发〔2015〕52 号），进一步明确市与区县政府维护粮食安全的责任，加快完善首都粮食安全保障体系，不断提高粮食安全保障能力和水平。建立了监督考核机制，市与区分级负责、责权清晰的粮食流通管理体制进一步健全。

二　保持粮食市场平稳运行

针对北京市粮食产量持续减少、消费持续增长的形势，坚持把“抓粮源”放在首位，粮食年供给总量超过 623.7 万吨。其中，北京市自产 62.6 万吨，市外购进 528.8 万吨，进口 32.3 万吨，保证了充足的市场供应。国有粮食企业积极开展粮油贸易，多元主体经营活跃，丰富了市民的“米袋子”。市场机制的作用得到较好发挥，形成了统一开放、竞争有序、渠道畅通、保障有力的市场格局。全年共举办市储备粮竞价交易会 14 次，轮出 51.3 万吨，轮入 71.8 万吨，有效地调节了市场供求和价格，保持了供需基本平衡和价格基本稳定，北京市粮食价格涨幅低于全国平均水平。

三　深化粮食产销合作

落实产销区省市间达成的粮食产销合作框架协议，与河南、河北、黑龙江、吉林等主产区加强产销合作，建立稳定的产销合作关系。组织参加“长春松花江大米推介会”和“2015・黑龙江金秋粮食交易合作洽谈会”，委托主产区代购代储部分市级储备小麦和稻谷。加大政策引导和资金扶持力度，推动粮源基地提质增效。利用产销合作资金 5500 余万元，重点支持口粮基地和仓储加工一体化基地建设。外埠粮源基地数量达到 244 个，一手粮源年收购量近 300 万吨。

四　推动京津冀粮食行业协同发展

通过政策引导、资金扶持等措施，引导推动北京市粮食企业在河北建立小麦、玉米粮源基地 71 个。在天津建立临港油脂油源基地，满足市储备粮油轮换需要。与河北省、天津市粮食行政管理部门建立沟通机制，及时掌握三地市场供求情况，加强区域协调联动。北京市每年从河北省调入粮源 160 万吨，其中小麦 95 万吨、稻谷 10 万吨、玉米 45 万吨、其他 10 万吨。

五　完成《北京市粮食收储供应安全保障工程建设规划（2016—2020 年）》编制工作

依据国家发展改革委、国家粮食局、财政部印发的《粮食收储供应安全保障工程建设规划（2015—2020 年）》，结合北京市作为特大粮食主销区的定位，从“建设粮油仓储设施、打通粮食物流通道、完善应急供应体系、保障粮油质量安全、强化粮情监测预警、促进粮食节约减损”等方面，全面加强粮食收储供应安全保障工程建设。规划提出了北京市今后一段时期粮食收储供应安全保障能力建设的指导思想、目标和主要任务及政策措施，是指导粮食流通基础设施建设的重要依据。

六 启动粮食流通“十三五”规划编制工作

依据国家“十三五”规划，结合北京市粮食行业实际，全面总结评估“十二五”规划实施情况，深刻分析国际国内形势变化，找准北京市粮食流通领域存在的重点难点问题，认真开展“十三五”规划调研工作。按照北京城市战略定位，突出首都粮食行业特色，按照全面建成小康社会的总体目标，完成“十三五”规划初稿。

七 建立权力清单和责任清单制度

市粮食局编制并公布了行政职权事项清单，修订粮食行政处罚裁量基准制度。共梳理出权力事项56项，其中，行政审批2项，行政处罚25项，行政奖励1项，行政检查15项，其他权力13项。进一步明确粮食行政管理部门职责权限，加快形成边界清晰、分工合理、权责一致、运转高效、依法保障的政府职能体系和科学有效的权力监督、制约、协调机制。

八 推进粮食流通基础设施建设

完善办公自动化系统、市场价格监测系统及储备粮实时监测管理信息系统。落实增产增储挂钩30万吨仓容建设工作，确定北京市张辛粮食储备库二期工程等8个项目作为与北京市增产增储挂钩30万吨仓容项目报送国家粮食局。项目估算总投资3.3亿元，建设仓容31.5万吨。开展好粮食仓储设施专项调查工作，全面摸清本市粮食仓储设施基本情况。

九 提高市储备粮规范化水平

系统总结和运用多年来北京市粮食收储库的管理经验，制定了《粮食仓库仓储管理规范》北京市地方标准，为保障储粮安全提供了有力的技术支撑。组织基层检化验员参加现场检验学习比对，提高检化验能力。加强市储备粮出入库管理，落实承储合同管理制度。大力推广低温储粮、非化学药剂防治等绿色储粮技术，大幅度减少了化学药剂的使用。市储备粮绿色储粮比例达到63%，宜存率连续8年达到100%。

十 落实市储备成品粮监管责任

组织市储备成品粮巡回检查67次（含异地），检查代储企业34家；加强异地储粮监管，检查黑龙江、吉林、河北、山西、山东、河南、天津等地市储备粮代储企业18家；委托开展质量抽查工作，共抽查市储备粮货位206个，代表数量42万吨。

十一 加强市储备原粮卫生指标检测

通过采取市储备小麦轮换入库需向供货企业索取真菌毒素检测报告的措施，加强对小麦中真菌毒素限量的严格把关，初步探索和解决基层对粮食中真菌毒素实施监测把关的可行性，弥补对市储备粮入库卫生指标把关要求的空白，进一步提高发现粮食质量安全风险隐患的能力，防止不符合食品安全标准的原粮进入流通市场。

十二 规范粮食流通市场秩序

2015 年，积极开展全市粮食库存检查、规范粮食市场经营行为的执法检查、节前成品粮油储备专项检查、异地储备粮检查等相关工作。市和区县两级粮食行政管理部门共开展检查 725 次，出动执法人员 2220 人次，检查企业 917 个次，行政处罚 1 起，罚款 3 万元。

十三 落实退耕还林补助粮供应任务

2014 年度全市退耕还林工程二轮核定面积 47.2 万亩。其中国家级 39 万亩，市级 8.2 万亩。截至 2015 年 12 月 20 日，全市 7 个区已全部完成供应任务，总计供应原粮 2.1 万吨。

十四 拓宽粮食流通统计渠道

首次开展乡村居民户存粮专项调查，在全市 10 个远郊区共抽取样本 509 份，摸清了本市乡村居民户存粮水平和结构。完成粮食流通统计年报、粮油加工业年报工作。全市 90 个粮油加工企业纳入半年报表统计范围，进一步掌握全市粮食流通和粮油加工业基本情况。完成 2014 年度供需平衡和 2015 年度乡村居民户存粮专项调查工作。对 2192 户城乡居民家庭、858 个餐饮单位进行抽样调查，对 1000 家涉粮企业进行重点调查，基本掌握了全市粮油供需平衡基本情况。

十五 提高职业技能鉴定水平

组织 2015 年粮食行业特有工种职业技能鉴定工作，其中，34 人取得粮油保管员（初级）证书，22 人取得粮油质量检验员(初级）证书。推荐顶尖人才为“首批技能拔尖人才”候选人,2 人获得了“全国粮食行业技能拔尖人才工作室项目”申报资格。对粮食行业特有工种职业技能鉴定考评人员进行任期考核并换发证书；对北京市经济管理学校，北京市粮油食品检验鉴定资格进行审核并换发鉴定许可证，进一步提高北京市粮食行业职业技能水平。

十六 广泛开展爱粮节粮宣传

按照国家粮食局 2015 年世界粮食日活动要求，市粮食局、市农委联合印发《关于本市做好 2015 年世界粮食日和爱粮节粮宣传周活动的通知》（京粮发〔2015〕84 号），开展爱粮节粮进生产一线、进流通领域、进消费领域。开展“尚德守法全面提升食品安全法制化水平”主题宣传活动，提高消费者粮食食用安全意识和鉴别能力。配合国家粮食局开展“兴农惠农进万家”活动，组织本市机关、企事业单位20人，随国家粮食局工作组赴10个粮食主产省，走访250余个行政村，宣传国家粮食收购政策，普及节粮减损知识，调研秋粮收购情况。

◆北京市粮食局领导班子成员

李广禄	党组书记、局长
张　强	党组副书记、副局长
阎维洪	党组成员、副局长
任昌坤	党组成员、副局长
杨　牧	党组成员、副局长（2015年8月退休）

2015 年 8 月 18 日，北京市粮食局局长李广禄（中）检查大兴产业园区面粉加工生产线。

2015 年 11 月 4 日，北京市粮食局局长李广禄（左二）检查指导市储备油移库工作。

2015 年 11 月 18 日，北京市粮食局局长李广禄（左四）与山东省粮食局长杨丽丽（左二）考察北京市粮食市场和加工企业。

2015 年 11 月 25 日，北京市粮食局局长李广禄（左二）到通州粮食收储库大杜社粮库指导稻谷接卸入库工作。

天津市粮食工作

基本情况

天津市地处华北平原东北部，东临渤海，北屏燕山，西靠首都北京，平均海拔为 2 ~ 5 米，年降水量 550 毫米左右，属暖温带大陆性季风气候。天津地区的形成始于隋朝大运河的开通，唐朝中后期成为南粮北运的水陆码头，是元朝漕粮转运中心，现在是中国北方最大港口城市。天津市行政区域总面积 11916.9 平方公里，全市现辖 15 个区、1 个县。截至 2015 年末，全市常住人口 1546.9 万，比上年末增加 30.1 万人，其中外来人口 500.3 万，增加 24.2 万人。常住人口中，城镇人口 1278.4 万，城镇化率为 82.6%。

2015 年，全市粮食播种面积 35 万公顷，粮食总产量 181.7 万吨，其中小麦 59.8 万吨、稻谷 11.3 万吨、玉米 107.3 万吨，大豆和高粱等杂粮 3.3 万吨。社会粮食收储企业完成地产新粮收购入库 102.3 万吨，全年粮食消费量 679.5 万吨，粮食产销缺口 497.8 万吨。

2015 年粮食工作

2015 年，天津市粮食局在市委、市政府的领导下，在国家粮食局、市发展改革委具体指导下，深入贯彻习近平总书记系列重要讲话精神，坚持“四个全面”战略布局，坚持稳中求进工作总基调，按照年初全国粮食流通工作会议的部署和要求，结合“三严三实”专题教育，全面落实粮食安全省长责任制，持续推进“粮安工程”建设，认真落实地方新增储备粮规模，积极开展粮食安全生产大检查大排查大整治活动，不断加强粮食流通监督检查和法制建设，以保障粮食安全为中心，全市粮食流通工作取得了显著成绩。

一　强化粮食安全责任，粮食流通管理机制取得新突破

积极推动《天津市人民政府关于全面落实粮食安全省长责任制实施意见》的出台。《实施意见》明确两级粮食事权和责任，实行粮食安全行政首长责任制。坚持销区导向、市场导向和问题导向原则，从强化粮食安全意识等 7 个方面提出 18 条具体举措，逐条明确了责任单位。实现了三个方面的突破：一是完善市和区县两级粮食储备管理机制，实现粮食储备管理机制的新突破；二是建立区县成品粮储备，实现粮食应急供应机制新突破；三是建立粮食质量检验检测专项基金，实现粮食检化验能

力建设新突破。在深入开展调查研究、反复咨询论证，广泛征求各区县人民政府和市级有关部门意见的基础上，拟制了《天津市粮食安全区县长责任制考核办法（征求意见稿）》，并上报市政府审议。

二 加大仓储设施建设力度，粮食流通能力实现新跨越

（一）持续推进“粮安工程”建设

2015 年开工建设 4 个项目，总投资 4.3 亿元，新增仓容 47.7 万吨。完成了宁河区粮食购销有限公司粮食储备库一期项目主体建设。市粮油集团静海国储库道线仓改扩建等 3 个项目正在加快建设中。同时，积极推进西青国家粮食储备库改扩建等 6 个项目的前期准备工作。“粮安工程”建设的稳步推进，极大地提升了全市仓储基础设施水平，为确保全市储备粮安全奠定了坚实基础。“十二五”期间，全市粮食仓储设施建设总投资 18.4 亿元，新建仓容 95.3 万吨，极大地提高了全市粮食流通能力。

（二）积极开展粮油仓储设施提升改造

截至 2015 年底，完成了天津市粮油集团有限公司静海储备库等 3 个功能提升改造项目，总投资 3178 万元。静海、津南等单位的 6 个粮仓保温隔热改造和功能提升项目已开工建设，总投资 4478 万元，共改造仓容 43.1 万吨。同时，积极协调武清、宝坻、市粮油集团等单位 8 个项目的前期准备工作，预计总投资 5100 万元，提升改造仓容 43 万吨。“仓储设施提升改造工程”的持续推进，使全市仓房功能得到了全面提升。

三 拓展粮食供应渠道，粮食市场调控能力有了新提升

（一）全部落实新增储备粮规模

天津市粮食局高度重视储备粮增储工作，专门成立了增储领导小组，采取综合平衡的原则，不断完善增储测算方案，周密计划，严密组织。积极调整仓容、多次调整工作方案，通过竞价采购、委托采购、进口等方式，圆满完成增储任务。到 2015 年底，按国家要求新增的 60 万吨地方粮食储备已按时、保质、保量全部落实到位，有力地提升了粮食市场调控和粮食应急供应保障能力，保障全市粮食市场供应的物质基础更加坚实。

（二）切实加强储备粮油管理

采取竞价购销的方式，不断完善储备粮轮换方案，2015 年共轮换市级储备粮油 90.4 万吨。认真开展春、夏、冬季粮油安全普查和库存检查，不断加强储备粮质量监管，确保了全市储备粮油数量真实、质量完好。天津港“8·12”瑞海公司危险品仓库特别重大火灾爆炸事故后，第一时间在全市粮食系统开展粮食安全生产大检查大排查大整治活动。依照方案规定的 7 大类、47 项重点内容进行逐一排查，发现并整改安全隐患 31 项。积极开展粮食行业“危化品”专项整治活动，举办了 170 余名管理人员参加的储粮化学药剂管理和使用培训班，制定了《天津市储粮化学药剂管理与使用办法》，提升了全市储粮化学药剂的软硬件管理水平。

（三）广泛开展粮食产销合作

分别与吉林、黑龙江、长春两省一市共同举办“吉林省粮食产销协作会”“黑龙江金秋粮食交易合作洽谈会”“中国好大米——长春松花江大米推介会”，组织天津市企业开展产销对接，共“引粮进

津”360 万吨，有效保障了天津市粮源稳定。结合对山东、河北两省小麦的直接采购，制订深化粮食产销合作实施方案、研究粮食产销合作资金使用办法，积极探索创新产销合作模式，不断加深与河北、山东两省的合作关系；积极推动京津冀粮食行业协同发展，提高了全市粮源保障水平。

（四）不断强化中国天津粮油批发交易市场职能

批发市场充分发挥平台作用，积极拓展各项业务。2015 年，共举办 15 次地方储备粮（油）竞价交易，交易量 82.7 万吨，交易额 23.6 亿元；国家储备粮竞价交易 49 次，交易量 69.7 万吨，交易额 13 亿元。批发交易市场的竞价交易活动，活跃了粮食流通市场，有力地促进了全市粮食流通产业发展。

（五）大力提升粮油应急供应能力

在市财政局的大力支持下，按照以动为主、动静结合的原则，2015 年新增成品粮储备 5000 吨，圆满完成了国家“十二五”规划要求的 10 天以上供应量任务，进一步夯实了天津市粮食应急供应保障物质基础。同时，将成品粮储备纳入市级储备粮仓储管理体系和年度库存检查范围，确保数量真实、质量良好、储存安全。不断调整完善定点粮油加工企业和应急供应网点布局，不断完善粮食应急预案相关保障，不断加强全市粮食系统人员应急能力培训，全市粮食应急供应能力不断增强。

四 深入推进依法行政建设，依法管粮能力有了新提高

（一）坚持依法履行粮食行政职权

坚持“法定职责必须为、法无授权不可为”的原则，认真清理行政审批事项，规范行政处罚行为，对现有行政职权和责任进行梳理，市级粮食行政职权确定为 5 类 13 项，进一步明确了职权和责任。研究制定了《市粮食局“三重一大”事项决策实施办法》，从决策事项范围等四个方面对“三重一大”事项决策进行了规范。同时，制定了天津市粮食局法律顾问工作规则，为粮食依法行政提供了可靠保障。

（二）积极开展粮食流通监督检查

不断加强对粮食收购资格、粮食企业最低最高库存量标准等七大类内容的检查核查，严格、规范、公正、文明执法，保护了农民种粮积极性，维护了粮食市场秩序，确保了政策性粮食数量真实、质量安全、交易公平。同时，完成中央储备粮（含储备油）代储资格企业的申请、延续申请、信息变更初审。制定了《市粮食局文明执法规范》，进一步规范行政执法人员行为，提高了粮食行政执法水平。

（三）不断加强粮食行政执法监督

修订完善了《天津市粮食局行政执法监督实施办法》，规范粮食流通行政执法行为。对行政执法主体、执法机构、执法人员、行政处罚职权和执法依据等信息进行了认真梳理和归集，不断完善行政执法监督平台建设。充分利用行政执法监督平台开展行政执法监督，提高了行政执法监督效率。

五 转变思想观念，服务粮食流通行业的能力有了新发展

（一）不断推动粮食流通统计制度改革

认真开展供需平衡调查，共编制了五个年度粮油供需平衡调查报告，为粮食宏观调控提供依据。

加强粮食经济理论研究，大力开展调查研究，全系统共完成22篇调研课题报告，为全市粮食经济发展提供参考。2015年对全市50余名统计人员进行了软件培训和业务知识培训。目前，各相关单位的统计人员已基本掌握了录入、汇总、查询、审核、传输等工作流程，初步具备了统计月报、年报网上直报统计资料的能力，为政府粮食宏观调控提供了及时准确的依据。

（二）积极组织开展粮食收购工作

认真落实国家粮食收购政策，保护种粮农民利益，维护了粮食市场的基本稳定。充分发挥“津粮网”“津粮信”及粮油信息刊物载体作用，为社会提供市场粮油信息4300余份。主动作为，对“8·12”事故点5公里范围内加工和储存的粮油是否受到污染进行检测，积极服务社会。开展年度收获环节粮食质量安全监测，为粮食生产和粮食收购提供了有效保障。

（三）大力推进军粮管理制度化规范化建设

根据国家粮食局军粮供应站资格认定办法，对全市军粮供应站重新进行了系统考核和资质认证；对本市军供大米和面粉采取随机抽样的方式，进行了抽检化验；及时与各军粮供应站进行季度结算，保证每个季度军粮预拨款按时足额到位，军粮供应综合保障能力得到进一步提升，得到了驻津部队的高度赞扬。

（四）开展了中央储备粮代储资格申请认定和延续申请工作

2015年，天津市共受理申请中央储备粮油代储资格粮食企业4家（含申请中央储备油企业2家），仓容合计34.8万吨；受理申请中央储备油代储资格申请企业2家，罐容合计9.8万吨。截至年底，有3家申请粮食代储资格的企业获批，仓容合计18.1万吨。受理延续申请中央储备粮油代储资格企业6家，延续申请仓容82.1万吨；受理变更企业7家，对企业名称、仓（罐）号、仓（罐）容及法人信息等进行了变更。

（五）积极沟通协调，努力为粮食企业争取优惠政策

为减轻粮食企业纳税负担，增强企业后劲，进一步促进粮食购销企业发挥主渠道作用，在对承担各级储备的储备粮管理公司及其直属库三年内免征房产税、土地使用税的基础上，通过与市财政、市地税部门的积极沟通协调，为承担三级储备任务以外的18户国有粮食购销企业申请了减免房产税和土地使用税。为企业扭亏为盈，提供了宽松的税收环境，“十二五”期间国有粮食购销企业共减免房产税和土地使用税9250万元，进一步减轻了企业负担，促进了粮食企业发展。

（六）开展了粮油科技宣传活动

按照国务院食品安全办等十八部门《关于开展2015年全国食品安全宣传周活动的通知》精神，天津市粮食局于6月16日至7月2日，开展了“天津市2015年食品安全宣传周活动”。活动以“尚德守法，全面提升食品安全法治化水平”为主题，通过实验室开放日活动、开辟网络专栏等形式，普及粮油质量安全的有关常识，取得了较好的社会效果。

六 加强党风廉政建设，粮食系统政风行风有了新气象

始终把党建工作摆在重要位置，从思想、组织、作风、制度和反腐倡廉建设等方面认真落实“一岗双责”和从严治党主体责任。全市粮食系统认真贯彻落实中央全面从严治党战略部署，深入学习贯彻习近平总书记系列重要讲话精神，坚决贯彻执行市委从严治党要求，扎实推进党的建设。认真组织

政治理论学习，严格落实组织生活制度，坚持贯彻党的民主集中制，积极开展批评与自我批评。扎实开展“三严三实”专题教育，从焦裕禄等先进典型和身边典型事迹中找差距；从周永康、武长顺等违纪违法案件中汲取教训，有力地推动了粮食系统党员干部作风好转，营造了守纪律懂规矩干事创业的良好氛围，促进了粮食系统党风廉政建设长期健康发展。

◆天津市粮食局领导班子成员

朱　军	党组书记、局长
李久彦	党组成员、副巡视员
周　海	党组成员、副巡视员
吴维吉	党组成员、中国天津粮油批发交易市场总裁

2015 年 10 月 16 日，天津市粮食局联合市农委、市科委、市团委、市妇联在天津粮油大厦举办“2015 年世界粮食日”暨全国爱粮节粮宣传周活动启动仪式。天津市粮食局局长朱军主持启动仪式。

2015 年 12 月 18 日，天津市粮食仓储业务会期间，天津市粮食局局长朱军（前排左三）专项调研静海区古城粮库提升改造建设项目。

2015 年八一前夕，天津市粮食局组织慰问驻津部队。

2015 年 7 月 6 日，天津市粮食局组织 2014 年度粮油仓储设施维修改造项目验收会。

河北省粮食工作

基本情况

河北省环抱首都北京，东与天津市毗连并紧傍渤海，东南部、南部衔山东、河南两省，西倚太行山与山西省为邻，西北部、北部与内蒙古自治区交界，东北部与辽宁省接壤。全省总面积18.8万平方公里，占全国土地总面积的2%。河北省的地势有三大地貌单元，其中坝上高原平均海拔1200～1500米，占全省总面积的8.5%，燕山和太行山地，其中包括丘陵和盆地，海拔多在2000米以下，占全省总面积的48.1%，河北平原是华北大平原的一部分，海拔多在50米以下，占全省总面积的43.4%。河北省属温带大陆性季风气候，大部分地区四季分明。

2015年，全省生产总值实现29806.1亿元，比上年增长6.8%。河北省是全国13个粮食主产省之一。2015年，粮食播种面积639.3万公顷，比上年增加6.1万公顷，增长0.96%。主要生产小麦、玉米。正常年景粮食产需总量平衡有余，油脂油料缺口较大，主要靠省外购入和进口弥补。2015年全省粮食总产量3363.8万吨，比上年增加3.6万吨，其中小麦1435万吨，玉米1670.4万吨，稻谷54.5万吨，大豆22.6万吨。全省各类粮食企业累计收购粮食2569.3万吨，销售粮食3073.1万吨，其中国有粮食经营企业收购粮食700.8万吨，销售粮食785.5万吨。

2015年粮食工作

2015年，河北省各级粮食部门在省委、省政府的坚强领导下，深入贯彻中央关于党要管党、从严治党的要求，注重政治理论学习，进一步加强班子自身建设和反腐倡廉工作，认真落实党中央、国务院和省委、省政府的大政方针，科学践行关于保障粮食安全的重要战略部署，不断深化粮食流通领域改革，大力实施“粮安工程”建设，全面推进依法治粮，各项工作稳中有进、稳中有为，取得了明显成效，为促进全省经济持续健康发展和社会稳定发挥了应有作用。

一　粮食收储有序开展，市场调控能力得到提升

全省各级粮食部门聚焦中心任务，紧盯重点工作，狠抓措施落实。一是认真落实国家粮食政策，

积极组织和引导企业入市收购，全年各类粮食企业累计收购粮食 2569.3 万吨，比上年增长 5%。达到了河北省历史之最。上年 9 月初河北省南部产区小麦价格走低，一度跌到最低收购价水平以下，在此情况下，河北省及时启动托市收购预案，会同中储粮北京分公司、省农发行确定收储库点 70 个，共收购托市小麦 59 万吨，有效稳定了市场价格，保护了种粮农民利益。二是加强地方储备粮管理。为尽快将国家新核定的地方储备规模落实到位，河北省粮食局把任务分解为省级储备、市县级储备，敦促有关市县政府签订承诺书，经过三级共同努力，10 月底率先在全国提前 2 个月完成任务。继续开展省储企业管理水平提升活动，已有 31 家企业达标。三是认真组织国家政策性粮食轮换、交易，全年交易量 32 万吨，为搞活流通、满足消费、调控市场发挥了积极作用。四是深入推进产销合作，2015 年粮食跨省流通量达到 1645 万吨，比上年增加 105 万吨，保持了主要粮食品种的供求平衡和粮食市场的基本稳定。

二　“粮安工程”全面实施，粮食流通能力得到提升

“粮安工程”建设，是粮食流通工作的核心工程。局领导班子紧紧牵住这个“牛鼻子”，精心谋划，持续发力，大力推进，取得明显成效。一是由河北省粮食局研究起草，经省政府批准，省发展改革委、省粮食局、省财政厅联合发布实施了《河北省粮食收储供应安全保障工程建设规划（2015—2020 年）》。二是加快推进仓房维修和新建仓项目建设。截至 2015 年底，全省“危仓老库”维修改造累计完成投资 4.94 亿元，开工库点 248 个（其中竣工 84 个），修建仓房容量 346 万吨；新建仓项目完成投资 3.43 亿元，开工项目 27 个。三是狠抓安全生产。认真履行“党政同责、一岗双责”职责，严格落实安全生产责任制和承诺制，制定了《河北省粮食企业安全生产诚信评价标准》《粮食行业安全生产工作指南》。同时，加强关键环节、重点部位和特殊时段的安全生产检查，全系统没有发生安全生产责任事故，被省政府评为“2015 年度安全生产优秀单位”。四是加强粮食质量监管。2015 年又有两个质检机构通过国家局验收，全省纳入国家粮油质量安全检验监测体系的质检机构达到 10 个。组织开展了收获粮食质量安全监测、库存粮食质量检查、食品安全宣传周等活动，切实履行了粮食部门在食品安全方面的职责。五是推进节粮减损。积极开展多种形式的爱粮宣传活动，为 4 万农户配置了标准化储粮装具，财政补贴 1312 万元，深受广大农户欢迎。

三　军民融合发展不断深化，粮食应急保障能力得到提升

一是以军供网络为依托，不断扩大应急供应、军粮供应、成品粮储备、放心粮油、主食产业化“五位一体”的军民融合式发展模式，积极培育粮食应急工作基本力量。2015 年“河北军粮”市场销售额达到 4.4 亿元，比上年增长 22.6%；实现毛利 4140 万元，比上年增长 15%。驻石武警和部分部队机关、院校主副食集约化保障品种扩展到 300 多个。二是大力实施“粮安工程”危仓老库维修改造（军粮专项）项目，争取国家补助资金 9007 万元，规划维修 54 个项目。三是编制了粮食应急供应体系规划（2015—2020 年）和粮食应急工作手册。四是巩固成品粮储备规模。截至 2015 年底，全省成品粮储备达到预期目标，夯实了粮食应急供应的物质基础。五是健全完善粮食应急网点。2015 年末全省供应、加工、储运、配送等各类应急网点达到 3004 家，实现了城乡全覆盖。

四 粮食流通领域改革不断推进，管理创新能力得到提升

局领导班子着力推进粮食流通领域各项改革，以改革促进管理创新能力提升，以改革推动粮食事业又好又快发展。一是粮食市场进一步开放，市场主体结构优化。2015 年底，全省具有粮食收购资格的经营者 3692 家，其中国有及国有控股企业 640 家，非国有企业 3052 家，规模结构日趋优化。常年从事收购的农村粮食经纪人达到 5 万多人。二是国有粮食企业经过二轮改革，“一县一企，一企多点”的格局基本形成。各地积极探索搞活企业的路子，不断创新经营机制，扩大联合与合作，2015 年全系统实现利润 9418 万元。三是多形式帮助企业破解资金难题、减轻企业负担。2015 年共筹集粮油收购资金 86.78 亿元，其中农发行贷款 67.04 亿元，商业贷款和企业自筹资金 19.74 亿元。2015 年度被国家局评为会计报表工作优秀单位。四是积极推进粮食信息化建设，开展了粮食应急监测、省级储备粮管理、省级储备粮调控三大信息系统的开发。粮食应急监测、省储粮调控信息系统即将试运行，省储粮信息化管理系统二期建设已完成前期准备。五是全面推行新的粮食统计制度。组织了新旧制度衔接轮训，共培训各级统计人员 600 余人，2015 年度被国家局评为粮食流通统计工作优秀单位。六是京津冀协同发展实质开局。按照省委、省政府的统一部署，召开了三省市粮食局一把手座谈会，提出了《推进京津冀粮食流通协同发展设想》，建立起协调沟通、完善合作的机制，酝酿提出并签署了《三省市粮食交易中心关于建立粮油交易服务协同合作的协议书》和《三省市粮油信息中心关于建立粮油信息服务协同合作的协议书》。七是加强队伍建设。分两批组织局机关公务员和直属事业单位中层以上干部 84 人，在省委组织部干部选学培训基地河北师范大学，举办了干部选学专题培训班。4 月和 9 月分别在邢台和北戴河完成了两期粮食行业特有工种职业技能培训鉴定工作，共培训鉴定 445 人。组织举办了全省粮食行政执法人员培训班四期，共培训 470 多人。通过各类培训，有力地提高了人员队伍素质，为河北省粮食流通工作改革发展提供了坚强保障。

五 粮食行政执法有力推进，依法治粮能力得到提升

认真贯彻落实中央依法治国方略，积极推进依法治粮，切实转变行政方式，推动粮食工作纳入法制化轨道。一是适应依法行政的新形势，研究起草并提请省政府出台了《关于落实粮食安全省长责任制的实施意见》和《关于印发河北省粮食安全责任制考核办法的通知》两个政府规范性文件，制定了河北省粮食局行政许可、行政处罚和行政执法检查全过程记录办法等系列制度，编制并公布了《河北省粮食局行政权力清单》、行政审批后续监管清单、责任清单及权力运行图，粮食政策法规体系进一步健全。二是按照“先照后证”要求，修订了《河北省粮食收购资格审核管理办法》，改前置审批为后置审批。实行 AB 角零缺位和全程无障碍协办制度，省本级办理粮食收购资格实现了“按时办结率 100%”和“服务对象满意率 100%”。三是认真完成了国家粮食库存检查及政策性粮食竞价销售出库、省级储备粮轮换、夏粮收购、秋粮收购等专项检查活动，全年共查处涉粮案件 94 例，有效维护了全省粮食流通秩序。四是把行政执法监督列入全省粮食部门的一项常规工作，明确了层级监督主体责任，开展了粮食行政执法培训和案卷评查活动，执法队伍素质明显提升。2015 年度被国家局评为监督检查工作优秀单位，在今年 2 月底召开的全国粮食流通监督检查工作会议上，河北省粮食局作了“强化制度建设、规范执法行为”的典型发言。

六 狠抓理论武装，机关党建和党风廉政建设水平得到提升

局党组认真履行党要管党、从严治党职责，围绕加强党的思想、组织、作风、反腐倡廉和制度建设。一是加强党的建设，省局领导班子自身建设不断增强。强化理论武装，扎实开展“三严三实”专题教育，把学习贯彻习近平总书记系列重要讲话、党的十八届三中、四中、五中全会精神和省委决策部署作为重大政治任务来抓。严格落实党建责任，通过组织教育、引导服务、关心激励，积极发挥党建作用，保障了党中央、国务院和省委、省政府重大决策部署以及重点工作的实施和落实。二是落实民主集中制，严守党的政治纪律和政治规矩。局领导班子坚持把严守党的政治纪律、政治规矩作为思想和行动的基本准则，在思想上政治上行动上始终与党中央保持高度一致。进一步完善了局党组会、局务会和局长办公会等会议制度，对“三重一大”事项全部实行集体研究，民主决策。三是落实“两个责任”，党风廉政建设深入推进。局党组坚持把贯彻落实党风廉政建设责任制作为重要政治任务来抓，融入粮食流通事业各项工作中，不断健全责任体系、细化任务分工、完善推进机制，确保了党风廉政建设主体责任落到实处。

◆河北省粮食局领导班子成员

张　宇	党组书记、局长
李凤刚	党组副书记、副局长（2015 年 8 月任职）
伍　林	党组成员、省纪委驻粮食局纪检组长
杨洲群	党组成员、副局长
佟军亭	党组成员、副局长
刘志勇	副巡视员

2015 年 8 月 24 日至 26 日，河北省粮食局局长张宇到省局直属企业检查安全生产工作。

10 月 15 日，在第 35 个“世界粮食日”来临之际，河北省粮食局局长张宇在燕山大学，面向学生干部举办以粮食安全为主题的报告会，开展爱粮节粮宣传教育活动。

7 月 27 日至 29 日，河北省粮食局在石家庄市召开全省粮食局长座谈会。

7 月 30 日，河北省储备粮管理中心组织 2014 年新增省级储备小麦第二次招标采购工作现场。

山西省粮食工作

基本情况

山西省位于黄河中游，黄土高原东部，因位于太行山之西而得名。全省总面积为15.66万平方公里，地形多为山地丘陵，辖11个设区市，119个县(市、区)。据2015年人口抽样调查，年末全省常住人口为3664万。山西属于典型的温带大陆性气候，干旱少雨，晋南和晋中盆地是重要的商品粮基地。山西素有“小杂粮王国”之称，品种有120多种，是我国重要的杂粮生产基地。山西的小杂粮种植分布广泛，品种齐全，极具开发潜力。山西省委、省政府高度重视粮食深加工、小杂粮开发，把发展特色农业确定为山西经济发展的重要战略。

2015年，山西农作物种植面积有376.77万公顷，比上年减少1.57万公顷。其中，粮食种植面积328.72万公顷，增加0.08万公顷；油料种植面积12.12万公顷，减少0.85万公顷。在粮食种植面积中，玉米种植面积167.69万公顷，增加0.03万公顷；小麦种植面积67.51万公顷，增加0.12万公顷。2015年全省粮食总产量1259.6万吨，比上年减少71.2万吨，减产5.4%。其中，夏粮总产272.8万吨，增产4.8%；秋粮总产986.8万吨，减产7.8%。玉米产量862.7万吨，比上年减少8.0%；小麦产量271.4万吨，比上年增长4.8%；谷子产量35.4万吨，减少9.0%；豆类产量30.6万吨，减产2.6%。年消费粮食1387万吨左右，小麦缺口281.1万吨，稻谷缺口112.2万吨，全部靠调入，玉米需销往省外347.1万吨。总体上看，总量不足，结构不平衡，产粗吃细，小麦不足，玉米有余。

2015年，全省各类粮食企业收购粮食696.5万吨，比上年减少23.5万吨，减少3.3%。其中，国有粮食经营企业收购113.1万吨，占总收购量的16.2%。全年销售粮食874.3万吨，比上年增加4.3%。其中，国有粮食经营企业销售123.1万吨，占总销售量的14.1%。

截至2015年末，全省共有国有粮食企业556户，职工人数20403人。山西国有粮食企业总仓容695万吨，符合储粮要求的可用仓房容量545万吨。

2015年粮食工作

2015年，山西省粮食局按照国家粮食安全战略的新要求，主动适应新常态，以全面落实《国务院关于建立健全粮食安全省长责任制的若干意见》为主线，以推动粮食安全省长责任制考核为抓手，以改革创新为动力，全力做好保供稳价工作，服务民生和保障粮食安全水平得到全面提升。

一 粮食安全省长责任制初步建立，粮食安全保障基础进一步夯实

山西省政府于2011年首次对各市政府实行粮食安全目标责任考核，山西的做法得到国家粮食局的高度评价。2014年底国务院印发了《关于建立健全粮食安全省长责任制的若干意见》，明确提出地方政府粮食安全责任。省长李小鹏就贯彻落实文件作出批示："请省粮食局牵头，发改、财政、农业等相关部门配合，提出全省贯彻落实意见。"省粮食局积极主动推进粮食安全省长责任制的全面落实，省政府以晋政发〔2015〕26号文件印发了《山西省人民政府贯彻落实粮食安全省长责任制的实施意见》。2015年国务院《粮食安全省长责任制考核办法》出台后，山西省政府领导高度重视，李小鹏省长、高建民常务副省长、郭迎光副省长多次作出批示，省粮食局牵头起草了《山西省粮食安全责任制考核办法》，并征求12个部门意见后报省政府。各市也积极推进市政府粮食安全责任的落实，保障区域粮食安全，维护全省粮食安全的制度体系初步形成。

二 加强宏观调控，粮食保供稳价基础进一步夯实

（一）精心组织粮食收购

2015年受国内经济增速放缓影响，玉米出现阶段性过剩、粮价下行压力加大的形势。面对全省粮食连年丰收、产需矛盾突出的新情况，山西省认真贯彻国家粮食收购政策，在发挥国有粮食收购企业主导作用的基础上，鼓励和引导多元市场主体入市收购。5月份和8月份夏、秋粮收购前，省粮食局深入全省小麦、玉米主产区开展调研，并与省农发行联合下发《关于做好2015年夏秋粮收购工作的通知》，在5月27日和10月29日，分别召开全省夏粮收购工作会议和全省秋粮收购工作会议，分析粮食生产收购形势，安排部署收购工作。在夏秋粮集中收购季节，启动小麦、玉米收购进度和收购价格五日报制度，及时掌握收购动态，并在省粮食局政府网站定期发布收购进度和收购价格市场信息，为售粮农民有序售粮、企业自主经营、粮食合理流通提供公共服务。为避免出现"谷贱伤农"，保护种粮农民利益，省粮食局比照国家政策，完善制定了小麦最低收购价和玉米临时收储执行预案，必要时报请省政府批准，采取临时收储措施，解决农民产后余粮出售问题。

（二）建立粮食产销合作长效机制

为做好粮食保供稳价工作，确保市场粮源充足，价格基本稳定，山西省粮食局深化省际间粮食产销合作机制，连续5年举办粮食产销衔接会。2015年12月2日在太原举办了"2015山西粮食（玉米、小杂粮）产销衔接会"，签约粮油总量617.7万吨，其中，调出266万吨，调入351.7万吨。5年累计签约粮食总量达4205万吨，其中，调入粮食2365万吨，年均调入粮食473万吨，年均销售粮食814.5万吨。省粮食局还组织有关市、县粮食局和稻谷（大米）加工贸易企业赴哈尔滨参加了"2015黑龙江金秋粮食交易合作洽谈会"，确保了山西粮食总量平衡和主要品种平衡，保障了全省粮食安全。

（三）充实地方粮油储备

2014年11月，山西省粮食局会同省有关部门安排下达全省新增地方粮食储备规模35万吨，积极落实新增地方粮食储备充实工作。截至2015年底，已完成市级储备粮充实任务14万吨。2015年下达并完成省级储备食油0.8万吨充实计划任务。建立市级应急成品粮储备5.5万吨，市级应急小包装食油储备1100万公斤。地方粮食和食用油储备充实规模分别达到国家核定规模的93%和100%，全省宏观调控能力进一步增强。

（四）增强粮食应急能力

山西省粮食局注重加强粮食应急体系建设和市场监测预警。按照“平时自营，急时应急”的原则，2015年底，全省共建立粮食应急供应网点1517个，并配套落实应急加工企业167个，粮油配送中心140个，建立中央、省、市级粮食价格监测点247个，巩固完善80个省级粮食价格监测直报点，增强了应对各类突发事件和市场异常波动情况下的粮食应急保障能力。制定了《山西省战时粮油应急预案》，参加了由省委、省政府、省军区组织的全省战时国防动员指挥研究性应急演练，提升了山西战时粮油供应保障能力和应急水平。

（五）开展优质军粮供应服务工作

2015年，山西省粮食局严格落实国家军粮供应政策，加强军粮供应体系建设。军粮供应严格按照《山西省军粮统筹采购暂行办法》，进行招标采购。2015年11月省粮食局与武警山西省总队后勤部军需处组成联合调研组就军粮供应和服务等情况进行联合调研，广泛听取部队官兵和军供站职工的意见和建议，并随机抽取军供粮食进行质量检测，结果全部合格。同时省粮食局就军粮供应站资格认定、军粮供应委托代理资格认定行政审批开展专项整治，进一步规范执法行为。

三 加强储备粮油管理，粮油仓储现代化建设开创新局面

（一）加强地方储备粮油管理和安全生产

2015年，山西省粮食局出台《山西省省级储备粮油出入库管理操作规范》，标志着山西省省级储备粮油管理步入了规范化制度化操作流程新阶段。制定了《山西省省级储备粮管理责任清单》，增强了储备粮管理责任意识，确保了省级储备粮数量充足、质量良好、储存安全和调运高效。开展了承储企业储备粮管理岗位责任清单制度试点工作，并对22个省、市储备库省级储备粮油购销、轮换等重大事项集体研究决策制度、出入库操作规范和包仓管理制度执行情况进行了督促检查，为实现储备粮油的安全管理奠定了坚实基础。在全行业开展了安全生产大检查和防汛、夏季消防、防范粉尘爆炸等专项整治活动。全行业未发生重大安全生产事故。

（二）推进仓储设施建设

2015年，国家安排山西省40万吨新建粮库计划，具体建设项目共计22个，项目总投资3亿元。截至年底，已经有4个项目竣工，形成仓容13.2万吨。完成了36个省、市储备库388台（套）出入库设备配置工作；在3个省级储备库实施库存粮食识别代码试点及储备粮管理信息化项目建设；对45个市县储备库及基层粮站进行仓储设施功能提升，提高了全省粮食仓储现代化水平。球形仓、绿色充氮气调、石洞仓储等三项仓储技术走在全国前列。在推进危仓老库维修改造方面，2015年，争取中央财政补助资金9047万元，省级配套资金5000万元，辅以市县政府配套和企业自筹，在全省推进危仓老库维修改造工作。在推进粮食现代物流节点建设方面，2015年争取国家发改委切块资金700万元用于平遥县粮食储备中心宁固粮站物流项目建设。

（三）加强粮食质量安全监测体系提升改造

2015年，山西省粮食局大力加强粮食检验检测能力项目建设。截至年底，1个省级和10个市级粮食质量监测中心列入国家粮食质检体系。全面完成了34个省市粮食储备库469台（套）粮油质量检测仪器配置工作，提高了省级储备粮油企业粮油质量自检能力。山西粮食质量监测检验楼项目正在

有序推进。以省级中心为龙头、市级粮食质检站为骨干、重点产粮县粮食质检站为基础、省市骨干粮库化验室为依托的四级粮食质量安全监测检验体系正在有序推进。

（四）强化助农增收服务措施

一是省粮食局积极实施农户科学储粮专项五年建设计划，惠及城乡居民。2015 年为全省粮食主产区农户申报专项建设计划 2.7 万套储粮装具，近年来已累计配置 26.2 万套，每年可减少粮食损失 0.75 多万吨，助农增收 1700 余万元。二是利用世界粮食日、粮食科技活动周、食品安全宣传周等开展粮食政策、文化、储粮技术宣传。听取农民建议，发掘粮食生产、流通等环节的先进典型，宣传先进事迹，发挥先进带动作用。

四 推进依法管粮，粮食行政监督工作取得新成绩

2015 年，山西省粮食局以落实粮食安全省长责任制为中心，以抓好储备粮监管、社会粮食流通检查、涉粮案件查处和体系建设为重点，坚持问题导向，强化责任落实，加强粮食监督检查工作。全年全省开展各项检查 6151 次，出动检查人员 20188 人次，检查企业 14737 个次，查处案件 284 例。认真贯彻落实“六权治本”新要求，推进依法管粮。制定了权力清单、责任清单，出台了《行政许可入驻政府服务平台方案》，编制了行政职权运行流程图、廉政风险防控图、问责依据，并向社会进行了公布。粮食收购资格许可由前置审批变为后置审批，将 90% 以上的粮食收购者全部纳入监管范围，规范了收购行为，维护了售粮农民的利益。依法行政、依法治粮能力不断提高。

五 国有粮食企业改革取得新成效

2015 年，山西省继续深化和推进国有粮食企业改革工作。截至年底，全省 88 个县完成了国有粮食购销企业“一县一企，一企多点”改革，全省国有粮食企业由 2003 年底的 2446 个减少到 510 个，其中国有粮食购销企业由 1068 个减少到 188 个；职工人数由 2003 年底的 6.26 万人减少到 2.04 万人，其中国有粮食购销企业职工由 3.6 万人减少到 1.3 万人。国有粮食购销企业扭亏增盈工作取得明显成效，“十二五”期间累计盈利 6315 万元。

六 加强党风廉政建设，粮食系统政风行风持续好转

2015 年，山西粮食系统落实党中央全面从严治党战略部署，开展了保持党的先进性、纯洁性学习教育活动、党的群众路线教育实践活动、学习讨论落实活动和“三严三实”专题教育，严格落实“两个责任”，统筹融合业务党务队伍建设。

一是培育和践行社会主义核心价值观。新一届局党组提出了“靠理想感召，靠发展凝聚，靠制度规范，靠纪律约束”的“四靠”要求和以“热爱粮食岗位，敬畏粮食安全，振兴粮食事业”为主题的山西粮食人核心价值观，切实抓好粮食系统干部职工队伍建设。组织编印了《共产党人风采录》，大力弘扬粮食系统先进人物的模范事迹。省粮食局机关党委原专职副书记白喜明同志先进事迹得到省委组织部、省直工委和国家粮食局的肯定，省直工委作出《关于在省直机关开展向白喜明同志学习的决定》。

二是坚持惩防并举的方针，改进作风建设。对 26 名违反省储备粮管理规定的责任人给予免职和党纪政纪处分，对 41 名违规者进行了问责；广泛开展警示教育活动，筛选粮食系统历年发生的 5 起典型案件编辑成《警示录》，在全系统开展警示教育。全系统党员干部党的意识、纪律意识、规矩意识、法治意识进一步增强。

三是加强粮食文化建设，弘扬“四无粮仓”精神，营造粮食系统改革发展稳定的良好氛围。开展粮食科技活动周、世界粮食日和全国爱粮节粮宣传周等活动，产后节粮减损行动取得实效，全社会节约粮食、反对浪费的新风尚正在形成。

◆山西省粮食局领导班子成员

丁文禄	党组书记、局长（2015 年 9 月 18 日任职）
杨随亭	党组书记、局长（2015 年 4 月 21 日免职）
马　珩	党组成员、副局长
吕苛青	党组成员、副局长
薛愿兵	党组成员、副局长
李春泽	党组成员、纪检组长
梁　政	巡视员（2015 年 11 月 23 日退休）
武京运	副巡视员

2015 年 6 月 2 日，山西省委书记王儒林（前排居中）在山西省粮油科学研究所、山西粮食质量检测中心就加快科研体制改革、推进粮食产业发展、保障全省粮食质量安全等情况进行调研。

2015 年 10 月 26 日，山西省委常委、常务副省长高建民深入省粮食局，就全省粮食流通工作推进等情况进行调研。

2015 年 11 月 10 日，山西省粮食局局长丁文禄在忻州调研。

2015 年 10 月 2 日，第 35 个世界粮食日到来之际，山西省粮食局组成“兴粮惠农小分队”深入社区、农村进行爱粮节粮宣传。

2015 年 12 月 2 日，2015 山西粮食（玉米 小杂粮）产销衔接会在太原市召开。

内蒙古自治区粮食工作

基本情况

2015 年末，全区常住人口 2511 万，比上年增加 6.2 万人。其中城镇人口 1514.2 万，乡村人口 996.9 万。城镇化率 60.3%，比上年提高 0.8 个百分点。

全区实现生产总值 18032.8 亿元，按可比价格计算，比上年增长 7.7%。其中，第一产业增加值 1618.7 亿元，比上年增长 3.0%；第二产业增加值 9200.6 亿元，比上年增长 8.0%；第三产业增加值 7213.5 亿元，比上年增长 8.1%。公共财政预算收入 1964.4 亿元，公共财政预算支出 4290.1 亿元，分别比上年增长 6.5% 和 10.6%。

全年农作物播种面积 756.8 万公顷，比上年增长 2.9%。其中粮食作物 572.7 万公顷，比上年增长 1.3%。粮食总产量 2827 万吨，比上年增长 2.7%；油料产量 193.6 万吨，比上年增长 13.7%。

2015 年粮食工作

2015 年，粮食经济形势错综复杂，工作任务空前繁重，自治区党委政府前所未有重视粮食工作，全区粮食系统干部职工认真贯彻落实国家粮食安全战略，以守住管好“天下粮仓”为己任，扎实做好“广积粮、积好粮、好积粮”三篇文章，积极探索，稳中求进，圆满完成了自治区党委政府赋予的抓收购、管库存、保供应、稳粮价的基本任务。有效保护了农民种粮积极性，促进了农民增收，保证了市场供应；地方储备粮油不断充实，超额完成国家下达内蒙古自治区的储备规模；仓储设施建设步伐明显加快，仓容数量显著增加，粮食流通基础设施建设取得长足进展；粮食流通领域改革不断深化，依法管粮迈出新的步伐；粮食安全省长责任制自治区实施意见和对盟市长的考核办法顺利出台，粮食安全保障制度取得新的突破。

一 粮食生产再创新高

2015 年，全区粮食总产量 2827.0 万吨，同比增长 2.7%。其中玉米 2250.8 万吨，同比增加 3.0%；小麦 158.3 万吨，同比增长 2.8%；大豆 88.8 万吨，同比增加 8.4%；稻谷 53.2 万吨，同比增加 1.5%；油料 193.6 万吨，同比增加 13.7%。

二 粮食流通平稳有序

2015 年商品粮收购 962 万吨。其中玉米 852 万吨，同比减少 46.3%；小麦 56 万吨，同比增长 7.2%；大豆 9 万吨，同比减少 42.9%；稻谷 14 万吨，同比减少 57.8%；油料 32 万吨，同比增长 33.3%。区外调入小麦 3 万吨，同比减少 25%。全区共启动临储玉米收购库点 537 个，其中地方企业 477 家。2016 年 4 月 30 日完成临储粮收购，做到了农民增收，企业增效。2016 年 5 月中旬完成验收任务，验收结果显示，临储粮质量好于往年。

针对内蒙古自治区部分玉米色变粒超标严重，无法进入国家临储收购，农民利益受损的问题，区粮食局及时向自治区政府反映，按照国家超标玉米由地方政府负责组织收购的政策要求。经过积极反映，自治区政府决定，本级财政一次性投入资金 4050 万元，购买 135 台玉米色选机，分配到玉米主产盟市。据测量，经色选后的 405 万吨色变粒玉米符合标准要求，顺利进入临储收购，由此减少农民损失约 16.2 亿元，将农民的损失降到了最低。

配合中储粮内蒙古分公司积极申请临储粮拍卖和跨省移库 104 万吨，将为 2015—2016 年度秋粮收购腾仓泄库发挥一定作用；积极配合发改委开展大豆目标价格改革试点工作，改革试点工作进展顺利。

2015 年，全区商品粮销售 639 万吨。其中玉米 473 万吨，同比减少 41.9%；小麦 90 万吨，同比增长 3.5%；大豆 13 万吨，同比减少 50.4%；稻谷 33 万吨，同比减少 33.7%；油料 25 万吨，同比增长 19%。调出区外玉米 75 万吨，同比增长 114.3%。出口 0.3 万吨，同比减少 0.4%。

三 粮食调控有力有效

2015 年，区级储备粮轮换任务基本完成。及时下达了 2016 年 2500 吨自治区级储备小麦、9.3 万吨玉米、1.8 万吨稻谷轮换计划，要求 2016 年 4 月底前完成轮换。进一步落实《内蒙古自治区地方储备粮巡查制度》，进一步规范地储粮日常监管。通过巡查，有效指导盟市旗县储备粮管理工作。完成了中储粮代储资格年度认定初审工作，全区 18 户粮食企业取得中央储备粮代储资格。

四 自治区政府高度重视粮食流通工作

时任自治区政府主席巴特尔在 2015 年《政府工作报告》中提出：“扎实推进粮安工程，提升粮食仓储和流通基础保障能力。”按照巴主席的讲话精神和“粮安工程”建设的具体要求，2015 年，内蒙古重点开展了《内蒙古自治区“粮安工程”建设规划（2015—2020 年）》编制、成品粮储备应急低温仓储设施建设、农户科学储粮专项建设、粮食质量安全检验监测能力项目建设、储粮罩棚建设、粮食仓储设施项目建设和危仓老库维修改造、功能提升等。据统计，共争取并落实各项目建设资金 16.21 亿元，其中，中央补助资金 2.84 亿元，自治区配套资金 0.92 亿元，盟市及企业（农户）自筹资金 12.46 亿元，有效撬动了社会资金参与粮食仓储设施建设。

五 启动“粮食银行”试点工作

在会同自治区金融办对吉林省、黑龙江省“粮食银行”进行实地考察学习和对区内有关地区、企业调研的基础上，自治区粮食局联合自治区金融办制定下发了《关于开展“粮食银行”试点工作的通知》，确定呼伦贝尔市，鄂尔多斯市的杭锦旗，兴安盟的扎赉特旗作为全区“粮食银行”试点地区，标志着内蒙古自治区“粮食银行”试点工作正式启动。目前，试点工作运行平稳，稳步推进。

六 应急成品粮储备库建设全面铺开

内蒙古分四批在 14 个盟市（含满洲里、二连浩特 2 个计划单列市）所在地建设成品粮储备应急仓储设施，总规模 8 万吨，总投资近 1.6 亿元。截至 2015 年底，在第一批呼和浩特市已建成并投入使用的基础上，第二批包头市、鄂尔多斯市项目正在进行设备调试，通辽、赤峰项目土建已近尾声；第三批呼伦贝尔市项目正在进行设备调试，兴安盟、锡林郭勒盟、乌兰察布市项目正在兴建；第四批巴彦淖尔市、阿拉善盟、满洲里市已开工，乌海市和二连浩特市项目在做前期准备工作。年底完成投资 1.1 亿元，完成全部投资额的 71.8%。

七 内蒙古粮食行业稳步增盈

在 2014 年全行业统算扭亏盈利 2200 多万元，实现历史性突破的基础上，2015 年利润进一步增加。截至 2015 年底，盈利突破 4000 万元，同比增幅 50%。这是继 1960 年以来的首次扭亏增盈，实属不易。

八 “放心粮油”工程稳步推进

经过几年的努力，截至 2015 年底，全区共有放心粮油示范企业 379 个，其中，国家级示范企业 17 家，自治区级示范企业 98 家（含国家级 17 家），盟市级 242 家，旗县认定的 39 家。全区放心粮油示范企业发展销售网点 1945 个，其中城市网点 1426 个，农村网点 519 个。

九 粮食监测预警系统基本建成将投入使用

（一）粮食价格监测预警子系统于 2014 年 8 月 1 日正式启用，截至 2015 年底，已积累了区内 109 个和区外 10 个监测点通过系统直报的 12 个月价格数据。系统运行良好，为内蒙古自治区粮食价格监测预警提供了丰富翔实的数据支持。

（二）“内蒙古粮油信息网”于 2014 年 7 月正式上线投入使用，截至 2015 年底，浏览量近 5 万次，达到了服务各类粮食主体的预期效果。

（三）《粮油信息周刊》作为粮食监测预警系统的一项“产品”，2013 年正式内部发行。截至 2015 年底，《周刊》共发行 85 期，发放 18600 余份，为宏观决策部门及粮食行业主体决策提供了参考。

（四）储备粮管理监测预警子系统，是粮食监测预警系统第二个子系统。该系统第一批 17 个承储企业，其中 16 个企业已安装调试完毕。第二批纳入该系统的 13 个承储企业，已于 2015 年 7 月建成并将投入使用。该系统对储备粮出入库、仓储、粮情、调拨、轮换等业务环节的动、静态进行监测管理，提升了内蒙古自治区地储粮管理水平。

十　军供粮油实行“四统一，一定点”

内蒙古军粮供应地跨东北、华北、西北，驻军分别隶属原沈阳、北京、兰州三大军区，点多、线长、量小、条件差。为切实做好新形势下内蒙古自治区军粮供应工作，2015 年，进一步落实了《内蒙古自治区军供粮源统筹管理办法》，实行军粮供应“定点采购、统一筹措、统一包装、统一配送、统一结算”，在全区范围内统一军供大米、小麦粉、食用油包装。由自治区军粮供应中心组织设计、印制军供小麦粉（特一粉、“雪花粉”）、大米、食用油专用包装及防伪标签。生产销售军供粮油，按规定使用统一包装，供应商（企业）信息在防伪标签上显示，实现了质量可追溯。并推行包装上印制二维码，产品标识信息更完整准确。

十一　“十三五”粮食行业规划编制工作

（一）“十三五”期间加强粮食流通基础设施建设

主要任务：完善粮食流通基础设施功能和优化仓储设施结构布局，提升基础设施科技含量，努力实现技术和装备水平的升级换代，提高粮食物流现代化水平，推进农户科学储粮建设，促进粮食流通产业与互联网融合。

主要目标：建设与自治区粮食收储规模和保障供应要求相匹配，布局合理、功能齐全的粮食仓储物流体系。到 2020 年，自治区粮食行业粮食仓储设施完好可用仓容达到 4170 万吨，食用植物油罐容达到 60 万吨，粮食烘干能力达到 65 万吨 / 日；大幅度提高信息化技术应用比例，示范应用物联网、绿色储粮、节能环保和高效装卸输送等先进技术；彻底消除长期露天存粮，建立危仓老库维修改造长效机制；初步建成衔接国家东北、华北和西部主要散粮物流通道、散粮物流中心与节点的现代粮食物流体系，原粮流通量中散粮流通份额达到 75%，其中自治区东部地区跨区域流通量中散粮流通份额达到 85%；农户科学储粮装具容量达到 25.8 万套，建立农村粮食产后科技服务示范体系。

工作思路：根据自治区粮食流通基础设施现状，结合各盟市实际情况，科学规划全区和各盟市、中央企业和地方企业粮食流通基础设施建设规模和布局；充分运用现代信息技术、生物技术、新材料技术等改造粮食流通产业，推进新仓型、新材料、新设备、新技术、新工艺在粮食流通基础设施建设中的应用，提高粮食流通基础设施现代化水平；充分利用现有设施，整合各种资源，把握建设重点，满足粮食收储供应安全需要；创新投融资方式，发挥政府投资的支持与引导作用，鼓励投资主体多元化，引导社会资本积极参与粮食流通基础设施建设。

（二）“十三五”期间加强粮油加工能力

主要任务：优化产业布局、明确发展方向，加强自治区特色粮油品种的开发利用；提高供给保障能力，满足城乡居民消费方式的转变，推进主食产业化进程，完善应急加工体系；加快产业结构调整，淘汰落后产能，提高粮油加工利用水平；健全安全保障体系，提高产品质量水平，促进产业健康发展，提升粮油加工行业质量安全保障能力；推动科技进步与创新，充分利用高新技术改造传统粮油加工产业，使企业综合竞争力得到大幅度提升，实现自治区粮油加工业跨越式发展。

主要目标：通过技术改造淘汰落后产能，实现产业结构调整和节能减排、提高产品质量、增加企业经济效益的目标，到 2020 年实现粮油加工企业工业总产值 600 亿元；建立质量可追溯体系，完善粮油加工标准体系，建立区域性粮油加工产品质量检测技术中心；支持建设一批主食品工业化示范项目，重点建设面制主食品、方便食品、速冻食品和杂粮食品，提高主食品加工、配送及质量安全保障能力；进一步完善应急加工体系建设，形成布局合理、运转高效、灵活快捷和统筹协调的粮油应急加工体系。

工作思路：科学规划，引导粮油加工业有序、健康、协调发展；积极转变发展方式，促进粮油加工业产业结构和产品结构调整，适应市场需求变化；充分发挥自治区特色粮油资源优势，鼓励和支持对特色粮油资源的开发利用，促进区域经济发展；强化全产业链质量安全管理，实现粮油加工产品的安全、营养、健康，有效控制粮食过度加工和粗放加工，促进节粮减损；提高企业自主创新能力，推进新工艺、新装备、新技术的应用。

十二 深入开展“三严三实”专题教育

严格按照规定的总体要求、方法步骤、程序动作，圆满完成了“三严三实”专题教育，促进了工作方式的转变，工作成效明显提高。一是认真落实国家粮食局“以抓收购、保供应、管库存”为中心，切实保护种粮农民利益、维护粮食市场稳定的要求，全力以赴做好秋粮收购工作，千方百计解决收购中出现的各种问题，广泛布设收储库点，方便农民售粮；二是建立产销区合作模式，2015 年，内蒙古与广西、福建等粮食主销区开展“一对一”产销对接工作，拓宽内蒙古自治区玉米、小麦等粮食作物外销通道，为打开玉米南销搭建了合作平台，推动了内蒙古自治区与南方销区粮食流通事业的共同发展；三是进一步落实和完善各级应急供应、加工、储运、配送网络体系，全区共布设应急供应网点 877 个，应急加工网点 165 个，应急储运网点 54 个，应急配送网点 35 个；四是完成了自治区贯彻落实粮食安全省长责任制实施意见有关工作。经过“三严三实”专题教育，党员干部严格要求自己、求真务实的工作态度明显增强，机关作风明显好转。

◆内蒙古自治区粮食局领导班子成员

张天喜	内蒙古自治区发展和改革委员会党组成员， 粮食局党组书记、局长（2015 年 8 月 24 日任职）
王斯琴（女 蒙古族）	党组成员、副局长
赵长青	党组成员、副局长
柯　克	副巡视员

2016 年 1 月 5 日，内蒙古自治区主席王玉明（正面前排右一）在呼伦贝尔市检查秋粮收购工作。

2015 年 10 月 16 日，内蒙古自治区粮食局局长张天喜（左一）、副局长王斯琴（左二）、副局长刘永珏（左三），在呼和浩特为市民发放宣传材料，纪念世界粮食日。

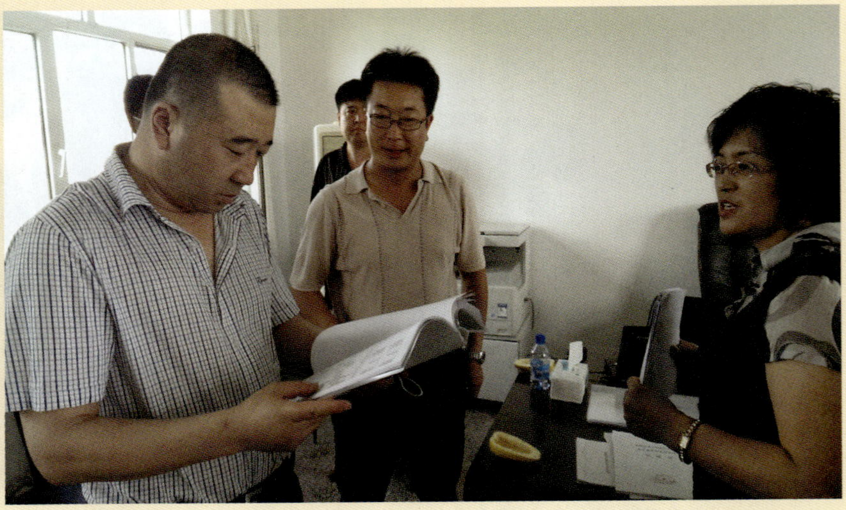

2015 年 7 月 16 日，内蒙古自治区粮食局副局长赵长青（左一）在赤峰市检查危仓老库维修改造工作。

2015 年 12 月 6 日，内蒙古自治区粮食局副巡视员柯克（右一）在通辽粮食企业了解秋粮收购政策落实情况。

辽宁省粮食工作

基本情况

辽宁位于我国东北地区南部，南临黄海、渤海，东与朝鲜一江之隔，与日本、韩国隔海相望，是东北地区唯一的既沿海又沿边的省份，也是东北及内蒙古自治区东部地区对外开放的门户。总面积 14.59 万平方公里，其中耕地面积 409.29 万公顷，占全省土地总面积的 27.65%，人均占有耕地约 0.096 公顷。全省地形概貌大致是“六山一水三分田”，地势北高南低，山地丘陵分列东西。辽宁属温带大陆性季风气候区，四季分明，适合多种农作物生长，是国家粮食主产区。全省有 14 个省辖市、100 个县（市、区），总人口 4271 万。

2015 年粮食工作

2015 年，在党的十八届四中、五中全会精神指引下，辽宁省认真贯彻落实全国粮食流通工作会议要求，全面谋划粮食应急储备体系、粮食收购监督检查体系、军粮供应体系、粮食仓储物流体系、粮食监测科研体系等“五大体系”建设，取得了显著成效。

一　粮食产量实现恢复增长，农业基础地位进一步提升

2015 年辽宁省备耕工作起步早，春耕农资备得实。全省粮食作物春播面积 4709.9 万亩，比上年增加 8.7 万亩。其中，玉米 3398 万亩，水稻 843.8 万亩，其他谷物 151.4 万亩，豆类 181.6 万亩，薯类 128.8 万亩。全省油料作物春播面积 481.3 万亩。据国家统计局粮食产量公告显示，2015 年辽宁省粮食产量 2002.5 万吨，比上年统计部门数据 1753.9 万吨增加 248.6 万吨。粮食产量实现恢复性增长，对稳定和提振辽宁经济发挥了重要作用。

二　加快构建粮食应急储备体系，确保宏观调控需要

（一）制定《辽宁省人民政府关于建立粮食安全省长责任制的实施意见》（辽政发〔2015〕45 号）

认真贯彻落实《国务院关于建立健全粮食安全省长责任制的若干意见》（国发〔2014〕69 号）精

神，切实增强新形势下的粮食安全意识，明确各地及相关政府部门维护粮食安全责任。同时，陈求发省长、赵化明副省长在《省粮食局关于落实粮食安全省长责任制有关情况的报告》上批示："粮食局近年工作很有成效，给予肯定。今后一定要为国家储好粮，确保省级储备粮安全。"

（二）强化地方储备粮管理

一是认真落实国家下达辽宁省的地方储备粮计划。全省地方储备粮总规模按计划落实，实物存储到位，质量良好。二是加强地方储备粮监管。将地方储备粮管理纳入省政府对各市政府绩效考核体系。三是以省政府名义下发《辽宁省地方储备粮管理办法》，规范地方储备粮的管理。

（三）做好粮食购销工作

按照国家政策性粮食收购政策，及时协调中储粮辽宁分公司、省农发行，启动了国家政策性粮食收购。截至4月末，全省共收购国家政策性粮食930万吨，其中水稻15万吨，玉米915万吨。年末全省共收购粮食2650万吨，其中商品粮1700万吨，国家临储粮950万吨，销售粮食2750万吨。

（四）适时启动国家临储收购

2015年，面临国家临储玉米收购新政策，辽宁省农委积极与相关部门会商，及时出台玉米生霉粒超过2%的收购政策，解决农民卖粮难问题。

（五）完善粮油应急供应管理

一是完成了《全省粮油应急供应预案》修订工作。二是完善成品粮油应急储备，通过督促检查等方式推进各市加快落实成品粮油应急储备。全省成品粮油应急储备覆盖全省14个大中城市，数量、质量均达到国家要求。三是做好重大节日期间粮油市场供应工作。时任省长、现任省委书记李希同志在《省粮食局关于落实国家做好2015年"两节""两会"期间粮油市场供应情况的报告》上批示："切实做好两节两会期间粮油市场供应保障工作事关民生，有关部门认真负责，措施可行，务实有效，应给予充分肯定。"

三 加强粮食收购监督检查体系建设，实现依法管粮

（一）加强粮食流通监督检查队伍建设

全省已拥有12个市级粮食流通监督检查执法大队，执法人员达841人，并通过各种方式提高执法人员能力和水平。全省69个县级粮食主管部门中，20个被评为省级粮食流通监督检查示范单位，15个被评为国家级粮食流通监督检查示范单位。

（二）创新依法行政手段

在2015年国家粮食局部署的库存检查工作中，积极邀请省人大代表、省政协委员以及纪检监察等部门相关人员参加检查，收效显著。

（三）严格粮食流通监督检查工作

2015年，共组织检查1635次，出动检查人员10541人次，检查各类收购主体3352个（次），其中政策性粮食委托收储库点433个。共查处问题企业188户，对160家下达整改通知，14家企业进行警告，14家企业取消收购资格。在铁岭开原庆云堡中心粮库的中央事权粮"以陈顶新"事件调查中，组成专家组，在国家粮食局的统一领导下较好地完成了工作任务。

四 完善军粮供应体系建设，推进军民融合发展

（一）强化管理，圆满完成了军粮保障任务

一是做好粮源筹措，部队的满意率达 100%。二是开展军粮质量普查活动，确保军粮质量合格率 100%。三是投资 15 万余元为各军粮供应站（点）配发了军供粮样品及样品展示柜。四是应急保障有力，各军粮供应站积极开展八小时以外供粮服务。

（二）因地制宜，积极推进军民融合式发展和五位一体建设

按照军民融合式发展和五位一体建设的工作部署，积极引导各军粮供应站开展了粮油加工、粮油经营、粮油超市、成品粮储备、原粮储备、畜牧养殖等多种形式的军民融合式发展和五位一体建设。

（三）打牢基础，军粮保障服务水平显著提高

一是做好军供网点维修改造工作。省财政投入资金 1875 万元对军供网点进行维修改造。二是全省军供粮包装实行统一标识。对全省军供大米和面粉的包装进行了统一设计，2016 年 1 月正式启用。三是签署主食成品化保障协议，加强主食成品化应急保障能力。

五 推进粮食仓储物流体系建设，夯实产业发展基础

（一）加大粮食基础设施建设力度

积极落实国家安排的 87.5 万吨粮食仓储设施建设任务。以国家“粮安工程”危仓老库维修改造重点支持省份为契机，积极开展仓储设施维修改造。2015 年辽宁省用于危仓老库改造的资金 4.4 亿元，其中国家 1.3 亿元，省级财政配套 3.1 亿元。

（二）大力支持粮食流通产业发展

通过申报、审核、评审和公示等程序，确定 18 个粮食流通产业发展项目，省财政安排 9550 万元专项资金予以支持。其中，粮食产业园区项目安排 3500 万元，粮食龙头企业项目 850 万元，粮食物流通道项目共支持 5200 万元。

（三）积极开展粮油加工业调研

按照时任国家粮食局局长任正晓在辽宁调研期间的讲话要求，把粮油加工产业发展作为工作重点，开展了深入调查研究，形成了调研报告，明确了发展思路。

（四）强化安全生产管理

为贯彻落实《中华人民共和国安全生产法》，确保粮食安全生产责任落到实处，根据辽宁省粮食安全生产工作实际，积极出台了《辽宁省粮食行业安全生产工作指导意见》，为辽宁省粮食流通工作的顺利开展提供了有力保障。

六 加强粮食监测科研体系建设，实现科技兴粮

（一）全面完成国家粮食局委托的抽检任务

组织 11 家国家级质检机构，抽调 286 名技术骨干，历时 20 余天圆满完成 2015 年国家联合抽检任务，共抽查黑龙江、吉林两省样品 3749 份。

（二）积极指导农民科学储粮

一是自筹资金 10 余万元，编印《农户安全储粮指导手册》，免费发放给农民，宣传农户科学储粮技术，减少粮食损失。二是与辽宁电视台联合拍摄以《科学选粮、储粮、卖好粮》为主题的宣传片，宣传农户科学储粮，售粮方式、方法，提质增效。三是及时召开全省 2015 年国家政策性粮食收购质量标准、检验技术、检验方法培训班。编印了《2015 年国家政策性粮食收购质价政策与质量标准培训教程》。

（三）积极开展科技创新

一是承担了“辽宁地区种粮大户高水分粮食储藏自然通风工艺技术研究”等 3 项国家粮食公益性科研课题。二是承担了“辽宁高水分玉米棒规模化储粮仓研制及重点仓型改进与示范”国家科技支撑计划项目。三是承担了家庭农场（专业合作社）粮食保质储藏关键技术与装备的研究”等 6 项省科技计划项目。

（四）全力做好科研示范推广应用

一是为农户科学储粮专项工程实施提供技术支撑。完成农户储粮仓 47 万户（包括 JSW–120 型、JSW–160 型两种仓型）。二是做好偏高水分粮食安全储藏技术、粮食保水减损储藏集成技术等绿色储粮技术推广应用。三是推广“玉米烘干机系统节能减排技术集成与创新”成果，运用麻石除尘器、喷淋脱硫塔等先进工艺技术，开展粮食干燥脱硫除尘工艺技术，达到彻底脱硫的目的，防止二次污染。

（五）积极谋划产学研合作

充分利用辽宁资源优势和区位优势，与国家粮食科学研究院、沈阳农业大学、沈阳师范大学等院所进行合作，探索辽宁省粮食产业发展，特别是粮食加工业发展新思路。

七 加强自身建设，促进粮食工作科学发展

（一）抓实基层党组织建设

认真学习落实《条例》。制发了《关于全面加强机关党的建设的意见》等 16 份文件，制发简报 13 期。落实党建工作责任制。召开了 2015 年度党建工作会议。在全国粮食系统党建工作座谈会上交流了全面从严治党的做法。积极开展廉政教育。深入开展读书倡廉活动。对新任职的处长、副处长进行专题廉政培训。

（二）抓住作风建设坚持服务中心

转作风、抓落实、促振兴成效显著。开展在职党员进入社区开展志愿服务，走访困难群众 104 户，发放慰问金 4.16 万元，进行各类宣讲 15 次，实现群众微心愿 412 个。服务民生办实事，评出最佳实事 180 件，其中两件被省直机关工委评为最佳实事。深入开展“服务振兴献良策，立足岗位作贡献”活动。向省委提出 8 项建议，3 项建议在北方新闻网播出。

◆辽宁省农村经济委员会（省粮食局）领导班子成员

刘长江	党组书记、局长（2015 年 6 月到辽宁省政协任职）
关志鸥	党组书记、主任、局长
王　洪	党组成员、纪检组长
滕增泰	党组成员、副局长
刘国际	总经济师
滕增泰	副主任（副局长）
李　军	扶贫办主任

辽宁省副省长赵化明（中）在辽宁省粮食局副局长滕增泰（右一）陪同下检查粮仓。

2015 年度辽宁省粮食流通工作会议现场。

辽宁盘锦新开粮食储备库有限公司生产车间设备。

吉林省粮食工作

基本情况

吉林省位于中国东北地区中部，东界俄罗斯，东南隔图们江、鸭绿江与朝鲜民主主义人民共和国相望，南连辽宁省，西接内蒙古自治区，北邻黑龙江省。总面积187400平方公里，约占全国总土地面积的2%，居全国第14位，省会长春市。现辖1个副省级市、7个地级市、延边朝鲜族自治州和长白山管委会，60个县（市、区），21个县级市、16个县、3个少数民族自治县、20个市辖区，433个镇、5个少数民族镇、185个乡、28个少数民族乡。全省耕地面积703万公顷，其中粮食作物面积500.1万公顷。截至2015年末，全省常住人口为2753.3万，其中城镇人口1522.9万。2015年，全省实现地区生产总值14274.11亿元，增长6.5%。全省城镇居民人均可支配收入达到24901元，同比增长8.8%；农村居民人均可支配收入达到11326元，增长5.1%。

吉林省是国家重要的商品粮基地。主要粮食作物有玉米、水稻和大豆三大品种，常年玉米播种面积在328.4万公顷，稻谷面积7.01万公顷，大豆面积2.29万公顷。2015年，全省粮食系统紧紧围绕"富农强企，惠民兴业"主题，认真抓收购、保增收，打基础、活流通，强产业、促发展，保供给、惠民生，粮食事业不断取得新进展，为全省经济社会发展提供了有力支撑。全省仓容3350万吨，粮食产量为3647万吨，主要品种为水稻、玉米和大豆，其中水稻产量630万吨、玉米产量2806万吨、大豆及杂粮产量211万吨。全省粮食收购量为5650万吨、销售量（含加工）2276万吨。全年粮食消费总量为1913万吨，其中，口粮消费540万吨（城镇口粮250万吨，农村口粮290万吨），饲料用粮350万吨，加工用粮988万吨，种子用粮35万吨。分品种消费情况是：小麦150万吨，稻谷335万吨，玉米1183万吨，大豆180万吨，其他65万吨。

2015年粮食工作

一 粮食收储对全省经济增长贡献明显

2014/2015年度全省共收购新粮3511.5万吨，其中，玉米3151.5万吨，稻谷333万吨，大豆17

万吨，其他粮食 10 万吨。做到了农民应卖尽收，没有出现卖粮难问题。按照玉米收购价格 1.12 元 / 斤、稻谷 1.60 元 / 斤计算，农民售粮总收入达到 820 亿元。中央财政每年给予收购、储存、坐囤费用以及利息补贴 140 亿元以上，企业效益明显提高，促进了地方经济发展。

二 “粮安工程”加快推进

抓住全国新建 5000 万吨仓容的有利契机，积极争取国家投入，鼓励社会多元主体投资，探索推进新型农业经营主体自主建仓试点。全年共投入资金 33.4 亿元，其中，中央投资 8.5 亿元，省级财政配套 5 亿元，带动社会投资 19.9 亿元，建设仓容 500 万吨、维修改造仓容 425 万吨、建设 11 个物流节点，开展大农户庭院科学储粮试点，指导农户安全储粮，粮食立体储存率达到 88%。粮食仓储业快速发展，不仅在一定程度上缓解了吉林省粮食收储矛盾，也成为投资拉动吉林省经济增长的重要力量。

三 大米品牌建设取得实质性进展

确立吉林大米中高端品牌市场定位，突出吉林大米好吃、营养、更安全主题，启动“吉林大米”地理证明商标注册，优选 7 户核心企业组建吉林大米产业联盟，统一形象设计、统一标志标识，进行集中推介展示。借助“互联网 +”现代营销模式，建立吉林大米网店商销售平台，实施线上线下互动，在北京、海口、杭州、宁波、大连等地开设了以吉林大米统一标识为特征的直营店。全省大米企业在省外共开设 675 家直营店，在商超设立 1100 多个销售专柜。举办全国性的吉林大米推介展销活动，以及在省内高速路、省电视台、首都机场、中央电视台等高端媒体投放“吉林大米”广告，加大了宣传推广力度，吉林大米品牌影响力和附加值不断提升。在全国大米市场供大于求的格局下，吉林省大米平均销售价格由上年 2.8 元 / 斤提高到 3.0 元 / 斤，中高端大米销售数量达到 50 万吨，比上年提高 3 个百分点，带动农民增收 14 亿元。

四 “粮食银行”试点有序实施

随着土地流转和规模化种植加快，吉林省不断深化粮食流通领域改革，制定印发了《吉林省人民政府关于扩大“粮食银行”试点工作的指导意见》（吉政发〔2015〕46 号），充分利用粮食企业仓储和技术优势，开展以代储代烘干业务为重点的“粮食银行”试点，进一步解决农民储粮难题。2015 年，吉林省开办“粮食银行”试点企业由上年的 35 户增加到 95 户，覆盖了主要产粮市县，试点企业已经全部投入运营，接收农户存粮 4.1 万吨，比上年同期多 3 万吨。在国家临储政策调整和经济下行压力加大的形势下，“粮食银行”帮助新型粮食经营主体解决了庭院储粮难题，为择机择价售粮创造了条件。

五 扶持玉米深加工产业发展

面对深加工产成品价格持续回落，企业停产、限产数量增加的严峻形势，吉林省积极争取国家政策支持，先后出台竞购补贴和自购加工补贴政策，并提高补贴标准。在补贴政策的支持下，目前全省14户玉米深加工企业满负荷生产，企业生产经营实现盈亏平衡或略有利润，巩固了玉米深加工产业的基础地位。

◆吉林省粮食局领导班子成员

韩福春	党组书记、局长
张宏明	党组成员、副局长
张卿槐	党组成员
杨　光	党组成员（2015年10月任职）
李毅勇	巡视员（2015年10月任职）
沈启地	副巡视员

2015 年 8 月 14 日，吉林省委书记巴音朝鲁、副省长隋忠诚、省粮食局局长韩福春在长春农博会吉林大米馆视察。

2015 年 12 月 11 日，吉林省副省长隋忠诚带领省粮食局一行到双辽调研农户储粮，视察工作。

2015 年 12 月 11 日，吉林省副省长隋忠诚带领省粮食局一行到双辽调研农户储粮，视察工作。

2015 年 11 月 13 日，吉林省粮食局局长韩福春在宁波食博会吉林大米展馆介绍舒兰大米。

黑龙江省粮食工作

基本情况

黑龙江省位于中国的东北边陲，北部和东部与俄罗斯相邻，边境线长3045公里，是亚洲与太平洋地区陆路通往俄罗斯和欧洲大陆的重要通道。全省土地总面积47.3万平方公里，居全国第6位，总耕地面积和可开发的土地后备资源均占全国1/10以上，土壤有机质含量高，是世界著名的三大黑土带之一，寒地黑土已成为发展绿色食品的最佳宝地，绿色食品认证数量和产量均居全国首位，盛产大豆、水稻、玉米、小麦、马铃薯等粮食作物及甜菜、亚麻、烤烟等经济作物。黑龙江省是我国重要的商品粮基地，粮食产量、商品量和净调出量均居全国第一位。2015年，黑龙江省粮食产量再创新高，达到6324万吨。2014年10月至2015年9月末，全省各类粮食经营企业自主收购的新粮4727.5万吨，销售及转化4446万吨。全年工业用粮745万吨、种子用粮95万吨、饲料用粮960万吨；城镇口粮310万吨、农村口粮390万吨；销往省外粮食1160万吨、出口量达到50万吨。

2015年粮食工作

2015年，全省各级粮食行政管理部门在各级党委和政府坚强领导下，克服粮食收储矛盾前所未有、粮食收购政策变化大、粮食精深加工发展滞后等困难，认真落实国家、省对粮食流通工作总体部署，坚持“稳中求进”工作总基调，主动适应经济发展新常态，实施“八个持续强化”，守住“两个底线”、实现“六个提升”，全面落实粮食安全责任制，推进依法治粮，加强“粮安工程”建设，强化改革创新驱动和公共服务、科学管理，增强粮食流通综合能力，守住底线、防控风险、加快粮食经济转型升级，全面搞活粮食流通、促进农民余粮顺畅销售、卖粮持续增收，增强国有粮食购销企业发展实力，提升粮食加工转化能力和水平，保证了省内市场粮油盐有效供应和价格基本稳定，为全省经济社会发展和保障国家粮食安全作出了积极贡献，为“十三五”顺利开局奠定了坚实基础。

一 粮食生产

2015年，黑龙江省实施千亿斤粮食产能工程，全省粮食作物种植面积稳定在1176万公顷以上，比上年稳步增加。其中，水稻稳定在 314 万公顷以上，玉米稳定在 582 万公顷以上。全省新建高标准生态农田 52.5 万公顷。新增家庭农场（大户）1000 多个、农机合作社 117 个。农村土地流转和规模经营面积达 459.8 万公顷、425.9 万公顷，分别增长 6%、7%。全省绿色食品认证面积超过 460 万公顷，52 种农副产品获得国家地理标志认证。建设“互联网 + 农业”绿色有机种植示范基地 19.3 万公顷，推广全生产过程展示营销、点对点营销、集团或个人定制营销。开展“两大平原”现代农业综合配套改革试验，抓住水利、科技、农机、生态四条主线，推动粮食综合生产能力不断提高，粮食生产在上年高基数、高起点基础上，继续保持健康发展势头，达到 6324 万吨，粮食生产实现了“十二连增”。

二 粮食流通

针对粮食流通“收不进、储不下、调不动、销不出”的严峻形势，全省各级粮食行政管理部门认真贯彻落实国家和省委、省政府确保农民余粮顺畅流通的工作要求，及早制订收储预案，摸清底数，通过促销压库、加大基础设施建设、落实全社会仓容烘干能力等有效措施，着力解决收储矛盾突出问题。通过争取和落实支持政策，完成政策性粮食调销 500 万吨；全年累计投入资金 55.4 亿元，加快推进粮食仓储设施和烘干设施等项目建设，新增仓容能力 1650 万吨、烘干能力 460 万吨，推广使用钢结构“千吨囤”增加收储能力 750 万吨。2015 年底全省有效仓容达到 9350 万吨、烘干能力达到 6250 万吨，收储能力在上年基础上又有重大突破，为接收新粮提供了支撑；进一步优化为农服务措施，规范企业收购行为，继续完善粮食收购公开可视系统及电子仪器验水，同时在全省推广使用了政策性粮食收购“一卡通”系统，实现了政策性粮食收购信息全过程可查询、可追溯、可监管和收购资金统一承贷、统一审核、统一支付的非现金结算流程，坚持将安装使用公开可视系统、“一卡通”系统和电子验水设备作为所有参与政策性粮食收购企业的必要条件，提高粮食收购环节透明度，确保了收购资金使用安全，让农民卖上“明白粮”“满意粮”“舒心粮”。针对国家玉米临储收购价格降低、质量标准从严，农民收获的玉米水分高等实际，为降低玉米生霉比例，避免因生霉超标导致农民卖粮难、收入减少，通过采取指导农户离地储存、降水防霉，要求有条件的企业为农民提供代烘干服务，组织省内外玉米深加工企业入市收购等措施，有效应对了玉米生霉问题。继续深化粮食产销合作，积极引进中粮、中纺、中航、象屿、瓮福、恒大、农发等大型粮食企业集团，投资黑龙江省粮食生产、收储、加工等领域，有力促进了粮食流通。成功举办“2015 黑龙江金秋粮食交易合作洽谈会”，共有 27 个省（区、市）745 家企业参会，达成粮食购销合同及意向性协议 290.7 万吨，引进项目资金 23 亿元，利用互联网 + 粮食营销实现网上销售粮食 22.6 万吨，现场销售粮油 22.7 吨。自 2014 年 10 月 1 日至 2015 年 9 月末，全社会粮食企业自主经营新粮累计销售 4446 万吨，占同期收购量 4727.5 万吨（含企业购进）的 94%，实现了当年购销基本平衡目标。

三 粮食调控

认真落实国家保供稳价总体部署和相关调控政策，全面加强地方粮油储备、粮食统计与信息服务和监测预警、应急供应等市场调控基础工作，保证了军粮和市场粮油盐有效供应、价格基本稳定。一是完成省级储备粮工作。认真研判市场，主动对接，增强竞争优势，累计销售省级储备粮 50 万吨，实现价差收入 225 万元。10 万吨增储规模全部落实为省级储备。加强成品粮储备承储企业动态管理，强化质量普查、库存自查、成品粮动态储备月度核查等日常工作。二是完善粮食应急供应保障体系。重新调整粮食应急供应网点1670家、加工企业231家、配送中心96家、储运企业226家。修订、出台《粮食应急预案》。组织应急培训17次，参加人数665人。三是加强粮油市场价格监测。升级完善国家"价格监测预警平台"、省局"粮油价格监测系统"。调整确定直报点国家级66个、省级232个。培训价格监测员218名。与国家粮油信息中心、北京等稻米销区、山东等玉米产区、广东等港口，以及省内外加工企业建立信息"会商"机制。坚持价格监测周报告，全年审核报送价格信息8718条，提供《粮油市场价格信息专报》10篇，向国家粮食局报送市场分析85篇。

四 粮食企业改革

深入推进企业改革，巩固资源整合成果。一是认真进行改革部署。制定下发《2015年推进地方国有粮食购销企业改革工作指导意见》和改革目标《考核办法》，明确改革类型模式、分类推进改革原则及目标考核标准。二是强力推进改革开展。推进全省地方国有粮食购销企业深度整合，指导各地确定改革任务县，积极开展"一县一企、一企多库"改革。通过开展调研、专题会议、督导通报、跟踪问效等方式抓改革推进。全年深入11个地市20多个县调研摸底，协调解决问题。按照整合资产划转全部到位、企业注销法人资格和经营管理实现"五统一"标准，6个改革任务县实现了"一县一企、一企多库"模式改革，整合企业17户，完成了省级改革目标。三是探索发展混合所有制经济。以破解地方国有粮食购销企业改革发展问题为导向，以增强国有企业活力与产业竞争力为核心，按照"象屿模式"，探索发展混合所有制经济，重点推进了象屿农产与依安、讷河、富锦、北林，昆丰集团(民营）与甘南等地方国有粮食购销企业合作，全省通过股份合作共新建仓容500万吨左右，有效提升了地方国有粮食购销企业仓储能力和经济效益，增强国有粮食购销企业实力，提高了企业影响力、抗风险能力。

五 行政执法

持续强化依法治粮，增强了粮食市场监管执行力。持续实施依法治粮重点推进行动，深入落实行政执法责任制，提高了公共服务和市场监管水平。推进法治机关建设，制定实施了粮食部门权力清单、责任清单、权力运行流程图即"两单一图"，建立了权责清晰、分工合理、权责一致、严格问责的权力运行体系和机制。有效实施了秋粮收购"监督检查，护农增收"重点推进行动，加大案件核查处理力度，保持了对违法违规行为严肃查处的高压态势，维护了市场秩序，保护了农民利益。加强库存检查，做到了"有库（点）必到、有粮必查、有账必核、查必彻底"，认真整改了重点问题，促进企业加强了库存管理。国家认定黑龙江省粮食库存总体数量真实、质量良好、储存安全。

六 行业发展

为破解全省粮食收储矛盾突出、粮食就地转化能力弱的问题，按省政府要求，省粮食局牵头与厦门象屿集团开展战略合作，支持粮食收储、加工一体化的大型综合粮食企业发展。双方签订战略合作协议，规划5年内建成2000万吨收储能力，400万吨深加工能力的粮食全产业链经营龙头企业。

2015 年，实现了新增仓容 400 万吨、完成 120 万吨玉米深加工能力（基础设施）建设的责任目标，实现了当年投资、当年见效，缓解了省内区域性秋粮收储矛盾。加工项目按计划推进，120 万吨基础设施已经完工，2016 年将投入使用。认真落实国家和省政府对水稻加工企业和玉米深加工企业补贴政策，省政府出台补贴标准为水稻 200 元 / 吨、玉米 400 元 / 吨，其中国家出台补贴标准为玉米 100 元 / 吨，有力地支持了加工企业开工生产、扩能改造、产权和品牌整合，推动 778 户年加工能力 10 万吨以下的中小企业通过品牌、产权整合或扩能改造达到年加工能力 10 万吨以上的企业联合体 171 户，进一步促进水稻加工企业依靠规模效益提高市场竞争力、抗风险能力和品牌影响力。全省累计竞购政策性粮食 397 万吨，有效提高加工企业加工量和开工率，企业申报加工补贴 11.8 亿元。全省粮食加工企业实现产品销售收入 777 亿元，利税 14.8 亿元。持续强化地方国有粮食购销企业经营管理，企业经济效益再创新高。全省地方国有粮食购销企业累计实现利润 10.3 亿元，再创历史新高，同比增加 7.5 亿元，增幅 270%。纳入考核范围的 80 个县市区全部实现盈利；企业盈利面为 99%，全面完成“以市地为单位 90% 以上企业盈利，以县市区为单位统算盈利”的责任目标。企业资产总额达到 442 亿元，同比增加 29.9%；净资产 117 亿元，同比增加 98.8%；资产负债率 73.6%，同比下降 9 个百分点；净资产收益率 10.1%，同比增加 5.6 个百分点，资产状况持续好转。局直企业实现利润 1.02 亿元，连续两年保持在 1 亿元以上。金谷集团、直属粮库管理公司在消化完毕历史潜亏的基础上，实现了盈利，为今后的持续发展奠定了良好基础。

七 党群工作

严格遵守中央八项规定、省委九项规定和省局党组十三项规定，扎实开展“三严三实”专题教育，粮食系统党员干部党的意识、纪律和规矩意识、法治意识和改革发展责任感、使命感进一步增强。认真实施《省粮食局直属机关党建工作责任制》，落实了局党组、机关党委以及局直机关各党组织工作职责。严格落实党风廉政建设主体责任和监督责任，严格实行重点工作推进落实目标责任考核制度，全面强化了政治统领和政治保障。

◆黑龙江省粮食局领导班子成员

胡东胜	党组书记、局长
金　辉	党组副书记、副局长
王乃巨	党组成员、副局长
谢功臣	党组成员、纪检组长
吴久英	党组成员、副局长
陈立祥	副巡视员

2015 年 11 月 4 日，黑龙江省省长陆昊（左三）在黑龙江龙凤玉米开发有限公司调研。

2015 年 10 月 15 日，黑龙江省粮食局局长胡东胜（左一）深入田间地头调研玉米长势情况。

2015 年 2 月 9 日至 10 日，黑龙江省全省粮食流通工作会议在哈尔滨召开。

2015 年 9 月 17 日，2015 黑龙江金秋粮食交易合作洽谈会在哈尔滨市国际会展体育中心隆重开幕。

上海市粮食工作

基本情况

全年粮食播种面积 16.19 万公顷，比上年减少 0.3 万公顷，减幅 1.8%；粮食总产量 112.1 万吨，比上年减少 0.7%；单产为每公顷 6924 公斤，比上年增加 1.1%。夏粮播种面积 5.69 万公顷，比上年减少 0.04 万公顷，降幅 0.7%；总产 24.65 万吨，比上年增加 0.63 万吨，增幅 2.6%。其中，小麦播种面积 4.55 万公顷，比上年增加 0.16 万公顷，增幅 3.6%；产量 19.9 万吨，比上年增加 1.26 万吨，增幅 6.7%。秋粮播种面积 10.51 万公顷，比上年减少 0.24 万公顷，降幅 2.2%；总产 87.5 万吨，比上年减少 1.57 万吨，降幅 1.5%。其中，水稻播种面积 9.78 万公顷，比上年减少 0.06 万公顷，降幅 0.6%；产量 84.1 万吨，与上年基本持平。

上海市年粮食需求量 635.9 万吨左右，其中口粮 437.8 万吨，饲料用粮 137.6 万吨，工业用粮 58.4 万吨，种子 2.1 万吨；上海市食用油年消费量在 48 万吨左右。上海市郊区提供粮源约 18%，80% 以上粮源从国内采购和国外进口。全市累计收购小麦 17 万吨，同比增加 0.5%，其中国有购销企业收购 7.38 万吨，同比增加 26.6%；收购粳稻 58.6 万吨，同比增加 7.7%，其中国有购销企业收购 43.3 万吨，同比增加 47.2%。9 个大中型粮食批发市场全年粮食交易总量 92.4 万吨，其中粳米 76.6 万吨、食用油 2.9 万吨，上海粮食交易中心批发市场网上交易粮食 82.4 万吨，发挥了吸纳粮源、活跃流通、保障供应的重要作用。

2015 年粮食工作

2015 年，按照中央决策部署和市委、市政府的有关工作要求，上海各级粮食行政管理部门认真贯彻国家粮食安全新战略，落实粮食安全省长责任制，加强“粮安工程”建设，抓好市场调控、粮食收储、流通监管、仓储建设等重点工作，有力保障本市粮食安全。

一 认真贯彻落实粮食安全省长责任制

为贯彻落实《国务院关于建立健全粮食安全省长责任制的若干意见》（国发〔2014〕69 号），市政府第 77 次常务会议进行了专题研究部署，对上海市贯彻落实粮食安全省长责任制，切实承担主销区粮食安全责任提出明确要求。根据市政府会议精神和要求，上海市粮食局把这项工作作为首要核心工作任务，作为牵头部门，主动积极协调市发展改革委、市商务委、市农委、市财政局等20多个部门，深入调研，细化梳理，统筹综合各方面的意见和建议，研究拟定了上海市贯彻粮食安全省长责任制的实施意见和考核办法，为推进粮食安全省长责任制的全面落实打下基础。

二 突出抓好地方储备粮增储和管理

2014年国家下达上海市新增地方储备规模任务，是历年来增幅最大的，时间紧，任务重。上海市粮食局积极克服仓容缺口等困难，通过深入调研，会同市有关部门研究制订上海市落实新增地方储备粮规模工作方案，报市政府同意后组织实施。积极协调区县粮食部门及有关企业，按照时间节点有序推进增储工作，第一批于3月底按时落实到位，第二批2015年底前全部落实。同时，进一步完善储备粮管理机制，调整储备粮品种结构和布局，研究推进适度异地储备，促进储备粮管理提质增效。

三 着力抓好粮食收购和产销合作

加强对上海市粮食收购工作的指导，发挥国有粮食购销企业市场主导作用，抓好粮食收购入库质量管理，开展粮食收购市场的监督检查，维护粮食收购市场稳定，全市各类粮食企业收购小麦17万吨、粳稻58.6万吨，创近年来新高。为缓解库存压力，采取了补贴入市、提前轮换、调整储备品种结构、鼓励粮食饲料加工企业入市收购等方法，为粮食收购腾出了有效仓容，缓解了收储矛盾。进一步深化粮食产销合作，结合上海市地方储备粮增储工作，积极引导支持上海市企业到粮食主产区通过战略合作、参股等形式建立粮源基地，从源头上掌控粮源，保证市场供应。全市在主产区建有9个粮源基地，可控粮源200多万吨。

四 加快推进粮食基础设施建设

加快推进上海市粮食储备库建设和改造，重点做好市级建设财力支持项目和区县中心库建设项目的后续跟进工作，确保资金使用效果。积极调研摸底筛选项目，与市发展改革委联合上报与地方储备粮增储挂钩的35万吨粮库建设项目，跟踪项目进度，推进项目建设。积极支持区县加大老旧粮库改造力度，启动收纳库的布局调整、功能提升工作，推进储备粮库“包改散”改造、“四新技术”改造和信息化建设改造。

五 切实加强粮食供应保障

积极主动指导上海市粮食批发市场发挥资源配置作用，保障本市粮食市场供应，上海市9个重点批发市场成交粮食92.4万吨，粮食中心批发市场网上交易量82.4万吨。深入调研推进上海市军粮供应规范化管理，会同部队制定进一步规范上海市军粮供应管理的实施意见，加强军粮质量监管，确保部队用粮卫生安全，全面提升军粮供应保障能力。稳步推进粮食流通统计改革，提升服务粮食宏观调控能力。积极指导两个国家级爱粮节粮教育基地建设，开展爱粮节粮宣传活动，推广粮油科技普及与应用。

六 强化粮情监测和应急管理

研究制订“上海市粮食行业大数据建设应用”专题调研方案，积极探索在上海市粮食流通领域应用大数据信息技术，加强粮情监测分析和应急保障新举措。推进粮食市场监测信息系统改版，完善监测数据分析工作机制，提高监测数据权威性、可靠性。深入开展粮食供应领域风险点排查，调整确认市、区两级粮食加工企业、应急粮库和应急网点，签订应急保障协议，提升应急保障能力。

七 加快粮食行政管理职能转变

认真开展权力清单确认和责任清单清理工作，发布并实施各行政审批事项业务手册和办事指南，实现了上海市粮食行政审批标准化管理，推进行政权力依法规范公开运行。认真落实粮食收购资格许可先照后证工作，完善粮食行政审批事中、事后监管制度。组织《粮食流通管理条例》颁布实施 11 周年宣传活动，会同有关部门修订并重新发布《上海市粮食经营者最低和最高库存量标准》，推进依法治粮。

八 加强粮食流通监督管理

组织开展上海市粮食库存检查，强化库存监管，确保数量真实、质量良好。开展了收储企业执行国家粮食购销政策情况专项检查、流通领域粮食质量卫生调查、粮食加工企业原粮卫生抽查、帮困粮油质量卫生抽查、军供粮食质量卫生专项检查、收购秋粮质量卫生检查等各项检查，全年共计抽检各类粮油样品 887 份，检测指标 314 项，确保了粮油质量卫生安全。建成上海市粮食流通监督检查信息系统，为实现监督检查工作规范化和标准化提供技术支撑。扎实开展安全生产大检查，做好上海市粮食企业防台防汛工作，确保粮食存储安全。

九 研究编制上海市粮食流通“十三五”发展规划

按照市政府和国家粮食局统一部署，结合上海市粮食流通实际，在深入调研的基础上，组织开展上海市粮食流通“十三五”发展规划编制工作，认真研究谋划未来五年上海粮食流通改革发展的总体思路和目标任务，已形成规划初稿。同时，根据国家粮食局有关要求和市政府常务会议精神，研究拟订了上海市“粮安工程”建设实施方案，待报市政府同意后组织实施。

十 加强粮食行业党风廉政建设和人才队伍建设

认真贯彻中央八项规定精神、持续抓好局党组“二十条”细则以及厉行节约反对浪费各项规定的贯彻执行。根据中央和市委的统一部署，认真组织开展“三严三实”专题教育。切实加强党风廉政建设，推进落实党风廉政建设主体责任和监督责任，强化廉政风险防控。做好 2015 年局部门预算等信息公开，推进廉洁从政、阳光行政。加大干部选拔任用力度，加强行业人才队伍教育培训，不断提升干部素质和业务水平。

◆ 上海市粮食局领导班子成员

盖国平	市商务委副主任、市粮食局党组书记、局长
夏伯锦	党组成员、副局长（2015 年 12 月退休）
王建忠	党组成员、副局长
沈红然	党组成员、副局长（2015 年 9 月任职）
诸　旖	党组成员、副局长（2015 年 11 月任职）
高黎萍	党组纪检组长（2015 年 11 月离任）
洪文明	党组成员、副巡视员

2015 年 7 月 9 日，上海市市长杨雄（左三）、副市长时光辉（左一）在黑龙江省副省长吕维峰的陪同下，视察良友集团东北虎林粮源基地。

2015 年 2 月 27 日，上海市副市长周波（左三）到外高桥粮食物流园区调研粮食流通工作，现场察看粮油码头、内河港池、粮仓、油库、中心粮食批发市场等。

2015 年 2 月 10 日，上海市商务委副主任、市粮食局局长盖国平（前排居中）一行到长宁区家乐福中山公园店检查春节粮油市场供应工作。

江苏省粮食工作

基本情况

江苏地处东南沿海，是全国经济发达省份之一，同时也是粮食生产、流通和消费大省。江苏既有苏南等市粮食主销区，又有苏北等市的粮食主产区，粮食流通和安全形势与全国极其类似。2015年江苏粮食生产实现“十二连增”，总产量达3561.5万吨，列全国第5位。全省国有企业累计收购粮食1456.5万吨，其中小麦922万吨（最低收购价小麦547.5万吨）、稻谷474.5万吨（最低收购价116万吨）、油菜籽19.3万吨，促进农民增收16.2亿元。新增地方储备15万吨，粮食宏观调控基础更加坚实。粮食仓储设施建设加快推进，新建现代型粮食仓容104万吨，开工建设54台烘干机，烘干能力达到每小时9224吨。实施信息化“1210”工程，建成智慧粮库55家、收储信息管理系统551家，实现粮食收购全程信息化、储备管理全程可视化。地方国有粮食企业改革取得新进展，全省67个县（市、区）中有64个以不同形式出台改革方案。地方国有粮食购销企业实现盈利3.85亿元，效益居全国第一。

2015年粮食工作

2015年，江苏粮食行业深入学习贯彻习近平总书记视察江苏时系列重要讲话精神，认真贯彻落实省委省政府和国家粮食局的决策部署，以保障粮食安全和促进农民增收为目标，积极推进“江苏五粮”建设，攻坚克难，主动作为，江苏粮食事业再上新台阶。

一 粮食生产

2015年，江苏粮食生产实现“十二连增”，总产量再上3500万吨，达到3561.5万吨。粮食单产再创历史新高，达6.56吨/公顷，增幅1.1%，粮食单产提高对总产增加的贡献率超60%；高效设施农业量质齐增，累计面积近80万公顷，占比超过17%。全省优质稻麦良种推广覆盖率达90%以上。夏收谷物1249.4万吨，同比增产14.9万吨，增幅1.2%。秋收谷物2205.5万吨，同比增产53.7万吨，增幅2.5%（玉米总产252.2万吨，同比增产13.2万吨，增幅5.5%）。油料总产143.1万吨，同比减产3.5万吨，减幅2.4%。其中，油菜籽总产106.3万吨，同比减产3.8万吨，减幅3.5%；花生产量35.1万吨，同比增产0.3万吨，增幅0.9%。

二 粮食流通

2015 年，江苏省认真贯彻落实国家粮食收购政策，精心组织夏秋两季粮食收购。在全国率先启动小麦最低收购价执行预案，及时启动中晚稻最低价收购预案，合理布局委托收储库点，以最低价收购带动市场收购，抓好储备轮换，引导自营收购，满足农民售粮要求，保护种粮农民利益。贯彻国家油菜籽收购政策，按种植面积补贴 25 个产油大县的油菜籽种植农户 1.24 亿元。针对收购仓容不足的矛盾，通过腾仓并库挤仓容，产销合作出仓容，协调租赁增仓容，新建粮库扩仓容等，多渠道解决仓容问题，全力增强收储能力。2015 年，全省国有企业累计收购粮食 1468.8 万吨，其中小麦 922 万吨、稻谷 474.5 万吨、玉米 49.5 万吨、大豆 3.5 万吨、油菜籽 19.3 万吨，促进农民增收 16.2 亿元。

三 粮食调控

根据国家和省政府有关要求，积极落实国家下达的 15 万吨地方粮食储备规模。截至 2015 年底，全省地方储备规模全部充实到位，粮食安全调控物质基础更加牢固。南京、无锡、苏州等市的成品粮油储备达到 10 ~ 15 天市场供应量。省政府常务会议讨论通过《江苏省地方储备粮管理办法》，并自 2015 年 10 月 1 日起开始施行。制定全省粮食应急保障体系建设目标，完善粮食应急配送中心、应急加工、储运、供应网点等应急载体，落实应急加工企业 395 家，应急供应企业 1998 家，满足全省粮食应急保障需要。积极推进省内和省际间粮食产销合作，建立优势互补、互利多赢的粮食产销合作关系。在苏州、宿迁举办省内粮食产销合作洽谈会，签订购销合同（协议）72.5 万吨。在上海举办江苏"名特优新粮油精品推介会"，签订合同 49 万吨；参加吉林、黑龙江、福建粮食交易合作洽谈，签订合同（协议）122.5 万吨。积极开展代收代储业务，引导省内粮食收储企业参与上海、浙江、福建等省（市）异地储备，共代储粮食 35.5 万吨。

四 粮食流通改革

制定出台《深化全省粮食行业改革的意见》，推进粮食市场、产业、调控、执法监管、粮政管理等五大体系建设。继续推动地方国有粮食企业改革，加快兼并重组，促进做大做强。截至 2015 年底，全省国有粮食购销企业有 789 家，较改革前减少 397 家，兼并重组率达 66.5%，96% 的县（市、区）出台改革方案，25% 的划拨地变更为出让地，60% 的县（市、区）基本形成购销总公司或集团总公司 + 分公司（子公司）发展模式，企业融资和发展能力明显增强。在严峻的市场形势下，2015 年全省国有粮食购销企业实现盈利 3.85 亿元，居全国前列。

五 粮食流通监管

加强专职执法队伍建设，全省 13 个省辖市全部建立了监督检查机构，9 个地级市、61 个县（市、区）建立了粮食行政执法支（大）队。开展粮食流通监督检查证件审验清理工作，共审验证件 1519 个，清理注销证件 36 个。苏州市、常州市、泰州市姜堰区粮食局等 3 家单位被评定为全国粮食流通监督检查示范单位。加大市场执法力度，全省各级粮食监督检查部门共检查企业 20524 个（次），对 494 例违反粮食流通管理的案件进行了查处，其中罚款金额 1.16 万元、取消粮食收购资格 65 例、移交其他部门处理 30 例。开展粮食库存检查，省级复查共检查 68 个库点，粮食库存账面数合计为 31.3 万吨，占检查库存总量的 21.5%。开展“打白条”专项整治，督促企业严格执行“三个决不允许”收购纪律，直接查处举报投诉案件 6 起。加强粮食质量监管，把粮食质量安全列入粮食安全责任制考核中。开展粮食企业信用等级评定工作，推进粮食行业诚信体系建设，2015 年共有 3580 家粮食企业申报评定，评出守法诚信企业 AA 级 716 家、A 级 1284 家、B 级 1091 家、C 级 458 家、D 级 31 家。

六 粮食信息化

江苏省是“全国粮食流通信息化建设试点示范省”，被纳入“国家粮食储运监管物联网应用示范工程”，2015 年又被国家确定为“全国粮食仓储智能化升级重点支持省”。现已建成智慧粮库 55 家、收储信息管理系统 551 家，初步形成了以省级粮食综合管理平台为核心、市县平台为节点，覆盖省、市、县及国有粮食库点的粮食流通信息管理网络体系。继续推进粮食库存识别代码试点，全省试点单位增至 63 家，系统功能得到初步验证，并建立了省级监管平台。大力推进电子商务、网上粮店等粮食营销新模式，涌现出无锡“粮宝宝”、苏州“良粮网”网上商城等新业态，搭建起粮食供应商与城乡居民的直通桥梁，扩宽了营销渠道。

七 粮食流通体系建设

加快推进仓储设施建设，2015 年争取省级以上财政资金 7.03 亿元，主要用于全省 94 个仓储建设项目和 54 个烘干机建设项目，批复新建仓容 278.4 万吨。截至 2015 年底，全省共有各类完好仓容 2406 万吨，其中平房仓 2108 万吨，立筒仓 237 万吨，浅圆仓 35 万吨，楼房仓 9.7 万吨，其他仓型 16 万吨。推广新技术在粮食仓储设施的应用，采用环流熏蒸、粮情测控、机械通风、谷物冷却和空调储粮等新技术的仓容占比有所提高，分别达到 53.8%、65%、89.7%、36.7% 和 2.2%。

八 行业发展

2015 年，全省粮油加工企业在严峻的外部环境下，仍保持平稳发展，实现工业总产值 2349.56 亿元、销售收入 2291.60 亿元、利税 137.12 亿元，利润 82.05 亿元的优异成绩。大力实施“品牌粮食”战略，推进品牌创建，“恒喜”牌食用油、“御珍珠”大米、龙嫂绿色食品等 5 个粮油企业产品被江苏省名牌战略推进委员会评为“江苏名牌产品”，全省粮食行业“江苏名牌产品”个数增至 102 个。粮食科技研发水平有了新提高，2015 年粮食基础类科技成果有：发明专利 11 项，实用新型专利 31 项，技术标准 7 项，获国家级奖项 1 项；粮食应用类科技成果有：新产品 25 个，新技术 20 个，新工艺 12 个。

九 党群工作

扎实开展“三严三实”专题教育和“三解三促”活动，在密切联系群众中强化务实为民的群众观点，切实查找和解决“不严不实”问题，对党员干部的思想、作风和党性进行深刻洗礼。局领导分工全面调整，中层全部轮岗交流，机关全员实行考勤、考学、考绩、考廉、考德“五考”，中层任用公开选拔，形成了谋事做事的良好氛围，受到省委组织部的肯定。以新一届机关党委换届为契机，全面推进党的建设，全面落实“两个责任”，完善国有粮食企业廉洁风险防控机制，党员干部纪律意识、规矩意识、法治意识进一步增强，做忠诚担当干净“粮食人”的政治素质进一步提高。抓好省委巡视的整改，健全完善长效机制，以具体问题的突破带动作风整体转变，机关工作作风和干部精神面貌有了较大改观。实施人才兴粮行动，在南京财经大学、连云港工贸高等职校等建立人才培养基地，举办粮食行政管理和企业经营人才培训班，组织处级以上干部参加“876”培训，完成 4 批 563 人质量检验员、粮油保管员职业技能鉴定、专业技术培训，努力培养结构优化、素质优良、富有竞争优势的粮食行业人才队伍。

◆江苏省粮食局领导班子成员

陈　杰	党组书记、局长
季俊秋	党组成员、副局长（2016 年 3 月由省侨办交流到省粮食局）
于国民	党组成员、副局长（2016 年 3 月由省粮食局交流到省新闻出版局）
朱新华	党组成员、副局长
张生彬	党组成员、副局长
陈一兵	党组成员、副局长
蒋云峰	党组成员、省纪委驻省粮食局纪检组长
韩　峰	副巡视员
张国钧	副巡视员（2015 年 6 月任现职）
董淑广	党组成员、人事处长（2015 年 6 月任现职）

2015 年 10 月 14 日，江苏省政府与国家粮食局在南京举行工作会商，省长李学勇、国家粮食局局长任正晓出席。

2015 年 5 月 26 日，江苏省政府在南京召开全省夏粮收购电视电话会议。省委常委、副省长徐鸣（前排中间）出席会议并讲话。

2015 年 2 月 6 日，江苏省全省粮食工作会议在南京召开。省粮食局局长陈杰（左四）作工作报告。

2015 年 11 月 20 日，江苏省粮食局在上海成功举办江苏名特优新粮油精品推介会，六省市 32 家粮油企业签订粮食产销合作协议 14 个，合同 49 万吨，签订合作共建仓储物流、产业园区项目 2 个，总投资约 6 亿元。

浙江省粮食工作

基本情况

2015 年，浙江省各级党委政府高度关注粮食生产，加大农业生产投入，加强政策扶持力度，强化科技服务能力，全省粮食生产开局良好，惠农政策稳定，面积平稳略增，但后期天气影响较大，粮食总产略有下降。

全省粮食播种面积为 127.8 万公顷，比上年增长 0.9% ；粮食单产和总产量分别为 5886 公斤 / 公顷和 752.2 万吨，分别比上年下降 1.6% 和 0.7%。其中，春粮产量为 72.3 万吨，比上年增长 6.5%；早稻产量为 67.7 万吨，比上年下降 5.3%；秋粮产量 612.24 万吨，比上年减少 0.9%，其中晚稻产量 510.4 万吨，比上年减少 1.6%。油菜籽播种面积 12.2 万公顷，下降 3.2% ；单产 2053 公斤 / 公顷，增加 0.2% ；总产量 25.12 万吨，减少 3.0%。

全省新建成粮食生产功能区 1445 个，面积 7.0 万公顷，累计建成 7886 个、面积 45.1 万公顷。全省国有粮食企业累计收购农民粮食 109 万吨，其中订单粮食 94.5 万吨，粮食收购量同比增长 9.7%。全省共销售粮食 2223 万吨，进口粮食 380.1 万吨，出口粮食 0.3 万吨，粮食商品量为 347 万吨，流通量达 1663 万吨。全省 30 家批发市场全年成交粮食 712 万吨，比上年增长 1.8%，其中省外粮源占 88.8%。全省报送粮油加工业统计报表的粮油加工企业（简称入统企业）332 个（包括粮油机械制造企业 2 个），全年完成工业总产值 333.26 亿元，产品销售收入 377.4 亿元，利税总额 20.7 亿元，利润总额 11.1 亿元。

2015 年粮食工作

2015 年是“十二五”收官之年，浙江省粮食系统认真贯彻落实党中央、国务院和省委、省政府保障粮食安全的决策部署，主动适应经济新常态，围绕中心、服务大局，上下同心、克难攻坚，着力推动浙江省粮食工作取得新成效，为促进全省经济社会持续健康发展作出了积极的贡献。

一 狠抓落实，三项重点工作取得实效

（一）粮食安全责任制进一步强化

认真贯彻落实《国务院关于建立健全粮食安全省长责任制的若干意见》（国发〔2014〕69 号）。

根据省领导批示精神，在广泛调研、征求意见的基础上，起草了《浙江省人民政府关于进一步强化粮食安全市县长责任制增强粮食安全保障能力的意见》，经省政府常务会议审议通过，于 5 月 27 日正式颁布实施。各市县均已作了贯彻落实。此外，牵头研究制定了《浙江省 2015 年度粮食安全责任制考核方案》，经省政府同意后印发实施。

上半年，省人大常委会对粮食安全工作开展专题审议和询问。浙江省粮食局积极配合开展有关专题调研、听取专项报告、专题询问等活动。根据省人大常委会的审议意见，认真抓好整改落实工作。

（二）地方储备粮新增规模进一步落实

在 3 月底落实先期下达的 83 万吨新增地方粮食储备的基础上，截至 12 月底，全省已累计到位地方储备新增规模 164 万吨，完成增储计划的 62%。

（三）粮食仓储设施建设进一步推进

2015 年国家下达浙江省粮食仓储设施建设各项补助资金 6.28 亿元。全省实际落实了与增产增储挂钩的 47 个粮库建设项目，建设仓容 173.2 万吨；落实危仓老库维修改造项目 342 个，改造仓容 225 万吨；还落实 13 个军供网点维修项目和 1 个粮食物流设施建设项目。另外，省从粮食安全专项资金中拿出 3000 万元对 8 个粮库建设项目、15 万吨仓容进行了补助。6 月中旬，省国土资源厅下达 2015 年新增建设用地计划中安排粮食仓储设施建设用地 126.5 公顷。在各方大力支持下，浙江省粮食仓储设施建设力度不断加大，效果明显。

同时，继续推进农户科学储粮专项工作，在前期完成国家粮食局下达浙江省 6.7 万套计划后，10 月国家粮食局又分配浙江省农户科学储粮专项计划 12 万套，计划分两年完成。

二 守住底线，切实履行好行业管理职责

（一）认真抓好粮食收购工作

出台了 2015 年粮食购销政策，充分发挥政策性粮食收购的调控功能，坚决守住了“农民种粮卖得出”的底线。全省签订“粮食订单”104 万吨，比上年增加 14 万吨。牵头制订 2015 年小麦和稻谷最低价收购执行预案。严格执行国家粮食收购政策，全面开展以“送订单、送定金、送政策、送科技、送信息”为主要内容的“五送”为农服务活动，优化收购措施，方便农民售粮。2015 年，全省累计收购粮食 186.5 万吨，同比增加 16.5 万吨。其中小麦 31 万吨，早稻 49.5 万吨。

（二）持续深化省际粮食产销合作

继续支持省农发集团在黑龙江进行粮食战略性合作，并有序展开粮源基地和收储基地建设，已完成 20 万吨省级储备粮的异地收储任务。杭州富义仓米业在哈尔滨开工建设 30 万吨现代化稻米园区已经开业。拓展与安徽、江西、内蒙古、吉林等地的粮食产销合作对接，继续深化与沪、苏、皖的长三角地区粮食产销合作与发展。1 ~ 12 月全省累计从省外购进粮食 1128 万吨，同比增加 103.3 万吨。同时，进口粮食 380.1 万吨，同比增加 24.6 万吨。全省主要粮食批发市场成交总量为 712.1 万吨，成交金额 294 亿元，同比增加 2% 左右。从粮食来源看，省外粮源占 88.8%。

（三）切实加强储备粮油监管

完成全省粮食储存安全、库存检查工作。检查结果表明，浙江省库存粮食数量真实、账实相符、管理比较规范，库存粮食质量良好；浙江省国有粮食购销企业均能严格执行“五要五不准”粮食收购

守则，没有出现“打白条”、压级压价、先收后转、以陈顶新、“转圈粮”套取政府补贴和奖励资金等问题。出台了《关于加强对委托省农发集团省外代储省级储备粮监管工作的若干意见》，加强对省外代储省级储备粮的监管。组织开展了2015年收获粮食质量调查和品质测报工作；做好地方储备粮油出入库质量检验和2014年度收购稻谷重金属项目检测、收购和储存环节粮食质量安全监测、军粮质量检查、原粮卫生调查、重点粮食批发市场质量监测、食品安全专项整治等工作，指导各地妥善处置不合格粮油，确保粮油质量安全。

（四）继续加强粮食市场监测和应急保供工作

密切关注粮油市场动态，认真收集粮油生产、收购、价格等信息，对国际、国内、省内粮食市场行情进行分析，通过浙江省粮食局“粮油在线”网站、《粮食信息资讯》刊物和有关新闻媒体及时发布粮食生产、流通、消费、价格、质量等信息，正确引导粮食的生产、供求和消费。完善粮食应急预案，落实相关资金，进一步完善粮食应急加工、供应、运输网络。

三　创新驱动，推进粮食行业可持续发展

（一）启动“粮安工程”建设（“十三五”）规划编制工作

根据国家“粮安工程”建设规划和《粮食行业“十三五”规划编制工作方案》，结合浙江省实际，启动了《浙江省“粮安工程”建设（粮食流通发展“十三五”）规划》的编制工作。经广泛征求意见和多次讨论，形成了规划初稿。

（二）加大科学储粮和信息化技术的推广应用

全面落实全国粮食科技创新大会精神，5月中旬组织召开了全省科学储粮暨仓储设施建设推进会，积极推广科学储粮技术。全省各地应用绿色储粮的积极性进一步提高，充氮气调储粮、智能综合控温储粮、“四合一”升级储粮和仓顶光伏瓦建筑一体化发电等绿色生态、节能降耗、智能高效的储粮新技术、新装备、新工艺得到较好的推广应用。积极推进“智慧粮库”建设，全省各地在推进粮食仓库信息化建设方面势头良好。各市县中心粮库的信息化建设项目已完成24个，在建13个，拟建34个。同时，加快推进浙江省通用型粮食相关业务信息应用系统（平台）的开发，着力推进省市县信息数据和网络互联互通；扩大库存粮食识别代码试点工作的广度和深度，指导相关试点企业和粮库在粮食收购、存储、销售及加工等流通环节，全面应用粮食识别代码，真正实现码随粮走，以码管粮。继续深入开展“星级粮库”创建工作，全省已创建“星级粮库”126个，其中“四星级粮库”20个，“三星级粮库”55个。

（三）大力实施“人才兴粮”战略

认真实施《浙江省粮食行业中长期人才发展规划纲要（2014—2020年）》和“11528”人才兴粮培训工程，加强各类业务培训，积极开拓在职学历教育和定向培养，努力为浙江省粮食事业培养新生力量，不断提高粮食队伍素质。联合办学取得新突破，依托省粮食干部学校，与浙江农林大学合作开设的粮油储检专业开始定向招生，共招2个班70人；与河南工大合作开办了“粮油储藏与检测技术”在职学历教育，2015年在原有一个大专班的基础上，又开设了一个本科班。2015年举办了各类培训班12个，共培训各类人员1813人次；分别培训鉴定各级粮油保管员和质量检验员224人、110人，合格率达到98.7%和84.55%，居全国领先水平。

四 党建引领，深入践行“三严三实”

深入开展“三严三实”专题教育。召开专题教育动员部署大会、讲专题党课、组织开展专题学习交流研讨，坚持把查找整改“不严不实”问题贯穿专题教育全过程，深入推进“三严三实”专题教育，活动取得阶段性成效。

全面推进机关党建工作，扎实开展“服务型机关基层党组织建设推进年”活动和“深改革、强规范、提能效”作风建设专项行动等系列主题活动优作风。在国家粮食局召开的党建研讨会上，浙江省粮食局作了典型发言。

进一步强化党风廉政建设和反腐败工作，切实履行“一岗双责”责任，坚持“一手抓粮食工作，一手抓党风廉政建设”。针对粮食系统建设项目多、工作任务多的情况，加强对基建工程、储备粮轮换、政府招标采购、资产管理等重点工作、重点环节的监督检查，防止出现“工程上马，干部下马”的现象。

◆浙江省粮食局领导班子成员

金汝斌	党组书记、局长
韩鹤忠	党组成员、副局长
李立民	党组成员、副局长
李益敏	党组成员、副局长
叶晓云	党组成员、总工程师
龚震源	副巡视员
陈群华	副巡视员、管理监督处处长
何　震	党组成员、人事处处长

2015年9月1日，浙江省委书记夏宝龙（前排中）到省粮食局调研粮食安全工作，强调始终确保粮食安全，把饭碗牢牢端在手上。

2015年5月6日至7日，中央纪委驻国家粮食局纪检组组长赵中权（中）一行在浙江省调研粮食工作和党风廉政建设情况。

2015 年 5 月 29 日上午，浙江省粮食局召开“三严三实”专题教育动员部署大会。局长金汝斌以讲专题党课的形式启动省粮食局“三严三实”专题教育。

2015 年 2 月 10 日，浙江省粮食工作会议在杭州举行，强调落实粮食安全责任、充实粮食储备。

安徽省粮食工作

基本情况

安徽地处长江、淮河中下游，长江三角洲腹地，居中靠东，沿江通海，东连江苏、浙江，西接湖北、河南，南邻江西，北靠山东，东西宽约 450 公里，南北长约 570 公里，土地面积 13.94 万平方公里，占全国的 1.45%，居第 22 位。地跨长江、淮河、新安江三大流域，世称江淮大地。长江、淮河横贯东西，将全省分为淮北平原、江淮丘陵、皖南山区三大自然区域。境内巢湖是全国五大淡水湖之一，面积 800 平方公里。2015 年末，全省户籍人口 6949.1 万，常住人口 6143.6 万，城镇化率 50.5%。2015 年，全年地区生产总值（GDP）22005.6 亿元。

2015 年粮食作物种植面积 663.29 万公顷，粮食产量 3538.1 万吨，比上年增产 122.3 万吨，增长 3.6%。其中，夏粮 1414.7 万吨，增产 14.7 万吨，增长 1.1%；秋粮 2014.2 万吨，增产 126.7 万吨，增长 6.7%；油料产量 227.9 万吨，下降 0.4%。

2015 年全省共有粮食行业单位 2499 个，其中行政管理部门 97 个，事业单位 53 个（含参公事业单位 14 个），企业 2349 个（国有及国有控股企业 734 个），从业人员 117181 人，其中粮食系统在岗职工 26161 人。

2015 年粮食工作

“十二五”期间，安徽省各级粮食部门深入学习领会习近平总书记系列重要讲话精神，认真贯彻落实中央关于保障国家粮食安全的战略部署，积极面对错综复杂的形势和艰巨繁重的任务，主动适应经济发展新常态，以守住管好“天下粮仓”为己任，勇于担当，精准发力，务实创新，开拓进取，各项工作取得显著成效，为保障国家粮食安全和促进全省经济社会健康稳定发展作出重要贡献，也为全国粮食流通工作创造出新经验，树立了新标杆。

一　以贯彻落实粮食安全省长责任制为标志，粮食流通体制改革迈出坚实步伐

“十二五”期间，充分发挥粮食主产省的资源优势，全面贯彻落实习近平总书记“确保谷物基本自给、口粮绝对安全”的指示精神，认真做实“广积粮、积好粮、好积粮”三篇文章。特别是国务院

《关于建立健全粮食安全省长责任制的若干意见》出台后，安徽省粮食局主动担当牵头职责，统筹协调各方力量，精准聚焦粮食安全行政首长责任和考核保障两个关键，第一时间起草政策解读，提请并列入省政府专题学习会议内容；主动争取将粮食安全纳入了省委干部培训计划，与省委组织部在省委党校成功举办了分管市县长专题培训班；2015 年，率先出台具有安徽特色的实施意见和考核办法，首次将粮食安全责任纳入对各市政府年度目标管理绩效考核内容。2015 年以来，省主要领导多次指示、批示、专题研究粮食工作，粮食工作地位进一步提升。

二 以首次实施省级小麦临储政策为标志，创新粮食收储促农增收成效显著

“十二五”期间，安徽省粮食连年丰收，五年累计收购粮食 11639 万吨，其中最低收购价收购 2951 万吨，带动农民增收 150 亿元以上。特别是 2015 年部分地区因灾小麦不完善粒超标，安徽省从落实粮食安全省长责任制的高度，果敢采取放宽新增和轮换地方储备标准、首次创新出台省级小麦临储政策、精准对接酒精饲料等用粮企业入市收购、争取省财政专项资金及时购置清杂设备等综合举措，实现全社会收购小麦 978 万吨、最低收购价收购 397 万吨，居全国第三位，省级临储 21.6 万吨，有效保护种粮农民利益。针对 2015 年秋粮收购部分地区仓容严重不足，局部出现售粮排长队严峻形势，全系统上下把稳价格、快移库、去库存、抓新建、重服务等硬措施落在实处，确保秋粮收购有序有效进行。截至 2015 年底，全社会收购中晚稻 824 万吨，其中最低收购价收购 395 万吨，同比分别增加 130 万吨、64 万吨。

三 以落实新增地方储备规模为标志，粮食调控体系日臻完善

“十二五”期间，安徽省地方三级粮食储备体系进一步健全，储备粮管理、轮换机制不断创新。及时分解国家新增储备规模，抢抓新粮入市时机，提前超额完成新增储备任务。全省地方粮食储备规模较“十一五”末增加 112 万吨，省辖市全部建立了成品粮油应急储备。会同安徽省财政厅、农发行出台专项办法，进一步完善政府兜底、择机轮换、公开拍卖方式，健全储备粮轮换机制。2015 年，全省认定粮食应急供应网点 1889 个，应急加工企业 359 个，应急体系建设取得显著进展。成功申报 2015 年军供设施改造重点支持省，省级和区域军粮供应保障应急中心同步开工建设。合肥国家粮食交易中心辐射全国，“十二五”累计成交政策性粮食 11275 万吨，“稳盘”作用明显。巩固和拓展与长三角、珠三角的粮食产销纵深合作，特别是安徽省粮食局倡议构建长三角粮食安全共同体得到响应，并荣为长三角粮食发展与合作会议理事长单位，16 个省辖市悉数融入。“十二五”累计外销粮食 5584 万吨。

四 以实施“324 工程”为标志，基层粮食仓库面貌焕然一新

“十二五”安徽省围绕提升收储能力，优化库点布局，争取中央预算内项目补助资金 7.6 亿元，累计获省级财政资金支持近 14 亿元，企业自筹资金 53.7 亿元，完成新建仓容 1147 万吨，新建油罐 37 万吨，新添置各类粮食仓储设备 10381 台（套），同时超额完成国家局确定的农户科学储粮工程目标任务，累计惠及农户 33.5 万户。粮食质量监测体系建设步伐加快，新增 5 个省辖市检测机构挂牌

运行，粮油质量检测体系进一步完善。特别是2014年成功争取国家“粮安工程”危仓老库维修改造重点支持省，全面实施“324工程”，综合投入资金22.62亿元，将2502个地方国有收储库点整合为1322个，重点维修改造、功能提升、恢复重建仓容900万吨，同步开展省级中心平台和19个信息化示范库建设，2015年底再启动16个市级平台和81个省储库信息化建设。随着“324工程”完工，全省地方国有粮食企业有效仓容达2366万吨，极大缓解安徽省粮食收储压力，安徽省粮食仓库全面告别“灰头土脸”形象，信息化建设驶入“快车道”。

五 以推进“两项工程”为标志，粮食加工产业转型发展蒸蒸日上

认真履行安徽省政府赋予的粮食、油脂两大类产业化牵头部门职责，特别是2014年安徽省粮食局提出推进“放心粮油”“主食厨房”两大工程，引领粮食加工业转型升级成效明显。到2015年，全省已认定放心粮油经营网点761个，主食厨房直营店337个，荣获全国“放心粮油示范企业”称号175家。全省粮油类国家级农业产业化龙头企业达20家、省级龙头企业达319家，销售收入超20亿元的龙头企业7家，获“中国驰名商标”27个，中国地理标志商标2个，省级著名商标和名牌产品403个，安徽粮油品牌影响力进一步提升。积极推进与中科大、合工大38所等科研院校的战略合作，组建面粉、植物油、杂粮等产业技术创新战略联盟，取得40多项国家发明专利，产业科技支撑明显增强。改革产业化扶持资金分配方式，简政放权、提升效能，切块安排3000万元专项资金重点扶持油脂加工企业入市收购和发展品牌化经营，提前将2016年产业化扶持资金安排到市。首次与安徽省农委共同承办上海农交会，全面展示粮食产业化发展成果。2015年底粮油加工业总产值突破2300亿元，比“十一五”末增长160%，稳居全国第4位。

六 以强力推进土地确权为标志，国有粮食企业深化改革增效明显

安徽省始终坚持以产权制度改革为核心，突出推进土地确权和“一县一企、一企多点”改革，着力创新国有粮食企业体制机制，积极帮助消化粮食财务挂账，企业实力和市场竞争力大幅提升。2015年，由省、市联合持股投资1.8亿元，成功组建集军粮加工、粮食储备、应急保障、粮食文化博览、粮食工业旅游和体验功能为一体的省级军粮供应保障应急中心。马鞍山成立全省首家市级粮食集团。目前全省地方国有粮食企业确权土地面积2.66万亩，确权比达到了50.18%，较“十一五”末提高了35个百分点。来安县等18个县（市、区）土地出让确权率达100%。全省国有粮食购销企业户数475个，比“十一五”末减少210家；五年累计盈利8亿元以上，实现连年盈利的良好业绩。第二轮粮食财务挂账3.1亿元消化完毕，所有者权益达57.16亿元，比“十一五”末翻了一番。凤台县、黄山区等地探索发展“粮食银行”，创新粮食收储服务方式，得到国家局和省领导的充分肯定。

七 以出台“两个清单”为标志，依法治粮稳步推进

安徽省粮食局在省直机关率先制定出台粮食行政权力清单、责任清单，精简和下放行政审批权限，促进全面依法规范履职。研究起草《安徽省粮食流通监督管理条例》，争取列入2016年地方立法计划。会同安徽省工商局出台指导意见，在全国率先开通“安徽粮食企业信用信息公示系统”，加快

推进粮食经营活动守法诚信体系建设。制定行政执法流程图，创新出台案件线索移送试行办法。扎实开展联合巡查，创新推进“飞行检查”，探索跨地区跨部门联合执法，重拳整治政策性粮食“出库难”，全面优化粮食流通市场环境。省局连续多年被国家粮食局授予“全国粮食流通监督检查先进单位”称号，并作为全国粮食系统唯一一家被全国普法办授予的“六五”普法中期先进单位荣誉称号的单位。

八　以强化“两个责任”为标志，粮食行业队伍建设全面加强

始终把党风廉政建设和“两个责任”扛在肩上、落到实处。认真贯彻“八项规定”，驰而不息纠正“四风”。扎实开展群众路线教育实践活动和“三严三实”专题教育，深入持久推进安徽省粮食特色“三反三正”，先后出台落实党风廉政建设主体责任的意见、落实惩防体系规划的实施办法及推进“四个全覆盖”、落实监督责任等实施意见，党风廉政建设的制度基础不断夯实。全面推行处级干部初始提名、交流轮岗办法，进一步规范干部选拔任用程序，提高选人用人公信度，在省直机关率先实现处级干部交流轮岗全覆盖。安徽省粮食局党组在安徽省委组织部对省直86家单位开展的2014年度“一报告两评议”考核中名列第7，先后被评为省直机关效能建设先进单位、党建工作优秀等次。积极配合安徽省委专项巡视，严格落实巡视反馈意见整改责任，得到安徽省委巡视办和第八巡视组的充分肯定。注重实施“人才兴粮”战略，“七大重点人才工程”取得阶段性成果。2015年，开办“粮食大讲堂”，成功举办首届局直单位运动会，进一步提升干部职工精神风貌。重视局属“两院校一站所”建设，为全省粮食人才和科技支撑提供了坚强保障。

◆安徽省粮食局领导班子成员

牛向阳	党组书记、局长
刘　惠	党组成员、巡视员
戴绍勤	党组成员、巡视员
王用华	党组成员、纪检组长
杨增权	副局长
马三九	党组成员、副局长
许维彬	党组成员、副局长

2015 年 12 月 4 日，安徽省省长李锦斌主持召开粮食收购工作专题会议。

2015 年 7 月 2 日，安徽省粮食局局长牛向阳督查夏粮收购工作。

2015年10月22日，安徽省粮食局局长牛向阳参加第十届长三角粮食发展与合作会议。

2015年10月16日，安徽省举办世界粮食日和全国爱粮节粮宣传周活动。

福建省粮食工作

基本情况

福建地处东南沿海，全省海域面积 13.6 万平方公里，陆地面积 12.4 万平方公里，山海资源丰富，森林覆盖率 65.9%，山地、丘陵占全省陆地总面积的 80% 以上，素有“八山一水一分田”之称。2015 年末常住人口 3839 万，同比增加 33 万人，实现地区生产总值 2.6 万亿元，增长 9.0%。全社会固定资产投资 2.2 万亿元，增长 17.2%；外贸出口 7013.2 亿元，增长 0.6%；城镇居民人均可支配收入 33275 元，增长 8.3%；农民人均可支配收入 13793 元，比上年增长 9.0%。

福建是粮食主销区，2015 年粮食种植面积 119.3 万公顷，比上年减少 0.5 万公顷，其中稻谷面积 78.9 万公顷，减少 1.6 万公顷；粮食产量 661.1 万吨，比减 5.9 万吨，其中稻谷产量 485 万吨，减产 12 万吨。粮食消费总量 1827 万吨，包括口粮消费 799 万吨、饲料用粮 792 万吨、工业用粮 228 万吨、其他用粮 8 万吨。粮食调入总量 1723 万吨，其中从外省调入 1276 万吨、进口 447 万吨，省内粮食自给率 36.2%。2015 年末全省国有及国有控股粮食企业 303 家，企业从业人员 12191 人，地方粮食仓容总量为 806.1 万吨，其中国有粮食仓储企业 224 个，仓容 594.1 万吨。油罐仓容 52.7 万吨。铁路专用线 11243 米，专用码头泊位 6 个。全年粮油市场供应和价格基本稳定。

2015 年粮食工作

2015 年，福建省粮食系统深入学习贯彻习近平总书记系列重要讲话精神和对福建工作的重要指示，认真落实中央和福建省委关于保障粮食安全的战略部署，主动适应新常态，以守住管好“八闽粮仓”为己任，主动融入福建省“行动计划”，突出抓好粮食增储和粮库建设，粮食生产、收购、调运、加工、销售、储备等各环节加强粮食安全保障能力建设，为福建科学发展、跨越发展提供粮食安全保障。

一　粮食收购

2015 年，省粮食局继续实施强农惠农富农粮食政策措施，保护和调动农民种粮、售粮积极性。

2015 年福建省早、中晚籼稻最低收购价参照国家标准执行，分别为每 50 公斤 135 元、138 元，维持上年水平。制订出台全省早、中晚籼稻最低收购价执行预案，由于早籼稻市场价格高于省定最低收购价，中晚籼稻各级储备订单均按 138 元 /50 公斤收购，带动其他收购主体也按 138 元 /50 公斤收购。全省下达并落实到农户的储备粮订单收购计划为 36.2 万吨，直接补贴标准为每 50 公斤 12 元。在落实储备订单粮食直接补贴政策过程中，注意把握既倾斜种粮大户、家庭农场、农民合作社、农业产业化龙头企业，又兼顾边远地区农民的卖粮需求，确保各地在落实储备订单到户工作中坚持公开、公平、公正。2015 年全省各类粮食企业收购粮食总量 52.6 万吨，其中储备粮订单收购 36.7 万吨，发放订单补贴 8681 万元，有效调动了农民种粮积极性。

二 产销协作

2015 年，福建省粮食局将第十一届粮食产销协作福建洽谈会、6·18 粮油项目成果交易会和第十四届省内产销区粮食购销协作洽谈会“三会合一”。福建、山东、江西、吉林、安徽、河南、黑龙江、湖南、江苏、湖北十省政府代表团和中粮集团参加了会议。会议分为“十省展区”“粮油精品展区”“中粮集团展区”“粮油科技展区”“粮油设备技术展区”五大板块，举办了“海丝之路”粮食经济发展论坛、粮食科技成果推介暨现代化粮库建设专题报告会，邀请了国内多所知名粮食科研院校发布科学研究成果，进行科技项目成果推介，围绕对接“一带一路”战略加快粮食经济发展进行学术探讨，受到了与会代表的欢迎；共有来自全国各地的 1000 多家粮食企业和科研院校，2200 多人参加了会议，为历届新高；共签订粮食购销合同（协议）716.7 万吨、征集粮食科技项目成果 203 项、科技需求 22 项、对接科技项目 20 项。不仅巩固和拓宽了引粮入闽渠道，而且为福建省粮企提供学习、交流、合作平台，开拓福建省粮食产业发展的新思路。

三 储备管理

根据国家粮食局等有关部门《关于开展 2015 年全国粮食库存检查工作的通知》要求，福建省在各地扎实有序开展粮食库存检查准备、自查、抽查的基础上，按照“统一抽调、混合编组、集中培训、综合交叉、本地回避”的原则，精心组织复查和整改工作。各地严格执行储备粮管理规章制度，做到“一符三专四落实”，全省粮情稳定，粮食库存数量真实、质量良好、储存安全、管理比较规范。根据国家粮食局《关于在 2015 年全国粮食库存检查中对收储企业执行国家粮食购销政策情况进行重点检查的紧急通知》要求，福建省认真落实，重点检查，堵塞漏洞，并迅速转发各地市和各复查组贯彻执行，没有发现被查企业存在买陈顶新、低收高转、先收后转等“转圈粮”问题。福建省粮食局根据国家有关部门下达的增储任务要求，会同有关部门积极做好新增储备粮规模任务分解工作。福建省人民政府下发了《关于增加地方储备粮规模的通知》，要求各地确保粮源、仓容、资金三落实，加强督查和考核，确保按时完成增储任务，截至 2015 年底，福建省地方储备粮规模实际到位近 90%。此外，福建省粮食局在省级直属粮库推广“四合一”升级版、惰性粉杀虫、熏蒸尾气减排等技术和“仓顶阳光工程”新能源项目，绿色储粮、科技储粮试点工作有序推进。

四 粮库建设

根据国家有关部门的增储要求，经省政府同意，福建省粮食局、省财政厅、省发改委联合印发了《省级粮食储备库建设实施方案(2015—2018年)》，方案综合考虑省级仓容布局、储备粮源和轮换流向等因素，进一步优化省级储备粮分布。除省级独立建设粮库外，还采取与市县政府联合建库和委托市县建库的创新模式，实现了粮库公共设施和设备共享共用，减少土地征用及建设成本，同时可以形成一定的规模效应，带动周边粮食产业发展，降低储备粮的保管和轮换成本，减少财政投资，实现各方共赢。2015年福建省省级粮库开工仓容14.5万吨，建成仓容9万吨。全省53个仓容不足的市、县（区）年度完成粮库建设投资5.47亿元，其中，完工或基本完工项目6个，建成仓容19.42万吨，开工项目23个，落实用地的项目21个，正在办理前期手续的项目3个。2015年5月经过专家评审，福建省被确定为国家“粮安工程”危仓老库维修改造专项资金重点支持省份，通过全省调研，福建省粮食局会同省财政厅制定了维修改造项目补助标准，下发了维修改造补助资金，出台了《福建省“粮安工程”危仓老库维修改造资金管理办法》和《福建省“粮安工程”危仓老库维修改造项目管理办法》，安排专人负责“危仓老库”维修改造项目跟踪督查，建立“危仓老库”维修改造项目进度“一季一报送”制度，及时掌握项目推进情况。2015年福建省粮食局利用农户科学储粮专项结余资金完成了2.2万套科学储粮罐建设与发放任务。“十二五”期间累计完成建设35.6万套，超额完成省政府下达的30万套建设任务，不仅较好地完成了上级下达的工作任务，而且深受农户的好评，取得了良好的经济效益和社会效益。

五 产业发展

2015年福建省粮油加工业体系更加完善，粮油产品更加丰富，企业竞争力得到提高。至2015年底，福建省规模以上粮油加工业企业共496家，比增41家，全省粮食加工业总产值736.3亿元，同比增加27.2亿元；产品销售收入655.0亿元，同比减少46.4亿元；科研投入1.8亿元，当年获得专利36件。推进粮食产业化经营，通过“引种带订单、公司加农户”的方式，带动粮食生产基地的建设。全省已有70家粮食企业开展产业化经营，建设粮食生产收购基地24.7万公顷。全省53家企业获得国家粮食局、中国农业发展银行重点支持的粮油产业化龙头企业称号,6家粮油加工企业进入全国50强。继续推进粮食批发市场建设，按照“统筹规划、分级实施、多元投资”的原则，吸纳社会资金投资市场建设，积极支持粮食批发市场信息化系统建设，推进政策性粮食联网交易。重点抓好福州粮食批发交易市场低温成品仓库建设；泉州·中国粮食城商务中心建设；上杭等四个县边贸批发市场配套服务设施建设，进一步发挥市场在保障城市供应和应急救灾等方面的重要作用。

六 质量监管

2015年，福建省积极开展“食品安全示范省”创建活动，健全完善食品安全监管体系，严格落实食品安全主体责任，形成食品安全社会共治局面。福建省粮食局与省食品药品监管局、农业厅、海洋与渔业厅共同签订了《加强食用农产品质量安全全程监管合作协议》，全面深化食用农产品质量安全全程监管，有力地促进了粮食质量安全齐抓共管。福建省通过布局调整、资源整合，确定 17 家粮油质量监测机构承担全省粮油质量监测任务，形成省、市、县三级粮油质量监测网络，覆盖全省经济区域的多层次粮油质量监测体系。根据《全国粮食质量安全检验监测能力“十二五”发展规划》，福建省有 10 家粮食质量监测机构纳入建设规划，目前已完成投资 4000 多万元，主要用于实验室提升改造、购买卫生指标检测设备。建立健全粮食流通监督检查配套制度，开展执法资格和执法能力培训，提高执法人员素质。继续开展治理“餐桌污染”专项检查等质量监管工作，重点抽查粮食批发市场、骨干粮食加工企业、销售企业、军供网点，检查大米、小麦粉、食用油等共 10392 多批次，检查结果表明：全省粮食质量状况总体良好。

七 保供稳价

2015 年福建省 13 家粮食批发市场吸纳会员或商户 1632 家，年粮食交易量 617 万吨，成交额 184.2 亿元。福建省已认定粮食应急供应网点 1361 个，认定粮食应急加工企业 157 家，形成小麦日加工能力 0.6 万吨、稻谷日加工能力 1.9 万吨，日供应能力 2.1 万吨的粮食应急加工供应体系。支持和引导企业积极参与国家政策性粮油竞价销售的竞买，2015 年，福建省 194 家企业取得参与国家政策性粮食竞买资格。福建省粮食局加强对涉粮企业的统计基础管理，建立和完善基本调查样本专用统计台账，建立和完善入统企业数据库，加强重点市场和区域的市场行情监测，掌握全省粮油市场价格动态情况。军粮供应企业做好粮油品种的调剂和串换，做好节日部队食用油优惠价供应，落实军粮供应政策，满足部队多方面多层次的需求。通过加强对粮食收购资格的定期核查，开展对政策性粮食销售出库监督检查，加强“两节”和“两会”期间粮油市场监管，粮食保供稳价措施落实，全省粮油市场供应和价格基本稳定。

八 党群工作

福建省粮食系统以谷文昌精神为镜，扎实开展了“三严三实”专题教育，落实“一岗双责”，深入贯彻落实中央八项规定精神。坚决反对“四风”，切实履行好了党风廉政建设主体责任，扎实抓好党风廉政建设和反腐败工作，出台了《福建省粮食局领导干部述职述廉制度》《福建省粮食局干部廉政法规考试制度》《福建省粮食局廉政谈话制度》，修订完善了《福建省粮食局公务接待管理办法》《福建省粮食局公务用车管理办法》。通过各种形式积极开展廉政教育，粮食系统党员干部党的意识、纪律意识、规矩意识、法治意识进一步增强。在认真抓好党组中心组学习、“三会一课”等学习制度的同时，积极探索和创新学习方式，坚持每周一下午固定开展“良友讲坛”学习活动，自 2014 年 3 月起，已坚持举办 85 期。加强工青妇组织建设，开展工青妇换届工作，发挥其桥梁纽带作用，积极开展文明单位、先进职工之家、五四红旗团委等创建活动，推进“职工之家”“青年之家”“妇女之家”建设。

◆福建省粮食局领导班子成员

林锡能　　党组书记、局长

冯利辉　　党组成员、副局长

吴添富　　党组成员、副局长（任职至 2014 年 11 月）

赖应辉　　副局长（2014 年 11 月任职）

郑小蕊　　党组成员、纪检组长

黄敬和　　党组成员、副局长（2014 年 4 月任职）

2015 年 6 月 18 日，福建省委书记尤权（左）到第十一届粮食产销协作福建洽谈会现场巡馆。

2015 年 8 月 19 日，福建省副省长黄琪玉到福建省粮食局调研。

2015 年 6 月 18 日，福建省政协副主席陈荣凯（左）出席在福州举办的第十一届粮食产销协作福建洽谈会。

2015 年 12 月 24 日，福建省粮食局局长林锡能（右二）到古田县中心粮库规划选址现场调研。

江西省粮食工作

基本情况

江西简称“赣”，因公元733年唐玄宗设江南西道而得省名，又因为江西最大河流为赣江而得简称。江西位于中国东南部，在长江中下游南岸，以山地、丘陵为主，属亚热带季风气候区，年平均气温17.8℃，四季分明，全年雨量充沛，光照充足。全省面积16.69万平方公里，总人口4500余万，辖11个设区市、100个县（市、区）。2015年全省实现生产总值16723.8亿元，增长9.1%；财政总收入3021.5亿元，增长12.7%；城镇居民人均可支配收入26500元，增长9%；农村居民人均可支配收入11139元，增长10.1%。

江西是全国13个粮食主产省之一，是全国重要的稻米生产地区，自古就有“天下漕米取于东南，东南之米取于江西”的美誉，明清时期全国四大米市江西有其一。良好的气候条件、丰富的水资源和耕地，为稳定发展粮食生产提供了最基本也是必备的条件。鄱阳湖平原、赣抚平原、吉泰盆地粮食主产区和赣西粮食高产片，形成“三区一片”粮食主产格局，“三区一片”粮食生产面积占全省的89%，生产粮食占全省的90%。2015年，全省粮食种植面积370.56万公顷，比上年增长0.2%，其中，谷物种植面积339.32万公顷，增长0.1%。全年粮食总产量2148.7万吨，比上年增长0.2%，实现“十二连丰”。

2015年粮食工作

2015年，江西省粮食部门在省委、省政府的正确领导和国家粮食局的指导下，积极适应新常态、顺应新形势，以全面落实粮食安全省长责任制为契机，坚持深化改革，强化宏观调控，推进“粮安工程”，加强粮食市场监管，稳固产业发展基础，抓收购促产销，各项工作取得新成效。全省粮食收购总量1060万吨，列全国第11位，其中国有粮食企业收购335万吨，民营企业收购725万吨。

一 严格执行粮食收购政策

全省各级政府高度重视粮食收购工作，省政府组织召开了全省早稻收购工作电视电话会议，省委副书记莫建成同志出席会议并作重要讲话，各市、县主要领导、分管领导参加，会议延伸到基层收储库点。主产县（区）基层政府抽调乡村干部成立收购工作小组，协助维护收购秩序。省粮食局、中储粮江西分公司和省农发行建立了联席会议协商机制，对收购工作早谋划、早安排、早部署。中储粮各直属库、各市县粮食局、农发行全力配合，推动了收购工作顺利开展。为便利农民就近售粮，全省早稻、中晚稻分别设定 703 个、465 个委托收储库点。各收储企业克服人手少、机械化设施不足和仓容紧张等困难，坚持早开秤、晚关门，敞开收购，并实行预约收购、“一站式服务”和非现金结算，做到验质、过磅、入库、结算一次办结，全省未出现农民“卖粮难”、卖“隔夜粮”现象。建立了收购督导机制，由省粮食局领导带队，深入收购现场进行调研督导，全面了解收购情况，及时解决收购中的实际问题。各级地方政府领导也纷纷深入收储库点，对收购工作进行检查、督促。

二　完善粮食宏观调控体系

经省政府同意，2015 年全省落实国家新增 45 万吨地方粮食储备规模。为推动储备粮油顺利轮换，加大了轮换补贴力度，省级储备粮三年轮换补贴标准提高到 380 元 / 吨，比国家标准高 240 元，比上年提高 40 元。有 5 个设区市出台新的地方储备粮管理办法，轮换造成的政策性亏损由财政兜底。探索建立动态储备机制，落实 22.5 万吨省级储备粮动态储备，实行静态与动态双线运行、国有和民营企业共同参与，并制定了动态储备管理办法，严格规范管理。完善应急保障预警体系，开发建设了全省粮食价格监测直报系统，价格监测点从 30 个增加到 70 个，实现了国有与民营、收储与加工、批发与零售全覆盖。争取了省级财政对应急保障中心建设的支持，2012 ~ 2015 年共投入资金 4000 万元支持 60 个县（市）建设应急保障中心，还将进一步加大支持，力争两年内实现县（市）全覆盖。

三　争取产业项目资金扶持

2015 年，争取省财政支持粮食流通产业发展专项资金 2.65 亿元。扩大扶持资金支持面，确定粮油仓储建设及功能提升、粮食应急保障、粮食信息化、粮食质量安全检测能力等项目作为财政资金支持范围，除常规的仓库建设、维修项目外，还对企业购置烘干机，谷物冷却机等功能提升设施给予补贴。为确保资金分配的公平、公正、合理，采取项目申报制和因素法两种分配方式，直接计算分配财政补贴资金，保证财政资金投入需要重点支持的地区和企业，推动基层粮库现代化，其中粮食信息化项目计划投资 5800 万元（2015 年安排 2000 万元）。注重财政资金使用绩效，对全省“危仓老库”维修改造工作进行了绩效评价，实现奖优罚劣。

四　强化政策性粮食监管

严格开展粮食库存检查。突出制度建设和问题导向，增强检查的针对性和实效性，制定了《江西省粮食库存检查发现管理问题通报等制度（试行）》，对检查发现库存管理问题的通报、约谈、预警、挂牌督办作了制度性规定。在实际检查中，重点查清政策性粮食特别是地方储备粮数量、质量和储粮安全的底数，查明国家粮食购销政策执行的实情，守住“数量真实、质量良好、储存安全”的监管底线。扎实开展粮油收购专项检查，制订了收购专项检查工作方案，成立了工作领导小组。各级粮食行政管理部门对粮油收购主体遵守《粮食流通管理条例》、“五要五不准”收购守则和执行最低收购价预案等情况，开展了严格规范的检查，共检查1224次，出动人员2252人次。抓好中央划转地方临储粮处置监管，制定了《江西省地方临储粮处置监管办法》，落实专项监管的组织责任，通过驻库、驻厂监管，强化对存储、加工企业的管控力度，全省共派驻监管人员353人，监管承储企业226个、大米加工厂和转化用粮企业247个。协调省财政落实监管工作专项经费700万元，保障了划转地方临时储备粮严格按照国家政策规定销售处置到位。

五　夯实粮食产业发展基础

全省共有粮食仓房11532座，仓容1722.5万吨。其中，中储粮企业仓容362.5万吨，地方国有粮食企业仓容1032万吨，民营企业仓容328万吨。全省油罐罐容65万吨。做好粮油仓储设施专项调查。成立了全省粮食仓储设施专项调查领导小组，制订了工作方案，组织召开了电视电话会议，开展了专项培训。组织人员就专项调查工作进行巡查指导，确保专项调查数据真实、可靠。抓好“危仓老库”维修改造验收。制订了验收方案，全省成立18个检查验收组，通过各设区市粮食部门交叉检查的方式，对全省“危仓老库”维修改造工作进行检查。在财政部、省检查组检查的基础上，对各地“危仓老库”维修改造完成情况进行了抽查。加快新仓建设。认真做好了粮食仓储设施中央预算内投资补助项目审核，申报中央预算内投资补助项目44个，总建设仓容90万吨。

六　落实粮食安全省长责任制

国务院《关于建立健全粮食安全省长责任制的若干意见》印发后，认真抓好文件精神的宣传贯彻。全省粮食流通工作会议将宣传贯彻粮食安全省长责任制作为一项核心工作进行部署，并通过省政府网站在线访谈、党风政风热线等进行了政策解读。省粮食局切实履行牵头部门职责，全面准确领会文件精神，加强与发展改革、农业、国土等部门联系协调，分解工作任务，明确职责时限，争取多方支持，促使省政府落实粮食安全省长责任制意见和考核办法顺利出台。落实意见明确界定了地方政府和省直各有关部门的粮食安全责任；考核办法明确将粮食安全责任纳入对各设区市政府年度目标管理绩效考核内容。全省各地积极推进粮食安全省长责任制的落实，根据本地实际制定具体实施意见。

◆江西省粮食局领导班子成员

黄　河	党组书记、局长
罗　洪	党组成员、副局长
刘福元	党组成员、副局长
赵　国	党组成员、纪检组长
杜晓林	副巡视员

2015 年 10 月 22 日，江西省副省长尹建业（左二）到省粮食局调研。

2015 年 10 月 16 日，江西省举行兴粮惠农进万家启程仪式，国家粮食局副局长卢景波（右七）出席活动。

2015 年 4 月 23 日，江西省粮食局局长黄河（左三）到莲花县调研粮食文化建设。

2015 年 7 月 29 日，江西省粮食局局长黄河（右二）到贵溪市督导早稻收购工作。

山东省粮食工作

基本情况

2015 年，全省生产总值 6.3 万亿元，比上年增长 8.0%。公共财政预算收入 5529.3 亿元，比上年增长 10.0%。城镇登记失业率 3.4%，低于 4% 的全年控制目标。物价水平低位运行，居民消费价格总水平上涨 1.2%。固定资产投资（不含农户）4.7 万亿元，比上年增长 13.9%。社会消费品零售总额 2.8 万亿元，比上年增长 10.6%。全省居民人均可支配收入 2.3 万元，比上年增长 8.8%，城乡收入比缩小到 2.44。

2015 年，全省粮食播种面积 749.2 万公顷，比上年增长 0.7%。粮食总产量 4712.7 万吨，比上年增长 2.5%，连续 13 年增产，其中小麦 2346.6 万吨，玉米 2050.9 万吨，稻谷 95.1 万吨，大豆 34.8 万吨，其他杂粮 3.6 万吨。

2015 年，全省粮食企业收购粮食 7067 万吨，同比减少 2.5%。从生产者中购进粮食 3674 万吨，其中小麦 1869 万吨，玉米 1671 万吨。全省粮食企业销售粮食 4280 万吨，同比减少 4.7%，其中小麦 2859 万吨，玉米 610 万吨。

2015 年粮食工作

2015 年，面对复杂多变的粮食市场形势，在国家粮食局领导下，山东省粮食局深入贯彻习近平总书记系列重要讲话精神，认真落实中央、省关于粮食工作的决策部署，经过全省粮食部门的共同努力，年初确定的各项工作目标圆满完成。

一　抓收购保供应管库存工作取得新成效

面对粮食再获丰收、粮价大幅波动的新形势，各级粮食行政管理部门高度重视，提前研判、积极应对，加强组织协调、强化市场监管，及时关注社会舆情、引导市场预期，全省粮食市场总体平稳有序，没有发生“卖粮难”问题。全年粮食企业收购粮食 7067 万吨，其中，启动最低收购价预案的 9 市收购小麦 124 万吨，是近年来最多的一年；销售粮食 4280 万吨，转化用粮 3095 万吨。继续加强与福建、黑龙江、天津、山西等省（市）产销合作，签订省际购销协议 177 万吨。在全国率先完成增储任务，超额完成国家下达山东省地方储备计划，保障市场供应的基础更加稳固。加强库存监管，推广科技储粮和绿色储粮新技术，粮情保持总体稳定。4 月，在全省组织开展了库存粮食检查，共检查粮食 813 万吨，占全省粮食库存总量的 55%，其中，检查政策性粮食 783 万吨，占检查总量的 91%，省级复查比例由国家粮食局要求的 20% 提高到 27%，并增加了市级重点抽查环节，从检查结果看，全省库存粮油数量真实、质量良好、管理比较规范。加强军供保障能力建设和军粮质量管理，推进军粮筹措管理机制改革，圆满完成军粮供应任务。

二 “粮安工程”建设实现新进展

2015 年是“粮安工程”全面铺开的第一年。按照国家粮食局建设“粮安工程”示范省的要求，各地抢抓机遇、用好政策，坚持规划引领、典型带动，粮食收储供应保障能力显著提升。全省累计投入维修改造资金 10.1 亿元，其中中央和省级财政补助 5.6 亿元，维修改造仓容 570 万吨。落实建库项目 40 个，物流项目 14 个，总投资 17 亿元，其中中央预算内投资 1.6 亿元，已全部开工建设。滨州总投资 6.5 亿元的粮食仓储物流产业园项目，争取国家专项建设基金 5000 万元。结合维修改造，为 200 多个基层收纳库配备了粮食购销存管理系统，争取省财政专项资金 2000 万元，在 19 个大中型粮库开展了智能化升级。高标准完成库存粮食识别代码试点任务，特别是济南、青岛、东营、德州等市高度重视，为国家出台识别代码行业标准作出了积极贡献。7 月，国家粮食局在德州召开现场交流会议推广山东经验。加强监测预警，在全国率先推行价格数据网络直报，认真开展粮油供需平衡调查、涉粮企业调查备案和农户存粮专项调查，为科学决策提供了数据支撑。会同省财政厅出台进一步加强粮食应急体系建设的实施意见，从 2015 年开始，省财政 3 年内安排 2.4 亿元支持应急项目建设。继续推进农户科学储粮示范工程建设，全省新增 5 万户，示范户已达 77 万户。在粮食科技周和爱粮节粮宣传周期间，各地组织丰富的宣传活动，取得了良好社会效果。

三 粮食产业改革发展迈出新步伐

在经济增速放缓的大环境下，积极争取政策支持，着力加强工作指导，大力发展粮食产业，玉米、小麦、油料年加工能力分别为 1752 万吨、3718 万吨和 2128 万吨，分别居全国第一位、第二位和第三位；粮油加工业总产值、产品销售收入分别为 2938 亿元、2913 亿元；实现利税 105 亿元，其中利润 74 亿元，均居全国前列。认真抓好国有粮食企业改革发展，实现营业收入 283 亿元，综合经济效益 3.9 亿元，连续 11 年保持稳步增长。积极推进粮食市场建设，会同省有关部门出台加强粮食市场体系建设的意见，在临沂召开全省粮食市场体系建设推进会。全省粮食批发市场年交易量达到 505 万吨，交易额 260 亿元。积极创建主食产业化示范省，会同财政厅出台进一步推进主食产业化建设的实施意见。从 2015 年开始，省财政连续 3 年，每年拿出 5000 万元专项资金，支持主食产业化项目建设。放心粮油、居民厨房工程继续保持良好发展势头，在全国率先实现了放心粮油网点城乡基本全覆盖。粮油加工业产值继续保持全国第一位。产业发展环境进一步优化，全年争取龙头企业贷款 71 亿元，减免企业税负 1.1 亿元。

四 法治粮食建设再上新台阶

按照建设法治粮食示范省的目标定位，全面实施依法管粮。认真落实国务院粮食安全省长责任制的若干意见和考核办法，省粮食局会同有关部门起草的粮食安全省长责任制实施意见，经省政府常务会议审议通过并正式印发实施，这是第一个明确界定地方政府粮食安全责任的制度性文件。实施意见进一步厘清了政府和相关部门的责任，建立了责任考核制度，为粮食行业提供了有力的政策支持。积极推进行政职能转变，各级粮食行政管理部门在编制权力清单的基础上公布了责任清单。认真开展全国粮食监督检查示范单位创建活动，当年5个县级局荣获国家示范单位称号，数量居全国第一。积极推进诚信粮食建设，在全国率先实行粮食行政处罚信息公示。加强粮食市场监管和质量监管，全年检查粮食经营企业1.8万个次，查处违法违规案件940件，全省检测样品2万多个，获取质检数据10多万个，较好地维护了粮食市场秩序和粮食质量安全。

五 行业自身建设呈现新面貌

认真落实中央全面从严治党战略部署，持之以恒落实中央八项规定精神，巩固拓展党的群众路线教育实践活动成果，扎实开展“三严三实”专题教育，紧盯“四风”问题不松手，加强日常监督检查，坚决防止反弹，党员干部的政治意识、大局意识、核心意识、看齐意识进一步增强，干部职工的凝聚力、执行力和战斗力明显提升。大力弘扬“创业、创新、节俭、奉献”的“四无粮仓”精神，5个单位和5名个人受到国家粮食局表彰。严格落实党风廉政建设责任制，加强反腐倡廉警示教育，推进廉政风险防控，自觉把纪律和规矩挺在前面。通过参与阳光政务热线等活动，主动接受群众监督，权力运行更加公开透明。深入开展精神文明创建活动，成果丰硕。严格落实安全生产责任，全行业安全形势稳定。

◆山东省粮食局领导班子成员

杨丽丽	省发展改革委党组成员，省粮食局党组书记、局长
乔延亭	巡视员（2015年6月任职）
丁兆石	党组成员、副局长
王传民	党组成员、副局长
崔秀顺	党组成员、纪检组长、监察专员
李　伟	党组成员、副局长（2015年6月任职）

2015 年 8 月 27 日至 28 日，山东省全省推进粮食市场体系建设现场会议在临沂市召开，国家粮食局副局长卢景波（主席台中）、省粮食局局长杨丽丽（主席台右二）出席会议并讲话。

2015 年 5 月 6 日至 7 日，山东省粮食局局长杨丽丽（左四）到中储粮聊城物流分公司督导粮食库存检查省级复查工作。

2015 年 6 月 16 日至 17 日，山东省粮食局局长杨丽丽（左一）到德州房寺镇虎头尚王辉粮庄察看夏粮收购工作。

2015 年 2 月 3 日，山东省全省粮食流通工作会议在济南召开。

河南省粮食工作

基本情况

河南省位于我国中东部、黄河中下游。周边与山东、安徽、湖北、陕西、山西和河北6省毗邻。界于北纬31° 23′ ~ 36° 22′ 、东经110° 21′ ~ 116° 39′ 。全省处于暖温带和亚热带气候交错的边缘地区，多年年均气温为12.8 ~ 15.5℃，2015年全年平均气温为15.1℃。年降水量从北到南大致在600 ~ 1200毫米，全省无霜期在190 ~ 230天，一般可满足农作物一年两熟，盛产小麦、玉米、稻谷、大豆、红薯和棉花、芝麻、花生、油菜籽等农产品。河南省古代辖区位于黄河之南，故称河南；因为九州之豫州，故简称"豫"。新中国成立后，设立河南省，现辖18个省辖市和10个省直管县（市）及150个县市区，总面积16.7万平方公里，居全国省（区、市）第17位，占全国面积的1.73%。其中，耕地面积820万公顷。2015年全省生产总值37010.25亿元，全国排名第五，比上年增长8.3%，高出全国1.4个百分点；速冻米面食品产量356.7万吨，比上年增长1.7%。年末总人口10722万，常住人口9480万。城镇化率为46.85%，比上年提高1.65个百分点。全省粮食产量6067.1万吨，实现"十二连增"，占全国粮食总产量的9.76%，占比高出上年0.25个百分点，居全国第二位。全年居民消费价格（CPI）比上年上涨1.3%，涨幅低于全国1.4%水平，其中粮食上涨2.9%。河南省共有县级及以上粮食行政单位150个，事业单位及参公事业管理单位120个，国有粮食企业1738个，非国有粮食企业1731个。本年入统单位从业人员125499人，其中在岗职工114859人。

2015粮食工作

一 粮油生产

（一）粮食生产

2015年，河南省紧紧围绕"提质增效转方式、稳粮增收可持续"总目标，坚持以转变农业发展方式主线，以高标准粮田建设为基础，以农业科技创新为支撑，以新型经营主体培育为关键，努力实现藏粮于地、藏粮于技，粮食产量在高基点上实现新跨越，为保障国家粮食安全作出了新的贡献。全省粮食播种面积 1026.72 万公顷，比上年增长 0.6%。其中，小麦播种面积 542.57 万公顷，增长 0.4%；玉米播种面积 334.39 万公顷，增长 1.8%。全年粮食产量达到 6067.1 万吨，增长 5.11%，高出全国 2.7 个百分点，实现连续 12 年增产，连续 9 年超千亿斤、首个年度超 6000 万吨。其中夏粮产量 3511.8 万吨，增产 5.2%（小麦 3501 万吨，增长 5.2%；占全国小麦产量的 27%，继续保持全国第一的位次）；秋粮产量 2555.3 万吨，比上年增产 5.01%（玉米产量 1853.7 万吨，增长 7.0%）。

（二）油料生产

河南是油料生产大省，油料作物主要有花生、油菜、芝麻三大油料作物，油葵等其他油料作物零星种植。其中，花生和芝麻在面积、产量上均居全国第一，油菜产量居全国第七位。全省花生形成了豫东北油用大果花生区、豫西南珍珠豆型食用小果花生区和豫西北普通小果区三大类型产区，优势集中区占全省花生面积的 70%；芝麻形成了以周口、驻马店、南阳三市为主，从东到西的优质白芝麻区域带，常年播种面积占全省的 70%，产量占全省的 75%；油菜形成了以豫南的信阳市为中心的长江流域油菜带，辐射南阳、驻马店的优势生产区域，常年播种面积占全省的 80% 左右，全省油菜的双低优质化品种普及率达 80% 以上。

2015 年，全省油料面积预计 160.33 万公顷，较上年增 0.3%；总产 599.7 万吨，增 1.1%。其中，花生面积 107.47 万公顷，增 1.5%，产量 475 万吨，增 0.8%；油菜 34.84 万公顷，减 3.6%，产量 88.6 万吨，增 2.5%；芝麻 17.33 万公顷，增 0.4%，产量 26 万吨，与上年持平；油葵 0.57 万公顷，产量 1 万吨。

二 粮食流通

据统计调查，2015 年全省粮食商品量 4550 万吨左右，商品率 76% 左右。其中小麦商品量 2450 万吨左右，商品率 75% 左右；玉米商品量 1400 万吨左右，商品率 81% 左右；稻谷商品量 400 万吨左右，商品率 78% 左右；豆类、薯类等其他杂粮商品量 200 万吨左右，商品率在 85% 以上。全年全省全社会粮食经营企业完成粮食收购 3960 万吨（含中储粮、中粮系统），其中小麦 2726 万吨，玉米、稻谷等秋粮 1100 万吨；全省全社会粮食经营企业共销售及调销省外粮食 3660 万吨，其中调销省外粮食及其制品折粮 2000 多万吨（含原粮 1050 万吨）。由于粮食销售保持稳定，致使河南省国有粮食企业粮食库存量与往年相比，增幅明显。

三 粮食调控

（一）粮食收购

一是各级政府高度重视粮食收购工作。省政府召开了全省夏粮收购工作会议，副省长王铁到会讲话，要求各级各有关部门要认真落实夏粮收购工作行政首长负责制。各市县动员一切力量，提高粮食质量和品质，加快售粮工作进度，确保全省夏粮收购顺利开展。二是提前制订粮食收购工作预案。对做好小麦生产、收购情况调查预测、购销企业收储能力摸底调查，以及最低收购价预案启动与否、应当采取的托市收购和市场收购措施，作出安排研究对策。截至夏粮收购前，全省地方粮食收储企业共备仓 2100 万吨。三是加强粮食收购政策宣传工作。省粮食局与中储粮河南分公司、省农发行共同制定了《2015 年小麦、稻谷最低收购价政策宣传提纲》。鼓励各类市场主体，积极入市收购粮食，确保种粮农民增产增收。组织召开了新闻通气会，通报全省粮食收购工作及潢川"人情粮"问题处置情况，消除了舆论的误解误读。四是建立粮食收购联席协调机制。按照"四个共同"要求，省粮食局与中储粮河南分公司、省农发行，共同研究并报省政府批准，6 月 1 日在全省启动小麦最低收购价预案，9 月 30 日在信阳、南阳、驻马店启动中晚籼稻最低收购价预案。同时共同确定了 1371 个小麦收储库点和 126 个稻谷收储库点入市收购。为妥善解决豫南 7 市小麦不完善粒超标存在的收购问题，按照省政府要求，省粮食局协调财政厅，共同安排省级财政资金 1500 万元，带动有关市、县安排财政资金 2630 万元，对粮食加工企业、主食产业化加工企业收购 2015 年不完善粒超标小麦的银行贷款给予适当贴息，鼓励加工企业参与收购。省粮食局与农发行、中储粮河南分公司联合印发通知，要求收储企业增加设施，搞好小麦整理，将符合质量标准的粮食全部收购入库。针对信阳等地因天气、仓容紧张等影响，在秋粮收购期间出现收购进度迟缓、排队插队卖粮的现象，河南省粮食局及时与中储粮河南分公司、省农发行联合出台了民营企业参与政策性粮食收储的意见，增加仓容 150 万吨，满足了农民售粮需要。五是加强市场监管，规范收购秩序。省政府成立 3 个督导组，省粮食局派出 8 个工作组，分赴全省检查指导粮食收购工作，及时解决农民排队集中售粮问题。向社会公布举报监督电话，积极受理举报、投诉，维护正常的粮食收购秩序。六是搞好收购服务，主动延长收购时间，增设结算窗口，实行预约收购、均衡入库，方便农民售粮。夏粮收购期间，全省累计收购小麦 2005 万吨；秋粮收购期间，累计收购秋粮 665 万吨。

（二）地方粮食储备

一是新增地方储备粮规模得到有效落实。按照国务院第 52 次常务会议要求，河南省完成新增地方粮食储备规模 70 万吨，是近年来落实数量最大、速度最快的一次。其中省级及郑州、开封、洛阳、安阳、濮阳、鹤壁、漯河、济源、汝州等市新增储备任务全部完成。二是探索完善省市县三级储备协同互补机制，平顶山、三门峡等市制定了市级储备粮（油）管理办法，维护区域粮食市场稳定。三是合理安排 2015 年度省级储备粮轮换计划，精心组织轮换验收工作。采取现场督导检查的方式，重点检查轮换备仓情况、出入库等情况，并且进行了核查验收。截至年底，轮出轮入数量分别占计划的 96.5%。四是认真履行监管职责，扎实开展省级储备粮库存检查工作。结果表明：库存丈量数量误差均在规定范围之内，账实基本相符，各代储企业基本能按照省级储备粮管理基础工作规范进行操作。五是认真做好包括代储企业重大变更事项管理在内的各项代储资格企业管理工作，确保中央储备粮代储资格企业质量。全省共受理中央储备粮代储资格新申请企业 9 家，延续申请企业 41 家，上报中央储备粮代储资格重大变更 27 家。

（三）粮油应急保障

一是修订完善了《河南省粮食应急预案》，拟报省政府下发。目前，全省共建立应急供应网点 1044 个，认定粮食应急加工企业 265 个，日应急运输能力达到 8000 吨，实现应急网点覆盖城乡。二是建立了覆盖全社会的粮食流通统计制度，将国有和重点非国有粮食企业纳入粮食流通统计范围，全省入统企业达到 3860 家，实现数据网上直报。三是做好粮油市场监测工作，坚持执行价格监测周报制度，定期发布粮食供求及市场价格信息，推动建立面向社会的市场信息发布制度；完成了 2014 年度社会粮食供需平衡调查数据生成任务。

（四）粮食销售

一是顺利完成河南省与国家粮食交易协调中心对接工作，理顺了政策性粮食交易渠道。二是组织河南省 8 家用粮企业定向竞买 2010 年中央事权真菌毒素超标小麦，确保超标小麦不流入口粮市场。三是加强粮食产销衔接，促进代储业务开展。组织企业参加福建、黑龙江、山西等地粮食产销合作洽谈及交易活动，加强和巩固同北京、广东、广西、贵州、重庆、海南、湖南等全国 18 个省、自治区、直辖市建立的长期稳定的粮食产销战略合作关系。河南省粮食局与北京市粮食局续签了 2015 年代储协议，合同涉及粮食 9 万多吨。四是拓展合作渠道，强化特色粮食品牌建设。濮阳市设计了“濮粮”“濮麦”商标，焦作、信阳潢川分别被中国粮食行业协会授予“中国优质小麦之都”“中国优质糯米之乡”称号。

（五）军粮供应

坚决执行国家军粮供应政策，加强军粮质量管理，军供保障能力不断增强，驻豫部队对军粮质量、服务满意率达到 98% 以上。积极申请国家补助军供系统“粮安工程”应急供应仓储设施维修改造补助资金 6345 万元，推动全省军供设施和服务保障能力的提升。主动贯彻落实“五位一体”军民融合式战略初见成效，原粮储备和政策性购销业务达 14 万吨，应急储备达 7200 余吨，“放心粮油”服务社会年经营量达 700 吨。

四 粮食流通改革

（一）贯彻中央和省粮食工作方针及改革措施

2015 年 2 月初，省粮食局召开全省粮食工作会议，强调按照中央和省关于“切实保障国家粮食安全”的总要求，立足全省经济社会发展和“三农”工作大局，主动适应经济发展新常态，认真落实粮食安全省长责任制和国家粮食购销政策，增强粮食宏观调控能力。要求全省粮食系统努力抓好国有粮食企业改革、省级粮食集团组建工作，加快推进地方储备粮、信息化、应急保障、质检四大系统和诚信评价、军粮供应两大体系建设，扎实抓好依法管粮、主食产业化和“粮安工程”建设，促进粮食生产与流通协调发展。

（二）粮食流通体制改革

一是落实国务院 69 号文件取得突破性进展。河南省粮食局先后草拟并充分征求吸收了省发展改革委、省农业厅、省财政厅、省农发行等 9 家省直单位及部分省辖市、省直管县（市）粮食局的意见，呈报省政府审核后，分别以河南省人民政府及其办公厅名义印发了《关于全面落实粮食安全省长责任制的实施意见》《河南省粮食安全市长县长责任制考核办法》，为做好粮食工作提供了有力的政策支撑，为确保粮食安全责任制的落实建立了制度保障。二是抓好粮食安全省长责任制在全省的贯彻落实工作，及时下发了督促贯彻落实的有关文件，将各地工作推进情况以信息专刊形式予以印发。目前，信阳、鹤壁、周口 3 市以市政府或市政府办公室名义印发了贯彻意见，许昌、商丘、濮阳、驻马店、汝州等市贯彻落实文件已上报当地政府。

（三）地方国有粮食企业改革

一是粮食企业改革成效明显。全省国有粮食企业积极以改革谋发展，拓宽经营渠道，加强企业管理，实现减亏 0.11 亿元。省粮食局成功组建了中原粮食集团，各项运营筹备工作正加快推进。信阳黄国粮业成为亚洲最大的水磨糯米粉生产企业、国家级粮食研发中心，已在新三板成功上市。二是“粮食银行”试点稳妥推进。学习重庆、安徽等省市做法，总结信阳潢川“仁和经验”，并且在南阳市做好试点工作，同时拟订了河南省“粮食银行”试点工作实施方案、河南省“粮食银行”监督管理办法，目前正在征求有关商业银行意见。三是做好省财政、金融部门资金的争取、协调和粮食企业免税工作，创造良好的政策环境。积极引导推动银企对接活动，帮助企业引资、融资，搞活经营。

五 粮食流通监管

（一）依法管粮

一是认真落实粮食收购资格核查制度，进一步规范粮食收购市场秩序。截至年底，全省具有粮食收购许可证的经营者共计 8066 个，其中非国有主体约占 71.8%。二是各级粮食行政部门全年开展行政执法活动 5970 次，查处各类涉粮案件 1146 例，为农民追回售粮款 327.9 万元。三是周密组织粮食库存检查，省级复查库点 98 个，复查粮食数量占全省库存总量的 22%，检查结果表明全省库存粮食账实基本相符，质量良好；对查出的各类问题，督促相关单位整改到位。四是主动协调召开苏鲁豫皖四省粮食流通监督检查联合执法联席会议，开展省域间执法合作。五是河南省粮食局服务型行政执法示范点建设、观摩活动被省全面推进依法行政工作领导小组办公室通报表扬。汝阳县、安阳县、辉县市粮食局被命名为国家级粮食流通监督检查示范单位。

（二）粮油质检

一是粮食质量检验监测能力有效提升。目前全省共有 20 个国家挂牌的粮食质量检验监测机构，其中省级粮油质检中心 1 个、省辖市质量监测站 16 个、县级质量监测站 3 个，初步实现了“机构成网络、监测全覆盖、监管无盲区、系统无风险”的目标。二是争取省财政安排粮食质量监管专项资金 1350 万元，用于购置检验检测仪器设备。2012 ~ 2014 年全省小麦质量品质测报数据深度加工利用平台建设完工，并投入运行。三是完成了 2014 年中晚稻重金属含量检测，河南省最低收购价中晚稻整体质量良好，重金属指标全部合格。四是与省农业厅共同举办了第四次信息发布会，发布了《2015 年河南省收获小麦质量品质报告》，正确引导粮食生产和流通，有利于推动主食产业化和粮油精深加工业的发展。

（三）诚信评价

按照先易后难、全面铺开的原则，顺利推进诚信评价试点工作。选择条件较为成熟的濮阳市、汝州市、登封市、西平县先行开展粮食企业经营活动守法诚信评价试点。濮阳市制定了《濮阳市粮食经营活动守法诚信评价办法》《粮食企业经营活动守法诚信评价指标值》等，有力推动了粮食企业“守信激励、失信惩戒”机制建设。

六 粮食行业信息化建设

（一）修改完善了全省“互联网 +”智慧粮食信息化建设规划

根据国家及省对信息化建设的指导意见，结合河南省粮食行业实际情况，在原来的《河南省粮食行业中长期信息化建设规划》的基础上，修订了《“互联网 +”新形势下河南省粮食行业信息化建设规划》，对加快推进河南省粮食行业信息化建设的进程，促进河南省粮食行业科学发展、后发赶超，形成粮食行业发展的新引擎、新动力，明确了方向。

（二）努力推进粮食行业公共信息服务平台建设

上半年建立并开通运行了河南省粮油信息中心微信公众号。信息中心通过该账号定期发布省内外粮食政策法规信息、粮油市场行情、行业热点新闻等信息，初步发挥了建设粮食行业公共信息服务平台的功能和作用，进而扩大了粮食部门的社会影响力。

（三）继续优化小麦质量品质建设数据的深度加工利用数据平台

一是完成了 2012 ~ 2014 年全省小麦质量品质测报数据深度加工利用平台初步建设，该平台已经在省局大楼局域网内正常运行。二是印发了《全省粮食行业信息化建设实施意见》。从 9 月份起，实施了部分企业开展河南省库存粮食识别代码试点工作。目前，41 家省级储备粮代储企业按时上报数据，库存识别代码运行正常。三是创新管理模式，积极推进省级储备粮粮库智能化监管平台建设。2014 年初，省信息化和信息安全工作领导小组办公室研究通过了《河南省省级储备粮粮库智能化监管平台项目可行性研究报告》评审。

七 粮食流通体系建设

（一）“粮安工程”建设

一是危仓老库维修改造基本完成。2014 ~ 2015 年，河南省被列为中央补助地方“粮安工程”危仓老库维修改造专项资金重点支持省份，中央补助专项资金 2 亿元，省财政落实配套资金 4 亿元，市、县财政及企业筹集资金 3.63 亿元；确定全省危仓老库维修改造项目 688 个，维修仓容 840 万吨，原址改造仓容 65 万吨，目前，项目建设进入扫尾阶段，极大地提升了保障粮食安全的能力和储粮科学管理水平。二是河南省被列为 2015 年国家“粮安工程”智能化升级支持省份，中央补助、省级配套、市县财政及企业自筹等预计总投资 5.6 亿元，首批评选出 4 个试点示范粮库中的郑州市示范库点已基本竣工。三是按照国家 2014 ~ 2015 年粮食仓储设施第一批（2000 万吨）新增项目建设要求，确定河南省新建粮仓项目 29 个，新建仓容 119 万吨（超出国家下达计划 24 万吨），总投资规模 8.5 亿元。

（二）粮食储存安全

一是认真执行《粮油储藏技术规范》《河南省露天储粮技术管理规范》和《全省一符四无粮油率考核办法》，切实搞好储存粮食安全普查。各地基本做到了仓内记录齐全、外垛管理规范、药剂管理有序、消防设施完好，仓储管理比较规范，全省储备粮实现“一符、三专、四落实”100% 的目标，“一符四无”粮油率达到 95% 以上。二是积极推动绿色储粮技术试点工作，审核拨付豫粮集团、河南国家粮食储备库试点专项资金各 100 万元。《粮食质量安全监管系统建设项目可行性研究报告》于 6 月份通过审核，一期投资近 600 万元，已完成项目招标和项目建设工作，2016 年投入运行。三是认真执行《河南省粮食行业储粮化学药剂管理办法》，加强对各地中心药库的管理，保证河南省粮食熏蒸化学药剂规范管理，没有出现安全问题。

八 行业发展

（一）积极推进粮油加工业发展

根据 2015 年度全省粮油加工转化企业年报数字显示，全省纳入统计的粮油加工转化企业 1079 家，其中，小麦粉加工企业 609 家，大米加工企业 165 家，食用植物油加工企业 57 家，饲料企业 194 家，淀粉企业 24 家，酒精及制酒企业 30 家。2015 年，小麦粉总产量 1750 万吨，其中，特一粉 755.1 万吨，占 43.1%；玉米淀粉及加工品 87.21 万吨，其中，淀粉 26.04 万吨，占 29.9%；杂粮加工品 21.04 万吨；粮食食品 84.82 万吨。目前河南省已成为粮食加工第一大省，全省粮油加工转化率达到 81.5%。

（二）持续抓好主食产业化工作

一是拨付 60 家主食产业化和粮油深加工企业扶持资金 5000 万元，带动企业获取流资贷款总额 45.4 亿元。二是协调兴泰科技公司等 23 家企业成立全国主食产业联盟，提升主食产业技术水平。三是筹措专项资金 8500 万元，对 61 家主食产业化和粮油深加工企业进行贴息扶持，再次带动企业获取流资贷款 60.2 亿元。全省主食产业化率超过 32%，178 家企业被评为“河南省放心粮油”示范企业，从中择优推荐 81 家企业成为“全国放心粮油”示范企业。四是会同财政厅进一步加大了主食产业化相关项目的监督检查，核查安阳项目 1 个。新乡市积极打造“中国第一麦”，推广“龙头企业 + 专业协会 + 农户”和“订单 + 期货”的“延津模式”，实现粮食效益多元化。信阳市政府安排财政资金 255 万元对主食产业化工作先进单位进行了表彰奖励。

（三）推动粮食行业开放发展

全省粮食行业全年完成招商引资项目 38 个，招商引资金额 10 亿元的目标。年初，省粮食局与中国银行河南分行成功签署全面战略合作协议，充分利用中国银行海内外一体化、全球资金结算网络等优势，支持粮食企业国际化发展。郑州市积极融入“一带一路”战略，大力推动河南进境粮食指定口岸建设。永城市继续推进与台湾合作“富硒小麦种植及小麦产业链加工食品园”建设，总投资 5.2 亿元。

（四）粮食科技进步与创新

一是加大科技成果的推广应用力度，向国家发改委和国粮局成功争取的 2014 年度追加河南省农户科学储粮专项 8 万户的建设计划，分别在驻马店平舆县、巩义市和永城市组织实施。到 2015 年底，全省实施农户科学储粮专项共有 13 万户。2015 年，河南省应用类成果：新产品 2 个，新技术 1 个，新工艺 2 个，为全省的粮食经济又快又好的发展作出新的贡献。二是协调许昌、滑县、辉县等 5 个质检中心落实配套资金和场地，按照省局要求组织招投标和仪器、设备的统一采购，加快项目建设进度。2015 年国家拨付省粮油质检中心第二批建设资金 690 万元已到位。三是开展以“科学食粮、健康圆梦——粮食科普进社区进家庭进校园”为主题的科技宣传周活动，组织编印、制作和发放了《城乡居民营养健康知识手册》、科普宣传提纲、节粮器皿、小贴士等宣传物品 5000 套。四是组织开展了全省粮油化验室和质检站的开放日，组织相关高校 1000 名师生，组成科技周宣传活动代表队，分赴全省 60 多个社区宣传点及其相关居民家庭开展科学膳食科普宣传活动。五是在世界粮食日组织开展了以“节约一粒粮，我们在行动”为主题的爱粮节粮进社区、进家庭、进校园主题宣传活动，受到社区居民的高度评价。

（五）安全生产

一是认真落实国家和省关于加强安全生产工作的意见，层层落实安全生产责任制，牢牢树立发展不能以牺牲人的生命为代价这个观念和红线意识，始终绷紧安全生产这根弦，筑牢科学管理的安全防线。二是按照省政府一系列部署开展安全生产大检查。省政府安全生产督查组到河南省粮食局和郑州市有关粮食企业进行了安全督查，给予了较好的评价。三是召集省局直属各单位和豫粮集团开展以“明责、尽责、知厉害”为主题的安全生产集体谈心活动，省局领导与省直属各单位主要负责同志签署了《安全生产责任明白书》。四是下半年在全省粮食系统开展了“查尽责、除隐患、保安全”专项活动。确定了以消除消防、建筑施工、危险化学品、防洪度汛和食品安全等 5 个重点领域安全隐患。省粮食局成立了专项行动工作领导小组，各地粮食局都成立了相关组织，制订了活动方案，建立健全安全案件、线索和问题半月汇报制度。全省粮食行业检查单位748个，查出安全生产隐患398个，其中重大隐患6个，对于检查出来的问题都要求各单位进行及时整改。

（六）人才队伍建设

一是认真执行中央新修订的干部选拔任用条例。按照全省统一安排，组织了公开考录7名公务员工作。同时做好挂职锻炼干部的协调、沟通、慰问、服务工作。二是圆满完成了上级安排的干部培训任务。全年12名处级以上干部参加了上级部门和相关业务部门的培训。局机关61名公务员网络学习，全部完成学习任务。三是省粮食局组织了3场师德师风建设教育报告会。还与省财贸轻纺烟草工会联合举办了河南省第六届粮食系统职工职业技能竞赛省级决赛，110名优秀选手参加了竞赛活动。四是局直属院校的办学能力和办学水平不断提高。河南工贸职业学院被省政府确定为河南省特色院校，河南省经济管理学校和河南经贸技校被评为省高技能人才培养示范基地。三所学校2015年实现招生8978人，毕业生就业率达95%以上。建立了由学科带头人、骨干教师和行业学会、企业专家组成的职业教育专家库。

（七）新闻宣传和文化建设

一是加大新闻宣传力度，树立粮食行业形象。省粮食局围绕全省粮食经济工作重心，组织新闻媒体在《河南日报》、河南广播电台、新闻网站及其他新闻媒体上发布有关新闻稿件60多篇；在省政府刊物上发表《凝心聚力 全面做好新常态下的粮食工作》。全年召开新闻通气会5次，为全社会了解、支持粮食工作营造了良好的舆论氛围。二是坚持政务公开制度。紧紧围绕国家粮食局、省委省政府重大工作部署和省局中心工作，有针对性地收集报送信息。全年共编发《河南粮食信息》186期，共228条。通过网络、机要交换向国家粮食局、省委省政府及省直各部门累计报送信息228条。局门户网站全年累计公开发布各类信息750条。三是推进粮食文化建设。近几年来，河南省贯彻落实国家粮食局加强粮食文化建设的实施意见，全面启动粮食史志编纂工作，河南省粮食局连续三年被省政府史志办公室评为先进单位。去年创办《河南粮食年鉴》期刊，第一期40多万字，已经出版发行，受到社会好评。开展“出彩豫粮人”评选活动，彰显了粮食行业的正能量。

（八）以文辅政和服务保障

一是围绕全省粮食中心工作，较好地发挥了辅助领导决策的参谋作用。草拟了一系列请示和报告，累计20多篇，10多万字；组织撰写并在《河南日报》专刊发表了局主要负责同志《落实安全省长责任制 推动粮食工作健康发展》的访谈文章。认真做好全国粮食系统办公室工作会议和全省粮食工作会议等重要会议的组织和会务工作，受到有关方面的好评。二是加强督促查办工作。制定了《河南省粮食局督查工作规定》，使督查工作做到了有章可循。2015年，先后列入省局督查督办的重点工作共30项，其中已经办结25项，其余5项正在落实中。同时保质保量、按时完成了人大代表建议、政协委员提案办理工作，承办人大代表建议和政协委员提案办结率和满意率均达到100%。三是突出抓好公文处理，严控发文数量，严把公文质量，提升办文效率，使局机关发出的公文格式规范、文字精练、内容准确、运转高效。2015年共审核签发各类文件559件，批办收文463件，累计文件运转近万次，差错率控制在规定范围。四是切实做好服务保障工作。机要保密、文件交换工作安全运行，值班工作有序开展，档案管理被省档案局评为优秀单位。五是认真做好离退休干部工作，保证政治、生活“两个待遇”的有效落实。申请财政资金39万余元，维修改造老干部活动中心，提升了活动中心的功能，获得了老干部的肯定和认可。

（九）粮食行业精神文明建设

一是认真开展文明行业创建活动。印发了《河南省粮食局2015年创建文明行业活动实施方案》，在全省粮食行业提出了“四大重点创建任务”，推动粮食中心工作顺利开展。到年底，各省辖市粮食局已按省局要求，对所辖县、区、企业普遍进行了考核验收，对其中的创建先进单位已推荐省局，待省考核后予以确认表彰。二是开展“四无粮仓”60周年纪念活动。按照《国家粮食局关于开展“弘扬‘四无粮仓’精神先进单位”和“传承‘四无粮仓’精神先进个人”评选表彰活动的通知》要求，河南省在粮食行业内部组织开展了形式多样的“四无粮仓”60周年纪念活动。在此基础上，由各省辖市、省直管县（市）粮食局和有关企业正式推荐，省局在全省粮食工作会上分别表彰了弘扬“四无粮仓”精神先进单位和“传承‘四无粮仓’精神先进个人”各100名，对连续从事粮食保管、仓储管理工作30年以上的20位同志授予“传承‘四无粮仓’精神特殊贡献奖”荣誉称号。其中有7位同志、7个单位受到国家粮食局隆重表彰。

九 党群工作

（一）“三严三实”专题教育

按照省委统一部署，全局深入开展“三严三实”专题教育，将“三查三保”活动贯穿专题教育全过程。省局领导班子共查找出存在的不符合“三严三实”要求的问题8个，针对问题制定了整改台账，提出整改措施23项，已基本完成整改任务。同时，加强制度建设，制定了贯彻落实民主集中制等近20项制度，有效规范了局机关各项工作程序；制订了省局突发事件应急管理预案、信访、网络舆情应急预案等，完善了突发事件应急处置体系。

（二）强化全面从严治党

一是突出抓好政治理论学习，全面落实省局机关党建工作责任制，局党组书记与各基层单位负责人签订了党建目标责任书。二是坚持思想建党与制度建党相结合，积极推进“4+4+2”党建制度体系建设，重新修订了《中共河南省粮食局党组议事规则》《贯彻落实“三重一大”事项集体决策制度实施办法》等一系列制度，建立监督检查问责机制，健全民主决策机制，确保权力公开透明运行。三是搭建学习平台，加强理论武装。组织开展了“书香中原”全民阅读、学习贯彻《战略纲要》主题教育、参加《战略纲要》和《全面推进依法治省实施意见》网上知识竞赛、“七一”主题教育培训等活动。四是加强党组织建设。开展了民主评议和表彰优秀共产党员、先进党支部工作，保持党的先进性和凝聚力。目前，全局机关处室和直属企事业单位共有基层党委3个，党总支5个，党支部50个，党员总人数1068名。

（三）党风廉政建设和反腐败工作

一是落实党风廉政建和反腐败工作主体责任。年初，局党组专门召开会议，安排部署党风廉政建设和反腐败工作，并将党风廉政建设列入全省粮食工作责任目标，坚持“一岗双责”，实行一票否决。制定了《党风廉政建设主体责任和监督责任追究办法》，明确了32项重点监督事项，强化监督执纪问责。二是落实“八项规定”，加强作风建设。制定《开展懒政怠政为官不为问题专项治理活动实施方案》《机关公务接待工作实施细则》和《因私出国（境）证照管理办法》，深化党务、政务公开，全面开展公务用车改革和办公用房清退。“三公”经费同比降低9%，清退办公用房854平方米，内部简报只保留一种《河南粮食信息》。三是印发了《2015年局党组落实党风廉政建设主体责任任务清单》，将全年党风廉政建设工作任务细化成6项共性任务和204项具体内容，把责任分解到每位局领导和局直各单位，把任务逐条逐项落实到责任主体。四是坚持纪在法前，严格纪律审查，全面落实《廉洁自律准则》《共产党员处分条例》。将查办案件作为深入推进反腐倡廉建设的中心环节来抓，坚持抓早抓小，始终把纪律挺在前面，大力支持和配合驻局纪检组监察室对违规违纪问题线索严格进行纪律审查。

（四）加强政风行风建设

一是制定了《河南省粮食局2015年创建文明行业活动实施方法》和《优质服务活动实施方案》，明确工作制度，落实服务承诺，着力营造文明、和谐、优质、便捷的服务环境，树立粮食部门良好整体形象。二是加强粮食系统平安建设和信访稳定，为推动行业和谐发展提供有力保障。

◆河南省粮食局领导班子成员

赵启林	党组书记、局长
杨天义	党组成员、副局长（2016年2月任巡视员）
于前锋	党组成员、省纪委驻粮食局纪检组长（2015年4月调离）
刘大贵	党组成员、副局长
李国范	党组成员、副局长
乔心冰	党组成员、副局长
葛巧红	党组成员、副局长
李志强	党组成员、副局长
刘国卯	党组成员、省纪委驻粮食局纪检组长（2015年5月任职）

2015年2月，河南省召开全省粮食工作会议。

2015年5月，河南省粮食局局长赵启林到粮食基层企业检查收购工作。

2015年11月，河南省粮食局局长赵启林到河南经济贸易高级技工学校指导工作。

湖北省粮食工作

基本情况

2015 年全省完成生产总值 29550.2 亿元，比上年增长 8.9%，其中第一产业完成增加值 3309.8 亿元，增长 4.5%。全省农林牧渔业增加值 3417.4 亿元，增长 5.2%。全省农村常住居民人均可支配收入 11844 元，增长 9.2%。

全年粮食种植面积 446.6 万公顷，比上年增加 9.57 万公顷；油料种植面积 154.55 万公顷，增加 0.3 万公顷。粮食总产量 2703.3 万吨，增长 4.6%；油料产量 339.6 万吨，增长 1.0%。

2015 年粮食工作

一 粮食生产

全省粮食总产量 2703.3 万吨，创 1997 年以来历史新高；油料产量 339.6 万吨，其中油菜籽 255.2 万吨。

二 粮食流通

全省共收购粮食 1619.3 万吨，销售粮食 2113.4 万吨。省外购进粮食 311.4 万吨，主要为玉米、小麦；销往省外 649 万吨，主要为中晚籼稻。进口粮食 101.1 万吨，主要为大豆；出口粮食 0.7 万吨。进口油料 63.4 万吨，省外购进油料 2.65 万吨，主要为油菜籽。

三 粮食调控

落实国家收购政策，5 月 27 日、7 月 30 日和 9 月 28 日，分别启动小麦、早稻、中晚稻最低收购价收购。针对国家调整油菜籽收购政策、不再进行油菜籽临时收储的新形势，会同有关部门出台湖北省对油菜籽种植户补贴的政策，将国家安排的 2.66 亿元补助资金尽快安排落实到油菜主产县市，对全省油菜籽种植户进行补贴。2015 年，全省共收购最低收购价粮食 450.6 万吨，收购油菜籽 52.2 万吨。针对湖北省小麦不完善粒普遍超标、不能纳入托市收购范围情况，报请省政府同意，在襄阳、随州、荆州、荆门、孝感等 5 市启动省级小麦临时收储计划，累计收购临储小麦 16 万吨，拨付利息费用补贴 1852.88 万元。

四 粮食流通体制改革

落实粮食安全省长责任制，健全粮食安全保障机制。根据国务院 69 号文件精神，提请省政府出台了《关于落实粮食安全省长责任制的意见》和《湖北省粮食安全行政首长负责制监督考核办法》，成立了湖北省粮食安全领导小组。会同有关部门制定下发了《关于开展 2015 年度粮食安全行政首长责任制考核工作的通知》，在全国率先开展了粮食安全行政首长责任制考核。

推进国有粮食收储企业产权改革，精干国有粮食收储主体，构建完善政策性粮食收储体系。落实省政府批转的《关于全面深化粮食流通改革的意见》精神，纳入粮食安全行政首长负责制监督考核，组织专项督导检查。联合省国土厅出台《关于加快做好全省国有粮食企业土地资产处置工作的通知》，安排国有粮食企业产权制度改革补助资金 7000 多万元，采取以奖代补形式，集中支持国有粮食收储企业整合组建、资产确权和土地变性。全省 82 个有改革任务县市中已有 69 个完成了国有粮食收储企业"一县一企、一企多点"整合组建任务，57 个县市粮食收储企业明晰了产权，完成出让土地变性 3619 亩。

五 粮食流通监管

改革监管方式。主动引入外部监督，会同省审计厅、省财政厅、省农发行建立了地方储备粮联合监管制度。在试点的基础上，2015 年对全省地方储备粮管理情况进行了全面审计。共查处违纪违规案件 18 起，问责追责 76 人。查找、堵塞地方储备粮管理制度漏洞，会同省财政厅、省农发行等部门，修订完善储备粮管理制度及配套措施。

加大涉粮案件查处力度。全省粮食部门全年共开展检查 2479 次，出动人员 9590 人（次），检查企业 13353 个（次），共查处各类涉粮案件 265 起。受理网上投诉、领导批办的来信举报投诉 26 起，重点立案查处了 5 起违反粮食收购政策的案件。

强化粮食质量监管。组织开展收获粮食品质测报、粮食质量安全抽检和重金属含量检测，为省政府提供决策参考，对少数真菌毒素超标粮食及时进行了定向处理。在孝感市举行了全国首次粮食质量安全事故应急演练活动，探索积累了应对粮食质量安全事故的经验和做法，锻炼了应急队伍，为科学、高效应对突发事件提供了可靠经验。加强中心粮库粮食质量安全检测能力建设，下发了《关于进一步加强中心粮库粮食质量安全检测能力建设的通知》，完成了重点地区主要收购库点重金属快检仪器招标供货工作。

六 粮油统计与信息化

研究出台了《省粮食局关于深化粮食流通统计制度改革的实施意见》，印发了《湖北省粮食流通统计制度》(2015—2016 年度)。完成了全省粮食流通、粮食企业仓储设施、粮食流通基础设施投资情况、粮油加工业、粮食行业单位与从业人员、粮油科技等 6 项统计年报，在全国率先实现统计年报工作归口管理。开展了社会粮油供需平衡调查和乡村居民户存粮专项调查工作。

为打造可覆盖省、市、县三级粮食行政管理部门的统一完善的粮食电子政务网络平台，安排 2000 万元专项资金，启动湖北省粮食流通信息化省级综合管理平台建设。推进局门户网站升级改版工作，新网站于 2015 年 12 月 31 日开始试运行。

七 粮食流通体系建设

培育粮食市场主体，推动粮食流通发展方式转变。一是扶持新型粮食生产经营主体。联合省财政厅出台支持措施和资金管理办法，从 2015 年起每年安排 5000 万元补助资金，支持种粮大户、家庭农场、专业合作社等新型粮食生产经营主体建设仓储及烘干设施。二是支持多元主体参与政策性粮食储备和收购。在省级储备粮中安排 50 万吨，通过公开竞争的方式，择优委托给粮油加工龙头企业储存，既支持了龙头企业发展，又实现了地方储备粮承储主体多元化。支持国有粮食收储企业与粮油加工龙头企业合作，建立国有控股的混合所有制粮食企业，并将其纳入托市收购企业。吸纳符合条件的龙头企业参与托市收购，全年有 33 家民营企业参与夏粮托市收购，84 家民营企业(含中储粮租仓 76 家)参与秋粮托市收购。三是发展放心粮油市场主体。按照“政府引导、企业主体、市场运作”的原则，促成中百集团(大型连锁集团)联合省内 19 家骨干龙头企业共同出资组建湖北荆楚粮油股份有限公司。以荆楚粮油公司为龙头，按照全省编织“一张网”的工作思路和“1+X”经营模式，每年安排专项扶持资金，支持市县建设放心粮油配送中心，发展连锁经营。同时，把放心粮油、应急供应、军粮供应、粮情监测结合起来，构建覆盖城乡、“四位一体”的粮食供应保障体系。目前，已建成放心粮油配送中心 103 家、连锁店 1600 家，基本实现了全省全覆盖。同时，推进湖北粮油“走出去”战略，先后与广西、福建、黑龙江、四川等省(自治区)粮食局开展产销协作，叫响了“湖北荆楚粮油”和“湖北放心粮油”品牌。举办了 2015 第十七届湖北荆楚粮油精品展示交易会，全省 141 家重点粮油加工企业和 820 个放心粮油产品参展，3 天展会观众人数 14.6 万人次，现场销售额 7186 万元。

争取政策支持，开展“危仓老库”维修改造、新库建设和粮食现代物流设施建设，引导社会资本建库。完成维修改造仓容 262.9 万吨、新建仓容 83 万吨和 19 个粮食物流建设项目。在试点的基础上，省财政投资 5000 万元，对全省 14 个 5 万吨以上仓容的国有中心粮库和国债库开展智能化升级改造。

多措并举，全面提升粮食仓储管理能力。先后印发《关于全面提升全省粮食仓储管理能力的意见》《关于进一步加强政策性粮食仓储和收储管理的通知》和《关于进一步加强地方储备粮仓储管理的补充通知》，整理编制了《粮食仓储管理法规制度汇编》。同时，注重运用信息技术和科技手段，推动管理方式转变，提升地方储备粮管理水平。

八 行业发展

扶优扶强粮油工业。通过粮油加工贴息、参与政策性粮食收储、下达储备计划等多种方式，每年集中政策资金约 2 亿元扶优扶强，支持打造中兴发展、福娃集团、国宝桥米、奥星油脂等代表湖北粮油加工水平的领军企业。截至 2015 年底，全省粮食行业拥有国家级农业产业化龙头企业 19 个、省级农业产业化龙头企业181个，打造了23个中国驰名商标、100个湖北名牌、144个湖北著名商标。2015年，全省粮油工业总产值达2901亿元，同比增加7.4%。

开展粮食科技创新。成立全省粮食科技创新工作领导小组，实施创新驱动战略和“科技兴粮”工程。分别与湖北大学知行学院、武汉轻工大学签订战略合作协议，鼓励粮油企业与学校科研合作，促进产学研用的深度融合。制定下发《省粮食局 省财政厅关于印发〈湖北省粮食科技创新及成果转化等奖补资金管理暂行办法〉的通知》，落实资金2000万元，鼓励支持粮食科技创新、成果转化和人才培养等共82个项目。

实施人才兴粮战略。研究制定了《关于实施人才兴粮工程的意见》。依托高校为粮食企业培养仓储信息化人才。11月中旬，联合省人社厅、省总工会举办了2015中国技能大赛——湖北省粮食行业第二届职业技能竞赛。

加强新闻宣传工作。全年共在省级电视台播出新闻12次、累计时长87分钟，在省广播电台、省级各类报纸刊载新闻40次。

九 党群工作

坚持两手抓两手硬，深入推进党建和党风廉政建设工作。以“三严三实”专题教育为契机，压紧压实主体责任，推动全面从严治党各项要求落到实处。10月，全国粮食系统全面从严治党座谈会在武汉召开，湖北省粮食局就《坚持真抓真管真严把全面从严治党要求落到实处》作了交流发言。坚持管行业必管行风，坚决反对“四风”，真正把纪律挺在前面，严肃查处违纪违规案件，严格追责问责，在全省粮食行业形成有效震慑。国家粮食局局长任正晓和省委常委、纪委书记侯长安先后在湖北省粮食局上报的《主动引进外部监督强化地方储备粮管理》报告上作出批示，省纪委以《预防腐败工作动态》专报发至全省。

◆湖北省粮食局领导班子成员

张爱国	党组书记、局　长
姜卫新	党组成员、纪检组长
邹海森	党组成员、副局长
费仁平	党组成员、副局长
胡新明	党组成员、副局长
熊贵斌	党组成员、副局长
刘海涛	党组成员、武汉国家粮食交易中心主任

2015 年 12 月 8 日，湖北省委副书记张昌尔在武汉指导参观第十七届湖北荆楚粮油精品展交会。

2015 年 5 月 22 日，2015 鄂桂粮食产销合作洽谈会暨湖北粮油精品展示推介会在南宁举办。

2015 年 11 月 16 日至 18 日，由湖北省粮食局、湖北省人力资源和社会保障厅、湖北省总工会共同主办，湖北省粮油食品质量监督检测中心和湖北省储备粮油管理公司承办的 2015 中国技能大赛——湖北省粮食行业第二届职业技能竞赛在武汉举行。

2015 年 11 月 20 日，2015 湖北粮食质量安全事故应急演练活动在孝感市举行。

湖南省粮食工作

基本情况

湖南省位于长江中下游，省境绝大部分在洞庭湖以南，故称湖南；湘江贯穿省境南北，故简称湘。全省土地总面积 211829 平方公里，共辖 13 个市、1 个自治州，下辖 122 个县(市、区),2015 年末全省常住人口 6783 万。2015 年全省地区生产总值 29047.2 亿元，比上年增长 8.6%，按常住人口计算，人均地区生产总值 42968 元，增长 7.9%；全省一般公共预算收入 4008.1 亿元，比上年增长 10.2%；地方收入 2513.1 亿元，增长 11.1%；全省一般公共预算支出 5684.5 亿元，增长 13.3%。

2015 年全省粮食播种面积 494.5 万公顷，比上年下降 0.6%；棉花种植面积 11.4 万公顷，下降 12.6%；糖料种植面积 1.3 万公顷，下降 0.7%；油料种植面积 144.5 万公顷，增长 1.4%；蔬菜种植面积 137.3 万公顷，增长 3.2%。全省粮食总产量 3002.9 万吨，比上年增长 0.1%；油料增产 3.9%，棉花增产 12.4%，茶叶增产 9.5%，蔬菜增产 6.2%，烤烟减产 2.8%，猪、牛、羊肉类减产 1.8%，禽蛋增产 3.7%，牛奶增产 4.3%，水产品增产 5.4%。

2015 年粮食工作

2015 年，在国家粮食局的宏观指导和省委、省政府的坚强领导下，湖南省粮食系统以位卑未敢忘忧国的情怀和舍我其谁的气度，攻坚克难、逆中求进，书写了全省粮食事业稳中有进、弱中向好的绚丽篇章，湖南省工作连续 4 年在全国粮食流通工作会上作典型发言。

一 粮食生产与流通

据统计，2015 年湖南省粮食产量为 3003 万吨，其中稻谷 2645 万吨，玉米 189 万吨，大豆 21 万吨，小麦 9 万吨，其他杂粮 139 万吨。2015 年全省粮食总收购量（含中储粮收购）为 864 万吨。根据 2015 年度社会粮食供需平衡调查数据,2015 年全省粮食商品量为 1334 万吨，销售量 2757 万吨（含转化用粮），流通量为 1169 万吨。根据海关数据统计，2015 年全省进口粮食 51.4 万吨，出口粮食 1.3 万吨。

二 粮食调控

（一）抓好粮食收购，落实国家政策

分别于 2015 年 7 月 28 日、10 月 20 日启动早稻、中晚稻最低价收购。全年共收购粮食 864 万吨，其中最低价收购稻谷 232 万吨。中储粮总公司专门致函省人民政府，感谢湖南省、感谢省粮食局卓有成效的工作。2015 年收购工作的主要特点：一是组织领导到位，收购秩序好。一方面科学安排库点，共确定并启动早稻托市收储库点 368 个，中晚稻托市收储库点 284 个，基本满足了农民售粮的需要。另一方面采取有效措施，化解交粮排队等候问题。各地加大政策宣传，指定收储库点采取电话、短信预约等方式，引导农民理性交粮，避免扎堆交粮。二是执行政策到位，粮食质量好。在托市收购中推进了三个“第一次”，即第一次所有指定收储库点全面启用政策性粮食收购管理系统，第一次全部使用机打发票、网银支付和统一收购凭证，第一次普遍实行“两清两吹多扫”入库整理工作流程。收购粮食质量创近十年来最高水平。三是便民措施到位，优质服务好。省粮食局与中储粮湖南分公司联合在全省开展“践行‘严’‘实’要求，深化人性化服务”活动，着力强化服务意识，转变工作作风。各地粮食行政管理部门组织工作组深入收储库点一线，实现问题在一线发现、矛盾在一线协调、服务在一线兑现、作风在一线抓实，确保农民交“放心粮”“满意粮”“舒心粮”。四是监管督查到位，市场环境好。省局组成七个督查小组，各市州粮食局均设立由局领导带队的巡查组，深入各收储库点督导收购政策和收购纪律落实情况。五是“四专一封闭”试点工作到位，重金属治理成效较好。指定长株潭地区 45 家收购库点对管控专产区粮食实行专企收购、专仓储存，管控专产区粮食大部分都按要求收购入库，共分仓收购粮食 11.5 万吨。

（二）促进粮食销售，推进产销衔接

全年销售粮食 2267 万吨，同比增加 16 万吨，其中销往省外 251 万吨，与上年基本持平。一是切实做好政策性粮食销售出库工作。按照国家有关部门的统筹安排，全年累计竞价成交政策性粮食 23 万吨，出库 23 万吨，供应了市场、腾出了一定仓容。各地积极配合做好交易准备、粮食出库、商务纠纷协调等工作，为竞价销售工作的顺利推进发挥了积极作用。二是加强产销衔接。巩固“两广”传统市场，着力实施“东进西拓”“进京入沪”战略，继续打通销售瓶颈，回暖湘米市场信心，加快促销腾库。三是建立健全长效合作机制。9 月，与云南省签订动态储备协议；12 月，在广州举办湖南粮油名优特产品展销推介会，签约 25 亿多元，其中异地储备意向达 24 万吨，实现了异地储备零的突破。

（三）推进统计改革，健全应急保障体系

2015 年，湖南省严格按照国家粮食局深化粮食流通统计制度改革的要求，努力提高统计质量，准确、及时地编制、汇总上报各类统计报表，搞好粮油统计分析，还在湘潭举办了 2 期统计制度改革培训班，为做好今后的统计工作奠定了基础。省局荣获国家粮食局授予的“全国粮食流通统计工作先进单位”，长沙、株洲、邵阳、岳阳、益阳、郴州、湘西自治州 7 个市州被评为全省统计先进工作单位。同时，按照国家“粮安工程”有关建设要求，加强粮食应急加工、供应、成品粮油储备、运输体系建设，稳步提升应急保障能力。加强粮油市场监测预警，准确掌握粮油供求形势和市场价格变化情况。年内新增 80 家省级粮油市场价格监测点，全省达到 122 家监测点，全年发布价格信息 1664 条，为政府调控稳市提供了决策依据，为粮农种粮卖粮、企业经营市场提供了有效的信息服务。2015 年全省粮油供需保持基本平衡，价格保持基本稳定。

三 粮食储备

（一）落实国家下达湖南省的新增地方粮食储备规模

全省上下齐心、共同努力，强力推动地方增储工作。12 月份以省政府办公厅名义下发文件分解落实国家下达湖南省新增地方粮食储备计划，各市州顺风借势，紧紧跟进，切实抓好各级储备粮的落实。

（二）落实监管责任

省局年初和各市州签订省级储备粮委托管理责任书，各市州按照监管责任书要求，履职尽责，加强检查，认真抓好储备粮日常管理。长沙、娄底、邵阳、益阳、常德、张家界、郴州、永州等市州落实储备粮轮换财政兜底或临时补贴政策。邵阳成立由市政府办、督查室、财政局、农发行、粮食局等单位组成的联合督查组，对粮油储备到位和利费补贴情况开展了督查考核。

（三）扎实开展储备粮轮换和验收工作

从省级储备粮油轮换验收确认情况来看，各承储企业高度重视，积极稳妥地搞好省储粮管理，强化仓储基础工作和储粮安全检查，省储粮库存储存安全，调节储备库存符合要求。

（四）完善制度，修订了省级调节储备粮管理办法

（五）坚持不懈地抓好“四无粮仓”和规范化仓储工作

以纪念“四无粮仓”创建 60 周年活动为契机，继续加强仓储规范化管理和仓储文化建设，推进“示范仓”“示范库”创建活动。湖南赤山国家粮食储备库、常德广积米业、郴州国家粮食储备库等单位仓储制度健全，管理规范，被评为全国“四无粮仓”先进单位。

（六）坚持科学储粮

积极推广绿色储粮新技术、新设施，推进粮库信息化建设，全省粮油仓储设施条件不断改善，信息化水平不断提高。同时注重人员培训，6 月、12 月专题举办粮食收购业务和绿色储粮技术培训，近 300 名基层一线保防人员参加了培训。

四 行业发展

（一）全力打造千亿产业升级版

为进一步促进粮油加工企业转方式、调结构，提升粮食产业整体实力和核心竞争力，实现可持续发展，积极发挥资金引导作用，严格“千亿产业”项目申报及资金使用。强力实施“五扶工程”战略，坚持重点扶、扶重点。坚持扶强、扶大、扶优、扶特、扶品牌导向，明确产业扶持重点，产业发展后劲得到增强，项目创新取得一定突破。力争通过三年的努力，培育年销售收入过 100 亿元的综合性加工企业 1 家，过 50 亿元的 1 家，过 20 亿元的 2 家，过 10 亿元的企业 10 家，过 5 亿的 20 家。在 30 家重点扶持企业中打造知名品牌 20 个，其中大米 12 个、植物油 4 个、粮油食品 2 个、特色粮油产品 2 个。

2015 年，通过企业申报，市州推荐、项目初选、专家评审，各市州粮食局、财政局按照通知积极组织筛选，申报项目 142 个。经过专家评审，确定支持项目 109 个。其中“五扶工程”企业 27 个。7 月底下达资金 9126 万元，其中“五扶工程”3870 万元。根据财政预算要求，专项资金年度安排完毕，12 月 11 日，经与财政沟通，省局党组扩大会议研究，对剩余资金 874 万元安排至 9 个单位，至此，全年共扶持企业 118 个，资金总额 1 亿元。

（二）粮油加工业稳中有进

在粮食高产量、高库存、高进口矛盾日益突出，稻强米弱持续，市场疲软的大背景下，全省粮食产业以“五扶工程”为抓手，攻坚克难，多策联动，产业发展稳步增长。根据各市州上报统计数据，全年实现粮油工业总产值1254亿元，同比增加61亿元，增长5.1%；销售收入1236亿元，同比增加60亿元，增长4.9%；实现利税52.6亿元，同比增加0.98亿元，增长1.9%。从数据看，粮油产业逆中向好，稳中有进。

（三）危仓老库维修改造全面完成

从2013年底开始实施的全省“危仓老库”维修改造专项工程已全部完工，通过维修改造及改扩建工作，加上中央投资新建，截至2015年10月，全省恢复和新增有效仓容340万吨，大大改善了全省仓储条件，有效缓解了仓容紧张矛盾。根据“危仓老库”维修改造方案规定，对工作先进的县市进行奖励，经严格评审，确定了54个奖励县市，下拨奖励资金4000万元。此外，积极向国家发改委、国家粮食局汇报湖南仓容紧张状况，与省发改委一道协调相关部门，2015年争取中央计划内投资粮食仓储设施建设项目57个，资金18100万元。

（四）积极组织湘米展示展销

为缓解湖南省高仓满储、外销不畅矛盾，宣传推介粮食企业和优质粮油产品，拓展粮油产品市场，实施“东拓西进”战略。一是组织38家企业参加了第十一届九省粮食产销协作福建洽谈会，进行产销对接洽谈和现场签约；二是组织企业参加2015中国中部（湖南）国际农博会；三是组织市州粮食局（商务和粮食局）、企业参加黑龙江金秋粮油产品展览会；四是赴粤主办湖南名优特新产品展示展销推介会，广东有170多家单位、企业，湖南有115家企业，省、市、县主管部门1000多人参展、参会，湖南、广东多家媒体和香港凤凰卫视对展会情况进行了宣传。较好地实现了张亦贤局长会前提出的收复传统市场之战、恢复湘字粮油荣誉之战、抢占市场竞争高地之战的目标，开创了粮食外销新局面。

（五）粮食财务管理得到有效加强

2015年末湖南省国有粮食企业所有者权益总额45.36亿元，比上年增长1.6亿元，增长3.7%；国有资本总额14.93亿元，比上年增长0.02亿元，增长0.1%。

2015年修订出台了新的《湖南省粮油千亿产业工程专项资金管理办法》《湖南省粮食局机关财务管理制度》。

（六）确保安全无事故

按照省委、省政府和省安委会的统一部署，以贯彻实施新安全生产法和落实“八条断然措施”为抓手，突出加强思想引导和宣传教育，强化组织领导和安全责任体系建设，积极开展安全生产活动月、安全生产大检查、粉尘防爆、危险化学品、打非治违、粮食行业“六防”等专项整治行动，全省粮食系统安全生产局面良好，总体安全生产形势持续稳定，全年没有发生一起较大安全生产事故。

五 粮食质量监管

（一）全面落实粮食质量安全监管责任

一是落实了粮食质量安全监管属地管理制度；二是加强了收获环节粮食质量安全监测；三是实施政策性粮食质量在库检测；四是组织实施了长、株、潭粮食管控专产区“四专一封闭”临田检测工作。

根据《湖南重金属污染耕地修复及农作物种植结构调整试点意见》要求，2015 年湖南省继续在长株潭重点区域开展重金属污染耕地修复及农作物种植结构调整试点，对 170 万亩试点区域中污染比较严重的 80 万亩耕地，划定为管控专产区，实行“四专一封闭”（即“专用品种、专区生产、专企收购、专仓储存、封闭运行”）模式。在稻谷收获前进行稻谷临田检测，根据检测结果，就近选择定点粮食收储企业实施专企收购和专仓储存，实行封闭运行，确保镉超标稻谷不流入口粮市场。3 市共收购“四专一封闭”粮食 11.5 万吨。第一批采购的 58 台重金属快检设备已分配给省粮油质监中心、长株潭 3 市粮油质监站及相关企业。

（二）健全市县粮食局粮食质量安全监管工作责任制，依法规范监管

市县粮食局明确了质量安全监管责任专门机构，组织制定了本行政区域粮食质量安全监测、抽查计划，建立了协调处置重大、突发粮食质量安全事件应急机制，督促企业履行好粮食质量安全自检自查职责。龙头企业和规模以上粮食企业都与属地粮食行政管理部门签订了粮食质量安全责任状。

（三）提升粮食质量监测水平，全面完成粮食质量安全监测任务

全年完成省级检测样品 13383 份，其中中央储备粮 181 份，省级储备粮 273 份，政策性保护价粮 11716 份，油料 80 份，成品粮油 295 份；在检测的样品中完成国家和省下达的任务 12221 份，工商、质检部门的 680 份，社会、企业委托的 482 份。

六 粮食流通监督检查

（一）圆满完成全省粮食库存检查工作，牢牢守住监管底线

为认真落实好“数量真实、质量良好、储存安全”的监管底线，自 2015 年 4 月 1 日开始对全省所有中央储备粮、国家临时存储粮、地方储备粮以及国有粮食企业的商品粮库存，开展了企业自查、市县局督查和省级复查。结果表明，全省粮食库存数量真实，做到了账账、账表、账实三相符，粮食质量感官较好。本次全省粮食库存检查开展企业自查点 1282 个，参与企业自查人数 7692 人，市县级成立督导组 129 个，参加督导人员 645 人。

（二）扎实开展政策性粮食收购专项检查，切实保护种粮农民利益

在粮价持续下行、市场需求低迷、库存仓容紧张、政策性粮食收购任务繁重的情况下，各级粮食部门坚持边收购边检查，不断加大督导检查力度。7 月 28 日早稻收购启动后，针对政策性粮食收购工作中可能存在“卖粮难”“打白条”等问题，结合“转圈粮”治理等专项检查，省局成立了 7 个督查组分别由局领导带队分赴各市州开展督查工作。开展了库存检查问题整改情况“回头看”。按照省局 2015 年全省粮食库存检查工作发现问题交办函的要求，各市州粮食局对照粮食库存检查中发现的有关问题，进行了及时督办整改，对相关问题落实情况进行了实地走访和了解，所有问题均已全部整改到位。

（三）严肃查处涉粮案件，维护粮食法规政策的严肃性

全省共查处涉粮案件 534 例，主要涉及粮食库存、粮食统计制度、粮食质量、政策性粮食销售出库、粮食收购活动等方面问题，其中责令改正 474 例，警告 46 例，罚款 15 例共 8.1 万元，暂停和取消粮食收购资格 9 例。岳阳、益阳、怀化查处未严格执行国家粮油质量标准和无证收购重点涉粮案件 3 起，涉及粮食 732 吨，挽回经济损失 343.7 万元。有效维护了粮食流通秩序，净化了市场环境。

（四）全面开展社会粮食流通监管，提升监管效能

全省各级粮食监督检查部门结合本地实际，围绕粮食收购资格、统计制度、粮食质量、最低最高库存制度、仓储设施及运输工具等内容积极开展监督检查，配合工商、质检、价格等部门开展粮食市场检查。共开展粮食监督检查工作 3332 次，出动人员 12904 人次，检查各类粮食企业 8658 户次，较好地维护了粮食流通秩序。粮食企业经营活动守法诚信评价工作稳步推进，粮食监督检查对象信息库和工作日志建设进度加快。目前，全省粮油经营企业 3010 家（其中国有及国有控股粮食企业 302 家、外资企业 13 家、民营企业 2660 家），有 2971 家建立了信息档案，占 98.7%，大部分已纳入日常监督管理，较上一年增加了 4.7%。

加强全省粮食流通监督检查体系建设，争取了编制，建立健全了机构，落实了工作经费，稳定了执法队伍。机构改革后，全省 14 个市州局仍保留了监督检查工作机构，部分市州成立了行政执法支队，114 个县市局有 99 个建立了监督检查工作机构，占 86.8%，99 个区县局成立了行政执法大队，占 86.8%，其中内设监督检查机构和行政执法队同时存在 69 个。全省取得执法资格的共 1321 人，共落实监督检查专项经费 953 万元。望城区粮食局、常德市粮食局、邵阳市粮食局获评国家粮食局第五批“全国粮食流通监督检查示范单位”。零陵区粮食局获评省粮食局“全省粮食流通行政执法示范单位”。

七　党群工作

（一）深入开展“三严三实”专题教育，持续增强作风建设实效

在局党组统一领导下，专题教育办反复细化、实化《实施方案》和各专题具体方案，以“四个关键动作”为重点和抓手，持续开展了“三严三实”专题教育。自张亦贤局长带头讲专题党课启动开局以来，局党组和各党委（支部）书记均带头讲了专题党课，局党组成员、机关 9 个处室和局直 10 个单位党组织的主要领导分别在本单位、分管单位上了 1 ~ 2 次党课；组织中心组集中学习研讨会 3 次，每次专题学习和研讨均邀请 1 位专家作专题讲座；97 名处以上干部均列出了问题清单、制定了整改措施；局党组民主生活直面问题、不躲不绕、见人见事，体现了严和实的要求、高度负责的精神，专题组织生活会和后续工作按计划有序进行，基本做到了规定动作不走样、有实效。开展了“践行‘严实’要求，深化人性化服务”“兴粮惠农进万家”“机关支部联基层”等 9 项“自选动作”不断将专题教育持续引向深入。在省委“三严三实”督查和情况通报中，省局专题教育开展情况 2 次受到表扬。

（二）坚持“五融入、两手抓、五同步”，让党建向中心聚焦发力

注重把党建工作融入“抓收购、保供给、管库存、强产业”决策管理、融入粮食流通“三主三版”中心任务、融入贯彻粮食安全省长责任制等重点难点、融入“双联帮扶”和“一进二访”扶贫攻坚、融入机关和行业作风建设，引导和督促各级做到“两手抓、五同步”，即“一手抓党建、一手抓发展，党建与中心工作同步规划、同步部署、同步实施、同步检查、同步考核”，层层压实党建责任，较好推动了党建工作向中心聚焦、为大局聚力。

（三）深入开展“一进两访”活动，有力促进了精准扶贫实施

深刻领会省委部署要求，四易其稿研究下发了“一进二访”活动实施方案，建立了“一进二访”精准扶贫结对帮扶机制，明确了局各级领导与该村 66 户 207 名困难群众“结穷亲”的责任和纪律，

明确了机关和局直各单位党组织与该村 10 个村民组“结对子”开展“机关支部联基层”活动的目标和要求。活动开展以来，张亦贤局长及其他 6 名局领导先后带领 26 名机关处长、局直单位主要负责人及部分党员进村入户看真贫、摸底数，并在村委班子建设、农村基础设施建设、产业项目发展以及村容村貌、文化生活等精神文明建设项目上实施精准扶贫。活动期间，还发动党员干部为全村 90 名贫困学生捐资助学 84037 元、捐献衣物 3600 余件、书籍文具书包 90 套，开展了“大手牵小手，共圆中国梦”扶贫助学活动。经多方努力，该村扶贫工作按计划有序推进，各项工作得到了当地县委、县政府的充分肯定，当地群众也较为满意。

（四）广泛开展“深化人性化服务”活动，进一步强化了党员干部“严实”作风

积极总结近三年来“一线工作法”实践经验，以新粮收购任务为重点，在省局各党委（支部）中全面推行“责任在一线落实”的工作模式和“问题在末端发现、矛盾在末端协调、服务在末端兑现、作风在末端抓实”的“四个在末端”支部工作法。局党组和局领导示范带动各党委（支部）、广大党员干部积极投身与中储粮湖南分公司联合开展的“践行‘严实’要求，深化人性化服务”活动，深入田间地头、收购库点等粮食行业最基层最一线的地方去指导协调、排忧解难，实打实地开展“雪前送炭”“雨前送伞”的便民惠农工作。以粮食收购工作为例，工作法实施后进一步强化了广大党员干部的工作作风和责任心，有力促进了收粮进度，提高了收粮质量。该支部工作法也得到了省直工委认可，并通过评审、采用。

（五）坚持挺纪在前，全面从严加强党风廉政建设

深入领会和把握“把纪律挺在前面”与“从严治党”之间的关系，完善粮食系统的党风廉政建设工作领导小组，深入开展了“纪律在身边”廉政教育活动，广泛开展了“一季一次专题学习”“双月一题讨论交流”“以案说纪演讲比赛”“学思践悟心得评优”等主题活动，在粮食系统营造“守纪律、讲规矩、倡廉洁、扬正气、干实事”的浓厚氛围。在开展党风廉政教育活动期间，张亦贤局长带头讲党纪条规专题廉政党课，纪检组长彭利萍专题解读了党风廉政建设“两个责任”，同时还邀请省直纪工委案件检查室黄红艳主任开展“以案说纪”讲座，用身边人身边事释纪、明纪，教育引导广大党员干部更进一步自觉筑牢防线、守住底线、严于律己。

（六）着力于能力素质提升，全面加强干部人才队伍建设

一是以新修订的《干部任用条例》为指南，在干部选拔任用工作中，坚持原则不动摇，执行标准不走样，履行程序不变通，干部选拔任用工作科学化、规范化水平不断提高。2015 年，湖南省粮食局根据省委组织部的要求，经一定范围推荐、党组审定，向省委组织部推荐了 8 名厅级后备干部人选、3 名厅级非领导职务人选。二是实施干部定期交流、轮岗制度。积极开展机关处室及局直单位主要负责人的轮岗交流。2015 年新提拔了 1 名局直单位法人代表，调整了 1 名机关处室主要负责人和 2 名局直单位主要负责人。通过全省公务员招考录用了 2 名优秀年轻干部。通过开展有计划的交流，保持了干部队伍的朝气和活力，使局机关干部队伍年龄老化的局面得到缓解。三是加强行业人才培养。“十二五”期间，全省粮食系统职工积极参加各级各类培训 6 万人次，共举办各类培训班 2800 多期，培训人员 7.8 万人次。组织了 900 余人参加职业技能培训和鉴定，800 余人取得相应资格证书。2015 年组织 127 人参加职业技能培训和鉴定，81 人取得相应资格证书；举办了 3 期粮食收购人员、统计人员培训班，培训人员 350 人。加大高技能人才培养力度，有 64 名同志获得粮油保管员和粮油质量检验师高级技师职业资格一级证书。优秀人才不断涌现，推荐了倪小英等 3 名同志为省粮食局 2015

年度享受省政府特殊津贴人员候选人；推荐了吴杰俊等 5 名同志为全国粮食行业技能拔尖人才候选人，目前已有 3 人入围全国前 50 名。

◆湖南省粮食局领导班子成员

张亦贤	党组书记、局长
向才昂	党组副书记、副局长
焦小毅	党组成员、副局长
石少龙	党组成员、副局长
彭利萍	党组成员、纪检组长
周　辉	党组成员、副局长
田力民	副巡视员

2015 年 7 月 29 日上午，湖南省人民政府副省长戴道晋（前排右三）深入湘潭县裕湘粮油购销公司、中储粮湘潭直属库检查指导早稻托市收购工作。

2015 年 12 月，湖南粮油名优特新产品展示展销推介会在广州成功举办。其间，湖南省粮食局局长张亦贤（右二）与广东省粮食局局长谢端（左四）座谈。

2015 年 3 月 3 日，湖南省全省粮食工作会议在长沙召开。

2015 年 12 月 25 日，湖南粮油名优特新产品展示展销推介会在广州开幕。

2015 年 7 月 10 日，湖南省粮食局在湖南粮食集团职工活动中心举行了局直系统“颂歌献给党”歌咏比赛暨“七一”表彰大会，隆重纪念中国共产党建党 94 周年。

广东省粮食工作

基本情况

广东是我国大陆最南端省份，北枕南岭，南临南海，全境共辖2个副省级市、19个地级市、23个县级市、58个市辖区、37个县、3个自治县。全省土地面积18万平方公里，其中岛屿面积1448平方公里，占全省土地面积0.8%。2015年末广东常住人口10849万，其中城镇人口7454.4万。2015年，全省实现地区生产总值（GDP）72812.6亿元，比上年增长8.0%；全年城镇常住居民人均可支配收入34757元，比上年增长8.1%，扣除价格因素，实际增长6.4%；农村常住居民人均可支配收入13360元，比上年增长9.1%，扣除价格因素，实际增长7.7%。

广东是全国第一人口大省、最大粮食销区。2015年，广东粮食作物播种面积250.59万公顷，粮食产量1358.1万吨，比上年增长0.1%，其中稻谷1088.4万吨、大豆16.7万吨、小麦0.3万吨、玉米77.9万吨、薯类及其他174.8万吨；全省粮食消费量4284万吨；粮食自给率31.7%。2015年，广东外购粮食约3000万吨，实现了粮食供需平衡；全年粮食消费价格指数累计涨幅1.8%，比食品消费价格指数涨幅低1.7个百分点，比全国粮食消费价格指数涨幅低0.2个百分点。年末与年初相比，全省稻谷收购价下跌1%，大米零售价下跌0.6%；玉米批发价下跌9%；小麦批发价下跌5.3%，小麦粉零售价上涨3%；食用植物油零售均价上涨2.7%，其中花生油价格上涨3.8%，豆油价格下跌1.8%。

2015年粮食工作

2015年，广东粮食系统围绕保障国家粮食安全大局和全省稳增长、促改革、调结构、惠民生、防风险中心任务，扎实开展粮食安全保障工作。全省粮食安全保障机制不断完善，地方粮油储备进一步充实，粮食仓储设施建设不断推进，粮油市场保供稳价工作有效开展，粮食流通监督检查工作得到加强，在粮油市场形势复杂多变的情况下确保了最大粮食销区的粮食安全，为广东实现“三个定位，两个率先”总目标和保障国家粮食安全提供了有力支撑。

一 粮食安全保障机制不断完善

根据国务院《关于建立健全粮食安全省长责任制的若干意见》（国发〔2014〕69 号）《广东省人民政府关于完善粮食安全政府责任制的实施意见》（粤府〔2015〕101 号）出台，从粮食生产、流通、储备、监管以及责任落实和措施保障等方面，全面落实国发〔2014〕69 号文精神。根据《粮食安全省长责任制考核办法》（国办发〔2015〕80 号文印发），推动《广东省粮食安全责任考核办法》重新修订，强化各市政府粮食安全保障责任。完成对各地级以上市政府的粮食安全责任届满前考核，促进各市政府落实保障粮食安全的责任。《广东省粮食安全保障"十三五"规划》被确定为广东省重点专项规划，省粮食局会同中山大学课题组完成了规划初稿，并以"提升'十三五'全省粮食安全保障水平"为主题，举办首期全省粮食安全保障研讨会，科学谋划"十三五"时期全省粮食工作。

二 地方粮油储备进一步充实

《关于进一步加强全省地方粮食储备工作的通知》（粤府函〔2015〕91 号）印发，下达全省地方粮食储备规模分解方案，提出改革创新管理的各项政策措施，要求各地 2015 年底前完成新增任务的 40%，2016 年底前全部落实到位。朱小丹省长签署了落实储备责任承诺书报送国家。《省级储备粮规模落实方案》制定出台。各地级以上市及顺德区均制订了新增地方粮食储备规模分解落实方案，并向省政府递交承诺书。省粮食局领导率工作组对各地落实情况进行了全面督查，建立了落实情况月报制度。明确了"储备功能完善、品种结构优化、储存方式灵活、承储主体多元、粮食储备安全"的储备粮管理机制改革创新目标和思路。《省级储备粮动态管理实施细则》出台，稳妥推进省级储备粮动态管理。研究制定租仓储存管理制度。优化储备品种结构，适当增储优质稻、小麦、玉米、成品粮等储备品种。鼓励开展省内异地储备。鼓励符合条件的多元市场主体参与地方粮食储备相关工作。规范省直属粮库储备轮换期限调整工作。

三 粮食仓储设施建设不断推进

2015 年国家先后安排广东粮食仓储和物流设施建设项目中央投资补助 9.09 亿元，投资计划已全部分解下达各市；安排粮食仓储设施建设项目 75 个，建设仓容 446 万吨，总投资 64.9 亿元，其中，民营企业项目 20 个，建设仓容 150 万吨，总投资 18.75 亿元；安排粮食现代物流项目 6 个，建设仓容 66 万吨，总投资 10.7 亿元，其中，民营企业项目 1 个，建设仓容 13 万吨，总投资 1.38 亿元。广东省政府专门安排 8814 万元省级财政资金，支持解决经济欠发达地区国有粮食仓储设施项目建设。截至年底，上述粮食仓储设施和现代物流项目中，已开工项目 42 个，完成总投资 20.96 亿元。同时，广东省入选国家 2015 年"粮安工程"危仓老库维修改造重点支持省份，国家安排中央财政补助资金 8312 万元（含军供网点），共安排"粮安工程"危仓老库维修改造项目 91 个，维修改造仓容 147 万吨。《广东省粮食仓储物流设施中央投资补助项目管理办法》《广东省粮食仓库建设指引》《广东省"粮安工程"危仓老库维修改造技术指引》《广东省"粮安工程"危仓老库维修改造项目管理实施细则（试行）》印发实施，指导和规范各地相关项目建设。

四 全国最大销区军需民食得到有效确保

全省粮油市场形势监测分析加强，平时及重大节假日市场粮油供应充足。省级粮食应急保障重点企业联系制度建立，粮食应急保障网络建设进一步推进。全省累计建成粮食应急供应网点 2500 多个，比上年增加 100 多个。广东与多个粮食产区的产销合作不断推进。广东省粮食局与湖南省粮食局共同举办湘粤粮食购销合作洽谈会，签约采购粮食近 60 万吨、成交金额 25 亿多元。广东省粮食局组织有关市粮食部门和企业参加黑龙江省金秋粮食交易会、吉林省粮食产销协作会，深圳、佛山市分别与黑龙江省双鸭山市、哈尔滨市达成战略合作意向。韶关市与江西省南昌、吉安及赣州市签署了粮食产销战略合作协议，惠州市组织粮油企业参加了惠州 – 信阳粮食产销协作洽谈会。《广东省军粮供应应急预案操作手册》起草完成。全省 4 个海岛军供网点项目建设进一步推进，军粮供应基础设施水平提升。军供工作军民融合式发展加强，驻粤和港澳部队粮食供应得到全天候有效确保，军粮供应保障能力不断增强。

五 粮食流通监管不断加强

2015 年，全省粮食系统紧紧围绕粮食流通中心工作，认真履行监督检查职责，守住了粮食收购秩序稳定、政策性粮油库存安全、储存和收购环节粮食质量安全、粮食行业安全生产“四条底线”。全年全省共出动粮食收购检查人员 1856 人次，检查经营者 330 家次，粮食收购秩序稳定。完成春季粮食库存和秋季粮油安全普查工作，首次聘请会计师事务所参与粮食库存财务检查，加强中央和地方交叉互查力度，邀请省政协委员督导检查工作；检查结果表明，全省库存粮食数量真实、质量良好、存储安全。在全省粮食库存检查中，各级有关部门共出动检查人员 2896 人次，检查企业 746 个次，现场整改 50 个，发出整改通知书落实整改 60 个。《广东省粮食局粮食收购、储存和政策性粮食质量安全事故应急处置预案》出台，强化全省粮食质量监管。组织抽检全省各级储备粮样品 460 个；抽检结果表明，全省地方储备粮质量情况总体良好。全年检查粮食企业安全生产监管情况 1201 家次，及时发现安全隐患，落实相应整改措施。全省粮食行业继续保持安全生产的良好势头。同时，粮食流通监督检查示范单位创建工作继续推进，江门、湛江市粮食局被评为第五批全国粮食流通监督检查示范单位。全省粮食系统开展了《粮食流通管理条例》施行 11 周年、《广东省粮食安全保障条例》施行 6 周年、“世界粮食日”和全国爱粮节粮宣传周广东省宣传活动。省粮食局首次聘请法律顾问，依法治粮工作进一步加强。

六 系统建设不断取得新成果

2015 年，广东省粮食局被国家粮食局评为全国粮食流通监督检查工作先进单位、全国粮食质量安全监管工作优秀单位，2014 年度全国粮食流通统计工作先进单位、全国粮食系统会计报表工作考核优胜单位，获得全国爱粮节粮主题动漫宣传片征集活动和青少年爱粮节粮主题征文活动优秀组织奖。全省国有粮食企业保持良好发展势头，全年盈利 3.9 亿元，实现 2007 年以来连续 9 年盈利。

◆广东省粮食局领导班子成员

余云州	广东省发展和改革委员会党组成员、副主任 粮食局党组书记
谢　端	局长
吴津伟	党组成员、副局长
林善为	党组成员、副局长
王效峰	党组成员、副局长（2015 年 12 月任职）
邵信辉	副巡视员（2015 年 6 月任职）

2015 年 8 月 24 ~ 28 日，广东省发展改革委党组成员、副主任、省粮食局党组书记余云州同志(左四) 赴广州、韶关、清远市开展地方储备粮规模落实和粮库建设情况督查。

2015 年 12 月 25 ~ 26 日，湘粤粮食购销合作洽谈会暨湖南粮油名优特新产品展示展销推介会在广州举办。湖南省人民政府副秘书长曹英华、广东省人民政府副秘书长陈世庆出席会议，湖南省粮食局局长张亦贤、广东省粮食局局长谢端在会上致辞。图为陈世庆副秘书长（右三）与谢端局长（右二）考察粮油企业。

2015 年 2 月 3 日，广东省粮食局在广州市召开全省粮食工作会议，落实国务院部署的粮食安全省长责任制、增加地方储备粮规模、推进粮食仓储设施建设等重点工作，全力推进“南粤粮安工程”建设。

2015 年 10 月 9 日，中共广东省粮食局机关召开第二次党员代表大会，选举产生新一届机关党委和纪委。

广西壮族自治区粮食工作

基本情况

2015年广西全区生产总值（GDP）16803.12亿元，比上年增长8.1%。其中，第一产业增加值2565.97亿元，增长4.0%；第二产业增加值7694.74亿元，增长8.1%；第三产业增加值6542.41亿元，增长9.7%。按常住人口计算，人均地区生产总值35190元。全年粮食种植面积305.93万公顷，比上年减少0.84万公顷，减少0.3%。油料种植面积24.84万公顷，增加1.13万公顷。全年粮食总产量1524.8万吨，比上年减少9.6万吨，减产0.6%。其中，夏粮产量37.0万吨，增产0.3%；早稻产量528.8万吨，减产2.7%；秋粮产量959.0万吨，增产0.5%。全年谷物产量1422.4万吨，比上年减产0.9%。其中，稻谷产量1137.8万吨，减产2.4%；玉米产量280.7万吨，增产5.4%。油料产量64.68万吨，增长5.5%。全年全区国有（控股）粮食经营企业和重点非国有粮食经营者、转化用粮企业总购进粮食1816.8万吨（贸易粮，下同），总销售粮食972.6万吨，转化用粮662.3万吨。2015年全区粮食消费量2105万吨，其中农村口粮694万吨，城镇口粮370万吨，饲料用粮849万吨，工业用粮172万吨，种子用粮20万吨。2015年末，广西国有粮食企业共558家，从业人员6282人。全行业实现利润总额19826万元。

2015年粮食工作

2015年是全面深化改革的关键之年和“十二五”规划的收官之年。广西粮食系统在自治区党委、政府的坚强领导和国家粮食局的大力支持下，认真贯彻落实中央和自治区关于粮食流通工作的总体部署，努力推进粮食流通体制改革，不断加快粮食流通基础设施建设，积极发展粮食流通产业，全力保障广西粮食安全，各项工作取得了新的成效。

一 粮食流通和粮食调控

粮食安全行政首长责任制全面建立，粮食安全的制度基础进一步夯实。根据《国务院关于建立健全粮食安全省长责任制的若干意见》和《国务院办公厅关于印发粮食安全省长责任制考核办法的通知》精神，自治区出台了《广西壮族自治区人民政府关于建立健全粮食安全行政首长责任制的实施意见》

（桂政发〔2015〕36号）和《广西壮族自治区人民政府办公厅关于印发广西壮族自治区粮食安全行政首长责任制考核办法的通知》（桂政办发〔2015〕132号）。同时，自治区人民政府继续与各市签订《粮食安全责任书》，并将粮食流通工作内容纳入各市政府绩效考评范围，确保粮食流通各项工作任务顺利完成。

粮食“购、销、调、存”工作取得新成效，粮食宏观调控能力进一步增强。一是2015年在67个粮食主产县实行粮食直补与储备粮订单粮食收购挂钩政策，全年计划收购订单粮80万吨，安排直补资金2亿元。全年全区累计收购直补订单粮食79.02万吨，完成全年计划的98.8%，在粮食减产、收购粮源减少和全年阴雨天气较多的情况下，仍然取得2004年实施直补订单粮食收购政策以来第二高的完成率。二是指导各类企业入市采购粮食，活跃粮食流通，充实粮食库存。2015年全区国有（控股）粮食经营企业和重点非国有粮食经营者、转化用粮企业总购进粮食1816.8万吨（贸易粮，下同），总销售粮食972.6万吨，转化用粮662.3万吨。三是分解落实了国家下达广西新增的50万吨地方储备粮规模，安排轮换出库70多万吨地方储备粮投放市场，有力保障了市场粮食供应。四是库存地方储备粮数量真实、质量良好、储存安全，市场供应和军粮等政策性用粮得到可靠保障，为全区粮食宏观调控提供了坚实的物质基础。五是落实自治区加强产销对接的稳增长措施，2015年分别与内蒙古、湖北、吉林等省（区）签订产销合作协议，进一步巩固了粮食产销协作关系，全年从区外采购调入（含进口）粮食1050万吨，有效弥补了粮食产消缺口。

二 粮食流通改革

2015年全区粮食系统克服经济下行压力持续增大、粮食市场环境不佳等不利因素影响，积极推动国有粮食企业改革，加快转变企业发展方式，培育粮食产业化龙头企业，全区粮食企业经济发展质量和效益进一步提高。2015年全区14个市的国有粮食企业全部实现盈利，全区国有粮食购销企业实现销售收入55.31亿元，同比减少10.8亿元，减幅16.3%，完成绩效考核目标的123%；实现盈利2.07亿元，同比增加1.3亿元，增幅167%；实现利税总额2.37亿元，完成自治区绩效目标的424%。全区国有粮食企业改革的稳步推进，坚定了广大粮食企业职工的信心，稳定了队伍，2015年全系统没有发生集体上访等群体性事件。

三 粮食流通监管

依法管粮有了新举措，粮食流通监督检查效能进一步提高。一是按照自治区要求积极做好部门职权法定化有关工作，认真梳理自治区粮食局权力清单和责任清单，推进行政审批制度改革，调整审批职能，减少审批项目。二是推进商事制度改革，按照规定修改自治区粮食收购资格认定条件。三是加强粮食监督检查行政执法制度建设，制定了《广西壮族自治区粮食流通监督检查工作考核办法》。四是完成2015年粮食库存检查工作，确保粮食库存数量真实、质量合格。五是落实粮食质量安全监管责任，制定《广西壮族自治区粮食质量监管工作评估考核方案》，建立粮食质量安全监管长效机制，完成了收获粮食质量安全监测和粮食库存环节质量抽样检验检测工作任务。六是全区粮油质量检验监测能力建设得到进一步加强。2015年全区取得国家粮食局授权挂牌的国家粮食质量监测站数量新增4个，总数达到8个。七是严格执行军粮供应政策，建立健全市场采购军供粮食、遴选军供粮食加工企业等制度，完成了军粮供应站、代供点的资格年审自查、互查和抽查工作。

四 粮食流通体系建设

粮食流通基础设施建设取得新进展，粮食收储保障能力进一步增强。2015 年自治区粮食局与南宁市政府联合推动区、市直属企业合作共建广西（中国 – 东盟）粮食物流产业园区，项目预计总占地 3500 亩，计划总投资 70 亿元，一期建设用地 1345 亩已基本落实，计划总投资 25 亿元，一期工程核心项目于 2015 年 11 月正式开工建设。2015 年全区粮食仓储设施建设完成投资 7 亿元，建设粮食仓储和军粮供应基础设施项目 38 个，完成 70 万吨新增仓容建设任务。粮食仓储规范化管理进一步加强，确保了储备粮储存安全。首次在全区开展“星级粮库”创建工作，确定 44 个库区为“星级粮库”。2015 年在自治区直属南宁粮库、柳州粮库开展数字粮库建设试点工作，基本实现粮情监测数字化、仓储管理信息化。

五 行业发展

（一）粮油加工业发展迅速

截至 2015 年底，全区粮油加工业总产值 730 亿元，比 2014 增加 70 亿元，增长 10.6%。2015 年末全区共有粮油加工企业 350 家，其中，年产值 10 亿元以上的 16 家、50 亿元以上的 3 家、100 亿元以上的 1 家。

（二）粮食科技创新成果突出

充氮气调绿色储粮新技术得到进一步推广应用，至 2015 年底已有 8 个自治区直属单位以及部分市县中心库应用充氮气调储粮技术，充氮储粮仓容超过 75 万吨。广西粮油科学研究所小型花生油加工标准化改造、火麻系列产品开发等科研项目取得阶段性成果。继续实施农户科学储粮项目建设，进一步降低农户储粮环节粮食损耗，新增实施“农户科学储粮”专项建设 5.3 万户。

（三）粮食产业化发展成效显著

富硒优质稻生产示范取得良好成果，自治区粮食局直属企业在巴马县建设 300 亩富硒优质稻生产（核心）示范基地，带动东兰、巴马、凤山三县种粮农民种植富硒优质稻 26000 多亩。广西国泰粮食集团在宾阳县建立富硒优质稻种植示范区 3000 多亩，辐射形成种植基地 20000 多亩，该集团生产的富硒优质米已经在市场上销售。主食产业化有了新发展，广西鑫粮粮食集团有限公司研发的糙米米粉目前具备年总产 8 万吨的生产能力。2015 年南宁、柳州两家加工厂实际生产销售米粉分别为 21000 吨和 9000 吨，总销售量分别占南宁、柳州市场份额的 15% 和 10% 左右。由广西粮油质量检验站制定的糙米干米粉地方标准已经颁布实施。

六 党群工作

扎实开展“三严三实”专题教育，粮食系统作风建设进一步加强。按照中央和自治区党委的部署，扎实开展“三严三实”专题教育，密切联系实际，突出以上率下，做好关键动作。坚持严、实标准，上好专题党课；紧扣主题，抓好专题学习研讨，以个人自学、集中研讨、主题报告、革命传统教育等形式，深化研讨效果；强化问题导向，深入查找“不严不实”突出表现，聚焦问题抓整改，以整改成效取信于民；开展专项督查，召开工作推进会，层层传导压力，确保专题教育取得实效；以问题整改和案件查办为抓手，进一步做好立规执纪工作，提高了党员干部守纪律讲规矩意识，增强了践行“三严三实”的自觉性，推动了党风廉政建设“两个责任”的落实，机关作风有了新的转变。进一步加大服务对口扶贫联系、“美丽广西·乡村建设”联系和县域发展联系工作的力度，多方筹措资金投入联系点建设，为国家和自治区扶贫开发战略和区域经济发展作贡献。

◆广西壮族自治区粮食局领导班子成员

吴宇雄	党组书记、局长（2015 年 4 月任职）
秦全贵	副局长
林愈溪	党组成员、副局长
杨　斌	党组成员、副局长
冯俊英	党组成员、副局长（2015 年 2 月任职）
欧泽馨	党组成员、自治区纪委派驻自治区粮食局纪检组组长

2015 年 7 月 16 日，广西壮族自治区主席陈武在南宁市会见来桂出席全国粮食局长座谈会的国家粮食局局长任正晓一行。

2015 年 2 月 3 日，时任自治区党委副书记，现任自治区人大常委会副主任危朝安（前排左二）到河池市巴马县调研富硒产业发展情况。

2015 年 11 月 30 日，自治区副主席张秀隆（前排左二）在南宁视察自治区粮食局直属企业。

2015 年 8 月 26 日，全区粮食系统年中工作会议在来宾市召开。

海南省粮食工作

基本情况

海南省位于我国最南端，是我国唯一的热带海岛省份，全省陆地面积约 3.54 万平方公里，海域面积约 200 万平方公里。2015 年末常住人口 910.82 万。2015 年全省地区生产总值 3702.8 亿元，比上年增长 7.8%，人均地区生产总值 40818 元，比上年增长 6.9%。海南省入春早、升温快、稻可三熟、菜满四季，风景秀丽，气候宜人，旅游资源极具特色，是中国南繁育种的理想基地，是中国最重要的热带旅游胜地。

2015 年，全省粮食种植面积 37.56 万公顷，其中稻谷种植面积 29.93 万公顷；粮食总产量 184.0 万吨，比上年减产 1.3%，其中稻谷产量 153.3 万吨，减产 1.4%。全省粮食总消费 448 万吨，其中城乡居民口粮消费 194 万吨、食品及工业用粮 7 万吨、饲料用粮 246 万吨、种子用粮 1 万吨。居民消费口粮的中高档籼粳米、小麦粉和饲料用粮玉米基本依靠省外市场供给，全年省外购进和进口粮食 264 万吨。由于粮食需求量的增加，粮食自给率由 42.5% 降到 41.07%。

2015 年粮食工作

2015 年，在面对繁重艰巨的地方粮食储备增储任务，以及粮食系统发生一系列腐败案件和全省储备粮专项审计发现诸多严重问题的形势下，在海南省委、省政府的正确领导下，海南省粮食系统广大干部职工紧紧围绕稳增长、调结构、抓改革、惠民生、保生态的工作大局，认真贯彻落实粮食安全省长责任制，认真落实好国家粮食局和省委、省政府对粮食工作的重大决策部署，主动适应海南经济发展新常态，稳妥推进粮食流通改革，加强粮食队伍建设，加强粮食市场调控，推进储备体系、依法治粮、粮安工程的建设，努力实现全省粮食供求平衡，为海南全面深化改革提供了坚实的物质保障。

一 抓好市场调控，确保粮食市场有效供给

一是抓好粮食收购工作。及时部署夏、秋两季粮食收购工作，指导市县认真落实国家粮食收购政策和“五要五不准”收购守则，鼓励和引导多元粮食经营主体积极入市收购，充实粮食库存。全省收购粮食 13.6 万吨，其中国有粮食购销企业收购粮食 10 万吨。二是抓好调销供应。加强产销协作，积

极组织企业参加吉林省粮食局开展的优质粮油产品推介活动，召开粮油购销洽谈会，引导和鼓励各类粮食经营主体开展省际粮食购销业务，全省省外购进粮食 261 万吨，有效满足了海南省城乡居民粮食需求。三是抓好储备轮换调节市场。加强对国有粮食购销企业的指导，适时适度轮换储备粮调节市场。四是抓好军粮供应。认真贯彻执行军粮供应政策，加强军粮质量管理，规范军粮财务管理，推行应用新的军粮供应管理信息系统，指导全省 19 个军供网点履行好《军粮供应服务公约》，常年保持一个月销量以上的周转库存，保证驻琼"三军""四警"粮食正常供应。五是加强市场应急体系建设。及时更新粮食市场应急数据，完善应急情况下储备粮油投放的具体预案，组织编制《2015 年度海南粮食市场应急预案工作手册》，加强对 270 个粮食应急销售网点和 84 个粮食应急加工网点的统计与核实工作，切实提高应急管理能力。六是抓好粮情监测工作。加强粮食市场价格监测和市场调查，加大节假日粮食市场监测密度和频率，加强市场分析预测和粮情研究，及时报告和发布粮情信息，做好粮食市场预警预报工作。七是进一步推进海南省粮食流通统计改革，不断提高统计覆盖面和准确率，抓好粮食流通、财务信息统计、仓储设施统计、流通设施投资统计和加工业统计工作，组织开展 2014 年度全省粮食和食用植物油及油料供需平衡专项调查，为粮食调控决策服务。八是全力做好台风"彩虹"防御工作。2015 年 10 月认真贯彻落实全省防御台风"彩虹"会议精神，下发《关于做好台风"彩虹"防范应对工作的紧急通知》《关于做好台风"彩虹"影响期间粮油市场供应工作的紧急通知》，对全省粮食系统台风防御工作和做好应急粮食供应工作进行全面部署，成立台风期间粮食应急供应工作小组，建立完善台风应急供应预案，启动粮食市场监测日报制度和 24 小时值班制度，对 3 家省直粮食企业储备库符合国家标准的储备成品粮进行明码标识，切实做好粮食应急供应准备。

二　加强储备体系建设，不断夯实粮食调控基础

一是配合全省储备粮专项审计和抓好整改工作。2015 年 9 月 11 日起至 29 日，按照省领导的批示精神，海南省粮食局抽调人员组成 5 个实物检查组和 4 个质量检查组，分赴全省 13 个市县和 7 家省直国有粮食购销企业，全力配合审计部门进行储备粮专项审计，对地方储备粮油数量和质量情况进行全面检查。同时成立 3 个督导组，指导督促各市县和省直国有粮食企业进一步加强省级储备粮油出入库票据传递和管理和省级储备粮油出、入库质量检验制度，规范省级储备粮油出、入库管理；对每批次轮换的粮油实施申报制度，规范企业储备粮油轮换行为；对省直企业 10 万元以上资金调度实施报备制度，规范企业大额资金的管理，行之有效地抓好审计问题的整改。二是抓好企业及仓储设施各项调查工作。会同省有关部门组织开展全省地方储备粮油库存和仓储设施专项检查工作、全省国有粮食企业基本情况调查和粮食仓储设施专项调查，摸清企业基本情况和存在问题，为下一步强化储备粮管理奠定很好的基础。三是抓好省级储备粮管理规范化。组织开展春、冬两季粮食库存普查工作，全面掌握地方储备粮油品质及储存状况；组织开展全省"四无粮仓"活动和粮食安全生产隐患排查治理工作，并跟踪督促逐一落实安全隐患的整改；组织做好 27 家省级储备粮承储企业 2014 年度考评和 7 家省直国有粮食企业绩效考核，对承储管理存在问题进行分类指导，有效地推动仓储管理规范化。

三　实施"粮安工程"，不断提升粮食收储供应安全保障能力

一是加快推进粮食仓储设施建设。海南洋浦粮食储备库二期项目通过竣工验收，启动海南丘海成

品粮储备库一期项目建设，粮食物流园区项目正在积极筹划当中。二是积极向国家申报，落实中央专项地方粮食仓库维修资金2577万元，用于海南省地方“危仓老库”维修改造工作。三是积极推进局机关信息化建设。重新部署局中心机房软、硬件环境，改版的海南省粮食局门户网站（测试版）上线运行，局办公自动化系统完成安装调试，确保发改委纵向网粮食局节点正常运转。四是完成粮食行业“十三五”规划编制工作。按照国家和省对“十三五”发展规划的部署，加强领导，分9个粮食流通工作领域对粮食行业“十三五”期间的建设发展进行全面、科学规划，规划于11月底完成，并向国家粮食局报告。五是大力推行节粮减损。组织开展“世界粮食日”、全省爱粮节粮宣传周和全省食品安全宣传周，广泛宣传粮食政策和科普知识，全社会爱粮节粮意识得到提高。

四 扎实推进粮食保障制度建设和依法管粮，维护粮食流通秩序

2015年，省粮食局努力构建海南省粮食安全保障制度建设，按照《粮食流通管理条例》有关规定，认真履行粮食监督管理职能，维护粮食市场流通秩序。一是构建海南保障区域粮食安全制度体系。根据《国务院关于建立健全粮食安全省长责任制的若干意见》，海南省粮食局起草了《海南省人民政府关于贯彻落实粮食安全省长责任制的实施意见》和《海南省粮食安全市县长责任制考核办法》，经省政府批准后印发实施，切实将粮食安全责任落实情况纳入政府绩效考核，初步构建海南省保障区域粮食安全制度体系。二是加强粮食收购许可和社会粮食库存标准管理，分类指导市县加强对取得收购资格企业的指导、监管和服务，核定粮油经营者最高最低库存标准。三是组织开展2015年全省粮食库存检查，切实掌握国有粮食企业库存粮食的数量、质量和储粮安全情况；组织开展粮食收购资格和收购环节的专项检查，规范粮食收购市场，维护粮食收购秩序。四是加强粮食质量监管，落实粮食质量安全监管责任，组织开展2015年收获粮食质量安全监测、粮食质量安全抽查、军粮质量安全检验工作和省级储备粮夏冬两季全省粮油质量专项普查，加强对粮食收购、储存、运输和政策性用粮购销活动中原粮质量的监管；加强国有粮食购销企业粮油出入库检验和进岛粮油检验，把好出入库粮油和进岛粮油的质量关。五是强化粮油市场监管，协同质监、工商、物价等相关部门开展监督检查和行政执法，严禁不符合国家质量标准的粮食流入市场，维护粮食流通正常秩序。

五 加强机关建设和队伍建设，为粮食流通事业科学发展提供基础保障

一是抓好粮食队伍建设。2015年下半年，原党组书记、局长以及3家省直粮食国有粮食企业法人代表被检察机关立案审查，2015年10月，局党组分别召开局机关全体干部职工大会、省直粮食企事业单位班子及中层干部、各市县粮食局长及储备公司主要负责人参加的三个通报会，及时传达省领导的重要指示，同时提出严格管理好干部职工、保证储备粮质量安全和生产安全、严肃认真配合做好全省储备粮审计工作、管理好各类大额资金和确保粮食市场和中秋、国庆期间粮食正常供应5条具体工作要求。同时，临时指定3名副经理主持工作，协调指导有关企业正常开展业务，切实做到队伍不乱、工作不断。2015年11月，在局机关和省直粮食企事业单位组织开展廉政教育月活动和“守纪律、讲规矩、作表率”主题教育活动，不断强化党员干部的纪律意识、党性意识、自律意识。二是加强局机关党的建设。组织《治理现代化与国际旅游岛建设》专题讲座和观看《筑梦中国》宣传教育，组织参观海南廉政教育基地，加强干部职工政治思想教育；组织开展庆祝建党94周年、中国人民抗日战

争暨世界反法西斯胜利70周年和海南解放65周年纪念活动，进一步凝集党员干部的向心力；开辟“党员之家”，强化党的活动阵地建设。积极开展党建服务社会活动，支持海口市“双创”工作。三是加强粮食行业教育培训工作。1月，组织全省粮食仓储设施专项调查人员89人参加的培训班；5月，组织全省粮食系统办公室主任及办公室有关工作人员60人参加的办公主任培训班；9月，组织20名粮食流通统计人员参加国家粮食局举办的培训班；11月，组织6名监督检查工作人员参加国家粮食局举办的培训班；组织做好18名局机关干部在线教育培训工作；组织机关干部参加省直有关部门组织的工资社保、人事统计、保密、档案、财务、党建等业务培训，不断提高局机关工作人员业务工作能力和水平。开展全省初级粮油质量检验员职业技能培训与鉴定，20名参训人员全部通过考试获得国家初级粮油质量检验员职业技能资格，进一步提升了粮食企业职工履行职责的能力。四是加强粮油科研工作。2015年海南省粮食局完成省属科研院所、省重点研发计划项目申报7项，实施科研项目11项，申请发明专利1项，粮油科技课题研究和成果应用取得新的进展。

按照中央和省委的统一部署，认真开展处级以上干部“三严三实”专题教育，局班子成员带头进行3个专题的学习和研讨，通过组织民主评议和发放征求意见函等形式，广泛征求意见，开展谈心交心活动，认真查摆修身做人、用权律己、干事创业以及遵守党的政治纪律、政治规矩和组织纪律方面存在的突出问题，建立个人问题清单台账，督促干部按时逐一进行整改，班子成员亲自撰写个人对照检查发言提纲，组织开好领导班子专题民主生活会和基层党组织专题组织生活会，通过开展“三严三实”专题教育，有力推动海南省粮食局工作作风的转变。发扬求真务实的工作作风，加强调查研究，组织开展地方储备粮轮换费用标准调整、省级储备粮管理办法修订、粮食行业“十三五”发展规划编制、粮食仓储建设等重点工作调研，有力推进各项工作的落实。

◆海南省粮食局领导班子成员

李志杰　党组成员、副局长、纪检组长（2015年9月起主持省粮食局全面工作）

杨全光　党组成员、副局长（2015年8月任职）

杨卫星　副巡视员、机关党委书记

重庆市粮食工作

基本情况

重庆市位于中国内陆西南部、长江上游地区，辖区总面积 8.24 万平方公里，是中国面积最大的城市。全市共辖 24 个区、12 个县、3 个自治县。

2015 年全市粮食播种面积 223.4 万公顷，粮食产量 1155 万吨，其中稻谷 506 万吨、玉米 260 万吨、小麦 23 万吨，比上年 1145 万吨增产 0.9%。按照全市 3016 万常住人口计算，人均粮食占有量 383 公斤。全市油料播种面积 30.9 万公顷，油料总产量 60 万吨，比上年 57 万吨增产 5.3%；其中油菜籽播种面积 24.3 万公顷，油菜籽产量 47 万吨，比上年 44 万吨增产 6.8%。随着人口增长、生活水平的不断提高，粮食消费量呈刚性增长态势，粮食供需缺口不断扩大，2015 年产消缺口达到 228 万吨，市外净调入 300 万吨以上。其中，全年稻谷需求量 462 万吨，虽产需平衡，因本地籼米口感较差，仍需从市外调入优质大米调剂市场；玉米需求量 349 万吨左右，产需缺口 93 万吨；小麦需求量 105 万吨左右，产需缺口 78 万吨，由于重庆市小麦品质较差，市场竞争力不强，小麦产量逐年递减，由 2008 年的 58.2 万吨减少到 2015 年的 23.0 万吨；食用油生产量在 15 万吨左右，缺口达 53 万吨左右。

2015 年重庆市纳入统计的在产粮油加工企业全年工业总产值 210 亿元，比上年减少 13.7%。产品销售收入 288.22 亿元，比上年增加 19.4%。利税总额 16.86 亿元，增长 51.5%；利润总额 10.83 亿元，增长 54.7%。

2015 年粮食工作

2015 年，按照国家粮食局的总体部署，重庆市粮食局主动适应经济发展新常态，认真贯彻落实粮食安全省长责任制，全面实施“粮安工程”建设，推进全市粮食流通工作取得新成效。

一 落实新增储备粮，圆满完成增储任务

一是鼓励和支持区县储备，减轻市级储备压力。二是充分发挥已维修库点和新建粮库的作用，利用新增仓容实现装粮。三是采取异地存储，通过专家评审、实地察看、多方会审等程序，人和米业和

万州、北碚、忠县粮食公司在河南许昌、濮阳等粮食主产区储备粮食 15 万吨。2015 年完成 40 万吨储备任务，同比增加了 2.67 倍，

二 抓好粮食购销，保障市场供应

2015 年，从市外购进粮食 400 万吨、食用油 50 万吨，保证了粮油市场的稳定和有效供给。一是组织召开全市大春粮食收购工作电视电话会议，抓好市内粮食收购 100 万吨工作。二是加强与粮食主产省开展粮食产销衔接，实施好“北粮南运”工程，组织市内粮食经营企业采购东北粳米 40 多万吨，以满足居民对东北大米的需求。三是支持粮食经营企业开展线上线下电子商务活动，创新粮食销售模式，推动“渝百家公司”和“粮食集团与大中小学校粮油供应平台”建设，培育新型粮油销售企业。四是大力开展“放心粮油”销售活动，进一步推动“放心粮油”进学校、进机关、进军营、进家庭活动，不断扩大“放心粮油”的市场占有率。五是加强日常监管。全年全市粮食部门组织粮食检查抽查 568 次，查处违法经营涉粮案件 55 起，全部依法处理，结案率 100%。

三 推进粮仓建设，增强粮食存储能力

（一）置换迁建城中库

伴随重庆市城镇化的推进，采取退城进郊的方式，对沙坪坝、合川、涪陵等地部分收纳库、储备库进行置换迁建。

（二）新建高水平储备粮仓库

全市财政投资 14.8 亿元新建 150 万吨储备粮仓库，确保重庆地区粮食安全。重点启动白市驿、万州、垫江、梁平等市级储备和粮食主产区县储备粮仓库建设，提升了粮食储备能力。

（三）继续抓好完成危仓老库维修改造工作

全市共投入 1.65 亿元，维修改造仓容 265 万吨，极大提升全市有效仓容，改善粮食收储库点仓房设施条件。

（四）建设数字智能化粮库

合理布局全市粮库选点，着力提升粮食储运“四散化”，针对收纳、储备、中转等不同粮食仓储需求合理选用仓型，节约土地和投资，推广先进实用的新技术、新材料、新设备，基本实现新建粮库采用机械通风、环流熏蒸、微机测温储粮。运用传感、自动控制、物联网等技术智能管理粮库，实现对市级储备粮实时监管、远程监控、信息共享。

四 完善粮食市场体系建设

（一）建批发市场体系

在“二环、三环”物流带布局了西部粮食物流园、双福农产品批发市场等粮油批发市场，依托“万村千乡”工程设立粮油配送和零售网点，建设形成重庆市特色的粮油批发零售体系。

（二）建便民服务体系

实施放心粮油示范便民工程，建设市级放心粮油示范加工企业 30 个，示范超市 80 个，示范配送中心 24 个，示范销售店 530 个，拓展社区便民服务。

（三）建新型交易体系

培育粮食新型交易模式，成立重庆国家粮食交易中心，整合粮油批发市场资源，创新重庆地区粮食购销方式，为国家在重庆地区的政策性粮食调控提供交易平台，逐步增强综合服务能力和集聚辐射能力。

（四）建现代粮食物流体系

引导社会投入资金 2.15 亿元加强现代粮食物流体系建设，配置粮食“四散”设施设备，在铁路、水路重要粮食物流节点建立散粮货运接卸点，完善市内公路、铁路、水路粮食运输通道，建设粮食铁路专用线，有序推进重庆西部粮食物流园区，力争早日完善“北粮南运”散粮铁路运输通道。

五 大力实施农户科学储粮工程

从 2010 年实施农户科学储粮工程试点，连续五年在全市产粮区县逐步推广彩钢粮仓，实现全市所有产粮乡镇 100% 全覆盖。共为农民购置彩钢粮仓 53.36 万套，全市示范农户覆盖率达 7.35%。累计投入资金 1.92 亿元，其中中央财政补助资金 0.666 亿元，地方财政资金 0.667 亿元、农户自筹资金 0.587 亿元。通过实施农户科学储粮共减少储粮损失 13.5 万吨，减损收益为 3.75 亿元。农户科学储粮专项工作是真正的民心工程，深受项目实施区县和农户的普遍欢迎，粮食减损经济效益十分明显。

六 加强储备粮管理，确保储备粮油安全

（一）落实储备粮轮换任务

完成了 2015 年全年轮换市级储备粮 20 万吨，油 9884 吨计划。

（二）加强储备粮油质量监督检查

春、夏两季，分别组织质检站、粮食集团对市级储备粮油和应急大米进行了数量核查和质量鉴定，库存市级储备粮油达到了数量真实、质量良好，抽样宜存率分别为 99.6%、99.89%，为近五年最高。

（三）实施粮油加工技改项目

全面完成了 2014 年下达的重庆市储备粮管理有限公司潼南直属库等 9 个应急大米加工企业技改项目，确定了 2015 年度实施重庆人和米业有限责任公司等 8 个应急粮油加工企业技改项目，切实改变了重庆市应急加工企业技术落后的现状。

（四）开展粮油保管员培训

组织了 2015 年粮油保管员职业技能培训鉴定班，共计培训 168 人，其中通过初、高级粮油保管员鉴定 116 人，通过率达 69%，为历届最高通过率，培训效果良好。

七 推动粮食行业体制改革，逐步理顺管理机制

（一）深化储备粮管理体制改革

按照《重庆市人民政府关于完善市级储备粮管理体制的批复》（渝府〔2014〕85 号）精神，会同市财政局、市国资委编制完善市级储备粮管理体制工作方案，对市储备粮公司进行机构调整，进一步规范储备粮管理体系。

（二）推进军粮供应管理体制改革

提出了推进全市军粮供应管理体制改革的意见，建立“一中心、四节点”军粮供应应急保障模式，指导各军供站试点开展融合式发展工作。利用国家危仓老库军粮专项资金，推进军粮危仓老库改造。严把军粮加工流通关口，加大军粮质量抽检力度，确保军粮质量。全年共抽检军粮 58 批次，均无不合格军粮。

八 完善政策体系，增强行业引导作用

（一）完成了粮安工程规划编制

为了进一步落实市政府关于粮安工程建设的意见，编制了《重庆市粮食收储供应安全保障工程建设规划（2015—2020）》，并经市政府同意后印发，细化了粮安工程建设的主要任务。

（二）起草了《重庆市人民政府关于贯彻落实粮食安全行政首长责任制的实施意见》

通过市政府常务会审议，并以渝府发〔2015〕43 号文件印发实施。文件提出了 24 条具体的贯彻措施，具有较强的指导意义。

（三）启动“十三五”粮食流通行业规划编制工作

现已完成“十三五”粮食行业规划研究工作，形成了行业调研报告，并已完成规划的初稿。

（四）重新修订《重庆市粮食应急预案》

对全市粮食供应能力进行风险评估，建立风险数据库，纳入全市风险应急管理目录。

九 扎实开展“三严三实”专题教育，推进党风政风持续改善

认真开展思想作风、工作作风、生活作风教育，认真贯彻落实中央“八项规定”和市委《关于改进工作作风、密切联系群众的“七条意见”》《关于严肃生活作风“十二个不准”》，开展“庸懒散浮拖”专项整治，狠抓作风建设，完善民主决策制度，改进行政审批制度，加强廉政风险防控和廉政文化建设。

◆重庆市商业委员会（重庆市粮食局）领导班子成员

周克勤	党组副书记、主任（局长）
陈国华	党组成员、副主任
刘天高	党组成员、副主任
蒋寿光	党组成员、副主任
廖红军	党组成员、副主任
付灿忠	党组成员、纪检组长、监察专员
尤祖才	党组成员、主任助理
孙华培	党组成员、主任助理
王　伶	副巡视员

2015 年 2 月，重庆市商业委员会主任周克勤（左三）陪同重庆市副市长陈和平（左二）调研粮食流通工作。

2015 年 7 月 31 日，重庆市副市长陈绿平（左三）、重庆市商业委员会主任周克勤（左四）出席重庆市 150 万吨储备粮仓库暨重庆西部粮食产业园开工仪式。

2015年8月13日，重庆市召开全市大春粮食收购电视电话会，重庆市副市长陈和平（主席台中）出席会议。

2015年10月16日，重庆市粮食局工作人员在全国爱粮节粮宣传周活动现场向农民发放宣传资料。

四川省粮食工作

基本情况

2015 年，四川统筹稳增长、促改革、调结构、惠民生、防风险，较好完成了年初制定的各项目标任务。全年实现地区生产总值 30103.1 亿元、增长 7.9%，地方一般公共预算收入增长 7.9%，城镇居民人均可支配收入增长 8.1%，农村居民人均可支配收入增长 9.6%，城镇登记失业率 4.1%，居民消费价格上涨 1.5%。

四川省有粮食行业机构 1528 个，其中行政管理部门及各级粮食行政管理部门所属事业单位 284 个，全社会粮食经营企业 1244 户（其中国有及国有控股企业 556 户）。粮食行业从业人员 42742 人，其中行政管理部门 1433 人、事业单位 2350 人、国有及国有控股企业 13695 人。全省国有及国有控股粮食购销企业总资产 219.06 亿元，其中固定资产 58.58 亿元、固定资产净值 41.29 亿元、流动资产 145.57 亿元。2015 年实现营收 88.78 亿元，盈利 3309 万元。

2015 年粮食工作

2015 年，四川省粮食系统认真贯彻落实国家粮食局和省委、省政府关于粮食工作的各项决策部署，以全面落实粮食安全省长责任制为核心，以全面实施"粮安工程" 为载体，忠诚履行守住管好"天府粮仓" 职责，各项工作进展顺利，取得了明显成效。

一 粮食生产

2015 年，全年粮食作物播种面积 645.4 万公顷，比上年减少 0.2%；全年粮食总产量 3442.8 万吨，比上年增产 2.0%，其中，小春粮食增产 1.9%，大春粮食增产 2.0%。稻谷产量 1552.6 万吨，小麦产量 426.3 万吨，玉米产量 765.7 万吨，大豆产量 52.7 万吨，其他 645.5 万吨（其中马铃薯产量 307.6 万吨）。油料作物播种面积 129.8 万公顷，增长 1.0%；油料产量 307.6 万吨，增产 2.2%，其中油菜籽产量 238.4 万吨，比上年增产 3%。

二 粮食流通

2015 年，四川省粮食系统努力克服经济下行压力影响，积极应对粮食价格低迷的市场环境，扎实推进粮油收购和供应工作，保证了全省粮油市场有效供应和价格基本稳定。全年全省共收购粮食 608.35 万吨、油菜籽 94.42 万吨；销售粮食 1194.1 万吨、食用油 149.1 万吨。引粮入川 1176 万吨，粮食出川 14.5 万吨。

三 粮食调控

（一）认真抓好油菜籽收购

主动适应和支持国家改革完善油菜籽收购政策，坚持底线思维，敢于担当，组织全省近 70 家油脂加工企业积极入市收购，促进了油菜籽价格阶段性回升。截至 9 月 30 日收购结束，补贴收购油菜籽 23.3 万吨，有效保护了农民利益。

（二）严格执行稻谷最低价收购政策

认真贯彻国家粮食收购政策，按时启动稻谷最低价收购预案，分三批次向社会公布收购网点 395 个，收购中认真执行“五要五不准”收购守则，严格落实三方联保措施，全力做好 2015 年稻谷最低价收购工作，共收购最低价稻谷 65.4 万吨，切实保护了农民利益和种粮积极性；联合国家局秋粮收购督查组，对眉山、广元、南充、广安、达州部分县区收购情况进行督导检查，粮食收购工作得到国家局充分肯定。

（三）积极开展“引粮入川”

加强粮食产销情况分析，及时掌握市场动态，加强与主产省市场对接，促进产销衔接顺利开展。继续实施“引粮入川”补贴政策，申请财政补贴资金 1375 万元，全年调入四川粮食 1176 万吨。

四 粮食流通体制改革

结合四川粮食生产、流通和消费情况，出台了《四川省人民政府关于贯彻落实粮食安全省长责任制的意见》和《四川省贯彻落实粮食安全省长责任制考核办法》，为四川省全面贯彻落实粮食安全省长责任制，深化粮食流通改革，推进依法治粮奠定了重要的制度基础。进一步梳理现行粮食政策法规，依法规范公开运行行政权力。再次修订省本级两项行政审批《服务指南》，补充完善相关事项的法定依据、办理流程、示范文本和审核要点。重点加强对涉及粮食安全、企业改革、产业发展等方面规范性文件的制定和管理，依法合规推进粮食行业发展。

五 粮食流通统计工作

认真贯彻统计法和国家粮食流通统计制度，扎实抓好统计基础工作，加强统计分析。成功举办全省粮食统计软件培训会，针对国家粮食统计信息系统应用，对各市（州）及部分县统计人员共 140 余人进行了专项培训。完成全社会粮油供需平衡、乡村居民户存粮调查工作，全面掌握全省粮食和食用植物油生产、购进、消费、库存等供需状况，科学反映全省粮油市场地区流向、库存品种布局、消费去向、价格变动情况，粮油产品产能、产量、粮食企业仓储设施和投资等情况变化，为省政府制定粮食宏观调控政策提供了科学依据。积极做好粮食流通统计分析，每月定期对全省粮油购销、库存和价格等粮食流通运行情况进行认真分析，全年向国家粮食局上报统计分析 100 余篇。

六 粮食流通监管

（一）加强粮食流通市场监督

健全粮食流通监督检查体系，强化执法监督机构建设，夯实执法监督的基础。全省开展库存粮食、油菜籽补贴收购、稻谷最低价收购等各类粮食流通监督检查 4910 次，出动检查人员 17859 人次，检查粮食企业 13637 户次，处罚违法违规案件 315 例，较好地维护了粮食流通秩序，确保了国家强农惠农政策落实到位。

（二）继续推进依法行政

按照“简政放权、放管结合、优化服务”的原则，继续深化行政审批制度改革，持续规范运行行政权力，严格规范办理行政许可。全省有效粮食收购许可证共 6307 个，其中，国有及国有控股企业 606 个（其中贸易类 567 个、加工类 39 个），民营企业 1255 个（其中贸易类 542 个、加工类 713 个），个体经营户 4446 个。

七 粮食流通体系建设

（一）“粮安工程”建设

全面完成 669 万吨危仓老库维修改造。中央投资 1.59 亿元，新建仓容 105 万吨；省级财政投入 8.98 亿元，支持 125 个粮食低温库项目建设；启动了 50 个智能粮库建设，不断提升科学储粮水平。维修改造军供网点 33 个。全省粮食应急供应网点达到 4269 个。全省已建成国家挂牌的粮食质检机构 19 个，基本实现了监测网络全覆盖。出台了《四川省粮食现代物流发展规划（2015—2020 年）》，对构建高效、经济、安全的全省粮食现代物流体系，确保全省粮食供需平衡，加快推进四川省粮食流通能力现代化，保障粮食安全具有重要的指导意义。

（二）仓储管理工作

组织全省各级粮食部门开展粮食科技活动周、食品安全宣传周和质量月活动，严格落实安全生产责任制，扎实开展行业安全生产监督检查，不断加强仓储管理和安全生产，全力保障储粮安全。全年召开安全工作专题会议 10 余次，下发安全生产文件 20 个，全省粮食系统组织安全生产检查 2977 次，参检人员 8931 人次，检查单位 1957 个，查处和整改安全隐患 1400 余处，投入整改资金 2560 万元。

八 行业发展

（一）粮油加工业发展

积极促进粮油加工业规模发展、结构调整、转型升级，2015 年实现生产总值 1162.8 亿元，比 2014 年的 1388.9 亿元下降 16.3%。全力推动成－广－乐产业带粮食供应链增值及整合，其在全省粮油加工业的占比已由2009年的30%上升到2015年的50%。加大培育加工龙头企业力度，全省龙头企业发展至248家，占粮油加工业入统总数的31.4%，产值占33.2%。稳步推进主食产业化。得益绿色方便米饭产量居全国第一，中江挂面产业集群初见规模，四川名小吃“川北凉粉”在全国发展连锁店176家，全省主食产业化呈现良好发展势头。2015年，全省主食产品生产企业产值超过50亿元。

（二）为农服务体系建设

紧贴“三农”，继续深入推进“川粮产后服务工程”，探索构建粮食流通综合服务体，粮食产后服务经验受到汪洋副总理好评。在105个县初步实施了主要服务粮食生产基地和种粮大户，以烘干清理、专合组织、收储加工、两代一换、“粮食银行”为主要内容的产后服务体系建设，省级财政累计投入补助资金1.48亿元，建设产后综合服务中心146个。

（三）项目建设

按照“以规划引领项目，以项目带动投资，以投资带动发展”的思路，以中央和省级补助项目为重点，着力推进项目建设，拉动产业发展，夯实产业发展基础。全省粮食行业在建项目148个（含完工21个），规划总投资65.34亿元，其中投资1亿元以上项目18个，全年完成投资10亿元。

（四）人才队伍建设

按照《四川省粮食行业中长期人才发展规划纲要（2011—2020年）》，继续实施“党政人才素质能力提升工程”“企业经营管理人才结构优化工程”“专业技术人才科技创新工程”“高技能人才职业技艺工程”“粮食宏观调控人才建设工程”和“人才培训基地支撑工程”，加强人才队伍建设。组织4批次533人次参加粮食行业特有工种职业技能培训与鉴定，举办全省粮食系统局长培训班，进一步提升粮食系统领导干部把握当前粮食形势、保障四川省粮食安全职责的能力。

九 党群工作

（一）党风廉政建设不断加强

认真履行党风廉政建设日常工作，学习有关会议精神和党内法规，贯彻落实中纪委、省纪委以及全国粮食系统党风廉政建设工作会议精神，为落实“两个责任”夯实基础。召开全省粮食系统党风廉政建设工作会议，研判反腐形势，部署整体推进系统党风廉政建设和反腐败工作任务及举措。制定四川省粮食局2015年党风廉政建设和反腐败工作《实施意见》和《任务责任分解意见》，将责任落实纳入年终考核和述责述廉重要内容。出台“粮安工程”建设项目、财政专项资金分配项目监管办法，倒逼各项工作任务落实。

（二）党群工作深入推进

积极开展“挂包帮”活动，帮扶凉山州盐源县棉桠村选派第一书记，制订扶贫规划，协调落实项目资金700余万元进行住房、道路、供水管道、粮食流通设施等基础设施改造，村容村貌发生根本变化。按照省委开展“走基层”活动的部署，建立党员志愿者服务队，与社区开展结对服务，慰问社区困难群众，体现机关为民情怀。以领导班子思想政治建设和“三严三实”专题教育为抓手，组织中心组学习、专家讲座、专题研讨、党支部讨论、知识问答等学习讨论共40余次，注重正反两面典型，强化干部理想信念教育，全局干部职工工作激情明显提升，工作作风明显转变。

◆四川省粮食局领导班子成员

张书冬	党组书记、局长
付昌友	党组成员、省纪委驻省粮食局纪检组长
王海林	党组成员、副局长
伍文安	党组成员、副局长
吴晓玲	副巡视员

2015年8月3日，四川省政府副省长甘霖（右四）在省政府副秘书长李志强（右三）、省粮食局局长张书冬（左三）的陪同下视察了四川省粮食流通工作，亲切看望了粮食系统一线职工，出席了全省粮食局长会议并作重要讲话。

2015年11月6日至8日，第二届川渝（遂宁）精品粮油展示展销会暨粮油产销衔接会在遂宁市中国西部现代物流港川渝粮食物流中心交易区隆重举行。

2015 年 7 月 27 日至 29 日，四川省粮食局局长张书冬（右二）陪同省人大常委会副主任、党组书记陈光志（左三）前往盐源县平川镇青天村调研精准扶贫工作。调研组走村入户实地调查老百姓的生产生活情况，了解村民们的需求和愿望，鼓励他们自力更生、艰苦奋斗脱贫致富，并对贫困户进行慰问。

2015 年 6 月 30 日，甘孜州雅江县举行农户科学储粮小粮仓发放仪式。三州民族地区农户科学储粮专项建设极大地解决了当地农户“储粮难”问题，深受民族地区农牧民的拥戴欢迎。

贵州省粮食工作

基本情况

2015 年，贵州省粮食产量为 1180 万吨，比 2014 年增长 3%，创历史最高水平。粮食消费量为 1495 万吨，比上年增加 16.2 万吨。粮食自给率为 79%，对外依存度达 21%。2015 年全年从省外调入 431 万吨粮食实现输入性平衡，维护了省内粮食安全。

2015 年，全省粮食系统独立核算单位 2518 个，在职职工 15495 人。其中，粮食行政机构 90 个，在职职工 805 人；事业机构 57 个，在职职工 640 人；流通企业 641 个，在职职工 6747 人；加工企业 465 个，在职职工 5205 人；多种经营企业 1265 个，在职职工 2098 人。

2015 年粮食工作

2015 年，面对错综复杂的粮食形势和艰巨繁重的工作任务，贵州省各级粮食行政管理部门深入学习贯彻习近平总书记系列重要讲话精神，认真落实中央关于保障国家粮食安全的战略部署，主动适应经济发展新常态，坚守粮食质量安全、总量安全、农民增收、市场稳定“四条底线”，以守住管好贵州粮仓为己任，扎实做好“广积粮、积好粮、好积粮”三篇文章，不断推动粮食行政首长负责制落实和行业加快发展，粮食流通工作取得新成效，为促进全省经济社会发展作出了积极贡献。

一 “保供稳价”成效显著

兑现油菜籽补贴。2015 年，国家财政下拨 8805 万元油菜籽调控补助资金，部分用于对油脂加工企业收购油菜籽实行价外补贴和扶持企业品牌化生产经营，部分用于对油菜籽种植大户实行直接补贴。截至 10 月 30 日，全省收购油菜籽 121663 吨，其中 19 家参加补贴收购的油菜籽加工企业收购 92656 吨。抓好秋粮收购工作，截至 12 月 31 日，贵州省共收购秋粮 22.86 万吨，其中稻谷 19.7 万吨。收购价格较平稳，中晚籼稻 1.40 元 / 斤左右、玉米 1.20 元 / 斤左右，部分产区优质稻出售价格在 1.5 元 / 斤及以上。截至 12 月底，贵州省入统粮食企业累计购进粮食 498.7 万吨（原粮，下同），同比增加 27.61 万吨，其中从省外购进 384.44 万吨，累计销售 389.28 万吨，同比减少 22.9 万吨。累计购进食用油 30.29 万吨，同比增加 1.1 万吨，其中，省外购进 15.02 万吨；销售食用油 29.78 万吨，同比减少 1.91 万吨。截至 12 月底，全省明确了 217 个粮食应急加工企业，应急储运企业 143 个，建成粮食应急配送中心 121 个，粮食应急供应网点 2255 个。此外，粮食系统还完成了黔东南州剑河地震、雷山水灾等灾情下的粮食应急保障任务。

推动粮食产销衔接，加强与粮食主产区的产销合作。2015 年，贵州省先后与吉林、宁夏、河南等粮食主产省（区）签订了《粮食产销合作协议》。全年粮食市场价格水平总体保持基本稳定。2015 年贵州省粮食局被评为“2015 年度全国粮食流通统计工作优秀单位”。

二 粮食安全保障机制体系初步形成

国发〔2014〕69 号、国办发〔2015〕80 号文件相继出台，贵州省陈敏尔省长、刘远坤副省长对抓好贯彻落实作出专门批示，提出具体要求。按照省人民政府安排，省粮食局牵头，提出贯彻落实意见。6 月 19 日，省人民政府审定出台《省人民政府关于贯彻落实粮食安全省长责任制的实施意见》（黔府发〔2015〕24 号）文件。10 月 10 日，省人民政府审定出台《省人民政府办公厅关于印发贵州省粮食安全责任制考核办法（试行）的通知》（黔府办函〔2015〕170 号）。各地积极主动推进粮食安全各级行政首长责任制的落实，相继出台了实施意见，保障区域粮食安全的机制体制初步形成。

三 粮安工程建设迈上新台阶

2015 年，完成国家下达新增地方粮食储备规模 18.13 万吨。2 月，根据发改经贸〔2014〕2241 号文件精神，下达贵州省粮食仓容建设任务 25 万吨。全省筛选了西南粮食城贵阳市级储备库等 14 个建设项目报送国家。6 月，根据发改经贸〔2015〕1264 号文件精神，全省筛选了贵州天禾巨鑫粮食储备库等 4 个建设项目报送国家。7 月，西南粮食城贵阳市级储备库等 14 个建设项目获第一批中央预算内投资补助资金 4500 万元；贵州天禾巨鑫粮食储备库等 4 个建设项目获第二批中央预算内投资补助资金 700 万元。截至 12 月，全省有粮食仓储物流基础设施在建项目 47 个，其中，仓房建设项目 45 个，油罐建设项目 2 个；项目概算总投资 82.2 亿元（含西南粮食城 50 亿元），累计完成投资 11.28 亿元，本年度完成投资 4.26 亿元。累计到位资金 13.01 亿元，其中，中央补助资金 1.47 亿元，省级财政资金 0.59 亿元，地县财政资金 1.35 亿元，企业自筹 5.69 亿元，贷款 3.14 亿元，其他 0.77 亿元。在建项目（一期）拟建总仓容 169.9 万吨（含西南粮食城），已建成 37.85 万吨；拟建油罐罐容 11.15 万吨，已建成 2.8 万吨。西南粮食城等项目列入省人民政府年度重点工作任务，并由省政府督查室督办。2015 年，获中央“粮安工程”危仓老库维修专项补助资金 22836 万元，拟维修“危仓老库”总仓容 150 万吨，其中“一般维修和大修改造”仓容 50 万吨，“异地重建”仓容 80 万吨，“信息化建设和功能提升（智慧粮食）”20 万吨。

四 粮油产业快速发展

全省粮食产业化经营取得新进展。一是积极做好粮食订单和促农增收工作。全年发展优质粮油订单 600 万亩，同比增长 18.34%，助农增收 15 亿元以上。二是紧紧依托贵州省山地特色粮油资源禀赋，瞄准百姓优质化、特色化、营养化和多样化的生活需求，大力发展特色粮油产品，初步形成了有机米、特色米、香禾糯、薏仁米、苦荞、芸豆、酿酒高粱、茶油、菜油、特色食品“十大”特色粮食产业体系。三是继续加大对20家粮食产业化龙头企业和50家重点联系加工企业的扶持，增强转化增值能力，并搞好政策、资金、项目和指导服务。四是大力推介贵州粮油名牌产品，组织粮油企业参加贵州省名牌产品评审，有7个粮油品牌获得贵州省名牌产品称号。五是10月17日在遵义市成功举办了贵州省第二届粮油精品展示交易会，参展企业124家，参展产品730个。六是扶持粮食民营企业发展取得明显成效。黎平侗乡米业有限公司、贵州茅贡米业有限责任公司入选“贵州省民营企业100强”，贵州金晨农产品开发有限公司、湄潭县竹香米业有限公司等16家粮油加工企业获得贵州省第七批农业产业化经营省级重点龙头企业。全年粮油加工业实现产值共计140亿元。

同时，着力抓好湄潭、凤冈、惠水三县现代高效粮食示范园区建设工作。省粮食局落实帮扶资金300万元推动园区建设。2015年，三县粮食示范园区均超额完成投资计划，总计实现投资6.99亿元，实现销售收入8亿元。

五　民生工程建设水平进一步提升

一是继续加强放心粮油工程建设，全省建成经营网点保持在2000个左右，覆盖乡镇（街道）1800余个，受惠群众3000多万人；放心粮油进学校覆盖率达70%；全年销售“放心粮油”49万吨，实现利润1.8亿元，社会效益和经济效益显著。二是放心粮油工程规范化迈上新台阶。2015年出台《贵州“省级放心粮油示范店”评审细则》和《贵州省“省级放心粮油示范店”动态监管办法》，推动规范化管理。评选出25家“省级放心粮油示范店”，对全省放心粮油工程建设发挥了引领示范作用。三是启动全省主食产业化发展工作。在贵阳、遵义试点的基础上，于10月18日在湄潭县召开了主食产业化发展现场会，总结试点经验，全面启动了贵州省主食产业化发展工作。

2015年，贵州省获国家农户科学储粮专项投资计划10000户，在全省4个重点项目县实施，为农户发放科学储粮小粮仓10000套，完成计划的100%，累计完成总投资500万元，其中中央补助资金150万元、省粮食流通资金30万元、市县财政配套120万元、农户自筹200万元。通过实施农户科学储粮专项，有效改善农户储粮条件，受益农户储粮损失率由8%降至2%，每年减少储粮损失72万吨，增收20万元。

六　军粮供应保障有力

省军粮应急保障中心建设落地西南粮食城；黔东南、黔南军供站异地重建项目，融入当地的粮食物流项目建设正式开工，黔西南州军供站异地重建项目正式开工；争取到军供专项维修改造资金3403万元，其中中央3143万元、省级260万元，2015年拨付1417万元，其中中央1157万元、省级260万元；六盘水、花溪军供站共筹集资金45万元，完成网点升级改造，扩大规模，建成集军粮超市、成品粮油储备、军人休息室和办公为一体的军供站；安顺市实现军粮应急供应网点建设覆盖全市6个县（区）；花溪军供站挂牌成立军粮供应集约化保障中心；遵义市军供站创建了“戎惠”“贵州军粮”品牌。省军粮供应办公室编制了《贵州省军粮供应军民融合发展“十三五”专项规划》，建立完善《“贵州军粮"标识使用管理暂行办法》《贵州省军粮资金管理办法》《贵州省军粮丰歉调剂基金使用管理办法》等制度；11月，省军粮办会计账套移交省粮食局财务处统一管理，分账户独立核算，接受监督；12月，在武警贵州省总队组织驻地部队开展"粮油科技进军营"活动，举办了以"爱粮节粮、合理膳食、健康消费"为主题的粮油科普知识讲座。2015年，6个军供网点被评为省级首批"放心粮油"示范店，贵阳、遵义、黔南军供站被省委、省政府、省军区表彰为"爱国拥军"模范先进单位。

七　依法管粮卓有成效

一是实施"依法治粮"工程。以世界粮食日、食品安全周等活动为契机，充分利用广播电视等传统媒体以及移动通信平台、网络等新媒体开展宣传。结合"放心粮油"进农村、进社区、进学校活动，开展爱粮节粮等主题宣传。二是开展粮食库存检查。检查结果表明，贵州省粮食库存账实、账账相符，库存粮食数量真实，质量良好，储存安全，管理规范，没有发生储粮安全事故。三是打造全省粮食流通监督检查工作培训基地。确定贵阳市粮食局为贵州省粮食流通监督检查工作培训基地。四是开展政策性粮食收购监督检查。从9月25日起至10月31日止，在全省开展2015年油菜籽收购专项监督检查工作。确保了油菜籽补贴收购政策落实到位。五是创建粮食流通监督检查示范单位。遵义市桐梓县、毕节市赫章县被评为全国粮食流通监督检查示范单位。六是开展全社会粮食流通监督检查。开展粮食流通统计、夏秋粮收购、粮食收购资格、日常粮食市场等专项检查。全省共开展各类检查1118次，出动人员4039人次，检查企业3062个，查处案例19件。从检查情况看，贵州省粮食收购市场总体情况较好，主要粮食收购经营户已纳入监管范围，粮食购销价格正常，未发现违法违规行为。七是建立粮食经营者监督检查信息和信用档案。已建立监督检查信息档案企业881家。其中国有企业194家（含央企8家），民营企业687家。八是开展收获粮食质量调查和收获粮食安全监测工作。共抽取样品770个，覆盖全省九个市、州。2015年贵州省粮食生产质量整体良好。九是认真抓好安全生产。深入贯彻落实党中央、国务院和省委、省政府对安全生产工作的决策部署，切实增强红线意识和底线思维，加强组织领导，落实安全责任，健全工作制度，强化隐患治理，实现了全年粮食行业安全生产无事故工作目标，安全生产形势持续稳定向好。2015年，省粮食局被省安委会评为安全生产"优秀单位"。

八　党的建设不断加强

一是着力抓好行业党风廉政建设。深入落实"两个责任"，学习践行"三严三实"，坚持业务建设和廉政建设两手抓、两手硬、双促进。加强对重大项目工程的监管，加大执纪监督查处力度，严肃查处违法违纪案件。通过深入推进反腐倡廉，粮食系统党员干部党的意识、纪律意识、规矩意识、法治意识进一步增强。二是着力抓好行业队伍建设。大力实施"人才兴粮"战略，充分依托省内外教育资源，采取走出去、请进来的方式，重点抓好行业发展急需人才的培养，努力打造素质优、能力强、业务精、作风硬的干部职工队伍。组织开展读书会、"微分享""每月一讲""两月一讲"知识讲座和形式多样文体活动，提高机关干部职工的综合素质。三是着力抓好行风建设。深入开展创先争优活动，加强机关作风建设，积极创建学习型、创新型、服务型、节约型机关，进一步营造奋发有为、创新创优的浓厚氛围。加强粮食行业文化建设，确立“崇德、奉献、创新、卓越”的贵州粮食行业核心价值观，提高了行业凝聚力。

◆贵州省粮食局领导班子成员

沈　健	党组书记、局长
章　萍	党组成员、机关党委书记
何武林	党组成员、总经济师
吴青春	党组成员、副局长
龙　林	党组成员、副局长
孙　伟	党组成员、纪检组长

2015 年 10 月 19 日，贵州省主食产业化发展现场会在湄潭县召开。

2015 年 10 月 20 日，贵州省第二届粮油精品展示交易会取得圆满成功。

2015 年 10 月 23 日，贵州省举办 2015 年世界粮食日暨爱粮节粮宣传周活动。

2015 年 12 月 30 日，贵州、河南两省粮食部门在贵阳召开粮食产销合作座谈会。

云南省粮食工作

基本情况

云南省是中国通往东南亚、南亚的窗口和门户，地处中国、东南亚、南亚三大市场结合部，与越南、老挝、缅甸接壤，国境线长4060公里。全省土地面积39.4万平方公里，占全国陆地总面积的4.1%。全省设16个州（市），129个县（市、区），是全国少数民族最多的省份，世代居住有26个民族。2015年，全省人口总数4741.8万，完成生产总值13717.88亿元，农业总产值3383.09亿元，财政总收入3250.02亿元，城镇常住居民人均可支配收入26373元，农村常住居民人均可支配收入8242元。

云南是全国重要粮食生产省份，也是粮食消费的重要省份，在连续五年遭受严重旱灾的情况下，2015年粮食生产实现了"十三"连增。2015年，全省粮食总产量1876.4万吨，其中稻谷659.7万吨，小麦90.6万吨，玉米747.3万吨，大豆30.9万吨，薯类和其他杂粮347.9万吨。从生产者购进粮食263.8万吨，粮食总销售661.1万吨。粮食商品量583.5万吨，进口粮食62.1万吨。粮食消费量2109.1万吨，其中城镇口粮319.6万吨，农村口粮645.7万吨，饲料用粮872.7万吨，工业用粮216.4万吨，种子用粮54.7万吨。据铁路部门统计，全年调入粮食444.1万吨，调出粮食350.8万吨。

2015年粮食工作

2015年，全省粮食系统认真学习贯彻党的十八大和十八届三中、四中、五中全会精神，习近平总书记考察云南时的重要讲话精神和粮食安全方面的重要指示，按照省委、省政府关于粮食安全和流通工作的一系列决策部署，努力克服经济下行压力加大，粮食经济增长乏力等不利因素的影响，坚持稳中求进工作总基调，坚决以提高粮食经济发展质量和效益为中心，主动适应经济发展新常态，全面落实粮食安全行政首长责任制，全面深化粮食流通改革，全面推进依法治粮，加快推进粮食流通能力现代化，切实保障全省粮食安全。全年各类粮食企业从生产者购进粮食215.3万吨，销售粮食501.4万吨，全省542个平价销售点销售粮油21万吨，省级动态储备产销对接15万吨。在经济下行压力大、储备粮轮换价差大的情况下，全省粮油加工企业预计实现工业总产值163亿元，全省国有粮食企业实现盈利4473万元。全省粮油市场基本稳定，为确保全省军需民食、粮油质量安全，促进全省经济社会持续稳步发展作出了新的贡献。

一 依法管粮

省政府第74次常务会议审议通过《云南省人民政府关于进一步落实粮食安全行政首长责任制的实施意见》，明确省政府对全省粮食安全负全面责任，在省长负总责的前提下，实行省、州（市）、县（市、区）三级行政首长责任制。充实完善云南省粮食行政首长责任制考核相关内容，将粮食安全责任落实情况纳入政府绩效考核，开展2014年度全省粮食行政首长负责制考核并兑现奖惩，进一步形成各级政府和相关部门重农抓粮强流通的工作合力，切实把粮食安全各项责任落到实处。制定“法治粮食”建设的实施意见，健全依法决策、依法管粮机制，简政放权，深化行政审批制度改革，制定《云南省粮食标识体系规范化建设的实施意见》，全面倡导依法经营，着力营造粮食经营者守法诚信经营环境，为推进全省粮食流通“保障安全、转型升级、健康发展”创造良好的法治环境。

二 危仓老库维修改造

组织实施云南省2015年第一批中央预算内投资计划新建储备仓项目，建设仓容88.8万吨，安排项目40个，中央预算内投资1.44亿元。积极争取“竞争性粮库建设”项目3个，仓容10万吨，总投资7000万元，中央财政补助700万元。安排实施2015年全省危仓老库190万吨仓容改造省级财政补助13个，总投资11894万元，省级补助5000万元。争取国家危仓老库重点省份中央补助15517万元，完成48个项目评审及资金安排。国家下达云南省“粮安工程”危仓老库维修改造（军供专项）4976万元，2014年项目9个，仓容54211吨，中央补助1749万元。争取粮油质检设施建设项目4个，中央补助820万元，省级补助460万元。预计带动各级财政及企业投入约30多亿元，明显改善云南省粮食流通基础设施条件，促进粮食流通产业发展，有效拉动云南省地方投资，稳定经济增长。

三 粮食储备规模

研究落实国家新核定云南省地方粮食储备规模任务方案，下达省级和各州市（含县级）先期32.5万吨，明确收储、轮换、补贴政策，并已全部落实到位。制定《省级储备粮库存成本核定暂行办法》，提高省级储备粮存储费用综合费率，解决轮换价差补贴，推进省级储备粮采购、调运等业务环节公开透明。做好省级储备粮新老政策衔接和承储指标调整工作，提出原40万吨省级储备粮销售处理具体实施方案和措施。推进储备粮管理体制改革，确定省级储备粮分片集中管理的具体数量和范围。开展省级储备粮“以奖代补”考核。做好中央储备粮代储资格认定和管理。

四 粮油保供稳价

制定云南省中晚籼稻和粳稻最低收购价格，出台全省粮食最低收购价执行预案，督促粮食企业严格执行国家和省粮食收购政策及“五要五不准”收购守则。认真开展平价粮油销售。积极与省外粮食主产区开展产销合作。制定《关于规范云南省学校学生食堂粮油供应标准的意见》，在全省推行农村义务教育学生营养改善计划粮油集中供应。全力做好沧源“3·01”、昌宁“10·31”

地震，华坪“9·15”、昌宁“9·16”特大暴雨地质灾害，临沧边境维稳等粮食应急供应工作。创新军粮供应管理模式，提升应急保障能力和综合发展实力。全省粮源充裕、供应充足，粮油市场运行总体平稳，为云南省控制物价涨幅、稳定通胀预期发挥了重要作用。

五 粮食流通领域改革

坚持以改革统揽粮食流通工作全局，重点推进云南省储备粮管理有限公司、云南军粮集团有限公司省级储备粮集中管理、军粮供应省级统筹等改革。省粮食交易有限责任公司（昆明国家粮食交易中心）通过国家认定挂牌。昆明、昭通、红河等积极推进资源整合，组建粮食龙头企业或企业集团。晋宁青山粮食物流园区、昆明金马粮食物流等项目正积极推进。推进实施局直企业负责人薪酬制度改革，组织开展社会粮油供需平衡调查及粮食流通统计。切实履行安全生产管理责任，全年没有发生大的安全生产事故。第十一届昆明泛亚国际农博会粮油展区获得“最佳组织奖”和“群众最喜爱展台”称号。会同省农业厅、共青团云南省委、省妇联等开展世界粮食日、爱粮节粮宣传周和食品安全法宣传系列活动，树立了爱粮节粮、全民行动的社会新风尚。

六 粮油库存检查

贯彻国务院领导同志重要批示精神，对政策性粮食收储和销售过程中以陈粮顶新粮，“转圈粮”，恶意套取差价补贴，严重损害国家、种粮农民利益等问题等专项检查。认真开展粮油库存检查，查清库存粮食数量、质量和储粮安全的底数，查明国家粮食购销政策执行的实情，守住“数量真实、质量良好、储存安全”的监管底线。开展粮食收购、省级储备粮轮换专项检查。组织开展学生粮、平价粮、省级储备粮和军粮质量专项抽检、收获粮食质量安全监测和质量会检、收获粮食质量调查和品质测报，严防发生区域性、系统性粮食质量安全风险。

七 “三严三实”和“忠诚干净担当”专题教育

认真贯彻落实党要管党、从严治党的要求，严明党的政治纪律和政治规矩，牢牢把握“三个见实效”的目标要求，把学习教育贯彻始终，深入贯彻习近平总书记系列重要讲话精神特别是关于“三严三实”专题教育的重要指示，深入学习党章和党纪党规，精心组织讲好党课，开展三个专题集中学习研讨，开展正反典型教育，坚持问题导向，强化看齐意识，突出抓好专题民主生活会，认真开展“回头看”，及时查找和解决不严不实问题，积极营造严肃认真的党内政治生活环境、纯真简洁的人际交往环境、风清气正的工作事业环境，真正培育起守纪律讲规矩的高度政治自觉、思想自觉和行动自觉，推动“三严三实”和“忠诚干净担当”常态化、长效化，专题教育活动敬终如始，善作善成。

◆云南省粮食局领导班子成员

马红跃	党组书记、局长
许建平	党组成员、副局长
龚国富	党组成员、副局长
官悠房	党组成员、副局长
赵家云	党组成员、纪检组长（2015 年 11 月任职）
杨占荣	副巡视员（2015 年 12 月任职）
张　春	副巡视员（2015 年 12 月任职）

2015 年 9 月 19 日至 23 日，第十一届中国昆明泛亚国际农业博览会在昆明国际会展中心举行。云南省委常委、省纪委书记张硕辅（左二）视察云南粮油展区。

2015 年 4 月 15 日至 16 日，云南省粮食局局长马红跃（右二）深入迪庆藏族自治州，实地检查指导迪庆州危仓老库维修改造和震后粮食仓库恢复重建等工作。

2015 年 9 月 14 日，云南省粮食局、湖南省粮食局建立长期稳定粮食产销合作关系座谈会在昆明举行。云南省粮食局局长马红跃（左三）、湖南省粮食局局长张亦贤（右二）出席并签订双方建立长期稳定粮食产销合作关系框架协议书。

2015 年 2 月 12 日，云南省全省粮食流通工作会议在昆明召开。

西藏自治区粮食工作

基本情况

2015年全区农作物播种面积25.28万公顷。粮食总产量达100.6万吨，首次突破100万吨，其中青稞72.0万吨。全年各类入统企业收购粮食2.1万吨，其中青稞1.9万吨；销售粮食31.7万吨，其中青稞5.1万吨；区外调入粮食23.9万吨，其中大米10.0万吨，面粉8.9万吨。

2015年粮食工作

2015年，是西藏自治区成立50周年，是全面推进依法治粮、加快法治粮食建设的开局之年。全区粮食系统在自治区党委、政府的坚强领导下，在国家粮食局的有力指导和各省市粮食局的关心支持下，主动适应经济发展新常态，深入贯彻中央和自治区一系列重要会议精神，认真按照全国和全区粮食流通工作会议安排部署，紧紧围绕区党委、政府的中心工作，突出粮食收购、保供、稳价三项任务，狠抓仓储设施建设、企业改革、市场监管、受援等工作，圆满完成了全年工作任务，为保障西藏粮食安全、维护社会稳定、促进经济发展作出了积极贡献。

一　进一步建立健全粮食安全责任制，粮食流通管理体制改革取得重要进展

为认真贯彻落实国务院《关于建立健全粮食安全省长责任制的若干意见》（国发〔2014〕69号）精神，按照自治区政府领导的批示指示精神，结合西藏自治区实际，在充分调研并征求区党委农工办、政府法制办、发展改革委、财政厅等33个部门和七地市意见后，2015年3月出台《西藏自治区人民政府关于建立健全粮食安全专员（市长）责任制的意见》（藏政发〔2015〕25号），进一步明确了各地市人民政府在粮食安全方面的事权和责任，实现理顺粮食流通管理体制的新突破，为构建全区粮食安全保障体系、增强粮食安全保障能力打下坚实基础。

二　抓好粮食保供稳价工作，粮食宏观调控能力增强

一是抓好粮食收购工作。完善青稞最低收购价执行预案，2015年西藏自治区青稞最低收购价每

公斤 3.8 元，比上年每公斤提高 0.8 元，基本接近市场价格，充分调动了种粮农民积极性。认真贯彻粮食收购政策，积极开展粮食收购工作，切实维护了种粮农民利益。

二是综合施策调控粮食市场，加强粮食市场动态监测和供求形势分析，加大粮源组织和市场投放，确保了中央第六次西藏工作座谈会和西藏自治区成立 50 周年大庆期间全区粮食市场供应和价格基本稳定。特别是“4·25”尼泊尔地震严重波及西藏部分地区，在国家粮食局的高度重视下，按照自治区党委、政府的工作部署，积极主动抓好抗震救灾、灾区粮食供应等工作，向日喀则灾区组织运送粮油 84.6 万公斤，确保了受灾群众和救灾人员能吃得上、吃得饱，不断粮、不挨饿。

三是完成了新增自治区储备成品粮入库和 2014 年度自治区储备粮轮换工作，储备粮库点布局和品种结构得到进一步优化。出台《西藏自治区储备成品粮轮换管理暂行办法》，强化储备粮管理，建立储备成品粮轮换新机制。

四是积极推进放心粮油工程建设工作，下发《关于在全区条件成熟的县推广放心粮油工程建设的指导意见》，放心粮油工程建设向重点县推广。截至 2015 年底，全区共建放心粮油配送中心 7 个，放心粮油示范店 24 个。将放心粮油工程建设与“三包”学生口粮供应有机结合起来，积极推进放心粮油进学校工作，截至 2015 年底，全区“三包”学生口粮国有粮食企业供应比值达 70%，保障了学生口粮消费安全。与自治区财政厅制定出台放心粮油资金管理办法，由自治区财政厅对放心粮油店按照建设总投资的 30% 对国有粮食企业给予补助，支持放心粮油工程建设。

五是抓好依法管粮，完成了 2015 年全区粮食库存检查，提高监管实效。加强粮油质量监管，严禁不符合食用卫生标准的粮食流入口粮市场。继续做好粮油统计和市场价格监测，服务粮食宏观调控。

三 推进“粮安工程”建设，基层基础设施条件进一步改善

加大项目和资金争取落实力度，在国家、自治区和援藏省市的大力支持下，全年落实资金 16824 万元，项目 139 个，是“十二五”期间落实资金最多的一年。出台《西藏自治区粮食仓储设施建设项目管理暂行办法》，粮食基础设施建设抓得紧抓得实，基层粮库储粮能力明显增强，粮食基础设施条件得到有效改善。完成了 8000 套农户科学储粮仓建设任务，切实改善了西藏自治区农户储粮条件。

四 国有粮食企业改革进一步深化，企业发展能力不断提高

区直国有粮食企业改革进一步推进，西藏金谷粮食产业集团有限责任公司成为自治区级农业产业化龙头企业。加强改革的分类指导，制定改革指导意见，稳步推进各地市国有粮食企业改革。2015 年全区国有粮食企业统算盈利 1097 万元。与自治区扶贫办出台《关于支持粮油加工业发展的意见》，明确了国有粮油加工业重点扶持项目，推进西藏自治区粮油加工业发展。争取支持，将西藏自治区国有粮食企业经营所需贷款纳入扶贫贴息范围，全年落实粮食收购贷款 3000 万元，缓解了国有粮食企业贷款难问题，为抓好粮食收购提供了保障。

五 加大衔接协调力度，援藏工作取得新成效

认真贯彻国家粮食局援藏工作部署，在国家粮食局、对口援藏省市粮食局和中央粮食企业的高度重视和大力支持下，援藏工作取得显著成效。截至2015年底共落实援藏项目资金7812万元（含设施设备），项目11个，累计231人赴区内外参加培训和挂职学习，有力地促进了西藏粮食流通工作的开展。同时，国家粮食局为西藏自治区专门编写和捐赠《西藏自治区粮食流通工作实用读本》2400册，有效解决了西藏自治区粮食专业学习资料缺乏问题。

六 党的建设、党风廉政建设和维护稳定工作扎实有效

严格按照党要管党、从严治党的要求，认真落实党建、党风廉政建设主体责任和监督责任，坚持党务工作与粮食流通业务、维护稳定工作同研究、同部署、同落实、同检查、同考核。严格落实中央八项规定和区党委“约法十章”“九项要求”，规章制度进一步建立健全，作风进一步转正转实。积极配合相关部门开展的区党委专项巡视、“三公”经费和财政检查等工作。始终把维护稳定作为硬任务和第一责任，坚决贯彻落实区党委十项维稳措施，确保了系统内的安全与稳定。扎实开展“三严三实”专题教育，转变了干部职工工作作风，弘扬了“为耕者谋利、为食者造福”的行业宗旨和“宁流千滴汗、不坏一粒粮”的光荣传统，让严和实的精神成为党员干部的行动自觉。

◆西藏自治区粮食局领导班子成员

次旺诺布	区发展改革委党组成员，粮食局党委书记、副局长
张　虹	党委副书记、局长（2015年9月退休）
达　拥	党委委员、副局长
李　军	党委委员、办公室主任

陕西省粮食工作

基本情况

2015 年，陕西省生产总值实现 18171.86 亿元，比上年增长 8.0%。人均生产总值 48023 元，比上年增长 7.6%。地方财政收入 2059.87 亿元，增长 12.1%；城乡居民收入分别达到 26420 元和 8689 元，增长 8.4% 和 9.5%。全省粮食播种面积 307.35 万公顷，比上年下降 0.1%。其中，夏粮 122.47 万公顷，增长 0.1%；秋粮 184.88 万公顷，下降 0.2%。主要种植小麦、玉米、稻谷，辅以各类杂粮。全省粮食总产量 1226.80 万吨，其中，夏粮产量 491.70 万吨，增长 9%；秋粮产量 735.10 万吨，下降 1.5%。全省粮食消费量达到 1413.1 万吨，产消缺口为 186.3 万吨，自给率为 86.8%。在粮食总消费量中，城乡居民口粮为 798.9 万吨，工业用粮为 215.1 万吨，饲料用粮为 365.4 万吨，种子用粮为 33.6 万吨。

2015 年粮食工作

2015 年，面对经济下行压力前所未有的严峻形势，陕西省各级粮食部门以习近平总书记系列重要讲话精神和来陕视察重要指示为指导，认真贯彻落实国家粮食安全战略，按照省委、省政府和国家粮食局的部署与要求，以全面落实粮食安全省长责任制为核心，锐意进取，强化措施，狠抓落实，积极深化改革，抓好粮食购销，完善调控措施，夯实设施基础，推进产业发展，全省粮食工作取得了长足发展，圆满完成了年度各项目标任务，为保障全省粮食安全、服务“三个陕西”建设作出了积极贡献。

一 粮食生产

2015 年，陕西省认真贯彻落实中央强农惠农富农政策，积极加大投入力度，不断提高粮食综合生产能力，粮食生产实现“十二连丰”。2015 年，全省粮食总产量 1226.8 万吨，其中，夏粮产量 491.7 万吨，增长 9%；秋粮产量 735.1 万吨，下降 1.5%。主要粮食品种产量：小麦 458.1 万吨、玉米 543.1 万吨、稻谷 91.9 万吨、大豆 12.3 万吨、杂粮 121.4 万吨。

二 粮食流通

2015 年，面对经济下行压力增大，国家调整玉米、油菜籽收储政策，省内粮情异常复杂等形势，各级粮食部门积极应对，始终把粮食购销作为保障粮食安全的重要工作抓紧抓好，坚持早安排、早部署、早宣传，组成专项工作组深入种粮农户、贸易商、粮食收储企业及加工企业开展调研，及时分析研判市场形势。主动应对油菜籽、玉米收储政策调整，积极协调发展改革、农业、财政、农发行等部门，就做好油菜籽、玉米收购工作先后5次安排部署，认真指导各类粮食企业做好收购工作，在充分发挥国有粮食企业市场主渠道和引领示范作用的同时，积极鼓励具备条件的多元主体入市收购，并指导企业创新收购方式，推广富平县互助担保经验，破解收购资金难题。在夏、秋粮收购期间，各地结合实际，采取多种措施，加大政策宣传，强化市场监管，稳定收购秩序，保证了收购工作的顺利进行。与此同时，积极开展“走出去、请进来”，充分利用国际国内两个市场、两种资源，发挥市场配置粮食资源的决定性作用，大力搞活粮食流通。2015年，全省各类粮食企业累计收购粮食529万吨，销售粮食838.5万吨；省际间粮食流通量653.3万吨；省外购进389.9万吨，销往省外263.4万吨，净流入126.5万吨；进出口量53.8万吨，其中进口53.2万吨，出口0.6万吨；粮食商品量689.1万吨。粮食购销量超额完成了省委、省政府下达的年度目标任务。

三 粮食调控

（一）粮食储备

各级粮食部门认真落实粮食安全省长责任制，按照“守住管好天下粮仓”的要求，进一步充实储备规模，完善品种结构和布局，夯实了粮食调控的物质基础。省粮食局以进一步明确行政管理部门和承储企业责权利为重点，强化省级储备粮管理制度建设，修订并出台了《陕西省省级储备粮管理办法》，建立省级储备粮考核评价体系。启动了省级储备粮智能化信息系统前期建设，建设方案纳入全省粮食信息化平台建设体系，以进一步提升省级储备粮管理信息化水平。抓住国际国内食用植物油价格处于历史相对低位的有利时机，新增省级动态食用油储备10万吨。市县级储备规模也有所增加，全省地方储备粮油规模达到历史最高水平，粮食调控的物质基础进一步夯实。

（二）保供稳价和应急工作

巩固发展省内外粮食产销合作关系，组织省内7个设区市、36户粮食企业和省属有关单位参加黑龙江金秋粮食交易合作洽谈会，加大跨区域合作力度。组织省内60家企业参加国家政策性粮油竞买。突出抓好重要时段和节日期间的粮油供应，加大粮源组织调度，累计投放市场粮油30余万吨。2015年，全省共轮换各级地方储备粮油超过55万吨。充分发挥市场配置粮食资源的决定性作用，鼓励各类粮食企业积极开展粮食经营，促进粮食流通。按照省政府应急预案管理暂行办法规定，修订完善了《陕西省粮食应急预案实施意见》，并指导各地及有关单位制订和完善本级本部门应急预案。到2015年底，省、市、县三级均建立了粮食应急预案，建立应急供应网点1454个、落实应急加工企业105户、应急配送中心89个，75个县（市、区）落实了应急成品粮油储备。加强军粮统筹，强化质量管理，持续推进军粮供应军民融合发展。以实施“粮安工程”为契机，加快推进全省军粮供应站、放心粮油店和应急供应点三位一体的军粮供应网络体系建设。成功举办了爱粮节粮宣传教育活动和粮食科技周活动，形成了爱粮节粮、科学消费的良好社会氛围。通过采取以上措施，保障了市场有效供给，维护了市场基本稳定。

（三）统计调查和价格监测工作

在做好统计基础工作的同时，各级粮食部门认真贯彻国家深化粮食流通统计制度改革实施意见，按照新修订的《国家粮食流通统计制度》要求，进一步完善粮油市场动态监测、定期分析、及时预警、适时应对的工作机制和运行体系，不断拓宽监测范围，监测点由 278 户增加到 490 户，提高价格监测频次，省粮食局通过官网和交易中心手机短信平台、省电视台农林卫视频道，定期不定期发布粮油市场信息，为粮食经营者和管理者提供准确、及时的信息服务。周密组织首次乡村居民户存粮专项调查，在国家下达调查数据基数上，增加 1151 个调查户，保证调查数据真实可靠。加大统计工作培训力度，举办了两期全省粮食流通统计培训班，培训基层统计人员 187 人次，组织全省基层统计人员参加国家粮食局举办的新统计软件培训班，提升统计人员业务素质，为更好开展粮食流通统计工作打下了良好基础。2015 年，陕西省粮食局被国家粮食局评为全国粮食流通统计工作先进单位，连续 10 年获此荣誉。

四 国有粮食企业改革与提效增盈

（一）企业改革

按照现代企业制度要求，深入推进国有粮食企业产权制度改革，不断完善法人治理结构，着力培育龙头企业，国有粮食企业改革成效显著。召开了全省国有粮食企业改革和财会工作会议，对 2015 年工作作了安排部署，对全省国有粮食企业改革进行了督查。在全省总结推介 6 个具有不同代表性的先进典型县（市、区）的经验材料，刊发了岐山、扶风等县政府的改革方案供各地学习借鉴，总结了西安爱菊粮油工业集团实施“一带一路”走出国门、商洛朝阳集团民营经济迅速发展，以及商南等县以项目建设、实施土地变性为抓手推动企业改革的经验和做法。完成了 2015 年度企业改革和提效增盈工作总结考核工作，对成绩显著的 6 个设区市及 10 个县(市、区）给予“以奖代补”工作经费补助。到 2015 年底，全省 104 个有改革任务的县（市、区）有 97 个县（市、区）成立了改革领导机构，87 个县（市、区）出台了改革方案，79 个县（市、区）实现“一县一企，一企多点”的布局要求，产业集中度大大提高。

（二）提效增盈

继续强化和落实提效增盈工作层层责任制，加大对企业经营管理的指导，创新企业经营机制和经营模式，积极盘活企业现有资产，着力提高企业盈利能力和水平。进一步完善考核制度，对企业改革和提效增盈情况实行考核，并进行通报。2015 年，实现营业收入 120.15 亿元，同比增加 1.85 亿元，实现毛利 2.92 亿元，毛利率 2.49%，与 2014 年基本持平；盈亏相抵后实现盈利 101.4 万元，连续 8 年实现全省统算盈利。

五 粮食产业与科技发展

（一）粮油仓储设施建设

继续实施《陕西省粮油仓储设施建设规划》，协调省发展改革委对 5 个项目的初步设计进行了评审和批复，积极推进粮食仓储设施建设。协调落实项目建设补助资金，分两批下达 16 个在建项目省级预算内基建投资计划 6646 万元，力促项目顺利实施和达产达效。2015 年共完成投资 3.2 亿元，新增粮食仓容 16.6 万吨。先后争取国家批复陕西省 20 万吨仓储设施建设规模和 10 万吨竞争性建仓规模以及 2 个粮食现代物流项目，落实中央预算内切块资金 4900 万元，共确定 14 个具体项目并及时分解下达了投资计划。至年底累计完成投资 2.2 亿元。

（二）“危仓老库”维修改造

由于准备充分，陕西省在全国危仓老库重点省份评审答辩中，被财政部、国家粮食局确定为全国危仓老库维修改造工作重点支持省份。与省财政厅联合下发了《2016 年粮食专项资金项目申报指南的通知》，共征集项目 99 个，经过初审、实地核查，最后确定 65 个项目并在网上公示，9 月份经公开评审、局长办公会议审定实施。落实财政补助资金 14059 万元，其中中央财政资金 7930 万元，省级配套 6129 万元（不包括 2015 年陕西省政策性应急供应粮食仓储设施维修改造 24 个项目）。

（三）放心粮油全覆盖工程

按照省政府在全省实施放心粮油全覆盖工程的总体部署，制定下发了 2015 年度放心粮油全覆盖工程实施意见及放心粮油示范店经销点建设指导计划，明确工程实施的年度目标、主要任务、分解计划和工作要求等；研究制定了放心粮油配送中心验收办法、放心粮油全覆盖工程考核评估办法，并据此组织验收、总结评估等；举办放心粮油生产经营企业人员培训班和质检机构人员暨大型检验仪器培训班；组织开展放心粮油省级质量抽检工作，并将抽查结果进行通报；2015 年争取省财政安排 1000 万元的粮食专项资金，用于放心粮油全覆盖工程，对配送中心、示范店以及监督检查、产品抽检、总结评估等方面给予扶持。到 2015 年底，全省共认定示范店 1082 个、经销点 1247 个，圆满完成工程 3 年工作目标任务。

（四）农户科学储粮和粮油科技工作

2015 年，全省完成 3.51 万套农户科学储粮仓具制作并发放到户，涉及全省 9 市 43 个县市区，并及时组织完成省级验收工作。同时，争取国家局下达陕西省 2015 年农户科学储粮专项 3 万户投资计划（2016 年实施），落实中央补助资金 450 万元、省级配套资金 540 万元，及时分解下达全省投资计划，提出工程实施要求、进度等。会同省委高教工委、省妇联、省科协组织开展了 2015 年粮食科技周活动，印制了宣传资料，组织粮油质量专家赴各地宣讲，通过进学校、进社区、进军营，受到广大群众和官兵的好评。

（五）仓储管理

认真开展全省粮食仓储设施专项调查，全面摸清了陕西省粮食仓储设施基本情况，所有仓储设施有身份标识、有地理定位、有特定属性、有关联信息，为推进信息化建设、实施“粮安工程”“危仓老库”维修改造、粮食行业“十三五”规划编制和建立粮食仓储设施保护制度等奠定了基础。认真做好库存粮食识别代码的试点工作，举办全省第二期师资培训班，安排部署了市县分级培训和扩大试点工作。通过仓储设施专项调查和库存粮食识别代码的相继实施和试点，加快了陕西省仓储信息化建设工作的重启步伐。继续规范做好中央储备粮代储资格的受理、初审和上报工作，全年共受理 27 个企业的申请，审核上报 23 个企业，其中 11 个企业的申请通过了国家局认定。组织开展“弘扬‘四无粮仓’精神先进单位”和“传承‘四无粮仓’精神先进个人”推荐工作，向国家粮食局推荐上报了 1 个先进单位和 1 个先进个人，进一步推动和加强仓储规范化管理工作。

（六）粮食质量管理

粮食质量管理工作进一步加强和完善。年初制定印发《2015 年粮食质量安全重点工作安排》，对年度工作进行安排部署。继续实施评估考核工作，促进各项质量工作落到实处。组织开展了收获粮食质量安全监测、省级储备粮和军供粮油的质量安全监测以及全省质量监测机构运行的自查自评工作。继续加强粮食质检体系建设，指导省粮油质检所完成部分仪器设备的招标采购工作；积极参加食品安全宣传周首日现场宣传活动，并在系统内组织开展“粮食安全在身边”为主题的系列宣传活动。加强标准体系建设，强化人员培训。2015 年省粮油质检所参加国家粮食局组织开展的检验技术比对考核，获得优秀等次。省粮食局被评为 2014 年度全国粮食质量监管工作先进单位。自 2011 年国家开展考评以来，陕西省粮食局连续四年被评为先进单位。

（七）安全生产

高度重视行业安全生产工作，做到了逢会议必讲安全生产、逢检查必查安全生产、逢调研必看安全生产的工作常态。在系统内逐级签订安全生产、消防安全目标责任书，严格落实“管行业必须管安全、管业务必须管安全、管生产经营必须管安全”和“党政同责、一岗双责”的要求。强化安全生产工作的安排部署和行业指导，先后下发 10 余份文件部署和指导安全生产工作。针对安全生产重点时期、重点环节和重点部位，先后 3 次开展全省性的工作督查，同时先后开展粮油仓储企业消防安全专项整治、夏季消防安全检查、地质灾害隐患排查、粮食行业安全生产大检查大整治、“全民消防宣传月”活动和秋季安全储粮、安全生产专项检查等六项安全生产专项行动，及时排查和消除安全隐患，保持了行业的持续安全稳定。省粮食局 2014 年消防工作被省政府评定为“良好”等次。

六 粮食流通监管

（一）监督检查

监管体系有了新的突破。截至 2015 年底，全省 10 个设区市粮食局全部设立了监督检查机构，其中 9 个经编办批准单设；县级监督检查机构 100 个，其中有 8 个设区市的县级监督检查机构全部建立。市级执法队伍 9 个，县级 87 个。具有执法资格的粮食执法人员有 1011 人。监管手段有了新提升。持续加大对基层监督检查工作的支持力度，积极争取省级财政扶持资金 160 万元，对 16 个县（市、区）的执法体系建设工作给予扶持。2015 年 10 月份，举办了一期粮食流通监督检查行政执法培训班，培训 46 人。同时，对省级库存检查人才库进行了更新和补充，全年未发生一起行政复议和行政诉讼案件。继续开展粮食流通监督检查示范单位创建活动。经过严格筛选和审核把关，向国家粮食局上报西安市粮食局碑林分局、渭南市蒲城县粮食局为第五批全国粮食流通监督检查示范单位。全省各级粮食行政管理部门加大对全社会粮食流通的监管，积极开展形式多样的粮油库存检查、粮食收购专项检查等监督检查活动，维护了粮食流通秩序。全年省、市、县三级粮食行政管理部门共开展各类检查 300 余次，出动人员 1700 余人次，检查粮食经营者 1214 个（户）次，处理各类涉粮案件 200 例。行业信用体系建设有序推进。按照中省有关部署与要求，主动开展粮食流通行业信用评价工作，积极探索开展信用体系建设的方法和程序，取得了一些经验和成效。

（二）法制建设

以深化粮食行政审批制度改革为契机，编制完成了省粮食局权力清单和责任清单，确立了《粮食行政许可事项目录》《粮食随机抽查事项目录》和《公共服务事项目录》。修订了《陕西省省级储备粮管理办法》和《陕西省省级储备粮承储资格管理办法》，依法管粮工作进一步规范化、制度化、法制化。落实粮食收购资格行政许可“先照后证”，加强行政审批程序建设，建立网上管理机制。制定印发《陕西省粮食局 2015 年依法行政工作要点》，对全省粮食行业普法依法治理工作作出总体部署。举办“学习习近平总书记来陕视察重要讲话全面推进法制陕西建设”研讨班，邀请有关学者进行专题辅导。从着力提升行政机关工作人员依法行政意识和能力，提高行政决策水平入手，积极加强对粮食行政行为和行政执法活动的监督，进一步深化和完善粮食行政执法责任制，全行业依法行政能力和依法管粮水平得到明显提高。。

七 政风行风建设

2015 年，全省粮食系统紧紧围绕中心任务和粮食流通改革发展稳定大局，高度重视党风廉政建设和反腐败工作，切实加强全行业社会主义核心价值观教育，广泛开展“两创三争促双新”主题实践活动，开展粮食文化创建工作，全系统精神文明建设取得了明显成效。全省粮食系统各级党组织认真开展党的群众路线教育实践活动和“三严三实”专题教育，大力加强政治、思想、纪律、作风建设，凝聚力、战斗力明显增强，在推动粮食流通事业发展中发挥了重要作用。省粮食局组织机关党员干部到旬邑县马栏革命旧址，开展了“重温入党誓词，践行‘三严三实’”主题党日活动。扎实开展“两联一包”扶贫工作并取得实效。大力加强行业人才队伍建设，推进职业技能鉴定工作，通过抓好职工教育培训和技能人才培养，提高了全系统干部职工队伍素质。

◆陕西省粮食局领导班子成员

刘维东	省发展改革委党组成员， 省粮食局局长（正厅级，2015 年 10 月任现职）
吴新成	省发改委党组成员、副主任， 省粮食局党组书记、局长（正厅级，任职至 2015 年 9 月，2015 年 10 月被聘任为省政府参事）
赵　策	党组成员、副局长（副厅级）
张　翔	党组成员、副局长
王晓森	党组成员、副局长
郭　明	副巡视员

2015 年 12 月 18 日，陕西省粮食局局长刘维东、副巡视员郭明带领局机关分管领导和机关部分处室及局属单位负责人，到所包扶的铜川市耀州区官庄镇涝池村进行走访调研。

2015 年 12 月 18 日，陕西省粮食局局长刘维东、副巡视员郭明带领局机关分管领导和机关部分处室及局属单位负责人，到所包扶的铜川市耀州区官庄镇涝池村进行走访调研。

2015 年 12 月 18 日，陕西省粮食局局长刘维东、副巡视员郭明带领局机关分管领导和机关部分处室及局属单位负责人，到所包扶的铜川市耀州区官庄镇涝池村进行走访调研。

2015 年 7 月 1 日，陕西省粮食局组织机关党员到旬邑县马栏镇革命旧址，开展“重温入党誓词，践行三严三实”主题党日活动。

甘肃省粮食工作

基本情况

甘肃位于祖国的地理中心，地处黄土、青藏和内蒙古三大高原交会地带，东接陕西，南控巴蜀、青海，西倚新疆，北扼内蒙古、宁夏，是古丝绸之路的锁匙之地，也是国家“一带一路”建设重大战略布局的黄金路段。全省总面积42.58万平方公里，占全国总面积的4.72%。地貌复杂多样，地势自西北向东南倾斜。全省辖12个市、2个民族自治州、1个矿区管委会和86个县（市、区），总人口近2700万，常住人口2600万。省内有55个民族，东乡族、裕固族和保安族是甘肃特有的少数民族。

2015年，全省实现生产总值6790.32亿元，城镇居民人均可支配收入23767元、人均消费支出17451元；农村居民人均可支配收入6936元、人均消费支出6830元。全年完成全部工业增加值1778.1亿元，实现社会消费品零售总额2907.2亿元。全省粮食作物种植面积284.96万公顷，粮食总产量1171.1万吨。但全省小麦年均缺口一半、大米几乎没有自产的基本粮情没有改变，对省外粮源的依赖程度还比较高。

2015年，全省收购粮食390万吨，同比增加12.1%，销售粮食375万吨，同比减少2.5%；收购食用油73355吨，同比增加25.4%，销售食用油164950吨，同比增加44.2%。到12月底，全省粮食综合库存同比增加14.2%，食用油综合库存同比增加20.4%。全年全省国有粮食企业实现盈利2749万元，同比增加17.5%，其中省直企业实现盈利1343万元，12个市州实现盈利。

2015年粮食工作

一 粮食安全责任落实有力

国务院《关于建立健全粮食安全省长责任制的若干意见》（国发〔2014〕69号）下发后，甘肃省政府高度重视，出台《关于贯彻国务院建立健全粮食安全省长责任制若干意见的实施意见》（甘政发〔2015〕39号），召开落实工作会议，与市州政府签订粮食安全目标责任书，把粮食安全纳入对市州政府的目标管理考核。按照国务院办公厅《关于印发粮食安全省长责任制考核办法的通知》（国办发

〔2015〕80 号）要求，省政府办公厅印发了《甘肃省粮食安全省长责任制考核办法》（甘政办发〔2015〕177 号）。省直有关部门工作积极，行动有力，层层落实。各市州召开贯彻会议，出台落实意见，层层签订了责任书。为了做好 2015 年粮食安全省长责任制落实，在国家考核办法未出台前，省粮食局牵头省直共 10 个部门印发了《甘肃省落实粮食安全省长责任制监督考核办法》（甘粮发〔2015〕7 号），对市州政府责任制落实情况进行了考核，向省政府上报了考核结果，并向市州政府作了通报。通过共同努力，全省建立了政府统筹协调、相关部门齐抓共管、上下联动的工作机制，初步形成了政府负总责、部门抓落实、生产保底线、储备保应急、流通保平衡的粮食安全层级责任体系。

二 粮食首位职责扎实履行

认真抓收购、保供给、稳粮价，兜住"种粮卖得出、吃粮买得到"的底线。积极应对结构性供需矛盾突出问题，在充分发挥国有粮食企业主导作用的基础上，支持、鼓励、引导和规范多元市场主体常态化收购，进一步加强与河南、黑龙江等产粮大省的粮食战略协作关系，尽最大努力掌控粮源。及时组织投放优质、安全、营养的粮油产品，确保市场供应不脱销、不断档，满足了人民群众日益提高的消费需求。坚持把稳粮价、防通胀作为工作的重中之重，把握时点、重点和节奏进行调控，粮食市场和价格基本稳定。优化扩充粮油价格监测点，2015 年底达到 360 个，动态反映价格行情，充分发挥预警监测功能，实现了对粮油市场价格的有效掌控。

三 粮食储备任务超额完成

坚持把粮食储备建设作为保障粮食安全、实施宏观调控的重要物质基础常抓不懈。2015 年，为确保如期完成 32.5 万吨省级储备粮增储和 7.5 万吨市县级储备粮尾欠任务，各级粮食部门在当地党委、政府的高度重视下，财政、农发行的大力支持下，积极协调收储资金和费用补贴，安排仓储设施，多方筹措粮源，扎实落实储备任务。截至 2015 年底，地方储备实际入库超额 1.4%。建立 5.35 万吨地方应急成品粮储备，达到了国家规定的标准。不断完善地方储备粮管理制度，对省级储备粮实行动态和静态相结合、轮换和经营相结合、调控和发展相结合的管理模式，建成了布局合理、结构优化、运行规范的储备粮管理体系，成为各级政府调控市场、应急保障的重要物质基础。

四 "粮安工程"建设卓有成效

抢抓"粮安工程"建设机遇，省财政、发展改革、粮食三部门出台了落实国家"粮安工程"规划（2015—2020 年）进一步推进甘肃省"粮安工程"建设的实施方案，明确了建设目标、分级责任和支持保障措施。全省粮食系统把推进项目顺利实施作为落实粮食安全省长责任制的重要举措，积极落实建设条件，着力解决突出问题，全力推进项目实施。总投资 5.9 亿元的"14+2"亿斤粮食仓储设施建设项目全面启动，总投资 4.39 亿元的 200 万吨"危仓老库"维修改造项目全面铺开，总投资 8000 多万元的 14 个岷漳地震灾后恢复重建项目全部建成。通过粮食基础设施的建设和维修，粮食仓容总量大幅增加，设施条件明显改善，仓容布局更趋合理，粮食收储供应安全保障能力进一步提升。

五 国有粮食企业扭亏为盈

切实转变职能，积极适应市场变化，认真执行扭亏增盈目标考核、企业经营管理信息通报、重点企业经营分析等制度，指导国有粮食企业准确把握市场走势，督促加强内部管理，积极开展粮油购销，逐步提升综合实力。努力争取财税、金融等部门的支持，落实税收、信贷等方面的优惠政策，企业经济运行质量有了新的提升。同时，按照省政府和省国资国企改革推进工作领导小组的统一安排部署，初步确定了改革的基本框架，不断完善国有粮食企业运行管理机制。全年全省国有粮食企业实现盈利 2749 万元，同比增加 17.5%，其中省直企业实现盈利 1343 万元，12 个市州实现盈利。

六 依法管粮治粮有序推进

坚持依法行政，健全完善配套规章制度，实现了对粮食流通的全过程、全方位监管。全省粮食监督检查机构达到 11 个、粮食行政执法队 77 个、行政执法人员 712 人，粮食流通执法体系进一步扩充完善。开展了粮食库存大检查，检查各类粮食实际库存 387.5 万吨，确保了库存数量真实、质量良好。出动检查人员 6759 人次，检查企业 7484 个次，查处违法违规案件 194 例，有效维护了正常的粮食流通秩序。建立粮食质检机构 15 个，有 13 个纳入国家粮食质量检验监测体系，常态化开展粮食质量安全检查，严防不符合食品安全标准的粮食进入市场。

七 惠民助民行动不断深入

各级粮食部门自觉讲政治、守纪律，围绕中心、服务大局，积极投身重点工作，加强组织领导，强化工作措施，完善监管办法，在全省建成了 1568 个放心粮店，粮油产品质量安全保障体系进一步健全，消费者购买放心粮油的环境进一步改善。到 2015 年底，累计为农户配置科学储粮仓 22 万套，每年可节约粮食 12500 多吨，助农增收 3000 多万元，取得了良好的社会效益和经济效益，深受广大农户欢迎。各级粮食行政管理部门以“双联”行动为载体，进一步树立为民富民意识，坚持把产业培育作为促进农民增收致富的根本途径，发挥各自优势，努力为民多办实事、排忧解难，促进了双联扶贫行动的深化拓展。省粮食局紧紧围绕精准扶贫、精准脱贫，在联村联户行动开展以来，共筹资 1100 多万元，开展了道路硬化亮化、高标准农田建设、产业路建设等项目，2015 年帮助协调精准扶贫专项贷款 1500 多万元，加快了联系村脱贫致富步伐，5 个联系村中有 2 个实现脱贫。

八 粮食政风行风持续好转

认真落实中央全面从严治党战略部署，扎实开展“三严三实”专题教育、效能风暴行动、先锋引领行动、“两好两促”活动，统筹融合业务党务队伍建设。狠抓党风廉政，在省局机关及直属单位开展党风廉政建设巡察、述纪述廉述作风、廉政风险防控、监督执纪问责等工作，全面落实党风廉政建设主体责任。开展世界粮食日、爱粮节粮宣传周、粮食科技宣传周、食品安全宣传周等活动，全社会节约粮食、反对浪费的新风尚正在形成。坚持“安全第一、预防为主”的方针，认真履行粮食行政管理部门安全生产的监管责任和企业安全生产的主体责任，责任落实到位，措施得力有效，确保了全省粮食系统无安全生产事故发生。

◆甘肃省粮食局领导班子成员

张智军	党组书记、局长
王学东	党组成员、副局长
成文生	党组成员、副局长
陈玉皎	党组成员、副局长
罗凤存（女、藏族）	党组成员、纪检组长

2015 年 6 月 18 日，甘肃省政府在兰州召开全省落实粮食安全省长责任制工作会议，副省长李荣灿出席会议并作了讲话，省政府与各市州政府签订了粮食安全责任书。

2015 年 5 月 19 日，甘肃省粮食局、教育厅、妇女联合会、科学技术协会组织开展了粮食科技周主题宣传活动，据不完全统计，活动周期间总体宣传受众约 37 万多人次，爱粮节粮、安全膳食、食品安全等宣传活动效果显著。

2015 年 10 月 10 日，甘肃省粮食局在天水召开全省“放心粮店”建设工作观摩会，观摩了天水市放心粮油配送中心、主食厨房及 6 个放心粮油示范店，确保了省委省政府确定的全省 1500 个放心粮店建设任务如期完成。

2015 年 11 月 6 日，甘肃省粮食局在兰州召开全省粮食仓储设施及危仓老库维修改造项目建设工作会议，要求各级粮食部门和项目建设单位把仓储项目建设作为当前粮食流通工作的头等大事来推动。

青海省粮食工作

基本情况

青海省是我国青藏高原上的重要省份之一，因境内有全国最大的内陆咸水湖——青海湖而得名。青海省面积72.23万平方公里，全省平均海拔3000米以上，与甘肃、四川、西藏、新疆毗邻，是联结西藏、新疆与内地的纽带。全省辖有8个市州，其中包括2个地级市、6个自治州、5个市辖区、3个县级市、35个县、7个自治县。2015年全省常住人口588.43万，青海是一个多民族聚集的省份，少数民族人口280.74万，占常住人口的47.71%。

2015年全年全省地区生产总值2417.05亿元，比上年增长8.2%，人均地区生产总值41252元，比上年增长7.2%。粮食作物播种面积27.71万公顷，比上年减少0.3万公顷，农作物主要品种有小麦、青稞、玉米、马铃薯、蚕豆、豌豆、油菜等，全年粮食产量102.72万吨，总需求226.34万吨，产消缺口123.62万吨，粮食自给率45.38%，粮食供需平衡主要通过省际间市场流通解决。全年全省粮食消费量为212.65万吨，其中城镇居民口粮46.38万吨，农村口粮65.88万吨，饲料用粮74.94万吨，工业用粮16.40万吨，种子用粮9.05万吨。

2015年粮食工作

2015年，青海省粮食流通工作在省委省政府、国家粮食局和省发展改革委的正确领导下，深入贯彻落实党的十八大和十八届历次全会及全国粮食流通工作会议精神，紧紧围绕确保全省粮食安全中心工作，积极作为，较好地完成了各项工作任务。

一 研究制定粮食安全省长责任制实施意见

认真贯彻落实《国务院关于建立健全粮食安全省长责任制的若干意见》，按照省政府工作安排，省发展改革委、省粮食局牵头，组织专题会议，研究具体贯彻措施和考核指标，在充分吸取意见建议的基础上，经修改和完善，形成了《实施意见》和《监督考核办法》两个送审稿，上报省发展改革委，根据省发展改革委批示，对《实施意见》进行了充实完善后，报经省政府常务会议审议通过并印发了

《关于贯彻落实国务院建立粮食安全省长责任制的实施意见》。《实施意见》进一步明确了市（州）政府和省政府有关部门的粮食安全责任，确立了10个方面21条保障青海省粮食安全的具体措施和监督考核机制，为落实粮食安全省长责任制奠定了坚实基础。同时，省政府还专题召开了全省落实粮食安全责任制工作会议，会议传达了郝鹏省长对全省粮食安全工作的批示，张建民副省长作了讲话，就贯彻落实国务院和省政府建立健全粮食安全责任制工作进行了安排部署。

二　推进“粮安工程”实施方案和“十三五”规划编制工作

根据国家三部委《关于印发〈“粮安工程”建设规划（2015—2020年）〉的通知》要求和省政府批示精神，认真按照国家粮安工程建设规划确定的指导思想、目标任务以及建设内容，结合青海省粮食工作实际提出框架意见，并委托国家粮食科学研究院编制完成了《青海省粮食收储供应安全保障工程建设实施方案（2016—2020）》。《实施方案》从建设立足青海辐射边疆的粮食安全保障基地、加快建设快速物流体系、构建覆盖城乡的快速粮食供应网络、建立粮食质量安全追溯体系、全面提升仓储物流设施科技水平、大力推进粮食信息智能化建设、持续促进节粮减损七个方面构建青海省粮食收储供应安全保障体系。

根据省政府《关于印发青海省“十三五”规划编制工作方案的通知》和省发展改革委《关于开展“十三五”规划前期研究的通知》要求，成立了“十三五”规划编制领导小组，研究并提出了“十三五”粮食安全与流通发展思路，开展了“青海省粮食流通安全评估及保障体系建设”课题研究，形成了《课题研究报告》和《规划编制思路》，上报省政府规划办。此外，青海省粮食局还对《规划编制思路》做了进一步细化，研究起草了《规划编制提纲》，年底前完成了《青海省“十三五”粮食安全与流通发展规划》初稿编制工作。

三　做好重点项目建设工作

一是重点抓好1个省级、7个市州级粮食质量监测站仪器设备配备、实验室基础设施改造及技术人员培训工作。项目建成后将实现检验监测能力由“常规型”到“安全型”的重大提升，具备了重金属、农药残留、真菌毒素、转基因等方面的检验条件。二是做好省粮食应急配送中心项目建设。按照“五位一体”的融合发展要求，把军粮供应、应急供应、成品粮储备及放心粮油工作有机结合，加强粮食应急供应、配送及成品粮油储备保障力度。省粮食应急配送中心通过验收，各项工作有序开展。三是推进粮食物流和仓储设施项目建设。四是促进主食产业化和“放心粮油”工程建设。主食产业化项目重点以西宁市国粮香多餐饮有限公司主食生产线项目为主，建设馒头、面条主食生产线，实现馒头、面条等面制食品工业化和现代化，开发杂粮等品类的营养强化、功能性馒头和面条产品，实现多档多类产品生产。该项目2016年春节前产品推向市场。积极推进“放心粮油”工程建设，2015年共评审认定的省级“放心粮油店”8家，全省累计认定的“放心粮油店”达到67家。五是推进粮食信息智能化建设工作。编制了《青海省粮食信息智能化建设规划》和《青海省粮食信息智能化项目建设实施方案》。并完成了项目建设和监理的招标工作，粮食信息智能化建设已全面启动实施。六是推进危仓老库改造相关工作，争取国家“粮安工程”危仓老库维修改造资金，2015年国家安排青海省“危仓老库”专项资金7789万元，青海省配套7789万元，项目的实施将对除玉树藏族自治州外的7个市州、22 个县的 28 户地方国有粮食仓储企业，共 114 座仓库，33.42 万吨仓容进行维修改造，其中新增仓容达到 15.83 万吨，全省总仓容将从 70 万吨增加到 86 万吨，仓容完好率将从 60% 上升到 88%。

四 做好省级储备粮的轮换和管理工作

按照省级储备粮轮换计划，密切关注市场行情和企业轮换进度，下发《关于确保全面完成 2015 年省级储备粮轮换任务的通知》，督促轮换工作开展。制定《2015 年直属单位安全管理目标考核办法》，开展春季、秋季普查和“一符四无”粮仓鉴定工作，并对省级储备粮油的库存实物、财务、质量、储存安全和规范化管理进行全面检查。按照国家粮食局安排，安排部署全省的粮食仓储设施专项调查工作，经查全省规模以上各类涉粮企事业单位共 81 户，仓房 519 栋，仓容 140.06 万吨，油罐 282 个，罐容 41.34 万吨。

五 做好调控体系建设和粮油保供稳价工作

一是结合《青海省粮食应急预案》中部门和职责调整情况，修改完善了《青海省粮食应急预案实施细则》和《青海省粮食应急领导小组办公室工作制度》。制定了《青海省粮食应急供应网点管理办法》，年内完成了 150 个网点的考察、审核、授牌工作，至此全省已落实 290 个粮食应急供应网点。二是继续做好政府平价粮油投放任务，全年累计配送平价粮油 5.72 万吨，实际销售平价粮油 5.50 万吨。投放的米面粗粮 5.00 万吨，下拉全省 CPI 指数 0.01 个百分点，投放菜籽油 0.72 万吨，下拉食品类 CPI 指数 0.01 个百分点。政府平价粮油调控市场成效明显，有效发挥政府平价粮油价格对市场价格的传导和杠杆调节作用。

六 积极落实国家收购政策

国家调整了油菜籽收购政策，明确青海省不在补贴省份之内，通过制订油菜籽调研方案，对省内产油大县的油菜籽种植情况和省内油脂加工企业的加工情况进行调研，并在此基础上与发改委沟通落实油菜籽财政贴息 4692 万元。

七 做好军粮供应和粮油质检工作

（一）军粮供应工作

省粮食应急配送中心（军粮）项目顺利通过工程验收，按照“五位一体”的融合发展要求，把军粮供应、应急供应、成品粮储备及放心粮油工程有机结合，加强了粮食应急供应、配送及成品粮油储存保管的保障力度。做好全省军供粮的购、销、调、存的计划管理，加强全省军用购粮卡的管理，按时办理全省军供粮差价款的预拨与结算。规范军粮差价补贴款和“危仓老库”网点维修改造资金的使用管理，对军粮差价补贴款实行专户、专账管理，确保了国家和省财政补贴资金的安全规范使用。

（二）粮油质检工作

严格按照投放政府平价粮油工作的统一部署，对 11 家供货单位投放市场的政府平价粮油实施了逐批次抽样检验。研究制定了《2015年度库存粮食质量安全专项检查工作方案》，完成全省55份库存粮食质量检查样品的抽样工作。2015年抽取接受各类粮油检测样品共计2332份，代表数量共计68.6万吨，其中监督检查任务样品1808份，食品质量监督部门的监督检查任务样品58份，社会委托检测业务样品466份。

八 加强党建工作，保障全省粮食工作有序推进

（一）加强粮食文化建设

下发了《省粮食局2015年精神文明建设工作要点》，签订《2015年度精神文明目标责任书》，转发了《青海省2015年培育和践行社会主义核心价值观行动方案》《关于在城乡基层广泛开展“道德模范在身边”学习宣传活动的通知》。向国家粮食局推荐了全国粮食系统第四届书画摄影作品，在企事业单位办公楼建设了文化墙，开展道德讲堂活动。以青海粮食工作身边人、身边事为体裁，刊印了《青海粮食人》（内刊）。

（二）深化党建工作

强化党建主体责任体系建设，积极向省委申请在粮食局设立党组并获批准，全面落实了党建和党风廉政建设主体责任。落实党员教育培训工作，组织11次中心组学习，组织70余名干部分别参加了省直工委、省发展改革委学习贯彻习近平总书记系列讲话及党的十八届四中全会精神、新青海讲学堂和廉政教育等培训班；组织153名党员参加党纪法规知识答题活动，进一步巩固了党纪法规知识。与发展改革委机关党委联合举办了支部书记培训班，对全局系统18名党务工作者开展了为期三天的培训。认真落实《关于开展在职党员到社区报到为群众服务活动的通知》，下发了《关于拓展和深化机关在职党员到社区为群众服务工作的通知》，明确了活动目标、职责任务和服务内容。全年有117名党员在社区报到，组织开展帮扶群众活动13次。

◆青海省粮食局领导班子成员

顾艳华	党组书记、局长
乔正善	直属机关党委委员、省发展和改革委员会副巡视员
闵建平	党组委员、副局长
张柴斌	党组委员、副局长

2015 年 9 月 30 日，青海省政府召开全省落实粮食安全责任制工作会议，省委常委、副省长张建民出席会议并作讲话。（主席台从左往右依次是青海省政府副秘书长张文华、副省长张建民、青海省发展和改革委员会主任吴海昆、青海省粮食局局长顾艳华）

2015 年 2 月 11 日，青海省全省粮食流通工作会议在西宁召开，各市、州粮食行政主管部门的主要负责人和业务主管，省粮食局属企事业单位领导班子成员，民营粮食企业负责人，省粮食局机关及省粮食行业协会全体干部职工参加了会议。（主席台上从左往右依次是省粮食局副局长张柴斌、局长顾艳华、副巡视员乔正善、办公室主任李军）

2015年8月18日，青海省粮食局召开全省粮食工作专题会议。会议学习了国家粮食局局长任正晓、省政府副省长张建民在国家粮食局调研组来青调研座谈会上的讲话，通报了近期工作情况，并就贯彻落实讲话精神安排布置有关工作。（主席台上从左往右依次是省粮食局副局长闵建平、局长顾艳华、副巡视员乔正善、副局长张柴斌）

2015年12月14日至15日，青海省粮食局局长顾艳华（前排左一）带队赴省军队粮油采购供应站、省西宁粮食储备库、西宁市主食产业化项目基地和面粉油脂加工企业进行调研，图为在西宁市主食产业化项目基地调研。

宁夏回族自治区粮食工作

基本情况

2015 年，宁夏实现地区生产总值 2900 亿元，增长 8% 左右，高于全国平均水平，城镇和农村常住居民人均可支配收入分别达 25148 元和 9167 元，增长 8% 和 9%。全区粮食播种面积 79.1 万公顷，比 2014 年增加 1.96 万公顷；总产量 372.6 万吨，实现自 2004 年以来粮食“十二连丰”；人均占有粮食 560 公斤，居全国前列。消费量 360 万吨（折合原粮，预测数），粮食产销总量基本平衡。全区规模以上的粮油加工业企业 145 家，年加工能力 607 万吨。全区粮油加工总产量 205.74 万吨，实现工业总产值 155.31 亿元，销售收入 148.47 亿元，利税总额 7.96 亿元。全区共有国家级粮食龙头企业 7 家、自治区级 30 家；获得中国驰名商标和中国名牌产品 8 个，自治区级名牌产品 20 个、著名商标 33 个。

2015 年粮食工作

一 粮食安全责任落实有据

《国务院关于建立粮食安全省长责任制的若干意见》出台后，自治区粮食局积极配合自治区发改委代政府起草了《宁夏回族自治区人民政府关于贯彻落实粮食安全省长责任制的意见》，已于 2015 年 5 月份印发，首次从粮食生产、流通、消费等各环节，明确和细化了市、县（区）政府和各有关部门在维护粮食安全方面的事权与责任。与之相配套，牵头制定了《宁夏回族自治区粮食安全省长责任制考核办法》，督促地方政府将所承担的粮食安全责任落到实处，使地方政府粮食安全责任从“软标准”成为“硬杠杠”。并通过提请修改地方性法规《宁夏储备粮管理条例》，将粮食省长责任制的落实法制化、规范化。

二 粮食宏观调控稳健有度

针对宁夏小麦严重产不足需实际，充分利用自治区储备粮轮换吞吐有效调控市场供需，下达并落实自治区储备粮轮换计划 10.57 万吨，其中小麦 7.92 万吨，稻谷 2.48 万吨，食用植物油 1650 吨。积极推动各类粮食市场主体对外合作，与河南省开封市人民政府建立长期合作关系，签订小麦购销合同

40 万吨，保证了全区小麦的市场需求，缓解了区内小麦加工企业原料供应不足的压力。同时，切实做好成品粮油市场保供稳价特别是节日期间市场供应工作。年内共投放市场各类粮食达 270 万吨，再创历史新高，宁夏粮食市场价格连续多年保持基本稳定。

三　粮食收购举措惠民有方

针对玉米收购价格较往年下降导致出现农户惜售、部分玉米霉变的问题，为了保护农民利益，做到颗粒归仓，助农增收，深入调查研究粮情，着力做好收购工作。一方面及时召开收购和价格衔接协调会，加大督查力度，全面抓好粮食收购工作。全年全区入市收购的国有粮食企业有 13 家，规模以上民营企业 50 家，粮食经纪人达 120 余家；国有粮食企业增设临时收购点 41 个，总收购网点达到 210 个，腾并收购仓库近 55 万吨。全年全区共落实粮食订单面积 13.4 万公顷，订单数量 115 万吨；累计收购原粮 155 万吨，其中小麦 6.3 万吨、水稻 63 万吨、玉米 80 万吨。另一方面，宣传指导农户科学储存玉米，避免和减少产后损失；积极打通玉米外销渠道，主动拓展云、贵、川等玉米主销区市场，共签订玉米销售协议 7 份，销量达 30 万吨，最大限度地消化了农户存粮；全面启用粮食烘干设施设备 48 套，日处理高水分粮食可达 1 万多吨，农民高水分粮食尤其是玉米卖难问题得到有效解决。“十二五”期间，宁夏累计收购各类粮食达 840 万吨，拉动农民增收超过 15 亿元。

四　粮食流通项目推进有序

积极争取国家建仓项目，中卫国家粮食储备库新建 5 万吨仓储设施项目和宁夏昊王米业集团公司竞争性建仓 5 万吨项目获批，项目设计、前期辅助工程已经完成；全区危仓老库维修改造工作全面提速，7.7 万吨“危仓老库”维修改造项目基本完成。完成第二批 142 个粮食应急供应网点建设，全区现有应急供应网点 300 个，加快中卫等市、县（区）粮食应急保障项目建设工作，推进粮食应急信息化建设，宁夏粮食应急保障能力持续增强。克服困难，加快推进 3.5 万套农户科学储粮专项建设任务，累计发放农户科学储粮仓 25.7 万套。做好库存粮食识别代码先行试点工作，为宁夏“智慧粮食”大数据应用奠定基础。全方位抓好粮食收、储、运、加、销等产业链各环节的节粮减损工作，国家粮食局以“宁夏模式”向全国粮食系统进行推广。“十二五”期间，宁夏粮食流通基础设施建设共投资 16.32 亿元，实施粮食流通项目百余个，粮食收储能力显著提升。

五　粮食市场监管扎实有效

建立全区粮油库存检查专业人才库，推动库存检查工作专业化，圆满完成国家安排的 2015 年度全区粮食库存检查工作，宁夏粮食库存连续多年保持账实相符、质量良好，中央和地方粮食储备企业在政策性粮食收储和销售出库过程中均未发现“以陈粮顶新粮，恶意套取价差补贴”等“转圈粮”现象。积极开展全社会粮食流通监督检查，突出政策性粮食购销活动监管和节日期间粮油市场专项检查，全年未收到因粮食执法不到位、不作为和乱作为情况的举报。做好粮食收购许可证和行政执法证件年审工作，宁夏现有收购资质企业 853 家，有行政执法资格人员 121 人。

六 粮食质量安全保障有力

首次以集结成册的形式发布《年度宁夏小麦稻谷玉米质量、品质及食品安全状况调查报告》，为研究宁夏粮情、制定粮食政策提供了参考。完成 2015 年全区粮食质量安全抽查、储备粮油质量安全监测、新收获粮食质量调查品质测报及卫生监测等工作，加强粮食重金属检测监管工作，全力保障宁夏口粮绝对安全。完善全区粮食质量安全监测体系，固原市粮油质检站通过国家粮食局验收并挂牌成立，吴忠市粮油质检站通过计量认证和食品检验机构认证，全区粮油质量检验专业人才库初步建立，粮食检验机构全面开展工作，为全区粮油质量安全提供了技术保障。

七 国有粮食经济缓中有进

近两年，全国经济下行压力加大，经济工作比较困难，尤其是实体经济困难增多、效益下降已成常态。在总体经济形势不利的情况下，为提高国有粮食经济质量效益，一方面进一步深化国企改革、盘活资产；另一方面加强企业经营管理指导，促进企业转变经营方式，共落实各类专项资金近 1 亿元，着力解决需求不足、动力不足和政策力度不足的问题。截至 12 月底，宁夏储备粮管理有限公司经营总量 185 万吨，营业收入 13.8 亿元，盈利 1290.15 万元，净资产收益率 3.14%，超额完成既定任务。

八 粮食行业发展稳中有快

圆满完成“十三五”规划编制工作，绘就宁夏粮食行业“十三五”发展蓝图，从战略高度明确了宁夏粮食行业发展的目标和方向。围绕延长产业链和提升粮油精深加工水平，推动宁夏昊王米业集团有限公司与国家粮食局科学研究院深度合作，指导企业完成马铃薯淀粉复合专用小麦粉研发及提升留胚米工艺改造等项目，进一步提高宁夏粮食技术研发能力；指导永宁县粮食银行建设工作，其规模及现代化水平居全国前列，获得自治区领导充分肯定。

◆宁夏回族自治区粮食局领导班子成员

马文娟	区发展改革委党组成员、粮食局党组书记、局长（2016 年 3 月任职）
刘金定	党组书记、局长（2016 年 3 月退休）
赵银祥	党组成员、副局长
荀　旭	党组成员、副局长
解　涛	党组成员、副局长
严彦召	巡视员
蔡正俊	副巡视员

2015 年 6 月 16 日，宁夏回族自治区“食品安全周”启动仪式上，自治区副主席李锐（左二）在粮食局展位参观。

2015 年 2 月 2 日，宁夏回族自治区粮食局时任局长刘金定（左一）、副局长赵银祥（右一）检查节日期间市场供应情况。

新疆维吾尔自治区粮食工作

基本情况

新疆维吾尔自治区位于祖国的西北边陲，总面积 166 万平方公里，周边与 8 个国家接壤，陆地边境线长达 5600 多公里，是中国面积最大、交界邻国最多、陆地边境线最长的省份。全区辖有 14 个地州市，其中包括 5 个自治州、7 个地区、2 个地级市；90 个县（市），865 个乡镇（其中包括民族乡 42 个）。全区现有 47 个民族，其中世居民族有 13 个。年末总人口 2264.3 万，其中少数民族人口约占 60%。新疆生产建设兵团是自治区的重要组成部分，辖有 14 个师、176 个农牧团场，总人口 270 多万。

2015 年新疆实现地区生产总值 9324.80 亿元，按可比价格计算增长 8.8%，增速位居全国第八位，西部第四位，西北五省（区）第一位。全年公共财政预算收入 1331 亿元，预算支出 3805 亿元；城镇和农村居民人均可支配收入分别增长 13.5% 和 8%。居民消费价格总水平比上年上涨 0.6%。农业生产再获丰收，全年实现农林牧渔业总产值 2804.42 亿元，比上年增长 6.3%；工业生产低速运行，全年实现规模以上工业增加值 2500.10 亿元，增长 5.2%；固定资产投资稳中趋缓，全年固定资产投资突破万亿元，达到 10729.32 亿元，增长 10.1%；消费市场稳中趋旺，全年社会消费品零售总额 2605.96 亿元，增长 7.0%；外贸进出口持续下降，全年外贸进出口总额 196.78 亿元，下降 28.9%。

2015 年粮食工作

2015 年，新疆各级粮食行政管理部门在自治区党委、人民政府的坚强领导下，紧紧围绕社会稳定和长治久安总目标，牢牢把握自治区稳中求进、改革创新总基调，主动适应经济发展新常态，全面贯彻落实粮食安全省长责任制，全力以赴抓好粮食收购，加强粮食宏观调控，加快粮食流通基础设施建设，促进粮食产业化发展，全面推进依法管粮，扎实有序推动粮食流通工作顺利开展。

一 抓好粮食安全省长责任制的贯彻落实

2015 年 10 月，自治区人民政府出台了《贯彻落实国务院关于建立健全粮食安全省长责任制若干意见的实施意见》（新政发〔2015〕98 号），明确了各级政府在维护粮食安全方面应承担的任务和责任，提出了保障粮食安全的政策措施和工作要求，是新时期推动粮食流通工作科学发展的行动指南。《实施意见》印发后，自治区粮食局及时下发学习贯彻的通知，并对重点任务进行了分解细化，强化责任落实，切实履行好粮食部门职责。同时结合新疆粮食流通工作实际和重点任务，协调有关部门研究制定新疆维吾尔自治区粮食安全责任制考核办法。

二 粮食收购再创新高

认真贯彻自治区“落实粮食直补政策”重点民生工程，严格执行敞开收购、敞开直补政策，2015年小麦最低收购信息参考价统一执行每公斤2.36元（中等），相邻等级差为每公斤0.04元，继续执行按种粮农户（含兵团团场职工）交售给国有粮食购销企业的小麦给予财政直补每公斤0.3元。全区各级粮食行政管理部门和国有粮食购销企业认真贯彻执行自治区粮食收购政策，坚持敞开收购、敞开直补。进一步优化为农服务措施，让农民交“放心粮”和“舒心粮”。2015年，全区国有粮食购销企业共收购小麦379万吨，较上年增加36万吨，超额完成自治区下达的300万吨收购指导性计划，兑付农民直补资金11.37亿元。

三 粮食宏观调控体系不断完善

（一）全力做好保供稳价工作

充分发挥国有粮食购销企业的市场主渠道作用，认真执行粮食顺价销售原则，坚持敞开供应、均衡销售。加强粮油市场预警监测，全区设有粮油价格监测点102个，保障了监测数据的及时、准确、全面。粮食产销合作开始起步，乌鲁木齐、克拉玛依等销区部分企业到产区建立生产基地和加工企业，伊犁、昌吉等产区部分企业到销区建立了销售经营网点。粮食市场体系建设取得新进展，新疆粮油中心批发市场成功挂牌“乌鲁木齐国家粮食交易中心”，并建成粮食网上交易系统，实现了政策性粮食网上集合竞价交易。截至2015年底，全区国有粮食购销企业共销售粮食483.7万吨，其中小麦393.6万吨，供应价格与上年基本持平。

（二）充分发挥国家临储小麦作用

争取国家连续七年给新疆维吾尔自治区下达150万吨临时存储小麦收购计划，截至2015年底，全区国有粮食购销企业共收购国家临储存储小麦78.9万吨，完成区内跨县集并30万吨。近几年，国家通过采取定向销售、跨省移库和委托乌鲁木齐国家粮食交易中心网上公开竞价销售等方式，对库存国家临时存储小麦有序出库。截至2015年底，国家临时存储小麦在自治区境内已累计销售112万吨，跨省移库63万吨。国家临时存储小麦收购计划的实施，有效缓解了新疆维吾尔自治区商品粮收储压力，实现了全区粮食保供稳价的宏观调控目标，维护了广大粮农利益。

（三）提高粮食储备能力

2015年，新增自治区级地方储备粮规模17万吨，核定地县级地方粮食储备规模20万吨，已达到国家下达新疆维吾尔自治区地方粮食储备规模要求，储备粮布局趋于合理，管理进一步规范，各级政府保障粮食安全的能力明显增强。适时下达自治区地方储备粮轮换计划，及时组织实施，确保储备粮常储常新。

（四）提升应急保障能力

自治区及各地制订粮食应急预案 91 个。充实完善《自治区粮油市场保供稳价工作预案》，明确了责任领导和相关处室的应急工作职责。健全完善《粮食应急联系人制度》，建立粮食应急联系人 15 名，明确了工作机构和工作职责。建立粮食应急网点 933 个，其中，应急供应网点 553 个，应急配送中心 119 个，应急加工企业 191 个，应急储运企业 70 个。

四 粮食流通基础设施建设成效显著

以实施“粮安工程”为契机，加大粮食仓储设施建设力度。2015 年，国家对新疆建仓的支持力度空前，中央财政安排资金 3.45 亿元，自治区财政安排资金 3000 万元，计划新建仓容 56.5 万吨，维修改造仓容 90 万吨。目前全区地方国有粮食购销企业总仓容 530 万吨，完好可用仓容 400 万吨。粮食食现代物流结合仓储设施建设已见成效，去年底新疆首列散粮罐车从道佳物流专线发出，实现新疆铁路粮食散卸、散装、散运零的突破。继续安排南疆四地州 2 万套农户科学储粮装具建设任务，全区已累计完成农户科学储粮装具 18 万套。加强粮食仓储规范化管理，通过深入开展“四无粮仓”活动，推广实施科学保粮和绿色储粮。开展粮食仓储安全检查，对粮油收储企业露天储粮、租仓储粮、危仓老库、电气设备等重点部位进行检查及整改，确保储粮安全，没有发生霉粮、坏粮事故。

五 粮食产业化建设取得新成绩

2015 年，自治区安排专项资金 1800 万元，用于支持粮油加工、放心粮油和主食产业化项目，有力促进了粮油加工业发展。2015 年全区入统粮油加工企业 287 家，完成工业总产值 246 亿元，产品销售收入 229 亿元，与上年基本持平，利润总额 5.8 亿元，较上年增加 3.5 亿元。全区现有国家和自治区级农业产业化涉粮重点龙头企业 87 个（其中国家级 8 个），拥有国家和自治区级名牌产品 25 个。加快推进“放心粮油”工程建设。全区已有“放心粮油”示范加工企业 142 个，示范销售店 1032 个，配送中心 14 个，放心粮油销售网络覆盖面进一步扩大。加大对主食产业化的指导和扶持力度，大力发展各种馒头、面条、包子、馕等面制主食品，重点培育了一批规模较大、特色鲜明、有核心竞争力的主食产业化龙头企业。深入推进爱粮节粮行动，切实抓好粮食流通重点环节节粮减损工作，继续广泛深入开展粮食科技活动周、世界粮食日和爱粮节粮科普宣传活动，增强全社会爱粮节粮意识。

六 依法管粮工作进一步加强

严格执行《粮食流通管理条例》，认真开展粮食库存检查、粮食直补政策执法检查、粮食收购质价政策执行情况等监督检查，全面履行依法管理全社会粮食流通的职责。2015 年，共检查全区库存粮食 585.51 万吨，对部分企业存在不符合储存规范问题，提出了整改意见。建立粮食收购远程监管服务平台，做到粮食收购和质量检验过程看得见、数据测得准、信息能共享。积极推进粮油企业诚信体系建设，对纳入诚信档案的企业进行诚信评估，逐步实现对粮油企业实行分类管理和监督检查。粮食质量检验监测体系基本形成，新疆粮油产品质量监督检验站实现了升级改造，规划建设的13个地州市级粮油质量监测站，8个地州级质监站已建成并挂牌国家粮食质量监测站，5个已被国家粮食局验收合格。

七 军粮供应保障能力不断提升

面对新疆维吾尔自治区反恐维稳复杂严峻形势，以及部队调动频繁、兵力变化大、多点多方向和品种多样化等新特点，全区军供部门及时跟进，充分发挥后勤保障作用，全方位做好军粮供应工作，为新疆的社会稳定大局作出了应有贡献。积极争取国家项目资金投入，加快军供网点建设，完成了边境县（市）军供站建设任务，基本实现了军粮供应网点的全辐射。加快军粮应急储备库建设，累计投资4400万元，已建成伊宁市、乌鲁木齐市、石河子市、库尔勒市、阿克苏市、喀什市6个地区中心应急库和奎屯市、巴楚县2个区域性应急库，有效提升军粮应急保障能力。加快推进应急供应、军粮供应、成品粮储备、放心粮油、主食产业化“五位一体”军民融合式发展，巩固完善军粮应急保障网络体系。

八 粮食行业自身能力建设不断加强

认真贯彻落实中央和自治区维护社会稳定和实现长治久安的战略决策部署，加强马克思主义“五观”“三个离不开”和“五个认同”教育，深入推进“去极端化”工作，全力维护粮食系统团结稳定。深入开展“三严三实”专题教育，着力解决工作中不严不实问题，不断提高领导干部的能力和素质。组织开展“访惠聚”活动，扎实开展扶贫帮困工作，较好完成了“访惠聚”活动确定的目标任务。加强粮食行业人才教育和培训，新疆经济贸易技术学校顺利升格为技师学院，组织对粮食系统干部职工开展职业技能培训1030人。严格贯彻执行中央八项规定、自治区党委十条规定和局党委二十二条规定，切实增强反对“四风”的自觉性和主动性。扎实推进粮食系统党风廉政建设和反腐败工作，认真落实党风廉政建设党委主体责任和纪委监督责任，开展廉政教育和廉政风险防控工作，粮食系统党员干部的廉政意识、纪律意识、规矩意识、法治意识进一步增强。严格落实安全生产责任制，推进安全生产隐患排查治理制度化、常态化，防范各类安全生产事故发生。

◆新疆维吾尔自治区粮食局领导班子成员

孙永建	党委书记、副局长（2016年2月任职）
米尔扎依·杜斯买买提（塔吉克族）	党委副书记、局长
王卫军	党委委员、副局长
唐阿塔尔·克力马洪（哈萨克族）	党委委员、副局长
朱传碧	党委委员、副局长（正厅级）（2015年8月任职）
丁　宣	党委委员、纪委书记
谢　斌	党委委员、副局长（2016年5月任职）

刘学明	总经济师（2015 年 11 月任职）
闫　俭	巡视员（2016 年 1 月任职）
陈天甲	副巡视员
袁峻峰	副巡视员
阿木提·塔西铁木尔	副巡视员（2016 年 1 月任职）

2015 年 9 月 14 日，中央政治局委员、新疆维吾尔自治区党委书记张春贤（右一）会见国家粮食局局长任正晓一行，并就做好新疆粮食工作进行了交流。

2015 年 9 月 13 日至 15 日，国家粮食局局长任正晓一行调研新疆粮食流通工作，时任自治区粮食局党委书记雍其新（左二）陪同调研。

2015 年 6 月，新疆维吾尔自治区粮食局局长米尔扎依·杜斯买买提（左一）赴基层调研粮食流通工作。

2015 年 6 月 4 日，新疆维吾尔自治区人民政府召开自治区夏粮收购工作电视电话会议。

新疆生产建设兵团粮食工作

基本情况

新疆生产建设兵团（以下简称兵团）成立于1954年10月7日，承担着中央赋予的屯垦戍边的职责，是在所辖垦区内依照国家和新疆维吾尔自治区的法律、法规，自行管理内部行政、司法事务，在国家实行计划单列的特殊组织，受中央和新疆维吾尔自治区人民政府双重领导。

截至2015年底，兵团辖有14个师，阿拉尔、图木舒克、五家渠、石河子、北屯、铁门关、双河、可克达拉8座城市，6个建制镇，176个团场，6020家工交建商企业（其中上市公司14家），有健全的科研、教育、文化、卫生、体育、金融等社会事业和公安、人民检查、人民法院、人民武装、人民警察、司法等司法机构，分布在新疆14个地州市境内。与俄罗斯、哈萨克斯坦、吉尔吉斯斯坦、蒙古等国接壤，守卫着2019公里的边境线。土地总面积6917.2千公顷，其中耕地面积135.29万公顷。各级农业产业化龙头企业477个，其中国家级15家，兵团级92家，销售收入过10亿元的有18家。

截至2015年底，兵团总人口276.56万，比上年增长1.2%。全兵团居民人均可支配收入25287元，比上年增长10.9%，扣除价格因素，实际增长10.2%。其中城镇居民人均可支配收入31432元，比上年增长14.1%，扣除价格因素，实际增长13.5%；连队常住居民人均可支配收入15053元，比上年增长8.1%，扣除价格因素，实际增长7.5%。

2015年粮食工作

一 粮食种植及生产情况

粮食播种面积、产量增加，种植结构进一步优化。2015年兵团粮食作物播种面积32.25万公顷，增加4.33万公顷，增幅15.5%，粮食总产265.37万吨，增加42.48万吨，增幅19.1%。其中，小麦播种面积17.45万公顷，增加2.06万公顷，增幅13.4%，产量120.93万吨，增加18.53万吨，增幅18.1%；水稻播种面积1.72万公顷，减少0.22万公顷，减幅11.2%，产量19.26万吨，减少2.73万吨，减幅12.4%；玉米播种面积11.26万公顷，增加2.39万公顷，增幅26.9%，产量113.43万吨，增加26.1万吨，增幅29.9%。

二 粮食收购政策

夏粮收购政策保持稳定。根据国家有关政策规定，自治区决定新粮上市起，2015 年全区白小麦（三等、下同）、红麦、混合麦最低收购信息参考价格为 2.36 元 / 公斤，与 2014 年持平，相邻等级差为 0.04 元 / 公斤。继续实行对种粮农民（含兵团团场职工）的直补政策，按种粮农民交售给国有粮食购销企业的小麦给予 0.30 元 / 公斤的财政直补。自治区下达各地小麦收购计划 300 万吨，其中收购兵团小麦计划 60.35 万吨。

三 组织开展夏粮交售工作

扎实开展夏粮交售工作，切实维护种粮职工利益、保障粮食安全。按照自治区人民政府办公厅《关于做好 2015 年夏粮收购工作的通知》（新政办发〔2015〕58 号）文件精神，落实任务责任，分解下达 2015 年兵团小麦交售指导性计划。加强沟通协调和督促检查力度，协调解决二师、四师部分种粮团场在夏粮交售期间出现的困难，确保收购政策落实到位。2015 年兵团夏粮交售顺利，交售小麦 65.35 万吨，完成交售计划的 108.28%。

四 做好粮食质量安全监测

开展粮食质量安全监测，维护粮食生产者、经营者和消费者的合法权益。按照国家粮食局下达兵团 2015 年收获粮食质量安全监测计划，组织兵团国家粮食质量监测中心和有关师粮食局扎实开展收获粮食质量监测工作。制订实施方案，明确工作职责，指定收获粮食质量监测抽样区域，按时完成国家安排的 50 个样品（小麦 30 个，玉米 20 个）抽样检测，及时汇总数据并上报国家粮食局标准质量管理办公室。会同兵团卫生局组织开展兵团自筹资金粮食质量安全监测，摸清兵团粮食质量安全现状。

五 开展粮食质量科研工作

承担粮食科研项目检测任务，推动兵团粮食科研工作开展。兵团国家粮食质量监测中心承担了新疆农垦科学院作物所 800 个冬、春小麦新品种（系）籽粒品质、面粉品质及其面制品加工品质的测试，150 个大豆新品种（系）籽粒品质的测试，300 个玉米品种（系）籽粒品质的测试，150 个植株样品营养素的测试，260 个土壤样品微量元素、大量元素的测试。

六 开展中央储备粮代储资格认定

组织粮食仓储企业参与中央储备粮代储，提升兵团粮食仓储行业水平。按照《中央储备粮代储资格认定办法》《中央储备粮代储资格认定办法实施细则》规定，经过认真初审，申报国家粮食局认定，一师四团粮食储备库获得中央储备粮代储资格延续。

七 推进粮食仓储设施建设

争取国家资金支持粮食仓储设施建设，新增粮库仓容3.5万吨。贯彻落实《国家发展改革委、国家粮食局关于抓紧做好2014—2015年粮食仓储设施项目建设工作的通知》和《国家发展改革委办公厅、国家粮食局办公室关于做好与地方增产增储挂钩400亿斤仓容项目建设工作的通知》文件精神，结合兵团粮食生产、加工布局，组织实施新疆喀什福乐麦客面粉有限责任公司标准粮库项目和第二师二十四团面粉厂粮食仓储设施项目。

八 获得先进集体和先进工作者的荣誉称号

组织兵团粮食行业申报并荣获"四无粮仓"先进集体和先进工作者称号。根据国家粮食局关于表彰弘扬"四无粮仓"精神先进单位和传承"四无粮仓"精神先进个人的决定，新疆天山雪米阿拉尔米业有限责任公司荣获全国粮食系统弘扬"四无粮仓"精神先进单位，新疆天山雪米阿拉尔米业有限责任公司总经理、工程师陈国林荣获全国粮食系统弘扬"四无粮仓"精神先进个人。

九 做好其他粮食行业管理工作

加强宣传工作。联合兵团教育局、妇联、科协共同举办2015年粮食科技活动周，活动主题为"爱粮节粮，健康消费——粮食科普进家庭进学校"。联合兵团农业局、科技局、团委、妇联共同开展2015年世界粮食日和全国爱粮节粮宣传周活动。通过电视科普、影视宣传、展板展示、专题讲座、座谈交流、微信平台等多种方式方法宣传粮食政策，普及粮食健康消费知识。

做好统计工作。完成2014年度兵团粮食仓储设施专项调查工作，完成粮油加工业、粮食行业人事统计年报，进一步摸清兵团粮食行业发展状况。

开展培训工作。积极与国家粮食局人事司、自治区粮食局衔接汇报，组织兵团辖区粮油保管员参加自治区粮食局组织的职业资格培训鉴定，发展壮大粮食行业人才队伍，提升粮食行业职业技能水平。

◆新疆生产建设兵团发展改革委（粮食局）领导班子成员

朱新祥	党组书记、主任（局长）
刘新兰	副主任（副局长）
闫海燕	党组成员、副主任（副局长）
王　淼	党组成员、纪检组组长
乔永新	党组成员、副主任（副局长）
李建伟	党组成员、副主任（副局长）
刘军国	党组成员、副主任（副局长）
郭启民	党组成员、副主任（副局长）
伍新南	副巡视员
王　津	副巡视员

2015 年 3 月 10 日，新疆生产建设兵团发展改革委（粮食局）主任（局长）朱新祥（右二）到基层调研。

2015 年 8 月 27 日，新疆生产建设兵团发展改革委（粮食局）副主任（副局长）李建伟（右三）召开工作会议并讲话。

2015 年 6 月 30 日，新疆生产建设兵团发展改革委（粮食局）召开第十七个党风廉政教育月动员会。

2015 年 4 月 30 日，新疆生产建设兵团发展改革委（粮食局）在兵团机关食堂悬挂爱粮节粮宣传周活动展板。

大连市粮食工作

基本情况

2015 年，在市委、市政府的正确领导下，大连市坚持稳中求进的工作总基调，主动适应经济发展新常态，保持定力，沉着应对，认真落实习近平总书记提出的“四个着力”要求，坚持四化统筹、协调推进，全面落实稳增长、调结构、促改革、惠民生、防风险各项任务。地区生产总值 17731.6 亿元，比上年增长 4.2%。公共财政收入 579.9 亿元，下降 25.7%。固定资产投资 4600 亿元，下降 32.1%。全社会消费品零售总额 3084.3 亿元，增长 8.5%。城乡居民收入达到 35889 元和 14667 元，分别增长 6.8% 和 8.3%。城镇登记失业率 2.93%。全市呈现经济平稳发展、民生持续改善、社会和谐稳定的良好局面。

大连口岸作为我国东北及东北亚地区重要粮食集散地，有著名的大连港和北良港，每年粮食中转量达 1000 多万吨。大连商品交易所是全国最大的粮食期货交易所，大连北方粮食交易市场是居全国前列的现货交易市场，大连金三角粮食批发市场、双兴商品城、谷金川粮食交易市场等是繁荣、规范、交易量大的成品粮批发市场，已经成为大连市实现粮食供需平衡的物质基础。大连市油脂年产量达 40 多万吨，为大连市食用植物油供需平衡创造有利条件。

2015 年粮食工作

2015 年，大连市、县粮食行政管理部门认真落实中央关于保障国家粮食安全和粮食安全省长负责制的战略部署，以守住管好“天下粮仓”为己任，履行好“抓收购、保供给、稳市场”的工作职责，坚持改革创新、求真务实，粮食流通各项工作取得新成效。粮食收购工作有序开展，农民利益得到有效保护；粮油市场体系健全，粮食市场供应充足、价格稳定；粮食地方储备体系建设和粮食应急管理工作富有成效，提高了粮食宏观调控能力；粮食仓储管理工作取得新进展，确保了粮食储存安全；粮食监督检查工作卓有成效，粮食市场秩序良好；粮食流通产业发展资金及仓储维修改造资金严格使用，粮食仓储条件和仓储能力得到改善；粮食质量管理和监控不断加强，确保了粮食质量安全；粮食收购许可管理工作有序开展，粮食市场秩序不断规范；粮食流通统计和市场监测工作有序开展，粮食宏观调控水平不断提高；军粮供应工作和军民共建工作不断加强。

一 粮食生产遭受严重旱灾，造成粮食减产

2015 年，大连市粮食总产量 93.2 万吨，具体品种水稻 11 万吨，玉米 67.1 万吨，大豆 5.9 万吨，其他 9.2 万吨。粮食总产量较上年下降 15.4%，较正常年景下降 42%。

大连市 2015 年粮食生产遭受严重的自然灾害，在粮食作物生长前期，干旱雨量偏少，地温较低，光照不足，影响粮食作物的出苗率及生长；在粮食作物生长中期（关键期），遭受严重的旱灾，粮食作物受灾面积 22.03 万公顷。其中，成灾 16.26 万公顷，绝收 2.63 万公顷，受灾面积达 80%，成灾面积超过 50%，绝收面积达 10%；山地粮食大多数干枯绝收，甸地玉米和水稻受旱灾影响较轻，稍微减产。

二 严格执行国家政策，认真做好秋粮收购和临储粮收购工作

大连市 2015 年产粮食商品量 23.7 万吨。其中水稻商品量 7.2 万吨，商品率 66%；玉米商品量 16.5 万吨，商品率 25%。由于大连市饲养业较发达和家庭饲养量较大，因此，大连市地产粮食商品率较低。

2015 年，大连市收购上年产粮食 33 万吨（水稻 4.6 万吨，玉米 28.4 万吨），其中国家临储玉米收购 3.2 万吨。为做好粮食收购工作，市、县粮食行政管理部门在粮食收购前认真做好粮食产量、商品量及农民心态调查，做好粮食腾仓倒库、清仓消毒、设备维修、人员培训等粮食收购准备工作，组织粮食企业积极入市开展粮食收购工作。在粮食收购期间，加强监督检查，重点检查国家粮食收购政策执行情况，安全生产情况等，各国家政策性粮食收储库点严格按照规定价格公开挂牌收购，严格执行“五要五不准”收购守则，国家政策贯彻落实到位，农民利益得到有效保护。

三 严格落实储备粮管理制度，确保储备粮储得住、管得好、调得动、用得上

按照国家、省政府有关文件精神，从 2003 年起大连市就建立起完善的地方储备粮和应急成品粮体系，全市建立地方储备粮规模 32.5 万吨，食用油 1.5 万吨。建立应急成品粮储备 1.4 万吨，小包装成品油 0.1 万吨。

为加强对地方储备粮和应急成品粮管理，大连市粮食局在不断完善储备粮管理制度，努力实现用制度管粮的基础上，一是加大轮换力度，及时安排轮换，确保储备粮推陈储新，常储常新；二是加强地方储备成品粮库存检查力度，确保应急供应时用得上；三是加大粮食质量安全管理力度，实行储备粮质量“一票否决制”，确保粮食数量真实，质量达标；四是加强县级储备粮督查，确保县级储备粮规模和实物落实到位；五是加强地方储备粮油仓储规范化管理和财产保险工作，确保地方储备粮油安全储存；六是加强绿色储粮技术培训，不断提高大连市粮油仓储水平；七是加大安全管理力度，确保粮食企业防火安全和作业安全。

四 加强粮食仓储设施维修改造和粮食流通产业等项目建设，提高粮食仓储能力

为进一步推进大连市“危仓老库”维修改造，与市财政局共同申请2015年粮食仓储设施维修改造项目补助资金2860万元；申请2015年省粮食流通产业发展专项资金补助800万元。资金的有效使用，使大连市粮食仓储条件不断改善。

五 加强粮食监督检查工作，维护好粮食市场秩序

一是周密部署，成立粮食监督检查领导小组。市、县粮食行政管理部门高度重视粮食监督检查工作，成立以主管领导为组长的领导小组，责成相关部门、人员具体负责此项工作。二是认真组织、周密部署、严细工作，做好粮食库存检查工作。通过各企业自查，市级抽查，汇总总结等阶段认真细致的检查工作，圆满完成粮食库存检查任务。通过检查，大连市粮食库存数量准确，质量良好，储存安全。储备粮轮换按照计划文件执行。信贷资金严格按规定执行，没有挤占挪用现象。账账、账物相符，各种账簿记录清楚完整。企业安全生产制度健全，工作中贯彻执行严格。三是加强监督检查，对粮食收购工作进行全程监控。市、县粮食行政管理部门认真开展粮食收购监督检查工作，市级每个月认真开展粮食收购监督检查和安全生产检查，县级每周进行一次监督检查。参加粮食收购的企业都有粮食收购资质，粮食收购市场秩序良好。

六 加强粮食质量管理和监控，确保粮食质量安全

一是做好储备粮质量监管。做好国家临时储备玉米、地方储备粮油的质量监管，做好上级安排的粮食质量安全抽查工作，严把质量关，确保质量符合国家和当地政府要求。二是做好军供粮食质量监管。按照军供粮实施一批一检，市粮油检验监测站对各军供站的军粮质量实施季度监督检查，合格率100%，均符合国家标准规定，保证了军供粮质量安全。三是做好质量调查、品质测报和原粮卫生监测工作。2015年9月，对本年度粮食质量调查、品质测报和卫生监测工作作了全面部署。为了保证样品具有最大的代表性，大连市站特地选派6名技术骨干分成三个工作小组于2015年9月21～25日分赴瓦房店市、普兰店市和庄河市，对扦样环节进行了全程监督和指导。经过上下共同努力，于11月圆满完成工作任务。

七 加强粮食收购许可管理工作，不断规范粮食市场秩序

严格依法行政，做好粮食许可。完成了2014年度《粮食收购许可证》年度审验工作。截至2015年11月5日，全市具有粮食收购资格的企业及个体工商户共289家，其中市内四区156家，各区、市、县合计133家。对各区、市、县粮食收购资格审核工作进行了监督检查，监督检查后粮食行业行政管理部门对存在问题的原因进行了认真的分析，对解决问题的对策作了及时总结并进行了通报。依法对市内四区取得粮食收购资格的14家具有代表性企业履行收购秩序情况进行了抽查，督促企业切实严格贯彻执行国家粮食收购政策，维护粮食流通市场秩序。

八 加强军粮供应工作，不断加强军民共建工作

增强服务意识，强化军供管理。一是进一步规范军供基础工作，调整部分地区军粮供应范围及站点；进一步理顺了军粮供应管理体系，将市内四区驻军单位《军粮供应证》办证和换发工作权限下放到大连军粮供应站，实现部队办证、购粮“一站式服务”。二是为适应新形势军供工作需要，加强了对军供企业和军粮加工企业的调研，分管副主任带队，先后对长海县、瓦房店市、普兰店市、庄河市军粮供应工作情况进行了调研，特别是对军供大米定点加工企业的调研，强化了军供企业的规范化管理和经营业务开展。三是加强了军粮价格信息监测工作，并适时调控了全市军供大米的供货价格。四是加强军粮质量监管，建立军粮质量管理制度，结合大连市军粮供应工作实际，强化军粮质量管理和监督，制定并下发了《关于建立军粮质量安全追溯机制，进一步强化军粮质量管理的通知》，同时还制定统一规范的《军粮供货合同》文本和《质量保证书》；做好军粮质量检测工作，市粮油检验监测站按照市服务业委员会要求，每季度对全市军供企业的军粮质量进行检测，确保部队粮食食用安全；完成对大连市的军粮质量普查工作，进一步强化了大连市军粮质量管理。五是完成全市军供网点维修改造项目申报和项目库建立工作。六是加强军粮补贴资金使用管理和财务监管。七是做好拥军工作，开展了“八一”走访慰问部队活动，市服务业委员会领导分别带队走访慰问了市内驻军单位和普兰店市驻军单位。

九 加强粮食流通统计和市场监测工作，提高粮食宏观调控水平

加强社会粮食企业报表管理，不断扩大粮食流通统计覆盖面，提高粮食流通统计数字质量，为制定粮食政策和粮食宏观调控提供可靠依据。认真组织、周密部署，抽调人员、搞好培训，积极协调、加强协作，克服困难、精细工作，认真开展全社会粮食供需平衡调查工作，按要求保质保量完成调查任务。调查结果，大连市 2015 年粮食产量 93.2 万吨，总消费量 480.8 万吨，产需缺口近 400 万吨。合理布局，认真筛选确定粮食市场价格监测点，及时掌握粮油资源配置状况，发挥粮油价格监测网点的监测预警作用，认真做好分析预测，完成动态信息反馈，全年共编写《粮油市场信息》12 期，提供给市委、市政府各有关职能部门，并通过市服务业委网站向社会发布。

◆大连市服务业委员会（粮食局）领导班子成员

陈祥立	党委书记、主任（局长）
尼松发	副书记、纪委书记
宁松岩	副主任（副局长）
李延锋	副主任（副局长）

2015年6月3日，大连市服务业委员会召开“三严三实”专题教育工作暨党课会议，书记陈祥立（主席台右）、副书记尼松发（主席台左）出席会议。

2015年8月20日，大连市举办小微服务业企业专项贷款扶持工程银企对接会，服务业委员会主任陈祥立（签字台左四）出席签字仪式。

2015 年 8 月 14 日，大连市服务业委员会召开党委中心组（扩大）专题学习会。正面从左至右：副主任李延锋、副主任郑斌、副书记尼松发、副主任宁松岩。

青岛市粮食工作

基本情况

青岛市地处山东半岛南部，昔称胶澳，为海滨丘陵城市，全市总面积为 11282 平方公里。年末全市常住总人口为 909.7 万，增长 0.6%；其中，市区常住人口 490.22 万，增长 0.5%。

2015 年，青岛市实现生产总值 9300.1 亿元，按可比价格计算，同比增长 8.1%，“十二五”期间年均增长 9.7%。分产业看，第一产业增加值 364.0 亿元，增长 3.2%；第二产业增加值 4026.5 亿元，增长 7.1%；第三产业增加值 4909.6 亿元，增长 9.4%。三次产业比例为 3.9:43.3:52.8。全年财政总收入实现 2713.7 亿元，下降 4.3%；一般公共预算收入 1006.3 亿元，增长 12.4%；一般公共预算支出 1222.9 亿元，增长 13.8%。

2015 年粮食播种面积 49.3 万公顷，比上年减少 0.2 万公顷；粮食总产量 321.4 万吨，比上年下降 0.5%。

2015 年末，农机总动力 854 万千瓦，增加 27 万千瓦。农作物生产综合机械化水平达到 90.2%。农田有效灌溉面积 31.9 万公顷，其中节水灌溉面积 14 万公顷。

2015 年粮食工作

一 粮食调控和储备

认真落实国家粮食收购政策，国有粮食企业实现购销总量 301 万吨。完成粮食轮换任务 13.97 万吨。收购玉米 23 万吨，收购小麦 54 万吨，创青岛市历史新高。全面完成地方粮食增储任务，市本级新增小麦储备 3.6 万吨，各区、市落实新增储备规模 13.36 万吨，发放农户科学储粮小粮仓 4000 个。

二 粮安工程

推进危仓老库维修改造，在全省率先完成了改造任务，累计投资 5162 万元，其中争取国家、省财政资金 2300 多万元。维修改造仓房 348 处，仓容 47 万吨。装备三项储粮技术仓房 241 处，仓容

17 万吨。更新库区安全设施设备 52 套。配备机械设备 215 台。争取国家投资 1080 万元，自筹 3000 余万元，推进 2 个项目 6 万吨仓容建库任务；推进粮食系统信息化管理综合平台建设，智慧粮库建成并投入使用；建成粮食质量可追溯体系，在 56 个原粮储存、加工企业中推广了粮食识别代码应用，实现了全市粮食识别代码全覆盖；爱粮节粮宣传卓有成效，联合市农委、市妇联、团市委等 8 部门在全市开展了为期 5 个月的主题宣传活动，组织了“爱粮节粮”进农村、进社区、进军营、进校园、进机关、进企业等系列活动，组织宣传、宣讲活动 160 场次，制作发放爱粮节粮宣传册、倡议书、宣传片等 9200 份，1 万余人参加。

三 军粮供应

完成军队粮油供应保障任务，争取各级财政资金 4200 余万元，对市军供站、黄岛、崂山、即墨军供站提升改造，共维修改造仓容 3 万吨，新增营业面积 4200 平方米，新增仓储面积 5000 平方米。军民融合持续发展，新增原粮、成品粮储备 1.27 万吨，开设放心粮油店、加盟店 13 家，经营量 3500 多吨，粮食购销量 5 万吨，销售收入 6600 万元。5 个军供站迈入省星级军供站行列，数量位居全省第一。山东省军粮供应工作会议在青岛市召开，国家局以专报形式在全国粮食系统交流了青岛市军供工作经验。

四 依法管粮

组织 49 家国有粮食承储企业进行了粮食库存自查，对 15 家国有储粮企业进行了抽查，共检查粮食数量 86 万吨，对 18 家企业进行了质量抽查，抽查样品 61 批次；开展粮食收购市场秩序检查工作，共出动 1406 人次，检查收购主体 645 个，查处涉粮案件 105 起，查处个体工商户拖欠粮款行为 15 起。对军供用粮、原粮出入库、成品粮储备进行专项质量检查，共抽检 398 批次。对进入市综合粮油批发市场的粮油产品进行批检，共检测 7806 批次，退市处理了 5 批不符合食品安全标准的产品。市粮油质量检测中心改建工程基本完工。落实粮食安全责任风险防控机制，在全市设立了 80 个粮食质量安全监控点。

五 产业发展

全市纳入统计范围的 72 家粮油加工企业实现销售收入 200 亿元，利税 9 亿元。全市国有粮食企业全年实现销售收入 20.2 亿元，国有资产保值增值率达到 102%。全市主要粮油市场交易量 34 万吨，交易额 16 亿元。市政府印发了青岛市关于加快放心粮油工程建设的实施意见。粮油品牌培育成效明显，全市共有 2 个中国驰名商标，7 个山东省著名商标，4 个山东名牌，全国粮油示范企业 7 家。

六 应急体系建设

粮食应急体系建设稳步推进，市政府印发粮食突发事件应急预案，组织粮食应急演练。完善粮食应急加工、配送、供应网络体系，争取省财政资金 1200 万元，建设 2 个粮食应急配送中心、4 个主食配送中心。全市认定应急加工企业 12 个，应急供应网点 350 个，支持黄岛、平度、胶州推进粮食应急和主食产业化建设项目。

七 自身建设

扎实开展“三严三实”专题教育，市委组织部给予充分肯定，经验做法两次在全市以专报形式推广交流；完成新一轮“第一书记”和党建联络员选派工作，帮扶“第一书记”驻村的做法市委组织部、党建频道等多次宣传报道。扎实推进科学发展考核工作，建立了分类别、多层级、全方位的粮食科学发展考核体系，考核的做法在全省、全市推广交流。大力弘扬“创业、创新、节俭、奉献”的“四无粮仓”精神，青岛第二粮库被国家局授予弘扬“四无粮仓”精神全国先进单位称号。深入开展精神文明创建活动，粮食系统市级以上文明单位 14 个，其中局直单位市级以上文明单位标兵覆盖率 100%，省级文明单位覆盖率 84%。认真落实中央全面从严治党战略部署，落实党风廉政建设“两个责任”，积极推进科技防腐和电子监察系统建设，党员干部队伍作风进一步向好转变；广泛开展群众性安全生产活动，落实安全生产责任，化解信访案件，全市粮食行业实现了和谐稳定。

八 “十二五”期间基本情况

“十二五”期间，全市粮食仓储建设、物流设施建设、仓房维修改造等总投资 8.6 亿元，累计新建粮库仓容 51 万吨，扶持 8 家骨干企业建设粮食物流仓容 47 万吨，维修改造仓容 64 万吨，在全市 49 个乡镇、335 个村庄发放农户科学储粮小粮仓 2.5 万个。完善粮食市场体系建设，增加交易规模 5 万吨。市粮油质检中心被认定为国家粮油标准验证工作站。全市粮油加工企业累计实现销售收入 1000 余亿元。

◆青岛市粮食局领导班子成员

张　斌	党委书记、局长
岳　军	党委委员、副局长
孙一宇	党委委员、纪委书记、监察室主任
于莲华	党委委员、副局长
柳永志	党委委员、副局长

国家粮食局局长任正晓（前排左二）到青岛视察粮食工作。

青岛市粮食局局长张斌（前排左一）陪同山东省粮食局局长杨丽丽（前排左二）在青岛第二粮库调研。

青岛市粮食局开展“三严三实”专题教育活动。

青岛市粮食局进行党风廉政建设教育。

宁波市粮食工作

基本情况

宁波简称甬，位于东海之滨，依山面海，是中国首批进一步对外开放的沿海港口城市（1984 年）、享有省级经济管理权限的计划单列市（1987 年）、有权制定地方性法规的“较大的市”（1987 年）和副省级城市（1994 年），也是国家历史文化名城（1986 年）。

全市陆域总面积 9816 平方公里，其中市区面积为 2462 平方公里。全市海域总面积为 8355.8 平方公里，岸线总长为 1594.4 公里。辖海曙、江东、江北、镇海、北仑、鄞州 6 个区，宁海、象山 2 个县，慈溪、余姚、奉化 3 个县级市。共有 76 个镇、10 个乡、67 个街道办事处、697 个居民委员会和 2526 个村民委员会。截至 2015 年底，全市拥有户籍人口 586.6 万，其中市区人口 232.1 万。依据所在区域的城乡划分标准划分，城镇人口 379.0 万，占 64.6%，乡村人口 207.5 万，占 35.4%。按性别分，男性 291.5 万人，占 49.7%，女性 295.0 万人，占 50.3%。

2015 年，全市实现地区生产总值（GDP）8011.5 亿元，按可比价格计算，比上年增长 8.0%。按常住人口计算，人均地区生产总值达到 102475 元，突破 10 万元大关，同比增长 6.9%。按年平均汇率折合 16453 美元。全市居民人均可支配收入 41373 元，比上年增长 8.7%。其中，城镇居民人均可支配收入 47852 元，增长 8.4%；农村居民人均可支配收入 26469 元，增长 9.0%。2015 年宁波舟山港货物吞吐量 8.9 亿吨，居全球港口首位，其中宁波港货物吞吐量 5.1 亿吨。全年宁波舟山港集装箱吞吐量 2063 万标箱，跃居全球第四，其中宁波港集装箱吞吐量 1982.4 万标箱，增长 6.0%。宁波港全年新开及恢复航线 28 条，现共拥有航线 236 条。海铁联运业务发展快速，全年共完成海铁联运 17.1 万标箱，增长 26.2%。

2015 年粮食作物播种面积 13.4 万公顷，粮食总产量 79.1 万吨。全市粮食总需求为 273.6 万吨，其中口粮 183.2 万吨；总供给 436.7 万吨，其中产量 79 万吨。

截至 2015 年末，全市具有粮食收购资格企业 128 家，其中国有企业 71 家，民营企业 50 家，个体户 5 家，外商及港澳台投资企业 2 家。入统粮油企业 99 家，其中国有经营企业 19 家，内资非国有企业 34 家，私营企业 37 家，外资及港澳台企业 6 家，个体户 3 家。

2015 年粮食工作

2015 年，宁波市各级粮食部门深入贯彻落实党的十八届三中、四中、五中全会和习近平总书记系列重要讲话精神，在市委、市政府的正确领导下，在国家、省粮食局的关心指导下，以推进依法治粮为主线，着力提升粮食部门法治建设水平，以全力打造“粮安工程”为重点，着力筑牢粮食安全保障体系，以深化体制机制改革为抓手，着力推动全市粮食工作再上新台阶。

一 供需平衡措施更加有力

一是加强供求形势研判，为宏观调控提供决策依据。2015 年 1 ~ 3 月，在全市范围内对 2014 年度粮油供需平衡情况展开调查。调查结果显示，全市用粮人口继续出现减少现象，粮油消费量随之同步下降。粮食继续保持较强的供给能力，粮食购进渠道拓展到 17 个省区，粮食供给能力仍呈上升趋势，但粮食供给主要依赖省外粮源的格局不会改变。粮食、食用油市场辐射能力不断增高。通过调查，切实掌握了全市粮食总量平衡、品种结构、区域供求和市场流通动态状况，为制定粮油安全保障措施提供了科学的决策依据。

二是加强各部门协调，落实安全责任制考核目标。抓落实，切实履行市粮安办职能，认真执行主要成员单位联络员会议制度，加强沟通协调，研究制订了《2015 年粮食安全责任制考核方案》，及时落实分解考核指标，市政府与各县（市）区政府签订了年度粮食安全责任书。重考核，市粮安办多次与省粮安办及相关部门进行沟通对接，及时了解和掌握省对市粮食安全责任制考核工作新动态、新变化，争取工作上主动，及早安排和落实年度各项考核任务。改变市对县年度年末集中考核办法，调整为季度检查与年度部门联评相结合的办法，提高了考核的实效性和针对性。2015 年宁波市获得浙江省粮食安全责任制考核“优秀单位”。

三是加强市场粮情监测，发挥市场保供稳价的作用。全市“一核两翼”有形粮食市场调节市场供求的功能和作用持续发挥。宁波粮油批发市场年成交粮油 40.1 万吨，成交量比上年增加 4.9 万吨，粮食交易量占全市年口粮需求量的 30.0%。余姚泗门和宁海粮油市场成交量分别达到 11.8 万吨和 7.3 万吨。宁波网上粮食市场全年成交数量达 36.9 万吨。全市设立各类粮情监测点 223 个，监测全市收购、批发、零售、加工全行业的购销存储和价格情况，其中批发和零售监测点分别为 63 个和 136 个。

四是坚持服务和质量至上，做好军粮供应保障工作。全年开展了两次军粮质量抽检，严把原粮进货质量关，确保供应质量安全，做好军民共建双拥工作。

二 强农惠农政策更加到位

一是落实订单收购政策，努力提高为农服务水平。因受台风和连续雨天影响，2015 年地产早晚稻品质相比正常年份有所下降，及时完善粮食产销政策，及早出台国标中等质量以下收购政策。鄞州等地挖掘仓储潜力，增加当地财政补贴资金，增加订单签订数量。订单收购价格在粮食购销价格倒挂扩大的情况下，仍保持上年水平。全市国有粮食购销企业与3.2万户农户签订了28.7万吨收购订单，同比增加1.7万吨，订单占全省总数的27.7%。其中，早籼谷订单4.8万吨，小麦4.5万吨，晚稻19.4万吨。发放预购定金523万元，同比增加117.5万元，其中镇海区通过与市邮政银行合作，分季发放订单粮食预购定金贷款，满足农民种粮的资金需求。根据收购数量持续增加的趋势，提早安排足收购仓容，开展以方便农民卖粮为主要内容的优质服务活动，全市安排了104个收购点，333台磅秤，123台烘干机，246台输送机，56台除杂机，延长服务时间，实行电脑结算。积极推进以"方便农民售粮、提高入库质量"为目标的新型粮食收购方式，全市新增粮食收购全程机械化作业4套。

二是抓好源头严守纪律，加强政策执行风险把控。抓好源头，加强订单签订工作管理，通过乡镇和村核实农民实际播种情况和粮食企业加强复核的办法，切实提高订单的精准性。加强教育，严守收购纪律，各级粮食部门切实加强对基层收购人员的教育和正确引导，严格执行收购政策和"五要五不准"收购守则，提高廉洁自律意识，增强各项工作防腐措施。加强粮食收购检测，努力做到边收边检，严防外地粮和陈粮等流入收购环节，严禁套取财政补贴情况发生。

三 产销合作渠道更加顺畅

一是落实新增地方粮储备规模。及时着手研究新增28.0万吨地方储备粮规模分解落实方案，宁波市政府于2015年4月份正式下达了全市新增地方储备粮计划，至2015年底，全市已落实新增储粮计划11.7万吨，基本为口粮品种，其中中晚稻的比重达到50%以上，2015年新增储备粮库存也于2016年1月底前到位。

二是仓储规范化管理得到加强。积极推进"星级粮库"创建活动，组织开展"一符四无"粮仓和粮油仓储规范化管理评价活动，加强异地储备库存监管。组织开展全市国有粮食购销企业清仓查库工作，确保储粮安全。通过库存检查和春秋粮油安全大普查，宁波市库存粮食账账相符，账实一致，质量良好，卫生安全。

三是省外粮源基地建设扎实推进。稳固与粮食主产省的粮食产销合作关系和粮源采购基地：市本级和北仑区分别与黑龙江省金谷粮食集团、黑龙江省万源粮油食品有限公司合作粮食储销项目业务，市本级继续稳定与江西省高安市地方储备早籼稻代购代储合作关系，北仑区在安徽省巢湖市建立粮食收储基地，慈溪、宁海、鄞州继续与黑龙江、吉林、河南、江西等产区保持粮食购销关系；部分民营企业与主产区保持稳定的购销关系，宁波小青河粮油有限公司在黑龙江省双鸭山市八五三农场建成32万吨粮食收储仓库；推进与东北粮食主产区开展粮食产销合作关系，市本级与吉林省松粮集团合作，建立了3万吨规模的粮食异地储备。

四 安全储粮体系更加完善

一是全面推进粮食储备库建设。全市范围内粮食储备库建设项目9个，总仓容27.3万吨，总投资超6.8亿元，取得中央预算内投资5960万元。截至年底，已开工粮库6个。

二是加快推进"危仓老库"改造。全年申报维修改造粮库仓容约22万吨，总投资超1亿元，争取中央预算内补助 2263 万元。截至年底基本完成一般维修、技术升级改造、先进储粮设备配置及部分大修翻建等项目，完成批复项目总量的 50%。

三是编制“十三五”建设规划。根据宁波市“十三五”规划编制工作方案总体部署，通过政府采购确定南京财经大学粮食经济研究院参与宁波市“十三五”粮食流通基础设施建设规划编制工作。加快推进粮食行业信息化建设，成立粮食信息化建设工作领导小组，经过多方考察学习，拟将全市粮食信息平台设在市本级中心粮库。

五 粮食体制机制更加健全

一是加强粮食行业作风和廉政建设。市本级启动规章制度建设工作，做好制度建设“废、改、立”，制定下发了制度建设清单。市局机关落实“岗位对责、绩效对账”，建立通报制度。组织开展了“三严三实”专题教育和“讲党性、守纪律、懂规矩”活动。全市粮食系统广大干部职工认真履行主体责任，切实履行“一岗双责”。抓好粮食行业安全生产，下发《关于全面开展全市粮食行业危化物品事故隐患排查整治的紧急通知》，组织开展安全生产大检查专项行动，检查企业 183 家。加强收购资格管理，依法核查收购资格企业 18 家。组织开展爱粮节粮宣传周活动，赠送近 200 份科学消费粮食宣传册。

二是深化市本级国有粮食企业改革。市本级实行了政府粮食行政管理职能与粮食企业经营权的分离，准确把握了出资人职责定位，界定了国有资产出资人监管的边界，建立了监管权力清单和责任清单，基本形成了职责清晰的监管和运行体系。

三是调结构抓好干部职工队伍建设。市局完成机关中层干部轮岗交流调整，选配市军粮（结算）中心领导干部，选配市收储公司领导班子及公司重要岗位人选。全市粮食系统抓好职工队伍建设，通过委托第三方网上公开报名、笔试、面试、体检、政审等程序，招聘新员工，充实职工队伍，给粮食行业注入了新的活力。

◆宁波市粮食局领导班子成员

杜钧宝	党委书记、局长
冯沛福	党委副书记、副局长
程宏友	党委委员、总工程师
颜　华	党委委员、副局长
林　洁	党委委员、副局长
徐建国	党委委员、副局长
黄华斌	党委委员、纪检组长（2015 年 5 月任职）
杨久义	巡视员
徐常升	副巡视员
蒋心宏	副巡视员

2015 年 10 月 29 日，浙江省粮食局总工程师叶晓云（右二）在宁波调研粮食流通及仓储建设工作。

2015 年 2 月 13 日，宁波市粮食局召开全市粮食流通工作会议。

2015 年 6 月 28 日，宁波市中心粮库项目一期工程举行开工奠基仪式。

2015 年 11 月 13 日，宁波举办吉林大米宁波推介会。图为宁波经销商和吉林企业现场签约相关粮食项目。

厦门市粮食工作

基本情况

厦门位于东经118°04'04"、北纬24°26'46"，地处中国东南沿海、九龙江入海口，台湾海峡西岸，与台湾隔海相望，东南面对金门诸岛，北接泉州，南邻漳州，位于闽南金三角经济区中心，是全国首批经济特区、国家综合配套改革试验区、中国自由贸易试验区和副省级计划单列市，也是两岸新兴产业和现代服务业合作示范区、东南国际航运中心、两岸区域性金融服务中心和两岸贸易中心和现代化国际性港口风景旅游城市。厦门下辖思明、湖里、集美、海沧、翔安、同安6个行政区，由厦门岛、鼓浪屿、内陆九龙江北岸的沿海部分地区及厦门湾等组成，陆地面积1699.39平方公里，海域面积300多平方公里。厦门岛又称鹭岛，素有“海上花园”美誉，“城在海上、海在城中”，曾被美国前总统尼克松称赞为“东方夏威夷”。厦门地形以滨海平原、台地和丘陵为主，其中低丘、台地占土地总面积的62.5%，平原和滩涂各占14%和7.7%；拥有条件优越的海峡性天然良港，全长234公里，港阔水深，终年不冻，是中国历史上对外贸易的重要口岸。厦门属于亚热带气候，夏无酷暑，冬无严寒，风景秀丽，环境整洁。

2015年，厦门实现生产总值（GDP）3466.01亿元，比上年增长7.2%；常住人口386万，同比年增加5万人，其中户籍人口211.15万，城镇人口168.18万；全年粮食播种面积0.67万公顷，下降3.0%，粮食总产量3.65万吨，下降5.3%。全年粮油供应充裕，品种丰富，价格平稳。

2015年粮食工作

2015年，厦门市粮食局围绕国家粮食安全新战略，按照厦门市委、市政府全面实施美丽厦门战略规划的部署要求，努力在“引粮入厦保供应，加强调控稳市场，保证供应惠民生，扶持产业强实力”等方面下功夫，有序推进粮食工作的开展，确保厦门粮食安全。

一　粮食流通

2015年，厦门市粮油购销两旺。全社会粮食总供给561.27万吨（原粮口径），比上一年增加

66.98 万吨，增长 13.55%。其中国内购进量 395.27 万吨，同比增加 70.83 万吨，增长 21.83%(从省外购进 206.91 万吨，增加 1.79 万吨；从省内购进 175.14 万吨，增加 81.47 万吨；从市内区外购进 13.22 万吨，减少 12.43 万吨)；进口量 162.35 万吨，减少 3.64 万吨。粮食总需求 539.47 万吨，增加 63.4 万吨，增长 13.32%。其中，对市外销售量 338.95 万吨，增加 52.13 万吨，增长 18.18%；对市内区外销售量 55.81 万吨，增加 21.78 万吨；本地粮食消费 144.75 万吨，减少 9.21 万吨，下降 5.98%(其中口粮消费 69.84 万吨，增加 2.96 万吨；工业用粮消费 74.91 万吨)。国有和国有控股粮食企业粮食购进量 182.61 万吨，增加 39.46 万吨，同比增加 27.57%, 占全市总购进量 32.53%；销售量 183.57 万吨，增加 52.62 万吨，同比增加 40.19%，占全市总需求量 34.03%。年末粮食库存量 124.56 万吨，同比增加 20.77 万吨 , 增加 20.01%。全市食用植物油供给量 117.91 万吨，增加 11.4 万吨，增长 10.7%，其中进口 21.38 万吨，增加 14.59 万吨，增加 214.87%；需求量 119.4 万吨，增加 14.62 万吨，增长 13.95%, 其中，总消费 9.07 万吨，同比减少 0.14 万吨，减少 1.52%（其中口油消费 8.18 万吨，同比增加 0.12 万吨，增长 1.49%）。年末库存 12.09 万吨，减少 1.5 万吨，减幅 11.04%。

二 粮食调控

一是顺利完成储备粮轮换与增储。按计划组织 5 场次招拍会，顺利完成储备粮拍卖 4.1 万吨，采购 7.6 万吨任务，其中增储 3.5 万吨、订单采购 2.5 万吨。二是狠抓储备粮仓储规范化管理。制定实施《厦门市粮油仓储企业管理规范化考核细则》《厦门市应急储备成品粮管理规定》，积极抓好仓储信息化建设和氮气储粮试点等科技储粮技术及其推广运用，已完成一期软件研发，正在进行二期硬件施工试运行；大力开展科技储粮课题研讨和技术攻关，使仓储管理工作名列全省前茅。三是扎实做好军粮供应保障。严把质量、服务、效益和保密“四个关口”，实行军粮采购、加工、销售全程监管，确保军粮供应质量安全。序时推进军粮仓储配送应急保障中心项目建设，并于 2015 年底如期顺利封顶。坚持走军民融合发展道路，打造“军花”牌系列产品，增开厦门豆仔尾路门市部和集美第二门市部，并逐步改变门市部的传统经营模式，推进“军需”与“民食”共同发展，开创主副营齐头并进的新局面。

三 粮食产销协作

6 月 18 日，协调组织厦门市 18 家粮食企业 65 人组团参加在福州召开的第十一届福建省粮食产销协作洽谈会、第十四届省内粮洽会暨第十三届中国 · 海峡项目成果交易会（三会合一），发布粮食采购需求 128.756 万吨，现场与 9 个产粮省及省内粮企签订购销协议 67 万吨（省外 47.5 万吨，省内 19.5 万吨）。象屿集团、斯坦道、龙泰行等厦门粮企还分别参与粮油精品展示、科技成果推介和合作项目对接、学术交流研讨等活动，有效展示粮油品牌、科技实力。9 月中旬，组织参加黑龙江“金秋粮食交易合作洽谈会”，建立北粮南运新渠道，厦门象屿集团与黑龙江省粮食局签订省际间粮食产销合作与粮食深加工项目 7 个，夏商粮食公司现场签订粮食购销合同 12 万吨。11 月 11 日，厦门市粮食局举办 2015 年粮食产销协作会，山东、湖北、安徽、河南、江苏、江西和福建 7 省 26 个市县 100 多名粮食行政部门领导、粮企代表及厦门骨干粮企代表会聚鹭岛白鹭洲酒店，共商深化粮食产销协作事宜，并签订储备粮（晚稻）订单采购合作协议。

四 粮食流通体制改革

一是制定实施《厦门市粮食应急体系建设专项资金管理暂行办法》和《厦门市引粮入厦奖励实施方案》配套文件，对骨干粮食企业引粮入厦、外建粮食生产基地、开展技术改造升级以及骨干粮店新建装修等项目分别给予相应奖励或补贴，助推企业转型升级和科技创新。二是改革创新储备粮招拍方式。委托厦门市公共资源配置中心公开竞价，从符合资质的 10 家拍卖中介代理机构中择优遴选 1 家，以最低价中标，节约招拍代理费百万余元；首次举办储备粮网上竞价拍卖交易，取得成功经验并推广运用。

五 行政执法

一是坚持依法管粮。修订施行《市粮食局规范行政处罚自由裁量实施标准》，完成粮食局行政执法、行政审批、监督检查权力清单清理，做好商事登记制度改革后续监管服务工作，积极创建参评依法行政示范单位工作，被评为厦门市“依法行政示范单位”。二是提高审批效率和服务水平。修订完善“马上就办”工作制度、机关效能建设九项制度，制发《商事登记制度改革后续监管实施办法（试行）》，明确马上就办事项、目标责任、效能投诉电话等，并在网站上公布公开。认真做好“先照后证”改革的后续服务与监管配套工作，简化粮食收购许可申报流程，缩减审批时限从 15 个工作日为 5 个工作日，即法定时限的 35%，并实现审批业务网上办理，做足事前准备、搞好先期服务、优化工作流程，实现审批环节无缝对接。三是制定实施《厦门市粮食应急体系重点企业认定与管理办法》。在全省先行先试出台规范性文件，并按文件规定发展厦门中禾实业等 7 家单位为厦门市应急定点供应粮店或应急定点粮油加工企业，纳入厦门粮食应急供应链，使厦门应急粮油供应网点从上年 76 家增至 83 家。四是组织开展粮油质量考评及治理“餐桌污染”检查。增加粮油质量卫生检查抽检频次，全年开展 12 次专项监督检查，抽检粮油企业 106 家次，检验粮油样品 280 批次；开展春秋两季粮食库存大检查，先后抽查储备粮仓廒 66 间，抽查数量 30 万吨，未发现违反国家粮食收购政策情形以及“转圈粮”、质价不符等违规行为，并受到省复查组的肯定和好评。对发现的 4 份样品质量卫生指标不合格均督促下架退货处理，不得流入口粮市场。

六 行业发展

一是实施粮食企业专项资金奖励补贴。2015 年首次实施厦门市粮食企业 2014 年补贴经费 778.59 万元，其中引粮入厦奖励数量 6.93 万吨，奖励金额 274.97 万元，投资补贴金额 503.62 万元。厦门粮企还获得 2014 年引粮入闽奖励 380 多万元。二是抓好市级储备粮库规划建设。编制《厦门市 2015—2025 年储备粮库建设发展规划》，高效协调推进翔安中心储备库二期项目建设进度，于 2015 年底正式开工建设，实现对福建省粮食局签订的承诺，并获得国家粮库建设补助资金 1134 万元。协调落实“粮安工程”危仓老库维修改造 720 万元，改造仓容 24.7 万吨。三是粮油企业增资扩产。完成厦门港务发展股份有限公司、中储粮厦门直属库搬迁至海沧港区，并正式开工新建。厦门象屿集团继续在黑龙江增资扩产，续造东北现代化“大粮仓”。引进马来西亚 IOI 油脂公司棕榈油深加工项目在厦门海沧正式开工兴建。四是在自贸片区内成立运作粮食交易公司。市粮食购销公司出资人民币 500 万元在厦门自贸区海沧片区内成立厦门市禾达润粮食交易有限公司，10 月正式挂牌运作，12 月开展 2700 吨泰国进口大米的首单业务。今后将利用自贸区优惠政策和港口优势，努力打造粮食交易平台，探索应急储备成品粮营运新模式，积极争取地方储备粮拍卖竞买代理资格，着力寻找项目拓展粮食经营业务。

七 党群工作

一是深入开展“三严三实”专题教育。按照上级统一部署要求，扎实开展粮食系统“三严三实”四个专题的学习讨论，组织全系统党员干部深入学习党的十八届五中全会精神、习近平总书记系列重要讲话精神，开展习总书记来闽重要讲话“大学习、大讨论”活动，认真查摆不严不实问题，做到聚焦问题、深刻剖析、严格整改。举办粮友学堂，开展每周二的理论学习和参观见学等活动，有效提升广大党员干部的政治思想素养。二是落实党建工作责任制。市粮食局领导带队开展“四下基层”活动，全年下基层 98 人次，帮助解决军粮供应配送中心项目建设、“引粮入厦”、宣传政府扶持粮企政策和储备粮拍卖等近 40 个问题。召开粮食系统庆祝建党 94 周年暨“一先两优”表彰大会，表彰一批先进集体和先进个人，推动争先创优活动的开展。三是深化推进精神文明创建。持续推进市粮食局争创省级文明单位的动员部署工作，经厦门市直机关党工委考评组考核，顺利入围省级文明单位预选名单；粮食系统全年获得省级文明单位称号 1 家、市级文明单位称号和保留市直机关文明单位称号各 4 家。深入开展文明共建活动，先后与 6 个社区、乡村结成帮扶对子，签订城乡精神文明共建协议，积极参与厦门“扶贫济困送温暖，温馨和谐在厦门”的主题活动和志愿服务、公益、“万人献爱心 · 慈善一日捐”等活动。四是扎实推进党风廉政建设。履行党风廉政建设主体责任，严格落实中央“八项规定”，加大对传统节日的宣传教育和监督检查。积极构建惩防体系，加强资金使用、工程建设项目、政府采购、市场招投标、资产出租等重点领域的监管，健全完善对行使权力的制约和监督机制。深入开展反腐倡廉教育、廉勤文化、政风行风评议和明察暗访等活动，抓好《中国共产党廉洁自律准则》和《中国共产党纪律处分条例》的学习宣传，组织参观廉政教育展和观看廉政警示教育片，以案件为反面教材，深化警示教育成效。五是实现安全生产“十二连冠”。认真落实安全生产责任制，坚持季度安全生产工作例会制度，坚持“党政同责、一岗双责”，层层签订安全生产责任书。积极开展安全生产宣传教育，搞好新安全生产法的宣贯和培训，认真落实“安全生产月”活动、安全生产大检查、“安全生产标准化建设提升工程三年行动”“国家安全示范城市创建工作”等专项工作，狠抓储粮仓储、危化品、车辆等安全隐患排查治理，积极开展防火应急预案学习演练、警企安全应急联防演练，实现安全生产“十二连冠”。

◆厦门市粮食局领导班子成员

卢晓东	党组书记、局长
林勇鹏	党组成员、副局长
张伟生	党组成员、副局长

段小红　　党组成员、副局长（2015 年 12 月调整任职）
章高祥　　党组成员、纪检组长（2015 年 11 月任职）
黄启忠　　副巡视员

厦门市副市长张灿民（右二）在粮食局局长卢晓东等领导陪同下调研检查粮食工作。

2015 年 7 月 30 日，厦门市政府副市长倪超带队调研粮食工作，并对粮食工作提出要求。

2015 年 6 月 18 日，第十一届粮食产销协作福建洽谈会在厦门市举行。

5

第五篇

粮食政策与法规文件

中共中央 国务院文件

国务院办公厅关于印发 2015 年食品安全重点工作安排的通知

国办发〔2015〕10 号

各省、自治区、直辖市人民政府，国务院各部委、各直属机构：

《2015 年食品安全重点工作安排》已经国务院同意，现印发给你们，请认真贯彻执行。

（此件公开发布）

国务院办公厅

2015 年 3 月 2 日

2015 年食品安全重点工作安排

2014 年，各地区、各有关部门按照党中央、国务院的决策部署，深化改革创新，强化监管执法，着力消除风险隐患，坚决治理“餐桌污染”，巩固了全国食品安全稳定向好的形势。但食品安全基础依然薄弱，问题仍时有发生，与人民群众的期待相比还存在差距。为贯彻党的十八大、十八届二中、三中、四中全会和中央经济工作会议、中央农村工作会议精神，落实国务院关于食品安全工作的部署要求，进一步提高食品安全治理能力和保障水平，现就 2015 年食品安全重点工作作出如下安排：

一 严格监管执法，着力解决突出问题

（一）加强食用农产品源头治理。深入开展农产品质量安全专项整治，采取完善标准、制定行为规范、加强抽检、建立追溯体系等措施，着力解决农药兽药残留问题。加大食用农产品监管力度，大力推行标准化生产和全程控制，严格管控化肥、农药兽药等投入品使用，推动病虫害绿色防控和病死畜禽无害化处理。探索建立食用农产品产地准出与市场准入管理衔接机制，研究出台指导意见。开展重点食用农产品联合治理行动。加强产地重金属污染、种养殖用水污染、持久性有机物污染等环境污染问题治理。建立超标粮食处置长效机制。严厉打击非法添加有毒有害物质、病死畜禽收购屠宰、私屠滥宰、农资制假售假等违法违规行为。

（二）加强食品生产经营全过程监管。围绕婴幼儿配方乳粉、婴幼儿辅助食品、乳制品、肉制品、食用植物油、“大桶水”、白酒等重点大宗食品开展综合治理。针对超范围超限量使用食品添加剂和食

品中非法添加非食用物质、食品中检出塑化剂、食品标签标识不符合规定等突出问题，开展专项治理。加强对大型食品生产加工、流通餐饮企业的监督检查，规范对小作坊、摊贩、网络销售等的管理。继续打击无证无照、销售和使用无合法来源食品和原料、侵权仿冒等违法违规行为。强化进出口食品监管和风险管控，严格进口食品准入和回顾性检查，严格实施进口食品境外生产企业注册。

继续推进婴幼儿配方乳粉企业兼并重组。加强婴幼儿配方乳粉质量安全监管，组织对婴幼儿配方乳粉生产企业开展食品安全审计。

（三）加强重点区域风险防控。加大对农产品主产区、食品加工业集聚区、农产品和食品批发市场、农村集贸市场、城乡结合部等重点区域的监管力度。加强对学校食堂、旅游景区、铁路车站等就餐人员密集场所的食品安全监管，对农村集体聚餐进行指导，防范食物中毒事故的发生。

（四）加强风险隐患排查治理。开展食品生产经营主体基本情况统计调查，摸清底数、排查风险。制定并实施农产品和食品安全风险监测和监督抽检计划，加大监测抽检力度，加强结果分析研判，及时发现问题、消除隐患。进一步规范问题食品信息报告和核查处置，完善抽检信息公布方式，依法公布抽检信息。严格监督食品经营者持证合法经营，督促其履行进货查验和如实记录查验情况等法定义务。

（五）持续保持高压严打态势。针对严重危害食品安全的突出问题，强化刑事责任追究，依法严惩食品安全违法犯罪行为。加快出台推进行政执法与刑事司法衔接的指导意见，健全线索通报、案情通报、案件移送、信息发布等工作衔接机制，强化涉案物品处置、涉案产品检验鉴定、证据转换等工作的协调配合。继续推动公安机关食品安全犯罪侦查队伍建设，充实人员力量。

二 健全法规标准，完善制度体系

（六）推动立法进程。继续推进食品安全法及其实施条例的修订出台，推动农产品质量安全法、农药管理条例、生猪屠宰管理条例修订，做好食品安全法与农产品质量安全法的衔接。加快食品安全法规、规章和规范性文件清理。推进食品生产加工小作坊和食品摊贩生产经营管理的地方立法工作。

（七）完善制度规范。制定修订食品生产经营许可、食品生产企业监督检查、食品经营监督管理、保健食品注册及监督管理、食品召回和停止经营、食品标识、食品相关产品监督管理、食品安全风险监测、风险评估等规章制度。研究制定食用农产品经营监督管理办法。完善畜禽屠宰等相关规章。

积极稳步推进食品生产经营许可改革，完善食品生产经营许可制度体系。研究制定食品生产经营企业分级分类管理制度。深化保健食品审评审批制度改革，逐步扩大备案范围。探索建立食品检查员制度，加大企业现场监督检查和现场行政处罚力度。研究建立基层食品药品监管所管理有关制度。推动完善进出口食品安全相关制度。

研究建立餐饮服务单位排放付费及餐厨废弃物收运、处理企业资质管理等制度，加大餐厨废弃物处理利用力度。

（八）制定修订食品安全标准。完成国家食品安全监管体系“十二五”规划确定的食品安全国家标准清理整合任务，加强重点、急需标准的制定修订工作，加快形成符合我国国情和国际通行做法的食品安全国家标准体系。推进食品安全标准的贯彻实施，开展重点标准的跟踪评价。加强食品安全标准制定修订与食品安全监管工作实际、标准执行情况的有机衔接。

（九）加强执法规范化建设。完善食品安全行政执法程序，规范执法操作流程，量化自由裁量标准，统一执法文书，统一执法标识，依法实施行政许可、行政处罚、行政收费和行政检查等行为。加强执法监管信息化建设，建立执法活动全过程记录制度，依法公开行政处罚信息，推动执法联动和区域合作。全面落实监管执法责任制，完善纠错问责机制，强化制约监督，加大问责力度。

三 规范生产经营，全面落实企业责任

（十）健全企业质量安全管理制度。扩大食品质量安全授权制度试点。推动食品企业完善食品生产经营全过程质量安全记录制度，加快形成上下游食品质量安全信息可查询、过程可控制、责任可追究的追溯体系；建立食品生产企业风险问题报告制度，在餐饮服务企业推行“明厨亮灶”。

（十一）完善企业主体责任体系。督促企业完善食品安全生产经营者主体责任制度，强化企业主要负责人首负责任，落实食品质量安全授权人员、管理人员、从业人员岗位责任。强化违法违规企业食品安全主体责任追究，依法加大行政处罚力度，推进处罚结果公开。

（十二）推进食品安全信用体系建设；进一步完善企业信用记录，探索建立统一的食品信用分级分类标准，构建守信激励、失信惩罚机制。依法及时公布严重违法食品生产经营者相关信息，加大对严重失信者的惩戒力度，建立跨区域、跨部门联合惩戒机制。

四 强化宣传和应急处置，提高风险管控水平

（十三）加强风险交流。健全风险预警工作体系和专家队伍，建立科学的风险预警和交流工作机制，制订工作规范，加强舆情监测和风险隐患预判。积极发挥第三方在食品安全风险交流工作中的作用，拓展风险交流渠道。建立健全大型企业风险交流机制，强化行业预警交流。

（十四）强化宣传引导。完善新闻发言人制度和食品安全信息发布制度，及时发布权威信息、消费提示和风险警示，曝光违法违规行为。深入开展政策解读，大力宣传食品安全工作重大方针、举措和重要领域专项整治情况。加强与媒体沟通，妥善做好突发事件和热点问题舆情应对，主动回应社会关切。

开展全国食品安全宣传周等重点宣传活动，动员社会力量参与食品安全公益宣传和科普工作，提高公众食品安全科学素养。继续推进食品安全科普工作队伍建设和示范创建，强化食品安全科普网点建设。

（十五）提高应急能力。强化跨区域、跨部门应急协作与信息通报机制，加快建立覆盖全国的突发事件信息直报网和舆情监测网，建立健全上下贯通、高效运转的国家食品安全应急体系。加强应急队伍及装备建设，开展多种形式的应急演练和应急管理培训。督促指导食品生产经营企业特别是大型企业建立事故防范、处置、报告等工作制度。

五 完善治理体系，坚持依法行政

（十六）健全监管体系。加快完成市、县级食品安全监管机构改革任务，抓紧职能调整、人员划转、技术资源整合，充实专业技术力量，尽快实现正常运转。健全乡镇（街道）或区域食品安全监管

派出机构，建立重心下移、保障下倾的工作机制，加强基层监管力量，完善基层食品安全网格化管理体系和责任体系，打通“最后一公里”。合理划分省、市、县、乡级食品安全监管事权关系。

综合设置市场监管机构的地方，要把食品安全作为综合执法的首要责任，相应设置内设机构、配备专业人员，提高食品安全监管执法的专业化水平，确保监管力量比改革前加强。

加快推进农产品质量安全监管体系建设，强化县乡农产品质量安全监管能力，健全乡镇或区域性农产品质量安全监管机构，逐步建立村级监管员队伍。将农产品质量安全监管执法纳入农业综合执法范围，整合充实执法力量。推动地方生猪定点屠宰监管职责调整到位。

（十七）强化综合协调。各级食品安全委员会要充分发挥统筹协调、监督指导作用，督促落实地方政府对食品安全工作的属地管理责任。加强食品安全监管部门综合协调力量，更好地承担食品安全委员会日常工作，健全部门间、区域间的信息通报、形势会商、联合执法、行政执法与刑事司法衔接、事故处置等协调联动机制，凝聚齐抓共管合力。

（十八）完善社会共治体系。积极搭建社会共治平台，建立社会共治激励机制，畅通投诉举报渠道，落实举报奖励专项资金，调动消费者、新闻媒体、志愿者等社会各方参与的积极性。支持行业协会制订行规行约、自律规范和职业道德准则，监督生产经营活动，交流沟通食品安全风险信息，加强行业自律。

把公众参与、专家论证纳入行政决策法定程序，积极发挥专家学者咨政启民作用。大力发展基层监督员、协管员、信息员等群众性队伍。促进第三方机构在检验检测、合规性检查和认证等方面发挥作用。

开展食品安全责任保险试点，探索建立政府、保险机构、企业、消费者多方参与互动的激励约束机制和风险防控机制。

（十九）提高依法行政水平。建立健全重大政策、制度和重大事项的合法性审查和风险评估机制。深入开展食品安全法治宣传教育，强化监管人员法治意识，着力提高基层监管人员执法能力。组织开展地方领导干部食品安全知识专题培训，进一步提高食品安全工作决策能力和管理水平。

六 加大投入力度，加强能力建设

（二十）落实“十二五”规划。抓紧实施国家食品安全监管体系“十二五”规划项目，加大预算内基建投资和转移支付投入力度，着力解决基层监管能力薄弱问题。

（二十一）持续开展“餐桌污染”治理。推进食品安全城市、农产品质量安全县创建试点工作，及时总结经验，扩大试点范围。加强出口食品农产品质量安全示范区建设。

（二十二）提高风险监测和评估能力。继续加强风险监测网络和能力建设，完善食品中非食用物质名单，开展相关检验方法研究。制订农产品和食品安全风险评估办法及未来五年工作规划，组织实施年度优先风险评估和应急评估项目。夯实农产品和食品安全风险评估工作基础，全面开展食物消费量调查和总膳食研究。建立部门间风险监测数据共享与分析机制，提高数据利用度。

加强食源性疾病管理，进一步完善食源性疾病监测报告制度与溯源平台，建立部门间信息互通和有效防控工作机制。加大对新发风险、进出口食品安全风险的监测力度，健全风险线索发现、分析、报告、通报和预警机制。

（二十三）加强技术创新和基层执法装备配备。开展食品和食用农产品中危害物监测识别等关键技术研究，加快研发一批适用于快速检测、应急监测的检测方法、试剂、设备，以及适合基层监管执法的移动执法终端。开展食品安全科技创新工程，在珠海（横琴）等地开展区域性示范。按照“适用够用、填平补齐”的原则，重点强化执法车辆、执法装备、执法设施配备，加强基层执法装备配备标准化建设。

（二十四）强化检验检测能力建设。根据食品产业布局和现有基础，统筹加强国家、省、市、县级食品安全检验检测能力建设，扩大县级食品安全检验检测资源整合试点，加快推进农产品质量安全检验检测体系建设，确保监管和打击违法犯罪工作需要。推动食品安全重点实验室建设，建立重点实验室管理制度，提高实验室管理水平。指导食品生产企业加强质量安全检测能力建设。

（二十五）加快信息化建设步伐。建设统一高效、资源共享的国家食品安全信息平台，加快食品安全监管信息化工程、食品安全风险评估预警系统、重要食品安全追溯系统、农产品质量安全追溯管理信息平台等项目实施进度，推进进出口食品安全风险预警信息平台建设，加快建设“农田到餐桌”全程可追溯体系。加强食品安全标准、风险监测、风险评估、日常监管统计数据的采集和分析利用，提升科学监管水平和监管效能。

（二十六）组织编制“十三五”规划。发挥专家智库作用，统筹规划、科学编制“十三五”国家食品安全治理体系和治理能力建设规划，研究提出重大工程、重大项目、重大政策措施，加快提升农产品质量和食品安全保障水平。

七 狠抓督促落实，强化责任措施

（二十七）加强组织领导。地方各级政府要认真履行食品安全属地管理职责，将食品安全工作列入重要议事日程，加强对本地区食品安全工作的统一领导、组织协调，加大工作力度，强化投入保障。

（二十八）落实任务分工。各地区、各有关部门要制定具体措施，细化任务分工，明确时间进度，认真抓好落实。对涉及多个部门的工作，牵头部门要加强协调，其他部门要积极支持和配合。

（二十九）强化督查考评。进一步完善食品安全督查考评制度，将食品安全全面纳入地方政府绩效考核、社会管理综合治理考核范围，考核结果作为综合考核评价领导班子和相关领导干部的重要依据。建立激励约束机制，强化考核结果运用。开展督促检查，根据任务分工和时间表，一级抓一级，层层抓落实，确保按进度完成各项工作任务。

（三十）严格责任追究。根据食品安全法等法律法规，严肃追究失职渎职工作人员责任。

国务院办公厅关于印发粮食安全省长责任制考核办法的通知

国办发〔2015〕80号

各省、自治区、直辖市人民政府，国务院各部委、各直属机构：

《粮食安全省长责任制考核办法》已经国务院同意，现印发给你们，请认真贯彻执行。

（此件公开发布）

国务院办公厅

2015年11月3日

粮食安全省长责任制考核办法

第一条 为深入贯彻落实新形势下的国家粮食安全战略，根据《国务院关于建立健全粮食安全省长责任制的若干意见》（国发〔2014〕69号）等有关规定，制定本办法。

第二条 国务院对各省（区、市）人民政府粮食安全省长责任制落实情况进行年度考核，由发展改革委、农业部、粮食局会同中央编办、财政部、国土资源部、环境保护部、水利部、工商总局、质检总局、食品药品监管总局、统计局、农业发展银行等部门和单位组成考核工作组负责具体实施。考核工作组办公室设在粮食局，承担考核日常工作。

第三条 考核工作坚持统一协调与分工负责相结合、全面监督与重点考核相结合、定量评价与定性评估相结合的原则。

第四条 国务院各有关部门根据职责分工，结合日常工作对各省（区、市）人民政府粮食安全省长责任制落实情况进行监督检查。检查结果作为年度考核的重要内容，纳入考核评分体系。

第五条 考核内容包括增强粮食可持续生产能力、保护种粮积极性、增强地方粮食储备能力、保障粮食市场供应、确保粮食质量安全、落实保障措施等6个方面，由各牵头部门具体落实。（详见附件）

第六条 考核采用评分制，满分为100分。考核结果分为优秀、良好、合格、不合格四个等级。考核得分90分以上为优秀，75分以上90分以下为良好，60分以上75分以下为合格，60分以下为不合格。（以上包括本数，以下不包括本数）

第七条 各牵头部门要会同配合部门和单位，结合年度重点工作任务，制定考核细化方案，经考核工作组审核汇总后，于每年3月31日前印发。

第八条 考核采取以下步骤：

（一）自查评分。各省（区、市）人民政府按照本办法和考核细化方案，对上一年度粮食安全省长责任制落实情况进行全面总结和自评打分，形成书面报告，于每年4月30日前报送发展改革委、农业部、粮食局，抄送考核工作组其他成员单位。

（二）部门评审。各牵头部门会同配合部门和单位，按照考核细化方案，结合日常监督检查情况，对各省(区、市）人民政府上一年度粮食安全省长责任制落实情况及自评报告有关内容进行考核评审，形成书面意见送考核工作组办公室。

（三）组织抽查。考核工作组根据各省（区、市）人民政府的自评报告和各牵头部门的书面意见，确定抽查省份，组成联合抽查小组，对被抽查的省（区、市）进行实地考核，形成抽查考核报告。

（四）综合评价。考核工作组办公室对相关部门评审和抽查情况进行汇总，报考核工作组作出综合评价，确定考核等级，于每年 6 月 30 日前报国务院审定。

第九条　考核结果经国务院审定后，由考核工作组向各省（区、市）人民政府通报，并交由中央干部主管部门作为对各省（区、市）人民政府主要负责人和领导班子综合考核评价的重要参考。

对考核结果为优秀的省（区、市）人民政府给予表扬，有关部门在相关项目资金安排和粮食专项扶持政策上优先予以考虑。考核结果为不合格的省（区、市）人民政府，应在考核结果通报后一个月内，向国务院作出书面报告，提出整改措施与时限，同时抄送考核工作组各成员单位；逾期整改不到位的，由发展改革委、农业部、粮食局约谈该省（区、市）人民政府有关负责人，必要时由国务院领导同志约谈该省（区、市）人民政府主要负责人。对因不履行职责、存在重大工作失误等对粮食市场及社会稳定造成严重影响的，年度考核为不合格，并依法依纪追究有关责任人的责任。

第十条　考核工作要公平公正、实事求是。对在考核工作中存在弄虚作假、瞒报虚报情况的，予以通报批评，并依法依纪追究有关责任人的责任。

各省（区、市）人民政府要根据本办法，结合各自实际情况，制定本地区落实粮食安全省长责任制考核办法，于 2015 年 12 月 31 日前报发展改革委、农业部、粮食局备案。

第十一条　本办法由发展改革委、农业部、粮食局负责解释，自印发之日起施行。

附件：粮食安全省长责任制考核表

考核内容	重点考核事项	考核指标	考核部门	
			牵头部门	配合部门（单位）
确保耕地面积基本稳定、质量不下降，粮食生产稳定发展，粮食可持续生产能力不断增强（40分，30分）	保护耕地（15分，12分）	耕地保有量；基本农田保护（7分，6分）	国土资源部	农业部
		耕地质量保护与提升；耕地质量监测网络（5分，4分）	农业部	国土资源部
		耕地质量等级情况（3分，2分）	农业部 国土资源部	
	提高粮食生产能力（25分，18分）	粮食生产科技水平（5分，3分）	农业部	
		粮食种植面积；粮食总产量（5分，3分）	统计局 农业部	
		产粮大县等粮食核心产区和育制种大县建设（5分，4分）	农业部	发展改革委 财政部 国土资源部 水利部
		高标准农田建设（5分，4分）	国土资源部	发展改革委 财政部 水利部 农业部
		农田水利设施建设；农业节水重大工程建设（5分，4分）	水利部	发展改革委 财政部 农业部
保护种粮积极性，财政对扶持粮食生产和流通的投入合理增长，提高种粮比较收益，落实粮食收购政策，不出现卖粮难问题（15分，5分）	落实和完善粮食扶持政策（7分，2分）	落实粮食补贴政策（4分，1分）	财政部	农业部
		培育新型粮食生产经营主体及社会化服务体系（3分，1分）	农业部	财政部
	抓好粮食收购（8分，3分）	执行收购政策；安排收购网点（5分，2分）	粮食局	发展改革委
		组织落实收购资金（3分，1分）	粮食局	农业发展银行
落实地方粮食储备，增强粮食仓储能力，加强监督管理，确保地方储备粮数量真实、质量安全（13分，18分）	加强粮食仓储物流设施建设和管理（7分，9分）	仓储物流设施建设（3分，4分）	发展改革委 粮食局	
		仓储设施维修改造升级（3分）	财政部 粮食局	
		落实国有粮食仓储物流设施保护制度（1分，2分）	粮食局	
	管好地方粮食储备（6分，9分）	落实地方粮食储备；完善轮换管理和库存监管机制（4分，5分）	粮食局	发展改革委 财政部
		落实储备费用、利息补贴和轮换补贴（2分，4分）	财政部	粮食局

考核内容	重点考核事项	考核指标	考核部门	
			牵头部门	配合部门（单位）
完善粮食调控和监管体系，保障粮食市场供应和价格基本稳定，不出现脱销断档，维护粮食市场秩序。完善粮食应急保障体系，及时处置突发事件，确保粮食应急供应（14分，29分）	保障粮食市场供应（5分，15分）	粮油供应网络建设；政策性粮食联网交易；完善粮食应急预案；粮食应急供应、加工网点及配套系统建设；落实成品粮油储备（5分，15分）	粮食局	发展改革委 财政部
	完善区域粮食市场调控机制（4分，7分）	维护粮食市场秩序，确保粮食市场基本稳定（4分，7分）	粮食局	发展改革委 财政部 工商总局
	加强粮情监测预警（2分，4分）	落实粮食流通统计制度；加强粮食市场监测，及时发布粮食市场信息（2分，4分）	粮食局	统计局
	培育发展新型粮食市场主体（3分）	深化国有粮食企业改革；发展混合所有制粮食经济；培育主食产业化龙头企业(3分）	粮食局	财政部
加强耕地污染防治，提高粮食质量安全检验监测能力和超标粮食处置能力，禁止不符合食品安全标准的粮食流入口粮市场（10分）	加强源头治理（4分）	耕地土壤污染防治（2分）	环境保护部	国土资源部 农业部
		粮食生产禁止区划定（2分）	农业部	环境保护部
	健全粮食质量安全监管保障体系（6分）	严格实行粮食质量安全监管和责任追究制度；建立超标粮食处置长效机制（3分）	粮食局	发展改革委 财政部 农业部 工商总局 质检总局 食品药品监管总局
		粮食质量安全监管机构及质量监测机构建设；粮食质量安全监管执法装备配备及检验监测业务经费保障；库存粮油质量监管（3分）	粮食局	财政部
按照保障粮食安全的要求，落实农业、粮食等相关行政主管部门的职责任务，确保责任落实、人员落实（8分）	加强粮食风险基金管理（2分）	非主产区及时足额安排粮食风险基金；粮食风险基金使用管理（2分）	财政部	粮食局
	落实工作责任（6分）	保障粮食安全各环节工作力量；细化农业、粮食等相关行政主管部门的责任，建立健全责任追究机制（6分）	农业部 粮食局	中央编办、 财政部等

注：1. 在设置以上六个方面考核内容的同时，由农业部对各省级人民政府粮食生产扶持政策等进行定性评估，加减分不超过2分；由质检总局对各省级人民政府配合加强进口粮食质量安全把关进行定性评估，加减分不超过2分；由粮食局对各省级人民政府开展粮食产销合作、“放心粮油”工程建设和节粮减损等进行定性评估，加减分不超过3分。定性评价指标加分后，考核总分不超过100分。
2. 表中项目有两个分值的，前者为粮食主产区分值，后者为非主产区分值。

联合发文

关于增加部分地区粮食仓储设施建设规模有关问题的通知

发改办经贸〔2015〕725号

浙江、江西、湖南、广东省发展改革委、粮食局：

根据国务院第52次常务会议关于新建仓容1000亿斤的决策部署，在已下达的与地方增产增储挂钩400亿斤、第一批竞争性建仓70亿斤建设任务的基础上，考虑到你们四省粮食收储矛盾突出及地方增储规模较大等实际情况，决定增加你们四省建仓规模25亿斤，其中：浙江省3亿斤，江西省10亿斤，湖南省7亿斤，广东省5亿斤。现将有关事项通知如下：

一 建设仓型和补助标准

江西、湖南两省各建设50%的收纳仓、50%的标准化储备仓，浙江、广东两省全部建设标准化储备仓。投资标准为：标准化储备仓3500万元/亿斤，收纳仓2500万元/亿斤。国家补助30%。

二 实施程序和有关要求

请你们按照《国家发展改革委办公厅 国家粮食局办公室关于做好与地方增产增储挂钩400亿斤仓容项目建设工作的通知》（发改办经贸〔2014〕3066号，以下简称"3066号文"）规定的要求开展相关工作，于4月10日前连同3066号文安排给你们的建仓规模一起报送建仓项目的请示文件和承诺书。

国家发展改革委办公厅 国家粮食局办公室

2015年3月27日

关于印发《粮食现代物流项目管理办法》的通知

发改经贸〔2015〕1536号

各省、自治区、直辖市及计划单列市、新疆生产建设兵团发展改革委、粮食局，黑龙江省农垦总局，中国储备粮管理总公司、中粮集团有限公司、中国中纺集团公司：

为加强粮食现代物流项目管理，提高投资效益，根据国家发展改革委、国家粮食局、财政部联合印发的《粮食收储供应安全保障工程建设规划（2015—2020年）》《中央预算内投资补助和贴息项目管理办法》（国家发展改革委第3号令），我们在2008年6月国家发展改革委印发的《粮食现代物流项目管理暂行办法》的基础上，制定了《粮食现代物流项目管理办法》，现印发给你们，请按照执行。2008年6月印发的《粮食现代物流项目管理暂行办法》同时废止。

附件：粮食现代物流项目管理办法

国家发展改革委　国家粮食局

2015年7月6日

粮食现代物流项目管理办法

第一章　总　则

第一条　根据国家发展改革委、国家粮食局、财政部联合印发的《粮食收储供应安全保障工程建设规划（2015—2020年）》（以下简称《规划》）、《中央预算内投资补助和贴息项目管理办法》（国家发展改革委第3号令）的有关规定，国家发展改革委、国家粮食局在2008年6月国家发展改革委印发的《粮食现代物流项目管理暂行办法》的基础上，制定了《粮食现代物流项目管理办法》。

第二条　粮食现代物流项目范围

（一）散粮中转库；

（二）散粮接收、发放设施；

（三）散粮运输工具；

（四）企业粮食物流信息系统和检验检测系统。

第二章　项目条件

第三条　项目必须位于《规划》确定的八大跨省（区、市）散粮物流通道内（即东北流出通道、黄淮海流出通道、长江中下游通道、华东沿海流入通道、华南沿海流入通道、京津流入通道以及西南、西北流入通道），同时也必须是所在省（自治区、直辖市）粮食物流发展规划确定的重点建设项目。

第四条 散粮中转库包括内陆散粮中转库、内河港口散粮中转库、南方销区沿海港口散粮中转库。具体条件是：

（一）内陆散粮中转库：粮食年中转量超过 30 万吨，具备开行火车班列运输的基本运量，具有铁路散粮接收、发放能力。

（二）内河港口散粮中转库：粮食年中转量超过 50 万吨，具有码头散粮接收、发放能力。

（三）南方销区沿海港口散粮中转库：粮食年中转量超过 200 万吨，达到班轮运输的基本运量，具有码头散粮接收、发放能力。

第五条 散粮接收、发放设施。在主要散粮物流节点，依托大型粮库、大型粮油加工企业、粮食码头和批发市场建设与散粮车辆配套的铁路专用线、散粮中转码头、卸粮坑、吸粮机、散粮倒运车、出仓机、装车机等散粮接收、发放设施。其中：粮食储备库仓容 5 万吨以上，粮食加工企业年加工能力 30 万吨以上，粮食批发市场年交易量 50 万吨以上。

第六条 散粮运输工具。按照跨省（区）主要通道的粮食流量、品种、作业需求，支持大型粮食物流企业增加散粮运输工具。大型粮食物流企业应具备的条件是：粮食年转运量 100 万吨以上（购置散粮火车皮和内河散粮船舶）、年集运量 30 万吨以上（购置散粮汽车）、年转运量 30 万吨以上（购置散粮集装箱）。

第七条 企业粮食物流信息系统和检验检测系统。根据发展粮食现代物流要求，支持大型粮食物流企业建设信息系统和粮食质量检验检测系统。

第八条 项目的其他条件

（一）符合当地城市发展总体规划和相关交通规划，具有优越的区位优势和良好的交通运输条件，能够实现各种运输方式之间的有效衔接，具备开通固定班轮、班列条件。

（二）项目审批（核准、备案）、规划、土地、环境影响评价等方面手续齐全；涉及散粮码头、铁路专用线建设和改造的，应按国家有关规定办理相关手续。

（三）建设资金基本落实，具备开工条件或者已经开工建设且散粮物流设施完成了部分工程量。

（四）有利于整合现有资源，确保建成后发挥投资效益。

第九条 项目单位具备的基本条件

（一）具有一定的经营规模和稳定的粮源，具有粮食物流经营的经验和较高的经营管理水平。

（二）近三年没有工商、税务等方面的违规行为。

第三章 扶持标准

第十条 国家主要采取投资补助方式对符合条件的粮食物流项目予以扶持。对中央企业申报的项目，按具体项目给予扶持；对地方企业申报的项目，切块交由地方安排，即国家发展改革委、国家粮食局下达投资计划，明确建设任务及规模；有关省（区、市）发展改革委、粮食局下达落实到具体项目的投资分解计划，报国家发展改革委、国家粮食局备案。

第十一条 对符合条件的散粮中转库、散粮接收及发放设施、信息及检验检测项目、散粮运输工具给予投资补助，投资补助一般不超过散粮相关设施投资的 30%，单个项目的补助资金一般不超过 1 亿元；对粮食市场调控有重大影响的中央企业粮食现代物流项目，补助金额可适当提高。积极探索采取基金等市场化方式支持粮食现代物流项目。

第四章　实施程序

第十二条　中央企业组织实施的粮食现代物流项目，须由中央企业组织编制资金申请报告，同时按照“中央投资项目编报系统软件”编报投资计划草案，形成 imo 数据文件，并及时向国家发展改革委、国家粮食局申报。

第十三条　资金申请报告包括以下附件：

（一）地方投资主管部门有关项目批复、核准或备案文件。

（二）企业营业执照。

（三）项目实施进度的证明，如工程造价、审计等中介机构出具的资金到位和支出情况评审报告，工程进度全景照片及各在建子项工程照片等。

第十四条　国家发展改革委、国家粮食局组织有关专家，根据《规划》及本办法规定的项目条件，对中央企业申报的项目资金申请报告进行审查，对符合条件的项目核算出散粮相关设施投资，并研究提出拟安排的中央预算内投资数额。国家发展改革委、国家粮食局据此批复项目资金申请报告并下达投资计划。安排给单个项目的资金为一次性安排。

第十五条　地方企业申报项目的实施程序。国家发展改革委、国家粮食局根据年度内粮食现代物流专项中央预算内投资规模，以及各地粮食流通量占全国总流通量的比例等情况，研究提出相关省（区、市）中央预算内投资切块规模；有关省（区、市）发展改革委、粮食局上报申请下达投资计划的请示文件（附拟安排项目清单，包括企业名称、项目名称、建设地点、主要建设内容及规模、总投资及资金构成、前期工作进展情况等内容）；国家发展改革委、国家粮食局依据项目前期工作落实情况和上述切块规模，下达分省（区、市）投资计划；有关省（区、市）发展改革委、粮食局下达落实到具体项目的投资分解计划并报国家发展改革委、国家粮食局备案（附 imo 数据文件，安排给单个项目的中央预算内投资数额应按照本办法第十一条确定的标准办理）。国家发展改革委、国家粮食局将根据粮食现代物流专项实施情况，适时研究提出新的管理方式。

第十六条　有关省（区、市）发展改革委、粮食局在安排具体项目时，要按照粮食物流整体化、系统化发展要求筛选项目，并符合以下条件：项目位于《规划》提出的跨省区粮食物流通道内，建设内容符合“四散化”粮食物流发展要求，有足够的中转流量，上下游之间紧密衔接、有长期稳定的购销合同关系；符合 3 号令等有关投资管理的各项规定，项目审核（备案）、城乡规划、土地使用、环境影响评价等前期手续齐全，合规在建或具备开工条件。

第十七条　中央企业和有关省（区、市）发展改革委、粮食局在上报申请下达投资计划的请示文件中，要就项目条件、投资规模、管理程序、工程质量、建设进度等问题作出承诺。

第五章　项目管理

第十八条　落实监管主体责任。中央企业和省（区、市）发展改革委、粮食局要严格落实投资计划执行和项目实施监管的主体责任，及时组织有关部门和项目单位自查、复核检查、实地查看、在线监管等，采取多种方式，加大对项目前期工作程序、转发计划、项目落地实施、地方建设投资落实、计划执行进度等关键环节的监督检查力度，发现问题及时解决，奖优罚劣，切实履行好监管职责。

第十九条　加强监督检查。国家发展改革委、国家粮食局适时组织稽察和监督检查，积极配合相关部门开展督导检查、审计、第三方评估等工作，对前期工作滞后、资金不落实、投资计划执行和建设进度慢等问题较多的，区别不同情况采取通报批评、约谈、现场督办等措施，限期整改。进度严重滞后的将及时调整投资计划，视情况进一步采取扣减、收回、暂停安排中央预算内投资等措施予以警示和惩戒，同时将监督检查结果作为下一年度投资计划安排的重要参考依据。

第二十条　按时报送进度。中央企业和省（区、市）发展改革委、粮食局要按照国家发展改革委会同五部门联合印发的《关于做好加快推进国家重大工程建设工作的通知》（发改投资〔2014〕2470号）、《国家发展改革委办公厅关于印发〈加强和完善重大工程调度工作暂行办法〉的通知》（发改办投资〔2015〕851号）、《国家发展改革委办公厅 国家粮食局办公室关于加强和完善粮食仓储和物流设施重大工程调度报告工作的通知》（发改办经贸〔2015〕1463号）的要求，定期报送项目建设进展情况。

关于印发《"粮安工程"危仓老库维修专项资金管理暂行办法》的通知

财建〔2015〕260号

为了规范和加强"粮安工程"危仓老库维修专项资金管理，提高资金使用效益，根据《中华人民共和国预算法》等有关规定，我们制定了《"粮安工程"危仓老库维修专项资金管理暂行办法》。现印发给你们，请遵照执行。

附件："粮安工程"危仓老库维修专项资金管理暂行办法

财政部　国家粮食局

2015年6月4日

"粮安工程"危仓老库维修专项资金管理暂行办法

第一条　为了规范和加强"粮安工程"危仓老库维修专项资金管理，提高资金使用效益，根据《中华人民共和国预算法》等有关规定，制定本办法。

第二条　本办法所称"粮安工程"危仓老库维修专项资金（以下简称专项资金），是指中央财政为支持实施粮食收储供应安全保障工程，促进粮油仓储设施维修改造升级，打通粮食物流通道，完善应急供应体系安排的专项资金。

第三条　专项资金主要用于支持以下事项：

（一）仓库维修改造。包括一般维修、大修改造和功能提升。一般维修主要是对仓房的局部问题进行简单维修，包括粮仓地面、屋顶、墙体及门窗、地坪等的维修；大修改造主要是对粮食仓房进行防潮防雨、保温隔热的更新改造；功能提升主要是配置先进适用的仓储作业设备（清理、装卸、输送等设备），提升粮情检测、机械通风、环流熏蒸等功能。对上世纪七十年代以前建设的达到报废年限的仓房原则上不再维修。

（二）智能化升级。主要是利用现代信息技术，对仓储设施进行智能化升级改造，提升储粮管理标准化、现代化、科学化、规范化水平。

（三）政策性应急供应粮食仓储设施维修改造。

（四）其他打通粮食物流通道、完善应急供应体系工作。

第四条　财政部会同国家粮食局根据工作需要确定年度专项资金支持领域，并制定公布专项资金年度申报指南。

第五条　专项资金综合考虑预算安排、规划任务、实施效果等因素对地方进行奖励分配。

第六条　财政部会同国家粮食局按照年度申报指南确定的程序组织开展竞争性评审等相关工作。

第七条 专项资金拨付应当按照国家有关财政国库管理制度的规定执行；资金使用中属于政府采购管理范围的，按照国家有关政府采购的规定执行。

第八条 财政部、国家粮食局将对专项资金使用情况进行绩效评价，并根据绩效评价结果进行奖罚，对评价结果优秀的省份给予适当奖励，对评价结果不合格的省份扣减中央财政补助资金。

第九条 省级财政、粮食部门应当制定危仓老库维修改造具体实施细则和资金管理办法，并按照政府信息公开有关要求及时将办法和分配结果向社会公开。

第十条 财政部、国家粮食局将组织有关部门对专项资金使用情况及项目建设情况进行核查，对截留挪用专项资金等违法违规行为，将依照《财政违法行为处罚处分条例》等国家有关规定追究法律责任。

第十一条 对补助到企业的资金，省级财政部门在资金下达前应当将分配结果通过互联网等媒介向社会公开。

第十二条 本办法由财政部、国家粮食局负责解释。

第十三条 本办法自公布之日起 30 日后施行。此前有关规定与本办法不一致的，以本办法的规定为准。

关于公布2015年稻谷最低收购价格的通知

发改价格〔2015〕225号

各省、自治区、直辖市发展改革委、物价局、财政厅（局）、农业厅（局、委、办）、粮食局、农业发展银行分行：

为保护农民利益，防止“谷贱伤农”，2015年国家继续在稻谷主产区实行最低收购价政策。综合考虑生产成本、市场供求、比较效益、国际市场价格和产业发展等各方面因素，经国务院批准，2015年生产的早籼稻（三等，下同）、中晚籼稻和粳稻最低收购价格分别为每50公斤135元、138元和155元，保持2014年水平不变。当前正值春耕备耕期，各地要认真做好粮食最低收购价政策宣传工作，引导农民合理种植，促进粮食生产稳定发展。

国家发展改革委　财政部　农业部

国家粮食局　中国农业发展银行

2015年2月3日

关于公布 2016 年小麦最低收购价格的通知

发改价格〔2015〕2301 号

各省、自治区、直辖市发展改革委、物价局、财政厅（局）、农业厅（局、委、办）、粮食局、农业发展银行分行：

为保护农民利益，防止“谷贱伤农”，2016 年国家继续在小麦主产区实行最低收购价政策。综合考虑粮食生产成本、市场供求、国内外市场价格和产业发展等各方面因素，经国务院批准，2016 年生产的小麦（三等）最低收购价为每 50 公斤 118 元，保持 2015 年水平不变。

鉴于小麦即将开始大面积播种，各地要认真做好粮食最低收购价政策宣传工作，引导农民合理种植，促进粮食生产稳定发展。

国家发展改革委　财政部　农业部

国家粮食局　中国农业发展银行

2015 年 10 月 10 日

关于开展2015年全国粮食库存检查工作的通知

国粮检〔2015〕39号

各省、自治区、直辖市及新疆生产建设兵团发展改革委、粮食局、财政厅（局）、农业发展银行分行，中国储备粮管理总公司、中粮集团有限公司、中国中纺集团公司：

为切实加强粮食库存管理，夯实国家粮食安全的物质基础，国家发展改革委、国家粮食局、财政部、中国农业发展银行决定，从2015年开始对现行粮食库存检查方式进行改革完善和优化。按照既体现改革精神，又要平稳过渡的原则，今年安排对内蒙古、辽宁、吉林、黑龙江四省（自治区）的粮食库存进行重点检查（有关工作另文部署），对其余各省（自治区、直辖市）的粮食库存进行例行检查。现将例行检查有关事项通知如下：

一 检查范围和内容

（一）检查范围

对所有中央储备粮、国家临时存储粮（含最低收购价粮、国家临时储存粮和国家临储进口粮，下同）、地方储备粮等政策性粮食进行全面检查，对存储相关政策性粮食的国有粮食企业的商品粮库存一并进行检查。

（二）检查内容

1. 粮食库存账实相符、账账相符情况。重点检查粮食库存实物的数量、品种、性质情况，与保管账、统计账、会计账、银行台账对应相符情况，以及账务处理是否规范、准确、及时等。

2. 库存粮食质量安全情况。结合落实粮食质量安全属地管理责任，重点检查中央储备粮、国家临时存储粮、地方储备粮的主要质量指标、储存品质指标和食品安全指标，执行2014年中晚稻最低收购价和玉米临时收储政策的地区，要将新收购粮食的质量安全作为检查重点。同时，对企业质量检验人员和必要检化验设施配置，执行粮食定期质量检验及出入库质量检验制度，质量档案管理等方面情况进行检查。

3. 储备粮轮换情况。重点检查2014年度中央和地方储备粮轮换情况，包括轮换计划下达是否及时规范，轮换任务执行时间以及轮换的库点、品种、数量、质量等级是否与计划一致，是否严格执行轮换验收制度等。

4. 政策性粮食补贴拨付使用情况。重点核实2014年度中央和地方储备粮保管费、轮换费，以及国家临时存储粮保管费的拨付使用情况。

5. 企业仓储管理等情况。一是资格资质情况。中央储备粮承储企业（中储粮直属企业除外）及储存中央储备粮的仓房是否具有代储资格，从事粮食购销活动的企业是否具有粮食收购资格，具有资格的企业是否符合相关条件。二是库存粮食储存安全情况，有无严重虫粮、高水分粮、霉变粮、发热粮等储粮安全隐患。三是企业安全生产情况。

6. 企业执行国家粮食购销政策情况。检查企业执行国家粮食收购政策情况，是否存在“先收后转”“低收高转”“打白条”“转圈粮”、质价不符等违规行为。检查企业严格履行政策性粮食出库义务情况，是否存在拖延阻挠出库、索取不合理费用等违规行为。

此外，各地还应将上一年检查发现问题整改落实情况纳入今年粮食库存检查内容，检查有关单位与企业是否按整改要求进行了整改和责任追究。

二 检查时点和方式

各地以 3 月末统计结报日为检查时点，按照《国务院关于建立健全粮食安全省长责任制的若干意见》(国发〔2014〕69 号）要求，由省级粮食部门商农业发展银行省级分行、中储粮总公司分支机构确定检查方案。国家有关部门根据实际情况，随机选择部分重点地区、重点企业进行突击检查。

三 进度安排

（一）准备和自查阶段

4 月 15 日前，省级粮食部门会同同级有关部门和单位制定检查实施方案，并报国家粮食局备案。同时做好粮食库存分解登统、动员培训、检查工具等方面的准备工作，督促企业做好整理账务资料、平整粮堆货位工作，并将《实际储存库点粮食库存分解登统表》报国家粮食局，落实跨省储存粮食的委托检查手续。中储粮总公司、中粮集团、中纺集团等有关分支机构配合做好中央事权粮食的分解登统工作。

县级有关部门和单位要督促辖区内所有纳入检查范围的承储企业进行全面自查。指导企业科学运用检查方法，准确填写自查表格，认真编制自查报告，完善各项基础工作，对库存管理中发现的问题进行自查自纠。

（二）省级复查阶段

4 月 30 日前，省级粮食部门会同有关部门和单位，按照“统一抽调、混合编组、集中培训、综合交叉、本地回避”的原则进行联合复查，复查比例不低于纳入检查范围库存总量的 20%，同时兼顾粮食性质和品种。对省级复查情况要写出独立报告，随全省(区、市）总结报告一并报送国家粮食局。

粮食质量检查扦样可结合复查工作进行，有条件的省份也可由省级粮食部门单独组织进行，要确保扦取的样品真实反映本省（区、市）粮食质量安全整体情况，具体安排由国家粮食局另行通知。

（三）汇总报告阶段

5 月 20 日前，各省级粮食部门要会同有关部门和单位对检查情况进行全面总结，认真汇总、审核检查结果，编写检查工作报告，报送国家粮食局，同时抄送国家发展改革委、财政部、中国农业发展银行。各省总结报告要重点披露检查发现的问题和整改措施。

四 检查工作要求

（一）加强组织领导，落实检查责任

加强粮食库存检查是各级粮食行政管理部门十分重要的法定职责，也是有关部门和单位的共同职责。改革完善和优化粮食库存检查方式是为了更好提高检查工作的针对性和有效性。各地有关部门和

单位务必从大局出发，加强领导，密切配合，确保检查工作方案周密、分工明确、要求严格、措施到位。有关中央粮食企业要积极配合做好检查工作。要将依法检查理念贯穿检查全过程，认真梳理不同性质粮食库存的检查依据，规范检查程序和手续，严格填写检查工作底稿，履行检查结果签字确认手续，层层复核检查结果。按照“谁检查，谁负责”的原则，建立以组长负责制为基础的检查工作责任制和责任追究制，明确职责，严肃纪律，确保检查工作深入细致，检查结果客观公正，并主动接受人大、政协、纪检监察等有关部门和人民群众、新闻媒体的监督，增强透明度和公信力。

（二）突出政策性粮食库存的检查

针对当前粮食库存总量大，特别是政策性粮食库存高企，露天储粮多、库点多元化等新情况，各地要突出抓好政策性粮食库存检查。最低收购价、临时收储政策覆盖地区要把执行国家粮食收购政策形成的粮食库存作为检查重点，并向前延伸检查收购政策执行情况。各地还要将地方储备、跨省移库、进口转储粮食纳入检查的重要内容。切实查清库存粮食数量、质量和储存安全的底数，查明执行国家粮食购销政策的实情，守住“数量真实、质量良好、储存安全”的监管底线。

（三）做好统计数据的分解登统

各地应提前安排好检查时点粮食库存统计数据的分解登统工作。省级粮食部门负责地方储备粮和地方企业商品粮的分解登统。中储粮分公司负责中央储备粮、国家临时存储粮和本系统商品粮的分解登统，其中，跨行政区域交叉管理的中储粮分（子）公司管理的粮食库存，分解登统数据由中储粮总公司分送实际储存地的分公司，合并后提交省级粮食部门。中粮、中纺等中央企业总部直接经营管理的商品粮，由企业总部将分解登统数据报送国家粮食局后，统一分送粮食实际储存地省级粮食部门。

对跨省储存的粮食，由委托方省级粮食部门向粮食实际储存地省级粮食部门提交粮食库存分解登统数据及委托检查函，受托省应及时向委托省反馈检查情况，并对检查结果的真实性负责。

（四）创新粮食库存检查方式

各地要灵活运用随机抽查、专项检查、突击检查等多种方式加强库存检查，粮食库存识别代码试点地区，条件成熟的要推动识别代码技术在库存检查中的应用，利用识别代码进行库存统计数据分解登统，在粮食质量、储存安全检查工作中进行初筛初查试验，并向深度和广度推进。运用全国粮食仓储设施专项调查成果，提高库存检查工作效率。要将国家粮食仓储设施专项调查成果与库存分解登统表进行比对，复核库存分解登统数据的真实性、完整性。条件成熟的地区要探索采取购买社会服务的方式，委托会计师事务所等第三方社会机构参与检查，进一步提高库存检查的效能。

（五）狠抓整改落实，确保整改措施“落地”

各地要以问题为导向加强库存检查，向矛盾集中、问题突出地区和企业倾斜检查力量。坚持边查边改、以查促改，将问题整改贯穿到检查工作的全过程。各阶段检查发现的所有问题（包括现场已整改的问题），均须在《检查发现问题底稿》中现场记录、签字确认，标明违反法律法规政策的具体条款，逐级登统汇总后上报国家粮食局。汇总过程中要加强对发现问题的审核把关，确保问题事实清楚、证据充分、细节详尽。发现隐瞒和篡改事实的，要严肃追究相关人员责任。属于地方事权粮食库存管理的问题，由地方粮食部门下达整改通知，明确整改要求和期限，监督落实整改措施。属于中央事权粮食库存管理的问题，由检查组现场提出整改建议，并在《检查发现问题底稿》记录，全部问题由国家粮食局汇总后，统一责成中储粮总公司组织整改。督促企业建立问题整改台账，对整改情况进行记录备查。建立检查发现问题通报机制，发挥举一反三和警示教育作用。建立挂牌督办制度，对重点问题，逐级进行重点督办，促进整改落实。企业拒不执行整改要求或整改工作不认真、不到位的，由主管部门追究企业负责人责任。对重大问题应该发现而未发现、发现问题没有及时披露的，要追究检查人员的失职、渎职责任。

（六）落实库存检查的工作经费

各级粮食部门应统筹安排检查工作经费，本着实事求是、勤俭节约的原则使用好检查经费，确保不将检查费用转嫁给企业。地方财政部门应按照现行预算和经费管理办法的规定，对检查工作给予必要的经费支持。

（七）严格执行保密制度规定，做好检查工作汇总上报

各级粮食行政管理部门和中央企业要按照国家保密制度的规定，切实做好粮食库存检查数据录入、汇总、传送等环节的保密工作，防止发生失泄密事件。所有检查人员要保守企业的商业秘密。各省（区、市）上报的检查工作总结报告应包括检查基本情况、检查结果、问题及原因、整改情况、意见建议等内容。报告及附表电子文本通过国家粮食局纵向网系统传送。

（附件略）

国家发展和改革委员会　国家粮食局

财政部　中国农业发展银行

2015年3月26日

关于印发《租赁社会粮食仓储设施收储国家政策性粮食的指导意见（试行）》的通知

国粮检〔2015〕51 号

各省、自治区、直辖市发展改革委、粮食局、财政厅、农业发展银行分行，中国储备粮管理总公司、中粮集团有限公司、中国中纺集团公司：

为有效利用社会粮食仓储设施，缓解部分地区国有或国有控股粮食企业仓容不足的矛盾，确保国家粮食收购政策落实和政策性粮食储存安全，国家发展和改革委员会、国家粮食局、财政部和中国农业发展银行制定了《租赁社会粮食仓储设施收储国家政策性粮食的指导意见（试行）》，现印发给你们，请遵照执行。

国家发展和改革委员会　国家粮食局

财政部　中国农业发展银行

2015 年 4 月 1 日

租赁社会粮食仓储设施收储国家政策性粮食的指导意见（试行）

社会资本建设的粮食仓储设施是国家粮食仓储设施的重要补充。为有效利用社会粮食仓储设施，缓解部分地区国有或国有控股粮食企业仓容不足的矛盾，确保国家粮食收购政策落实和政策性粮食储存安全，现就规范国家政策性粮食收储主体租赁社会粮食仓储设施提出以下意见。

一　总体要求

（一）在认真落实国家粮食最低收购价执行预案和临时收储政策的基础上，进一步发挥市场调节机制作用，通过制度保障规范租赁社会粮食仓储设施收储政策性粮食行为，充分利用社会资源完成国家宏观调控任务。

本意见所指政策性粮食，包括国家临时储存（备）粮、最低收购价粮，不包括中央储备粮。符合条件的中国储备粮管理总公司以及受中储粮总公司委托承担收储任务的中粮集团、中纺集团等中央粮食企业集团直属企业可作为承租企业租仓收储。

（二）承租企业租赁社会粮食仓储设施收储政策性粮食，必须派人直接收购、保管，承担收储义务、收储费用和收储责任，对粮食和租赁设施进行封闭管理，对粮食数量、质量、库存管理、储粮安全、生产安全和销售出库负全部责任。

（三）中储粮总公司及受其委托承担收储任务的中央粮食企业要正确处理防范管理风险与方便种粮农民售粮的关系，合理确定委托收储库点和租赁库点，不得因收储库点不足出现农民卖粮难。

（四）以县为单位，只有在当地符合条件的委托收储库点全部启动后仓容仍不能满足收储需要时，承租企业才能租赁符合本意见规定要求的社会仓容。受委托的中央粮食企业要按政策规定控制租仓储粮规模。

（五）地方政府及有关部门应加强对承租企业租赁社会仓储设施收储国家政策性粮食的业务指导，强化对租赁库点收购、储存和销售出库等环节的监督检查，有效防范储粮安全隐患和管理风险。

二 资格审核和确认基本流程

（六）出租企业（租赁库点）应具备以下条件：

1. 具有独立法人资格，在工商部门注册登记，且在有效期内。具有粮食收购资格，在粮食行政管理部门履行粮油仓储单位备案手续，按规定执行粮食流通统计制度。

2. 企业资信良好，无不良经营记录（其中，承担过政策性粮食收储任务的企业，未发生过违规违纪、拖延阻挠出库等行为）；无较大及以上储粮安全事故或安全生产事故记录。列入工商异常名录或“黑名单”的企业，不得作为租赁库点。

3. 产权清晰，无债权债务纠纷。企业无其他对外抵押、质押等担保行为（农发行贷款抵、质押除外），资产无其他法律风险，资产负债率不高于 70%。

4. 拥有拟出租设施附着土地的使用权，且使用权剩余期限不短于拟租赁时限，原则上不短于 3 年。

5. 出租企业必须是资产所有者，不得是转租单位。

6. 拟出租的仓储设施应符合国家相关建设标准和设计规范，报建和验收手续齐全。仓房条件符合《粮油仓储管理办法》和《粮油储藏技术规范》，用于出租仓容规模一般在 1 万吨以上；配备烘干设施（东北地区），除配备大吨位汽车衡（称重能力 30 吨以上）外同时配备可移动式磅秤，不少于 2 套输送设备，清杂整理能力不低于 15 吨 / 小时，具备粮食水杂、等级和储存品质等检验设备；配备与预计收购数量相当的机械通风和电子检温等粮情检测能力；能够为承租方提供正常工作、生活条件。

7. 租赁库点所处位置符合防火、防汛、防污染等安全要求，不得位于低洼易涝、行洪区，库区及周边 1 公里内无易燃、易爆、有毒危险品和污染源；库区封闭，院内布设监控设施，实现监控全覆盖且功能正常；仓储设施设备和附属设施设备符合国家安全标准；消防、用电、排水及建设手续符合国家和地方要求，通过有关部门验收。

8. 优先使用具有中央储备粮代储资格的社会粮食仓储设施和 2014 ~ 2015 年国家资助建设的社会粮食仓储设施。

（七）承租企业应符合以下要求：

1. 具备开展政策性粮食租仓收储的管理能力。粮食收购、销售出库期间向每个储粮库点派出不少于 5 名在职工作人员，具体负责租赁库点粮食质量和储存品质检验、检斤、票据复核、粮款结算等关键环节的业务；检化验人员应具备相应的国家职业资格，且人员数量应与收购粮食数量相匹配。储存保管期间按每万吨粮食不少于 1 人，且每个储粮库点不少于 5 人的标准直接派出包括仓储、安全等职能的管理团队，负责日常粮食保管。承租企业应于收储工作启动前将向租赁库点派出的工作人员名单及其岗位职责等情况报租赁库点所在地粮食行政管理部门备查。

2. 开展租仓收储活动一般不得跨地（市）行政区域，同一年度不得与其他承租企业在同一库点开展租仓收储活动。对特殊情况需跨地（市）承租的，由中储粮分公司会同省级粮食部门和农发行省级分行共同确定。

3. 承租企业名单由受中储粮公司委托的中央粮食企业集团总部和中储粮有关分公司报中储粮总公司，中储粮总公司应于收购启动前通过媒体向社会公布，并报国家粮食局、财政部和中国农业发展银行备案。

（八）租仓收储库点的确认流程

1. 符合第六条规定拟出租企业自愿向承租企业提出申请，提交有关证明材料，并对材料的真实性负责。

2. 承租企业要对拟出租企业的资信状况进行尽职调查，并将调查审核结果向社会公示。

3. 承租企业应将公示无异议的拟出租企业名单报中储粮有关分公司（受中储粮委托的中央粮食企业直属企业报集团总部）批准的同时，抄送当地粮食行政管理部门备查。当地粮食行政管理部门对承租企业开展尽职调查和审核等情况进行监督。

4. 中储粮有关分公司会同省级粮食行政管理部门和农发行省级分行对承租企业上报的拟出租企业的合规情况共同把关，并将确定的拟出租企业名单抄送出租企业所在地粮食行政管理部门。经审核同意后，承租企业方可开展租仓储粮业务。在租仓收储过程中，承储企业应优先选用资信良好的出租企业长期从事政策性粮食收储工作。

三　租仓储粮管理要求

（九）租仓收储必须是承租企业直接收购、保管，直接对售粮农民结算，不准假租仓实委托，不准收转圈粮或提前收购就地划转。租赁库点启动前必须空仓验收并留取影像资料。销售时承租企业按交易细则规定直接对竞买人出库。

（十）承租企业负责租赁库点政策性粮食收购、储存、出库等日常管理，统计报送工作，收储资料凭证保管工作。承租企业应按有关规定将政策性粮食分库点收购进度抄送当地粮食行政管理部门。承租企业应通过围栏等方式对租赁设施进行封闭管理，避免与出租企业的自营业务发生交叉。

（十一）启用租赁库点前，承租企业与出租企业必须签订具有法律效力的租赁合同，明确双方的权利、义务和责任。粮食入仓储存后，承租企业与出租企业签订粮权确认书作为租赁合同附件，并将粮权确认书复印件悬挂于仓房内；也可采取悬挂、喷涂醒目标识等措施公示粮权。出租企业有义务配合承租企业履行向当地金融机构备案、公证部门公证等措施对租仓收储的粮食进行确权，并不得用于抵押、质押。

（十二）省级粮食行政管理部门要根据安全保粮的需要，对承租企业租赁社会粮食仓储设施的费用标准商当地中储粮分公司和农发行省级分行提出规范性意见，明确全省统一的最低费用指导标准，供租赁双方参照执行。承租企业不得与出租企业再签订与租赁合同内容相抵触的补充协议。承租企业应将租赁合同、实际租赁费用等情况报当地粮食行政管理部门备案。

四 责任落实和监督检查

（十三）地方政府按照最低收购价执行预案和临储粮政策有关要求，承担租赁社会粮食仓储设施收储国家政策性粮食工作的统筹协调和监管职责，维护正常的粮食收购秩序。承租企业和出租企业应在当地政府的统一组织协调和有效监管下开展政策性粮食租仓收储工作。

（十四）地方粮食行政管理部门依据《粮食流通管理条例》的有关规定，对承租企业的收储和出库等行为履行行政监督检查职责。地方政府其他相关部门依各自职责承担安全生产、消防安全等监督责任。对疏于监督造成不良后果的，要追究相关部门责任人员的行政责任。

（十五）农业发展银行对贷款企业租仓收储粮食资金规范使用履行监管职责，对存在问题提出意见和建议，并按规定对问题贷款企业采取相应信贷制裁措施。

（十六）承租企业上级单位负责对承租企业落实租仓收储库点制度执行情况进行督促检查，对发现的问题督导整改。对租仓收储库点发生储粮风险损失的，承租企业上级单位负连带赔偿责任。

（十七）承租企业与出租企业依据双方签订的租赁合同、粮权确认书明确各自权利、义务和责任。承租企业和出租企业之间出现经济纠纷，经有关部门和单位协调无效的，依法通过司法途径解决。

五 违规行为处理

（十八）承租企业或出租企业出现违约，应首先按照租赁合同约定方式承担违约责任。

（十九）粮食行政管理部门或承租企业上级管理单位，对承租企业出现以下行为的，应立即责成承租企业采取有效措施，确保储粮安全、管理规范、生产安全，对拒不执行的可以采取行政或经济处罚，承租企业上级管理单位应组织将储粮调出或安排拍卖出库。

1. 租赁库点存在储粮安全、生产安全隐患；
2. 承租企业未严格执行粮食出入库质量检验和储存期间质量安全管理等各项规章制度；
3. 承租或出租企业资料弄虚作假；
4. 承租或出租企业条件发生变化，不能满足第六、七条规定；
5. 租赁库点发生影响政策性粮食安全储存事故等。

（二十）承租企业在租仓收储过程中出现下列行为的，有关部门要按管理权限、管理责任，依法追究相关责任人法律责任，追究企业负责人和上级管理单位有关人员管理责任。

1. 擅自动用库存政策性粮食；
2. 在收购、储存、出库过程中弄虚作假，违规违纪或存在重大风险隐患；
3. 发生储粮安全或安全生产等责任事故。

六 其他有关事项

（二十一）国家政策性粮食属中央事权粮食，承租企业和出租企业均不得以任何理由阻挠国家有关部门下达的集并移库计划、出库指令等政策措施的执行。

（二十二）地方粮食行政管理部门应建立健全承租和出租企业诚信档案，中储粮、农业发展银行有义务提供相关企业经营和资产运营状况等信息，诚信信息行业共享。

（二十三）鼓励社会仓储企业提升仓储设施设备条件和管理水平，租仓收储的粮食在固定货位形态后禁止露天储存。

（二十四）地方粮食行政管理部门要推动落实社会仓容统计报送制度，详实掌握可利用仓容情况，并及时报国家粮食局等有关部门。

（二十五）省级粮食行政管理部门、农发行省级分行和中储粮分公司要结合本地实际，进一步细化明确租仓储粮资格审核、流程确认和储粮管理等要求。

关于做好 2015 年油菜籽收购工作的通知

国粮调〔2015〕99 号

各省、自治区、直辖市人民政府：

为进一步完善油菜籽价格形成机制，充分发挥市场在资源配置中的决定性作用和更好地发挥政府宏观调控作用，促进油脂油料市场顺畅有序流通，推动油菜籽产业上下游协调发展，经国务院同意，现就做好 2015 年油菜籽收购工作有关事项通知如下：

一　完善油菜籽收购政策

近几年国家在部分主产区实行菜籽（油）临时收储政策，对促进油菜籽生产稳定发展和保护农民利益发挥了积极作用，但也逐渐产生和积累了一些矛盾和问题，有的问题还相当突出。当前油脂油料国际市场供给宽松，国家调控市场物质基础比较扎实，应抓住机遇改革完善油菜籽收购政策，以免有关问题和矛盾累积加重，从而给油菜籽产业发展带来不利影响。调整完善油菜籽收购政策的总体原则是，贯彻落实粮食安全省长责任制，充分发挥市场配置资源的决定性作用，同时更好发挥政府宏观调控作用，实现油菜籽价格主要由市场供求形成，促进市场顺畅有序流通和产业长期健康发展。

二　有关地方政府要积极抓好油菜籽收购工作

2015 年起由地方政府负责组织各类企业进行油菜籽收购。各有关省级人民政府要认真贯彻落实《国务院关于建立健全粮食安全省长责任制的若干意见》（国发〔2014〕69 号）精神，组织、引导和鼓励各类企业按照依质论价、优质优价的原则，积极开展收购，促进油菜籽产业健康发展。要强化收购指导和信息服务工作，稳定市场预期，促进有序流通，特别是重点产区要采取有效措施抓好油菜籽集中上市时的收购工作，防止出现农民“卖籽难”。要加强收购市场监管，严厉打击打“白条”、压级压价等坑农害农行为，规范市场秩序。要认真做好地方储备油轮换工作，发挥轮换吞吐的调节作用，保持区域内菜籽油市场基本稳定。要指导经营和加工企业努力提高生产经营水平，充分调动各方面的积极性和创造性，大力提升国产非转基因油菜籽的市场竞争力。要加强市场监测分析，及时发现和解决收购中出现的新情况和新问题，重大问题及时向国家有关部门报告。

三　中央给予适当支持

对湖北、四川、湖南、安徽、江苏、河南、贵州油菜籽主要产区，中央财政将适当予以补贴，支持地方采取鼓励加工企业收购、补贴种植大户、推广高产优质油菜及品牌化生产经营等方式，做好油菜籽生产和收购工作。农业部、财政部将加大工作指导，督促地方落实相关支持政策。对其余原执行油菜籽临时收储政策的省份，地方政府应当落实责任，积极组织收购，资金不足可在粮食风险基金中适当列支。农业发展银行在风险可控的前提下，对在农业发展银行开户并符合贷款条件的企业给予信贷支持。今后，中央财政将通过产油大县奖励政策继续支持各地发展油料产业，并重点向油菜籽产区倾斜。同时，国家还将支持地方加强油料生产能力建设，通过优化油料生产布局，强化科技支撑，推进油料产业化经营，加强市场调控等措施，提升油料综合生产能力。

各地要统一认识，加强领导，切实做好组织、指导、协调、服务等各项工作，确保油菜籽收购工作顺利进行。

国家发展改革委　国家粮食局　财政部

农业部　中国农业发展银行

2015 年 6 月 18 日

关于做好2015年世界粮食日和全国爱粮节粮宣传周活动的通知

国粮政〔2015〕168号

各省、自治区、直辖市、新疆生产建设兵团粮食局、农业（农林、农牧）厅（委、局）、科技厅（委、局）、团委、妇联，黑龙江省农垦总局，中国储备粮管理总公司、中粮集团有限公司、中国中纺集团公司，各有关省级粮食集团、粮食科研院所（校）：

2015年10月16日是第35个世界粮食日，所在周是第25个全国爱粮节粮宣传周。为进一步巩固党的群众路线教育实践活动成果，深入践行“三严三实”要求，增强世界粮食日和全国爱粮节粮宣传周活动实际效果，国家粮食局、农业部、科技部、共青团中央、全国妇联决定共同组织开展2015年世界粮食日和全国爱粮节粮宣传周活动。现将《2015年世界粮食日和全国爱粮节粮宣传周活动方案》印发给你们，请会同有关部门认真组织实施。

国家粮食局　农业部　科技部

共青团中央　全国妇联

2015年9月15日

2015年世界粮食日和全国爱粮节粮宣传周活动方案

一　指导思想

为进一步巩固党的群众路线教育实践活动成果，深入践行“三严三实”要求，增强世界粮食日和全国爱粮节粮宣传周活动实际效果，由粮食部门会同农业、科技、共青团、妇联等部门和组织，在全国爱粮节粮宣传周期间组织开展“兴粮惠农进万家”活动，组织机关工作人员、农业科技专家、涉农院校大学生等，走村入户、深入田间地头，宣传国家粮食政策，调研秋粮收购工作开展情况，深入了解并解决种粮农民存在的困难和问题；开展爱粮节粮宣传，推广普及节粮减损知识和技术；发掘先进典型，集中宣传一批在保障国家粮食安全中的先进人物和事迹。同时，作为“三严三实”专题教育的一项具体实践，促进粮食等相关部门进一步树立群众观念，转变工作作风。

二　组织机构

（一）主办单位

国家粮食局 农业部 科技部 共青团中央 全国妇联

联合国粮食及农业组织

（二）特别参加单位

中国储备粮管理总公司

三 活动主题

世界粮食日："社会保护与农业：打破农村贫困恶性循环"

全国爱粮节粮宣传周：兴粮惠农进万家

四 活动安排

（一）活动组织

国家粮食局会同有关部门负责制定活动的总体方案，起草宣传内容和调研提纲，筹划并组织部门联合"进万家"活动的启程仪式，协调中央媒体宣传报道，指导各省区市活动的开展。

省级粮食部门会同有关部门负责制定本地区活动方案，准备本地区宣传资料和物品，组织开展启程仪式，协调地方媒体宣传报道，组织开展本地区宣传、推介、调研活动。

地市级粮食部门会同有关部门按照省级活动方案，抽调人员、组织活动小组，统筹安排本地"进万家"活动。

（二）活动方式

以活动小组的方式开展活动，每组 3 ~ 5 人，专业包括粮食生产政策、粮食流通政策和节粮减损科技知识等（也可根据地区实际情况在专业方向上有所侧重），深入到 2 ~ 3 村，开展政策宣讲、推介科技知识、听取意见反馈、发掘先进典型。全国拟派出 2000 个左右工作小组，总计超过 10000 人次。

（三）活动内容

宣传国家粮食政策。采取专家宣讲、座谈交流、入户走访、发放宣传手册等方式，面对面地向农民群众深入宣传国家粮食政策，重点宣传讲解国家粮食生产扶持政策、鼓励措施，以及粮食收购质价标准、粮油市场信息等。实地调研了解秋粮收购工作开展情况、国家粮食收购政策执行落实情况等。

普及节粮减损知识。通过专题讲座、互动解答、现场指导等方式，向农民讲解粮食生产、收获、运输、保管等方面科技知识，增强农民的节粮减损意识、改进节粮减损方法、提高节粮减损技能。向农民发放节粮小器具、宣传资料等。充分发挥妇女在爱粮节粮方面的特殊作用，深入挖掘、层层推荐在家庭节粮方面做出贡献的优秀妇女典型，评选若干"节粮巧妇"。

倾听农民群众心声。把"兴粮惠农进万家"活动作为巩固党的群众路线教育实践活动成果、践行"三严三实"要求的具体行动，深入到乡村农户、田间地头对粮食问题进行摸底调研，认真倾听农民对粮食政策的意见建议，深入了解粮食安全方面存在的矛盾和隐患。

宣传报道先进典型。在走村入户过程中，发掘粮食生产、流通、节粮减损等方面先进典型，利用"爱粮节粮宣传周"进行集中宣传报道。对不执行国家粮食政策、"打白条"等侵害农民合法权益的行为，予以公开曝光，并及时纠正和处理。

（四）进度安排

1. 准备阶段。各省级粮食部门会同省级农业、科技、共青团、妇联等有关部门和组织按照本通知要求，结合当地实际，制定本省（区、市）世界粮食日和爱粮节粮宣传周活动实施方案，并于 9 月 28 日前报国家粮食局备案。实施方案要明确活动地区、工作小组数量、工作组人员构成、分组安排，以及本次活动的日常工作联系人等。同时，组织辖区内市、县有关部门做好活动人员征集分组工作。各地在安排活动地点时，要综合考虑粮食产量、粮食库存量、乡村人口数量等情况，重点突出粮食主产区、主产县、贫困县和群众路线教育实践活动联系点等。

国家粮食局等主办单位组织有关专家，按照“农民需要、实用管用、浅显易懂”的原则，完成活动宣讲资料的编写整理，宣传手册、主题宣传品的制作等，并于 9 月 25 日前发放到各地（宣讲资料电子版）。在国家有关部门发放资料的基础上，各省（区、市）组织有关专家，结合本地区特色，完成本地区活动宣讲资料的编纂；同时做好宣传手册、主题宣传品等活动物品准备工作。

各地可根据实际情况，自行决定是否组织开展参加活动人员的培训。

2. 实施阶段。世界粮食日当天（10 月 16 日），国家粮食局等主办单位在北京举办 2015 年世界粮食日和全国爱粮节粮宣传周活动“兴粮惠农进万家”启程仪式。仪式内容包括部门领导讲话、部门人员代表宣誓、科技人员代表宣誓、宣布启程等。启程仪式结束后，国家有关部门派出 10 个活动小组分赴 10 个重点省份开展活动。

同日，各省（区、市）也举行相应活动启程仪式。按比例组成若干活动小组，于 10 月 16 ~ 22 日按确定的内容和任务开展活动。

3. 总结阶段。11 月 25 日前，省级粮食部门会同有关部门对活动开展情况进行认真总结，并将活动情况（含总结报告、活动图片、视频材料等）报送国家粮食局、农业部、科技部、共青团中央和全国妇联。

五 活动安排

（一）本次活动是深入践行“三严三实”要求、检验党的群众路线教育实践活动成果的一次重要实践，是兴粮惠农、促进粮农增产增收的重要举措，各地要统一认识、加强组织领导，发挥各部门优势，加强协调配合、形成工作合力，认真制定符合本地实际情况的活动方案，申请必要的财政资金支持，确保活动方案周密、分工明确、措施到位、责任落实、保障有力，切实把本次活动抓好抓实。

（二）宣传周期间，中央电视台、新华社、中央人民广播电台、人民网等中央媒体将进行全面深入的专题宣传报道。各地开展活动时，要将宣传报道与“进万家”活动整体同步推进，充分发挥主流新闻媒体的作用，组合运用纸媒、电视、电台、政府网站、微信、微博等多种宣传渠道，扎实开展宣传报道，营造良好舆论氛围，增强活动实效。重点地区的活动小组可邀请记者一起参与活动。

（三）切实贯彻执行中央八项规定，坚持勤俭节俭办活动。同时，要高度重视安全防护工作，严格落实相关安全保障措施，确保活动安全顺畅，杜绝各类安全事故发生。

关于抓紧做好 1000 亿斤粮食仓储设施建设工作的通知

国粮办展〔2015〕115 号

各省、自治区、直辖市及计划单列市、新疆生产建设兵团发展改革委、粮食局、住房城乡建设厅，黑龙江省农垦总局，中国储备粮管理总公司、中粮集团有限公司、中国中纺集团公司：

为认真落实国务院第 52 次常务会议精神，抓紧做好 1000 亿斤粮食仓储设施建设，现就加快项目前期工作以及严格执行建仓标准和要求等事宜通知如下：

一 切实加快做好项目建设各项工作

为贯彻落实国务院关于新建 1000 亿斤粮食仓储设施的决策部署，各地高度重视，抓紧做好粮食仓储设施建设工作，积极开展项目建设相关工作。目前大多数省份已按国家发展改革委等部门的要求于 2 月底前完成并报送了建仓项目请示文件和承诺书。尚未报送的省份要抓紧落实相关工作，务必于 5 月 15 日前联合报送国家发展改革委和国家粮食局。逾期未报，我们将对建设任务进行调整。已经报送文件的省份请抓紧做好项目建设前期准备工作，落实好配套资金，尽快开工建设。粮食仓储设施建设是国家重大工程，各地要按要求及时报告进展情况，各有关部门要加强合作，紧密配合，确保项目建设各项工作落实到位。

中央本级建设项目，要严格按照国家发展改革委办公厅、国家粮食局办公室《关于组织申报 2015 年粮食仓储和物流项目的通知》（发改办经贸〔2014〕2955 号）要求，科学规划，合理布局，优先安排粮食主产区、中央储备粮库空白地区建仓。要确保建设项目的城乡规划、土地使用、环境影响评价及备案（核准）等前期工作手续齐备。

二 严格执行建仓标准和要求

本次 1000 亿斤粮食仓储设施建设应严格执行《粮食仓库建设标准》（建标〔2001〕58 号）、《粮油储藏技术规范》GB/T 29890、《粮食仓库安全操作规程》LS1206、《储粮化学药剂管理和使用规范》LS1212 和《粮油仓储管理办法》（发展改革委令 2009 年第 5 号）等现行国家及行业相关标准、规范、规章。

根据当前粮食仓储设施建设的实际需要和我国粮食储藏技术发展进步的要求，在新的《粮食仓库建设标准》尚未发布实施之前，对收纳仓和标准化储备仓建设提出如下具体要求：

（一）收纳仓

收纳仓主要用于粮食收购和短期储存，所选仓型和建设标准应保证粮食安全储存 1 年以上，造价不低于 2500 万元 / 亿斤。各地应根据气候条件，选择适合的仓型，东北及内蒙古地区宜采用散装平房仓或保温钢板平房仓（装粮高度不宜超过 6.5m，装粮线下不得采用内拉筋结构，所采用的结构形式应确保结构安全及储粮和进出仓作业安全），其他地区宜采用钢屋面平房仓、双 T 板屋面平房仓等。

收纳仓需配置机械通风装备、粮情测控系统及信息系统，可选择配置烘干设施，第 4 ~ 7 生态储粮区应配置环流熏蒸设备。生产附属设施应满足《粮食仓库建设标准》的要求。

（二）标准化储备仓

标准化储备仓主要用于粮食收购和长期储存，所选仓型和建设标准应保证粮食安全储存 3 年以上，造价不低于 3500 万元 / 亿斤。宜采用散装平房仓（装粮高度不应低于 6m，不宜超过 8m）或浅圆仓。标准化储备仓应采用机械通风、环流熏蒸、粮情测控、谷物冷却系统等储粮新技术和新装备，实现信息化管理。其中第 1 ~ 3 生态储粮区可根据当地气候等条件决定是否配置环流熏蒸设备和谷物冷却系统。

鼓励有条件的地方建设一定比例的基于物联网等新技术的高标准储备仓，积极推广应用具有自主知识产权并体现先进、适用、安全、可靠、节约要求的储粮新技术和新装备，确保设备和工艺符合国家有关标准和规范，确保工程质量。

目前，《粮食仓库建设标准》（建标〔2001〕58 号）正在抓紧修订，以上对收纳仓、标准化储备仓建设的有关要求，在标准修订发布后，按新标准执行。

国家发展改革委办公厅

国家粮食局办公室

住房城乡建设部办公厅

2015 年 5 月 5 日

国家粮食局文件
局发文部分

关于公布第六批
国家粮食质量监测机构名单的通知

国粮发〔2015〕19号

各省、自治区、直辖市及新疆生产建设兵团粮食局，各有关粮食质量检验机构：

为贯彻落实《全国粮食质量安全检验监测能力“十二五”建设规划（2011—2015年）》，全面推进国家粮食质量监测体系建设，根据《国家粮食局关于建立国家粮食质量监测体系的通知》（国粮发〔2006〕146号），按照“机构成网络、监测全覆盖、监管无盲区”的建设原则，在各省级粮食行政管理部门推荐、专家组考核合格的基础上，经研究，现公布国家粮食局授权挂牌的第六批国家粮食质量监测机构名单（见附件）。我局授权挂牌的机构，其原隶属关系不变，人、财、物管理关系不变，相关业务工作接受国家粮食局的监督指导。各授权挂牌机构要按照客观、公正的原则，开展检验工作，严格检验程序，严格检验纪律。

（附件略）

国家粮食局

2015年2月10日

关于贯彻落实《国务院关于建立健全粮食安全省长责任制的若干意见》的指导意见

国粮政〔2015〕23 号

各省、自治区、直辖市粮食局：

为认真贯彻落实《国务院关于建立健全粮食安全省长责任制的若干意见》(国发〔2014〕69 号，以下简称《意见》)，推动各地全面落实粮食安全责任，现提出以下指导意见。

一 准确把握《意见》内涵，积极主动推动省级人民政府尽快制定粮食安全省长责任制的实施意见

粮食安全是实现经济发展、社会稳定和国家安全的重要基础。随着国内粮食连年丰收，一些地方存在放松粮食生产、忽视粮食流通、过度依靠中央的现象，自觉承担维护国家粮食安全责任有待进一步加强。为贯彻实施以我为主、立足国内、确保产能、适度进口、科技支撑的国家粮食安全战略，加快构建国家粮食安全保障体系，确保谷物基本自给、口粮绝对安全，把饭碗牢牢端在自己手上，必须通过建立健全粮食安全省长责任制，进一步厘清中央和地方政府的粮食安全责任与分工，真正建立起国家宏观调控下省级人民政府对粮食生产、流通和安全全面负责的体制，进而沿着使市场在资源配置中起决定性作用和更好发挥政府作用的方向，深化粮食流通管理体制改革，全面建立地方政府层层负责的粮食安全行政首长责任制，把保障国家粮食安全的责任落到实处。《意见》的出台，实现了理顺粮食流通管理体制的新突破，为全面深化粮食流通改革、全面推进依法治粮奠定了重要的制度基础。

粮食安全省长责任制是贯彻国家粮食安全战略、确保国家粮食安全的一项基本制度。《意见》强调各省（区、市）人民政府必须切实承担起保障本地区粮食安全的主体责任，全面加强粮食生产、储备和流通能力建设。《意见》全面、系统地明确了省级人民政府在粮食安全方面的事权和责任，并对强化保障措施和监督考核提出了明确的要求。各地粮食部门要认真学习领会贯彻文件精神，进一步增强忧患意识、大局意识和责任意识，不等不靠，主动作为，积极争取省级人民政府的支持，力争从 2015 年起把贯彻落实粮食安全省长责任制列入省（区、市）政府重点工作任务，尽早出台本地区贯彻落实粮食安全省长责任制的实施意见，推动省级人民政府按《意见》要求，全面落实巩固和提高粮食生产能力、切实保护种粮积极性、管好地方粮食储备、增强粮食流通能力、促进产业健康发展、保障区域粮食市场基本稳定、强化粮食质量安全治理等方面的责任。

二 认真履行部门职责，创造性地落实粮食部门牵头负责的各项任务

落实粮食安全责任，粮食部门义不容辞。各地粮食部门要进一步增强工作的积极性、主动性和创

造性，按照《意见》要求和省级人民政府的部署，把贯彻落实粮食安全省长责任制与履行部门职责紧密结合起来，联系当地实际，全力推进各项重点工作。

（一）抓好粮食收购

要把粮食收储工作摆在更加突出的位置抓好抓实。继续执行好最低收购价和临时收储政策，抓好大豆目标价格改革试点区的收储工作。省级粮食部门要切实履行职责，努力协调有关方面执行好收购政策，根据粮食种植布局和交通条件，统筹设立粮食收购网点，方便农民售粮。在继续充分发挥国有粮食企业主导作用的基础上，鼓励和引导符合条件的多元市场主体参与政策性粮食收购，改进和创新粮食收储服务方式，积极为新型粮食经营主体提供烘干、收购、存储、加工、代销等产后服务，保证农民种粮卖得出，防止发生卖粮难。积极探索鼓励和引导农业产业化龙头企业发展订单收购，与粮食生产者建立紧密的利益联结机制，促进适度规模经营的发展和种粮比较收益的提高。加强与农业发展银行等金融机构的协调，加大对粮食企业自主收购的信贷支持力度。争取商业银行支持，拓宽粮食企业融资渠道。加大对各类收购主体的监管力度，督促企业严格执行“五要五不准”收购守则，规范粮食收购秩序，严厉打击“转圈粮”和“打白条”、压级压价等坑农害农行为。

（二）管好地方粮食储备

要按照经国务院同意由国家发展改革委、国家粮食局等部门确定的地方粮食储备规模，落实贷款利息和费用补贴，按时按量保质完成增储任务，定期报送落实进展情况。进一步优化地方储备粮的品种结构，按照口粮绝对安全的要求，以口粮为主，适当兼顾饲料粮，其中小麦、稻谷等主要口粮品种的储备比例原则上不低于 70%。加强地方粮食储备管理，突出抓好库存粮食监管，完善轮换管理机制，确保数量实、质量好、调得动、用得上。创新地方粮食储备机制，积极争取财政、金融、投资等方面的支持，推动建立地方政府掌控的社会粮食周转储备，鼓励符合条件的多元市场主体参与地方粮食储备相关工作，切实发挥地方储备保应急、控粮价、稳市场的区域调控功能。指导和督促粮食经营企业、加工企业严格执行最低、最高库存制度，建立合理商品库存。积极推动建立地方储备与中央储备各司其职、功能互补的协调运行机制，形成储备调控合力。

（三）全面实施“粮安工程”

要按照国家有关部门联合制定的《粮食收储供应安全保障工程建设规划（2015—2020 年）》要求，建立由政府统一领导、粮食部门牵头、有关部门协同推进的“粮安工程”实施机制，结合实际制定规划落实方案，确保规划目标任务实现。紧密结合本地区粮食收纳、储备等实际需求，统筹规划标准化储备仓与收纳仓建设规模和布局，做好地方粮库建设项目与中央企业粮库建设项目布局的衔接，同时做好新建仓容与新建储粮罩棚、“危仓老库”修复项目布局的衔接，确保到 2015 年底前完成两年集中新建 1000 亿斤仓容的任务。加快“危仓老库”维修改造进度，到 2017 年之前完成全国“危仓老库”维修改造和功能提升。重点对仓房保温隔热、防潮防雨、气密性等进行改造，配置先进适用的仓储作业设备，提升粮情检测、机械通风、环流熏蒸等功能，提高粮库现代化水平。对达到报废年限、无维修价值的“危仓老库”，按照调整结构、优化布局的原则报废重建或异地新建。重点支持省份要确保完成目标责任书提出的各项工作任务。继续加强东北、黄淮海、长江中下游等流出通道和华东沿海、华南沿海、京津、西南、西北及沿海进口流入通道建设，大力推广散粮、成品粮集装化粮食物流方式。重视创新驱动，强化科技支撑，创新投融资方式，带动社会资本投入粮食仓储物流设施建设，尽快建成与本地区粮食收储规模和保障供应要求相匹配、布局合理、功能齐全的仓储物流体系。加快建立国有粮食仓储物流设施保护制度，严格按规定对重点粮食仓储物流设施实施保护管理，确保现有粮食仓储设施数量不减少、功能不下降、用途不改变。确需改变用途的，必须经省级粮食行政管理部门批准并进行补建；需迁建的，要先建后迁。加大农户科学储粮专项实施力度，扩大实施规模和范围，加快推进农户科学储粮专项建设。支持种粮大户、家庭农场和专业合作组织等建设粮食烘干、储存设施设备，在试点基础上推广适合其规模化储存的小型钢板仓等及配套设备。巩固完善粮食应急保障体系，优化应急网点布局，提升应急网点功能。发展放心粮油供应网络。以库存粮食识别代码为技术载体，充分运用物联网、大数据信息技术，稳步推进“智慧粮食”建设。

（四）创新粮食企业经营发展模式

深入推进国有粮食企业改革，加大基层国有粮食企业兼并重组力度，尽快做强做优做大国有粮食企业，省、市、县级粮食部门都要结合本地实际，因地制宜制定本地区国有粮食企业改革重组规划方案，省、市级的改革重组规划要与县级方案上下对应、统筹协调，并征得当地政府同意及有关部门支持，确保规划与方案顺利实施。要积极发展混合所有制粮食经济，除各级储备粮管理企业和军粮供应企业保持国有独资或控股外，其他国有粮食企业都要通过吸收外资、民营资本及职工入股等方式，培育国有资本与集体资本、非公有资本交叉持股的新型市场主体。培育壮大粮食类农业产业化龙头企业，推动粮食企业融入新型农业经营体系，与种粮大户、家庭农场、农民合作社结成经营联合体和利益共同体，延伸产业链条，增强市场竞争力，推进粮食企业向集团化、规模化、产业化方向发展。积极争取省级农业产业化和技术改造专项资金支持，引导企业推广应用先进技术装备，进行技术改造升级。创新经营业态，发挥加工骨干企业优势，大力发展主食产业化，京津、黄淮海、西北地区可建设或改造一批优质面制主食加工示范基地；东北地区和南方大米消费区域可建设和改造一批优质米制主食加工示范基地。实现主食生产工业化、产品标准化和配送社区化。建设和改造一批规范化、机械化、规模化的大型主食生产加工中心，支持建立一体化主食冷链物流配送体系试点，有效增强其加工、配送及质量安全保障能力。鼓励粮食企业加强对外交流与合作，积极引导和支持有条件的粮食企业“走出去”，争取纳入地区“一带一路”战略规划，支持培育一批有国际竞争力的大粮商，努力构建多元主体共同发力、保障国家粮食安全的新格局。

（五）保持区域粮食市场稳定

认真落实国家粮食调控政策，切实保障粮食有效供应，维护市场基本稳定。完善粮食储备吞吐调节机制，做好政策性粮食竞价销售和跨省移库相关工作，督促承储企业自觉履行出库义务。督促各地特别是大中城市和价格易波动地区落实 10 ~ 15 天市场供应量的成品粮油储备。产销区粮食部门要加强合作，推动发展更加紧密稳定的粮食产销合作关系，销区粮食部门要指导和支持企业到产区投资建设粮源基地和仓储设施，产区粮食部门要为销区企业提供便利。鼓励支持销区到产区建立异地储备，产区到销区建设仓储物流设施和营销网络。在确保口粮绝对安全的前提下，大力推动主产区粮食就地加工转化，变单纯调出粮食为调出粮食与加工转化产品并举，促进粮食仓储能力与加工转化能力有机结合，强化粮食收储、加工、销售产业链，激活粮食加工产业的巨大潜力。按照企业自愿参与、政府适当补偿原则，选择一批骨干粮食加工转化企业纳入粮食市场调控体系，发挥加工转化对粮食供求的调节作用。加强粮情监测预警，健全粮食经营信息统计报告制度，督促各类涉粮企业严格执行国家粮食流通统计制度，建立粮食经营台账，定期向粮食行政管理部门报送粮食统计数据。加快建立粮食经营者信用体系和粮食市场监管协调机制。加强对政策性粮食出库检查，严肃查处拖延阻挠出库等违规行为，配合有关部门严厉打击粮食走私和囤积居奇、哄抬粮价、以次充好、掺杂使假、计量作弊等扰乱粮食市场秩序的行为。受委托做好辖区内中央储备粮等中央事权粮食库存检查工作，维护区域粮食市场秩序。

（六）加强粮食质量安全监测监管

强化粮食质量安全监测抽查，加大新收获粮食质量安全监测、品质测报、质量调查和库存粮食质量安全抽查工作力度，及时向政府报告相关信息，采取有效措施防范区域性、系统性粮食质量安全风险。加强粮食质量安全检验监测体系和推进粮食质量追溯体系建设，提高粮食质量安全监管能力。协调相关部门，加强对农药残留、真菌毒素、重金属超标粮食的管控，建立污染粮食处置长效机制。推进重金属污染粮食入库前检验把关、单收单存、无害化处理或限定用途定向销售，督促做好库存不符合食品安全标准粮食的处置工作，防止流入口粮市场。加强粮食质量监管制度建设，强化粮食质量安全监管属地责任，落实粮食质量安全监管责任制和责任追究制度。

（七）大力推进节粮减损行动

积极推进“节约一粒粮”行动，切实抓好粮食流通重点环节和重点单位的节粮减损工作。加强爱粮节粮宣传教育，认真组织好每年的“世界粮食日暨全国爱粮节粮宣传周”“粮食科技活动周”等宣传活动，深入推进“爱粮节粮”进社区、进家庭、进学校、进军营、进食堂等行动，凝聚爱粮节粮正能量。大力研发和推广节粮减损新设施、新技术和新装备，在新增仓储设施过程中积极推广绿色储粮技术。会同质监等部门加强粮食加工标准的宣贯和实施工作，组织企业开展加工节粮技术和管理培训，督促粮食加工企业合理控制加工精度，提高成品粮出品率和副产物综合利用率，确保节粮减损取得新成效。

三 加强统筹协调，全面推进粮食安全省长责任制的贯彻落实

（一）加强组织领导

各地粮食部门要高度重视，把贯彻落实粮食安全省长责任制作为2015年的首要工作任务进行部署，在领导精力上、组织保证上、力量投放上加大倾斜力度。要把全面落实粮食安全责任与全面深化粮食流通改革、全面推进依法治粮、全面加强“粮安工程”建设结合起来，精心组织、统筹安排、狠抓落实。建立健全组织领导制度和工作制度，主要领导承担起第一责任人的责任，构建起层层分工负责、上下齐抓共管的工作格局。

（二）加强部门协作

各地粮食部门要加强同相关部门的沟通协调，积极推动建立部门工作协调机制，在保护种粮积极性、管好地方粮食储备、稳定区域粮食市场、维护粮食流通秩序、构建粮食质量安全治理体系和强化保障措施等方面凝聚最大共识，取得最大公约数，积极争取人财物方面的支持，建立健全相关配套措施，形成落实粮食安全责任制的合力。

（三）加强舆论宣传

各地粮食部门要紧扣建立健全粮食安全省长责任制的重大意义、科学内涵、工作措施等内容，科学制定宣传方案，动员和运用传统媒体、新兴媒体，采取专题专栏、新闻报道、言论评论、专家访谈等多种形式，抓好抓实宣传报道工作，为贯彻落实粮食安全省长责任制营造良好氛围。

（四）建立考核机制

各地粮食部门要在近几年完善和落实粮食安全责任制度的基础上，认真总结、学习借鉴先行省份的好做法和好经验，因地制宜制定层层分解落实的责任考核办法，力争尽早出台实施，取得实效。

各地要分别于2015年6月底和11月底前将贯彻落实《意见》进展情况报送国家粮食局，并及时反馈贯彻落实过程中出现的新情况、新问题。在今年年中的全国粮食局长座谈会上，要重点讨论交流各地贯彻落实《意见》的情况和意见，国家粮食局将认真总结各地的好做法、好经验并加以推广。

国家粮食局

2015年2月16日

关于做好 2015 年度国家级收获粮食质量安全监测和质量会检工作的通知

国粮发〔2015〕26 号

各省、自治区、直辖市及新疆生产建设兵团粮食局：

为落实《国务院关于建立健全粮食安全省长责任制的若干意见》（国发〔2014〕69 号）以及卫生计生委等 6 部门联合印发的《2015 年国家食品安全风险监测计划》（国卫食品发〔2014〕81 号）关于加强粮食质量安全监测，严防发生区域性、系统性粮食质量安全风险的要求，经研究，我局决定 2015 年度继续开展国家级收获粮食质量安全监测和质量会检等工作。现将有关事项通知如下：

一 计划和范围

国家级粮食质量安全监测样品指导计划为 3700 份（见附件 1），监测范围为 31 个省（区、市）以及新疆生产建设兵团。各省级监测计划按照国家下达计划的 2 ~ 3 倍确定，监测范围结合本地实际确定。

国家级质量会检样品计划在 20 个主要产粮省份采集 8240 份（采样计划见附件 2）。

省级粮食质量调查与品质测报工作，由 31 个省（区、市）粮食行政管理部门按照《国家粮食局关于开展全国粮食质量调查和品质测报工作有关事项的通知》（国粮发〔2005〕69 号）有关要求，认真组织落实。

二 品种和内容

质量安全监测重点对农户新收获的稻谷、小麦、玉米、油菜籽等主要粮食品种，进行重金属含量、真菌毒素含量和农药残留等项目的监测。

质量会检和质量调查重点对农户新收获的小麦、稻谷、玉米、大豆、油菜籽等主要粮食品种进行常规质量测定，品质测报重点对粮食品质指标进行测定。

三 时间和方式

（一）时间

按照粮食的收获季节进行。质量安全监测时间为：小麦 6 月 ~ 10 月，早稻 8 月 ~ 9 月，中晚稻和粳稻 10 月 ~ 11 月，玉米 9 月 ~ 12 月，油菜籽 6 月。质量会检时间见附件 3。质量调查、品质测报时间按国粮发〔2005〕69 号规定执行。

（二）方式

国家粮食局委托省级粮食行政管理部门，按照本通知要求组织开展国家级收获粮食质量安全监测。各省级监测计划和实施方案由省级粮食行政管理部门统一组织制定实施。质量会检由相关省份按照附件 2 确定的采样计划组织采样后，送指定的会检地点（见附件 3）检验。

质量调查和品质测报由省级粮食行政管理部门按照国粮发〔2005〕69 号文件的有关要求，统一组织实施。

四 项目与检验方法

（一）项目

1. 质量安全监测项目：

稻谷：镉、铅、汞、无机砷、黄曲霉毒素 B1、农药残留。

小麦：镉、铅、汞、无机砷、呕吐毒素（DON）、玉米赤霉烯酮（ZEN）、农药残留。

玉米：镉、铅、汞、无机砷、黄曲霉毒素 B1、呕吐毒素（DON）、玉米赤霉烯酮（ZEN）、农药残留。

油菜籽：镉、铅、汞、无机砷、黄曲霉毒素 B1。

其中，农药残留以本地粮食生产过程中施用农药的实际情况，确定需要监测的农药种类。

2. 质量会检检测项目：

小麦：千粒重、容重、不完善粒（包括赤霉病粒、发芽粒、黑胚粒、生霉粒）、水分、硬度指数、粒色、蛋白质、湿面筋、降落数值。

稻谷：千粒重、出糙率、不完善粒（包括未熟粒、虫蚀粒、病斑粒、生芽粒、生霉粒）、整精米率、水分、黄粒米、谷外糙米、互混率、直链淀粉、垩白粒率。

玉米：百粒重、容重、不完善粒（包括虫蚀粒、病斑粒、破碎粒、发芽粒、生霉粒、热损伤粒）、水分、霉变粒、淀粉含量、粗蛋白、粗脂肪。

大豆：完整粒率、损伤率、水分、杂质、色泽气味、粗蛋白、粗脂肪。

油菜籽：含油量、未熟粒、热损伤粒、生芽粒、生霉粒、水分、色泽气味、芥酸含量。

3. 质量调查与品质测报项目：质量调查项目为现行粮食国家标准中规定的等级和相关质量指标，必要时增加其他相关项目。品质测报项目主要为粮食品质指标。具体参照国粮发〔2005〕69 号文件。

（二）检验方法与结果判定

1. 质量安全监测。黄曲霉毒素 B1、呕吐毒素（DON）、玉米赤霉烯酮（ZEN）等真菌毒素按照《食品安全国家标准 食品中真菌毒素限量》（GB2761–2011）规定的检验方法和限量标准进行检验与判定，其中油菜籽黄曲霉毒素 B1 的判定执行《粮食卫生标准》（GB2715–2005）。黄曲霉毒素 B1 按 GB/T18979 规定的免疫亲和层析净化高效液相色谱法第一法检验。

镉、铅、汞、无机砷等重金属和农药残留按照《食品安全国家标准 食品中污染物限量》（GB2762–2012）和《食品中农药最大残留限量》（GB2763–2014）中规定的检验方法检验和判定，其中稻谷的镉按照 0.2mg/kg 和 0.4mg/kg 两个限量分别判定并计算超标率，油菜籽的铅、镉、汞、无机砷和小麦、玉米的无机砷判定执行《粮食卫生标准》（GB2715–2005）。

质量安全检验项目中有一项不符合相应国家标准规定的，则判为不合格。

2. 质量会检、质量调查和品质测报检验方法与判定按照现行国家相关标准执行。

（三）结果报送

1. 质量安全监测。国家级和省级样品的监测结果均需按照附件 1 规定的完成时间和附件 4 ~ 8 的格式报国家粮食局备案。其中纸质文件通过机要交换渠道报送至国家粮食局标准质量管理办公室，电子版通过军粮网质量专用文件夹报送。

2. 质量会检。严格按照附件 3 规定的时间和附件 9、10 的格式进行报送（电子版发送至 gljbzc@126.com）。国家粮食局标准质量管理办公室将及时向有关省份反馈质量会检结果和相关情况。

3. 质量调查和品质测报。各省级粮食行政管理部门要按照国粮发〔2005〕69 号文件要求，统一使用国家粮食局编制的软件（请登录国家粮食局标准质量中心网站 www.cngrain.org 品质测报平台），以电子版逐级审核填报、汇总、上报。同时，撰写质量调查和品质测报年度报告，并在规定的时间内上报至国家粮食局标准质量管理办公室（电子版发送至 gljbzc@126.com）。

各粮食产区，特别是执行政策性收购的省份必须开展粮食质量调查工作，并在第一时间将省级收获粮食质量调查结果报国家粮食局标准质量管理办公室，充分发挥质量调查结果对粮食收购的指导作用。开展品质测报的省份要在粮食收获后 3 个月内完成样品采集、质量检测和结果上报等工作。

五 工作要求

（一）合理制定工作方案

各省（区、市）要结合本地实际和近年来的监测结果，细化本省（区、市）2015 年度收获粮食质量安全监测方案，落实监测任务，明确工作要求，按时组织实施。优先安排质量安全监测样品的采集和检验工作，确保监测工作的实效性、真实性和准确性。对存在粮食质量安全隐患的重点地区、重点品种要加大采样密度，并相对固定采样点，加强跟踪监测。对出现异常天气和发生病虫灾害的地区，要及时调整监测计划和监测方案，合理安排监测区域、采样点、监测品种和监测项目。要安排检验机构的技术人员赴现场采集粮食质量安全监测样品，确保采样质量。监测结果报送的实效性与质量将作为年度省级粮食质量安全重点工作评估考核的重要内容之一。

地方各级粮食行政管理部门要认真总结工作经验，结合本地粮食生产实际，科学合理布点采样，及时安排检测，做好质量会检、质量调查和品质测报工作。要在严格遵守有关信息发布规定、要求和程序的前提下，充分利用政府网站、相关媒体等渠道，发布本地区粮食质量调查、品质测报结果以及其他质量信息，更好地指导粮食收购，引导种植结构调整，促进农民增收。

（二）加强采样和检验工作的技术培训

要加强对采样人员和检验人员的技术培训，规范采样行为和检验操作，积极引入现代信息化技术，制定现场扦样管理方法，确保样品的代表性、真实性和检验结果的准确性，提高工作实效性和可追溯性。省级粮食行政管理部门要统一组织协调，及时跟踪采样、检验和结果上报工作进度，确保按时保质完成相关工作。国家粮食局将适时派人对采样和检验工作进行抽查。

质量会检样品应为当地主导品种，每份不少于 2 千克。采样人应对采集的样品进行必要的整理，清除杂质，对水分过高的样品，应在记录原始水分数据后在阴凉通风处自然晾晒至接近标准水分。采集的样品应集中到所在省份的国家粮食质量监测中心，由监测中心及时对样品进行检查、分样和登统。不符合要求的样品应及时剔除。样品统一分为一式2份，每份不少于1千克，一份用作集中会检，一份备检。各有关省粮食局应确保样品按时、按量寄送至指定的会检机构，确因特殊原因无法按要求寄送的，应及时与会检机构沟通，以保证会检工作的正常开展。各采样省要选派检验技术骨干参加相关会检。

（三）妥善解决和应对质量问题

对于监测中发现的粮食质量安全问题，要进行认真分析，经核实无误后，在第一时间内准确地报告省级人民政府和食品安全综合协调部门，通报相关部门。要参照《关于做好2013年重金属超标稻谷收购检测及处置工作的通知》（国粮发〔2013〕285号）的有关规定，在省级人民政府的统一领导下，积极会同有关部门和单位做好不符合食品安全标准粮食的收购及无害化处置等相关工作。

各省级粮食行政管理部门应组织省、市、县各级粮食检验机构，密切关注、跟踪本地区可能出现的异常气候和严重病虫害等情况，尤其是粮食收获后、收购前的质量变化情况。对于范围较广、影响较大，影响粮食正常收购的质量情况，要及时组织开展针对性采样检验专项研究工作，迅速摸清发生原因、范围、程度和质量特征等情况，并提出应对措施和处置建议，同时将有关情况向省级人民政府报告并报送国家粮食局标准质量管理办公室备案。

六 经费

我局对开展国家级收获粮食质量安全监测和质量会检发生的费用给予适当补助，所补费用为财政资金，须专款专用。各省份开展的省级粮食质量安全监测和质量调查、品质测报发生的费用，由地方财政负责补助。

（附件略）

国家粮食局

2015年3月2日

关于做好 2015 年粮食质量安全重点工作的通知

国粮发〔2015〕54 号

各省、自治区、直辖市及新疆生产建设兵团粮食局：

为贯彻落实《国务院关于建立健全粮食安全省长责任制的若干意见》（国发〔2014〕69 号）和《国务院办公厅关于印发 2015 年食品安全重点工作安排的通知》（国办发〔2015〕10 号）关于强化粮食质量安全治理和食品安全监管工作的要求与部署，现就 2015 年粮食质量安全重点工作作出如下安排：

一 加强能力建设，提升治理水平

（一）完善和加强粮食质量安全监管监测体系建设

按照“加强基层粮食质量安全监管，强化县乡两级监管责任”和“建立重心下移、保障下倾的工作机制”的原则，进一步加强基层监管力量，加快推进质量安全监管体系建设，明确职责，健全机构，落实人员，细化责任，充实设备，确保基层监管工作有人抓、有人管、有人负责。

（二）强化质量安全属地管理责任

切实把保障粮食质量安全作为民生大事来抓，研究提出落实粮食质量安全保障机制方案，主动汇报与呼吁，着力解决基层粮食质量安全监管人员少、监管职责不清、监管执法设备陈旧落后、监管经费不足等问题。采取各种有效措施，保持并强化技术支撑体系，确保粮食部门有足够的检验资源和力量，履行相关法定职责。

（三）提升检验机构的检验监测能力

对照《粮食质量安全检验监测能力“十二五”建设规划》确定的建设目标和任务，加强对建设投资项目，尤其是实验室面积、检验能力达标的监督检查，以确保规划项目达到预期目的并发挥效益。加强资金管理，中央预算内资金要专款专用，不得挪作他用。严格招投标管理，按期完成年度粮油检验技术装备建设计划。对地方配套资金未落实或落实不到位的单位，要积极与有关部门沟通协调，争取支持，足额落实地方配套资金。对已完成规划项目建设任务的单位，省级粮食部门要按照规范程序，尽快安排项目验收。

（四）提升检验人员技术水平和业务能力

认真落实党中央、国务院关于加强粮食质量安全和食品安全的要求与部署，全面加强本省（区、市）从事粮食质量检验人员的技术与政策培训，分层次、分项目做好培训工作，要做到培训有内容、有考核，参培人员有收获、有提升，切实达到增强责任意识、忧患意识、大局意识，增强依法行政能力和依规检验能力的目的。

（五）强化风险管控能力

建立粮食质量安全舆情监测制度和信息发布制度，妥善做好突发事件和敏感问题舆情应对，在省级人民政府或食品安全主管部门的统一领导下，主动回应社会关切。建立信息通报机制和国有粮食企业质量安全情况报告制度，加强风险管控，构建资源共享、统一高效的粮食质量安全信息平台。逐步建设覆盖全省（区、市）的监管网络。加强粮食质量安全事故（事件）应急能力建设，开展应急演练，健全快速反应机制，确保一旦发生事故能够早发现、早报告、早处置，将危害和影响控制到最低程度和最小范围。

二 健全保障体系，确保舌尖安全

（六）做好监测预警

认真落实《2015 年国家食品安全风险监测计划》，加大主要粮食品种的质量安全监测预警力度，增加省级监测样品数量，强化样品代表性和监测工作时效性，加强风险交流和情况通报，严防发生区域性、系统性粮食质量安全风险。继续做好新收获粮食常规质量、内在品质的质量会检及质量调查与品质测报工作，加强检验结果分析利用，丰富信息发布方式，更好地服务粮食生产者、经营者和消费者。

（七）扎实开展质量抽查

加大库存粮食质量安全抽查力度，受国家粮食行政管理部门委托开展辖区内中央储备粮油的质量安全专项抽查。要创新抽查方式，突出抽查效果。按照有关要求，积极开展 2015 年最低收购价稻谷重金属检测工作。建立健全重金属、真菌毒素和农药残留超标粮食处置地方监管责任制，切实做好处置监管工作，保障人民群众“舌尖上的安全”。

（八）完善过程监管制度

进一步落实粮食出入库质量检验制度、索证索票制度、库存粮食质量安全检查制度，守住国有粮食企业收购、储存和出库三个重点环节，捍卫质量安全底线。存在质量安全隐患的地区，要突出收购前质量检验，推进主要食品安全指标先检测后入仓试点工作，积累经验。粮食调入地区，要有针对性地开展食品安全性指标检验，严把质量关。建立完善质量档案制度。积极采用保障粮食质量的储粮新技术。强化粮食销售出库质量检验制度，优化出库监管模式，督促做好不符合食品安全标准库存粮食的处置和监管工作，严防流入口粮市场。

（九）建立超标粮食处置长效机制

积极协调有关部门，依照职责分工，加强对农药残留、真菌毒素、重金属超标粮食的管控。研究建立超标粮食处置长效机制和具体处置办法，切实做到既防止超标粮食流入口粮市场，又能充分合理利用粮食资源，从源头保障国家粮食安全和食品安全。

（十）推进质量追溯体系建设试点

积极推动粮食标识制度和质量追溯体系建设。以粮食库存识别代码为技术载体，开展以覆盖收储、加工、终端销售等各环节企业为链条的粮食质量安全追溯体系试点工作。按照国家粮食局统一部署，依托国家粮食质量监测中心，开展省级质量追溯平台建设试点工作。

（十一）切实发挥机构效用

组织开展国家粮食质量监测机构运行情况“回头看”工作，对照国家粮食质量监测机构职责与义务要求以及应具备的条件，逐项检查履职尽责、仪器设备配备与使用、检验工作质量控制等运行情况，加强对监测机构的人员管理。要统筹合理安排国家粮食质量监测中心与监测站检验任务，全面发挥各监测机构的作用。要及时总结先进经验，积极拓展监测机构主营业务。落实挂牌机构定期监督评审制度和准入退出制度。

（十二）组织编制“十三五”规划

发挥粮食行业质量管理与检验监测方面专家作用，科学编制“十三五”粮食质量安全监管体系和检验监测体系能力建设规划，加强基层装备配备标准化建设，加速提升急需、薄弱环节的地市级粮食检验监测能力。

三 着力制度建设，强化责任意识

（十三）落实粮食经营企业主体责任

督促粮食经营企业完善质量安全生产经营者责任制，强化粮食质量安全主要负责人首负责任，以及粮食质量安全授权人员、管理人员、从业人员岗位责任为主要内容的主体责任制度建设。强化企业质量安全主体责任追究，推进处罚结果公开。

（十四）推进信用体系建设

加快推进质量安全诚信体系建设，进一步完善企业信用记录和从业人员信用档案。依托国家粮食局动态信息系统和“智慧粮食”等信息平台，逐步建立粮食企业质量安全信用分类分级标准，实施分类监管。

（十五）加强宣传引导

深入开展粮食质量安全及相关食品安全等方面政策解读。着力宣传粮食安全省长责任制、粮食质量安全属地管理责任。认真做好“食品安全宣传周”活动。

四 加强基础研究，完善粮食标准

（十六）提高基础研究能力

结合“科技兴粮”“人才兴粮”战略，积极争取有关部门支持，加大基础研究投入力度，针对当前粮食质量安全工作亟须解决的热点、难点问题开展集中攻关。加强粮油标准研究验证测试机构的指导，提升粮油标准研究验证能力，充实标准基础数据。

（十七）进一步完善粮油标准体系

配合“粮安工程”“节粮减损”“适度加工”和发展木本油料等工作，做好涉及国计民生和行业急需的标准制修订工作。加强与有关部门合作，重点抓好重要产品、检测方法、良好质量管理规范等重要粮油标准的制修订工作。组织做好粮食行业特色地方标准制定工作。指导粮食企业制定企业标准，提升企业竞争能力。

（十八）积极参与国际标准化工作

积极组织相关科研、检验机构和各类企业，实质性参与国际标准化工作，充分利用国际标准化资源平台，在粮食国际标准制修订工作中主导方向，更好地利用国内国际两个市场。

五 加强组织保障，狠抓责任落实

（十九）强化考核评价

完善粮食质量安全工作的考核办法。逐步建立健全逐级考评制度，确保各项任务落实到位。强化考评结果运用，积极协调相关部门，将粮食质量安全监管工作纳入政府绩效考核、党政领导干部政绩考核等考核评价体系。

（二十）加强督促检查

加强各项粮食质量安全重点工作落实情况的督促检查，确保各项工作部署及时落实到位。对工作不落实、不作为的工作人员，要严肃追究失职渎职责任。国家粮食局将适时开展督促检查。

国家粮食局

2015年4月10日

关于开展2015年粮食质量安全抽查工作的通知

国粮发〔2015〕55号

各省、自治区、直辖市及新疆生产建设兵团粮食局，中国储备粮管理总公司、中粮集团有限公司、中国中纺集团公司：

为贯彻落实国务院食品安全委员会第二次全体会议精神和《国务院关于建立健全粮食安全省长责任制的若干意见》（国发〔2014〕69号）、《国务院办公厅关于印发2015年食品安全重点工作安排的通知》（国办发〔2015〕10号）要求与部署，切实加强库存粮食质量安全监管，保障人民群众“舌尖上的安全”，经研究，我局决定2015年进一步开展库存粮食质量安全抽查工作。现就有关事项通知如下：

一 抽查范围与内容

（一）抽查范围

所有中央储备粮、国家临时存储粮（含最低收购价粮、临时储备进口粮、国家临时储存粮，下同）、地方储备粮，纳入统计范围的多元市场主体库存的商品粮，政策性成品粮，以及粮食部门认定（供应）的“放心粮油”等涉及民生工程的粮食食品。

（二）抽查内容

1. 原粮。中央储备粮、国家临时存储粮、地方储备粮的质量情况、储存品质情况和主要食品安全指标合格情况；商品粮的水分、杂质等质量安全状况和主要食品安全指标合格情况。

2. 成品粮。储备粮、军供粮、退耕还林粮等政策性粮食以及“放心粮油”的质量指标和主要食品安全指标合格情况。

二 抽查方式

抽查分为国家抽查和地方抽查两个层面进行。

（一）国家层面抽查

重点安排中央事权粮食以及中央直属企业库存商品粮质量安全的抽查。执行2014年中晚稻最低收购价和玉米临时收储政策的地区，要将新收购粮食作为抽查重点。全国计划扦取样品2000份，样品主要实行跨省交叉检验。分省（区、市）的扦样指导计划和检验安排见附件1。扦样工作委托各省（区、市）粮食行政管理部门组织实施。

各省（区、市）要根据当地中央事权粮食的库存分布、库存量、储存条件、储存年限等实际情况，制定出能够真实反映中央事权粮食质量安全整体情况的扦样方案，落实扦样库点，细化扦样计划，避免出现扦样集中少数库点或少数地区、不具备代表性等问题。其中抽查中央储备粮直属库的个数不少于本省（区、市）中央储备粮直属库总数的25%，扦样份数不少于本省（区、市）计划扦样份数的25%。要按照国家发展改革委、国家粮食局、财政部和中国农业发展银行《关于开展2015年全国粮食库存检查工作的通知》(国粮检〔2015〕39 号)有关要求，开展扦样、检验等工作。要充分发挥地方各级粮食部门和国家粮食质量监测机构的作用，单独组织专业技术人员现场扦样，西藏、青海等交通不便的省份可结合库存粮食检查一并进行。检验项目、检验结果评判和结果汇总报送等工作按照国粮检〔2015〕39 号附件 4，以及本通知附件 2、3 的有关规定开展。其中商品粮检验的食品安全指标同中央事权粮食，东北三省和内蒙古临储玉米生霉粒达标判定按 5% 执行。另外，补充规定每个廒间(货位、仓房)的扦样份数不得超过 1 份。

(二)地方层面抽查

省(区、市)级粮食行政管理部门统一组织协调地方层面质量抽查工作。抽查可采取全面抽查、专项抽查、随机抽查和日常抽检等多种方式进行。要依照国发〔2014〕69 号关于“强化粮食质量安全治理”的要求，落实粮食质量安全属地管理责任，认真履行监管职责。要按照“监管无盲区”的原则，制定抽查方案，合理安排不同性质粮食和各类粮食企业的抽查比例、检验项目和承检机构，以达到全面反映本省(区、市)粮食质量安全总体状况的目的。全省(区、市)抽查中央直属粮食企业个数应不少于本行政区域内该类企业(即中储、中粮、中纺所属企业)总数的 25%；抽查地方国有粮食购销企业个数应不少于该类企业总数的 15%；抽查多元市场主体个数应占纳入统计范围的该类市场主体总数的 5% 左右。具体到所抽查粮食企业的扦样品种、扦样份数，以及抽查样品的检验项目和承检机构均由省(区、市)级粮食行政管理部门确定。对中央直属粮食企业的抽查可结合国家层面质量抽查一并开展，也可根据本地区粮食库存的实际情况另行安排，中央事权粮食的抽查样品数量应为国家扦样计划的 2 ~ 4 倍，增加的样品由本省(区、市)国家粮食质量监测机构检验。

中国储备粮管理总公司、中粮集团有限公司、中国中纺集团公司及所属分公司、直属粮食企业要予以积极配合。被抽查企业应派人协助开展扦样，并提供相关便利条件。

三 进度安排

(一)国家层面抽查

1. 内蒙古、辽宁、吉林、黑龙江 4 省(区)扦样工作应于 5 月 30 日前完成，6 月 3 日前将样品送至指定省份的国家粮食质量监测中心。其他省(区、市)应于 5 月 15 日前完成，5 月 19 日前将样品送至指定省份的国家粮食质量监测中心。

2. 内蒙古、辽宁、吉林、黑龙江 4 省(区)样品的检验结果应于 6 月 25 日前，其他省(区、市)应于 6 月 10 日前报送我局标准质量管理办公室。其中食品安全指标检验结果同时抄送送检省的省级粮食行政管理部门。

(二)地方层面抽查

抽查进度安排由各省(区、市)自定。抽查工作结束后，应将抽查结果报我局标准质量管理办公室。

四 工作要求

(一)狠抓责任落实，强化监督考评

各地务必从保障民生的高度，增强质量抽查工作的责任感和紧迫感，科学制定扦样方案，抓好落

实工作。国家粮食局将把质量抽查工作纳入年度粮食质量安全监管工作评估考核的重要内容。省级粮食行政管理部门要明确市、县级考核评价要求，完善考核评价指标体系，建立健全督查考评制度。

（二）加强组织领导，强化协调配合

要增强粮食质量安全属地管理责任和意识，加强对质量安全抽查工作的领导，主要负责人要亲自抓，分管负责人要直接负责，逐级细化分解任务，落实工作责任。省级粮食行政管理部门要加强统一组织领导和技术培训，切实做好各项工作的衔接和协调工作，确保各项工作扎实推进。

（三）严格责任追究，确保抽查质量

要切实落实质量安全监管责任制和责任追究制，细化责任追究对象、方式、程序。要完善具体到单位、人员、岗位的责任制，要依法依纪严肃追究质量安全抽查工作重大的失职渎职责任，严肃扦样和检验工作纪律。我局将适时对扦样和检验工作进行检查。

实行扦样、分样、封样全程录像制度。扦样人员要严格按照规定的方法、程序扦取样品，准确、全面填写样品信息，确保样品转运过程中不掉包、不破损、不变质，对样品的代表性、真实性负责。

承检机构要严格按照规定的检验项目、检验方法、判定原则进行检验和判定，对临界和超标样品要认真复核，确保检验数据准确、可靠。要如实报送检验结果，不得弄虚作假。承检机构对检验结果的准确性、可靠性负责。

承担国家抽查检验任务的国家粮食质量监测中心要做好样品检验、结果判定、复核及汇总分析、检验结果报送等工作。检验结果的传递与保存要按保密规定执行，防止发生泄密事件。电子文档均须通过本省（区、市）军粮普通密码网上报，即将相关资料拷入军粮网各地资料栏目中的质检中心文件夹内；纸质文档按各省（区、市）规定的保密渠道报送。

（四）强化全程监管，确保食品安全

要在当地人民政府的统一领导下，积极会同有关部门和单位，依法依责督促粮食经营主体依法履行质量安全责任，对杂质、水分等严重超标的粮食，要及时采取整理、通风等有效措施，消除质量安全隐患。对检出的不符合食品安全标准的粮食，应及时向当地人民政府和食品安全主管部门报告，建议进行无害化处理（用作饲料或酒精原料等），按部门分工加强全程监控，防止不符合食品安全标准的粮食流入口粮市场。

五 费用

我局对 2015 年国家级扦样计划内的样品抽检发生的费用给予适当补助，所补费用为财政资金，专款专用。地方层面开展的质量安全抽查所需费用，请各地向当地财政部门申请补助。

（附件略）

国家粮食局

2015 年 4 月 14 日

关于深化粮食科技体制改革和加快创新体系建设的指导意见

国粮展〔2015〕74号

各省、自治区、直辖市及新疆生产建设兵团粮食局，中国储备粮管理总公司、中粮集团有限公司、中国中纺集团公司：

为深入贯彻国家粮食安全战略，认真落实中共中央、国务院《关于深化体制机制改革加快实施创新驱动发展战略的若干意见》（中发〔2015〕8号）和《关于深化科技体制改革加快创新体系建设的意见》（中发〔2012〕6号）的决策部署，结合粮食流通工作实际，现就全面深化粮食科技体制改革和加快粮食行业科技创新体系建设提出如下意见：

一 总体要求

全面推进粮食科技体制改革，促进粮食科技创新与产业发展紧密结合，是贯彻创新驱动发展战略和国家粮食安全战略的根本要求，是实现粮食流通产业科学发展和推进流通现代化的根本途径，是实施"科技兴粮"工程一项非常紧迫的重要任务。各级粮食科研机构和广大粮食企业要落实粮食科技工作的基本定位要求，把保障和支撑国家粮食安全作为粮食科技工作天大的责任和天高的使命，着力解决粮食行业创新发展最急需、最重要、最关键的科技难题。各级粮食行政管理部门要从保障国家粮食安全的战略高度和粮食流通事业科学发展的全局角度，深刻认识粮食科技体制改革和粮食行业创新发展的重要性和紧迫性，切实增强推进粮食科技体制改革、抓好粮食科技创新工作的责任感、使命感。

（一）基本思路

围绕贯彻中央确定的"以我为主、立足国内、确保产能、适度进口、科技支撑"国家粮食安全战略，以科技兴粮为中心任务，凝练行业科研需求，聚焦国家重大科研任务，有所为有所不为，统筹推进粮食科技体制机制改革和粮食科技创新体系建设，激发人才创新活力，加快转变政府部门科技管理职能，强化科技同经济对接、创新成果同产业对接、创新项目同现实生产力对接、研发人员创新劳动同其利益收入对接，增强科技创新能力，增强科技进步对粮食经济发展的贡献度，为确保国家粮食安全、提升粮食流通产业现代化水平提供强大动力和有力支撑。

（二）总体目标

粮食科技体制机制改革取得新突破，紧扣行业发展，使粮食科技创新更加聚焦国家目标、重大任务和行业需求；改革科技创新组织方式，确保粮食科研项目和资金配置更加规范合理高效；健全粮食科技创新激励机制，集聚创新人才和团队，科研人员创新活力得到激发；加快推进科研、设计和产业一体化发展，促进粮食科技成果推广应用，科技支撑粮食经济发展方式转变的作用更加突出。

二 聚焦行业需求，把准粮食科技创新主攻方向

（三）强化科研任务顶层设计

要围绕保障国家粮食安全战略目标，结合实施《粮食收储供应安全保障工程建设规划（2015—2020 年）》和粮食行业发展规划，科学谋划粮食科研重大任务，聚焦保障国家粮食数量安全、质量安全和生态安全重大需求，重点攻克粮食节约减损、粮食质量安全、生态安全储粮、粮食现代物流、粮油加工增值、粮情监测预警等方面的重大科学技术难题，强化生物技术、信息技术等应用研究。做深粮食科技创新战略研究，选准粮食科技创新的主攻方向和突破口，科学规划。既要聚焦行业科技创新核心需求，也要兼顾产业发展现实需要，统筹兼顾、突出重点。

（四）建立科技需求信息渠道

各级粮食行业行政管理部门要定期组织科研机构、院校、企业的科技人员，深入基层和一线开展调研，紧密结合粮食流通工作实际，听取农民朋友、粮油企业职工、市民消费者的诉求和呼声。国家粮食局面向涉粮企业、科研机构、院校和省级粮食行政管理部门深入开展产业科技需求、重点研发任务建议和粮食科技资源调查，开通网络科技需求征集平台。逐步建立面向用户的粮食科技需求征集渠道，汇聚具有战略性、关键性和前瞻性的科技需求，从中凝练人民群众最期待、基层企业最急需、对促进行业发展最关键、对支撑国家粮食安全最管用的科技难题作为行业重大需求。

（五）凝练重大科研任务建议

采取专家评审与多方评估相结合的方式，规范程序，科学确定粮食科技创新重点领域和主攻方向，围绕突破粮食行业核心瓶颈和重大科技问题构建重大项目库。充分发挥国家粮食局科技创新专家咨询委员会的作用，省级粮食行政管理部门应建立相应的专家咨询团队，在研究粮食科技创新发展战略规划、凝练重大需求、审议论证重点科研任务和项目建议时，由专家提出咨询意见，提供决策参考。重大科研项目要涵盖基础理论、共性关键技术和应用示范，做到目标明确，边界清晰，成效可考核。

（六）创新粮食科研评价机制

以创新绩效管理、提升科研能力、促进成果转化等为导向，鼓励科研院所围绕行业重大需求开展应用型研究和产业化开发，按科研和市场规律激励重大科研成果产出、应用。建立粮食科技规划实施绩效评估机制，对各类项目实施对产业发展的作用进行综合评估。探索建立对科研项目实施过程和成果等的分类评价机制，发挥科技成果用户、业务管理部门、地方粮食行政管理部门等单位在科研评价中的作用，切实解决重论文轻发明、重数量轻质量、重成果轻应用的问题。建立决策、实施、监督相互独立、相互制约的科研项目全程跟踪和督导评估机制。探索委托具备条件的行业学会或独立专业机构开展科技评估和项目管理试点。改进专家遴选方式，实行专家轮换和回避机制。强化对科研资金、资源和成果的监管。严查学术不端和学术腐败行为。优化科技奖励推荐评审方法，提高推荐质量。

三 健全创新体系，构建粮食科技协同创新平台

（七）继续深化粮食科研院所改革

加快构建“专业布局优化、学科结构合理、人员精干高效、创新能力突出、行业特色鲜明”的粮食科技创新体系。健全更加高效的粮食科技创新研发体系，遵循规律，优化科研院所学科布局，完善

新型粮食科技资源组合模式，合理配置科技资源。坚持以产业需求为导向，根据院所业务方向进一步厘清科研机构"学科集群、学科领域、研究方向"，减少重复研究和内耗，提高科研效率。各级粮食行政管理部门要进一步推进科研院所分类改革，一院一策，一所一策。对公益研究强化国家目标和社会责任评价，引导建立公益性研究机构依托国家资源服务行业创新机制。国家级公益性院所要完善管理制度，公益为主、市场为辅，进一步推进人员绩效考评、条件建设、资源分配、科研项目及经费管理等制度建设。明确管理处室的服务职能，简化程序，提高效率。推进转制院所进一步市场化，鼓励发展混合所有制，可组建产业技术联盟。依托转制科研院所等构建应用技术研发平台，推进科研、设计和产业一体化发展，促进理论、技术、产品、标准及装备等研究有机结合。

（八）促进产学研用深度融合

建立技术创新市场导向机制，发挥好市场对创新资源配置的导向作用和企业技术创新的主体作用，激发全行业科技创新创业活力，支持企业自主决策，先行投入，开展行业共性关键技术装备的研发攻关。建立高层次、常态化的企业技术创新对话、咨询制度，发挥企业和企业家在粮食创新决策中的咨询作用，吸收更多企业参与研究制定规划、政策和标准，提高相关专家咨询组中企业专家的比例。各级粮食行政管理部门可依托大型粮食企业，培育发展粮食科技创新型实体，鼓励围绕产业发展需求开展技术研发和工程化研究。国家粮食局将以遴选认定国家粮食局工程技术研究中心（重点实验室）为抓手，鼓励有条件的粮食企业建立研发机构，支持其与高等院校、科研院所联合攻关，联合组建产业技术创新战略联盟，解决企业生产实际问题，开展核心关键技术研发和相关基础研究，推进重大科技成果产业化。加强国际粮食科技交流合作，积极融入全球粮食科技创新体系。

（九）发挥高校、地方科研院所和质检机构的作用

充分利用高校的基础理论优势，开展粮食科技基础研究，取得原创性突破。发挥高校学科交叉和科技人才优势，开展科技发展预测，拓宽行业科技视野，为行业科技发展决策提供咨询服务。充分发挥地方粮食科研院所和质检机构体系的作用，借鉴粮食质检体系发展模式，稳步发展省级粮食科研机构。支持国家级院所、院校与地方院所联合攻关，发挥省级科研院所和质检机构密切联系基层的优势，开展技术服务，推动新技术应用推广。

（十）促进粮食科技创新资源开放共享

加快推进粮食领域国家工程实验室和工程技术中心、国家粮食局工程技术中心（重点实验室）、科研院所、高等院校、质检中心面向企业等社会用户，开放大型科研仪器和科研基础设施，提高资源使用率。整合各类科技文献、科学数据、科研成果、科普作品等资源，构建开放共享互动的粮食科技服务信息平台。促进粮食科技创新平台向企业特别是中小企业开放，加大科研基础设施、大型科研仪器和专利资源向社会公众开放力度。

四 加强成果推广，推进粮食科研、设计、产业一体化

（十一）加快粮食科技成果推广应用

依法积极、稳妥地推广粮食科技成果，坚持以"先进性、适用性、可靠性、安全性、节约性、有效性"为标准，遴选成熟科研成果。遵循科学规律，按照国家推广应用新技术、新装备有关政策法规，制定粮食行业科技成果推广办法。加快科技成果推广体系和服务信息平台建设，培育专业化、社会化、网络化的粮食科技中介服务机构，面向企业提供科技成果、研发设计、检验检测、人才培训等

专业服务。落实国家科技成果转化政策，按规定奖励科研人员。充分发挥科技企业成果转化推进器的作用，探索科技成果转化各方共赢模式，注重科技创新和经营创新相结合。

（十二）加大科技推广服务力度

各级粮食行政管理部门要充分调动各类主体的积极性，依托各科研机构、院校和科技企业等建立不同梯次的科技服务平台，加强实用技术集成示范、培训、展示、交流和爱粮节粮科普宣传，开展技术推广综合服务。探索粮食行业“科技特派员”试点，强化农村粮食产后科技服务。加快建设一批国家级粮食科技示范单位，使其成为全国粮食科技示范基地、成果推广中心和科技教育培训基地。

五 健全激励机制，激发科技创新人才活力

（十三）优化科研环境

为科研人员安心研究、施展才干创造良好条件。完善科技人才选拔机制和措施，改变科研单位以取得的项目经费额度、论文数量、专利数量等作为人才评价主要依据的做法，建立有利于科技成果转化应用的考核评价体系，以科研能力、学术水平、成果质量和应用实效等作为科研人员评价的重要内容和依据，引导科研人员注重科研实效，激发科研人员主观能动性和创新活力，使优秀创新人才脱颖而出。面向全行业推行“首席科学家（研究员）”制度，围绕学科带头人形成稳定的学术团队，营造高效、严谨的学术氛围。鼓励学术自由，为科研人员创造宽松的学术环境，尊重个人的创造与贡献，支持自主创新和原始创新。同时强调科研人员遵守学术道德准则，恪守科研诚信，严格遵守科研项目和资金管理的各项规定。健全岗位职责，严格要求科研人员遵纪守法，杜绝学术腐败。既要用事业留人、感情留人，也要重视必要的物质激励，使科研人员“名利双收”。

（十四）加快健全高层次创新人才培养机制

实施“人才兴粮”工程，加快培养粮食科技领军人才和高水平创新团队，把人才培养、团队建设作为项目立项、实施、考评的重要指标之一。有计划地培养与选拔一批在粮食行业有重要影响的学科带头人，高起点、严要求，建立人才动态管理机制。实施百千万人才工程，探索评选“粮食青年科技英才”。支持优秀青年科技人才主持科研项目，并在项目经费上给予持续稳定支持。积极争取有关部门稳定支持基础性、原创性重大研究项目，扶持培育科技创新优秀团队。鼓励科研人员在科研院所、高等院校与企业间流动。

（十五）壮大粮食科技创新队伍

健全开放流动、竞争合作的用人机制，调整和优化队伍结构，提升队伍的整体水平和能力。面向全社会吸引优势科研力量和人才，通过公平竞争的遴选机制，充实、扩大粮食科研队伍。打破“业内”“业外”界限，广开渠道，招贤聚才，积极吸引其他领域优秀科研人员和团队参加粮食科研工作，加强与中国科学院、中国工程院等机构的科研合作。提升创新队伍的国际化水平和科技管理队伍的专业化水平。

六 转变管理职能，增强为科技发展的服务能力

（十六）改革粮食科技管理机制

按照深化中央财政科技计划管理体制改革方案的总体要求，切实转变粮食科技管理职能、观念和

组织方式，简政放权，强化科技创新统筹协调和服务等职能。改革调整粮食行政管理部门科技工作重点，加强战略规划、政策法规、标准规范研究和监督指导，做好产业政策、规划、标准与科研工作的衔接，着重做好凝练行业科技需求、搭建科研平台和组织推广科技成果等工作。

（十七）加强科技管理服务

“以科研工作为要，以科技人员为本”，做好服务。围绕科研项目和科技人员的实际需求，开展管理与服务工作，解决实际问题，提供有效支持。整合利用机构、人才、装置、资金、项目等资源，凝聚力量，争取国家重点研发计划、国家自然科学基金、国家科技重大专项、技术创新引导专项（基金）、基地和人才专项等支持，在重点领域抢占制高点。改革科研项目管理方式，简化项目管理程序，淡化行政管控，公开、公平、公正地进行事前咨询、事中跟踪、事后评估，引导科研人员将主要精力和时间用在科研上，杜绝虚报项目。科研管理部门、后勤保障机构要为科研人员提供优质可靠的服务保障。落实项目承担单位法人责任制，加强项目实施全过程的信息公开和痕迹管理，强化科研经费监管，加强项目验收和结题审查，严把验收和审查质量关。实施科研项目督导检查、考核问责、动态调整等制度，完善科研信用管理。

七 保障措施

（十八）加强粮食科技创新的统筹协调

各省级粮食行政主管部门要进一步加强对科技兴粮和粮食科技创新工作的领导，明确工作部门和责任单位，建立督查考核机制，把科技创新工作纳入领导干部目标责任考核体系。要加大对产业技术政策、创新体系建设的研究力度，整合科技力量开展科技协同创新。要积极争取各级政府和科技、财政、发展改革等部门对粮食科技的支持，重点扶持基础前沿、社会公益和共性关键技术等研究项目。要加强生产、科研和管理部门的协商，建立科技规划、重点研发任务、项目征集等重大科技事项会商制度，提高科学决策水平。

（十九）编制粮食科技发展规划

科学研究制定《粮食科技创新发展“十三五”规划》，制订《粮食科技项目督导评估管理试行办法》等相关管理制度。各省（区、市）粮食行政管理部门、中央粮食企业、局直属科研院、科技创新平台、科技型企业等要结合本地区、本部门、本单位的实际，制定各自“十三五”粮食科技创新发展规划，及时公布行业需求、粮食科技发展动态和趋势，跟踪相关领域最新科技进展。

（二十）加强对行业科技创新工作指导

贯彻落实国家深化科技体制改革和创新发展政策措施，全方位实施“科技兴粮”工程。促进粮食行业科技创新工作上下联动、协调发展，共同研究行业、区域发展中突出的粮食科技需求和难点问题，加强对地方推进科技创新、成果推广和科学普及工作的指导，形成有力的协作机制，确保深化粮食科技体制改革和创新体系建设的顺利推进。

本意见贯彻执行中遇到的新情况和新问题，请及时向国家粮食局报告。

国家粮食局

2015 年 4 月 30 日

关于贯彻实施国务院《深化标准化工作改革方案》的意见

国粮发〔2015〕159号

各省、自治区、直辖市及新疆生产建设兵团粮食局，中国储备粮管理总公司、中粮集团有限公司、中国中纺集团公司，全国粮油标准化技术委员会：

为贯彻落实国务院关于《深化标准化工作改革方案》（以下简称《改革方案》）的要求，根据粮食行业的实际，现就深化粮油标准化改革提出以下意见。

一 充分认识粮油标准化改革的重要性

国家粮食局一直高度重视粮油标准化工作，始终以保护农民利益、促进粮食生产、维护消费者健康、提高粮油产品质量、规范粮食流通秩序、增强粮油市场宏观调控能力为目标，大力推进粮油标准化事业。截至目前，由国家粮食局归口管理的粮油国家标准和行业标准总数达到530多项，覆盖了粮食收购、储存、加工、运输、销售和进出口等各个环节。自2006年我国承担国际标准化组织（ISO）谷物与豆类分技术委员会秘书处工作以来，实现了以我国为主导涉农领域国际标准制修订零的突破。粮油标准化在保障国家粮食安全和食品安全，促进粮食流通工作发挥了重要作用。

随着我国经济发展进入新常态，粮食流通领域迈进改革转型、创新发展的新阶段，粮油标准化工作出现了一些新情况、新问题。一是粮油标准化工作体制机制尚待进一步健全。粮油标准化工作仍存在“重制定，轻实施”的现象，少数单位标准化意识淡薄；有些地区粮食行政管理部门标准管理职能机构不明确或缺失，对标准实施的监督检查不到位；标准制修订和审查工作体制机制效率和水平不够高。二是粮油标准体系有待进一步完善。各类粮油标准的数量不够平衡，多个领域标准缺口较大，不能全面满足粮油行业发展的需求；粮油标准更新速度较慢，与粮油行业快速发展不匹配。三是标准的基础研究较为薄弱，缺乏高素质人才。基础技术数据储备不足，制标水平有待提高；标准化专业人才较少且专业分布不尽合理，专业领军人才严重不足。

推进粮油标准化工作改革，是着力解决这些问题的重要举措，是转变政府职能、推进国家标准化改革的重要内容，是促进粮食行业健康发展的迫切需求。各级粮食行政管理部门、全国粮油标准化技术委员会和相关单位要认真学习贯彻领会国务院标准化工作改革文件精神，充分认识粮油标准化工作改革的重要意义，采取切实有效措施加快改革步伐。

二 准确把握改革的具体内容

（一）全面清理完善现行粮油国家标准、行业标准，整合精简现行强制性国家标准

按照国务院《改革方案》要求和国家有关法律法规、规定，须清晰理解各类标准范围的含义。

国家粮食局标准质量管理办公室组织相关单位，逐条逐项对现行粮油国家标准和行业标准进行清理、评估，根据标准的适用范围、要求和影响程度，提出标准分类意见，评估标准的有效性。对不再适用的提出废止意见，对需要继续保留的，要提出继续有效或整合修订的具体建议；对不再强制的标准要提出转化为推荐性标准的意见，对确需强制的，要提出强制的理由和依据。各省级粮食行政管理部门要结合履行粮食质量监管职能工作，对标准执行中遇到的问题和难点，及时反馈国家粮食局；要组织国家粮油标准研究验证测试中心对日常工作涉及的标准进行清理评估，提出分类整合意见；要积极参与和支持地方标准化主管部门组织的地方标准的清理工作，注意协调好与国家标准、行业标准的关系，并将清理结果抄报国家粮食局。

（二）加强重点领域重点标准的制修订，引领行业健康发展

以国计民生、粮食行业发展需求为导向，结合“粮安工程”建设，重点做好重要粮食及制品、油料油脂、特色杂粮及制品、粮食储藏流通、工程建设、信息化建设、质量品质评价技术、质量安全快速检测技术、粮油适度加工、木本油料油脂、伪劣掺假和以次充好检测技术方法等标准制修订工作。各省级粮食行政管理部门要发挥行业和区域优势，组织科研技术力量，积极参与重点领域重点标准的制修订工作。

（三）完善法规规章制度，强化依法管标

积极配合国务院有关部门推进《标准化法》的修订工作，明确标准化工作的法律依据；依据相关法律法规和规定，建立协调统一的标准化管理、标准制修订、标准宣贯实施体制机制；适时修订《粮食行业标准管理办法》，进一步提高粮油标准制修订的工作效率和水平；研究制定《粮油标准实施监管办法》，着力提升标准实施有效性。

（四）开展标准实施效果评价，加强监督执行力度

研究建立强制性标准实施情况统计分析报告制度，围绕提高粮油标准适用性和有效性，适时组织开展粮油标准应用评价试行工作。各级粮食行政管理部门要组织做好标准的宣贯工作，特别是涉及民生和粮油收购政策的重点标准。要积极采用各种宣传手段，逐步建立见效快、传播广、影响深的标准宣贯模式；要进一步加强标准实施的监督检查，重点检查粮食收购和储存过程中执行国家标准和质价政策情况，让标准真正成为对质量的“硬约束”。

（五）推进粮油标准信息化建设

研究建立粮油标准信息公开机制，建设粮油标准化工作信息平台，提高标准制修订、发布、宣贯实施、后评估等信息化水平。各省级粮食行政管理部门要健全粮油标准信息公开制度，创新标准信息公开方式，利用政府网站、微博、微信等媒介，为全社会提供高质量的粮油标准信息服务。

（六）做好粮油团体标准试点工作

鼓励中国粮油学会和有能力的产业技术联盟，在现有粮油标准体系基础上，有计划、分步骤、适时组织开展粮油团体标准制定试点工作，发挥市场作用，增加粮油标准的有效供给。国家粮食局结合粮食行业工作实际，制定粮油团体标准发展指导意见和行为规范。各省级粮食行政管理部门要依据有关规定，对团体标准进行监督和评价。

（七）提高粮油标准国际化水平

继续加强ISO、国际食品法典委员会（CAC）等粮油国际标准的跟踪、评估和转化工作，推进国内标准与国际标准的衔接。引导和推动科研院所、院校、标准研究验证测试机构和相关企业积极

参与国际标准化活动，促进我国自主创新、优势特色粮油标准转化为国际标准。组织开展我国粮油标准外文翻译出版，加强亚太经合组织经济体和“一带一路”沿线国家大宗粮油商品标准的对比分析研究，推动与主要粮油贸易国家的标准互认，促进标准协调与互联互通。充分发挥国际标准化组织谷物与豆类分委员会秘书处的优势，积极参与国际标准制修订。

三　着力强化改革的组织实施

（一）统筹工作安排，逐步实施

统筹做好全面清理现行粮油标准、完善相关规章制度、团体标准改革试点、加强标准实施监督与后评估、提高标准国际化水平等重点工作的安排，到 2020 年，要基本建成科学、合理、完善的适应粮食行业发展需求的新型粮油标准体系和与之配套的标准化管理体制机制。各省级粮食行政管理部门、各单位要按照统一部署，积极有序推进改革各项工作。

（二）加强组织领导，明确责任

各省粮食行政管理部门要高度重视，提升对标准化工作重要性的认识，切实加强领导，明确标准化管理工作职能机构，落实各项改革任务，确保改革扎实稳步推进；要加强同地方标准化主管部门的沟通协调，及时有效解决改革过程中遇到的新情况新问题。

（三）加强舆论宣传，营造氛围

各省级粮食部门、各单位要紧密围绕国务院改革的重大意义、改革措施、实施安排等内容，开展多种形式的宣传，为贯彻落实标准化改革营造良好氛围。

（四）建立考核机制，切实落实

国家粮食局要对各省粮食行政管理部门推进粮油标准化工作改革落实情况，纳入年度粮食质量监管工作评估考核，并增加考核评分权重。建立健全技术工作组（分技术委员会）考评机制，对标准清理、起草、征求意见、技术审查等各环节加强跟踪管理，实施标准制修订质量、效率评价与标准立项、表彰有机结合的管理机制。

国家粮食局

2015 年 8 月 31 日

关于开展"弘扬'四无粮仓'精神先进单位"和"传承'四无粮仓'精神先进个人"评选表彰活动的通知

国粮储〔2015〕170号

各省、自治区、直辖市及新疆生产建设兵团粮食局，中国储备粮管理总公司、中粮集团有限公司、中国中纺集团公司：

1955年，原粮食部在全国范围内开展大力推广"四无粮仓"活动。60年来，推广普及"四无粮仓"的成功实践，集中体现出"创业、创新、节俭、奉献"的粮食行业精神和"宁流千滴汗、不坏一粒粮"的优良传统。"四无粮仓"精神是粮食人艰苦奋斗、爱粮节粮的生动写照，也是粮食人笃行"三严三实"的真实体现。为传承行业精神、弘扬优良传统，推动粮食系统"三严三实"专题教育更严更实，促进粮食仓储管理工作，值此"四无粮仓"创建60周年之际，国家粮食局决定，在国家表彰奖励办公室批准的"全国粮食工作先进单位和先进个人"表彰项目下，开展"弘扬'四无粮仓'精神先进单位"（以下简称"先进单位"）和"传承'四无粮仓'精神先进个人"（以下简称"先进个人"）评选表彰活动。

一 活动主题

深学笃行"三严三实"作风，传承弘扬"四无粮仓"精神。

二 活动目的

践行"三严三实"优良作风，丰富"四无粮仓"的时代内涵，弘扬"创业、创新、节俭、奉献"的粮食行业精神和"宁流千滴汗、不坏一粒粮"的行业文化，牢记使命与责任，凝聚智慧和力量，激发广大粮食干部职工特别是基层粮油仓储企业一线工作人员的干事创业热情，强化全社会爱粮节粮的意识，为守住管好天下粮仓、保障国家粮食安全做出新的更大贡献。

三 活动原则

（一）寓"四无粮仓"精神于当代仓储工作实践中，将科学化、信息化、制度化、规范化等发展要求融入到"四无粮仓"的内涵中，与时俱进，因地制宜，突出"三严三实"的要求，重在升华粮食行业精神、提升仓储管理水平。

（二）充分利用各地仓储管理的既有工作机制及成果，发挥各地能动性，不搞"一刀切"，加强各地仓储管理先进做法经验交流，鼓励创新，居敬行简，体现对基层粮库和一线保管人员的关心与重视。

（三）培育和树立一批新的典型，使之成为粮食企业、粮食工作者做好仓储管理工作用以对照和学习的标杆，发挥示范引领作用，积极宣传，扩大社会影响，增强自尊、自信、自强的行业荣誉感。

四 活动内容

（一）总体安排。此次评选表彰活动坚持公开、公平、公正的原则，分推荐、审核、表彰三个阶段进行。

1. 推荐。各省级粮食行政管理部门、中央粮食企业总部根据本通知确定的活动目的、原则和推荐数量、条件，在本地区（单位）范围内组织向国家粮食局推荐，推荐情况必须符合客观事实。正式推荐对象以适当形式公示 5 个工作日。

2. 审核。国家粮食局收到推荐材料后，组织对推荐对象的事迹材料进行审核，必要时将对部分推荐对象进行现场抽查核实。确定拟表彰对象以后，在国家粮食局网站上公示 5 个工作日。

3. 表彰。公示无异议后，国家粮食局正式发文公布评选结果，并在 2016 年全国粮食流通工作会议上进行表彰。

先进单位和先进个人的事迹材料，包括文字、图片等，在国家粮食局网站、《中国粮食经济》杂志等媒体上进行宣传。同时用于开展“三严三实”专题教育，使专题教育紧贴实际，体现行业特色，促进工作更严更实，充分发掘“四无粮仓”精神文化价值，彰显时代要求。先进单位可作为粮食行业青年干部爱粮节粮教育基地，先进个人可作为爱粮节粮义务宣讲人员。

（二）推荐数量。先进单位和先进个人总名额各为 100 个（分配名额见附件 1），各地区（单位）不得超名额推荐人选。

（三）推荐条件

1. 先进单位

（1）从事粮油仓储活动且具有独立法人资格的基层粮油仓储企业，原则上不推荐企业集团。

（2）着力弘扬“四无粮仓”精神，在本地区、本单位粮油仓储管理工作中表现突出，综合水平高，能够发挥模范作用或具有先进代表性。在推进仓储管理创新、储粮技术进步等方面优点突出、特色鲜明、成效显著。

（3）业内或社会声誉好，长期以来未发生过粮油储存事故或安全生产事故，没有违反粮食流通政策法规或其他违法违纪行为，法定代表人或主要负责人模范遵纪守法。

2. 先进个人

（1）从事粮油仓储管理工作 10 年以上（含 10 年）的在职人员，包括粮油仓储单位的一线保管人员和粮食行政管理部门的仓储工作人员，重点推荐基层一线保管员。

（2）自觉传承“四无粮仓”精神，善于钻研、勇于创新、爱岗敬业、乐于奉献，在推动仓储管理创新、储粮技术进步及培养仓储后备人才等方面做出了突出贡献。

（3）政治坚定，品行端正，群众基础好。长期以来未在工作职责内发生过粮油储存事故或安全生产事故，模范遵纪守法。

五 申报材料

（一）填写推荐表。省级粮食行政管理部门、中央企业总部需填写先进单位推荐表（附件2）和先进个人推荐表（附件3），一式3份加盖公章后寄送国家粮食局，并对推荐情况的真实性负责。

（二）撰写事迹材料。先进单位及先进个人需提交3000字以内的先进事迹材料。先进单位的事迹材料主要是本单位在仓储管理工作中的成功做法、典型经验及显著成效。先进个人的事迹材料主要是本人在爱岗敬业、忠于职守、廉洁自律等方面的主要做法，以及在推进仓储管理创新、储粮技术研发及应用、仓储人才队伍建设等方面的贡献。先进事迹材料应体现对“创业、创新、节俭、奉献”精神的传承及弘扬，并结合“三严三实”的要求进行对照，可以列举具体、生动的真实事迹。

（三）提供照片等资料。先进单位需提供与事迹材料相关的5张照片（电子版）和照片说明；先进个人需提供1张证件照（1寸白底）、3张工作照（电子版）和照片说明。照片像素不低于2056*1536，格式为jpg或jpeg。

（四）上报时间及方式。省级粮食行政管理部门、中央企业总部收集汇总材料后，于2015年10月31日前将相关材料纸质版（加盖公章）、电子版（刻光盘）统一报送国家粮食局。逾期不报的，视为自动放弃。

各地区、各单位要加强对“先进单位”和“先进个人”评选表彰活动的组织领导，创新工作方式方法，认真组织好推荐、审核等各项工作。要严格把关、总结经验，确保推荐的“先进单位”和“先进个人”切实起到示范引领作用，在粮食行业特别是仓储保管战线真正树立起“三严三实”的良好作风，促进粮油仓储管理水平不断提升。

（附件略）

国家粮食局

2015年9月18日

关于印发《粮食收购资金筹集和兑付管理暂行办法》的通知

国粮财〔2015〕208号

各省、自治区、直辖市粮食局，中国储备粮管理总公司、中粮集团有限公司、中国中纺集团公司、中航工业集团公司：

为进一步加强粮食收购资金筹集和兑付管理，杜绝在粮食收购活动中因资金筹集不到位、兑付不及时等给农民“打白条”现象的发生，切实维护售粮农民利益，着力促进种粮农民增产增收，保障国家粮食安全，特制定实施《粮食收购资金筹集和兑付管理暂行办法》。现印发各地，请遵照执行。

特此通知。

国家粮食局

2015年11月25日

粮食收购资金筹集和兑付管理暂行办法

第一章　总　则

第一条　为进一步加强粮食收购资金筹集和兑付管理，规范粮食流通秩序，杜绝在粮食收购活动中因资金筹集不到位、兑付不及时等给农民“打白条”现象的发生，切实维护售粮农民利益，着力促进种粮农民增产增收，根据《粮食流通管理条例》等规定，制定本办法。

第二条　在中华人民共和国境内从事粮食收购活动，应当遵守本办法。

第三条　从事粮食收购活动，要严格遵守“五要五不准”粮食收购守则，即“要敞开收购，随到随收，不准折腾农民；要公平定等，准确计量，不准克扣农民；要依质论价，优质优价，不准坑害农民；要现款结算，不打白条，不准算计农民；要优质服务，排忧解难，不准怠慢农民”。

第二章　粮食收购资金筹集

第四条　地方各级粮食行政管理部门要加强行业管理，指导粮食收购者及时、足额筹集粮食收购资金，确保粮食收购工作顺利进行。

第五条　对启动最低收购价和临时收储等政策性粮食收购预案的地区和粮食品种，各级粮食行政管理部门及收储企业要主动加强与当地农业发展银行、中储粮分公司及其直属企业等单位的沟通协调，严格按照预案规定，切实保障政策性粮食收购资金及时足额到位。

第六条　对没有启动政策性粮食收购预案的地区和粮食品种，各地粮食行政管理部门要指导辖区内粮食企业科学研判市场形势，多渠道筹集粮食收购资金，积极入市收购。

第七条　积极探索发展粮食融资担保等业务，努力破解基层粮食企业融资困难问题，支持企业增强活力、搞活经营，为保障粮食收购、促进种粮农民增收奠定基础。

第三章　政策性粮食收购资金兑付

第八条　严格按照最低收购价和临时收储粮食执行预案等政策规定，合理确定政策性粮食委托收储库点，并根据企业不同情况，落实履约保证金、抵押或担保等风险防控措施，从源头上防范粮食收购资金兑付风险。

第九条　租赁社会仓容要按照《国家发展和改革委员会、国家粮食局、财政部、中国农业发展银行关于印发〈租赁社会粮食仓储设施收储国家政策性粮食的指导意见（试行）〉的通知》（国粮检〔2015〕51 号）等有关规定，严格租赁库点的审核和确认。对纳入当年政策性粮食收购库点的租赁企业，要在收购工作开始前向社会公布。

第十条　在政策性粮食收购活动中，承租企业必须派人直接收购、保管，并承担粮食质量、等级验收和收购资金兑付等责任。

第十一条　严禁假租仓实委托，承租企业不得将政策性粮食收购资金拨付给租赁企业，由其代为支付售粮款。对因假租仓实委托出现挤占挪用、“打白条”等问题的，应追究承租企业主要负责人和相关人员的责任。

第十二条　按照最低收购价和临时收储粮食执行预案和政策性粮食信贷等政策规定，积极主动协调当地农业发展银行及时足额发放贷款。对统一承贷的中储粮直属企业等实行“一次审批、分次发放”，并由其根据收购情况和入库进度及时预付给委托收储库点，保证收购资金供应，保证农民售粮时企业随收随付。

第十三条　对于没有中储粮直属企业等的市（地）区域，可指定合规的委托收储企业承贷，防止出现农民“卖粮难”和“打白条”。逢节假日或特殊情况，企业要提前与农业发展银行开户行沟通协调，做好信贷资金安排，确保粮食收购资金供应不断档。

第十四条　政策性粮食收购资金要封闭运行，专款专用，严禁挪作他用。

第十五条　执行政策性粮食收购任务的收储库点，要在收购场所显著位置张榜公布政策性粮食收购有关质价政策等信息。当场如实填写统一规范的收购凭证，凭证所列重量、等级、水分、杂质、单价等内容必须填写齐全，不得二次填写收购凭证。

第十六条　收储库点根据收购发票和结算单等凭证，及时、足额、当场向售粮农民直接兑付粮款，“一手粮、一手钱、现款结算”，严禁“打白条”，严禁代扣、代缴税、费和其他款项。

第十七条　在具备条件的地方可根据农民要求通过网银等方式结算。中储粮直属企业直接对农民网银结算的，应当提高工作效率，缩短网络审核、支付时间，确保农民在交售粮食当日足额收到售粮款。

第四章　市场自主收购粮食资金兑付

第十八条　规范粮食收储企业和粮食经纪人的自主收购粮食行为，督促粮食买卖双方按照“自愿、平等、公平、诚信”的市场原则进行交易。

第十九条　粮食收储企业和粮食经纪人要及时向售粮者支付售粮款，“一手粮，一手钱，不打白条”，防止发生拖欠农民售粮款、以“高息”为诱饵骗取农民售粮款等违规违法行为。

第二十条　按照《国家粮食局关于积极稳妥推进“粮食银行”健康发展的意见》(国粮财〔2014〕128号)，进一步加强对“粮食银行”等新型粮食经营业态的指导，强化经营管理，完善风险防控措施，杜绝发生坑农害农等问题。

第五章　行业管理和监督检查

第二十一条　各地要认真贯彻落实粮食安全省长责任制，加强行业管理，指导和督促辖区粮食企业和粮食经纪人认真执行国家各项粮食购销政策，进一步加强粮食收购资金筹集和兑付管理。

第二十二条　加大对粮食收购政策，特别是粮食收购质价政策和粮款兑付政策的宣传力度，增强售粮者的资金风险防范意识和维权意识。

第二十三条　加强监督检查，对粮食收购者拖欠农民售粮款、“打白条”，以及代扣、代缴税、费和其他款项的，根据《粮食流通管理条例》有关规定进行处罚；对违规企业负责人和相关责任人员，依据党纪政纪严肃问责，切实保护售粮农民利益，维护正常粮食流通秩序，保障国家粮食安全。

第六章　附　则

第二十四条　本办法自印发之日起施行。

关于表彰弘扬“四无粮仓”精神先进单位和传承“四无粮仓”精神先进个人的决定

国粮储〔2015〕229 号

各省、自治区、直辖市及新疆生产建设兵团粮食局，中国储备粮管理总公司、中粮集团有限公司、中国中纺集团公司：

1955 年，原粮食部在全国推广“无虫、无霉、无鼠、无雀”的“四无粮仓”。60 年来，从“无虫、无霉、无鼠、无雀”到“无害虫、无变质、无鼠雀、无事故”，从“四无”到科学化、信息化、制度化、规范化，“四无粮仓”在实践中不断创新发展、不断融入新的时代内涵，形成了具有鲜明行业特色的“宁流千滴汗、不坏一粒粮”的优良传统，铸就了粮食人弥足珍贵的“创业、创新、节俭、奉献”的行业精神，是粮食人笃行“三严三实”的生动写照。“四无粮仓”精神激励一代又一代粮食人艰苦奋斗、创新奉献，催生了粮油仓储事业蓬勃发展，推动着粮食产业欣欣向荣。

为深学笃行“三严三实”作风，传承弘扬“四无粮仓”精神，进一步凝聚智慧和力量，激发粮食行业广大干部职工干事创业热情，守住管好天下粮仓，国家粮食局决定，在国家表彰奖励办公室批准的“全国粮食工作先进单位和先进个人”表彰项目下，授予北京市通州区粮油贸易公司等 100 个单位“全国粮食系统弘扬‘四无粮仓’精神先进单位”荣誉称号；授予张爱生等 100 名同志“全国粮食系统传承‘四无粮仓’精神先进个人”荣誉称号。希望受表彰的先进单位和先进个人再接再厉，发挥模范带头作用，在粮食行业特别是仓储保管战线牢固树立起“三严三实”的良好作风，促进粮油仓储管理水平再上新台阶。

全国粮食系统广大干部职工要以受表彰的先进单位和先进个人为榜样，深入贯彻党的十八大和十八届三中、四中、五中全会精神，紧密团结在以习近平同志为总书记的党中央周围，大力传承弘扬“四无粮仓”精神，以更严的态度、更实的作风，全面贯彻落实新形势下国家粮食安全战略，扎实做好“广积粮、积好粮、好积粮”三篇文章，为保障国家粮食安全做出新的更大贡献！

（附件略）

国家粮食局

2015 年 12 月 31 日

局办公室发文部分

关于调整最低收购价稻谷跨县集并计划执行期的通知

国粮办调〔2015〕11号

中国储备粮管理总公司，安徽、江西、湖北、湖南省粮食局、财政厅、农发行安徽、江西、湖北、湖南省分行：

中储粮总公司《关于延长最低收购价稻谷省内跨县集并执行时间的请示》（中储粮〔2015〕28号）收悉。经商财政部经济建设司、中国农业发展银行客户一部，为确保粮食储存安全，同意将《关于对部分省最低收购价稻谷进行跨县集并有关问题的通知》（国粮调〔2014〕265号）安排的跨县集并稻谷的出库截止时间延长至2015年2月15日。你公司要加强指导，督促有关分公司加强调出调入库点的衔接，合理安排调运时间、路线，加快工作进度，确保在本通知规定时限内全部完成集并任务。

其他有关事宜仍按国粮调〔2014〕265号文件执行。

国家粮食局办公室

2015年1月15日

关于印发 2015 年粮食行业特有工种职业技能鉴定计划的通知

国粮办人〔2015〕33 号

各省、自治区、直辖市及新疆生产建设兵团粮食局，中国储备粮管理总公司、中粮集团有限公司、中国中纺集团公司：

根据全国粮食行业特有工种职业技能鉴定工作安排，经研究，我们编制了《2015 年粮食行业特有工种职业技能鉴定计划表》（附件 1），现印发给你们，并就有关事项通知如下：

一 鉴定计划安排

（一）理论知识全国统一考试

2015 年国家粮食局将继续实行职业技能鉴定理论知识全国统一考试，分别于 4 月和 9 月各组织一次粮油保管员等 7 个职业理论知识全国统考，具体安排见《2015 年粮食行业特有工种职业技能鉴定理论知识全国统一考试时间安排》（附件 2）。

（二）技能操作考核

各单位按照《粮食行业特有工种职业技能鉴定规程》自行组织实施。

二 工作要求

（一）各单位要认真做好鉴定计划落实工作，充分利用各类培训鉴定资源，加强组织、宣传等工作，确保年度鉴定计划顺利完成。

（二）各单位要严格执行职业技能鉴定各项规章制度，落实质量督导制度，加强对鉴定站、考评人员的管理，确保鉴定质量。

（三）各单位要进一步提高考务管理工作水平，转变工作作风，增强服务意识，探索送学上门、结合企业需求定向培养等方式，切实提高培训鉴定工作服务水平。

（附件略）

国家粮食局办公室

2015 年 2 月 16 日

关于印发《2015 年粮食流通监督检查工作要点》的通知

国粮办检〔2015〕61 号

各省、自治区、直辖市及新疆生产建设兵团粮食局：

《2015 年粮食流通监督检查工作要点》已经国家粮食局领导同意，现印发给你们，请结合本地实际认真抓好落实。

国家粮食局办公室

2015 年 3 月 12 日

2015 年粮食流通监督检查工作要点

2015 年是全面深化粮食流通改革的关键之年，是全面推进依法治粮的开局之年，粮食流通监督检查工作任务艰巨、责任重大。做好今年粮食流通监督检查工作的总体要求是：认真落实《国务院关于建立健全粮食安全省长责任制的若干意见》(国发〔2014〕69 号)文件精神，按照全国粮食流通工作会议部署，围绕中心，服务大局，统筹兼顾，突出重点，坚持改革方向和问题导向，扎实推进粮食收购活动检查、粮食库存监管、信用体系建设等重点工作，切实履行粮食流通监督检查职责，为贯彻实施国家粮食安全战略、深入推进粮食流通改革转型和创新发展提供有力保障。

一　全面推进依法治粮

加强粮食流通监督检查法制建设。加快推进粮食立法进程，做好现行粮食流通监督检查相关法律法规和规章的制定、修订工作，进一步完善监督检查相关配套制度等规范性文件，建立健全粮食行政执法法律制度体系。

加强法治机关和执法队伍建设。粮食监督检查机构和人员要自觉尊法学法守法用法，依法履行监督检查职责，提高法治思维和依法办事能力，做到法定职责必须为，法无授权不可为。严格规范公正文明执法，全面落实行政执法责任制和责任追究制，坚决纠正乱作为、不作为问题，坚决克服懒政怠政现象。

规范粮食市场主体经营行为。加强对粮食经营者从事粮食收购、销售、加工和库存管理等活动的监督检查。结合本地实际，有针对性地加强粮食收购资格核查、粮食质量检查，以及粮食流通统计制度、粮食最低最高库存量制度执行情况检查。配合有关部门开展成品粮油市场检查。

二　以底线思维抓好粮食库存检查

守底线夯实粮食库存。充分认识当前粮食库存总量大、政策性粮食库存比重高、地方储备增储任务重、部分产区粮食仓储压力大等新粮情，以中央和地方储备粮、最低收购价和国家临储粮等政策性粮食为重点加强粮食库存检查。查清库存粮食数量、质量和储粮安全的底数，查明国家粮食购销政策执行的实情，守住“数量真实、质量良好、储存安全”的监管底线。

转方式提高检查效能。以“统一组织、分类推进、重点普查、交叉互查”为原则加强库存检查。各省区市、各中央粮食企业按照在地原则和各自职责做好本地区、本企业的粮食库存检查。国家粮食局委托部分重点省（区）对中央储备粮库存进行在地检查，对个别产粮大省的粮食库存由国家粮食局会同有关部门直接进行重点核查。灵活运用随机抽查、专项检查、突击检查等多种方式加强库存检查。充分运用全国粮食仓储设施专项调查成果加强库存检查。粮食库存识别代码试点地区要运用识别代码加强数据分解登统，以及粮食质量、储粮安全检查初筛初查试验，并向深度和广度推进识别代码在库存检查中的应用。条件成熟的地区要探索采取购买劳务方式引入会计师事务所等社会专业核查力量，进一步开拓创新，做好粮食库存检查。

抓规范坚持依法管粮。认真梳理库存管理和库存检查相关法规制度，明确库存检查相关依据，规范检查程序和自由裁量权，严格库存检查纪律，落实检查责任制和责任追究制，做到各项检查有据可依、有据必依，严明纪律、落实责任，切实将依法管粮理念贯穿于粮食库存检查工作的始终。

促整改提高管理水平。以问题为导向加强库存检查，并向矛盾集中、问题突出地区和企业倾斜检查力量。对查出的问题逐一详实登统记录，并标明违反法律法规政策的具体条款。督促有关单位和企业建立整改台账，确保问题切实整改到位。挂牌督办查出的重大问题，进一步促进整改落实。建立库存管理重大风险警示制度，建立健全库存管理重大问题通报机制和重大违规违纪线索向纪检监察部门移交机制，使库存检查切实起到举一反三和警示教育作用。通过检查切实提高粮食库存管理水平。

三　切实保护农民利益，扎实开展政策性粮食收购检查

开展“五要五不准”收购守则执行情况检查。周密拟定检查工作方案，及早安排部署检查工作，适时开展粮食收购检查，重点检查最低收购价执行预案、国家临时收储政策的落实情况。严肃查处“打白条”“转圈粮”、压级压价或抬级抬价等违规行为，守住“种粮卖得出”的底线，切实保护农民利益。加强粮油收购检查的层级监督，对重点地区粮食收购监督检查工作的开展情况进行指导、督查，及时了解掌握检查工作动态，研究解决遇到的困难和问题。

四　加快建立粮食经营者信用体系

启动全国统一的粮食经营者信用信息平台的开发工作。制定规范的信用信息监督管理暂行办法，规范信息的采集、使用。结合行业特点，制定粮食经营者信用评价标准方案，引入第三方征信机构，对粮食经营者信用进行动态跟踪评级试点，逐步实现信用信息的社会共享。通过体系建设，逐步建立守信激励和失信惩戒机制，提高粮食经营者自觉守法和诚信意识。推动监督检查工作向后台监管、分类监管方式转变，为政府部门强化市场准入、资质认定、政策扶持等方面管理提供可靠依据。

开展信用体系建设试点。试点省份要做好相关准备，安排熟悉业务和信息化方面的人员，参与信用信息采集、信用评价指标设计以及软件开发，审核测试系统的可行性、稳定性和适用性。其他省份也要按照统一规划，进一步完善监督检查信息档案，夯实信用体系建设基础，积极参与地方信息化建设，加快与信用体系对接。

五　建立治理政策性粮食“出库难”的长效机制

制定政策性粮食销售出库监管工作指导意见。加强组织领导，细化责任分工，健全制度措施，指导各地粮食部门建立与批发市场常态化信息沟通机制，实时掌握政策性粮食成交、履约的明细情况，及时分解监管任务，妥善处理市场纠纷，督促承储库点正常出库。加强对真菌毒素、重金属等超标粮食的监管，严防卫生不合格粮食流入口粮市场。从严从重处罚违规行为，确保成交粮食及时顺畅出库，守住“用粮买得到”的底线，切实维护粮食流通的正常秩序。

六　加大涉粮案件查处力度

建立涉粮案件查处机制和信息公开制度。加强对媒体关于粮食舆情的搜集、分析和研判，增强监管工作的敏感性。畅通举报投诉渠道，及时受理群众来信、电话举报。注重在日常监管中及时发现并查处涉粮违规行为，加大对群众反映强烈、社会关注度高，涉及政策性粮食购销、出库和库存管理，严重侵害种粮农民利益、损害国家利益等案件的查处力度。地方粮食行政管理部门对辖区内涉粮案件查办承担主体责任，重大案件由省市粮食行政管理部门直接组织查办。加强案件督办，查办结果及时上报备案。已作出行政处罚决定的案件，应在规定的时限内通过政府网站公开案件主体信息、案由、处罚依据及处罚结果，接受社会监督。重大典型案件要及时通报，发挥教育、警示和威慑作用。继续做好案件卷宗标准化、规范化管理工作，认真开展案件评审工作。

七　进一步加强监督检查体系建设

巩固监督检查工作体系。认真贯彻落实《国务院关于建立健全粮食安全省长责任制的若干意见》（国发〔2014〕69号）关于加强行政执法和监督检查工作力量、落实粮食行政管理部门的职责任务要求，继续争取当地党委和政府的支持，稳定和加强监督检查机构，落实人员编制，配备执法工具，保障工作经费。将监督检查工作体系建设纳入粮食安全省长责任制的考核范围。

继续开展示范单位创建活动。做好第五批全国粮食流通监督检查示范单位推荐和审核工作。组织示范单位经验总结交流和宣传推广，发挥示范单位的引领带动作用。加强对示范单位工作的业务指导和年度考核，积极探索提升示范质量和效果的有效途径。

加强行政执法培训工作。指导各地分层分类组织开展粮食流通监督检查行政执法资格和业务能力培训。国家以培训师资人才为主，将各地培训工作实施情况作为年度考核的重要内容，并纳入常态化、制度化轨道，不断加强监督检查队伍能力建设，提升执法人员运用法治思维和法治方式开展粮食行政执法工作的水平。

各地粮食行政管理部门要结合本地粮食流通工作实际，按照工作要点明确的重点任务，精心部署，周密安排，敢于担当，主动作为，努力做好新常态下粮食流通监督检查工作。各地开展监督检查工作的有关信息及时报送国家粮食局监督检查司。

关于公布 2014 年度全国粮食系统会议报表和财务分析工作考核结果的通知

国粮办财〔2015〕68 号

各省、自治区、直辖市粮食局：

2014 年，各地粮食部门认真贯彻落实党的十八大和十八届三中、四中全会精神，加快推进粮食流通产业发展，取得了可喜成绩。各级粮食财会部门围绕中心，积极发挥财会职能，认真做好国有粮食企业会计报表和财务分析编报工作，及时了解和掌握企业财务状况和经营成果，不断加强国有粮食企业经营管理指导，为国有粮食企业统算实现“八连盈”和服务粮食宏观调控发挥了积极作用。根据对各地粮食会计报表和财务分析工作的考核结果，山西省粮食局等 10 个单位被确定为会计报表工作优胜单位，黑龙江省粮食局等 10 个单位为财务分析工作优胜单位，现予以公布。

2015 年，各地粮食部门要主动适应经济发展新常态，按照全国粮食流通工作会议部署，扎实开展粮食财会工作，继续认真执行粮食财务月报制度和重点国有粮食企业经营情况分析制度，切实做好企业会计报表和财务分析编报工作，并因地制宜突出工作重点、完善工作内容、创新工作方式、提高工作效率，不断提高粮食财会工作服务水平，努力推动现代粮食流通产业发展。

（附件略）

国家粮食局办公室

2015 年 3 月 18 日

关于开展 2015 年中央储备粮代储资格认定工作的通知

国粮办展〔2015〕69 号

各省、自治区、直辖市及新疆生产建设兵团粮食局：

根据《中央储备粮代储资格认定办法》《中央储备粮代储资格认定办法实施细则》《中央储备粮代储资格延续申请办法》和国家粮食局 2014 年第 1 号公告的规定，2015 年中央储备粮代储资格新申请或补充申请（以下简称“资格申请”）、2010 年上半年取得中央储备粮代储资格企业延续申请（以下简称“资格延续申请”）以及 2015 年中央储备粮代储资格变更申请（以下简称“资格变更申请”）工作将于 2015 年 5 月中旬开始。本次申请的工作分工和受理范围与去年保持一致。为进一步做好企业服务工作，从本次认定起增加预受理程序。现将有关事项通知如下：

一　时间要求

（一）预受理时间。预受理于正式受理开始前 1 个月内进行。企业通过“中央储备粮代储资格认定申请系统”进行预约申请，各省（区、市）粮食局根据预约情况，指导企业填写申请材料并组织开展现场核查。申请企业较多的省份，自本通知印发之日起即可启动预受理程序；申请较少的省份，可不启动。

（二）企业正式提交申请材料时间。申请企业于 2015 年 5 月 18 日至 5 月 22 日期间，向本省(区、市）粮食局正式提交资格申请、资格延续申请或资格变更申请材料。

（三）向国家粮食局报送材料时间。请各省（区、市）粮食局于 2015 年 6 月 5 日 17 时前将企业申请材料等文件报送国家粮食局流通与科技发展司。

二　工作要求

（一）突出便民导向，做好预受理工作。各省（区、市）粮食局要在官方网站上开设“中央储备粮代储资格认定”专栏，公布并印制《中央储备粮代储资格申请服务指南》，将代储资格认定的设定依据、申请条件、基本流程、审批时限、注意事项，以及受理此项工作的具体处室、咨询电话、电子邮箱等事项主动公开，依法保障申请企业的知情权。在预受理期间要多方了解企业申请意愿、耐心解答企业咨询、初审电子版申请材料、提前开展现场核查等，切实服务申请企业。

（二）严格现场核查，确保初审工作质量。现场核查工作是确保审核公正性的重要一环，各省（区、市）粮食局必须派 2 名以上正式人员共同到申请企业现场逐项核查企业申报材料的真实性，按照“谁核查、谁负责”的原则，共同在《现场核查记录表》上签字，对检查结果负责。坚决杜绝现场核查“走过场”，甚至弄虚作假等情况发生。

（三）强化服务意识，指导企业规范制作申报材料。各省（区、市）粮食局要指派政治素质过硬、业务能力强、经验丰富的人员负责中央储备粮代储资格认定相关工作。具体工作人员要牢固树立廉洁意识、依法行政意识和服务意识，严格依规照章办事，指导申请企业按照《中央储备粮代储资格认定办法实施细则》的规定制作申请材料，申请企业材料不齐全或不符合法定形式的，要依规及时向企业出具《不予受理通知书》或《行政许可补正申请材料通知书》，一次性全部列出需要企业补充的材料清单。

（四）传达文件精神，做好中央储备粮代储资格延续申请工作。为做好中央储备粮代储资格证书有效期的衔接问题，证书有效期将于 2015 年底前截止的企业，可以在本次提出代储资格延续申请，逾期不申请者也可在今后批次进行重新申请。请相关省（区、市）粮食局务必将此文件精神传达到相关企业，做好资格延续申请工作。

2015 年起，我局将加大中央储备粮代储资格认定工作督查力度，对在该项工作中弄虚作假、营私舞弊的企业及粮食行政管理部门工作人员要严肃查处。同时，将建立省级粮食行政管理部门工作情况通报制度，对各地依法行政、服务申请对象、履行初审工作职责等情况进行全国通报。

附件：中央储备粮代储资格认定材料制作要求

国家粮食局办公室

2015 年 3 月 23 日

中央储备粮代储资格认定材料制作要求

根据《中央储备粮代储资格认定办法》《中央储备粮代储资格认定办法实施细则》和《中央储备粮代储资格延续申请办法》等的规定，请按以下要求制作中央储备粮代储资格认定申请材料。

一 新申请或补充申请中央储备粮代储资格材料制作要求

（一）企业材料制作要求

新申请或补充申请中央储备粮代储资格的企业（简称“资格申请企业”）需向有关省（区、市）粮食局提供以下材料：申请材料纸质文本（1 式 2 份）和中央储备粮代储资格申请表电子文本（1 份）。申请材料纸质文本应符合《中央储备粮代储资格认定办法实施细则》的规定，中央储备粮代储资格申请表应使用“中央储备粮代储资格企业申请系统”软件制作。另外，如资格申请企业同时存在变更事项，请在中央储备粮代储资格申请表的附件 1“企业基本情况表”最后注明“存在变更事项”。如申请企业为股份制企业，请提供工商行政管理部门或国有资产管理部门出具的股份构成及控股股东所有制性质的证明材料。装订顺序应放在“附件 1：企业基本情况”后面。补充申请企业务必在《代储资格企业补充申请部分仓房（油罐）资格附加表》中准确注明企业已取得资格情况。

（二）各省（区、市）粮食局上报材料要求

上报材料主要包括：中央储备粮代储资格认定申请企业汇总表（1 式 2 份），行政许可受理通知书（1 份）、省级粮食行政管理部门现场核查表（1 份）、代储资格认定审查意见表（1 份），企业申请材料纸质文本（1 份），通过“中央储备粮代储资格省级受理系统”软件制作的电子文本（1 份）。现场核查表必须是由企业负责人和 2 名现场核查人员现场共同签字的原件。

相关软件可在国家粮食局政府网 (www.chinagrain.gov.cn) 行政许可栏目中免费下载。

二 延续申请中央储备粮代储资格企业材料制作要求

（一）企业材料制作要求

延续申请企业应按照《中央储备粮代储资格延续申请办法》（国家粮食局 2009 年第 4 号公告）的要求填写中央储备粮代储资格延续申请表（1 式 3 份），上报有关省（区、市）粮食局。企业在填写中央储备粮代储资格延续申请表时，如企业取得中央储备粮代储资格后曾存储过中央储备粮，存储数量统一填写为 100 吨。本次提出延续申请的企业可以将本企业通过补充申请取得的中央储备粮代储资格仓房或油罐一并提出延续申请。延续申请的企业如有信息变更事项，请在中央储备粮代储资格延续申请表的“企业需要说明的其他事项”中注明“存在变更事项”。

（二）各省（区、市）粮食局上报材料要求

上报材料主要包括：中央储备粮代储资格延续申请表（1 式 2 份）、中央储备粮代储资格延续申请企业汇总表（1 式 2 份）、中央储备粮代储资格延续申请企业汇总表电子文本（1 份）。

三 中央储备粮代储资格变更材料制作要求

（一）企业材料制作要求

中央储备粮代储资格条件发生变更后，企业应按照《中央储备粮代储资格认定办法实施细则》的要求填写中央储备粮代储资格企业变更报告表（1 式 3 份）。仓（罐）号变更企业，需提交变更前后且标注了仓（罐）号的库区平面图及仓（罐）号变更对照表，对照表中新旧仓（罐）号应逐一对应；企业名称变更、企业所有制性质变更、企业法定代表人变更，需提交相关证明材料。

（二）各省（区、市）粮食局上报材料要求

上报材料主要包括：中央储备粮代储资格企业变更报告表（1 式 2 份），中央储备粮代储资格变更企业汇总表（1 式 2 份）、中央储备粮代储资格变更企业汇总表电子文本（1 份）。

请各省（区、市）粮食局以正式文件（1 式 2 份）一并向国家粮食局报告本次资格申请、资格延续申请和资格变更工作情况。

（附件略）

关于印发《2015 年粮食流通改革工作意见》的通知

国粮办政〔2015〕104 号

各司室、直属单位、联系单位：

为全面贯彻落实《国务院关于建立健全粮食安全省长责任制的若干意见》（国发〔2014〕69 号）精神和 2015 年全国粮食流通工作会议部署，局改革办研究制定了《2015 年粮食流通改革工作意见》，已经局全面深化改革工作领导小组第四次全体会议审议通过，现印发给你们，请认真抓好落实。

国家粮食局办公室

2015 年 4 月 25 日

2015 年粮食流通改革工作意见

根据《国务院关于建立健全粮食安全省长责任制的若干意见》（国发〔2014〕69 号，以下简称《意见》）精神和全国粮食流通工作会议部署，2015 年粮食流通改革的总体思路是，以全面落实粮食安全省长责任制为核心，着眼于优化机制、激发活力、提高效率，重点推进粮食流通管理体制、粮食科技体制和粮食企业经营发展模式改革，完善深化政策性粮食购销机制、地方储备粮管理机制和流通统计制度改革，加快推进中央储备粮监管体制机制和粮食行政管理机制改革。具体意见如下：

一 需重点推进的改革事项

（一）粮食流通管理体制改革

《意见》提出“建立监督考核机制，发展改革委、粮食局要会同有关部门，根据本意见要求抓紧制定监督考核办法，定期组织对各省（区、市）人民政府落实粮食安全省长责任制情况进行考核”等。由法规司牵头，按照《粮食安全省长责任制监督考核办法起草工作计划》，和发展改革委会同有关部门、单位抓紧研究起草《粮食安全省长责任制监督考核办法》，及早报送国务院并以国务院办公厅名义印发实施。

（二）粮食科技体制改革

由发展司牵头，按照《中共中央国务院关于深化体制机制改革加快实施创新驱动发展战略的若干意见》（中发〔2015〕8 号）精神，对《国家粮食局关于深化粮食科技体制改革和加快创新体系建设的指导意见》进行修改完善后，尽快印发实施并抓好贯彻落实。

（三）粮食企业经营发展模式改革

《意见》提出“促进粮食产业健康发展，培育发展新型粮食流通主体，继续深化国有粮食企业改革”“鼓励和引导农业产业化龙头企业与粮食生产者建立紧密的利益联结关系”等。由财务司牵头，按照《关于深化国有粮食企业经营发展模式改革的工作方案》积极推进改革，2015 年底前草拟《关于国有粮食企业经营发展模式改革的指导意见》。

二　需进一步完善深化的改革事项

（一）政策性粮食购销机制改革

《意见》提出“切实保护种粮积极性，抓好粮食收购，根据粮食种植布局和交通条件，统筹设立粮食收购网点，方便农民售粮。在继续发挥国有粮食企业主导作用的基础上，鼓励和引导符合条件的多元市场主体参与政策性粮食收购”等。国务院《2015 年政府工作报告》中提出“完善粮食最低收购价和临时收储政策”。由调控司牵头，按照“四共同”“三合一”的思路，进一步修改完善政策性粮食购销的政策措施，将小麦、早籼稻、中晚稻三个最低收购价执行预案合并印发，为完善深化粮食购销机制改革打下基础。

（二）地方储备粮管理机制改革

《意见》提出“管好地方粮食储备，切实落实地方粮食储备，完善地方储备粮轮换管理和库存监管机制，创新地方粮食储备机制，探索建立政府储备和社会储备相结合的分梯级粮食储备机制，建立地方和中央储备粮食协调机制”和“保障区域粮食市场基本稳定，完善粮食调控机制，健全粮食应急供应保障体系”等。由调控司牵头，将地方储备粮管理机制改革作为日常工作推进，在落实地方粮食储备增储等有关工作的基础上，按照《意见》要求，进一步加强地方粮食储备管理。

（三）粮食流通统计制度改革

《意见》提出“加强粮食监测预警，健全粮食生产、流通、加工和消费调查统计体系，落实粮食经营者信息报告制度”等。由调控司牵头，按照《国家粮食局印发〈关于深化粮食流通统计制度改革的实施意见〉和〈国家粮食流通统计制度〉的通知》（国粮调〔2014〕252 号）要求，继续推进粮食流通统计制度改革。

三　需加快推进的改革事项

（一）中央储备粮监管体制机制改革

由检查司牵头，根据《关于深化中央储备粮监管体制机制改革的工作方案》，推进落实中央储备粮监管体制机制改革。

（二）粮食行政管理机制改革

由人事司、办公室牵头，依据十八届四中全会精神、《意见》以及推进粮食行政审批制度改革的有关要求，按照《关于深化粮食行政管理机制改革的工作方案》，对国家粮食局机构改革和职能转变等已具备条件的，加快推进改革；对全行业粮食行政管理机制改革等，待具备条件后再积极推进。

四　需研究落实的其他制度机制

（一）粮食市场价格形成机制

《意见》提出“努力提高种粮比较收益，完善粮食市场价格形成机制”等，国务院《2015 年政府工作报告》中提出“改进农产品目标价格补贴办法”。由法规司牵头，积极配合发展改革委、财政部等有关部门进一步完善粮食市场价格形成机制。

（二）国有粮食仓储物流设施保护制度

《意见》提出“增强粮食流通能力，加强粮食仓储物流设施建设和管理，建立国有粮食仓储物流设施保护制度”等。由发展司牵头，制定《粮食仓储设施保护办法》，尽早上报发展改革委批准颁布实施。

（三）粮食产销合作机制

《意见》提出“增强粮食流通能力，加强粮食产销合作”等。由调控司牵头，对《关于进一步促进粮食产销合作发展的指导意见》（国粮调〔2006〕224 号）文件进行修改完善并印发实施。

（四）粮食经营企业信用体系和粮食市场监管协调机制

《意见》提出“保障区域粮食市场基本稳定，维护粮食市场秩序，加快建立粮食经营企业信用体系和粮食市场监管协调机制”等。由检查司牵头，按照《国家粮食局办公室关于印发〈2015 年粮食流通监督检查工作要点〉的通知》要求，进一步完善相应的体系和机制建设。

（五）粮食质量安全保障机制

《意见》提出“强化粮食质量安全治理，健全粮食质量安全保障体系，落实粮食质量安全监管责任”等。由标准质量中心牵头，抓紧研究提出推进落实粮食质量安全保障机制的具体方案并抓好贯彻落实。

（六）节粮减损工作机制

《意见》提出“大力推进节粮减损和健康消费，加强爱粮节粮宣传，全面实施节粮减损”等。由发展司、法规司牵头，结合落实《国家粮食局关于大力促进节粮减损反对粮食浪费的通知》（国粮发〔2014〕160 号）要求，抓好节粮减损工作。

关于印发《国家粮食局政府信息公开指南》的通知

国粮办发〔2015〕179 号

各司室、直属单位、联系单位：

按照我局规范性文件清理意见的要求，我们对《国家粮食局政府信息公开指南》进行了重新修订。现将修订后的《国家粮食局政府信息公开指南》印发给你们，请认真组织学习，并遵照执行。

国家粮食局办公室

2015 年 7 月 13 日

国家粮食局政府信息公开指南

一 政府信息的分类

（一）主动公开的政府信息分类

1. 涉及公民、法人或者其他组织切身利益的；
2. 需要社会公众广泛知晓或者参与的；
3. 反映本机关行政设置、职能、办事程序等情况的；
4. 国家粮食局制定的有关规章和规范性文件；
5. 其他依照法律、法规和国家有关规定应当主动公开的。

（二）依申请公开的政府信息分类

如果需要了解国家粮食局主动公开以外的政府信息，例如资格证书、社会保障等与公民、法人或其他组织利益相关的政府信息，可以向国家粮食局申请获取。

二 编排体系

国家粮食局主动公开的政府信息按年度进行编排。

年度目录下再按相关业务进行编排。

三 获取方式

（一）国家粮食局主动公开的政府信息

主要是通过国家粮食局政府网站（网址为 www.chinagrain.gov.cn）等媒体公开。

（二）依申请公开的政府信息

公民、法人或其他组织依照《国家粮食局政府信息公开暂行办法》规定向国家粮食局申请获取政府信息的，可采用信函、传真、电子邮件、在线申请等形式或当面向国家粮食局政府信息公开领导小组办公室提出申请，并填写《国家粮食局政府信息公开申请表》。

政府信息公开申请应当包括下列内容：

1. 申请人的姓名或者名称（法人及其他组织）、联系方式；

2. 申请公开的政府信息的内容描述；

3. 申请公开的政府信息的形式要求。

四 政府信息公开工作机构名称、办公地址

国家粮食局政府信息公开机构名称：国家粮食局政府信息公开工作领导小组

国家粮食局政府信息公开工作的受理机关：国家粮食局政府信息公开领导小组办公室

办公地址：北京市西城区木樨地北里甲11号国宏大厦C座

五 受理时间及方式

受理时间：周一至周五（法定节假日除外），8：30—11：30、13：30—16：30。

受理方式：公民、法人或其他组织应首先如实填写《国家粮食局政府信息公开申请表》（附后），然后通过电子邮件（zfxx@chinagrain.gov.cn）、信函（邮寄地址：北京市西城区木樨地北里甲11号国宏大厦C座1109，邮编：100038）、传真（010-63906058）等方式提交申请，或者通过国家粮食局政府网站“政府信息公开”栏目下在线“公开申请”渠道提交申请。否则，一律不予受理。如需投诉举报请通过信访或纪检渠道反映，如需反映问题或提交意见建议，请通过国家粮食局政府网站“互动交流”板块相关栏目反映。

六 应答时限

收到政府信息公开申请，能够当场答复的，应当当场予以答复。不能当场答复的，应当自收到申请之日起15个工作日内予以答复；如需延长答复期限的，应当经政府信息公开工作领导小组负责人同意，并告知申请人，延长答复的期限最长不得超过15个工作日。

申请公开的政府信息涉及第三方权益的，征求第三方意见所需时间不计算在规定的期限内。

（附件略）

关于启用“规划财务司”“仓储与科技司”印章和明确两司发文字号的通知

国粮办发〔2015〕225 号

各省、自治区、直辖市、计划单列市及新疆生产建设兵团粮食局，国家粮食局各司室、直属单位、联系单位：

为认真贯彻落实国务院关于推进机构改革和政府职能转变的决策部署，适应粮食流通新形势、新常态，更好地全面履行粮食流通工作各项职责，经中央编办批准，我局部分司室单位机构职责进行了调整。根据中央编办《关于调整国家粮食局有关机构设置及职责的批复》（中央编办复字〔2015〕81 号）精神，调整后的财务司更名为规划财务司，流通与科技发展司更名为仓储与科技司。现就两司启用新印章和发文字号的有关事项通知如下：

一 印章

1. 启用“国家粮食局规划财务司”印章，印章名称和式样见附件。

2. 启用“国家粮食局仓储与科技司”印章，印章名称和式样见附件。

原国家粮食局财务司、国家粮食局流通与科技发展司的印章同时作废。

二 发文字号

国家粮食局规划财务司发文字号中的简称为“财（财务）”，其中，局发文字号（包括局函）为“国粮财”，局办发文字号（包括局办函）为“国粮办财”，司发便函字号为“司便函财务”。

仓储与科技司发文字号中的简称为“储（仓储）”，局发文字号（包括局函）为“国粮储”，局办发文字号（包括局办函）为“国粮办储”，司发便函字号为“司便函仓储”。

（附件略）

国家粮食局办公室

2015 年 8 月 31 日

关于印发《国家粮食局信访突发事件应急预案》的通知

国粮办发〔2015〕179号

各司室、直属单位、联系单位：

《国家粮食局信访突发事件应急预案》已经2015年9月11日第53次局长办公会议审议通过，现予以印发，请遵照执行。

国家粮食局办公室

2015年9月17日

国家粮食局信访突发事件应急预案

为做好国家粮食局信访工作，及时、稳妥地处理信访突发事件，进一步提高信访突发事件的快速反应及依法处置能力，根据国务院《信访条例》、治安管理有关法规及我局信访工作的有关规定，制定本应急预案。

信访突发事件主要指集体上访和异常上访。集体上访是指同一地区、反映同一问题的群众5人以上的共同来访。异常上访是指上访人越级上访、缠访闹访，或在信访场所有非法、过激行为的上访。在党和国家举行重大活动期间的信访按异常上访处理。

一　工作原则

处理信访突发事件坚持以下原则：

（一）维护稳定，依法处置

把维护稳定、维护群众合法权益放在首位，坚持依法处置，确保群众合理诉求得到满意答复或妥善解决。同时，注重保障信访工作人员的人身安全，最大限度降低影响、减少损失。

（二）部门联动，协同处置

按照工作职责和业务分工，坚持谁主管、谁负责，各司室共同参与、各负其责、协同处置，形成处置信访突发事件的合力。

（三）反应迅速，及时处置

信访突发事件发生后，信访部门和相关司室负责同志必须第一时间到达现场，稳定群众情绪，缓和信访矛盾，同时做好应急预案的启动工作，控制现场局面，防止事态发展。

（四）以防为主，主动处置

高度重视初信初访、隐患排查、信息收集等，加强对苗头性问题的调查研究，做好预防预警工作。主动加强与易访多访有关省驻京信访机构、粮食部门的沟通交流，掌握信访情况，依法、及时、就地解决信访问题，提高突发事件处置的主动性。

二 机构与职责

（一）国家粮食局信访工作领导小组负责信访突发事件的组织领导，统一指挥和处理我局信访突发事件的应对工作。

（二）信访突发事件发生后，局办公室负责具体接访和综合协调工作；相关业务司室要派负责同志及时到达现场，做好群众诉求中政策解释的具体答复和后续跟踪处置工作；规划财务司、机关服务中心等做好应急处置的后勤协调保障工作。

三 应急处置

信访突发事件的应急处置主要包括以下环节：

（一）了解群众诉求

集体上访、异常上访发生后，信访工作人员应立即到达现场与群众面谈、了解情况，应急处置现场应有至少两名工作人员。对于集体上访，由上访群众推荐 2 名代表到信访谈话室讲述诉求。信访工作人员要弄清并登记上访人身份、属地、来局人数和事由，甄别上访人反映的问题是否属于我局职能范围。

（二）明确司室分工

对属于国家粮食局职责范围的信访事项，办公室应当及时受理并上报，不得推诿、敷衍、拖延。对于不属于国家粮食局职责范围的信访事项，则由相关业务司室做好政策解释和疏导教育；必要时，请地方粮食行政管理部门或驻京机构派人来我局共同处理。

（三）告知相关规定

耐心细致地告知来访群众应当遵守信访相关规定，依法逐级、有序地进行上访，不得在接待场所内外拉横幅、穿状衣、喊口号；不得吵闹、躺卧、滞留或围堵、冲击国家机关，干扰正常办公秩序；不得损害公共财物；不得纠缠、侮辱、殴打、威胁工作人员；不得携带棍棒、刀具等器械和危险品、爆炸品等。

（四）实施处置方案

来访中涉及的重大问题和重要事项，要即时报告局领导。必要时由办公室负责同志报告局领导，组织召开局信访工作相关成员紧急会议，制定相应实施方案，全面部署、指挥、研究处理来访问题，并由办公室和相关司室会同公安、保安等有关方面具体组织方案实施。

（五）维持现场秩序

充分发挥局应急处置工作联防队的作用，当处置工作需要时，联防队员第一时间到达现场维持秩序，制止违法行为，防止事件扩大。办公室负责协调指导联防队具体开展应急工作。机关服务中心协调保安人员全程参与事件处置。必要时，请求公安机关派警力协助维持现场秩序。

（六）全程录音录像

利用大楼监控系统对突发事件全过程录像，办公室有关人员做好录音，为现场处置和事后依法处理提供有效证据。

四 特殊情况处置

（一）非工作日上访

集体上访、异常上访发生在节假日的，非工作时间在局内外滞留的，保安人员应立即报告局值班室或信访工作人员，由接报人员及时进行处理，同时上报有关情况。

（二）非健康人群上访

发现来访人员患有精神疾病、重病或有自残等过激行为时，应当向主管领导报告，并及时与医疗单位、急救中心、辖区公安部门联系处置，财务司和机关服务中心要做好后勤保障工作。

（三）非法滞留

集体上访、异常上访群众非法滞留，经劝离无效的，请求公安干警进行训诫后，由地方单位、驻京机构派人采取相应措施、带离群众。

做好特殊情况处置保障工作，办公室要购置饮用水、方便面和急救药品等应急保障物资；规划财务司按规定向财政部门申请信访（应急）预算，用于急救等特殊情况处置；确因客观原因未实施带离措施、上访群众当天未返回的，由机关服务中心协助地方有关部门做好后续工作。

五 后期工作

（一）落实承诺，解决问题

具体答复司室要及时落实现场答复时向信访人承诺解决的事项，主动加强与信访人的沟通联系，掌握信访人的情绪、动态等，避免矛盾升级。办公室建立台账，明确解决信访事项的司室、人员、内容、时限等，随时调度进展情况，问题不解决不销号。

（二）总结经验，改进工作

集体上访、异常上访所反映的问题及其处理情况，要及时向局领导专题汇报，并通过《信访情况反映》向全局通报。各相关司室要从事件处理中总结经验教训、改进提升工作。

（三）深入调研，加强预防

针对一定时期内信访突发事件涉及的难点、热点、普遍性问题和有重大影响的信访事项，办公室会同相关司室开展专题调研，提出事前预防、化解矛盾与解决问题的对策建议。

六 其他事项

（一）本预案由局办公室负责解释。

（二）本预案自印发之日起执行。

（附件略）

关于做好“千吨囤”安全储粮和安全生产工作的通知

国粮办储〔2015〕302号

内蒙古、辽宁、吉林、黑龙江等省（区）粮食局，中国储备粮管理总公司：

“千吨囤”是近两年东北地区出现的一种替代蓆茓囤的简易储粮设施，对于解决农民卖粮难问题、快速形成收储能力、弥补仓容相对不足等起到了一定作用，但也存在建设施工不规范、结构安全欠论证、风道设计不科学、保粮措施不到位、进出作业不安全、管理经验不成熟等风险和隐患。重点需要确保抗风载、雪载能力，防范倾倒、崩塌、位移、不均匀沉降、锈蚀或受外力冲击后构件断裂等情况的发生；需要排除偏载偏卸和人员进出作业的安全隐患；需要进一步解决储粮过程中的通风、测温、熏蒸、扦样等配套保粮技术措施不完善等问题，切实防范结露、霉变等坏粮风险。为规避和防范潜在的风险和隐患，现就做好“千吨囤”安全储粮和安全生产工作提出如下具体要求：

一、要尽量通过腾仓并库、修建储粮罩棚和利用社会仓储设施的途径扩充收储能力，解决仓容紧缺的矛盾。如上述方式仍不足以弥补仓容缺口，方可搭建和使用“千吨囤”。

二、搭建、使用“千吨囤”，须经有资质的工程设计单位设计或复核，并由生产厂家提供使用说明、安全使用期限及日常维护要求等资料，确保结构安全，有效通风，有效防火、防汛、防雷及抗风载、雪载等。

三、要对“千吨囤”实行封闭管理，制订、完善相关应急预案和安全作业方案，采取可靠的防护措施，确保人员及粮食进出安全，防止因偏载偏卸或攀爬作业等发生事故。

四、粮食企业使用“千吨囤”储粮，要执行《粮油仓储管理办法》《粮油储藏技术规范》等相关规定，落实各项保粮技术措施，及时总结经验、改进完善，积极引进科研院所、高校等技术支持，在密闭防潮隔热、通风散热除湿、粮情检测预警、药物防护熏蒸等方面，形成一整套具体可行且有效的防结露、防虫害、防变质、防鼠雀的技术实施方案。

五、对于已经搭建的“千吨囤”，如不能满足上述要求，应予改造或拆除，在此过程中须防范衍生事故发生。

各地粮食行政管理部门要履行好在地监管、指导和服务的职责，中储粮总公司及其分公司要切实加强对包括“千吨囤”在内各类储粮形态中央事权粮食储存安全的管理，结合当地实际，积极完善已有的搭建方案和管理措施。各中央和地方粮食企业要切实承担起安全储粮和安全生产的主体责任，强化对“千吨囤”的隐患排查、值班巡查及台账管理等工作，发现问题及时处置、整改，确保“千吨囤”储粮安全。

国家粮食局办公室

2015年11月23日

关于印发《全国粮食行业技能拔尖人才选拔使用管理实施办法》的通知

国粮办人〔2015〕307 号

各省、自治区、直辖市及新疆生产建设兵团粮食局，中国储备粮管理总公司、中粮集团有限公司、中国中纺集团公司：

为贯彻落实《国家高技能人才振兴计划实施方案》和《国家粮食局关于深化粮食行业人才体制改革的实施意见》精神，大力实施“人才兴粮”工程，进一步加强粮食行业技能拔尖人才选拔、使用和管理工作，我们起草了《全国粮食行业技能拔尖人才选拔使用管理实施办法》，现印发给你们，请遵照执行。

国家粮食局办公室
2015 年 12 月 1 日

全国粮食行业技能拔尖人才选拔使用管理实施办法

第一章　总　则

第一条　为贯彻落实《中共中央国务院关于深化体制机制改革加快实施创新驱动发展战略的若干意见》，积极推动粮食行业创新驱动发展，落实《国家高技能人才振兴计划实施方案》《国家粮食局关于深化粮食行业人才体制改革的实施意见》有关要求，大力实施“人才兴粮”工程，加强粮食行业技能拔尖人才管理，制定本办法。

第二条　全国粮食行业技能拔尖人才（以下简称技能拔尖人才）是指粮食行业各技术领域技艺精湛、具有较强创新创造能力和社会影响力的高技能领军人才。

第三条　坚持高端引领，在粮食行业选拔一批技能拔尖人才，通过支持建设技能拔尖人才工作室（以下简称工作室），发挥其在技术攻关、技能创新和传技带徒等方面的重要作用，并通过层层推荐选拔技能拔尖人才，逐步建立起分级负责的高技能人才选拔培养机制，为高技能人才成长创造良好环境。

第二章　选拔与申报条件

第四条　技能拔尖人才选拔工作每两年开展一次。

第五条 技能拔尖人才应拥护中国共产党的领导，热爱祖国，坚决执行党的路线、方针、政策，在政治上、思想上、行动上与党中央保持高度一致，模范遵守国家的法律、法规，有良好的职业道德，廉洁自律。

第六条 技能拔尖人才需具有技师及以上职业资格或相当水平。同时，还应具备下列条件之一：

（一）在粮食行业生产一线，进行技术革新和技术改造，实现技术突破，取得较好的经济效益和社会效益。

（二）在粮食科技成果转化方面，为科技新成果转化应用形成新技术、新工艺、新装备，作出重要贡献，取得明显的效果和较高的实用价值。

（三）在培养粮食行业高技能人才方面作出突出贡献，传授技艺、培养人才产生辐射效应，具有广泛的影响力。

（四）获得省级技术能手或省级技能拔尖人才等荣誉称号，积极参与技术技能革新工作，取得优异成绩。

第七条 技能拔尖人才工作室项目申报条件：

（一）能够建立以技能拔尖人才为核心不少于3人的技术技能创新团队；

（二）具有急需解决的技术技能革新与攻关任务以及高技能人才培养任务；

（三）能够为工作室提供相应的资金支持以及包括场所、设备在内的必要工作条件；

（四）高度重视技能人才队伍建设工作，建立了较为完善的技能人才工作制度和有关政策措施。

第三章 选拔程序

第八条 技能拔尖人才按照自下而上、逐级推荐的程序遴选。

（一）技能拔尖人才候选人由所在单位向各省（区、市）粮食局和有关中央企业逐级推荐。

（二）各省（区、市）粮食局和有关中央企业负责组织辖区内或本企业技能拔尖人才的遴选推荐工作，严格审核把关，并组织不少于5人的专家评审组进行评审，在此基础上，向国家粮食局推荐技能拔尖人才候选人。

（三）国家粮食局成立全国粮食行业技能拔尖人才评审委员会（以下简称评审委员会），负责技能拔尖人才评审，择优提出技能拔尖人才初步人选。

（四）国家粮食局对初步人选名单进行审核并公示后，确定技能拔尖人才。

第九条 全国粮食行业职业技能竞赛决赛各职业组一、二等奖获得者，经国家粮食局批准后，确定为技能拔尖人才。

第十条 工作室项目申报评审与技能拔尖人才选拔同步进行。各省（区、市）粮食局和有关中央企业在推荐技能拔尖人才候选人时，应对其工作室项目严格审核把关，国家粮食局对技能拔尖人才及工作室项目一并评审。

第四章 专家评审

第十一条 根据技能拔尖人才候选人的专业领域，从有关高校、科研院所、职业院校、企业选择不少于 9 名专家组成评审委员会。评审委员会设主任委员 1 名，按照专业领域划分若干评议组，每个评议组设组长 1 名。

第十二条　评审委员会坚持以下工作原则：

（一）准确把握技能拔尖人才及工作室项目的标准和条件，从粮食流通事业的全局出发，超脱本单位、本地区、本专业的局限。

（二）遵循实事求是原则，统筹考虑不同岗位技术技能特点，全面客观分析候选人的工作业绩及成果等情况，科学评价候选人的技能水平和实际贡献。

（三）在坚持技能拔尖人才标准条件的前提下，重视对粮食流通发展急需专业领域技术技能人才的选拔。

（四）评审中实行回避制度。凡与候选人有直系亲属或主要旁系亲属关系的专家，评审时应回避。

（五）评审过程中发表的意见和讨论情况，对外必须严格保密。

第十三条　评审委员会主任委员组织各评议组和评审委员会全体会议，采取审阅材料、介绍情况、酝酿讨论和无记名投票表决等方式，对候选人进行两轮评审，分别产生各评议组进入第二轮评审和初步人选名单。

第十四条　第一轮评审

本轮评审为评议组初评，主要任务是从各省（区、市）粮食局和有关中央企业推荐人选中，产生进入第二轮评审人员名单。

（一）对照技能拔尖人才选拔和工作室建设条件，评议组各专家认真审阅本组候选人及其工作室项目材料。

（二）评议组对本组候选人充分讨论评议，针对各候选人的技能水平、工作室项目技术技能革新与攻关任务，形成评议意见，并产生进入第二轮评审人员名单。

第十五条　第二轮评审

本轮评审为会议评审，主要任务是从进入第二轮评审的候选人中，确定技能拔尖人才初步人选及工作室项目。

（一）评审委员会各专家认真审阅全部候选人及其工作室项目材料。

（二）主任委员主持召开评审委员会全体会议。各评议组逐一介绍本组进入本轮评审候选人及其工作室项目总体情况。评审委员会对全部候选人进行充分讨论、评议。

（三）经评审委员会充分酝酿讨论后，进行无记名投票，依得票顺序，产生技能拔尖人才初步人选及工作室项目。

第五章　人才使用

第十六条　在行业技能攻关、技能创新中大胆使用技能拔尖人才，支持他们参与行业政策咨询、项目论证、监督检查、标准制修订和重点工程建设等，安排其承担企业员工培训和职业院校相关专业师资任务。

第十七条　支持以技能拔尖人才为核心建立技术攻关和技能创新团队，解决生产实际中的技术技能难题。

第十八条 国家粮食局实施全国粮食行业技能拔尖人才工作室建设项目，承接粮食行业技术技能攻关和人才培养任务，发挥技能拔尖人才技术攻关、技能创新和传技带徒的作用，面向企业、行业职工及相关人员开展培训、研修、攻关、交流等活动，将技术技能革新成果加以推广。

第六章 激励与培养

第十九条 技能拔尖人才由国家粮食局颁发“全国粮食行业技能拔尖人才”证书。

第二十条 工作室项目由国家粮食局通过购买服务的方式予以一定资金支持，地方粮食行政管理部门和所在单位应配套安排必要资金。

第二十一条 粮食行业推荐“中华技能大奖”或“全国技术能手”原则上从技能拔尖人才中产生。

第二十二条 建立技能拔尖人才研修制度，提高技能拔尖人才理论和技术技能水平。

第二十三条 充分发挥行业教育培训资源作用，依托有关高校、重点职业院校和培训机构开展技能拔尖人才培训，设立技能拔尖人才培训专门基地。支持各地、各单位通过出国培训（研修）和引进国外先进培训资源等方式培养技能拔尖人才。

第二十四条 鼓励技能拔尖人才所在单位建立技能拔尖人才岗位津贴制度，提高技能拔尖人才福利待遇，并对其在技术攻关、技能创新作出突出贡献予以奖励。

第二十五条 各地各单位应通过文件、报纸、杂志、网络等多种途径大力宣传技能拔尖人才，树立典型，营造全行业尊重和重视技能人才的良好氛围。

第七章 管理与服务

第二十六条 国家粮食局建立技能拔尖人才库，对技能拔尖人才实行动态化管理。

第二十七条 加强对技能拔尖人才的考核，建立考核档案。考核工作由技能拔尖人才所在单位组织实施，定期将考核结果报国家粮食局。

第二十八条 对工作室项目的中央财政资金按预算管理有关规定执行。

工作室项目建设单位应对中央财政资金严格实行项目管理，完善项目经费管理制度，做到专款专用，确保资金安全和效益。

第二十九条 工作室项目应形成以下成果：

（一）建立完善的制度、办法，运作规范，定期开展活动；

（二）及时总结推广技术攻关、技能创新成果，并产生一定的经济效益；

（三）通过传、帮、带，使技术技能得到传承，年均培养 2 名以上技术技能骨干。

第三十条 各省（区、市）粮食局和有关中央企业要加强对工作室项目建设单位的日常指导和管理，健全考核、检查和监督制度，定期对工作室的建设情况进行考核和评估，对项目运行存在的问题要限期整改，并将有关情况报送国家粮食局。

第三十一条 国家粮食局将组织专家或委托第三方机构，对工作室项目建设情况进行考核和评估。

第八章 附 则

第三十二条 各省（区、市）粮食局和有关中央企业结合本地本单位实际情况，制定本层级技能拔尖人才管理办法。

第三十三条 本办法自发布之日起施行。

第三十四条 本办法由国家粮食局负责解释。

关于印发《推进粮食系统通过法定途径分类处理信访投诉请求工作的实施意见》的通知

国粮办发〔2015〕315 号

各省、自治区、直辖市及新疆生产建设兵团粮食局：

根据党中央、国务院关于信访工作的决策部署和国家信访局、国务院法制办关于通过法定途径分类处理信访投诉请求工作的具体要求，我局制定了《推进粮食系统通过法定途径分类处理信访投诉请求工作的实施意见》，现印发给你们，请结合实际参照执行。

国家粮食局办公室

2015 年 11 月 30 日

推进粮食系统通过法定途径分类处理信访投诉请求工作的实施意见

为认真贯彻落实党的十八大和十八届三中、四中、五中全会精神，进一步厘清信访与其他法定途径之间的受理范围，把信访工作纳入法治化轨道，确保合理合法诉求依照法律规定和程序得到妥善解决，现就推进通过法定途径分类处理信访投诉请求工作提出如下实施意见。

一　严格按照法定途径分类处理信访投诉请求

根据信访目的，信访人通过信访渠道反映的问题主要分为申诉求决类、揭发控告类、意见建议类及信息公开类。意见建议类因无其他明确的法定途径，可不列入分类梳理范围，重点对申诉求决类、揭发控告类、信息公开类投诉请求进行分类梳理。要根据信访人诉求主体、具体目的，做好正常业务办理、涉法涉诉信访以及能够通过其他法定途径处理的信访与一般信访的区分，将信访投诉请求依法导入行政许可、行政处罚、行政复议、行政诉讼、调解仲裁、纪检监察、信息公开等不同法定途径进行处理。

（一）引导到法定业务办理途径

对应当通过行政许可等法定途径申请办理业务的，按照法定职责或权力清单，引导通过相应途径办理。检举控告违法行为，要求给予行政处罚的，引导通过行政处罚途径处理。举报干部职工违法违纪的，引导通过纪检监察途径处理。要求政府信息公开的，引导通过政府信息公开途径办理。

（二）引导到司法及其他法定救济途径

对不服粮食行政管理部门作出的具体行政行为的，引导通过行政复议、行政诉讼等法定途径处理。粮食系统机关、事业单位工作人员对所在单位作出的人事处理决定不服的，引导通过内部申诉途径处理；粮食系统干部职工与所在单位之间的劳动人事争议，引导通过调解仲裁途径处理。其他属于政法机关管辖的，引导通过司法程序或相应法定救济途径处理。引导通过上述法定途径处理信访投诉请求，应当提示信访人必须在符合法律法规规定的申请主体、受理范围、程序和时限等条件下提出。

（三）依法做好信访投诉请求办理工作

对属于粮食行政管理部门职权范围，无法导入其他法定途径处理的信访投诉请求，依照《信访条例》及相关规定办理。

二 加强系统内外的衔接配合

通过法定途径分类处理信访投诉请求工作是一项系统工程，需要各级粮食行政管理部门及各内设机构共同参与。要注重上下联动、内外衔接，形成推进工作的合力。

（一）加强部门内分工协作

各级粮食行政管理部门要按照职责分工，加强部门内各机构、信访各环节间的衔接配合，防止信访投诉请求在部门内部空转。信访工作机构要负责做好分流、引导工作，其他内设机构要负责做好与业务职能相关信访投诉请求法定途径的判定、解释工作，从源头上推动信访投诉请求通过法定途径处理。

（二）加强系统内协调联动

健全完善粮食系统从上到下的协调联动机制，加强各级各地粮食行政管理部门之间的沟通配合，确保信访投诉请求得到及时妥善解决。各级粮食行政管理部门要强化责任担当、认真履行职责，特别是基层粮食行政管理部门要严格落实首问负责制，从初信初访入手，做好分类引导工作，让群众的合法诉求通过法定程序，第一时间在当地得到解决。

（三）加强部门间协调配合

各级粮食行政管理部门要加强与当地党委、政府信访部门及其他部门的联系沟通，协调配合做好通过法定途径分类处理信访投诉请求工作。对涉及多个部门、疑难复杂的信访投诉请求，要与相关部门共同做好判定、引导和相关处理工作。

三 加强工作推进的措施保障

各级粮食行政管理部门要把通过法定途径分类处理信访投诉请求摆在信访工作的突出位置，精心组织、周密安排，为工作推进创造有利条件。

（一）加强组织领导

充分发挥各级信访工作领导小组的统筹指导作用，主要负责同志要担起第一责任，亲自研究、亲自部署。要科学制定工作方案，明确任务目标和完成时限，尽快制定并公布分类处理清单。要加强对干部的教育培训，使广大干部准确把握分类处理工作要求，提高运用法治思维和法治方式处理信访投诉请求的能力和水平，依法保障群众合法权益。

（二）加强宣传引导

通过多种渠道、采取多种方式，向社会公开法定途径分类处理清单，有条件的要在接待场所印制宣传手册，张贴工作流程。要主动做好对群众的政策解释工作，引导群众转变“信访不信法”的观念，按照法定途径和程序，依法理性反映诉求，依法维护自身权益，推动形成“办事依法、遇事找法、处理问题靠法”的浓厚氛围。

（三）加强督促检查

各级粮食行政管理部门要在做好各自分类处理清单出台和实施的同时，加强对下级部门的业务指导，通过专项督查、典型引导等方式，推动工作有序开展。国家粮食局将适时通报各地的先进做法和典型经验。

《粮食系统通过法定途径处理的信访投诉请求清单》（详见附件）随本意见一并印发，请参照制定本级清单或工作细则。

附件：粮食系统通过法定途径处理的信访投诉请求清单

粮食系统通过法定途径处理的信访投诉请求清单

一 申诉求决类投诉请求

申诉求决，是指公民、法人或其他组织依据法律法规或组织章程规定，向国家机关、政党、社会团体、企事业单位申诉，要求重新作出处理或解决矛盾纠纷。

（一）不服粮食行政管理部门作出的行政许可行为

1. 具体投诉请求：不服粮食行政管理部门作出的中央储备粮油轮换计划批准、中央储备粮代储资格认定、粮食收购资格认定等行政许可行为。

2. 法定途径：申请行政复议、提起行政诉讼。

3. 主要政策法规依据：《中华人民共和国行政复议法》《中华人民共和国行政诉讼法》《中华人民共和国行政许可法》《中央储备粮管理条例》《中央储备粮代储资格认定办法》《粮食流通管理条例》等。

（二）不服粮食行政管理部门作出的行政处罚行为

1. 具体投诉请求：不服粮食部门对本清单第二部分揭发控告类投诉请求第一项所列违法行为作出的行政处罚行为。

2. 法定途径：申请行政复议、提起行政诉讼。

3. 主要政策法规依据：《中华人民共和国行政复议法》《中华人民共和国行政诉讼法》《中华人民共和国行政处罚法》等。

（三）粮食系统机关、事业单位工作人员对所在单位作出的人事处理决定不服

1. 具体投诉请求：对涉及本人的考核结果、处分决定等人事处理不服。

2. 法定途径：内部申诉。

3. 主要政策依据：《中华人民共和国公务员法》《公务员申诉规定（试行）》《事业单位工作人员申诉规定》等。

（四）粮食系统干部职工与所在单位之间发生的劳动人事争议

1. 具体争议：在劳动合同、辞职辞退、工资福利、经济补偿、社会保险等方面发生的争议问题。

2. 法定途径：申请调解或仲裁。

3. 主要政策依据：《中华人民共和国劳动合同法》《中华人民共和国劳动争议调解仲裁法》《事业单位人事管理条例》等。

二 揭发控告类投诉请求

揭发控告，是指向行政机关、司法机关等反映公民、法人或其他组织违法违纪事实或提供线索，要求依法制止、惩处或赔偿。

（一）检举控告违法违规行为，要求粮食行政管理部门作出行政处罚行为

1. 投诉的违法违规行为：

（1）未经许可擅自从事粮食收购活动；

（2）以不正当手段取得中央储备粮代储资格、粮食收购资格；

（3）粮食收购者未执行国家粮食质量标准；

（4）粮食收购者未及时支付售粮款；

（5）粮食收购者违反规定代扣、代缴税、费和其他款项；

（6）粮食经营者、用粮企业未建立粮食经营台账，或者未按规定报送粮食基本数据和有关情况；

（7）接受委托的粮食经营者从事政策性用粮的购销活动未执行国家有关政策；

（8）对于超过正常储存年限的陈粮，出库前未经粮食质量检验机构进行质量鉴定；

（9）粮食经营者的粮食库存低于规定的最低库存量，或超出规定的最高库存量；

（10）粮食经营者未按规定使用或拆除粮食仓储物流设施；

（11）粮油仓储单位未在规定时间内向粮食行政管理部门备案，或备案内容弄虚作假；

（12）粮油仓储单位不具备从事粮油仓储业务所规定的条件；

（13）粮油仓储单位未经批准，名称中擅自使用“国家储备粮”“中央储备粮”字样；

（14）中央储备粮承储企业拒不执行或擅自改变中央储备粮收购、销售、轮换计划和动用命令；

（15）未对中央储备粮实行专仓储存、专人保管、专账记载，中央储备粮账账不符、账实不符；

（16）在中央储备粮中掺杂掺假、以次充好，或擅自串换中央储备粮品种、变更中央储备粮储存地点；

（17）擅自动用中央储备粮；

（18）以中央储备粮对外进行担保或者清偿债务；

（19）对中央储备粮数量、质量和储存安全等方面发生的问题未及时处理；

（20）采取不正当手段骗取中央储备粮贷款和贷款利息、管理费用等财政补贴；

（21）将中央储备粮轮换业务与其他业务混合经营；

（22）中央储备粮代储资格企业发生变化、不能满足代储资格认定条件时，未按规定及时上报；

（23）其他违法违规行为。

2. 法定途径：向粮食行政管理部门举报。

3. 主要政策法规依据：《粮食流通管理条例》《中央储备粮管理条例》《中央储备粮代储资格认定办法》《粮油仓储管理办法》等。

（二）检举粮食系统干部职工违法违纪问题

1. 具体投诉请求：反映粮食系统干部职工违反工作纪律、财务纪律、作风纪律以及党风廉政建设、反腐败等方面的规定和要求。

2. 法定途径：向纪检监察部门举报。

3. 主要政策法规依据：《中国共产党纪律处分条例》《中华人民共和国行政监察法》等。

三 信息公开类投诉请求

政府信息公开，是指行政机关应公民、法人或其他组织申请，依法公开由其在履职过程中制定或者获取的，以一定形式记录、保存的信息。

（一）具体投诉请求及法定途径

1. 申请信息公开的，应向各级粮食行政管理部门信息公开工作机构提出申请。

2. 认为粮食行政管理部门不依法履行政府信息公开义务的，可向上级粮食行政管理部门、监察机关或者政府信息公开工作主管部门举报。

3. 认为粮食行政管理部门在政府信息公开工作中的具体行政行为侵犯其合法权益的，可依法申请行政复议或者提起行政诉讼。

（二）主要政策法规依据

《中华人民共和国政府信息公开条例》《中华人民共和国行政复议法》《中华人民共和国行政诉讼法》等。

公告部分

2015 年第 1 号公告

根据《中央储备粮代储资格认定办法》《中央储备粮代储资格认定办法实施细则》以及《中央储备粮代储资格延续申请办法》的规定，经审核，决定授予北京市张辛粮食储备库等 149 户企业中央储备粮代储资格，将北京市南郊粮食收储库等 541 户企业的中央储备粮代储资格延续至 2020 年 7 月，准予北京市南郊粮食收储库等 212 户企业变更中央储备粮代储资格事项。我局将向本次取得资格企业、延续资格企业以及企业名称、仓号、资格仓容发生变更的企业颁发“中央储备粮代储资格证书”。请相关省（区、市）粮食局协助收回并销毁已作废的中央储备粮代储资格证书。

本决定自公告发布之日起生效。

附件：1. 2015 年取得中央储备粮代储资格企业名单（略）

2. 2015 年延续中央储备粮代储资格企业名单（略）

3. 2015 年变更部分中央储备粮代储资格事项企业名单（略）

（注：以上具体企业名单详见国家粮食局政府网站）

国家粮食局

2015 年 8 月 10 日

2015 年第 2 号公告

根据《国务院关于加强法治政府建设的意见》(国发〔2010〕33 号)、《国家发展改革委办公厅关于开展规章和规范性文件全面清理的通知》(发改办法规〔2015〕638 号),以及《国家粮食局关于粮食行政管理部门深入推进依法行政的意见》(国粮政〔2011〕148 号)关于规范性文件定期清理的要求,国家粮食局对 2000 年至 2015 年 3 月底发布的规范性文件进行了清理。经清理,继续有效的规范性文件 119 件,宣布失效 11 件,废止 15 件。现将清理结果予以公布。

(附件略)

国家粮食局

2015 年 10 月 28 日

通告部分

国粮通〔2015〕1 号

现发布推荐性行业标准样品如下：

一 2015 年度大米、小麦粉加工精度标准样品

2015 年度大米、小麦粉加工精度行业标准样品目录

<table>
<tr><th colspan="2">标准样品名称</th><th>标准号</th><th>特征描述及参考值[注]</th><th>制作单位</th><th>适用标准</th></tr>
<tr><td rowspan="4">早籼米加工精度标准样品</td><td>一级</td><td>LS/T 15121.1-2015</td><td rowspan="12">一级：背沟无皮，或有皮不成线，米胚和粒面皮层去净的占 90% 以上。
二级：背沟有皮，米胚和粒面皮层去净的占 85% 以上。
三级：背沟有皮，粒面皮层残留不超过五分之一的占 80% 以上。
四级：背沟有皮，粒面皮层残留不超过三分之一的占 75% 以上。</td><td rowspan="8">宜兴市粮油集团大米有限公司</td><td rowspan="12">GB 1354-2009</td></tr>
<tr><td>二级</td><td>LS/T 15121.2-2015</td></tr>
<tr><td>三级</td><td>LS/T 15121.3-2015</td></tr>
<tr><td>四级</td><td>LS/T 15121.4-2015</td></tr>
<tr><td rowspan="4">晚籼米加工精度标准样品</td><td>一级</td><td>LS/T 15122.1-2015</td></tr>
<tr><td>二级</td><td>LS/T 15122.2-2015</td></tr>
<tr><td>三级</td><td>LS/T 15122.3-2015</td></tr>
<tr><td>四级</td><td>LS/T 15122.4-2015</td></tr>
<tr><td rowspan="4">粳米加工精度标准样品</td><td>一级</td><td>LS/T 15123.1-2015</td><td rowspan="4">苏州市绿世纪粮油有限公司</td></tr>
<tr><td>二级</td><td>LS/T 15123.2-2015</td></tr>
<tr><td>三级</td><td>LS/T 15123.3-2015</td></tr>
<tr><td>四级</td><td>LS/T 15123.4-2015</td></tr>
</table>

续 表

2015 年度大米、小麦粉加工精度行业标准样品目录

标准样品名称		标准号	特征描述及参考值注	制作单位	适用标准
南方小麦粉加工精度标准样品	特制一等	LS/T 15111.1-2015	麸星含量 :1.00±0.30，L ★ :92.76±0.80	张家港市面粉食品有限公司	GB 1355-1986
	特制二等	LS/T 15111.2-2015	a ★ :-1.12±0.17,b ★ :7.96±1.84		
	标准粉	LS/T 15111.3-2015	麸星含量 : 1.37±0.44，L ★ : 92.39±0.76		
北方小麦粉加工精度标准样品	特制一等	LS/T 15112.1-2015	a ★ :-1.07±0.13,b ★ :8.23±1.86	新乡市新良粮油加工有限责任公司	
	特制二等	LS/T 15112.2-2015	麸星含量 : 3.33±0.66，L ★ :91.04±0.73		
	标准粉	LS/T 15112.3-2015	a ★ :-0.88±0.14,b ★ :8.50±1.67		
小麦粉加工精度标准样品特征参考值按照 GB/T 27628—2011 的要求，采用小麦粉加工精度测定仪测定。					

二 小麦硬度指数和稻谷整精米率标准样品

小麦硬度指数和稻谷整精米率标准样品目录

标准样品	标准号	标准值	制作单位	适用标准
小麦硬度指数标准样品	LS/T 1531-2015	小麦硬度指数 :64.6	河南工大学	GB/T 21304-2007
籼稻整精米率标准样品	LS/T 15321-2015	不确定度 :1.5	湖北国家粮食质量监测中心	GB/T 21719-2008
粳稻整精米率标准样品	LS/T 15322-2015	籼稻整精米率：44.2%	辽宁国家粮食质量监测中心、辽宁盘锦国家粮食质量监测站	GB/T 21719-2008
以上行业标准样品有效期：2015 年 4 月 1 日～ 2016 年 3 月 31 日。				

特此通告。

（附件略）

国家粮食局

2015 年 2 月 27 日

国粮通〔2015〕2号

现发布1项推荐性行业标准，其编号和名称如下：

LS/T 1713-2015《库存粮食识别代码》

LS/T 1713 自发布之日起实施。

特此通告。

国家粮食局

2015年5月5日

国粮通〔2015〕3号

现发布7项推荐性行业标准，其编号和名称如下：

LS/T 3243–2015《DHA藻油》

LS/T 3244–2015《全麦粉》

LS/T 3245–2015《藜麦米》

LS/T 6111–2015《粮油检验 粮食中黄曲霉毒素B1测定 胶体金快速定量法》

LS/T 6112–2015《粮食检验 粮食中玉米赤霉烯酮测定 胶体金快速定量法》

LS/T 6113–2015《粮油检测 粮食中脱氧雪腐镰刀菌烯醇测定 胶体金快速定量法》

LS/T 6114–2015《粮油检测 粮食中赭曲霉毒素A测定 胶体金快速定量法》

以上行业标准自发布之日起实施。

特此通告。

国家粮食局

2015年7月10日

国粮通〔2015〕4号

根据《中华人民共和国标准化法》《中华人民共和国食品安全法》等法律法规的规定，现废止1项推荐性行业标准，其编号和名称如下：

LS/T 3213-1992《花色挂面》

上述标准自2016年1月1日起停止施行。

特此通告。

国家粮食局

2015年10月13日

附　录

2015 年大事记

一月

1 月 8 日 ~ 9 日，经国务院批准，全国粮食流通工作会议在北京召开。会议学习贯彻党的十八大和十八届三中、四中全会和中央经济工作会议、中央农村工作会议精神，总结交流 2014 年粮食流通工作，分析研判面临的新形势，研究部署 2015 年粮食流通工作；表彰全国粮食系统先进集体、先进工作者和劳动模范。国家发展改革委党组书记、主任徐绍史传达了李克强总理和张高丽、汪洋副总理对粮食流通工作的重要批示，并作重要讲话。国家粮食局党组书记、局长任正晓作工作报告。国家公务员局党组成员、副局长吴云华代表人力资源和社会保障部宣读了《人力资源社会保障部、国家粮食局关于表彰全国粮食系统先进集体、先进工作者和劳动模范的决定》。徐鸣同志作总结讲话。曾丽瑛、吴子丹、赵中权、卢景波同志出席会议。

1 月 14 日，国家粮食局召开局党组会议，传达学习习近平总书记的重要讲话和十八届中央纪委五次全会精神，结合粮食部门实际，研究部署贯彻落实的具体措施。一是加强党的纪律建设，严明党的政治纪律和政治规矩。二是深入推动党风廉政建设“两个责任”的落实。三是加强对执行中央八项规定精神情况的监督，驰而不息纠正“四风”。四是加强监督检查，全面提升监督实效。五是坚持以“零容忍”态度惩治腐败。任正晓同志主持，徐鸣、曾丽瑛、吴子丹、赵中权、卢景波同志出席。

1 月 16 日，国家粮食局召开局领导班子专题民主生活会，任正晓同志代表局党组进行对照检查，徐鸣、曾丽瑛、吴子丹、赵中权、卢景波等局领导班子成员分别进行个人对照检查，并开展相互批评。中央第 26 督导组组长李铁林出席指导并作点评和讲话。

1 月 22 日，任正晓同志和徐鸣、曾丽瑛、吴子丹、赵中权、卢景波同志与中储粮总公司赵双连董事长、吕军总经理商谈工作。

1 月 23 日，国家粮食局召开局党组会议，传达全国组织部长会议精神，研究有关人事工作。任正晓同志主持，徐鸣、曾丽瑛、吴子丹、赵中权、卢景波同志出席。

1 月 23 日，任正晓同志与中央农办韩俊副主任商谈粮食工作。

1 月 29 日，国家粮食局召开 2014 年度全局工作总结大会。任正晓同志代表领导班子作年度述职报告。赵中权同志传达了习近平总书记在中央纪委全会上的重要讲话和十八届中央纪委第五次全会精神。徐鸣、曾丽瑛、吴子丹、卢景波同志出席。

二月

2 月 5 日，为保护农民利益，防止“谷贱伤农”，2015 年国家继续在稻谷主产区实行最低收购价政策。综合考虑生产成本、市场供求、比较效益、国际市场价格和产业发展等各方面因素，经国务院批准，2015 年生产的早籼稻（三等，下同）、中晚籼稻和粳稻最低收购价格分别为每 50 公斤 135 元、138 元和 155 元，保持 2014 年水平不变。

2 月 6 日，全国粮食系统纪检监察工作座谈会在福建福州召开。会议主要内容是总结交流 2014 年粮食系统党风廉政建设工作情况，部署 2015 年全面落实党风廉政建设监督责任工作。赵中权同志出席会议并讲话。

2 月 15 日，国家粮食局召开局党组会议，传达学习国务院第三次廉政工作会议精神，中央国家机关第二十九次党的工作会议暨第二十七次纪检工作会议精神，通报 2014 年度局党组民主生活会情况，审议《2015 年国家粮食局党风廉政建设和反腐败工作实施意见》，研究有关人事工作。任正晓同志主持，徐鸣、曾丽瑛、吴子丹、赵中权、卢景波同志出席。

2 月 16 日，为认真贯彻落实《国务院关于建立健全粮食安全省长责任制的若干意见》，推动各地全面落实粮食安全责任，国家粮食局印发《关于贯彻落实〈国务院关于建立健全粮食安全省长责任制的若干意见〉的指导意见》。意见要求：一是准确把握《意见》内涵，积极主动推动省级人民政府尽快制定粮食安全省长责任制的实施意见；二是认真履行部门职责，创造性地落实粮食部门牵头负责的各项任务；三是加强统筹协调，全面推进粮食安全省长责任制的贯彻落实。

2 月 27 日，国家粮食局发布 2015 年第 1 号通告，通告发布了推荐性行业标准样品：2015 年度大米、小麦粉加工精度标准样品和小麦硬度指数和稻谷整精米率标准样品。以上行业标准样品有效期：2015 年 4 月 1 日 ~ 2016 年 3 月 31 日。

2 月 28 日，国家粮食局召开局长办公会议，通报局党组成员部分工作分工调整情况，审议国家粮食局 2015 年会议计划，审议国家粮食局 2015 年度培训计划，听取关于国家粮食局专项资产清查工作情况的汇报。任正晓同志主持，徐鸣、曾丽瑛、吴子丹、赵中权、卢景波同志出席。

三月

3 月 1 日 ~ 6 月 5 日，任正晓同志到中央党校参加第 5 期省部级干部“中国特色社会主义理论体系”高级研修班学习。

3 月 9 日，国家粮食局局长任正晓会见印度尼西亚国有企业部部长莉尼·苏玛尔诺一行。任正晓局长向印度尼西亚来宾简要介绍了中国粮食安全形势和粮食生产、储藏和加工等方面情况。莉尼部长对中国用有限的耕地解决了 13 亿人的吃饭问题表示钦佩，她希望学习中国在粮食储藏和稻米加工方面的先进技术和经验，并欢迎中国企业到印度尼西亚开展大豆和玉米的种植。任正晓局长表示，中国和印度尼西亚两国在粮食生产、储藏、加工、标准制定、质量检测、科研等领域的交流与合作有着广阔的空间。欢迎印度尼西亚粮食行业的专家、技术人员和企业家来中国参观考察，商谈具体的合作方式及项目，实现合作共赢。

3 月 18 日 ~ 19 日，全国粮食质量安全监管工作会议在贵州贵阳召开。会议主要内容是学习领会党中央、国务院关于做好粮食质量安全工作的决策精神，落实粮食流通工作会议部署要求，总结交流工作，研究部署任务。会前，任正晓同志作出批示，充分肯定 2014 年粮食质量安全监管工作取得的成绩，对 2015 年的工作提出了明确要求。吴子丹同志出席会议传达了任正晓同志的批示精神并讲话。

3 月 18 日 ~ 19 日，全国粮食调控与统计工作会议在云南昆明召开。会议主要内容是贯彻落实全国粮食流通工作会议精神，总结交流 2014 年粮食调控与统计工作，研究分析粮食流通新形势、新问题，安排部署2015年工作任务，并会审汇编了2014年度全国粮油统计年报。会前，任正晓同志作出重要批示，充分肯定2014年粮食调控与统计工作所取得的成绩，对2015年的工作提出了明确要求。卢景波同志出席会议传达了任正晓同志的批示精神并讲话。

3月23日，经国务院同意，国家发展改革委、国家粮食局、财政部印发《粮食收储供应安全保障工程建设规划（2015—2020年）》。"粮食收储供应安全保障工程"的主要内容包括"建设粮油仓储设施、打通粮食物流通道、完善应急供应体系、保障粮油质量安全、强化粮情监测预警、促进粮食节约减损"等。

3月27日，为切实加强粮食库存管理，夯实国家粮食安全的物质基础，国家发展改革委、国家粮食局、财政部、中国农业发展银行决定，从2015年开始对现行粮食库存检查方式进行改革完善和优化。按照既体现改革精神，又要平稳过渡的原则，2015年安排对内蒙古、辽宁、吉林、黑龙江4省（自治区）的粮食库存进行重点检查，对其余各省（自治区、直辖市）的粮食库存进行例行检查。

3月27日～28日，党组中心组以"严明党的政治纪律和政治规矩"为主题，组织第一季度集体学习。任正晓同志作总结讲话。徐鸣、吴子丹、赵中权、卢景波同志参加。

3月30日，全国人大农业与农村委员会主任委员陈建国带领调研组到国家粮食局专题调研粮食流通和粮食立法工作情况，全国人大农委副主任委员刘振伟和委员包克辛、曹维新、蒋省三、翟虎渠以及全国人大农委调研室有关负责同志一同参加了专题调研活动。任正晓同志向调研组简要汇报了当前的粮食流通工作和粮食法立法工作进展情况。国家粮食局有关司局负责同志按照调研组的要求，汇报了中央和地方粮食安全责任、粮食储备和调控、调动农民种粮和地方政府抓粮积极性等方面的情况。徐鸣、卢景波同志参加。

3月31日～4月1日，全国粮食财会工作会议在山西太原召开，会议主要内容是认真贯彻落实全国粮食流通工作会议精神，总结2014年全国粮食财会工作，会审汇编年度国有粮食企业会计决算报表，安排布置2015年工作。会前，任正晓同志对会议作出批示，吴子丹同志出席会议传达了任正晓同志的批示精神并讲话。

四月

4月1日，为有效利用社会粮食仓储设施，缓解部分地区国有或国有控股粮食企业仓容不足的矛盾，确保国家粮食收购政策落实和政策性粮食储存安全，国家发展和改革委员会、国家粮食局、财政部和中国农业发展银行制定印发了《租赁社会粮食仓储设施收储国家政策性粮食的指导意见（试行）》。

4月2日～3日，全国粮食流通监督检查工作会议在福建福州召开。会议主要内容是总结2014年度粮食流通监督检查工作，分析当前粮食流通新形势新情况，安排部署2015年粮食流通监督检查工作等。会前，任正晓同志对会议作出的批示，对2014年粮食流通监督检查工作取得的成效给予了充分肯定，对各级粮食部门认真贯彻落实国发69号文件精神提出具体要求。吴子丹同志出席会议传达了任正晓同志的批示精神并讲话。

4月9日～10日，全国粮食系统军粮供应工作会议在北京召开，会议主要内容是贯彻落实全国粮食流通工作会议精神，总结交流2014年军粮供应工作情况，研究分析军粮供应面临的新形势和新要求，安排部署2015年工作任务。会前，任正晓同志对会议作出批示，卢景波出席会议传达了任正晓同志的批示精神并讲话。

4 月 17 日，中央电视台《新闻直播间》《焦点访谈》栏目先后报道了辽宁、吉林两省有的粮库在政策性粮食收储和销售出库过程中以陈粮顶新粮，恶意套取价差补贴，严重损害国家、种粮农民利益等问题。国家粮食局对此高度重视，第一时间作出部署，要求辽宁、吉林两省粮食部门立即对央视曝光企业的严重问题进行彻底核查，国家粮食局立即派出核查工作组赶赴两省现场督办，对违反国家粮食收储政策、套取新陈价差和国家补贴、坑害种粮农民利益的企业和责任人依法依纪严肃处理。

4 月 20 日，国家发展改革委副主任何立峰到国家粮食局调研并座谈，任正晓、徐鸣、曾丽瑛、吴子丹、赵中权、卢景波同志及有关司室主要负责同志参加。

4 月 27 日，国家粮食局召开局党组会议，传达学习中央"三严三实"专题教育工作座谈会精神，审议《中共国家粮食局党组关于在处级以上领导干部中开展"三严三实"专题教育实施方案》，传达学习中央纪委强化监督执纪问责，深入纠正"四风"电视电话会议精神，传达学习中央纪委派驻机构负责人会议精神，审议《国家粮食局党风廉政建设巡视监督工作办法》，研究有关人事工作。任正晓同志主持，徐鸣、曾丽瑛、吴子丹、赵中权、卢景波同志参加。

4 月 28 日，2015 年庆祝"五一"国际劳动节暨表彰全国劳动模范和先进工作者大会在北京人民大会堂隆重举行。中共中央总书记、国家主席、中央军委主席习近平在会上发表重要讲话。中共中央政治局常委、国务院总理李克强主持大会，张德江、俞正声、王岐山、张高丽同志出席会议，刘云山同志宣读表彰决定。2968 名全国劳动模范和全国先进工作者接受表彰。粮食行业高玉树等 13 名同志获得全国劳动模范荣誉称号。

4 月 28 日 ~ 29 日，全国粮食系统办公室工作会议在河南郑州召开，会议主要内容是传达学习中央领导同志关于做好办公厅（室）工作的重要指示和讲话精神，总结近年来粮食系统办公室工作情况，对下一步工作进行研究部署。任正晓同志对做好粮食系统办公室工作作出批示，徐鸣同志出席会议传达了任正晓同志的批示精神并讲话。

4 月 30 日，为深入贯彻国家粮食安全战略，认真落实中共中央、国务院《关于深化体制机制改革加快实施创新驱动发展战略的若干意见》和《关于深化科技体制改革加快创新体系建设的意见》的决策部署，结合粮食流通工作实际，国家粮食局印发《关于深化粮食科技体制改革和加快创新体系建设的指导意见》。

五月

5 月 6 日 ~ 10 日，全国粮食系统纪检监察干部综合业务培训班在中央纪委监察部杭州培训中心举办。这次培训班的主题是：深入学习贯彻十八届中央纪委第五次全会精神和习近平总书记系列重要讲话精神，认真贯彻落实王岐山同志在加强中央纪委派驻机构建设培训班上的重要讲话精神，进一步提高粮食系统纪检监察干部履行监督执纪问责的能力。这次培训班是粮食系统首次委托专业的纪检监察培训机构进行的集中培训。70 余名全国粮食部门纪检监察干部和驻局组局全体干部参加了培训。赵中权同志作开班动员讲话。

5 月 8 日，国家粮食局召开"三严三实"专题教育动员部署大会，任正晓同志讲专题党课并作动员部署讲话。中央组织部、中央国家机关工委、国家发展改革委直属机关党委有关同志出席指导会议。徐鸣、曾丽瑛、吴子丹、卢景波同志出席。

5 月 18 日，国家发展改革委、国家粮食局等 6 部门印发 2015 年小麦和稻谷最低收购价执行预案的通知。小麦预案规定了 2015 年白小麦、红小麦和混合小麦最低收购价格均为每市斤 1.18 元。执行区域：河北、江苏、安徽、山东、河南、湖北 6 省。执行期限：2015 年 5 月 21 日至 9 月 30 日。早籼稻预案规定了 2015 年早籼稻最低收购价每市斤 1.35 元。执行区域：安徽、江西、湖北、湖南、广西 5 省（区）。执行期限：2015 年 7 月 16 日至 9 月 30 日。中晚籼稻最低收购价每市斤 1.38 元，粳稻最低收购价每市斤 1.55 元。中晚稻最低收购价执行区域和执行时间为：江苏、安徽、江西、河南、湖北、湖南、广西、四川 8 省（区）2015 年 9 月 16 日至 2016 年 1 月 31 日，辽宁、吉林、黑龙江 3 省 2015 年 10 月 10 日至 2016 年 2 月 29 日。

5 月 19 日，全国夏季粮油收购工作会议在江苏南京召开，会议认真学习了夏粮收购政策，研究分析了夏粮生产、收购形势和价格走势，并对收购工作作出部署。卢景波同志出席会议并讲话。

5 月 27 日，国家粮食局召开局党组会议，审议《国家粮食局司室单位机构职责调整工作方案》，研究有关人事工作。任正晓同志主持，徐鸣、曾丽瑛、吴子丹、赵中权、卢景波同志出席。

5 月 29 日，国家粮食局局长任正晓与广西壮族自治区副主席张秀隆商谈粮食工作。

六月

6 月 12 日，国家粮食局召开全局处以上党员干部、直属联系单位领导班子成员会议，传达《中共中央关于周永康违法犯罪案及其教训的通报》精神。任正晓同志主持，徐鸣、曾丽瑛、赵中权同志出席。

6 月 16 日，全国政协常委、中国工程院院士、著名杂交水稻专家袁隆平先生专程到国家粮食局考察调研，国家粮食局党组书记、局长任正晓会见了袁隆平院士一行，并认真听取了袁隆平院士对促进粮食优质高产、保障国家粮食安全的见解和意见。

6 月 18 日，国家粮食局局长任正晓会见加拿大农业与食品部副部长安德里亚・里昂一行，双方共同回顾了近几年中加两国在粮油贸易、科技、信息等方面所取得的丰硕成果，一致赞同进一步加深双方机构、企业、人员的交流、交往与合作，力争在粮食储藏、加工、物流、标准质量和粮油科技合作等方面取得更深更广的成效。曾丽瑛副局长代表国家粮食局签署与加拿大谷物委员会合作意向书。

6 月 18 日，为进一步完善油菜籽价格形成机制，充分发挥市场在资源配置中的决定性作用和更好地发挥政府宏观调控作用，促进油脂油料市场顺畅有序流通，推动油菜籽产业上下游协调发展，经国务院同意，国家发展改革委、国家粮食局等 5 部门印发《关于做好 2015 年油菜籽收购工作的通知》。

6 月 24 日，按照 2015 年全国食品安全宣传周活动的统一部署，“2015 年全国食品安全宣传周粮食质量安全宣传日”活动在吉林长春举办。任正晓同志出席主会场活动并讲话。

6 月 30 日 ~ 7 月 1 日，国家粮食局党组召开“三严三实”专题教育第一专题集中学习研讨会暨中心组 2015 年第二季度集体学习。本次集中学习研讨围绕“三严三实”专题教育“严以修身”主题，与党组中心组第二季度集体学习、党组成员讲党课以及“庆七一”主题党日活动统筹安排、系统集成。局党组全体成员参加专题研讨暨集中学习。中央组织部、中央国家机关工委、国家发展改革委相关同志到会指导。

七月

7月2日，国家粮食局局长任正晓与中国工程院院士孙宝国商谈工作。

7月3日，国家粮食局与武警部队共同签署军民融合发展合作协议，就武警部队军粮应急保障开展深度合作，并在指导推动、优势互补、重点任务方向应急准备、保障措施等方面提出具体落实意见，确保武警部队执行重大任务用粮需要和安全。此次武警部队与国家有关部门和单位首批签约军民融合项目合作协议有12个，标志着武警部队军民融合深度发展全面启动。国家粮食局副局长卢景波出席并签署了有关合作协议，

7月13日，国家粮食局发布2015年第3号通告。通告发布了7项推荐性行业标准，其编号和名称如下：LS/T 3243-2015《DHA藻油》；LS/T 3244-2015《全麦粉》；LS/T 3245-2015《藜麦米》；LS/T 6111-2015《粮油检验 粮食中黄曲霉毒素B1测定 胶体金快速定量法》；LS/T 6112-2015《粮食检验 粮食中玉米赤霉烯酮测定 胶体金快速定量法》；LS/T 6113-2015《粮油检验 粮食中脱氧雪腐镰刀菌烯醇测定 胶体金快速定量法》；LS/T 6114-2015《粮油检验 粮食中赭曲霉毒素A测定 胶体金快速定量法》。以上行业标准自发布之日起实施。

7月16日，为切实维护国家粮食收购政策的严肃性，坚决遏制“打白条”等违法违规行为，国家粮食局印发《关于严格监管严肃查处向售粮农民“打白条”行为的紧急通知》。通知要求：一是各类粮食经营企业要不折不扣地执行好向售粮农户现款结算、不“打白条”的粮食收购政策；二是国家政策性粮食收购执行主体要切实担负起不向售粮农民“打白条”的主体责任；三是各级粮食行政管理部门要立即对各类粮食企业兑付粮款情况进行全面排查。

7月16日～17日，全国粮食局长座谈会暨粮食系统政策法规工作会议在广西南宁召开。会议主要内容是总结交流贯彻国家粮食安全战略、落实粮食安全省长责任制和全国粮食流通工作会议精神，推进粮食流通各项重点工作的进展情况，深入分析当前粮食流通工作面临的形势和存在的困难问题，研究提出推进2015年下半年及明年粮食流通工作的思路和具体措施。任正晓、徐鸣同志出席会议并讲话。

7月29日，全国粮食系统落实党风廉政建设监督责任工作座谈会在甘肃兰州召开，会议主要内容是认真传达学习王岐山同志近期关于加强和改进党的纪律审查工作的重要讲话，总结交流上半年粮食系统纪检监察机构落实党风廉政建设监督责任的情况，研究部署下半年工作思路和工作重点。赵中权同志主持会议并讲话。

八月

8月10日，国家粮食局发布2015年第1号公告。根据《中央储备粮代储资格认定办法》《中央储备粮代储资格认定办法实施细则》以及《中央储备粮代储资格延续申请办法》的规定，经审核，决定授予北京市张辛粮食储备库等149户企业中央储备粮代储资格，将北京市南郊粮食收储库等541户企业的中央储备粮代储资格延续至2020年7月，准予北京市南郊粮食收储库等212户企业变更中央储备粮代储资格事项。本决定自公告发布之日起生效。

8月10日～31日，任正晓、徐鸣、曾丽瑛、赵中权、卢景波同志分别走访慰问国家粮食局在京

的19名抗战老战士，为他们送上党中央、国务院颁发的抗战胜利70周年纪念章和慰问金，代表局党组对抗战老战士送去慰问品，并向他们表达崇高敬意和诚挚祝福。

8月17日，任正晓同志主持召开局党组会议，审议《关于全面落实党风廉政建设监督责任的实施意见》，审议《国家粮食局直属机关纪委纪律审查工作规程》，研究讨论机关司室“三定规定”方案及粮食行业协会与业务主管部门脱钩工作，研究有关人事任免事项。徐鸣、曾丽瑛、吴子丹、赵中权、卢景波同志出席。

8月20日，曾丽瑛同志代表局党组通报国家粮食局司室单位机构职责调整情况，并就从严从实做好工作交接及认真履行新“三定规定”要求作工作部署。任正晓同志和徐鸣、赵中权、卢景波同志出席。

8月31日，为贯彻落实国务院关于《深化标准化工作改革方案》的要求，根据粮食行业的实际，国家粮食局印发《关于贯彻实施国务院〈深化标准化工作改革方案〉的意见》。

九月

9月1日，国家粮食局举行仪式，任正晓同志为国家粮食局健在的抗战老战士代表颁发中央统一制作发放的“中国人民抗日战争胜利70周年”纪念章。

9月11日，任正晓同志主持召开局长办公会议，审议《粮食行业“十三五”规划编制工作方案》，听取关于2015年粮食流通改革进展情况及推进措施意见建议的汇报，听取国家粮食局安全和保密工作情况汇报，审议《国家粮食局信访突发事件应急预案》，审议关于追加中国粮食研究培训中心项目委托（购买服务）经费的建议。徐鸣、曾丽瑛、吴子丹、卢景波同志出席。

9月11日，任正晓同志主持召开党组中心组专题学习研讨暨党建工作领导小组第2次会议，学习刘云山在部分部门和省区市“三严三实”专题教育座谈会上的讲话，审议《关于在“三严三实”专题教育中开展向河北柏乡粮库学习活动实施方案》。徐鸣、曾丽瑛、吴子丹、卢景波同志出席。

9月18日，全国秋粮收购工作会议在黑龙江省哈尔滨市召开，分析研判秋粮收购形势，安排部署收购工作，卢景波同志主持会议并讲话。

9月18日，经国务院批准，2015年国家继续在东北三省和内蒙古自治区实施玉米临时收储政策。2015年国家临时存储玉米收购期限为2015年11月1日至2016年4月30日。收购价格为1元/斤，相邻等级之间差价按每市斤0.02元掌握。收购入库的国家临时收储玉米必须为2015年生产的国产玉米，符合国标等内品质量标准。具体质量标准按玉米国家标准（GB1353-2009）执行。

9月24日，国家粮食局组织“三严三实”第二专题学习研讨暨第三季度中心组集体学习开课报告会，局党组成员、驻局纪检组组长赵中权围绕“严以律己”学习研讨主题，以《以违纪违法的反面典型为镜鉴，增强践行“三严三实”的思想和行动自觉》为题，为全局党员干部讲“三严三实”专题党课。局党组书记、局长任正晓及其他党组成员，局总工程师参加专题党课。党组成员、副局长、局直属机关党委书记徐鸣同志主持党课报告会。

9月24日，东北片区安全储粮和安全生产工作会在黑龙江哈尔滨召开，会议主要内容是分析研究当前东北地区粮食安全储存问题，动员和部署打好安全储粮和安全生产攻坚战。吴子丹同志出席会议并讲话。

9 月 29 日，任正晓同志主持召开局长办公会议，传达贯彻第五次全国对口援疆工作会议精神，研究部署进一步做好粮食系统对口援疆工作，安排部署当前重点工作，审议《2015 年秋粮收购和秋季安全储粮督查工作方案》。徐鸣、吴子丹、赵中权、卢景波同志参加。

十月

10 月 12 日，为保护农民利益，防止“谷贱伤农”，2016 年国家继续在小麦主产区实行最低收购价政策。综合考虑粮食生产成本、市场供求、国内外市场价格和粮食产业发展等各方面因素，经国务院批准，2016 年生产的小麦（三等）最低收购价为每 50 公斤 118 元，保持 2015 年水平不变，以稳定粮食生产，促进粮食产业健康发展。

10 月 13 日，国家粮食局发布 2015 年第 4 号通告。根据《中华人民共和国标准化法》《中华人民共和国食品安全法》等法律法规的规定，现废止 1 项推荐性行业标准，其编号和名称如下：LS/T 3213-1992《花色挂面》。上述标准自 2016 年 1 月 1 日起停止施行。

10 月 14 日 ~ 21 日，国家粮食局派出由局领导带队的工作组，分赴内蒙古、辽宁、吉林、黑龙江、安徽、江西、河南、湖北、湖南、四川 10 个粮食主产省（区）进行督查。针对当前秋粮收储压力大和储粮安全面临的突出矛盾和问题，工作组重点对秋粮收购情况、储粮安全和安全生产情况、仓储设施建设情况等开展了督查。指导各地粮食行政管理部门切实做好秋粮收购工作，督促粮食收储企业严格执行“五要五不准”粮食收购守则，决不允许给农民“打白条”，确保农民种粮卖得出；强化收储企业安全生产主体责任意识，加强安全储粮措施，防范发生安全生产和坏粮事故，确保粮安库安人安。督查组还对秋粮收购市场进行了调研，及时发现和掌握基层粮食企业出现的新动态、形成的新动能、创造的新经验。

10 月 16 日，国家粮食局、农业部、科技部、共青团中央、全国妇联和联合国粮农组织在清华大学联合主办第 35 个世界粮食日和第 25 个全国爱粮节粮宣传周活动，举行“兴粮惠农进万家”活动启程仪式。在活动期间，全国将有 4000 多个工作小组、2 万多人，走进 10 万多个村组、50 多万家农户。任正晓、曾丽瑛同志出席活动启程仪式。

10 月 21 日，任正晓同志主持召开局党组会议，传达学习《中共中央关于部分省市县党委书记违纪违法案件及其教训警示的通报》，审议《关于开展“守纪律讲规矩坚守廉政勤政”约谈提醒活动方案》，研究有关人事工作。徐鸣、曾丽瑛、吴子丹、赵中权、卢景波同志出席。

10 月 23 日 ~ 24 日，全国粮食系统全面从严治党座谈会在湖北武汉召开。会议深入学习贯彻中央关于全面从严治党重大决策部署和习近平总书记系列重要讲话精神，交流各地落实全面从严治党要求、扎实开展“三严三实”专题教育情况，进一步强化共识、增强信心、坚持不懈，推动全面从严治党在粮食系统更好落地。徐鸣同志出席会议并讲话。

10 月 28 日，国家粮食局发布 2015 年第 2 号公告。根据《国务院关于加强法治政府建设的意见》（国发〔2010〕33 号）、《国家发展改革委办公厅关于开展规章和规范性文件全面清理的通知》（发改办法规〔2015〕638 号），以及《国家粮食局关于粮食行政管理部门深入推进依法行政的意见》（国粮政〔2011〕148 号）关于规范性文件定期清理的要求，国家粮食局对 2000 年至 2015 年 3 月底发布的规范性文件进行了清理。经清理，继续有效的规范性文件 119 件，宣布失效 11 件，废止 15 件。

10 月 30 日和 11 月 2 日，国家粮食局召开局党组会议，传达学习党的十八届五中全会精神，中央组织部召开的培养选拔年轻干部和女干部、少数民族干部、党外干部工作座谈会精神，中央纪委关于五起党风廉政建设责任追究典型案件的通报精神。徐鸣、曾丽瑛、吴子丹、卢景波同志出席。

十一月

11 月 3 日，经国务院同意，国务院办公厅印发《粮食安全省长责任制考核办法》。国务院对各省（区、市）人民政府粮食安全省长责任制落实情况进行年度考核，由发展改革委、农业部、粮食局会同有关部门和单位组成考核工作组负责具体实施。考核工作组办公室设在国家粮食局，承担考核日常工作。考核内容包括增强粮食可持续生产能力、保护种粮积极性、增强地方粮食储备能力、保障粮食市场供应、确保粮食质量安全、落实保障措施等 6 个方面。本办法由国家发展改革委、农业部、国家粮食局负责解释，自印发之日起施行。

11 月 5 日，粮食经济类期刊主编暨《中国粮食经济》通讯联络员会议在四川省成都市召开。会议深入学习了习近平总书记关于意识形态工作尤其是新闻宣传工作的重要论述，并就如何围绕贯彻实施国家粮食安全新战略和粮食流通中心工作办好粮食经济类期刊进行了交流探讨。曾丽瑛同志出席会议并讲话。

11 月 6 日，国家粮食局、财政部会同国家发展改革委、农业部、农业发展银行、中储粮总公司等部门和单位在吉林长春组织召开东北地区秋粮收储工作座谈会，贯彻落实 10 月 30 日国务院研究做好粮食收储等工作会议精神，指导督促有关地方政府落实好秋粮收购等各项工作。会议由国家粮食局、财政部共同主持。辽宁、吉林、黑龙江三省和内蒙古自治区人民政府分管负责同志，4 省（区）发展改革委、财政厅、农业厅、粮食局、农业发展银行分行、中储粮分公司有关负责同志，中粮集团有限公司、中国中纺集团公司、中航工业集团公司有关负责同志参加会议。任正晓、卢景波同志出席会议。

11 月 11 日，国务院召开常务会议，确定稳定粮食生产增加种粮收入的措施，保障粮食安全和农民利益等议题。会议指出，我国粮食连年增产，2015 年再获丰收，有力支撑了经济社会发展和民生改善，但也存在库存大幅增加、价格下降等问题。当前正值秋收冬种，要多措并举，切实保护农民利益和种粮积极性。一要抓好秋粮收购，加大仓储设施建设投入，加快在建粮库和维修改造进度，按需追加跨省移库计划，加大北粮南运，抓紧出台鼓励加工企业入市购粮政策，严查“打白条”、压级压价，防止“卖粮难”。二要稳妥消化现有库存，将符合条件的临储玉米划转为国家一次性储备。加强粮食仓储管理，确保储粮安全。三要做好冬春农业生产，加快灌排设施等水利建设，加强农资保供。加大高标准农田建设投入，重点向主产区倾斜。四要改革粮食价格形成和收储机制，完善玉米、大豆补贴政策，小麦、稻谷等口粮品种明年继续实行最低收购价政策。五要推动南方挂坡地退耕还林，推进休耕及玉米与大豆轮作，扩大“粮改饲”试点范围，促进种植结构调整。

11 月 13 日，国家粮食局局长任正晓会见了来访的澳大利亚农业和水利部副部长乔·埃文斯女士一行。任正晓局长向来宾介绍了当前我国粮食安全形势和流通贸易等方面的情况，埃文斯副部长对国家粮食局给予中澳科研机构合作的支持表示感谢。双方一致表示要进一步加强两国在粮食领域，特别是在粮食储运、加工、质量和标准、粮油信息等方面的交流合作。

11 月 16 日，为认真落实国务院关于做好国家政策性粮食收储工作的有关批复精神，强化最低收购价和国家临时存储粮食（以下统称“国家政策性粮食”）收储工作的“四个共同”机制，严格落实收储企业执行政策的主体责任，强化粮食行政管理部门和农业发展银行的监管责任，国家发展和改革委员会、国家粮食局等五部门印发《关于进一步强化“四个共同”机制切实做好国家政策性粮食收储和监管工作的通知》。

11 月 17 日，国家粮食局党组书记、局长任正晓会见了对口扶贫点四川省金阳县委书记、县长毛正文一行，就总结和深化对口扶贫工作进行了座谈交流。卢景波同志一同参加了会见座谈。

11 月 19 日，粮食行业贯彻京津冀协同发展战略做好“十三五”规划编制工作座谈会在北京召开，会议总结交流三地粮食行业推进协同发展的进展情况，深入研究进一步贯彻落实京津冀协同发展战略和做好“十三五”京津冀粮食行业协同发展规划编制工作。任正晓、曾丽瑛同志出席会议并讲话。

11 月 25 日，国家粮食局召开领导干部会议，宣布中央关于国家粮食局领导班子调整的决定。国家发展和改革委员会党组副书记、副主任何立峰同志出席会议并讲话。国家发展和改革委员会人事司司长梁彦同志宣布中央决定：邓亦武同志任国家粮食局党组成员、副局长，免去吴子丹同志国家粮食局党组成员、副局长职务。徐鸣、曾丽瑛、吴子丹、赵中权、卢景波、邓亦武同志出席。

11 月 26 日 ~ 27 日，国家粮食局党组中心组以“严以用权，真抓实干，实实在在谋事、创业、做人，做忠诚、干净、担当的好干部”为学习研讨主题，以“学党章、明党纪、守党规，牢固树立理想信念高线和纪律规矩底线意识”为学习研讨重点，组织“三严三实”第三专题集中学习研讨暨第四季度集体学习。任正晓同志主持集中学习研讨并作总结讲话。徐鸣、曾丽瑛、赵中权、卢景波、邓亦武同志分别就《党组工作条例（试行）》《廉洁自律准则》《纪律处分条例》《巡视工作条例》《领导干部选拔任用工作条例》以及《推进领导干部能上能下若干规定（试行）》等“四条例一准则一规定”进行解读领学。

11 月 30 日，国家粮食局召开党组会议，传达学习中央扶贫开发工作会议精神，研究部署国家粮食局对口扶贫开发和行业扶贫工作；传达贯彻全国革命老区开发建设座谈会精神。

十二月

12 月 16 日 ~ 17 日，部分省市粮食局长座谈会在湖北武汉召开，会议主要内容是深入研究粮食行业进一步贯彻落实长江经济带发展战略、做好“十三五”粮食行业发展规划编制工作。任正晓、邓亦武同志出席会议并讲话。

12 月 17 日，国家粮食局党组书记、局长任正晓会见了定点扶贫县阜南县委书记崔黎一行，就深入贯彻中央扶贫开发工作会议精神、扎实做好定点扶贫工作进行了工作座谈，党组成员、副局长卢景波参加。

12 月 22 日，国家粮食局召开党组会议，传达学习中央经济工作会议、中央城市工作会议精神，研究部署贯彻落实的工作措施。会议还研究了其他事项。

12 月 22 日 ~ 23 日，全国发展和改革工作会议在北京召开。会议深入学习领会党的十八届五中全会精神，学习贯彻落实中央经济工作会议等重要会议精神，特别是习近平总书记、李克强总理的重要讲话精神和重要批示指示要求，总结 2015 年发展改革工作，安排部署 2016 年发展改革工作。国家发展改革委党组书记、主任徐绍史在会上作了题为《振奋精神攻坚克难开拓创新努力实现“十三五”经济社会发展良好开局》的报告。国家发展改革委党组副书记、副主任何立峰主持会议。任正晓、邓亦武同志参加。

12月28日，国家粮食局召开党组扩大会议，传达贯彻中央农村工作会议精神，认真学习习近平总书记的重要指示，李克强总理的重要批示和汪洋副总理的重要讲话，研究部署贯彻落实的具体措施。会议还研究了其他事项。

粮食行业统计资料

表 1 全国主要粮食及油料播种面积 (1978~2015 年)

单位：千公顷

年 份	粮食	稻谷	小麦	玉米	大豆	油料
1978	120587	34421	29183	19961	7144	6222
1979	119263	33873	29357	20133	7247	7051
1980	117234	33878	28844	20087	7226	7928
1981	114958	33295	28307	19425	8024	9134
1982	113462	33071	27955	18543	8419	9343
1983	114047	33136	29050	18824	7567	8390
1984	112884	33178	29576	18537	7286	8678
1985	108845	32070	29218	17694	7718	11800
1986	110933	32266	29616	19124	8295	11415
1987	111268	32193	28798	20212	8445	11181
1988	110123	31987	28785	19692	8120	10619
1989	112205	32700	29841	20353	8057	10504
1990	113466	33064	30753	21401	7560	10900
1991	112314	32590	30948	21574	7041	11530
1992	110560	32090	30496	21044	7221	11489
1993	110509	30355	30235	20694	9454	11142
1994	109544	30171	28981	21152	9222	12081
1995	110060	30744	28860	22776	8127	13102
1996	112548	31406	29611	24498	7471	12555
1997	112912	31765	30057	23775	8346	12381
1998	113787	31214	29774	25239	8500	12919
1999	113161	31283	28855	25904	7962	13906
2000	108463	29962	26653	23056	9307	15400
2001	106080	28812	24664	24282	9482	14631
2002	103891	28202	23908	24634	8720	14766
2003	99410	26508	21997	24068	9313	14990
2004	101606	28379	21626	25446	9589	14431
2005	104278	28847	22793	26358	9591	14318
2006	104958	28938	23613	28463	9304	11738
2007	105638	28919	23721	29478	8754	11316
2008	106793	29241	23617	29864	9127	12825
2009	108986	29627	24291	31183	9190	13652
2010	109876	29873	24257	32500	8516	13890
2011	110573	30057	24270	33542	7889	13855
2012	111205	30137	24268	35029	7172	13930
2013	111956	30312	24117	36318	6791	14023
2014	112723	30310	24069	37123	6800	14043
2015	113343	30216	24141	38119	6506	14035

数据来源：国家统计局统计资料。

表 2 全国主要粮食及油料产量（1978~2015 年）

单位：万吨

年份	粮食					油料
		稻谷	小麦	玉米	大豆	
1978	30476.5	13693.0	5384.0	5594.5	756.5	521.8
1979	33211.5	14375.0	6273.0	6003.5	746.0	643.5
1980	32055.5	13990.5	5520.5	6260.0	794.0	769.1
1981	32502.0	14395.5	5964.0	5920.5	932.5	1020.5
1982	35450.0	16159.5	6847.0	6056.0	903.0	1181.7
1983	38727.5	16886.5	8139.0	6820.5	976.0	1055.0
1984	40730.5	17825.5	8781.5	7341.0	969.5	1191.0
1985	37910.8	16856.9	8580.5	6382.6	1050.0	1578.4
1986	39151.2	17222.4	9004.0	7085.6	1161.4	1473.8
1987	40297.7	17426.2	8590.2	7924.1	1246.5	1527.8
1988	39408.1	16910.7	8543.2	7735.1	1164.5	1320.3
1989	40754.9	18013.0	9080.7	7892.8	1022.7	1295.2
1990	44624.3	18933.1	9822.9	9681.9	1100.0	1613.2
1991	43529.3	18381.3	9595.3	9877.3	971.3	1638.3
1992	44265.8	18622.2	10158.7	9538.3	1030.4	1641.2
1993	45648.8	17751.4	10639.0	10270.4	1530.7	1803.9
1994	44510.1	17593.3	9929.7	9927.5	1599.9	1989.6
1995	46661.8	18522.6	10220.7	11198.6	1350.2	2250.3
1996	50453.5	19510.3	11056.9	12747.1	1322.4	2210.6
1997	49417.1	20073.5	12328.9	10430.9	1473.2	2157.4
1998	51229.5	19871.3	10972.6	13295.4	1515.2	2313.9
1999	50838.6	19848.7	11388.0	12808.6	1424.5	2601.2
2000	46217.5	18790.8	9963.6	10600.0	1540.9	2954.8
2001	45263.7	17758.0	9387.3	11408.8	1540.6	2864.9
2002	45705.8	17453.9	9029.0	12130.8	1650.5	2897.2
2003	43069.5	16065.6	8648.8	11583.0	1539.3	2811.0
2004	46946.9	17908.8	9195.2	13028.7	1740.1	3065.9
2005	48402.2	18058.8	9744.5	13936.5	1634.8	3077.1
2006	49804.2	18171.8	10846.6	15160.3	1508.2	2640.3
2007	50160.3	18603.4	10929.8	15230.0	1272.5	2568.7
2008	52870.9	19189.6	11246.4	16591.4	1554.2	2952.8
2009	53082.1	19510.3	11511.5	16397.4	1498.2	3154.3
2010	54647.7	19576.1	11518.1	17724.5	1508.3	3230.1
2011	57120.8	20100.1	11740.1	19278.1	1448.5	3306.8
2012	58958.0	20423.6	12102.3	20561.4	1305.0	3436.8
2013	60193.8	20361.2	12192.6	21848.9	1195.1	3517.0
2014	60702.6	20650.7	12620.8	21564.6	1215.4	3507.4
2015	62143.9	20822.5	13018.5	22463.2	1178.5	3537.0

数据来源：国家统计局统计资料。

表 3 全国主要粮食及油料单位面积产量 (1978~2015 年)

单位：公斤 / 公顷

年份	粮食	稻谷	小麦	玉米	大豆	油料
1978	2527.3	3978.1	1844.9	2802.7	1059.0	838.6
1979	2784.7	4243.8	2136.8	2981.9	1029.4	912.7
1980	2734.3	4129.6	1913.9	3116.4	1098.8	970.0
1981	2827.3	4323.7	2106.9	3047.9	1162.2	1117.2
1982	3124.4	4886.3	2449.3	3265.9	1072.6	1264.8
1983	3395.7	5096.1	2801.7	3623.3	1289.8	1257.4
1984	3608.2	5372.6	2969.1	3960.3	1330.6	1372.5
1985	3483.0	5256.3	2936.7	3607.2	1360.5	1337.7
1986	3529.3	5337.6	3040.2	3705.1	1400.2	1291.1
1987	3621.7	5413.1	2982.9	3920.6	1476.0	1366.5
1988	3578.6	5286.7	2968.0	3928.1	1434.1	1243.3
1989	3632.2	5508.5	3043.0	3877.9	1269.3	1233.1
1990	3932.8	5726.1	3194.1	4523.9	1455.1	1479.9
1991	3875.7	5640.2	3100.5	4578.3	1379.5	1421.0
1992	4003.8	5803.1	3331.2	4532.7	1427.0	1428.4
1993	4130.8	5847.9	3518.8	4963.0	1619.1	1619.0
1994	4063.2	5831.1	3426.3	4693.4	1734.9	1646.9
1995	4239.7	6024.8	3541.5	4916.9	1661.4	1717.6
1996	4482.8	6212.4	3734.1	5203.3	1770.2	1760.7
1997	4376.6	6319.4	4101.9	4387.3	1765.1	1742.5
1998	4502.2	6366.2	3685.3	5267.8	1782.5	1791.0
1999	4492.6	6344.8	3946.6	4944.7	1789.2	1870.5
2000	4261.2	6271.6	3738.2	4597.5	1655.7	1918.7
2001	4266.9	6163.3	3806.1	4698.4	1624.8	1958.1
2002	4399.4	6189.0	3776.5	4924.5	1892.9	1962.0
2003	4332.5	6060.7	3931.8	4812.6	1652.9	1875.2
2004	4620.5	6310.6	4251.9	5120.2	1814.8	2124.6
2005	4641.6	6260.2	4275.3	5287.3	1704.5	2149.2
2006	4745.2	6279.6	4593.4	5326.3	1620.9	2249.3
2007	4748.3	6433.0	4607.7	5166.7	1453.7	2270.0
2008	4950.8	6562.5	4762.0	5555.7	1702.8	2302.3
2009	4870.6	6585.3	4739.0	5258.5	1630.2	2310.5
2010	4973.6	6553.0	4748.4	5453.7	1771.2	2325.6
2011	5165.9	6687.3	4837.2	5747.5	1836.3	2386.7
2012	5301.8	6776.9	4986.9	5869.7	1819.6	2467.2
2013	5376.6	6717.3	5055.6	6015.9	1759.9	2508.1
2014	5385.1	6813.2	5243.5	5808.9	1787.3	2497.7
2015	5482.8	6891.3	5392.6	5892.9	1811.4	2520.2

数据来源：国家统计局统计资料。

表 4 全国粮食和油料作物播种面积（2014~2015 年）

单位：千公顷

	2014 年	2015 年	2015 年比 2014 年增加	
			绝对数	%
一、粮食	112722.6	113342.9	620.3	0.6
其中：夏收粮食	27581.6	27625.3	43.8	0.2
（一）谷物	94603.5	95635.9	1032.4	1.1
1. 稻谷	30309.9	30215.7	−94.1	−0.3
(1) 早稻	5795.0	5714.8	−80.2	−1.4
(2) 中稻和一季晚稻	18164.2	18191.9	27.7	0.2
(3) 双季晚稻	6350.7	6309.0	−41.7	−0.7
2 . 小麦	24069.4	24141.4	72.0	0.3
(1) 冬小麦	22563.6	22616.7	53.1	0.2
(2) 春小麦	1505.8	1524.6	18.8	1.2
3 . 玉米	37123.4	38119.3	995.9	2.7
4 . 谷子	771.8	839.4	67.6	8.8
5 . 高粱	619.2	574.0	−45.2	−7.3
6 . 其他谷物	1709.8	1746.1	36.3	2.1
其中：大麦	468.8	446.6	−22.2	−4.7
（二）豆类	9178.8	8868.3	−310.6	−3.4
其中：大豆	6799.9	6506.1	−293.8	−4.3
绿豆	540.1	565.3	25.2	4.7
红小豆	151.7	172.5	20.8	13.7
（三）薯类	8940.3	8838.8	−101.5	−1.1
其中：马铃薯	5573.3	5518.2	−55.0	−1.0
二、油料作物	14042.7	14034.6	−8.1	−0.1
其中：花生	4603.9	4615.7	11.8	0.3
油菜籽	7587.9	7534.4	−53.6	−0.7
芝麻	429.1	421.7	−7.4	−1.7
胡麻籽	306.1	292.3	−13.8	−4.5
向日葵	948.5	1036.3	87.8	9.3

数据来源：国家统计局统计资料。

表 5 全国粮食和油料作物产量（2014~2015 年）

单位：万吨

	2014 年	2015 年	2015 年比 2014 年增加	
			绝对数	%
一、粮食	60702.6	62143.9	1441.3	2.4
其中：夏收粮食	13659.6	14088.1	428.5	3.1
（一）谷物	55740.7	57228.1	1487.3	2.7
1. 稻谷	20650.7	20822.5	171.8	0.8
(1) 早稻	3401.2	3368.7	−32.4	−1.0
(2) 中稻和一季晚稻	13453.6	13681.1	227.5	1.7
(3) 双季晚稻	3795.9	3772.7	−23.3	−0.6
2. 小麦	12620.8	13018.5	397.7	3.2
(1) 冬小麦	12008.0	12374.7	366.7	3.1
(2) 春小麦	612.8	643.8	31.0	5.1
3. 玉米	21564.6	22463.2	898.5	4.2
4. 谷子	180.9	196.6	15.7	8.7
5. 高粱	288.5	275.2	−13.3	−4.6
6. 其他谷物	435.1	452.0	16.9	3.9
其中：大麦	181.2	186.8	5.6	3.1
（二）豆类	1625.5	1589.8	−35.7	−2.2
其中：大豆	1215.4	1178.5	−36.8	−3.0
绿豆	68.9	70.5	1.6	2.3
红小豆	24.2	23.6	−0.6	−2.3
（三）薯类	3336.4	3326.1	−10.3	−0.3
其中：马铃薯	1910.3	1897.2	−13.1	−0.7
二、油料作物	3507.4	3537.0	29.6	0.8
其中：花生	1648.2	1644.0	−4.2	−0.3
油菜籽	1477.2	1493.1	15.8	1.1
芝麻	63.0	64.0	1.1	1.7
胡麻籽	38.7	40.0	1.3	3.4
向日葵	249.2	269.8	20.7	8.3

数据来源：国家统计局统计资料。

表 6 全国粮食和油料作物单位面积产量（2014~2015 年）

单位：公斤 / 公顷

	2014 年	2015 年	2015 年比 2014 年增加	
			绝对数	%
一、粮食	5385.1	5482.8	97.7	1.8
其中：夏收粮食	4952.4	5099.7	147.3	3.0
（一）谷物	5892.0	5984.0	91.9	1.6
1. 稻谷	6813.2	6891.3	78.1	1.1
(1) 早稻	5869.1	5894.8	25.6	0.4
(2) 中稻和一季晚稻	7406.7	7520.4	113.8	1.5
(3) 双季晚稻	5977.2	5979.8	2.6	0.0
2. 小麦	5243.5	5392.6	149.1	2.8
(1) 冬小麦	5321.8	5471.5	149.6	2.8
(2) 春小麦	4069.8	4222.7	152.9	3.8
3. 玉米	5808.9	5892.9	83.9	1.4
4. 谷子	2344.2	2342.8	−1.4	−0.1
5. 高粱	4659.2	4794.1	134.9	2.9
6. 其他谷物	2544.7	2588.7	44.1	1.7
其中：大麦	3865.1	4183.7	318.6	8.2
（二）豆类	1770.9	1792.7	21.8	1.2
其中：大豆	1787.3	1811.4	24.1	1.3
绿豆	1276.3	1247.6	−28.7	−2.2
红小豆	1595.0	1370.7	−224.3	−14.1
（三）薯类	3731.9	3763.0	31.2	0.8
其中：马铃薯	3427.6	3438.1	10.5	0.3
二、油料作物	2497.7	2520.2	22.5	0.9
其中：花生	3580.0	3561.7	−18.3	−0.5
油菜籽	1946.8	1981.7	34.9	1.8
芝麻	1467.8	1518.8	50.9	3.5
胡麻籽	1262.7	1367.1	104.4	8.3
向日葵	2626.7	2603.5	−23.2	−0.9

数据来源：国家统计局统计资料。

表 7 各地区粮食播种面积（2014~2015 年）

单位：千公顷

地 区	2014 年	2015 年	2015 年比 2014 年增加	
			绝对数	%
全国总计	112722.6	113342.9	620.3	0.6
东部地区	25144.5	25278.2	133.7	0.5
中部地区	33168.0	33303.5	135.6	0.4
西部地区	34477.8	34620.6	142.8	0.4
东北地区	19932.3	20140.6	208.3	1.0
北 京	120.2	104.5	−15.7	−13.1
天 津	345.8	350.0	4.2	1.2
河 北	6332.0	6392.5	60.5	1.0
山 西	3286.4	3287.2	0.8	0.0
内蒙古	5651.0	5726.7	75.7	1.3
辽 宁	3235.1	3297.4	62.3	1.9
吉 林	5000.7	5078.0	77.2	1.5
黑龙江	11696.4	11765.2	68.8	0.6
上 海	164.9	161.9	−2.9	−1.8
江 苏	5376.1	5424.6	48.6	0.9
浙 江	1266.8	1277.8	11.0	0.9
安 徽	6628.9	6632.9	4.0	0.1
福 建	1197.7	1193.2	−4.5	−0.4
江 西	3697.3	3705.6	8.3	0.2
山 东	7440.0	7492.1	52.1	0.7
河 南	10209.8	10267.2	57.3	0.6
湖 北	4370.4	4466.0	95.7	2.2
湖 南	4975.1	4944.7	−30.5	−0.6
广 东	2507.0	2505.8	−1.2	0.0
广 西	3067.7	3059.3	−8.3	−0.3
海 南	394.0	375.6	−18.4	−4.7
重 庆	2242.5	2234.0	−8.6	−0.4
四 川	6467.4	6453.9	−13.5	−0.2
贵 州	3138.4	3114.9	−23.4	−0.7
云 南	4508.2	4487.3	−20.9	−0.5
西 藏	176.4	178.9	2.5	1.4
陕 西	3076.5	3073.5	−3.0	−0.1
甘 肃	2842.5	2849.6	7.2	0.3
青 海	280.1	277.1	−3.0	−1.1
宁 夏	771.3	770.4	−0.9	−0.1
新 疆	2255.9	2395.0	139.2	6.2

注：东部地区包括：北京、天津、河北、上海、江苏、浙江、福建、山东、广东、海南等 10 省市；中部地区包括：山西、安徽、江西、河南、湖北、湖南等 6 省；西部地区包括：重庆、四川、贵州、云南、西藏、陕西、甘肃、青海、宁夏、新疆、内蒙古、广西等 12 省区市；东北地区包括：辽宁、吉林、黑龙江等 3 省。

数据来源：国家统计局统计资料。

表 8 各地区粮食总产量（2014~2015 年）

单位：万吨

地 区	2014 年	2015 年	2015 年比 2014 年增加	
			绝对数	%
全国总计	60702.6	62143.9	1441.3	2.4
东部地区	14768.2	14949.8	181.6	1.2
中部地区	18247.8	18719.7	471.9	2.6
西部地区	16157.6	16500.9	343.3	2.1
东北地区	11528.9	11973.5	444.6	3.9
北 京	63.9	62.6	−1.3	−2.0
天 津	176.0	181.7	5.8	3.3
河 北	3360.2	3363.8	3.6	0.1
山 西	1330.8	1259.6	−71.2	−5.4
内蒙古	2753.0	2827.0	74.0	2.7
辽 宁	1753.9	2002.5	248.6	14.2
吉 林	3532.8	3647.0	114.2	3.2
黑龙江	6242.2	6324.0	81.8	1.3
上 海	112.5	112.1	−0.5	−0.4
江 苏	3490.6	3561.3	70.7	2.0
浙 江	757.4	752.2	−5.2	−0.7
安 徽	3415.8	3538.1	122.3	3.6
福 建	667.0	661.1	−5.9	−0.9
江 西	2143.5	2148.7	5.2	0.2
山 东	4596.6	4712.7	116.1	2.5
河 南	5772.3	6067.1	294.8	5.1
湖 北	2584.2	2703.3	119.1	4.6
湖 南	3001.3	3002.9	1.7	0.1
广 东	1357.3	1358.1	0.8	0.1
广 西	1534.4	1524.8	−9.7	−0.6
海 南	186.6	184.0	−2.6	−1.4
重 庆	1144.5	1154.9	10.3	0.9
四 川	3374.9	3442.8	67.9	2.0
贵 州	1138.5	1180.0	41.5	3.6
云 南	1860.7	1876.4	15.7	0.8
西 藏	98.0	100.6	2.7	2.7
陕 西	1197.8	1226.8	29.0	2.4
甘 肃	1158.7	1171.1	12.5	1.1
青 海	104.8	102.7	−2.1	−2.0
宁 夏	377.9	372.6	−5.3	−1.4
新 疆	1414.5	1521.3	106.8	7.6

注：东部地区包括：北京、天津、河北、上海、江苏、浙江、福建、山东、广东、海南等 10 省市；中部地区包括：山西、安徽、江西、河南、湖北、湖南等 6 省；西部地区包括：重庆、四川、贵州、云南、西藏、陕西、甘肃、青海、宁夏、新疆、内蒙古、广西等 12 省区市；东北地区包括：辽宁、吉林、黑龙江等 3 省。

数据来源：国家统计局统计资料。

表 9 各地区粮食单位面积产量（2014~2015 年）

单位：公斤 / 公顷

地 区	2014 年	2015 年	2015 年比 2014 年增加	
			绝对数	%
全国总计	5385.1	5482.8	97.7	1.8
东部地区	5873.3	5914.1	40.8	0.7
中部地区	5501.6	5620.9	119.3	2.2
西部地区	4686.4	4766.2	79.8	1.7
东北地区	5784.1	5945.0	160.9	2.8
北 京	5320.4	5996.6	676.2	12.7
天 津	5087.9	5192.1	104.3	2.0
河 北	5306.6	5262.1	−44.5	−0.8
山 西	4049.4	3831.8	−217.6	−5.4
内蒙古	4871.7	4936.6	64.8	1.3
辽 宁	5421.4	6072.9	651.5	12.0
吉 林	7064.7	7182.1	117.4	1.7
黑龙江	5336.8	5375.1	38.3	0.7
上 海	6826.4	6920.9	94.5	1.4
江 苏	6492.9	6565.1	72.2	1.1
浙 江	5978.8	5886.7	−92.1	−1.5
安 徽	5152.9	5334.2	181.3	3.5
福 建	5569.1	5540.5	−28.6	−0.5
江 西	5797.4	5798.5	1.1	0.0
山 东	6178.2	6290.2	112.0	1.8
河 南	5653.7	5909.2	255.6	4.5
湖 北	5913.0	6053.0	140.0	2.4
湖 南	6032.5	6073.1	40.6	0.7
广 东	5414.2	5419.9	5.7	0.1
广 西	5001.9	4983.9	−17.9	−0.4
海 南	4736.0	4898.3	162.2	3.4
重 庆	5103.8	5169.7	65.9	1.3
四 川	5218.3	5334.4	116.1	2.2
贵 州	3627.7	3788.2	160.5	4.4
云 南	4127.4	4181.5	54.1	1.3
西 藏	5553.9	5625.2	71.4	1.3
陕 西	3893.3	3991.5	98.2	2.5
甘 肃	4076.2	4109.8	33.5	0.8
青 海	3741.9	3707.5	−34.4	−0.9
宁 夏	4899.3	4836.3	−63.0	−1.3
新 疆	6270.2	6351.8	81.5	1.3

注：东部地区包括：北京、天津、河北、上海、江苏、浙江、福建、山东、广东、海南等 10 省市；中部地区包括：山西、安徽、江西、河南、湖北、湖南等 6 省；西部地区包括：重庆、四川、贵州、云南、西藏、陕西、甘肃、青海、宁夏、新疆、内蒙古、广西等 12 省区市；东北地区包括：辽宁、吉林、黑龙江等 3 省。

数据来源：国家统计局统计资料。

表 10 2015 年各地区粮食及油料播种面积和产量(一)

单位：千公顷；万吨；公斤 / 公顷

地区	粮食			稻谷		
	播种面积	总产量	每公顷产量	播种面积	总产量	每公顷产量
全国总计	113342.9	62143.9	5482.8	30215.7	20822.5	6891.3
东部地区	25278.2	14949.8	5914.1	6404.1	4502.5	7030.7
中部地区	33303.5	18719.7	5620.9	12536.6	8474.1	6759.5
西部地区	34620.6	16500.9	4766.2	6820.6	4548.4	6668.7
东北地区	20140.6	11973.5	5945.0	4454.5	3297.5	7402.6
北京	104.5	62.6	5996.6	0.2	0.1	6971.4
天津	350.0	181.7	5192.1	15.4	11.3	7378.3
河北	6392.5	3363.8	5262.1	84.8	54.5	6430.8
山西	3287.2	1259.6	3831.8	0.7	0.5	6714.3
内蒙古	5726.7	2827.0	4936.6	78.9	53.2	6736.5
辽宁	3297.4	2002.5	6072.9	544.9	467.7	8582.7
吉林	5078.0	3647.0	7182.1	761.7	630.1	8272.2
黑龙江	11765.2	6324.0	5375.1	3147.8	2199.7	6987.9
上海	161.9	112.1	6920.9	97.8	84.1	8598.0
江苏	5424.6	3561.3	6565.1	2291.6	1952.5	8520.2
浙江	1277.8	752.2	5886.7	822.5	578.1	7028.9
安徽	6632.9	3538.1	5334.2	2234.9	1459.3	6529.7
福建	1193.2	661.1	5540.5	789.0	485.0	6147.7
江西	3705.6	2148.7	5798.5	3342.4	2027.2	6065.1
山东	7492.1	4712.7	6290.2	116.3	95.1	8178.5
河南	10267.2	6067.1	5909.2	656.0	531.5	8102.4
湖北	4466.0	2703.3	6053.0	2188.5	1810.7	8273.9
湖南	4944.7	3002.9	6073.1	4114.1	2644.8	6428.6
广东	2505.8	1358.1	5419.9	1887.3	1088.4	5767.1
广西	3059.3	1524.8	4983.9	1983.9	1137.8	5735.3
海南	375.6	184.0	4898.3	299.3	153.3	5121.3
重庆	2234.0	1154.9	5169.7	688.3	506.36	7356.5
四川	6453.9	3442.8	5334.4	1990.8	1552.6	7798.9
贵州	3114.9	1180.0	3788.2	675.1	417.5	6184.5
云南	4487.3	1876.4	4181.5	1134.8	659.7	5813.4
西藏	178.9	100.6	5625.2	0.9	0.5	4787.2
陕西	3073.5	1226.8	3991.5	122.8	91.9	7479.6
甘肃	2849.6	1171.1	4109.8	4.5	3.1	6979.9
青海	277.1	102.7	3707.5	0.0	0.0	0.0
宁夏	770.4	372.6	4836.3	74.3	60.8	8171.9
新疆	2395.0	1521.3	6351.8	66.2	65.1	9835.3

注：东部地区包括：北京、天津、河北、上海、江苏、浙江、福建、山东、广东、海南等 10 省市；中部地区包括：山西、安徽、江西、河南、湖北、湖南等 6 省；西部地区包括：重庆、四川、贵州、云南、西藏、陕西、甘肃、青海、宁夏、新疆、内蒙古、广西等 12 省区市；东北地区包括：辽宁、吉林、黑龙江等 3 省。

数据来源：国家统计局统计资料。

表 10 2015 年各地区粮食及油料播种面积和产量（二）

单位：千公顷；万吨；公斤 / 公顷

地区	小麦			玉米		
	播种面积	总产量	每公顷产量	播种面积	总产量	每公顷产量
全国总计	24141.4	13018.5	5392.6	38119.3	22463.2	5892.9
东部地区	8565.8	5082.6	5933.6	7468.0	4262.7	5708.0
中部地区	9692.8	5616.3	5794.4	6968.8	3747.2	5377.1
西部地区	5806.0	2295.1	3952.9	11644.7	6699.9	5753.6
东北地区	76.9	24.6	3195.8	12037.9	7753.4	6440.8
北　京	20.8	11.1	5352.9	76.3	49.4	6481.7
天　津	109.2	59.8	5479.7	214.7	107.3	4998.4
河　北	2318.9	1435.0	6188.4	3248.1	1670.4	5142.6
山　西	675.1	271.4	4020.6	1676.9	862.7	5145.0
内蒙古	564.1	158.3	2805.6	3407.2	2250.8	6605.9
辽　宁	5.6	2.7	4828.8	2416.8	1403.5	5807.3
吉　林	0.3	0.1	4030.2	3800.0	2805.7	7383.6
黑龙江	71.1	21.8	3065.2	5821.1	3544.1	6088.4
上　海	45.5	19.9	4380.6	3.4	2.1	6117.8
江　苏	2178.8	1174.0	5388.4	451.7	252.2	5583.1
浙　江	89.8	35.1	3912.0	69.5	31.1	4470.0
安　徽	2457.0	1411.0	5742.8	881.6	496.3	5629.5
福　建	2.1	0.6	2919.2	51.5	21.5	4169.6
江　西	12.2	2.6	2147.5	30.3	12.8	4227.2
山　东	3799.8	2346.6	6175.5	3173.8	2050.9	6462.0
河　南	5425.7	3501.0	6452.7	3343.9	1853.7	5543.4
湖　北	1093.4	420.9	3849.6	687.8	332.9	4839.6
湖　南	29.4	9.4	3184.8	348.4	188.8	5420.5
广　东	0.9	0.3	3296.7	179.0	77.9	4350.1
广　西	5.1	0.9	1728.9	622.6	280.7	4508.2
海　南	0.0	0.0	0.0	0.0	0.0	0.0
重　庆	69.7	22.9	3279.1	470.8	259.7	5516.2
四　川	1119.0	426.3	3809.7	1402.0	765.7	5461.5
贵　州	248.7	61.7	2479.9	763.2	324.1	4246.2
云　南	432.7	90.6	2093.8	1517.3	747.3	4925.2
西　藏	36.3	23.4	6438.2	4.5	0.8	1854.3
陕　西	1085.6	458.1	4219.8	1151.7	543.1	4715.5
甘　肃	794.8	281.0	3535.5	1014.2	577.2	5691.0
青　海	88.2	34.1	3868.0	27.5	18.6	6774.5
宁　夏	122.5	39.6	3237.2	301.8	226.9	7518.3
新　疆	1239.3	698.3	5634.1	961.9	705.1	7330.0

注：东部地区包括：北京、天津、河北、上海、江苏、浙江、福建、山东、广东、海南等 10 省市；中部地区包括：山西、安徽、江西、河南、湖北、湖南等 6 省；西部地区包括：重庆、四川、贵州、云南、西藏、陕西、甘肃、青海、宁夏、新疆、内蒙古、广西等 12 省区市；东北地区包括：辽宁、吉林、黑龙江等 3 省。

数据来源：国家统计局统计资料。

表 10 2015 年各地区粮食及油料播种面积和产量（三）

单位：千公顷；万吨；公斤 / 公顷

地 区	大 豆			油 料		
	播种面积	总 产 量	每公顷产量	播种面积	总 产 量	每公顷产量
全国总计	6506.1	1178.5	1811.4	14034.6	3537.0	2520.2
东部地区	692.2	166.8	2410.3	2384.6	804.5	3373.9
中部地区	1670.9	263.0	1574.1	6203.3	1549.4	2497.6
西部地区	1473.9	267.3	1813.3	4797.7	1042.2	2172.3
东北地区	2669.1	481.4	1803.7	649.0	140.9	2170.6
北 京	3.5	0.7	1877.2	2.1	0.6	2674.3
天 津	6.0	1.2	2007.5	1.3	0.4	3213.6
河 北	115.9	22.6	1949.5	461.6	151.5	3283.1
山 西	189.4	20.2	1065.0	121.2	15.3	1262.8
内蒙古	530.0	88.8	1674.8	913.4	193.6	2119.4
辽 宁	107.1	24.0	2240.2	285.3	46.1	1616.7
吉 林	161.4	29.0	1799.1	269.2	76.4	2839.3
黑龙江	2400.6	428.4	1784.5	94.6	18.3	1938.4
上 海	2.2	0.6	2605.8	5.1	1.2	2331.7
江 苏	201.5	48.3	2397.1	475.5	143.1	3010.1
浙 江	91.2	23.4	2565.0	146.1	31.3	2145.8
安 徽	820.9	126.8	1545.0	772.1	227.9	2951.1
福 建	68.4	17.9	2619.5	119.0	30.7	2577.6
江 西	103.5	24.3	2348.6	739.9	124.0	1675.4
山 东	137.2	34.8	2539.6	758.3	324.1	4274.3
河 南	366.0	49.9	1363.2	1600.8	599.7	3746.5
湖 北	100.3	21.2	2113.5	1524.2	339.6	2228.1
湖 南	90.8	20.6	2269.9	1445.1	242.9	1680.9
广 东	63.6	16.7	2620.7	375.6	110.3	2937.8
广 西	96.0	14.2	1482.6	248.4	64.7	2604.3
海 南	2.7	0.7	2556.9	40.1	11.3	2805.4
重 庆	104.4	20.8	1989.6	309.3	59.9	1935.6
四 川	226.5	52.7	2326.7	1298.3	307.6	2368.9
贵 州	135.1	12.6	932.6	591.0	101.3	1714.8
云 南	121.7	30.9	2539.0	356.0	65.9	1851.4
西 藏	0.1	0.0	3750.0	23.8	6.4	2689.9
陕 西	111.1	12.3	1104.9	298.8	62.7	2097.5
甘 肃	82.3	17.0	2060.5	320.2	71.6	2235.1
青 海	0.0	0.0	0.0	144.9	30.5	2104.1
宁 夏	9.6	1.4	1464.4	75.4	15.3	2023.9
新 疆	57.3	16.7	2906.0	218.3	62.9	2880.2

注：东部地区包括：北京、天津、河北、上海、江苏、浙江、福建、山东、广东、海南等 10 省市；中部地区包括：山西、安徽、江西、河南、湖北、湖南等 6 省；西部地区包括：重庆、四川、贵州、云南、西藏、陕西、甘肃、青海、宁夏、新疆、内蒙古、广西等 12 省区市；东北地区包括：辽宁、吉林、黑龙江等 3 省。

数据来源：国家统计局统计资料。

表 11 2015 年各地区分季粮食播种面积和产量（一）

单位：千公顷；万吨；公斤 / 公顷

地 区	全年粮食总计			1. 夏收粮食		
	播种面积	总 产 量	每公顷产量	播种面积	总 产 量	每公顷产量
全国总计	113342.9	62143.9	5482.8	27625.3	14088.1	5099.7
东部地区	25278.2	14949.8	5914.1	9319.4	5403.7	5798.3
中部地区	33303.5	18719.7	5620.9	10273.9	5781.8	5627.7
西部地区	34620.6	16500.9	4766.2	8032.1	2902.6	3613.8
东北地区	20140.6	11973.5	5945.0			
北 京	104.5	62.6	5996.6	20.9	11.1	5343.1
天 津	350.0	181.7	5192.1	109.2	59.8	5479.7
河 北	6392.5	3363.8	5262.1	2350.7	1450.2	6169.2
山 西	3287.2	1259.6	3831.8	686.3	272.8	3974.4
内蒙古	5726.7	2827.0	4936.6			
辽 宁	3297.4	2002.5	6072.9			
吉 林	5078.0	3647.0	7182.1			
黑龙江	11765.2	6324.0	5375.1			
上 海	161.9	112.1	6920.9	56.9	24.7	4335.6
江 苏	5424.6	3561.3	6565.1	2412.2	1271.7	5271.9
浙 江	1277.8	752.2	5886.7	195.9	72.3	3688.0
安 徽	6632.9	3538.1	5334.2	2479.4	1414.7	5705.8
福 建	1193.2	661.1	5540.5	92.9	37.9	4079.4
江 西	3705.6	2148.7	5798.5	76.2	17.2	2251.4
山 东	7492.1	4712.7	6290.2	3801.3	2347.3	6175.0
河 南	10267.2	6067.1	5909.2	5452.3	3511.8	6440.9
湖 北	4466.0	2703.3	6053.0	1389.9	504.4	3629.3
湖 南	4944.7	3002.9	6073.1	189.7	60.9	3210.7
广 东	2505.8	1358.1	5419.9	232.2	109.6	4720.8
广 西	3059.3	1524.8	4983.9	110.6	37.0	3344.8
海 南	375.6	184.0	4898.3	47.2	19.1	4040.8
重 庆	2234.0	1154.9	5169.7	477.2	148.4	3110.7
四 川	6453.9	3442.8	5334.4	1754.1	601.7	3430.2
贵 州	3114.9	1180.0	3788.2	998.5	269.5	2698.5
云 南	4487.3	1876.4	4181.5	1178.3	286.5	2431.1
西 藏	178.9	100.6	5625.2			
陕 西	3073.5	1226.8	3991.5	1224.7	491.7	4014.8
甘 肃	2849.6	1171.1	4109.8	914.8	321.7	3516.7
青 海	277.1	102.7	3707.5			
宁 夏	770.4	372.6	4836.3	122.5	41.9	3422.6
新 疆	2395.0	1521.3	6351.8	1251.4	704.3	5627.9

注：东部地区包括：北京、天津、河北、上海、江苏、浙江、福建、山东、广东、海南等 10 省市；中部地区包括：山西、安徽、江西、河南、湖北、湖南等 6 省；西部地区包括：重庆、四川、贵州、云南、西藏、陕西、甘肃、青海、宁夏、新疆、内蒙古、广西等 12 省区市；东北地区包括：辽宁、吉林、黑龙江等 3 省。

数据来源：国家统计局统计资料。

表 11 2015年各地区分季粮食播种面积和产量(二)

单位：千公顷；万吨；公斤/公顷

地 区	2. 早稻			3. 秋粮		
	播种面积	总 产 量	每公顷产量	播种面积	总 产 量	每公顷产量
全国总计	5714.8	3368.7	5894.8	80002.8	44687.1	5585.7
东部地区	1327.6	781.1	5883.3	14631.3	8765.0	5990.6
中部地区	3449.4	2032.3	5891.7	19580.3	10905.7	5569.7
西部地区	937.8	555.4	5922.2	25650.7	13042.9	5084.8
东北地区				20140.6	11973.5	5945.0
北 京				83.6	51.5	6159.7
天 津				240.9	121.9	5061.8
河 北				4041.8	1913.6	4734.6
山 西				2600.9	986.8	3794.1
内蒙古				5726.7	2827.0	4936.6
辽 宁				3297.4	2002.5	6072.9
吉 林				5078.0	3647.0	7182.1
黑龙江				11765.2	6324.0	5375.1
上 海				105.1	87.4	8319.5
江 苏				3012.5	2289.7	7600.6
浙 江	116.6	67.7	5806.2	965.3	612.3	6342.6
安 徽	190.0	109.2	5747.3	3963.5	2014.2	5081.9
福 建	180.1	109.1	6059.6	920.2	514.1	5586.4
江 西	1391.5	811.9	5834.6	2237.8	1319.7	5897.0
山 东				3690.8	2365.4	6408.9
河 南				4814.8	2555.3	5307.2
湖 北	423.0	252.3	5964.3	2653.1	1946.5	7336.8
湖 南	1444.9	858.9	5944.5	3310.1	2083.1	6293.3
广 东	889.4	525.0	5902.5	1384.2	723.5	5227.0
广 西	888.2	528.8	5953.5	2060.5	959.0	4653.9
海 南	141.5	79.3	5602.1	187.0	85.7	4582.1
重 庆				1756.7	1006.44	5729.0
四 川				4699.8	2841.1	6045.2
贵 州				2116.4	910.6	4302.3
云 南	49.6	26.6	5362.9	3259.4	1563.3	4796.3
西 藏				178.9	100.6	5625.2
陕 西				1848.8	735.1	3976.0
甘 肃				1934.8	849.4	4390.2
青 海				277.1	102.7	3707.5
宁 夏				648.0	330.7	5103.5
新 疆				1143.6	817.0	7143.9

注：东部地区包括：北京、天津、河北、上海、江苏、浙江、福建、山东、广东、海南等10省市；中部地区包括：山西、安徽、江西、河南、湖北、湖南等6省；西部地区包括：重庆、四川、贵州、云南、西藏、陕西、甘肃、青海、宁夏、新疆、内蒙古、广西等12省区市；东北地区包括：辽宁、吉林、黑龙江等3省。

数据来源：国家统计局统计资料。

表12 2015年各地区粮油产量及人均占有量排序

单位：万吨、吨、公斤

地区	粮食产量		粮食人均占有量		油料产量		油料人均占有量	
	绝对数	位次	绝对数	位次	绝对数	位次	绝对数	位次
全国总计	62143.9		453.20		3537.0		25.79	
北　京	62.6	31	28.98	31	0.6	30	0.26	31
天　津	181.7	27	118.64	29	0.4	31	0.28	30
河　北	3363.8	8	454.30	12	151.5	8	20.47	15
山　西	1259.6	18	344.52	19	15.3	25	4.19	28
内蒙古	2827.0	10	1127.23	3	193.6	7	77.19	1
辽　宁	2002.5	13	456.49	11	46.1	20	10.51	23
吉　林	3647.0	4	1324.82	2	76.4	13	27.76	10
黑龙江	6324.0	1	1654.47	1	18.3	24	4.80	27
上　海	112.1	28	46.30	30	1.2	29	0.49	29
江　苏	3561.3	5	446.95	14	143.1	9	17.96	18
浙　江	752.2	23	136.19	27	31.3	21	5.68	26
安　徽	3538.1	6	578.76	6	227.9	6	37.27	6
福　建	661.1	24	172.95	26	30.7	22	8.02	25
江　西	2148.7	12	471.84	9	124.0	10	27.22	12
山　东	4712.7	3	479.99	8	324.1	3	33.01	8
河　南	6067.1	2	641.48	5	599.7	1	63.41	2
湖　北	2703.3	11	463.39	10	339.6	2	58.21	3
湖　南	3002.9	9	444.21	15	242.9	5	35.93	7
广　东	1358.1	17	125.91	28	110.3	11	10.23	24
广　西	1524.8	15	319.32	22	64.7	16	13.55	21
海　南	184.0	26	202.83	24	11.3	27	12.41	22
重　庆	1154.9	22	384.45	18	59.9	19	19.93	17
四　川	3442.8	7	421.29	16	307.6	4	37.63	5
贵　州	1180.0	20	335.34	20	101.3	12	28.80	9
云　南	1876.4	14	396.87	17	65.9	15	13.94	20
西　藏	100.6	30	313.72	23	6.4	28	19.97	16
陕　西	1226.8	19	324.20	21	62.7	18	16.56	19
甘　肃	1171.1	21	451.27	13	71.6	14	27.58	11
青　海	102.7	29	175.31	25	30.5	23	52.02	4
宁　夏	372.6	25	560.55	7	15.3	26	22.95	14
新　疆	1521.3	16	653.16	4	62.9	17	27.00	13

数据来源：国家统计局统计资料。

表 13 2015 年各地区人均农产品占有量

单位：公斤 / 人

地 区	粮食	棉花	油料	糖料	水果	水产品
全国总计	453.20	4.09	25.79	91.16	199.6	47.1
北 京	28.98	0.00	0.26	0.00	40.7	3.2
天 津	118.6	1.67	0.3	0.00	40.9	26.6
河 北	454.3	5.04	20.5	12.04	285.9	17.1
山 西	344.5	0.40	4.2	1.50	230.5	1.4
内蒙古	1127.2	0.01	77.2	91.75	118.3	5.9
辽 宁	456.5	0.00	10.5	1.19	201.1	119.8
吉 林	1324.8	0.00	27.8	0.47	75.9	6.9
黑龙江	1654.5	0.00	4.8	1.91	55.8	13.4
上 海	46.3	0.02	0.5	0.24	25.4	13.7
江 苏	446.9	1.47	18.0	1.19	114.8	65.1
浙 江	136.2	0.36	5.7	11.25	134.1	104.0
安 徽	578.8	3.82	37.3	3.32	168.5	36.6
福 建	172.9	0.00	8.0	11.40	219.0	182.0
江 西	471.8	2.53	27.2	14.45	145.7	55.7
山 东	480.0	5.47	33.0	0.00	327.8	92.0
河 南	641.5	1.34	63.4	2.57	281.8	9.7
湖 北	463.4	5.10	58.2	5.49	165.6	74.3
湖 南	444.2	2.14	35.9	9.76	145.1	36.7
广 东	125.9	0.00	10.2	134.69	152.8	77.5
广 西	319.3	0.05	13.5	1571.71	360.2	69.6
海 南	202.8	0.00	12.4	291.87	447.5	217.6
重 庆	384.5	0.00	19.9	3.25	125.2	14.8
四 川	421.3	0.12	37.6	6.63	114.3	16.2
贵 州	335.3	0.03	28.8	44.36	63.9	6.0
云 南	396.9	0.00	13.9	408.23	153.7	12.3
西 藏	313.7	0.00	20.0	0.00	4.6	0.1
陕 西	324.2	1.02	16.6	0.04	510.3	3.7
甘 肃	451.3	1.64	27.6	6.18	261.6	0.6
青 海	175.3	0.00	52.0	0.05	6.2	1.5
宁 夏	560.5	0.00	22.9	0.00	449.7	24.5
新 疆	653.2	150.40	27.0	192.48	702.0	6.2

数据来源：国家统计局统计资料。

表 14 2015 年各地区人均粮食占有量

单位：公斤 / 人

地区	粮食	其中：谷物	稻谷	小麦	玉米	大豆
全国总计	453.20	417.35	151.85	94.94	163.82	8.59
北京	28.98	28.26	0.06	5.15	22.88	0.30
天津	118.64	117.36	7.41	39.06	70.07	0.79
河北	454.30	436.29	7.36	193.81	225.59	3.05
山西	344.52	326.12	0.13	74.24	235.98	5.52
内蒙古	1127.23	1027.56	21.20	63.10	897.47	35.39
辽宁	456.49	439.35	106.62	0.61	319.94	5.47
吉林	1324.82	1285.55	228.89	0.04	1019.21	10.55
黑龙江	1654.47	1513.81	575.48	5.70	927.22	112.08
上海	46.30	45.71	34.75	8.23	0.87	0.24
江苏	446.95	433.58	245.04	147.34	31.65	6.06
浙江	136.19	118.69	104.66	6.36	5.63	4.23
安徽	578.76	551.48	238.72	230.81	81.18	20.75
福建	172.95	133.27	126.89	0.16	5.61	4.69
江西	471.84	448.91	445.16	0.58	2.81	5.34
山东	479.99	458.34	9.69	239.00	208.89	3.55
河南	641.48	624.08	56.20	370.16	195.99	5.28
湖北	463.39	441.42	310.39	72.15	57.06	3.63
湖南	444.21	421.56	391.24	1.38	27.93	3.05
广东	125.91	108.36	100.91	0.03	7.22	1.54
广西	319.32	297.89	238.29	0.18	58.78	2.98
海南	202.83	169.08	168.98	0.00	0.00	0.77
重庆	384.45	266.37	168.56	7.61	86.46	6.91
四川	421.29	345.88	189.99	52.17	93.70	6.45
贵州	335.34	239.22	118.66	17.53	92.10	3.58
云南	396.87	326.96	139.53	19.16	158.06	6.54
西藏	313.72	305.40	1.40	72.92	2.62	0.09
陕西	324.20	295.94	24.27	121.06	143.52	3.24
甘肃	451.27	350.51	1.20	108.28	222.39	6.54
青海	175.31	106.41	0.00	58.23	31.80	0.00
宁夏	560.55	499.47	91.39	59.64	341.32	2.11
新疆	653.16	635.64	27.94	299.79	302.71	7.15

数据来源：国家统计局统计资料。

表 15 农村居民主要食品消费量（2013~2015 年）

单位：公斤

指 标	2013 年	2014 年	2015 年
一、粮食（原粮）	178.5	167.6	159.5
（一）谷物	169.8	159.1	150.2
（二）薯类	2.7	2.4	2.7
（三）豆类	6.0	6.2	6.6
二、食用油	10.3	9.8	10.1
#. 食用植物油	9.3	9.0	9.2
三、蔬菜及食用菌	90.6	88.9	90.3
#. 鲜菜	89.2	87.5	88.7
四、肉类	22.4	22.5	23.1
#. 猪肉	19.1	19.2	19.5
牛肉	0.8	0.8	0.8
羊肉	0.7	0.7	0.9
五、禽类	6.2	6.7	7.1
六、水产品	6.6	6.8	7.2
七、蛋类	7.0	7.2	8.3
八、奶类	5.7	6.4	6.3
九、干鲜瓜果类	29.5	30.3	32.3
#. 鲜瓜果	27.1	28.0	29.7
坚果类	2.5	1.9	2.1
十、食糖	1.2	1.3	1.3

注：从 2013 年起，国家统计局开展了住户收支与生活状况抽样调查，本表数据来源于此调查，与 2012 年及以前的农村住户抽样调查的调查范围、调查方法、指标口径有所不同。

数据来源：国家统计局统计资料。

表 16 农产品生产者价格指数（2008~2015 年）

（上年＝100）

指　标	2008 年	2009 年	2010 年	2011 年	2012 年	2013 年	2014 年	2015 年
农产品生产者价格指数	114.1	97.6	110.9	116.5	102.7	103.2	99.8	101.7
农业产品	108.4	102.9	116.6	107.8	104.8	104.3	101.8	99.2
谷物	107.1	104.9	112.8	109.7	104.8	103.1	102.7	98.7
小麦	108.7	107.9	107.9	105.2	102.9	106.7	105.1	99.2
稻谷	106.6	105.2	112.8	113.3	104.1	102.2	102.2	101.6
玉米	107.3	98.5	116.1	109.9	106.6	100.2	101.7	96.5
大豆	119.7	92.3	107.9	106.3	105.7	105.7	101.8	99.0
油料	128.0	94.2	112.1	112.1	105.2	102.4	99.9	100.8
棉花	90.6	111.8	157.7	79.5	98.1	103.9	87.1	87.5
糖料	98.4	101.5	106.0	125.5	105.0	98.9	99.7	98.8
蔬菜	104.7	111.8	116.8	103.4	109.9	106.9	98.5	104.6
水果	101.4	107.0	118.9	106.2	103.9	106.2	106.4	99.7
林业产品	108.5	94.9	122.8	114.9	101.2	99.1	99.4	97.9
畜牧产品	123.9	90.1	103.0	126.2	99.7	102.4	97.1	104.2
猪（毛重）	130.8	81.6	98.3	137.0	95.9	99.3	92.2	108.9
牛（毛重）	123.6	101.0	104.7	108.1	116.8	113.1	104.4	99.1
羊（毛重）	118.8	101.1	108.7	115.7	107.8	109.1	100.8	89.4
家禽（毛重）	111.9	102.2	107.0	112.0	103.8	103.2	104.4	101.3
蛋类	112.2	102.8	107.5	112.6	100.5	105.8	105.7	96.9
奶类	125.5	91.6	115.3	108.1	103.9	111.0	107.9	92.2
渔业产品	111.2	99.0	107.6	110.0	106.2	104.3	103.1	102.5
海水养殖产品				111.5	101.0	100.7	101.9	101.0
海水捕捞产品				111.2	110.9	107.7	103.1	106.0
淡水养殖产品				109.5	106.8	104.7	103.8	102.1
淡水捕捞产品				103.7	107.2	103.5	101.5	

数据来源：国家统计局统计资料。

表17 分地区农产品生产者价格指数（2008~2015年）

（上年=100）

地 区	2008年	2009年	2010年	2011年	2012年	2013年	2014年	2015年
全 国	114.1	97.6	110.9	116.5	102.7	103.2	99.8	101.7
北 京	112.3	98.3	106.5	110.7	104.7	104.7	99.7	99.8
天 津	107.1	103.0	110.2	105.0	105.3	105.4	102.9	100.7
河 北	109.0	99.7	115.1	110.9	100.7	105.1	100.2	97.5
山 西	109.2	100.4	110.2	111.0	101.3	106.1	101.5	95.8
内蒙古	111.0	99.8	111.4	112.8	104.7	103.3	102.7	98.0
辽 宁	109.8	102.9	110.6	114.2	106.6	101.1	101.7	99.5
吉 林	104.5	103.8	111.8	116.8	105.1	100.4	102.9	100.6
黑龙江	117.0	98.1	109.2	116.5	105.9	101.0	101.0	98.7
上 海	109.7	102.2	107.1	110.9	101.4	104.1	99.5	102.4
江 苏	114.3	99.9	108.8	112.1	103.7	103.4	101.3	102.3
浙 江	112.9	100.3	114.8	113.6	104.3	103.0	99.5	102.0
安 徽	114.7	99.1	110.8	112.8	102.9	103.7	100.2	99.8
福 建	110.7	98.0	111.5	113.3	102.7	103.0	100.3	101.2
江 西	114.2	96.8	107.5	114.3	103.5	102.3	100.3	103.7
山 东	112.5	101.2	118.8	109.7	102.5	105.9	100.5	100.1
河 南	115.0	99.1	112.5	111.5	102.9	102.6	97.5	100.7
湖 北	117.0	96.3	112.3	111.7	103.3	101.8	100.0	99.5
湖 南	126.7	90.6	109.9	121.9	100.2	102.1	98.6	104.1
广 东	113.9	95.0	107.6	112.4	103.4	103.5	102.2	102.3
广 西	113.0	89.3	107.6	124.5	99.4	102.5	98.1	102.0
海 南	112.5	101.9	107.9	115.3	103.3	100.0	105.6	99.1
重 庆	120.2	89.0	103.2	120.2	104.6	103.0	100.2	102.4
四 川	118.4	96.9	105.9	117.8	104.0	102.6	99.9	103.3
贵 州	115.5	96.1	106.7	120.3	104.3	102.4	99.5	104.6
云 南	115.5	96.5	112.5	117.9	110.7	104.9	100.6	101.3
西 藏	0.0	0.0	0.0	0.0	0.0	0.0	0.0	0.0
陕 西	111.2	95.8	121.7	113.8	102.6	107.4	102.1	96.3
甘 肃	114.0	100.2	113.8	111.3	105.9	105.9	102.1	99.8
青 海	114.9	94.6	124.3	117.3	108.2	110.4	100.0	96.1
宁 夏	118.7	99.4	117.0	111.3	103.6	106.7	98.3	98.4
新 疆	119.8	92.9	131.5	103.7	103.2	108.5	97.8	90.4

数据来源：国家统计局统计资料。

表18 居民消费价格指数（2011 ~ 2015年）

项　目	2011年	2012年	2013年	2014年	2015年
居民消费价格指数	105.4	102.6	102.6	102.0	101.4
食品	111.8	104.8	104.7	103.1	102.3
#粮食	112.2	104.0	104.6	103.1	102.0
油脂	113.4	105.1	100.3	95.1	96.8
肉禽及其制品	122.6	102.1	104.3	100.4	105.0
蛋	114.2	97.1	104.9	110.4	93.0
水产品	112.1	108.0	104.2	104.4	101.8
菜	101.1	113.7	108.0	99.2	106.8
糖	111.2	104.2	100.5	100.1	100.4
茶及饮料	104.0	104.2	102.0	101.8	101.6
干鲜瓜果	115.9	100.1	105.9	114.1	97.6
液体乳及乳制品	105.1	103.2	105.7	108.5	98.9
烟酒及用品	102.8	102.9	100.3	99.4	102.1
#烟草	100.3	100.5	100.4	100.2	104.3
酒	106.7	106.3	100.3	98.2	99.2
衣着	102.1	103.1	102.3	102.4	102.7
#服装	102.4	103.3	102.4	102.6	102.8
鞋袜帽	100.7	102.3	101.6	101.9	102.5
家庭设备用品及维修服务	102.4	101.9	101.5	101.2	101.0
#耐用消费品	100.4	100.4	100.3	100.3	100.0
室内装饰品	101.0	100.8	100.4	100.0	100.5
家庭服务及加工维修服务	111.4	109.7	108.7	107.3	106.6
医疗保健和个人用品	103.4	102.0	101.3	101.3	102.0
医疗保健	102.9	101.7	101.5	101.7	102.7
个人用品及服务	104.4	102.6	101.0	100.4	100.6
交通和通信	100.5	99.9	99.6	99.9	98.3
交通	102.6	101.2	100.2	100.2	97.5
通信	97.5	98.0	98.8	99.4	99.5
娱乐教育文化用品及服务	100.4	100.5	101.8	101.9	101.4
文娱用耐用消费品及服务	93.7	94.5	96.3	97.3	98.5
教育	101.3	101.7	102.7	102.4	102.7
文化娱乐	101.1	101.3	101.4	101.3	101.8
旅游	103.8	101.7	104.0	105.0	99.5
居住	105.3	102.1	102.8	102.0	100.7
建房及装修材料	104.7	101.0	101.2	101.0	100.0
住房租金	105.3	102.7	104.1	103.3	102.6
自有住房	106.5	102.3	103.8	103.0	102.1
水电燃料	103.5	102.4	101.6	100.7	98.0

数据来源：国家统计局统计资料。

表 19 粮食成本收益变化情况表（1991~2015 年）

单位：元

年份	每 50 公斤平均出售价格				每亩总成本				每亩净利润			
	粮食平均	稻谷	小麦	玉米	粮食平均	稻谷	小麦	玉米	粮食平均	稻谷	小麦	玉米
1991	26.1	28.5	30.0	21.1	153.9	188.4	138.4	135.3	34.3	62.4	6.3	34.0
1992	28.4	29.3	33.1	24.3	163.8	192.3	149.3	150.6	44.0	67.7	21.2	42.3
1993	35.8	40.4	36.5	30.2	178.6	211.2	169.8	155.2	92.3	145.1	35.6	95.8
1994	59.4	71.2	56.5	48.2	239.4	298.1	213.2	206.7	190.7	316.7	82.3	173.3
1995	75.1	82.1	75.4	67.0	321.8	391.4	281.7	292.2	223.9	311.1	130.5	230.1
1996	72.3	80.6	81.0	57.2	388.7	458.3	359.5	351.2	155.7	247.5	92.9	123.8
1997	65.1	69.4	70.1	55.8	386.1	450.2	349.5	358.4	105.4	171.8	74.8	69.8
1998	62.1	66.9	66.6	53.8	383.9	437.4	357.5	356.6	79.3	155.9	−6.2	88.2
1999	53.0	56.6	60.4	43.7	370.7	425.2	351.5	337.2	25.6	75.8	−12.1	11.2
2000	48.4	51.7	52.9	42.8	356.2	401.7	352.5	330.6	−3.2	50.1	−28.8	−6.9
2001	51.5	53.7	52.5	48.3	350.6	400.5	323.6	327.9	39.4	81.4	−27.5	64.3
2002	49.2	51.4	51.3	45.6	370.4	415.8	342.7	351.6	4.9	37.6	−52.7	30.8
2003	56.5	60.1	56.4	52.7	368.3	419.1	339.6	347.6	42.9	94.9	−30.3	62.8
2004	70.7	79.8	74.5	58.1	395.5	454.6	355.9	375.7	196.5	285.1	169.6	134.9
2005	67.4	77.7	69.0	55.5	425.0	493.3	389.6	392.3	122.6	192.7	79.4	95.5
2006	72.0	80.6	71.6	63.4	444.9	518.2	404.8	411.8	155.0	202.4	117.7	144.8
2007	78.8	85.2	75.6	74.8	481.1	555.2	438.6	449.7	185.2	229.1	125.3	200.8
2008	83.5	95.1	82.8	72.5	562.4	665.1	498.6	523.5	186.4	235.6	164.5	159.2
2009	91.3	99.1	92.4	82.0	630.3	716.7	592.0	582.3	162.4	217.6	125.5	144.2
2010	103.8	118.0	99.0	93.6	672.7	766.6	618.6	632.6	227.2	309.8	132.2	239.7
2011	115.4	134.5	104.0	106.1	791.2	897.0	712.3	764.2	250.8	371.3	117.9	263.1
2012	119.9	138.1	108.3	111.1	936.4	1055.1	830.4	924.2	168.4	285.7	21.3	197.7
2013	121.1	136.5	117.8	108.8	1026.2	1151.1	914.7	1012.0	72.9	154.8	−12.8	77.5
2014	124.4	140.6	120.6	111.9	1068.6	1176.6	965.1	1063.9	124.8	204.8	87.8	81.8
2015	116.3	138.0	116.4	94.2	1090.0	1202.1	984.3	1083.7	19.6	175.4	17.4	−134.2

数据来源：国家发展改革委统计资料。

表 20 2015 年粮食收购价格分月情况表

单位：元 /50 公斤

月份	三种粮食平均	稻谷平均	早籼稻	晚籼稻	粳稻	小麦	玉米	大豆
1 月	124.36	141.66	133.06	138.01	153.90	125.73	105.70	209.79
2 月	124.18	142.07	133.26	138.00	154.94	125.46	105.01	207.53
3 月	124.71	142.39	133.17	138.15	155.84	125.43	106.30	205.95
4 月	125.51	142.83	132.42	138.41	157.66	125.17	108.53	199.61
5 月	125.73	142.90	132.20	138.57	157.93	124.75	109.55	199.72
6 月	124.52	142.98	132.01	138.65	158.28	120.31	110.29	200.18
7 月	124.06	142.94	131.98	138.29	158.56	118.96	110.27	200.42
8 月	122.73	142.74	132.47	137.52	158.23	117.37	108.07	203.56
9 月	120.97	142.75	132.80	136.74	158.70	116.26	103.90	206.27
10 月	116.35	142.07	132.54	136.71	156.97	112.85	94.13	197.36
11 月	113.59	140.09	131.92	136.38	151.97	113.17	87.52	186.12
12 月	114.78	139.13	131.78	136.26	149.36	115.12	90.10	186.42
全年平均	121.79	142.05	132.47	137.64	156.03	120.05	103.28	200.24

数据来源：国家发展改革委统计资料。

表21 2015年成品粮零售价格分月情况表

单位：元/500克

月份	标一晚籼米	标一粳米	标准粉	富强粉
1月	2.50	2.74	2.27	2.57
2月	2.51	2.75	2.27	2.55
3月	2.50	2.75	2.26	2.56
4月	2.50	2.76	2.27	2.56
5月	2.51	2.76	2.28	2.56
6月	2.50	2.77	2.27	2.56
7月	2.50	2.78	2.27	2.57
8月	2.51	2.78	2.28	2.57
9月	2.52	2.79	2.30	2.57
10月	2.53	2.80	2.31	2.58
11月	2.53	2.79	2.31	2.59
12月	2.53	2.80	2.31	2.60
全年平均	2.51	2.77	2.28	2.57

数据来源：国家发展改革委统计资料。

表22 2015年粮食主要品种批发市场价格表

单位：元 / 吨

月份	三等白小麦	二等黄玉米	标一早籼米	标一晚籼米	标一粳米	三等大豆
1	2519	2242	3838	4154	4362	4384
2	2512	2232	3847	4208	4532	4325
3	2511	2265	3819	4108	4559	4341
4	2509	2315	3822	4203	4613	4261
5	2478	2314	3825	4193	4640	4302
6	2385	2307	3796	4154	4647	4328
7	2362	2303	3797	4182	4703	4318
8	2337	2268	3828	4178	4561	4357
9	2327	2165	3818	4128	4585	4323
10	2270	1973	3843	4168	4629	4296
11	2245	1906	3838	4109	4463	4191
12	2305	1939	3846	4139	4431	4029
全年平均	2397	2186	3827	4160	4560	4288

数据来源：国家发展改革委统计资料。

表 23 2015 年国内期货市场小麦、玉米、早籼稻、大豆分月价格表

单位：元 / 吨

月份	强筋小麦	普通小麦	玉米	早籼稻	大豆 1	大豆 2
1 月	2646	2514	2474	2302	4349	3208
2 月	2621	2550	2536	2311	4317	3204
3 月	2576	2569	2524	2311	4016	3205
4 月	2540	2660	2500	2560	4320	3111
5 月	2791	2487	2470	2573	4409	2952
6 月	2772	2722	2317	2631	4136	2904
7 月	2737	2408	2015	2563	4248	2890
8 月	2744	2400	1938	2550	4160	2948
9 月	2748	2383	1799	2465	4047	3100
10 月	2763	2339	1810	2517	3881	3164
11 月	2835	2413	1893	2529	3758	3200
12 月	2891	2320	1896	2631	3620	3275

注：1. 玉米为大连商品交易所玉米。
2. 早籼稻为郑州商品交易所早籼稻。
3. 大豆 1 为大连商品交易所国产大豆，大豆 2 为大连商品交易所进口大豆。
4. 均为最近主力合约月末收盘价格，按四舍五入计算。

数据来源：国家粮油信息中心统计资料。

表 24 2015 年美国芝加哥商品交易所谷物和大豆分月价格表

单位：美元 / 吨

月份	小麦	玉米	稻米	大豆
1 月	196	150	223	364
2 月	197	153	210	371
3 月	189	149	207	356
4 月	180	148	199	355
5 月	188	144	188	350
6 月	180	137	192	345
7 月	209	169	218	377
8 月	186	143	233	341
9 月	182	154	256	327
10 月	185	148	241	333
11 月	181	142	233	316
12 月	181	149	215	319

注：1. 各品种均为美国芝加哥商品交易所标准品。
2. 按美元整数四舍五入计算。
3. 均为最近主力合约每月中旬收盘价格。

数据来源：国家粮油信息中心统计资料。

表 25 国有粮食企业主要粮食品种收购量（1978~2015 年）

单位：贸易粮，万吨

年份	合计	小麦	大米	玉米	大豆	其他
1978	5110.2	1176.8	1995.7	1046.7	216.0	675.0
1979	5925.0	1562.6	2201.0	1281.0	205.0	675.6
1980	5882.1	1396.1	2214.5	1357.8	296.5	617.3
1981	6255.5	1418.3	2421.1	1408.0	412.6	595.6
1982	7367.5	1933.6	2900.3	1427.4	401.7	704.5
1983	9879.6	2763.3	3312.4	2337.8	409.8	1056.3
1984	11165.9	3427.0	3858.1	2588.1	382.4	910.4
1985	7925.5	2666.1	3012.9	1374.2	503.3	369.0
1986	9453.2	2842.0	3258.7	2183.1	653.7	515.7
1987	9920.1	2816.2	3143.7	2848.6	609.7	501.9
1988	9430.4	2673.9	3185.9	2414.7	693.5	462.4
1989	10040.2	2855.5	3622.9	2587.7	620.0	354.1
1990	12364.5	3646.6	4316.0	3372.8	661.2	367.9
1991	11423.0	3392.5	3810.0	3338.4	582.2	300.0
1992	10414.4	3841.4	3272.6	2621.7	406.1	272.6
1993	9234.0	3373.1	2505.0	2470.0	606.2	279.7
1994	9226.4	3230.4	2697.6	2185.0	732.2	381.2
1995	9443.8	3125.0	3061.4	2435.6	522.5	299.3
1996	11919.8	3614.8	3382.2	4224.7	437.8	260.4
1997	11535.4	4600.2	3510.6	2692.2	515.2	217.3
1998	9654.5	2795.6	2562.0	3867.4	351.0	78.5
1999	12807.7	3863.3	3186.1	5425.1	246.6	86.6
2000	11695.1	4018.2	3327.3	4019.2	237.9	92.5
2001	11784.2	4437.9	2798.8	4128.2	326.8	92.5
2002	10826.3	4201.3	2189.6	4182.0	140.4	113.0
2003	9717.1	3682.0	2109.8	3702.5	120.3	102.5
2004	8919.5	3448.1	2138.1	3158.1	91.0	84.2
2005	11493.8	3745.2	2572.3	4529.9	506.0	140.4
2006	12256.5	6040.0	2153.5	3424.7	492.2	146.2
2007	10167.4	4733.2	1985.1	3008.3	321.5	119.5
2008	15470.8	6712.7	3604.9	4754.2	313.4	85.6
2009	15223.0	6834.0	2637.5	4988.5	653.0	110.2
2010	12406.0	6177.7	2136.0	3333.7	648.8	109.9
2011	11442.7	4650.4	2799.3	3428.1	465.7	99.2
2012	12363.5	4871.4	2574.4	4260.9	563.9	92.9
2013	16887.4	4023.8	3979.4	8472.7	317.2	94.3
2014	18985.2	5779.1	3826.0	8995.5	317.1	67.6
2015	24386.8	5095.3	4051.0	15046.6	140.1	53.8

注：1978~2002 年粮食购销存数字按粮食年度统计，粮食年度是指当年 4 月 1 日至翌年 3 月 31 日。从 2003 年开始，粮食统计年度改为日历年度。年度数字均为国有粮食企业收购量。

数据来源：国家粮食局统计资料。

表 26 国有粮食企业主要粮食品种销售量（1978~2015 年）

单位：贸易粮，万吨

年份	合计	小麦	大米	玉米	大豆	其他
1978	5343.5	1869.5	1773.9	876.1	162.5	661.5
1979	5679.1	1940.3	1826.0	1067.9	179.8	665.1
1980	6416.8	2256.8	2014.3	1301.5	204.4	639.9
1981	7223.3	2563.5	2122.9	1622.3	239.0	675.6
1982	7710.4	2858.1	2289.5	1596.7	271.8	694.4
1983	8003.2	3005.9	2497.7	1458.5	288.8	752.4
1984	10417.9	3699.7	3438.5	1932.0	355.3	992.5
1985	8564.9	3078.5	3006.3	1328.1	322.9	829.1
1986	9347.7	3618.1	3243.9	1357.0	321.3	807.4
1987	9190.8	3643.3	3080.0	1423.8	355.5	688.2
1988	10091.0	3885.2	3038.0	1898.6	406.7	862.5
1989	8931.1	3521.8	2566.2	1846.1	346.5	650.5
1990	9033.3	3574.9	2770.5	1723.1	341.7	623.1
1991	10433.0	4085.0	3267.4	1046.3	1402.6	631.7
1992	9000.0	3247.0	3044.4	1637.3	256.8	814.5
1993	6700.3	2848.5	2128.5	1088.2	229.9	405.2
1994	7648.4	3328.2	2609.4	1121.3	234.0	355.5
1995	9264.2	3707.6	2896.8	1570.0	620.3	469.5
1996	7340.6	3090.3	2259.5	1346.7	356.8	287.3
1997	6830.7	2439.3	2042.9	1632.3	429.4	286.7
1998	6116.0	2137.1	1795.5	1648.5	348.6	186.3
1999	9353.3	3137.1	2420.9	3197.6	439.4	158.2
2000	12556.9	3961.9	3029.8	4718.5	645.5	201.2
2001	8528.7	3225.6	2155.6	2574.9	439.2	133.4
2002	12070.0	4733.0	3155.5	3551.5	510.5	119.5
2003	13453.7	5500.3	3559.1	3800.9	422.2	171.3
2004	11944.0	4640.6	3246.2	3574.5	309.3	173.4
2005	12138.3	4276.9	2556.8	4348.8	841.7	114.2
2006	12034.2	4246.1	2671.4	4133.2	847.6	135.9
2007	12958.3	5104.0	2896.0	3890.4	892.8	175.2
2008	15324.9	7352.9	3120.0	3985.4	755.9	110.7
2009	16693.2	7094.2	3054.1	5261.4	1145.8	137.8
2010	18911.2	7569.0	3047.6	6454.8	1662.9	176.9
2011	18922.5	7342.2	3609.5	5839.1	1992.2	139.6
2012	16829.4	6930.0	2970.8	4548.0	2188.1	192.6
2013	19442.4	7623.6	3064.0	6179.7	2418.0	157.2
2014	21133.2	6125.0	3859.4	8226.3	2618.1	304.5
2015	18685.3	5616.0	4002.1	5639.4	2704.6	723.2

注：1978~2002 年粮食购销存数字按粮食年度统计，粮食年度是指当年 4 月 1 日至翌年 3 月 31 日。从 2003 年开始，粮食统计年度改为日历年度。年度数字均为国有粮食企业销售量。

数据来源：国家粮食局统计资料。

表 27 2015年国有粮食企业粮食收购情况统计表

单位：万吨

项 目	国有粮食企业收购				
	原粮	小麦	稻谷	玉米	大豆
全国总计	26122.9	5095.3	5787.1	15046.6	140.1
北 京	205.8	66.8	3.3	132.3	0
天 津	53.3	32.4	3.3	17.1	0
河 北	855.3	359.5	1.7	489.2	1.6
山 西	194.3	80.4	0	106	0
内蒙古	2345.2	36.3	2.5	2287	19.4
辽 宁	1485.8	4.2	129.2	1351.2	0
吉 林	3846	0	164.4	3670.1	11.5
黑龙江	8225.8	18.1	2161.1	5957.7	86.4
上 海	111.9	30	79	0	0
江 苏	1410.4	971.5	367.2	59.9	2.1
浙 江	143.5	15.9	127.6	0	0
安 徽	1232.7	574	582.6	72.4	2.1
福 建	57	6.6	50.3	0.1	0
江 西	450.8	0.8	448.9	1.1	0
山 东	899.1	606.5	4.7	276.6	11
河 南	1818.1	1420.6	170.1	221	3.2
湖 北	568.9	113.5	448.1	7.3	0
湖 南	374.4	1	365.3	8.1	0
广 东	113.9	1.3	104.1	8.5	0
广 西	126.1	0.2	122.7	3.2	0
海 南	10	0	10	0	0
重 庆	134.9	27.5	87.9	17.3	0
四 川	333.6	54.4	236.3	39.7	2
贵 州	47.1	4.9	36.7	0.3	0
云 南	98.1	9.3	38.5	49.6	0
西 藏	4.9	3.9	0	0	0
陕 西	275.1	178.5	3.8	92.6	0
甘 肃	161.3	77.6	0.9	78.4	0
青 海	6.1	4.8	0	0	0
宁 夏	67	9	23.5	34.1	0.4
新 疆	466.5	385.8	13.4	65.8	0.4

数据来源：国家粮食局统计资料。

表 28 2015 年国有粮食企业粮食销售情况统计表

单位：万吨

项　目	国有粮食企业收购				
	原粮	小麦	稻谷	玉米	大豆
全国总计	20400.5	5616	5717.3	5639.4	2704.6
北　京	931.7	259.3	85.6	284.2	277.8
天　津	562.1	154.4	47	41.9	301.9
河　北	1041.6	330.7	17.3	571	122.4
山　西	211.3	107.2	6.3	95	0.2
内蒙古	256.5	55.7	8.9	188.1	3.8
辽　宁	1289.2	22.1	197.4	758.8	284.3
吉　林	823.8	1.2	103.2	570.2	148.9
黑龙江	1626.8	43.6	689.6	812.1	60.7
上　海	937.9	156.7	294	103.9	259
江　苏	2594.8	1140.6	827.1	217.5	368.3
浙　江	577	80.9	310.9	113.9	16.2
安　徽	990.5	500	394.5	65.4	4.4
福　建	878.9	114.7	215.8	196.3	34
江　西	445.6	0.8	433.7	11.1	0
山　东	1174.1	554	14.4	452.3	152.6
河　南	996	704.3	24.6	208.9	54.5
湖　北	500	104.1	354.6	40.4	0.3
湖　南	409.1	18.9	331.6	49.9	7.8
广　东	986.9	211.3	434.2	109.5	209.4
广　西	492.1	24	150.5	51.3	266
海　南	52.8	4.4	19.2	28.6	0.1
重　庆	284.3	43.9	110.4	46.4	80
四　川	598.2	115.7	254.5	176.5	49
贵　州	122.9	9.8	95.4	11	0.1
云　南	302.8	15.6	200.5	85.2	0.1
西　藏	14.3	6.6	4	0.1	0
陕　西	487.5	305.9	39.6	135	1.9
甘　肃	205.1	99.1	4	91.2	0
青　海	26	21.7	2.6	0	0
宁　夏	97	15.2	27.8	53.7	0.3
新　疆	483.7	393.6	18.1	70	0.6

数据来源：国家粮食局统计资料。

表 29 全国粮油进口情况表（1992~2015 年）

单位：万吨

年份	粮食	谷物					大豆	食用植物油				
			小麦	大米	玉米	大麦			豆油	菜籽油	棕榈油	花生油
1992	1182.1	1152.0	1058.1	10.4	0.0	0.0	0.0	37.6	18.3	18.9	0.0	0.5
1993	16.3	0.7	0.6	0.0	0.0	0.0	0.0	23.6	7.6	15.0	0.0	0.8
1994	925.1	913.4	729.9	51.4	0.1	0.0	0.0	160.8	106.3	52.9	0.0	1.4
1995	2082.5	2035.7	1158.6	164.2	518.1	0.0	0.0	213.5	148.2	63.1	0.0	1.4
1996	1105.6	1078.1	824.6	76.1	44.1	0.0	0.0	162.7	129.5	31.6	0.0	0.5
1997	738.4	410.4	186.1	32.6	0.0	187.4	287.6	159.1	122.5	35.1	0.0	1.1
1998	742.0	382.4	148.9	24.4	25.1	151.9	319.2	112.7	83.2	28.5	0.0	0.9
1999	808.8	333.8	44.8	16.8	7.0	226.9	431.9	88.7	80.4	6.9	0.0	1.0
2000	1390.7	312.4	91.0	23.9	0.3	196.1	1041.9	41.4	30.6	7.5	1.5	1.0
2001	1950.4	344.3	73.9	26.9	3.9	236.8	1393.9	149.2	7.0	4.9	136.0	0.9
2002	1605.1	284.9	63.2	23.6	0.8	190.7	1131.4	266.3	87.0	7.8	169.5	0.4
2003	2525.8	208.0	44.7	25.7	0.1	136.3	2074.1	441.2	188.4	15.2	232.8	0.7
2004	3351.5	974.5	725.8	75.6	0.2	170.7	2023.0	529.1	251.6	35.3	239.0	0.0
2005	3647.0	627.1	353.9	51.4	0.4	217.9	2659.0	471.9	169.4	17.8	283.8	0.0
2006	3713.8	358.2	61.3	71.9	6.5	213.1	2823.7	581.3	154.3	4.4	418.7	0.0
2007	3731.0	155.5	10.1	48.8	3.5	91.3	3081.7	767.5	282.3	37.5	438.7	1.1
2008	4130.6	154.0	4.3	33.0	5.0	107.6	3743.6	752.8	258.6	27.0	464.7	0.6
2009	5223.1	315.0	90.4	35.7	8.4	173.8	4255.1	816.2	239.1	46.8	511.4	2.1
2010	6695.4	570.7	123.1	38.8	157.3	236.7	5479.8	687.2	134.1	98.5	431.4	6.8
2011	6390.0	544.6	125.8	59.8	175.4	177.6	5263.7	656.8	114.3	55.1	470.1	6.1
2012	8024.6	1398.2	370.1	236.9	520.8	252.8	5838.4	845.1	182.6	117.6	523.0	6.3
2013	8645.2	1458.1	553.5	227.1	326.6	233.5	6337.5	809.8	115.8	152.7	487.4	6.1
2014	10042.4	1951.0	300.4	257.9	259.9	541.3	7139.9	650.2	113.5	81.0	396.9	9.4
2015	12477.5	3270.4	300.6	337.7	473.0	1073.2	8169.2	676.5	81.8	81.5	431.2	12.8

数据来源：国家发展改革委统计资料。

表30 全国粮油出口情况表（1992~2015年）

单位：万吨

年份	粮食	谷物				大豆	食用植物油		
			小麦	大米	玉米			豆油	菜籽油
1992	1390.8	1193.9	0.3	95.3	1034.0	0.0	6.4	0.4	5.3
1993	151.5	1.3	0.0	0.1	1.1	0.0	13.2	1.5	5.8
1994	1306.3	1087.7	10.7	151.9	874.0	0.0	26.7	7.3	16.1
1995	162.2	43.2	1.6	4.7	11.3	0.0	25.2	6.6	17.1
1996	134.9	67.6	0.0	26.5	15.9	0.0	30.8	12.7	17.4
1997	878.1	788.5	0.1	93.9	661.7	18.6	71.0	55.6	14.1
1998	939.0	860.7	0.6	373.7	468.6	17.0	27.0	18.6	7.3
1999	840.3	721.2	0.1	270.8	430.5	20.4	9.2	5.3	2.6
2000	1452.4	1359.4	18.8	294.8	1029.4	21.1	11.0	3.5	5.4
2001	991.2	875.6	71.3	185.9	600.0	24.8	13.5	6.0	5.4
2002	1619.6	1482.2	97.7	198.2	1167.5	27.6	9.7	4.7	1.8
2003	2354.6	2194.7	251.4	260.5	1640.1	26.7	6.0	1.1	0.5
2004	620.4	473.4	108.9	89.8	232.4	33.5	6.5	1.9	0.5
2005	1182.3	1013.7	60.5	67.4	864.2	39.6	22.5	6.3	3.1
2006	774.4	605.2	151.0	124.0	309.9	37.9	39.9	11.8	14.5
2007	1169.5	986.7	307.3	134.3	492.1	45.6	16.6	6.6	2.2
2008	378.9	181.2	31.0	97.2	27.3	46.5	24.8	13.4	0.7
2009	328.3	131.7	24.5	78.0	13.0	34.6	11.4	6.9	0.9
2010	275.1	119.9	27.7	62.2	12.7	16.4	9.2	5.9	0.4
2011	287.5	116.4	32.8	51.6	13.6	20.8	12.2	5.1	0.3
2012	276.6	96.0	28.5	27.9	25.7	32.0	10.0	6.5	0.7
2013	243.1	94.7	27.8	47.8	7.8	20.9	11.5	9.0	0.6
2014	211.4	70.9	19.0	41.9	2.0	20.7	13.4	10.0	0.7
2015	163.5	47.8	12.2	28.7	1.1	13.4	13.5	10.4	0.5

数据来源：国家发展改革委统计资料。

表 31 2015 年新增中央储备粮代储资格企业名单

序号	企业名称	类别	授予资格仓（罐）容	证书编号	授予资格仓房（油罐）号及仓房（油罐）统一编码	备注
	北京					
1	北京市张辛粮食储备库	粮	4.3863	11004500	3（762982194001003001）、5（762982194001005001）、7（762982194001007001）、 4（762982194001004001）、6（762982194001006001）、8（762982194001008001）	
	天津					
2	九三集团天津大豆科技有限公司	粮	5.3520	12004000	1（761275199001001001）、2（761275199001002001）、3（761275199001003001）、 4（761275199001004001）、5（761275199001005001）、6（761275199001006001）、 7（761275199001007001）、8（761275199001008001）、9（761275199001009001）、 10（761275199001010001）	
3	天津静海国家粮食储备库	粮	9.4679	12000900-4	27（104141086001027001）、28（104141086001028001）、29（104141086001029001）、 30（104141086001030001）、37-1（104141086001037001）、37-2（104141086001038001）、 38-1（104141086001039001）、38-2（104141086001040001）、38-3（104141086001041001）、 41-1（104141086001048001）、41-2（104141086001049001）、43-1（104141086001052001）、 43-2（104141086001053001）、35（104141086001035001）、36（104141086001036001）	
4	天津市宝坻京东粮油储运贸易有限公司	粮	3.2646	12003300-1	36（104204980001036001）、37（104204980001037001）、41（104204980001041001）、 40（104204980001040001）、39（104204980001039001）、42（104204980001042001）、 38（104204980001038001）、43（104204980001043001）	
	河北					
5	定州市东亭粮食购销有限责任公司	粮	2.5050	13018700-1	1（108192374002001001）、2（108192374002002001）、3（108192374002003001）、 4（108192374002004001）、5（108192374002005001）、6（108192374002006001）	
6	高碑店市国有粮食购销储运有限公司	粮	3.0197	13020600	6（667732808001006001）、7（667732808001007001）、8（667732808001008001）、 9（667732808001009001）、10（667732808001010001）、11（667732808001011001）、 12（667732808001012001）、13（667732808001013001）、14（667732808001014001）、 15（667732808001015001）	
7	河北省财安粮食经营有限责任公司	粮	3.3600	13020700	新 1（098479901001001001）、新 2（098479901001002001）、新 3（098479901001003001）、 新 4（098479901001004001）	
8	河北省天元国有粮食收储库有限责任公司	粮	0.8458	13006700-3	16（718317971001016001）、17（718317971001017001）	
9	南和县国家粮食储备有限公司	粮	0.9642	13008700-1	14（662206040001014001）、15（662206040001015001）	
10	曲周县丰实粮油储备贸易有限公司	粮	3.1250	13020800	1（067047647001001001）、2（067047647001002001）、3（067047647001003001）、 7（067047647001007001）、8（067047647001008001）	
11	魏县粮食储备库	粮	6.0000	13020900	5（563228850001005001）、6（563228850001006001）、7（563228850001007001） 8（563228850001008001）、9（563228850001009001）、10（563228850001010001） 11（563228850001011001）、12（563228850001012001）、13（563228850001013001） 14（563228850001014001）、15（563228850001015001）、16（563228850001016001）	
12	蠡县益名农业发展有限公司	粮	2.6000	13021000	1（065748917001001001）、2（065748917001002001）、3（065748917001003001）	
	山西					
13	山西运城东留省粮食储备库	粮	2.5804	14002900-1	25（11366172900102500101）、26（11366172900102600101）、27（11366172900102700101）、 28（11366172900102800101）、29（11366172900102900101）	
14	稷山县城关中心粮站	粮	2.5000	14006600	主 13（11384112100101300101）、主 14（11384112100101400101）、主 15 （11384112100101500101）、主 16（11384112100101600101）	
	内蒙古					
15	内蒙古牧王粮食股份有限公司	粮	17.0000	15014600	主库区 1（674373719001005001）、2（674373719001006001）、3（674373719001007001）、 4（674373719001008001）、5（674373719001009001）、6（674373719001010001）、 7（674373719001011001）、8（674373719001012001）、9（674373719001013001）、 10（674373719001014001）、主库区 P1（674373719001001001）、主库区 P2 （674373719001002001）、主库区 P4（674373719001004001）、1 分库 1（085177031001001001）、 1 分库 2（085177031001002001）、1 分库 3（085177031001003001）、1 分库 4（085177031001004001）、 1 分库 8（085177031001015001），2 分库 1（674373719002003001）、2 分库 2（674373719002004001）、 2 分库 3（674373719002005001）、2 分库 4（674373719002006001）、2 分库 P1（674373719002001001）	

续表

序号	企业名称	类别	授予资格仓（罐）容	证书编号	授予资格仓房（油罐）号及仓房（油罐）统一编码	备注
16	内蒙古通辽大沁他拉国家粮食储备库	粮	5.5200	15002100−2	1（116002075001001001）、2（116002075001002001）、3（116002075001003001）、4（116002075001004001）、5（116002075001005001）、6（116002075001006001）、7（116002075001007001）、8（116002075001008001）、11（116002075001011001）、12（116002075001012001）	
17	内蒙古同丰商贸有限公司	粮	4.9560	15014700	P2（585163488001002001）、P3（585163488001003001）、P4（585163488001004001）	
18	通辽华通粮油有限公司	粮	4.0500	15014800	1（566819024001001001）、2（566819024001002001）、3（566819024001003001）、4（566819024001004001）、5（566819024001005001）、6（566819024001009001）、7（566819024001010001）、8（566819024001011001）	
19	突泉县水泉粮油贸易公司	粮	2.8475	15014900	1（115760739001001001）、5（115760739001005001）	
20	乌海市第一粮库	粮	11.6916	15000200−2	1（114670993001001001、114670993001001002）、2（114670993001002001、114670993001002002）、3（114670993001003001、114670993001003002）、4（114670993001004001、114670993001004002）、5（114670993001005001、114670993001005002）、6（114670993001006001、114670993001006002）、7（114670993001007001、114670993001007002）、8（114670993001008001、114670993001008002）、9（114670993001009001、114670993001009002）、10（114670993001010001、114670993001010002）、11（114670993001011001、114670993001011002）、12（114670993001012001、114670993001012002）	
21	乌拉特前旗大佘太粮油购销公司	粮	1.8600	15008000−2	14（117320358001014001）、15（117320358001015001）	
22	兴安盟利祥粮油有限公司	粮	3.5449	15015000	1 号钢板平房仓（690057548001001001）、2 号钢板平房仓（690057548001002001）、3 号钢板平房仓（690057548001003001）、1 号钢板立筒仓（690057548001004001）、2 号钢板立筒仓（690057548001005001）、3 号钢板立筒仓（690057548001006001）	
23	兴安盟粮油总公司	粮	4.8210	15015100	051（115611585003005001）、052（115611585003006001）	
24	扎赉特旗海仓粮油贸易有限公司	粮	3.3481	15010400−3	T45（676902733001050001）、T46（676902733001051001）、T47（676902733001052001）、T48（676902733001053001）、T49（676902733001054001）	
25	扎赉特旗金鼎粮贸有限公司	粮	3.6000	15015200	2 号仓（59731444X001002001）、3 号仓（59731444X001003001）	
26	扎赉特旗金瑞粮食有限责任公司	粮	4.0000	15015300	2 号库房（690079317001002001）	
27	扎赉特旗瀚源粮贸有限责任公司	粮	5.5000	15015400	1 号仓（07557624X001001001）、2 号仓（07557624X001002001）	
28	扎赉特旗兴业粮贸有限责任公司	粮	9.8000	15015500	1#（670665941001001001）、2#（670665941001002001）、3#（670665941001003001）、4#（670665941001004001）、5#（670665941001005001）、6#（670665941001006001）	
29	扎赉特旗雨森农牧业有限责任公司	粮	5.2000	15015600	1（690075180001002001）、2（690075180001003001）、17（690075180001004001）、18（690075180001005001）、19（690075180001001001）	
30	扎赉特旗鑫宏业粮贸有限公司	粮	4.5174	15015700	1 号仓（075591319001001001）、2 号仓（075591319001002001）、8 号仓（075591319001003001）、9 号仓（075591319001004001）	
31	扎赉特旗鑫华粮油贸易有限责任公司	粮	3.9395	15015800	2（683412337001002001）、3（683412337001003001）	
32	包头市固阳粮食购销有限责任公司	粮	6.0000	15015900	1 号（701251708001001001）、2 号（701251708001002001）、3 号（701251708001003001）、4 号（701251708001004001）、6 号（701251708001006001）、7 号（701251708001007001）、8 号（701251708001008001）	
33	乌兰浩特市捷成粮食公司	粮	4.4564	15016000	3（720182199001003001）、5#（720182199001007001）、6#（720182199001007002）、7#（720182199001007003）、8#（720182199001007004）	
	辽宁					
34	朝阳市海润粮油有限责任公司	粮	3.9798	21013800	P01（79765432600100101）、P04（79765432600400101）、P03（79765432600300101）、P02（79765432600200101）	
35	鞍山银珠米业有限公司	粮	5.4243	21009700−1	地下仓 1 分库（77463706400200100101）	
36	朝阳县粮食局二十家子粮库	粮	3.3861	21012700−1	P3（12331930200100300101）、P4（12331930200100400101）	

续表

序号	企业名称	类别	授予资格仓（罐）容	证书编号	授予资格仓房（油罐）号及仓房（油罐）统一编码	备注
37	大连新北良股份有限公司	粮	40.9600	21013900	D101-D112（24128135X00104400101-24128135X00104401201）、D301-D312（24128135X00104401301-24128135X00104402401）、D501-D512（24128135X00104402501-24128135X00104403601）、D701-D712（24128135X00104403701-24128135X00104404801）、E201-E202（24128135X00104601901-24128135X00104602001）、E204-E205（24128135X00104602101-24128135X00104602201）、E401-E402（24128135X00104602301-24128135X00104602401）、E404-E405（24128135X00104602501-24128135X00104602601）、E101-E106（24128135X00104600101-24128135X00104600601）、E301-E306（24128135X00104600701-24128135X00104601201）、E501-E506（24128135X00104601301-24128135X00104601801）	
38	大石桥市高坎第一粮食储备库	粮	1.4625	21009800-1	P1（09271786800102500101）	
39	宽甸恒业粮食储备库	粮	2.7244	21014000	P11、T31-T35、T26-T30、T21-T25、P13（08112495200101400101、08112495200100300101-08112495200100300501、08112495200101600101-08112495200101600501、08112495200101500101-08112495200101500501、08112495200101400201）	
40	辽阳市宏伟粮库有限责任公司	粮	2.5669	21014100	P4-P11、P14、P13（24128135X00104400101-24128135X00104401201、24128135X00104402501-24128135X00104403601、24128135X00104403701-24128135X00104404801、24128135X00104601901-24128135X00104602001、24128135X00104602101-24128135X00104602201、24128135X00104602301-24128135X00104602401、24128135X00104602501-24128135X00104602601、24128135X00104600101-24128135X00104600601、24128135X00104600701-24128135X00104601201、24128135X00104601301-24128135X00104601801）	
41	沈阳骐业粮食储备有限公司	粮	2.5520	21014200	P1（24128135X00104400101-24128135X00104401201、24128135X00104401301-24128135X00104402401、24128135X00104402501-24128135X00104403601、24128135X00104403701-24128135X00104404801、24128135X00104601901-24128135X00104602001、24128135X00104602101-24128135X00104602201、24128135X00104602301-24128135X00104602401、24128135X00104602501-24128135X00104602601、24128135X00104600101-24128135X00104600601、24128135X00104600701-24128135X00104601201、24128135X00104601301-24128135X00104601801）	
42	铁岭粮食集团直属储备库	粮	4.7688	21014300	Q1-Q6（12271182000100100101-12271182000100600101）	
43	中国华粮物流集团辽中粮食中转库	粮	2.5500	21014400	Q1-Q3、T1-T2（70205500600100200101-70205500600100200301、70205500600100300101-70205500600100300201）	
44	中国华粮物流集团西丰粮食中转库	粮	3.2530	21014500	1-6#、7-16#、17-18#、19-20#（79483191300101000101、79483191300101000201、79483191300101100101、79483191300101100201、79483191300101200101、79483191300101200201、79483191300101200301、79483191300101200401、79483191300101200501、79483191300101200601、79483191300101200701、79483191300101200801、79483191300101300101、79483191300101300201、79483191300101300301、79483191300101300401、79483191300101300501、79483191300101300601、79483191300101300701、79483191300101300801）	
45	辽宁昌图粮食储备库	油	1.0530	21006101	Y1-Y3号、Y5-Y7、Y4号、Y8号、Y9-Y12号（70175205300107100001-70175205300107300001、70175205300107500001-70175205300107700001、70175205300107400001、70175205300107800001、70175205300107900001-70175205300108200001）	

续表

序号	企业名称	类别	授予资格仓（罐）容	证书编号	授予资格仓房（油罐）号及仓房（油罐）统一编码	备注
	吉林					
46	敦化市国有粮食资产运营管理中心	粮	2.5000	22014500	1-2 号仓（702411664001001001）、3-4 号仓（702411664001002001）	
47	华粮集团德惠粮食中转库	粮	3.7500	22001970-1	1 号仓（59335118X001001001）、2 号仓（59335118X001002001）、3 号仓（59335118X001003001）、4 号仓（59335118X001004001）、5 号仓（59335118X001005001）	
48	吉林粮食集团乾安水字粮库	粮	5.1824	22004400-1	1 号仓（550461258001001001）、2 号仓（550461258001002001）、3 号仓（550461258001003001）、4 号仓（550461258001004001）、5 号仓（550461258001005001）、6 号仓（550461258001006001）、7 号仓（550461258001007001）、8 号仓（550461258001008001）、9 号仓（550461258001009001）、10 号仓（550461258001010001）	
49	吉林省前郭粮食中心库	粮	3.2000	22014600	1 号仓（696134997001011001）、2 号仓（696134997001012001）、3 号仓（696134997001013001）4 号仓（696134997001014001）	
50	吉林农投白城纯阳直属粮库	粮	2.5000	22014700	1 号仓（696232684001001001）、2 号仓（696232684001002001）	原"吉林中储粮白城纯阳粮库"
	黑龙江					
51	勃利县互助粮库有限责任公司	粮	3.0000	23036600	1（663889322001001001）、2（663889322001002001）、4（663889322001004001）、6（663889322001006001）、8-13（663889322001008001、663889322001009001、663889322001010001、663889322001011001、663889322001012001、663889322001013001）、17（663889322001017001）	
52	大庆市新浪粮食储备库	粮	3.5000	23002900-2	Z04-15（681439296001020001、681439296001020002）、Z04-16（681439296001021001、681439296001021002）、Z04-17（681439296001019001）	
53	大兴安岭岭南粮库有限责任公司	粮	5.2900	23010000-2	13（131808157001006001）、16-17（131808157001025001、131808157001026001）、15（131808157001024001）、14（131808157001007001）	
54	富裕县龙安桥粮库有限公司	粮	2.9300	23018000-3	19（669022375001017001）、20（669022375001018001）	
55	黑河市振兴粮库东库	粮	1.0000	23025000-1	22（684854663001003001）	
56	黑龙江北安通北国家粮食储备库	粮	3.0000	23020400-1	30—33（13166507X001006001、13166507X001007001、13166507X001008001、13166507X001009001）、34（13166507X001010001）、35（13166507X001011001）	
57	黑龙江双城周家国家粮食储备库	粮	2.5000	23017700-1	001（130783242001001001）、002（130783242001002001）	
58	九三粮油工业集团有限公司	粮	18.6888	23000250-1	主库区 1（132072559001002001）、主库区 2（132072559001001001）、主库区 3（132072559001003001）、主库区 4（132072559001004001）、主库区 5（132072559001005001）、主库区 6（132072559001006001）、主库区 7（132072559001007001）、主库区 8（132072559001008001）、主库区 9（132072559001009001）、主库区 10（132072559001010001）、主库区 11（132072559001011001）、主库区 12（132072559001012001）、主库区 13（132072559001013001）、主库区 14（132072559001014001）、主库区 15（132072559001015001）、主库区 16（132072559001016001）、1 分库 1（741818969001001001）、1 分库 2（741818969002001001）、1 分库 3（741818969001003001）、1 分库 4（741818969001004001）、1 分库 5（741818969001005001）、1 分库 6（741818969001006001）、1 分库 7（741818969001007001）、1 分库 8（741818969001008001）、1 分库 9（741818969001009001）、1 分库 10（741818969001010001）、1 分库 11（741818969001016001）、1 分库 12（741818969001017001）、1 分库 13（741818969001018001）、1 分库 14（741818969001019001）、1 分库 15（741818969001020001）、2 分库 1（308637374001001001）、2 分库 2（308637374001001002）、2 分库 3（308637374001001003）、2 分库 4（308637374001001004）、2 分库 5（308637374001001005）、2 分库 6（308637374001001006）、2 分库 7（308637374001001007）、2 分库 8（308637374001001008）、2 分库 9（308637374001001009）、2 分库 10（308637374001001010）、2 分库 11（308637374001001011）、2 分库 12（308637374001001012）、2 分库 13（308637374001001013）、2 分库 14（308637374001001014）	
59	克东县克东粮库	粮	12.5550	23036700	1（052866738001001001）、2（052866738001002001）、3（052866738001003001）、4（052866738001004001）	
60	克山县北联粮库有限责任公司	粮	1.0000	23023100-1	25（77788959001018000）	
61	克山县北兴粮库	粮	3.0000	23020800-1	21（128855163001014001）、26 号（128855163001015001、128855163001015002）	

续表

序号	企业名称	类别	授予资格仓（罐）容	证书编号	授予资格仓房（油罐）号及仓房（油罐）统一编码	备注
62	克山县古城粮库有限责任公司	粮	5.0000	23016000-1	11（077789935001009001、077789935001010001） 10（077789935002010001、077789935002010002、077789935002010003）	
63	萝北县凤翔粮库	粮	1.5000	23034000-1	19（129170529001006000）	
64	萝北县军川粮库	粮	2.5000	23002200-3	41（129170887001014001）、42（129170887001015001）、43（129170887001016001）	
65	萝北县萝北粮库	粮	3.0000	23036800	19（129170537001002001）、20（129170537001003001）	
66	七台河市红卫粮库有限责任公司	粮	2.5289	23036900	1-4（663890315001001001、663890315001002001、663890315001003001、663890315001004001）、6（663890315001005001）、5（663890315001006001）	
67	齐齐哈尔市第一粮库有限公司	粮	0.9500	23011600-2	35（669021620001021000）	
68	齐齐哈尔市京双粮库	粮	4.0500	23022300-1	1-2（681443535001001001、681443535001002001）、6-8（681443535001006001、681443535001007001、681443535001008001）、24（681443535001024001）	
69	齐齐哈尔市碾子山粮库有限公司	粮	0.9668	23000600-2	16（669022383001016000）	
70	庆安东禾金谷粮食储备有限公司	粮	12.0100	23037000	1-7（073305550001001001、073305550001002001、073305550001003001、073305550001004001、073305550001005001、073305550001006001、073305550001007001）、44（073305550001039001）、24（073305550001024001、073305550001024002）、22（073305550001022001、073305550001022002）、25（073305550001025001、073305550001025002）、26（073305550001026001、073305550001026002）、32（073305550001023001、073305550001023002）、46（073305550001040001、073305550001040002）、12-19（073305550001012001、073305550001013001、73305550001014001、073305550001015001、073305550001016001、073305550001017001、073305550001018001、073305550001019001）	
71	塔河县粮库有限责任公司	粮	2.8400	23037100	1（131866525001001001）、4（131866525001004001）、2-3（131866525001002001、131866525001003001）	
72	中国华粮物流集团康金粮库	粮	2.9400	23037200	1-6（127522711001005001-127522711001010001）	
73	中国华粮物流集团兰棱粮库	粮	2.5200	23037300	1-3（130782098001010001-130782098001012001）	
74	中粮建三江米业有限公司	粮	15.3000	23037400	001（569892242001001001、569892242001001002）、002（569892242001002001、569892242001002002）、003（569892242001003001、569892242001003002）、004（569892242001004001、569892242001004002）、005（569892242001005001、569892242001005002、569892242001005003）、006（569892242001006001、569892242001006002、569892242001006003）、007（569892242001007001）、008（569892242001008001）、009（569892242001009001）、010（569892242001010001）、011（569892242001011001）、012（569892242001012001）、013（569892242001013001）、014（569892242001014001）、015（569892242001015001）、016（569892242001016001）	
75	讷河市长发粮库有限公司	粮	2.0000	23022100-1	18（684850179001006001）、19（684850179001014001）	
76	讷河市九井粮库有限公司	粮	2.0000	23018400-1	12（684850283001012000）	
77	讷河市孔国粮库有限公司	粮	1.5000	23030400-1	22（681423518001005001、681423518001006001）	
78	讷河市通南粮库有限公司	粮	4.2000	23017000-1	1（669035694001001001）、2（669035694001002001）、16（669035694001014001） 3（669035694001003001）	
79	讷河市学田粮库有限公司	粮	1.8000	23023900-1	14（684850224001015000）	
80	黑龙江瑞中粮食贸易有限公司	粮	8.5200	23037500	1（688890151001001001）、2（688890151001002001）、3（688890151001003001）	
	江苏					
81	昆山市粮油购销公司（昆山市粮食储备库）	粮	4.7522	32022800	P01（251244763001001001）、P02（251244763001001002）、P03（251244763001002001）、P04（251244763001002002）、P05（251244763001003001）、P06（251244763001003002）、P07（251244763001003003）、P08（251244763001004001）、P09（251244763001004002）、P10（251244763001004003）	

续表

序号	企业名称	类别	授予资格仓（罐）容	证书编号	授予资格仓房（油罐）号及仓房（油罐）统一编码	备注
82	沭阳县粮食购销总公司	粮	2.6341	32013200-5	三分库（沂涛粮库）1（739567312001001001）、三分库（沂涛粮库）2（739567312001001002）、三分库（沂涛粮库）3（739567312001002001）、三分库（沂涛粮库）4（739567312001002002）、三分库（沂涛粮库）5（739567312001003001）、三分库（沂涛粮库）6（739567312001003002）、三分库（沂涛粮库）7（739567312001003003）	
83	泰州国家粮食储备库	粮	1.9889	32007200-3	26（14185645-00102600101）、27（14185645-00102700101）、28（14185645-00102800101）、29（14185645-00102900101）、30（14185645-00103000101）、32（14185645-00103200101）、31（14185645-00103100101）、33（14185645-00103300101）、34（14185645-00103400101）	
84	太仓市粮食购销有限公司	粮	3.7966	32014500-1	P01（735719921001001001）、P02（735719921001002001）、P03（735719921001003001）、P04（735719921001004001）、P05（735719921001005001）、P06（735719921001006001）、P07（735719921001007001）、P08（735719921001008001）、P09（735719921001009001）、P10（735719921001010001）、P11（735719921001011001）、P12（735719921001012001）、P13（735719921001013001）、P14（735719921001014001）、P15（735719921001015001）、P16（735719921001016001）、P17（735719921001017001）、P18（735719921001018001）、P19（735719921001019001）、P20（735719921001020001）	
85	睢宁县双沟粮管所	粮	2.6220	32022900	1（136972482001001001）、2（136972482001001002）、3（136972482001002001）、4（136972482001002002）、5（136972482001003001）、6（136972482001003002）、7（136972482001004001）、8（136972482001004002）、9（136972482001005001）、10（136972482001005002）	
86	邳州平祥粮食储备有限公司	粮	3.3499	32017800-1	8（697865775001004001）、9（697865775001004002）、10（697865775001005001）、11（697865775001005002）、12（697865775001005003）、13（697865775001006001）、14（697865775001006002）、15（697865775001006003）	
87	盐城市禾丰粮油储备有限公司	油	3.9798	32023001	1号罐（571441651001001000）、2号罐（571441651001002000）、3号罐（571441651001003000）、4号罐（571441651001004000）、5号罐（571441651001005000）、6号罐（571441651001006000）、7号罐（571441651001007000）、8号罐（571441651001008000）、9号罐（571441651001009000）	
	浙江					
88	中粮面业（海宁）有限公司	粮	3.5700	33004500	1、2、10、11、19、20、28、29、37、38、46、47、51、52、60、61、69、78、88、96、97（558622351001001001、558622351001002001、558622351001010001、558622351001011001、558622351001019001、558622351001020001、558622351001028001、558622351001029001、558622351001037001、558622351001038001、558622351001046001、558622351001047001、558622351001051001、558622351001052001、558622351001060001、558622351001061001、558622351001069001、558622351001078001、558622351001088001、558622351001096001、558622351001097001）	
	安徽					
89	安徽光明槐祥工贸集团有限公司	粮	2.4608	34010300-1	25（153631129001014001）、26（153631129001015001）、36（153631129001017001）、46（153631129001018001）	
90	安徽泗县省级粮食储备库	粮	3.6000	34014400	1、3、4、6、7、9、2、5、8（704997400001001001、704997400001001002、704997400001001003、704997400001002001、704997400001002002、704997400001002003、704997400001003001、704997400001003002、704997400001003003）	
91	安徽省粮油储运公司	粮	7.5014	34010900-4	1（777373439001001001）、3（777373439001003001）、4（777373439001004001）、6（777373439001006001）、2（777373439001002001）、5（777373439001005001）、7（777373439001007001）、8（777373439001008001），1分库1（748925417001001001）、3（748925417001003001）、4（748925417001004001）、6（748925417001006001）、1分库2（748925417001002001）、5（748925417001005001）、1分库7（748925417001007001）、8（748925417001008001）、9（748925417001009001）、10（748925417001010001）、11（748925417001011001）、12（748925417001012001）、13（748925417001013001）、14（748925417001014001）	
92	安徽省双凤粮食储备库	粮	6.7196	34004100-2	1（704900736001001001）、2（704900736001002001）、3（704900736001003001）、4（704900736001004001）、5（704900736001005001）、6（7049007360010060）、7（704900736001007001）、8（704900736001008001）、9（7049007360010090）、10（704900736001010001）、11（704900736001011001）、12（7049007360010120）、14（70490073600101400101）、15（704900736001015001）、17（70490073600101700101）、18（704900736001018001）、19（7049007360010190）、22（70490073600102200101）	

续表

序号	企业名称	类别	授予资格仓（罐）容	证书编号	授予资格仓房（油罐）号及仓房（油罐）统一编码	备注
93	淮北市振淮粮食物流有限责任公司	粮	5.1000	34011300-1	1（670907170001001001）、2（670907170001002001）、3（670907170001003001）、4（670907170001004001）、5（670907170001005001）、6（670907170001006001）、7（670907170001007001）、8（670907170001008001）、9（670907170001009001）、10（670907170001010001）、11（670907170001011001）、12（670907170001012001）	
94	利辛县利丰粮食购销有限公司	粮	11.0000	34014500	1（684958964001001001）、2（684958964001002001）、3（684958964001003001）、4（684958964001004001）、5（684958964001005001）、6（684958964001006001）、7（684958964001007001）、8（684958964001008001）、9（684958964001009001）、10（684958964001010001）、11（684958964001011001）、12（684958964001012001）、13（684958964001013001）、14（684958964001014001）、15（684958964001015001）、16（684958964001016001）、17（684958964001017001）、18（684958964001018001）、19（684958964001019001）、20（684958964001020001）	
95	宿州市汇谷粮油购销有限公司	粮	2.7676	34014600	1（550178145001001001）、2（550178145001001002）、3（550178145001002001）、4（550178145001002002）、5（550178145001003001）、6（550178145001003002）、8（550178145001004001）、9（550178145001004002）	
	江西					
96	江西金佳谷物安福粮油购销有限公司	粮	5.2000	36018500	1-10、14-15、11-13（690963559001011001、690963559001011002、690963559001011003、690963559001011004、690963559001011005、690963559001011006、690963559001011007、690963559001011008、690963559001011009、690963559001011010690963559001010001）	
97	江西彭泽国家粮食储备库	粮	3.5000	36001100-1	①－⑩（15982174001200100101、15982174001200100201、15982174001200200101、15982174001200200201、15982174001200300101、15982174001200300201、15982174001200400101、15982174001200400201、15982174001200500101、15982174001200500201）	
98	江西省储备粮永修有限公司	粮	5.0000	36018600	1东、1西、2东、2西、3东、3西、4东、4西、9东、9西、10东、10西、5东、5西、6东、6西、7东、7西、8东、8西（556037394001001001、556037394001001002、556037394001002001、556037394001002002、556037394001003001、556037394001003002、556037394001004001、556037394001004002、556037394001005001、556037394001005002、556037394001006001、556037394001006002、556037394001007001、556037394001007002、556037394001008001、556037394001008002、556037394001009001、556037394001009002、556037394001010001、556037394001010002）	
99	江西省丰城剑光国家粮食储备库	粮	3.3230	36018700	①－⑤（161057198001001001、161057198001001002、161057198001002001、161057198001002002、161057198001003001、161057198001003002、161057198001004001、161057198001004002、161057198001005001、161057198001005002）	
100	江西圣牛米业有限公司	粮	2.9713	36018800	①：77588769800100500101 ②：77588769800100600101 ③：77588769800100700101 ④：77588769800100800101 ⑤：77588769800100900101 ⑥：77588769800101000101 ⑨：77588769800100300101 ⑩：77588769800100400101	
101	进贤县粮食储备库	粮	8.4108	36018900	1、3、5、7、9、11、13、15、17、19、21、23、2、4、6、8、10、12、14、16、18、20、22、24（596508146001001001、596508146001001002、596508146001002001、596508146001002002、596508146001003001、596508146001003002、596508146001004001、596508146001004002、596508146001005001、596508146001005002、690999690001001001、690999690001001000、690999690001002001、690999690001002000、690999690001003001、690999690001003002、690999690001004001、690999690001004002、690999690001005001、690999690001005000、690999690001006001、690999690001006002、690999690001007001、690999690001007002）	
102	新余市渝水区粮食局水北粮管所	粮	2.9700	36019000	1-11（15991246001001001、15991246001001002、15991246001002001、15991246001002002、15991246001003001、15991246001003002、15991246001004001、15991246001004002、15991246001005001、15991246001005002、15991246001006001、15991246001006002、15991246001007001、15991246001007002、15991246001008001、15991246001008002、15991246001009001、15991246001009002、15991246001010001、15991246001010002、15991246001011001、15991246001011002）	
103	江西景德镇国家粮食储备库	油	0.5000	36018601	Y1-Y2（158781433001037000、158781433001038000）	
104	江西省天玉油有限公司	油	1.0000	36018701	1#-4#（669797191001010000、669797191001011000、669797191001012000、669797191001013000）	
	山东					
105	曹县地方粮食储备库	粮	0.6903	37012400-1	15-17（788496178001015001、788496178001016001、788496178001017001）	

续表

序号	企业名称	类别	授予资格仓（罐）容	证书编号	授予资格仓房（油罐）号及仓房（油罐）统一编码	备注
106	曹县商都粮库有限公司	粮	4.8044	37019400	2–13（494492024001002001、494492024001003001、494492024001004001、494492024001005001、494492024001006001、494492024001007001、494492024001008001、494492024001009001、494492024001010001、494492024001011001、494492024001012001、494492024001013001）、14（494492024001014001）	
107	单县粮食收储有限公司	粮	3.1950	37015400–1	5–10（863042644001005001、863042644001006001、863042644001007001、863042644001008001、863042644001009001、863042644001010001）	
108	德州市第五粮油仓库	粮	6.3276	37004600–2	1（725401362001001001）、2（725401362001002001）、3（725401362001003001）、4（725401362001004001）、5（725401362001005001）、6（725401362001006001）、7（725401362001007001）、8（725401362001008001）、9（725401362001009001）、11（725401362001011001）、12（725401362001012001）、13（725401362001013001）、14（725401362001014001）、15（725401362001015001）、16（725401362001016001）	
109	广饶县粮食储备库	粮	3.2000	37019500	1（768744808001001001）、4（768744808001004001）、5（768744808001005001）、8（768744808001008001）、13（768744808001013001）、12（768744808001012001）、11（768744808001011001）、10（768744808001010001）、9（768744808001009001）、2（768744808001002001）、3（768744808001003001）、6（768744808001006001）、7（768744808001007001）	
110	菏泽市粮油中转储备库	粮	5.2724	37002100–1	一分库（吕陵分库）1#–9#（168850551003001001, 168850551003002001, 168850551003003001, 168850551003004001, 168850551003005001, 168850551003006001, 168850551003007001, 168850551003008001, 168850551003009001），一分库（吕陵分库）11#–17#（168850551003011001, 168850551003012001, 168850551003013001, 168850551003014001, 168850551003015001, 168850551003016001, 168850551003017001），一分库（吕陵分库）10#（168850551003010001），一分库（吕陵分库）18#（168850551003018001）	
111	莱阳市粮食收储管理中心	粮	2.6016	37019600	储备库 1 号（16980264X009001001）、储备库 2 号（16980264X009002001） 储备库 3 号（16980264X009003001）、储备库 4 号（16980264X009004001） 储备库 5 号（16980264X009005001）、储备库 6 号（16980264X009006001） 储备库 7 号（16980264X009007001）、储备库 8 号（16980264X009008001） 储备库 9 号（16980264X009009001）、储备库 10 号（16980264X009010001） 储备库 11 号（16980264X009011001）、储备库 12 号（16980264X009012001）	
112	蓬莱市粮食收储管理中心	粮	3.5000	37013600–1	1（705850232001001001）、4（705850232001004001）、5（705850232001005001）、8（705850232001008001）、10（705850232001010001）、11（705850232001011001）、12（705850232001012001 ）、13（705850232001013001）、9（705850232001009001 ）、6（705850232001006001）、7（705850232001007001 ）、2（705850232001002001）、3（705850232001003001）	
113	青岛中盛绿源物流有限公司	粮	5.3102	37019700	1–4（057250203001001001、057250203001002001、057250203001003001、057250203001004001）、9（057250203001009001）、10（057250203001010001）、5（057250203001005001、057250203001005002）、6（057250203001006001）、7（057250203001007001、057250203001007002）8（057250203001008001）、11–13（057250203001011001、057250203001012001、057250203001013001）、14（057250203001014001、057250203001014002）	
114	曲阜市国家粮食储备库	粮	5.9777	37019800	01（267103164001001001）、03（267103164001003001）、12（267103164001012001）、14（267103164001014001）、05（267103164001005001）、06（267103164001006001）、09（267103164001009001）、10（267103164001010001）、04（267103164001004001）、07（267103164001007001）、08（267103164001008001）、11（267103164001011001）、02（267103164001002001）、13（267103164001013001）	
115	日照市东港区粮食储备库	粮	8.5600	37013900–1	1–16（267173613001001001，267173613001002001，267173613001003001，267173613001004001，267173613001005001，267173613001006001，267173613001007001，267173613001008001，267173613001009001，267173613001010001，267173613001011001，267173613001012001，267173613001013001，267173613001014001，267173613001015001，267173613001016001）	

续表

序号	企业名称	类别	授予资格仓（罐）容	证书编号	授予资格仓房（油罐）号及仓房（油罐）统一编码	备注
116	山东滨城国家粮食储备库	粮	8.5184	37004800-1	东库 1-16 号仓（728610346002001001、728610346002002001、728610346002003001、728610346002004001、728610346002005001、728610346002006001、728610346002007001、728610346002008001、728610346002009001、728610346002010001、728610346002011001、728610346002012001、728610346002013001、728610346002014001、728610346002015001、728610346002016001）、东库 17-24 号仓（728610346002017001、728610346002018001、728610346002019001、728610346002020001、728610346002021001、728610346002022001、728610346002023001、728610346002024001）	
117	山东滨州国家粮食储备库	粮	0.9994	37001300-2	11-13（166892811001011001、166892811001012001、166892811001013001）	
118	山东费县鲁南国家粮食储备库	粮	8.2228	37019900	1# 仓— 4# 仓（706074298001001001、706074298001002001、706074298001003001、706074298001004001）、10# 仓— 13# 仓（706074298001010001、706074298001011001、706074298001012001、706074298001013001）、28# 仓（706074298001028001）、32# 仓— 34# 仓（706074298001032001、706074298001033001、706074298001034001）、29# 仓（706074298001029001）、30# 仓（706074298001030001）、20# 仓— 22# 仓（706074298001020001、706074298001021001、706074298001022001）、24# 仓— 26# 仓（706074298001024001、706074298001025001、706074298001026001）、27# 仓（706074298001027001）、31# 仓（706074298001031001）、19# 仓（706074298001019001）、23# 仓（706074298001023001）、8# 仓（706074298001008001）、9# 仓（706074298001009001）、17# 仓（706074298001017001）、18# 仓（706074298001018001）、5# 仓— 7# 仓（706074298001005001、706074298001006001、706074298001007001）、14# 仓— 16# 仓（706074298001014001、706074298001015001、706074298001016001）	
119	山东谷丰粮食储备库	粮	6.0000	37020000	1（762865756001001001）、2（762865756001002001）、3（762865756001003001）、4（762865756001004001）、5（762865756001005001）、6（762865756001006001 ）、7（762865756001007001）、8（762865756001008001）、9（762865756001009001）、10（762865756001010001）、11（762865756001011001）、12（762865756001012001）、13（762865756001013001）、14（762865756001014001）、15（762865756001015001）、16（762865756001016001）、17（762865756001017001）、18（762865756001001001）	
120	山东济阳国家粮食储备库	粮	4.2660	37005400-2	1-3（734711426001001001、734711426001002001、734711426001003001）、4-8（734711426001004001、734711426001005001、734711426001006001、734711426001007001、734711426001008001）	
121	山东鄄城国家粮食储备库	粮	3.6024	37002500-1	西 1-4 号仓（169235913002001001、169235913002002001、169235913002003001、169235913002004001）	
122	山东良友储备粮承储有限公司	粮	13.5751	37020100	主库区 1-2（744503153001001001、744503153001002001）、主库区 5-6（744503153001005001、744503153001006001）、1 分库区 20（745695682001020001）、1 分库区 21（745695682001021001）、1 分库区 22（745695682001022001）、1 分库区 23（745695682001023001）、1 分库区 18（745695682001018001）、1 分库区 19（745695682001019001）、1 分库区 24（745695682001024001）、1 分库区 25（745695682001025001）、1 分库区 12（745695682001012001）、1 分库区 13（745695682001013001）、1 分库区 14（745695682001014001）、1 分库区 15（745695682001015001）、1 分库区 16（745695682001016001）、1 分库区 17（745695682001017001）、1 分库区 6（745695682001006001）、1 分库区 7（745695682001007001）、1 分库区 8（745695682001008001）、1 分库区 9（745695682001009001）、1 分库区 10（745695682001010001）、1 分库区 11（745695682001011001）、1 分库区 2（745695682001002001）、1 分库区 4（745695682001004001）、1 分库区 1（745695682001001001）、1 分库区 3（745695682001003001）、1 分库区 5（745695682001005001）、主库区 11-34（744503153001011001、744503153001012001、744503153001013001、744503153001014001、744503153001015001、744503153001016001、744503153001017001、744503153001018001、744503153001019001、744503153001020001、744503153001021001、744503153001022001、744503153001023001、744503153001024001、744503153001025001、744503153001026001、744503153001027001、744503153001028001、744503153001029001、744503153001030001、744503153001031001、744503153001032001、744503153001033001、744503153001034001）、主库区 3（744503153001003001）、主库区 4（744503153001004001）、主库区 7（744503153001007001）、主库区 8（744503153001008001）、主库区 9（744503153001009001）、主库区 10（744503153001010001）	

续表

序号	企业名称	类别	授予资格仓（罐）容	证书编号	授予资格仓房（油罐）号及仓房（油罐）统一编码	备注
123	山东齐河国家粮食储备库	粮	12.5130	37001500−2	1−2（167538953001001001、167538953001002001）、56（167538953001056001）、54−55（167538953001054001、167538953001055001）、50−53（167538953001050001、167538953001051001、167538953001052001、167538953001053001）、47（167538953001047001）、44（167538953001044001）、48−49（167538953001048001、167538953001049001）、42−43（167538953001042001、167538953001043001）、41（167538953001041001）、45−46（167538953001045001、167538953001046001）、39−40（167538953001039001、167538953001040001）、37−38（167538953001037001、167538953001038001）、35−36（167538953001035001、167538953001036001）、31−34（167538953001031001、167538953001032001、167538953001033001、167538953001034001）、29−30（167538953001029001、167538953001030001）、11−14（167538953001011001、167538953001012001、167538953001013001、167538953001014001）、19−28（167538953001019001、167538953001020001、167538953001021001、167538953001022001、167538953001023001、167538953001024001、167538953001025001、167538953001026001、167538953001027001、167538953001028001）、7−10（167538953001007001、167538953001008001、167538953001009001、167538953001010001）	
124	山东省石臼粮食储备库有限公司	粮	5.7561	37012200−2	1（76483382X001001001）、2（76483382X001002001）、3（76483382X001003001）、4（76483382X001004001）、5（76483382X001005001）6（76483382X001006001）、7（76483382X001007001）、8（76483382X001008001）、9（76483382X001009001）、10（76483382X001010001）、11（76483382X001011001）、12（76483382X001012001）、13（76483382X001013001）、14（76483382X001014001）、15（76483382X001015001）、16（76483382X001016001）、17（76483382X001017001）、18（76483382X001018001）、19（76483382X001019001）	
125	山东潍坊粮油储备库	粮	8.5508	37014300−1	5−6（165421284001005001、165421284001006001）、9（165421284001009001）、13（165421284001013001）、17（165421284001017001）、21（165421284001021001）、26（165421284001026001）、22（165421284001022001）、3（165421284001003001）、18−19（165421284001018001、165421284001019001）、14−15（165421284001014001、165421284001015001）、4（165421284001004001）、7−8（165421284001007001、165421284001008001）、10−12（165421284001010001、165421284001011001、165421284001012001）、16（165421284001016001）、20（165421284001020001）、23−25（165421284001023001、165421284001024001、165421284001025001）	
126	泰安市长城粮库	粮	3.0552	37003500−1	1−8（614081829001001001、614081829001002001 614081829001003001、614081829001004001 614081829001005001、614081829001006001 614081829001007001、614081829001008001）	
127	日照卓尔粮油有限公司	油	0.9477	37017801	1−2（725427810001001000、725427810001002000）、3（725427810001003000）	
128	诸城兴贸玉米开发有限公司	油	4.2138	37017901	1−9（613585873002001000,613585873002002000,613585873002003000,613585873002004000,613585873002005000,613585873002006000, 613585873002007000,613585873002008000,613585873002009000）	
	河南					
129	河南国家粮食储备库	粮	8.5389	41024400	2分库1（169984885002001001）、2分库2（169984885002002001）、2分库7（169984885002003001）、2分库8（169984885002004001）、2分库Q1（169984885002005001）、2分库Q3（169984885002006001）、2分库Q5（169984885002007001）、2分库Q7（169984885002008001）、2分库Q9（169984885002009001）、2分库Q11（169984885002010001）、2分库Q13（169984885002011001）	
130	河南省谷物储贸有限公司	粮	8.5389	41011900−2	2分库3（721851075002001001）、2分库4（721851075002002001）、2分库5（721851075002003001）、2分库6（721851075002004001）、Q2（721851075002005001）、Q4（721851075002006001）、Q6（721851075002007001）、Q8（721851075002008001）、Q10（721851075002009001）、Q12（721851075002010001）、Q14（721851075002011001）	
131	河南郑州中原国家粮食储备库	粮	4.5198	41007800−2	26（268022163003013001）、27（268022163003014001）、28（268022163003015001）、29（268022163003016001）、30（268022163003017001）、31（268022163003018001）、32（268022163003019001）、33（268022163003020001）、34（268022163003021001）	

续表

序号	企业名称	类别	授予资格仓（罐）容	证书编号	授予资格仓房（油罐）号及仓房（油罐）统一编码	备注
132	汝州市戎庄粮食储备库	粮	3.3500	41012400-1	1（731321553001001001）、2（731321553001002001）、3（731321553001003001）、4（731321553001004001）、5（731321553001005001）、6（731321553001006001）、7（731321553001007001）	
133	新乡市新丰粮油仓库	粮	2.9040	41009000-2	1（706600956002001001）、2（706600956002002001）、3（706600956002003001）、4（706600956002004001）、5（706600956002005001）、6（706600956002006001）、7（706600956002007001）、8（706600956002008001）、9（706600956002009001）	
	湖北					
134	湖北省龙感湖天丰粮油购销有限公司	粮	3.0000	42011900-1	12（309864595001012001）、13（309864595001013001）、14（309864595001014001）、15（309864595001015001）、16（309864595001016001）、17（309864595001017001）、18（309864595001018001）、19（309864595001019001）	
135	中粮米业（仙桃）有限公司	粮	4.6000	42013500	立筒仓1号（582471944001003001）、立筒仓2号（582471944001003002）、立筒仓3号（582471944001003003）、立筒仓4号（582471944001003004）、立筒仓5号（582471944001003005）、立筒仓6号（582471944001003006）、立筒仓7号（582471944001003007）、立筒仓8号（582471944001003008）、立筒仓9号（582471944001003009）、立筒仓10号（582471944001003010）、立筒仓11号（582471944001003011）、立筒仓12号（582471944001003012）、原粮库1（582471944001001001）、原粮库2（582471944001002001）	
	重庆					
136	重庆粮食集团合川区粮食有限责任公司	粮	14.2390	50002400	1、24、22、23、12、18、25、33、10、11、16、17、13、14、19、20、26、27、34、35、29-31、37-39、41-43、6-8、15、21、28、32、36、40、44、3、5、9、4、2（693930656001001001、693930656001002001、693930656001003001、693930656001004001、693930656001005001、693930656001006001、693930656001007001、693930656001008001、693930656001009001、693930656001010001、693930656001011001、693930656001012001、693930656001013001、693930656001014001、693930656001015001、693930656001016001、693930656001017001、693930656001018001、693930656001019001、693930656001020001、693930656001021001、693930656001022001、693930656001023001、693930656001024001、693930656001025001、693930656001026001、693930656001027001、693930656001028001、693930656001029001、693930656001030001、693930656001031001、693930656001032001、693930656001033001、693930656001034001、693930656001035001、693930656001036001、693930656001037001、693930656001038001、693930656001039001、693930656001040001、693930656001041001、693930656001042001、693930656001043001、693930656001044001）	
	四川					
137	剑阁县兴粮粮油购销经营管理有限公司	粮	2.6141	51017700	1（054108965001004001）、2（054108965001005001）、3（054108965001006001）、4（054108965001007001）、5（054108965001001001）、6（054108965001002001）、7（054108965001003001）、8（054108965009001001）、9（054108965009002001）、10（054108965009003001）、11（054108965009004001）、	
138	泸州市龙马潭区天绿粮油购销有限公司	粮	2.7508	51017300	1（738338200001001001）、2（738338200001002001 ）、3（738338200001003001）、4（738338200001004001）、5（738338200001005001）、6（738338200001006001）、7（738338200001007001）、8（738338200001008001）	
139	四川川东北粮油储备中心有限公司	粮	4.0486	51017400	1（734874639001001001）、2（734874639001002001）、3（734874639001003001）、5（734874639001005001）、6（734874639001006001）、7（734874639001007001）、8（734874639001012001）、9（734874639001013001）、10（734874639001014001）、11（734874639001015001）	
140	四川广安浓洄省粮食储备库	粮	4.1590	51017500	1（709130291001001001）、2（709130291001001002）、3（709130291001001003 ）、4（709130291001001004 ）、5（709130291001002001）、6（709130291001002002）、7（709130291001002003）、8（709130291001002004）、9（709130291001003001）、10（709130291001003002）、11（709130291001003003）、12（709130291001003004）、13（709130291001004001）、14（709130291001004002 ）、15（709130291001004003）、16（709130291001004004）、17（709130291001005001）、18（709130291001005002）、19（709130291001005003）、20（709130291001005004）	
141	四川罗江国家粮食储备库	粮	0.5995	51003400-3	12（72324031500100700201）、19（72324031500101300101）、20（72324031500101300201）	

续表

序号	企业名称	类别	授予资格仓（罐）容	证书编号	授予资格仓房（油罐）号及仓房（油罐）统一编码	备注
142	雅安市名山区城关粮食储备库	粮	2.9749	51017600	主库 1(211001660001001001)、主库 2(211001660001002001)、主库 3(211001660001003001)、主库 4(211001660001004001)、主库 5(211001660001005001)、主库 6(211001660001006001)、主库 7(211001660001007001)、主库 8(211001660001008001)、主库 9(211001660001009001)、主库 10(211001660001010001)、主库 11(211001660001011001)、主库 12(211001660001012001)	
143	江油市城东粮油收储站	油	0.2853	51005401-1	12 罐（70918285X001026000）、13 罐（70918285X001027000）、14 罐（70918285X001028000）	
	陕西					
144	西安西粮实业有限公司	油	1.1000	61001801-3	15 号罐(220603655001076000)、16 号罐(220603655001077000)、17 号罐(220603655001078000)、18 号罐(220603655001079000)、19 号罐(220603655001080000)、20 号罐(220603655001081000)、21 号罐(220603655001082000)、22 号罐(220603655001083000)、23 号罐(220603655001084000)、24 号罐(220603655001085000)、25 号罐(220603655001086000)、26 号罐(220603655001087000)	
	甘肃					
145	甘肃省陇西粮油储备库有限公司	粮	0.2311	62001100-2	P15（225570741001015001）	
146	兰州花庄粮食储备库有限公司	粮	1.2472	62002600-3	8（224553608001008001、224553608001008002）、9（224553608001009001、224553608001009002、11(224553608001011001、224553608001011002)、14(224553608001014001、224553608001014002)	
147	平凉市四十里铺粮库	粮	2.5010	62003900-1	1-10（22587303x001001001、22587303x001002001、22587303x001003001、22587303x001004001、22587303x001005001、22587303x001006001、22587303x001007001、22587303x001008001、22587303x001009001、22587303x001010001）	
	宁夏					
148	宁夏灵武国家粮食储备库	粮	0.5000	64000100-1	11-12、13-14、24（715088114001011001、715088114001012001、715088114001013001、715088114001014001、715088114001024001）	
	青海					
149	青海省西宁粮食储备库	油	0.9100	63000501-1	1-2、3-6、7（226580802001043000001、226580802001044000001、226580802001045000001、226580802001046000001、226580802001047000001、226580802001048000001、226580802001049000001）	

数据来源：国家粮食局统计资料。

表 32 2015 年分地区粮食产业企业数量表

项目类别	小麦粉加工企业	大米加工企业	食用植物油加工企业	粮食深加工企业	饲料企业	粮油食品及副食酿造企业	粮油机械制造企业
全 国	3930	11208	2171	1738	4039	1779	106
北 京	16	30	10	6	39	22	
天 津	20	20	18	7	37	13	
河 北	256	50	39	97	229	45	3
山 西	221	33	23	84	108	60	1
内蒙古	85	46	56	96	108	24	1
辽 宁	12	594	29	138	373	39	
吉 林	6	663	22	162	115	10	
黑龙江	61	1695	133	276	159	60	
上 海	11	44	15	8	35	62	1
江 苏	420	775	130	57	181	92	27
浙 江	43	216	58	25	147	44	3
安 徽	336	844	157	45	143	153	18
福 建	48	259	71	6	106	62	
江 西	3	1223	63	9	147	30	4
山 东	564	47	127	88	571	129	4
河 南	610	166	57	72	198	92	1
湖 北	338	1358	254	110	187	215	34
湖 南	34	1104	146	66	214	127	3
广 东	38	440	72	9	253	73	1
广 西	21	379	48	63	111	39	
海 南	1	51	2	1	15		
重 庆	33	155	35	27	46	25	
四 川	139	418	199	61	196	74	3
贵 州	18	165	86	18	19	29	
云 南	82	264	60	70	142	156	
西 藏	55	3	13	20	3	10	
陕 西	117	71	56	26	56	46	1
甘 肃	112	3	37	41	31	14	
青 海	14	1	29	5	10	1	
宁 夏	52	73	29	14	14	9	1
新 疆	164	18	97	31	46	24	

注：由于统计口径调整，部分数据与 2015 年鉴数据存在一定差异。

数据来源：国家粮食局统计资料。

表33 2015年分地区粮食产业生产能力汇总表

单位：万吨

地 区	处理稻谷	处理小麦	处理玉米	处理油料	油脂精炼	饲料加工
全 国	30738	19400	10758	15584	4902	21644
北 京	117	157	0	13	6	156
天 津	41	75	33	538	314	226
河 北	107	1544	784	512	119	635
山 西	0	248	163	103	18	157
内蒙古	82	166	662	166	54	239
辽 宁	1159	93	785	598	130	1319
吉 林	994	13	1004	204	35	166
黑龙江	5481	230	1072	1205	146	478
上 海	109	47	32	66	89	150
江 苏	2603	1985	270	2037	800	1315
浙 江	500	134	37	355	78	560
安 徽	3701	2072	431	562	237	1009
福 建	686	263	227	536	139	786
江 西	3000	29	110	304	128	1251
山 东	150	3894	2360	2067	394	3613
河 南	819	4809	1003	478	134	985
湖 北	5179	981	278	1459	552	1211
湖 南	2691	36	106	479	148	1556
广 东	622	437	62	971	438	2409
广 西	510	31	110	1039	260	942
海 南	21	5	33		0	145
重 庆	290	13	53	79	101	292
四 川	997	312	341	614	201	1143
贵 州	251	23	43	138	39	91
云 南	239	65	110	45	37	233
西 藏	0	17		1	0	
陕 西	120	595	303	203	124	219
甘 肃	6	419	31	86	38	143
青 海		24	1	134	47	8
宁 夏	206	156	128	32	4	40
新 疆	59	528	184	562	90	169

注：处理稻谷、处理小麦、处理玉米和处理油料量为年设计处理原料量；油脂精炼和饲料加工量为年设计生产产品量。

数据来源：国家粮食局统计资料。

表 34 2015 年分地区粮食产业主要产品产量情况表

单位：万吨，万台

地 区	大米	小麦粉	食用植物油	淀粉	酒精	粮机设备
全 国	5677.5	7545.6	2681.9	1728.9	366.5	35.1
北 京	35.3	81.6				
天 津	6.9	24.2	525.7			
河 北	22.2	830.2	99.6	221.7	3.7	0.1
山 西	0.1	49.4	0.2	14.5		
内蒙古	6.0	25.2	6.4	161.2	5.3	
辽 宁	202.3	40.9	105.4	19.7	152.3	
吉 林	204.6	1.2	26.6	185.2	128.4	
黑龙江	765.1	51.8	26.7	180.4	48.2	
上 海	28.3	22.1	39.1			0.1
江 苏	606.0	806.0	303.2	1.8		9.3
浙 江	113.1	72.6	56.8	0.7		1.3
安 徽	907.3	821.0	96.8	72.1		3.1
福 建	213.7	146.8	170.7		0.7	
江 西	587.5		27.0		2.4	0.2
山 东	52.1	1511.2	379.4	725.9	11.4	1.2
河 南	169.5	2038.7	71.3	26.0		
湖 北	707.9	145.7	71.7		0.1	19.4
湖 南	400.0	13.0	40.9		0.1	0.4
广 东	143.1	287.0	292.0	7.8		
广 西	121.5	14.6	194.8			
海 南	3.1					
重 庆	55.6	5.7	26.5			
四 川	175.2	91.5	60.5	0.9	8.3	0.1
贵 州	26.9	1.0	4.0			
云 南	44.2	5.7	9.9		1.1	
西 藏		2.0	0.0			
陕 西	20.8	166.9	32.6	68.6	0.5	
甘 肃	0.7	79.1	5.8	4.3	1.9	
青 海		7.0	6.1			
宁 夏	50.9	44.2	1.1	16.4		
新 疆	10.3	156.9	38.8	21.7	1.9	

数据来源：国家粮食局统计资料。

表 35 2015 年分地区粮食产业主要经济指标情况表

单位：亿元

地 区	工业总产值	产品销售收入	利税总额	
				利润总额
全 国	24574.3	24093.6	1189.1	783.0
北 京	230.7	209.4	7.7	2.3
天 津	427.8	437.9	14.8	6.9
河 北	899.8	939.9	45.1	26.7
山 西	176.1	160.2	6.7	6.0
内蒙古	375.7	321.2	40.4	8.2
辽 宁	642.9	628.5	24.6	15.1
吉 林	425.6	426.5	9.3	−0.9
黑龙江	748.9	760.3	14.7	6.6
上 海	268.6	315.3	23.5	14.2
江 苏	2651.2	2591.1	178.3	120.8
浙 江	332.8	376.8	21.0	11.2
安 徽	2259.9	2161.9	83.7	63.7
福 建	736.4	655.2	33.4	21.6
江 西	848.8	845.5	38.2	26.2
山 东	2873.7	2821.4	109.1	80.0
河 南	1403.7	1420.9	99.3	79.7
湖 北	2889.8	2761.2	118.8	77.2
湖 南	1259.7	1206.6	55.8	40.9
广 东	1832.2	1816.0	97.2	69.3
广 西	730.4	683.3	25.9	19.9
海 南	50.3	49.6	1.5	1.2
重 庆	215.2	293.4	17.2	11.1
四 川	1162.8	1160.9	80.3	45.3
贵 州	142.2	136.3	6.5	4.2
云 南	116.0	129.5	5.3	3.0
西 藏	1.2	2.6	0.3	0.3
陕 西	368.5	309.5	11.7	7.8
甘 肃	80.9	79.2	2.2	1.5
青 海	20.6	16.0	0.8	0.8
宁 夏	155.3	148.5	8.0	6.4
新 疆	246.3	229.4	7.9	5.8

数据来源：国家粮食局统计资料。

表 36 2015 年南方 6 省（区）早籼稻收获质量情况表

单位：个，%

地区	样品数	覆盖市、县数	出糙率	等级比例							整精米率								不完善粒率	谷外糙米	黄粒米
				三等以上	一等	二等	三等	四等	五等	等外	平均值	其中									
												≥ 44	≥ 50	50~47	47~44	44~41	41~38	< 38			
合计	605	62 市 193 县	78.5	96.0	45.4	35.7	14.9	2.6	1.2	0.2	59.0	94.0	87.9	3.4	2.7	1.8	1.4	2.8	3.7	0.4	0.0
安徽	30	4 市 7 县	77.7	93.3	13.3	63.3	16.7	6.7	0.0	0.0	59.5	93.3	90.0	0.0	3.3	0.0	6.7	0.0	4.4	1.0	0.2
江西	160	11 市 29 县	78.7	95.7	54.4	24.4	16.9	1.8	2.5	0.0	57.2	91.9	84.3	4.5	3.1	2.5	1.3	4.3	4.4	0.5	0.0
湖北	40	10 市 18 县	77.9	87.5	27.5	45.0	15.0	12.4	0.1	0.0	63.6	97.5	95.0	2.5	0.0	0.0	2.5	0.0	3.6	0.4	0.2
湖南	160	12 市 46 县	78.5	96.9	46.9	36.9	13.1	2.4	0.1	0.6	60.6	98.8	95.0	1.3	2.5	0.4	0.2	0.6	3.9	0.4	0.0
广东	105	11 市 40 县	78.3	96.2	38.1	41.0	17.1	1.0	2.8	0.0	57.2	86.7	81.0	3.8	1.9	2.0	4.9	6.4	2.9	0.4	0.0
广西	110	14 市 53 县	79.0	99.1	52.8	34.4	11.9	0.9	0.0	0.0	59.1	96.4	86.4	6.4	3.6	2.7	0.0	0.9	3.0	0.3	0.0

数据来源：国家粮食局标准质量中心统计资料。

表 37 2015 年全国中晚稻、粳稻收获质量情况表

单位：个，%

种类	省份	样品数	覆盖市、县数	出糙率	等级比例							整精米率								黄粒米	谷外糙米	
					中等以上	一等	二等	三等	四等	五等	等外	平均值	其中								平均值	达标比例
													中等以上	一等	二等	三等	四等	五等	等外			
中晚籼稻	8 省(区)合计	1886	97 市 378 县	78.5	96.4	45.0	39.3	12.3	1.7	1.2	0.5	60.8	96.7	90.5	3.1	3.1	1.4	0.7	1.0	0.0	0.3	98.3
	安徽	395	8 市 29 县	79.0	98.5	59.2	32.3	7.1	0.3	0.8	0.0	58.6	97.2	89.9	2.8	4.6	1.3	0.8	0.0	0.0	0.6	94.7
	江西	220	11 市 33 县	78.8	95.9	54.1	31.8	10.0	3.2	0.9	0.0	63.5	97.7	94.1	1.4	2.3	0.5	0.5	1.4	0.0	0.0	100.0
	河南	90	1 市 8 县	78.3	96.7	27.8	63.3	5.6	2.2	0.0	1.1	56.9	95.6	80.0	7.8	7.8	1.1	2.2	1.1	0.0	0.3	98.9
	湖北	275	16 市 51 县	78.4	98.2	37.0	48.0	13.5	1.1	0.4	0.0	57.0	94.5	80.0	8.0	6.5	2.9	0.7	1.1	0.0	0.5	97.1
	湖南	350	14 市 74 县	78.4	93.4	43.4	37.1	12.9	4.0	0.9	1.7	63.6	98.6	96.3	1.4	0.9	0.9	0.3	0.3	0.0	0.0	100.0
	广西(区)	120	14 市 47 县	78.9	97.5	57.5	25.8	14.2	0.0	2.5	0.0	63.5	95.0	92.5	0.0	2.5	1.7	0.8	2.5	0.0	0.4	98.3
	广东	136	15 市 49 县	78.8	98.5	50.8	42.6	5.1	1.5	0.0	0.0	67.1	100.0	100.0	0.0	0.0	0.0	0.0	0.0	0.0	0.3	100.0
	四川	300	18 市 87 县	77.7	94.3	25.3	45.3	23.7	1.0	3.7	1.0	59.0	94.7	89.7	3.3	1.7	2.0	1.0	2.3	0.0	0.2	99.7
粳稻	5 省合计	969	48 市 134 县 6 分局	81.2	96.5	66.4	24.0	6.1	2.3	0.5	0.7	67.5	97.4	72.7	19.2	5.5	1.1	0.6	0.8	0.0	0.7	94.8
	辽宁	100	11 市 17 县	81.3	99.0	66.0	25.0	8.0	1.0	0.0	0.0	70.7	99.0	66.0	25.0	8.0	1.0	0.0	0.0	0.0	0.6	100.0
	吉林	100	8 市 25 县	81.3	99.0	63.0	27.0	9.0	0.0	1.0	0.0	70.7	99.0	63.0	27.0	9.0	0.0	1.0	0.0	0.0	1.0	100.0
	黑龙江	312	12 市 42 县 6 分局	81.0	98.7	65.4	28.5	4.8	1.0	0.0	0.3	68.9	98.7	65.4	28.5	4.8	1.0	0.0	0.3	0.0	0.0	100.0
	江苏	397	13 市 43 县	81.5	94.2	70.0	19.9	4.3	3.5	0.8	1.5	65.6	95.7	84.1	8.1	3.5	1.5	1.0	1.8	0.0	1.2	87.7
	安徽	60	5 市 7 县	80.4	91.7	53.3	21.7	16.7	6.7	1.6	0.0	62.9	96.7	63.3	21.7	11.7	1.7	1.7	0.0	0.0	0.8	96.7

数据来源：国家粮食局标准质量中心统计资料。

表 38 2015 年部分省份夏收小麦质量调查结果分析表

省份	分析项目	检验结果分析：千粒重	容重 g/L	不完善粒率 /%：总量	赤霉病粒	发芽粒	黑胚粒	生霉粒	硬度指数	降落数值	水分 %	湿面筋	粗蛋白	样品总数	数量统计：容重，g/L：三等以上	一等	二等	三等	四等	五等	等外	不完善粒率 /%：8 以上	≤ 6.0	6.0~8.0	8.0~10.0	>10.0
九省总计	最大值	61.6	844	80.2	13.2	72.0	12.5	12.4	81.0	491	17.0	40.0	18.5	/	/	/	/	/	/	/	/	/	/	/	/	/
	最小值	26.5	680	0.1	0.0	0.0	0.0	0.0	36.1	62	8.0	16.5	8.8	/	/	/	/	/	/	/	/	/	/	/	/	/
	平均值	42.1	789	5.5	0.6	2.1	0.2	0.3	63.8	348	11.3	27.9	13.6	/	/	/	/	/	/	/	/	/	/	/	/	/
	样品个数	1969	1949	1969	1969	1969	1969	1969	1969	1402	1969	1969	1969	1969	1852	976	627	249	63	29	5	308	1496	165	82	226
	所占比例	/	/	/	/	/	/	/	/	/	/	/	/	/	95.0%	49.6%	31.8%	13.6%	3.2%	1.5%	0.3%	15.6%	76.0%	8.4%	4.2%	11.5%
河北省	最大值	47.2	834	7.6	1.2	2.8	0.3	0.4	71.1	437	13.1	30.0	15.0	/	/	/	/	/	/	/	/	/	/	/	/	/
	最小值	27.9	723	0.6	0.0	0.0	0.0	0.0	51.9	291	9.6	17.7	10.6	/	/	/	/	/	/	/	/	/	/	/	/	/
	平均值	39.4	791	2.8	0.1	0.2	0.0	0.0	65.5	366	10.9	24.4	13.0	/	/	/	/	/	/	/	/	/	/	/	/	/
	样品个数	245	245	245	245	245	245	245	245	245	245	245	245	245	238	150	62	26	4	3	0	0	235	10	0	0
	所占比例	/	/	/	/	/	/	/	/	/	/	/	/	100%	97.2%	61.2%	25.3%	10.7%	1.6%	1.2%	0.0%	0.0%	95.9%	4.1%	0.0%	0.0%
山西省	最大值	47.0	829	14.8	1.8	12.7	0.4	0.4	72.5	491	12.4	34.3	16.1	/	/	/	/	/	/	/	/	/	/	/	/	/
	最小值	27.0	746	0.1	0.0	0.0	0.0	0.0	59.5	201	8.0	17.9	10.6	/	/	/	/	/	/	/	/	/	/	/	/	/
	平均值	39.1	788	3.1	0.2	0.8	0.0	0.1	65.8	343	10.7	24.4	12.9	/	/	/	/	/	/	/	/	/	/	/	/	/
	样品个数	42	42	42	42	42	42	42	42	42	42	42	42	42	41	19	18	4	1	0	0	2	39	1	0	2
	所占比例	/	/	/	/	/	/	/	/	/	/	/	/	/	97.6%	45.2%	42.9%	9.5%	2.4%	0.0%	0.0%	4.8%	92.9%	2.4%	0.0%	4.8%
江苏省	最大值	52.4	829	36.9	9.7	16.8	7.1	12.4	75.3	248	14.8	36.0	16.4	/	/	/	/	/	/	/	/	/	/	/	/	/
	最小值	32.5	745	0.5	0.0	0.0	0.0	0.0	39.3	82	9.3	20.2	10.3	/	/	/	/	/	/	/	/	/	/	/	/	/
	平均值	41.5	789	4.9	1.0	1.3	0.6	0.8	61.2	165	11.6	29.1	13.4	/	/	/	/	/	/	/	/	/	/	/	/	/
	样品个数	220	220	220	220	220	220	220	220	2	220	220	220	220	218	99	95	24	2	0	0	22	168	30	11	11
	所占比例	/	/	/	/	/	/	/	/	/	/	/	/	/	99.1%	45.0%	43.2%	10.9%	0.9%	0.0%	0.0%	10.0%	76.4%	13.6%	5.0%	5.0%
安徽省	最大值	53.5	835	80.2	13.2	72.0	9.0	12.0	75.9	296	15.0	34.9	15.6	/	/	/	/	/	/	/	/	/	/	/	/	/
	最小值	29.8	680	2.4	0.0	0.0	0.0	0.0	36.1	62	8.7	21.9	10.7	/	/	/	/	/	/	/	/	/	/	/	/	/
	平均值	43.3	777	15.0	2.1	9.3	0.5	1.1	62.3	165	12.1	28.1	13.0	/	/	/	/	/	/	/	/	/	/	/	/	/
	样品个数	235	235	235	235	235	235	235	235	35	235	235	235	235	205	69	95	41	18	8	4	166	45	24	32	134
	所占比例	/	/	/	/	/	/	/	/	/	/	/	/	/	87.2%	29.4%	40.4%	17.4%	7.7%	3.4%	1.7%	70.6%	19.1%	10.2%	13.6%	57.0%
山东省	最大值	52.4	836	8.0	4.2	3.8	0.6	0.9	78.9	461	14.3	40.7	18.5	/	/	/	/	/	/	/	/	/	/	/	/	/
	最小值	26.5	711	0.4	0.0	0.0	0.0	0.0	44.6	260	8.8	16.5	8.8	/	/	/	/	/	/	/	/	/	/	/	/	/
	平均值	39.3	783	2.6	0.2	0.2	0.0	0.0	65.1	391	10.8	25.2	13.0	/	/	/	/	/	/	/	/	/	/	/	/	/
	样品个数	389	369	389	389	389	389	389	389	389	389	389	389	389	348	155	129	64	11	10	0	0	377	12	0	0
	所占比例	/	/	/	/	/	/	/	/	/	/	/	/		94.3%	42.0%	35.0%	17.3%	3.0%	2.7%	0.0%	0.0%	96.9%	3.1%	0.0%	0.0%
河南省	最大值	58.2	844	63.1	12.7	38.9	12.5	4.4	81	475	17.0	35.4	17.1	/	/	/	/	/	/	/	/	/	/	/	/	/
	最小值	30.9	717	0.2	0.0	0.0	0.0	0.0	37	72	8.0	20.3	10.9	/	/	/	/	/	/	/	/	/	/	/	/	/
	平均值	44.7	799	5.3	0.3	1.8	0.2	0.2	64	335	11.2	30.4	14.5	/	/	/	/	/	/	/	/	/	/	/	/	/
	样品个数	610	610	610	610	610	610	610	610	610	610	610	610	610	592	420	130	42	13	5	0	84	461	65	22	62
	所占比例	/	/	/	/	/	/	/	/	/	/	/	/	610	97.0%	68.9%	21.3%	6.9%	2.1%	0.8%	0.0%	13.8%	75.6%	10.7%	3.6%	10.2%

续表

省份 \ 分析项目		检验结果分析													数量统计											
		千粒重	容重 g/L	不完善粒率 /%					硬度指数	降落数值	水分 %	湿面筋	粗蛋白	样品总数	容重 ,g/L							不完善粒率 /%				
				总量	赤霉病粒	发芽粒	黑胚粒	生霉粒							三等以上	一等	二等	三等	四等	五等	等外	8 以上	≤ 6.0	6.0~8.0	8.0~10.0	>10.0
湖北省	最大值	52.2	810	10.5	6.4	2.9	6.2	2.9	74.9	381	15.0	33.6	15.2	/	/	/	/	/	/	/	/	/	/	/	/	/
	最小值	33.3	726	0.8	0.0	0.0	0.0	0.0	46.4	381	10.0	21.7	10.6	/	/	/	/	/	/	/	/	/	/	/	/	/
	平均值	41.4	769	4.0	1.2	0.6	0.6	0.6	65.9	381	12.4	28.5	13.1	/	/	/	/	/	/	/	/	/	/	/	/	/
	样品个数	66	66	66	66	66	66	66	66	1	66	66	66	66	53	10	25	18	11	2	0	2	56	8	0	2
	所占比例	/	/	/	/	/	/	/	/	/	/	/	/	/	80.3%	15.1%	37.9%	27.3%	16.7%	3.0%	0.0%	3.0%	84.8%	12.1%	0.0%	3.0%
四川省	最大值	61.6	829	17.2	4.8	14.1	6.1	9.5	70.7	239	14.0	35.9	16.2	/	/	/	/	/	/	/	/	/	/	/	/	/
	最小值	35.4	691	1.2	0.0	0.0	0.0	0.0	44.2	239	9.2	20.7	10.3	/	/	/	/	/	/	/	/	/	/	/	/	/
	平均值	46.4	778	5.3	0.4	2.0	0.4	0.8	54.2	239	11.4	27.3	12.7	/	/	/	/	/	/	/	/	/	/	/	/	/
	样品个数	85	85	85	85	85	85	85	85	1	85	85	85	85	81	24	39	18	2	1	1	17	61	7	8	9
	所占比例	/	/	/	/	/	/	/	/	/	/	/	/	/	95.3%	28.2%	45.9%	21.2%	2.3%	1.2%	1.2%	20.0%	71.8%	8.2%	9.4%	10.6%
陕西省	最大值	49.0	819	57.7	7.5	42.8	0.6	2.2	79	389	12.8	35.9	16.4	/	/	/	/	/	/	/	/	/	/	/	/	/
	最小值	31.3	736	0.6	0.0	0.0	0.0	0.0	53	73	9.2	21.7	9.8	/	/	/	/	/	/	/	/	/	/	/	/	/
	平均值	40.6	785	5.5	0.5	2.7	0.0	0.2	69	271	10.7	31.0	14.5	/	/	/	/	/	/	/	/	/	/	/	/	/
	样品个数	77	77	77	77	77	77	77	77	77	77	77	77	77	76	30	34	12	1	0	0	15	54	8	9	6
	所占比例	/	/	/	/	/	/	/	/	/	/	/	/	77	98.7%	39.0%	44.2%	15.6%	1.2%	0.0%	0.0%	19.5%	70.1%	10.4%	11.7%	7.8%

注：1. 除样品数、容重、降落数值保留整数外，其他保留小数点后一位。

2. 山东省样品中有 20 份样品重量不足 1 千克，以 369 个样品为基数进行统计

3. “/” 处表示空白，不填写任何内容。

4. 测定降落数值样品数量占总样品的 52.9%。

数据来源：国家粮食局标准质量中心统计资料。

表 39 2015 年全国玉米收获质量情况表

单位：个，g/L，%

地区	样品数	覆盖市、县数	容重	等级比例							不完善粒率				平均淀粉含量	平均粗蛋白含量	平均粗脂肪含量
				中等以上	一等	二等	三等	四等	五等	等外	总量	≤8 的比例	生霉粒				
													平均值	达标比例			
九省（区）合计	2685	104 市 486 县 8 分局	727	99.3	63.3	28.7	7.3	0.6	0.1	0.0	3.4	91.5	1.2	90.2	72.2	10.0	4.2
河北	285	11 市 88 县	746	100.0	88.4	11.2	0.4	0.0	0.0	0.0	1.8	99.3	0.2	99.6	72.1	9.1	4.1
山西	130	11 市 43 县	751	100.0	93.8	6.2	0.0	0.0	0.0	0.0	0.8	100.0	0.1	100.0	72.1	9.1	4.0
内蒙古（区）	268	8 市 36 县	711	99.6	28.7	60.8	10.1	0.4	0.0	0.0	3.8	95.8	1.3	100.0	72.5	10.1	4.3
辽宁	189	13 市 38 县	755	100.0	98.0	2.0	0.0	0.0	0.0	0.0	2.1	98.9	1.0	100.0	72.1	10.0	4.2
吉林	360	8 市 33 县	743	100.0	90.0	9.0	1.0	0.0	0.0	0.0	1.5	98.6	1.0	100.0	71.5	9.4	4.0
黑龙江	378	12 市 54 县 8 分局	696	97.1	34.4	29.4	33.6	3.6	0.0	0.0	4.5	87.6	1.4	100.0	74.1	13.6	4.2
山东	349	16 市 78 县	725	99.7	59.9	38.4	1.4	0.0	0.3	0.0	4.7	90.2	1.8	71.6	71.7	9.2	4.2
河南	325	17 市 79 县	718	100.0	50.2	45.5	4.3	0.0	0.0	0.0	7.8	64.3	3.4	50.5	71.9	9.2	4.1
陕西	401	8 市 37 县	726	99.2	59.1	35.1	5.0	0.5	0.3	0.0	1.6	97.3	0.2	99.5	71.7	9.4	4.2

数据来源：国家粮食局标准质量中心统计资料。

表 40 2015 年全国大豆收获质量情况表

单位：个，%

地区	样品数	涉及市、县数	完整粒率								损伤粒率								热损伤粒		粗蛋白		粗脂肪	
			平均值	中等以上	一等	二等	三等	四等	五等	等外	平均值	等内合计	一等	二等	三等	四等	五等	等外	平均值	等内合计	平均值	高蛋白比例	平均值	高油比例
2 省合计	230	16 市 51 县 8 分局	89.5	81.3	20.4	30.9	30.0	13.0	2.6	3.1	7.8	16.1	3.9	3.9	8.3	22.6	18.3	43.0	0.0	100.0	39.3	38.3	20.1	56.1
吉林	30	4 市 10 县	91.2	90.0	26.6	30.0	33.4	6.6	0.0	3.4	7.6	13.4	6.7	0.0	6.7	23.3	20.0	43.3	0.0	100.0	39.7	46.7	19.9	46.7
黑龙江	200	12 市 41 县 8 分局	89.3	80.0	19.5	31.0	29.5	14.0	3.0	3.0	7.8	16.5	3.5	4.5	8.5	22.5	18.0	43.0	0.0	100.0	39.2	37.0	20.1	57.5

数据来源：国家粮食局标准质量中心统计资料。

表41 2015年中央储备粮质量抽查与储存品质情况统计表

地 区	样品份数	质量达标率	宜存率
全 国	746	97.2%	99.1%
北 京	20	100.0%	100.0%
天 津	20	100.0%	100.0%
河 北	41	97.5%	100.0%
山 西	20	100.0%	100.0%
内蒙古	18	86.9%	100.0%
辽 宁	31	100.0%	100.0%
吉 林	36	100.0%	100.0%
黑龙江	44	76.2%	97.4%
上 海	13	100.0%	100.0%
江 苏	27	100.0%	100.0%
浙 江	12	100.0%	100.0%
安 徽	17	100.0%	100.0%
福 建	18	100.0%	100.0%
江 西	25	100.0%	100.0%
山 东	45	100.0%	100.0%
河 南	42	97.5%	100.0%
湖 北	60	100.0%	100.0%
湖 南	25	96.8%	90.1%
广 东	15	100.0%	86.7%
广 西	13	100.0%	100.0%
海 南	10	100.0%	100.0%
重 庆	18	100.0%	100.0%
四 川	44	97.7%	100.0%
贵 州	12	84.3%	100.0%
云 南	20	100.0%	100.0%
西 藏	18	100.0%	100.0%
陕 西	19	100.0%	100.0%
甘 肃	16	93.6%	100.0%
青 海	15	100.0%	100.0%
宁 夏	12	91.7%	100.0%
新 疆	20	100.0%	100.0%

数据来源：国家粮食局标准质量中心统计资料。

表42 2015年发布粮油国家标准和行业标准统计表

序号	项目名称	执行标准代号	实施日期
1	粮油检验 小麦粉损伤淀粉测定 安培计法	GB/T31577-2015	2015/11/23
2	粮油检验 粮食及制品中粗蛋白测定 杜马斯燃烧法	GB/T31578-2015	2015/11/23
3	粮油检验 芝麻油中芝麻素和芝麻林素的测定 高效液相色谱法	GB/T31578-2015	2015/11/28
4	动植物油脂 铜铁和镍的测定 石墨炉原子吸收法	GB/T31576-2015	2015/11/23
5	谷物碾磨制品 脂肪酸值的测定	GB/T 15684-2015	2015/11/2
6	大豆储存品质判定规则	GB/T 31785-2015	2015/11/27
7	动植物油脂 脉冲核磁共振法测定固体脂肪含量 直接法	GB/T 31743-2015	2015/11/2
8	玉米储存品质判定规则	GB/T 20570-2015	2015/6/1
9	溴甲烷检疫熏蒸库技术规范	GB/T 31752-2015	2015/11/2
10	小麦硬度指数标准样品	LS/T 1531-2015	2015/4/1
11	粳稻整精米率标准样品	LS/T 15322-2015	2015/4/1
12	籼稻整精米率标准样品	LS/T 15321-2015	2015/4/1
13	北方小麦粉加工精度标准样品 标准粉	LS/T 15112：3-2015	2015/4/1
14	北方小麦粉加工精度标准样品 特制二等	LS/T 15112：2-2015	2015/4/1
15	北方小麦粉加工精度标准样品 特制一等	LS/T 15112：1-2015	2015/4/1
16	粳米加工精度标准样品 一级	LS/T 15123：1-2015	2015/4/1
17	粳米加工精度标准样品 二级	LS/T 15123：2-2015	2015/4/1
18	粳米加工精度标准样品 三级	LS/T 15123：3-2015	2015/4/1
19	粳米加工精度标准样品 四级	LS/T 15123：4-2015	2015/4/1
20	南方小麦粉加工精度标准样品 标准粉	LS/T 15111：3-2015	2015/4/1
21	南方小麦粉加工精度标准样品 特制二等	LS/T 15111：2-2015	2015/4/1
22	南方小麦粉加工精度标准样品 特制一等	LS/T 15111：1-2015	2015/4/1
23	晚籼米加工精度标准样品 一级	LS/T 15122：1-2015	2015/4/1
24	晚籼米加工精度标准样品 二级	LS/T 15122：2-2015	2015/4/1
25	晚籼米加工精度标准样品 三级	LS/T 15122：3-2015	2015/4/1
26	晚籼米加工精度标准样品 四级	LS/T 15122：4-2015	2015/4/1
27	早籼米加工精度标准样品 一级	LS/T 15121：1-2015	2015/4/1
28	早籼米加工精度标准样品 二级	LS/T 15121：2-2015	2015/4/1
29	早籼米加工精度标准样品 三级	LS/T 15121：3-2015	2015/4/1
30	早籼米加工精度标准样品 四级	LS/T 15121：4-2015	2015/4/1
31	库存粮食识别代码	LS/T 1713-2015	2015/5/5
32	DHA藻油	LS/T 3243-2015	2015/7/10
33	全麦粉	LS/T 3244-2015	2015/7/10
34	藜麦米	LS/T 3245-2015	2015/7/10
35	粮油检验　粮食中黄曲霉毒素B1测定 胶体金快速定量法	LS/T 6111-2015	2015/7/10
36	粮油检验　粮食中玉米赤霉烯酮测定　胶体金快速定量法	LS/T 6112-2015	2015/7/10
37	粮油检验　粮食中脱氧雪腐镰刀菌烯醇测定　胶体金快速定量法	LS/T 6113-2015	2015/7/10
38	粮油检验　粮食中赭曲霉毒素A测定　胶体金快速定量法	LS/T 6114-2015	2015/7/10

数据来源：国家粮食局标准质量中心统计资料。

表 43 2015 年粮食行业单位与从业人员情况年报表

单位：单位数，个；人数，人

项目	单位总数	从业人员																
		从业人员总数								按学历划分					按年龄划分			
		小计	女	少数民族	中共党员	在岗职工			其他从业人员	研究生	大学本科	大学专科	中专	高中及以下	35 岁及以下	36 岁至 45 岁	46 岁至 54 岁	55 岁及以上
						小计	长期职工	临时职工										
总计	57692	1502775	493819	57040	230262	1457289	1289009	168280	45486	13950	150212	265449	241504	831660	489527	539595	377212	96441
一、行政机关	2236	46423	12331	3457	31148	44293	42778	1515	2130	1848	14230	14784	5634	9927	6440	12076	20543	7364
二、事业单位	2105	30485	9987	2060	16564	29295	28276	1019	1190	1440	8734	9308	3815	7188	6418	8422	11703	3942
其中：参公管理事业单位	594	10510	2695	902	6184	10068	9825	243	442	161	2659	3797	1305	2588	1695	2770	4493	1552
三、企业	53351	1425867	471501	51523	182550	1383701	1217955	165746	42166	10662	127248	241357	232055	814545	476669	519097	344966	85135
其中：国有及国有控股企业	13513	466830	152862	19455	122474	441174	413923	27251	25656	4662	49473	98517	80465	233713	107757	166192	151626	41255

数据来源：国家粮食局统计资料。

表44 2015年国民经济与社会发展速度指标（一）

指标	2015年为下列各年%				平均每年增长%		
	1978年	1990年	2000年	2014年	1979~2015年	1991~2015年	2001~2015年
人口							
年末总人口	142.8	120.2	108.5	100.5	1.0	0.7	0.5
城镇人口	447.2	255.4	168.0	102.9	4.1	3.8	3.5
乡村人口	76.4	71.7	74.7	97.5	−0.7	−1.3	−1.9
就业和失业							
就业人员	192.9	119.6	107.4	100.3	1.8	0.7	0.5
# 城镇就业人员	424.7	237.1	174.5	102.8	4.0	3.5	3.8
城镇登记失业人员	182.3	252.1	162.4	101.5	1.6	3.8	3.3
国民经济核算							
国内生产总值	3016.9	1067.2	395.5	106.9	9.6	9.9	9.6
第一产业	500.4	262.4	181.7	103.9	4.4	3.9	4.1
第二产业	4709.3	1548.6	435.8	106.0	11.0	11.6	10.3
第三产业	4175.5	1148.7	432.9	108.3	10.6	10.3	10.3
财政收支							
公共财政收入	13443.6	5182.5	1136.3	108.4	14.2	17.1	17.6
公共财政支出	15664.3	5700.1	1106.4	115.8	14.6	17.6	17.4
能源							
能源生产总量	576.7	348.3	261.2	100.0	4.8	5.1	6.6
能源消费总量	752.5	435.7	292.6	101.0	5.6	6.1	7.4
固定资产投资							
全社会固定资产投资总额		12441.9	1707.3	109.8		22.1	22.0
# 房地产开发		37891.4	1925.7	101.0		29.0	24.0
对外贸易和实际利用外资							
货物进出口总额	19171.0	3427.7	834.3	92.0	15.3	15.2	15.2
出口额	23332.8	3664.0	912.9	97.1	15.9	15.5	15.9
进口额	15444.9	3152.7	747.2	85.8	14.6	14.8	14.3
外商直接投资		3621.1	310.1	105.6		15.4	7.8
主要农业、工业产品产量							
粮食	203.9	139.3	134.5	102.4	1.9	1.3	2.0
油料	677.9	219.3	119.7	100.8	5.3	3.2	1.2
棉花	258.6	124.3	126.9	90.7	2.6	0.9	1.6
肉类			143.4	99.1			2.4
原煤	606.2	346.9	270.7	96.7	5.0	5.1	6.9
原油	206.2	155.1	131.6	101.5	2.0	1.8	1.8
水泥	3616.5	1125.1	395.2	94.7	10.2	10.2	9.6
粗钢	2529.3	1211.5	625.5	97.8	9.1	10.5	13.0
发电量	2264.5	935.4	428.6	100.3	8.8	9.4	10.2

数据来源：国家统计局统计资料。

表 44

2015 年国民经济与社会发展速度指标（二）

指 标	2015 年为下列各年 %				平均每年增长 %		
	1978 年	1990 年	2000 年	2014 年	1979~2015 年	1991~2015 年	2001~2015 年
建筑业							
建筑业总产值		13439	1446.3	102.3		21.7	19.5
消费品零售和旅游							
社会消费品零售总额	19307.8	3625.6	769.5	110.7	15.3	15.4	14.6
入境游客	7396.6	487.3	160.4	104.1	12.3	6.5	3.2
国际旅游外汇收入	43212.9	5124.0	700.5	107.8	17.8	17.1	13.9
运输和邮电							
沿海主要港口货物吞吐量	3955.7	1623.7	624.6	102.0	10.5	11.8	13.0
邮电业务总量	309817.8	67899.7	2203.6	129.2	24.3	29.8	22.9
移动电话用户		7254100.0	1544.6	101.5	−100.0	56.5	20.0
固定电话用户	11997.1	3372.1	159.5	92.6	13.8	15.1	3.2
科技、教育、卫生、文化							
研究与试验发展经费支出			1587.7	109.3			20.2
技术市场成交额			1511.3	114.7			19.8
在校学生数							
# 普通本、专科	3066.9	1272.6	472.1	103.0	9.7	10.7	10.9
普通高中	152.9	331.0	197.7	98.9	1.2	4.9	4.6
初中	86.3	110.1	68.9	98.3	−0.4	0.4	−2.5
普通小学	66.3	79.2	74.5	102.6	−1.1	−0.9	−1.9
医院数	296.9	191.9	169.1	106.7	3.0	2.6	3.6
医院床位数	484.6	285.2	246.0	107.4	4.4	4.3	6.2
执业（助理）医师	310.7	172.4	146.4	105.1	3.1	2.2	2.6

注：本表价值量指标中，国内生产总值、居民收入和邮电业务总量按可比价格计算，其他按当年价格计算；固定资产投资总额平均每年增长速度按累计法计算。

数据来源：国家统计局统计资料。

表 45 国民经济与社会发展总量指标（1978~2015 年）（一）

指 标	单 位	1978 年	1990 年	2000 年	2014 年	2015 年
人口						
年末总人口	万人	96259	114333	126743	136782	137462
城镇人口	万人	17245	30195	45906	74916	77116
乡村人口	万人	79014	84138	80837	61866	60346
就业和失业						
就业人员	万人	40152	64749	72085	77253	77451
# 城镇就业人员	万人	9514	17041	23151	39310	40410
城镇登记失业人员	万人	530	383	595	952	966
国民经济核算						
国内生产总值	亿元	3650.2	18774.3	99776.3	635910.2	676707.8
第一产业	亿元	1018.4	5017.0	14716.2	58336.1	60863.0
第二产业	亿元	1736.0	7678.0	45326.0	271764.5	274277.8
第三产业	亿元	895.8	6079.3	39734.1	305809.7	341566.9
人均国内生产总值	元	382	1654	7902	46612	49351
支出法国内生产总值	亿元	3605.6	18968.4	100072.9	640429.3	687501.7
最终消费支出	亿元	2239.1	12011.1	63729.2	328963.1	360282.6
资本形成总额	亿元	1377.9	6447.0	33960.7	294003.1	303506.1
货物和服务净出口	亿元	−11.4	510.3	2383.0	17463.0	23713.0
居民收入						
全国居民人均可支配收入	元				20167	21966
城镇居民人均可支配收入	元	343	1510	6280	28844	31195
农村居民人均纯收入	元	134	686	2253	10489	11422
财政						
公共财政收入	亿元	1132.3	2937.1	13395.2	140370.0	152216.7
公共财政支出	亿元	1122.1	3083.6	15886.5	151785.6	175767.8
能源						
能源生产总量	万吨标准煤	62770	103922	138570	361866	362000
能源消费总量	万吨标准煤	57144	98703	146964	425806	430000
固定资产投资						
全社会固定资产投资总额	亿元		4517.0	32917.7	512020.7	561999.8
# 房地产开发	亿元		253.3	4984.1	95035.6	95978.8
对外贸易和实际利用外资						
货物进出口总额	亿美元	206.4	1154.4	4742.9	43015.3	39569.0
出口额	亿美元	97.5	620.9	2492.0	23422.9	22749.5
进口额	亿美元	108.9	533.5	2250.9	19592.3	16819.5
外商直接投资	亿美元		34.9	407.2	1195.6	1262.7
主要农业、工业产品产量						
粮食	万吨	30476.5	44624.3	46217.5	60702.6	62143.9
油料	万吨	521.8	1613.2	2954.8	3507.4	3537.0
棉花	万吨	216.7	450.8	441.7	617.8	560.3
肉类	万吨			6013.9	8706.7	8625.0
原煤	亿吨	6.18	10.80	13.84	38.74	37.47
原油	万吨	10405	13831	16300	21143	21456
水泥	万吨	6524	20971	59700	249207	235940
粗钢	万吨	3178	6635	12850	82231	80383
发电量	亿千瓦小时	2566	6212	13556	57945	58106

数据来源：国家统计局统计资料。

表 45 国民经济与社会发展总量指标（1978~2015 年）（二）

指　标	单 位	1978 年	1990 年	2000 年	2014 年	2015 年
建筑业						
建筑业总产值	亿元		1345	12498	176713	180757
消费品零售和旅游						
社会消费品零售总额	亿元	1559	8300	39106	271896	300931
入境游客	万人次	180.9	2746.2	8344.4	12849.8	13382.0
国际旅游外汇收入	亿美元	2.6	22.2	162.2	1053.8	1136.5
运输和邮电						
沿海主要港口货物吞吐量	万吨	19834	48321	125603	769557.0	784578.0
邮电业务总量	亿元	34.1	155.5	4792.7	21834.4	28220.4
移动电话用户	万户		1.8	8453.3	128609.3	130573.8
固定电话用户	万户	192.5	685.0	14482.9	24943.0	23099.6
金融						
金融机构人民币各项存款余额	亿元	1155	13943	123804	1138645	1357022
金融机构人民币各项贷款余额	亿元	1890	17511	99371	816770	939540
科技、教育、卫生、文化						
研究与试验发展经费支出	亿元			895.7	13016	14220
技术市场成交额	亿元			651	8577	9835
在校学生数						
# 普通本、专科	万人	85.6	206.3	556.1	2547.7	2625.3
普通高中	万人	1553.1	717.3	1201.3	2400.5	2374.4
初中	万人	4995.2	3916.6	6256.3	4384.6	4312.0
普通小学	万人	14624.0	12241.4	13013.3	9451.1	9692.2
医院数	个	9293	14377	16318	25860	27587
医院床位数	万张	110.0	186.9	216.7	496.1	533.1
执业（助理）医师	万人	97.8	176.3	207.6	289.3	303.9
社会保障						
参加基本养老保险人数	万人		6166	13617	84232	85833
参加城镇基本医疗保险人数	万人			3787	59747	66570
参加失业保险人数	万人			10408	17043	17326
参加工伤保险人数	万人			4350	20639	21404
参加生育保险人数	万人			3002	17039	17769
社会保险基金收入	亿元		187	2645	39828	45930

注：1. 由于计算误差的影响，按支出法计算的国内生产总值不等于按生产法计算的国内生产总值。
2. 本表 2014 年、2015 年居民人均可支配收入为城乡一体化住户收支与生活状况调查数据，与此前分城镇和农村住户调查的统计口径有所不同。
3. 本表价值量指标中，邮电业务总量 2000 年及以前按 1990 年不变价格计算，2001 ~ 2010 年按 2000 年不变价格计算，2011 年起按 2010 年不变价格计算。其余指标按当年价格计算。

数据来源：国家统计局统计资料。